U0142053

文字論叢

第一輯

陳新雄題

中國文字學會主編

文史哲出版社印行

國家圖書館出版品預行編目資料

文字論叢. 第一輯 / 中國文字學會主編. -- 初版
. --臺北市：文史哲,民 90
　　面：　公分.
　　含參考書目
　　ISBN 957-549-345-1(平裝)

1.中國語言 - 文字 - 論文,講詞等

802.207　　　　　　　　　　　　　90001755

文 字 論 叢 第一輯

主 編 者：中 國 文 字 學 會
出 版 者：文 史 哲 出 版 社
登記證字號：行政院新聞局版臺業字五三三七號
發 行 人：彭　　　正　　　雄
發 行 所：文 史 哲 出 版 社
印 刷 者：文 史 哲 出 版 社
　　　　臺北市羅斯福路一段七十二巷四號
　　　　郵政劃撥帳號：一六一八〇一七五
　　　　電話 886-2-23511028・傳真 886-2-23965656

實價新臺幣九〇〇元

中 華 民 國 九 十 年 一 月 初 版

文字論叢創刊號序

　　夫《文字論叢》者，中國文字學會所創辦之刊物也。而文字學會之立，則淵源有自，源遠流長者矣。溯自民國四十年代，中共政權推行簡體文字，而在臺灣，當時考試院副院長羅家倫先生亦竭力贊同，因而發表〈簡體字之提倡甚為必要〉一文，隔海呼應。以羅氏在政界與新聞界關係之密切，臺港各大報，競以四分之一版面，連續刊載。致令有識之士群起反對，以為簡體字之推行，破壞中國文字之完整與美觀。其中反對最力者，立法委員有廖維藩、李文齋、黃建中、喬一凡、任培道、胡秋原等多人；大學教授則有潘重規、董作賓、林尹、高明、程發軔、李漁叔等多人。為維護中國文字之完美，於是發起組織中國文字學會，並推廖委員維藩為理事長，出版書籍《中國文字論集》，發行刊物《學粹》，極力鼓吹中國文字之不可簡化。由於廖理事長及全體會員竭力維護下，羅家倫氏推行簡體字之計劃乃胎死腹中，未能施行。是則文字學會初創，已建立維護中國文字完美之大功。前輩學者之深識遠慮，不畏強勢之氣度，均令後輩景仰無既者也。

　　抑又有言，簡體字爭論劇烈之際，余方就讀臺灣省立建國高級中學，其時余等中學生，以五四文學革命之領袖胡適之先生，及其門下之健將傅斯年與羅家倫，皆視為吾等崇敬之偶像，故簡體字論戰一開始，余亦以羅家倫先生之言為然，以為簡體字之提倡實甚有必要。迨後見潘重規先生〈論羅家倫所提倡之簡體字〉一文，謂「第三表中『遷』字，注明是『古文遷字』，查《說文》遷字下載的古文是從手從西的『𢮢』字，卻沒有羅先生所舉的『遷』字。」潘先生文末並云：「本人謹以一個國民的身份，向羅先生申述一點匹夫之見，望羅先生逐條

解答，使羅先生推行簡字之高見，研究學術之態度，倡導民主之精神，得昭示於廣大民眾之前。本人自當敬聆教益，請羅先生暫停政務，為廣大民眾更進一解！」當時我心想，潘重規何許人也，真不知天高地厚，羅先生必然告以所據之張本。於是日日期待羅氏之答復，誰知一週過去，羅氏未曾作答，兩週過去，羅氏仍未作答，報刊上反而有多位讀者投書，要求羅先生答復潘先生之所質疑。終於羅先生有了答復，謂「我有說話之自由，我也有不說話之自由。」從此羅先生在我心中之偶像地位，乃頓時破碎。於是向我高中時國文老師李福祥先生探問潘重規先生之學術淵源，始知潘先生之文字學乃章太炎、黃季剛一脈之嫡傳，承乾嘉學者之治學精神，學問最為篤實。我其時正有意投考大學中文系研讀，李老師謂欲奠立堅實之學問基礎，求得真實之學問，宜投考國立臺灣師範大學國文系，其時潘重規先生正任師大國文系系主任也，經李師之指導，乃毫不猶預以師大國文系為第一志願，亦如願以償而以第一名考取入師大國文系就讀，因得追隨師大潘重規、林尹、高明、程發軔諸師之後，從事中國文字之研究，為中國文字獻其綿薄。且由於林尹師之介紹，得加入文字學會為會員，屈指算來，已閱半世紀矣。

民國七十年代，前輩學者相繼承凋零，其碩果僅存者，亦感體力漸衰，精神不濟，因有交棒之議。其時中國聲韻學會創會伊始，每年舉辦學術研討會，促進學術交流，提倡學術研究，深為學術界所推崇。故師大國文研究所前所長王熙元兄，乃承前輩學者之命，重組中國文字學會，並比照中國聲韻學會，舉辦學術研討會，於是中國文字學會乃如病樹逢春，復現生機矣。熙元兄任滿，由許錟輝、蔡信發二兄相繼主持，拓展會務，日見完善。遞禪至我，已歷十一載矣。在王、許、蔡三位先生主持之下，文字學會面目一新，會務蒸蒸日上，早與聲韻、

訓詁等姐妹學會，並駕齊驅，聲譽日隆矣。

　　兩年前，文字學會蔡理事長信發任期屆滿，余承會員諸君推愛，被選爲常務理事兼理事長。因提名孔君仲溫爲祕書長，孔君年少英發，勇於任事，甫一接事，即以文字學會之姐妹學會，聲韻、訓詁兩會皆行學會通訊與論叢，深獲會員好評，惟獨文字學會兩者皆缺，因排除萬難，策畫編輯，事方就緒，而天未福善，英年棄世，言之痛心。不過端緒已就，後繼易爲，故今任祕書長踵繼其事，領導洪燕梅、丘彥遂諸君，兢兢業業，克竣其事。《文字學會通訊》已於去歲在臺南師範學院研討會開幕之日，分發會員諸君之手。再者本會所刊行之《中國文字論集》，歷半世紀，歲月悠長，初版已罄，後人參考，深感不易，故今將《論集》，重新打印，充當《文字論叢》首輯。此亦仲溫生前之規劃，如今皆一一使之實現，則林祕書長慶勳策應之功，不可沒也。仲溫英靈有知，亦必同感快慰者也。目今資訊發達，每年發表之論文，今後除開會時印發會諸君外，將彙整成集，全數上網，以廣流傳。至於《文字論叢》二輯以後之編輯，將就文字學會重整後之歷年論文，聘請專家學者，擇其尤勝者，經審查通過，以收入《論叢》。則今後《論叢》之所收，已糟粕盡去，全屬菁華者矣。

　　許慎《說文解字·序》云：「蓋文字者，經義之本，王政之始，前人所以垂後，後人所以識古，故曰：『本立而道生』，知天下之至賾，而不可亂也。」竊以爲凡我文字學會會員，皆當熟審此義，以維護中國文字之完整爲己任。尋中共推行簡化文字之始，初以中國文字不便打字，有礙書寫與傳播。然今電腦發明，運用方便，簡字加入，反增累贅。造成今日一國兩字，反令兩岸電子郵件之往來，時增齟齬，一時短視，遺害無窮。　此一教訓，吾等當引爲切身之痛也。今當《文字論叢》首輯發刊，因聊述其編撰緣起如此，斯爲序。

中華民國九十年一月三日陳新雄謹序於臺北市和平東路二段鍥不舍齋

目　次

第一篇　提案及討論

第二篇　專家意見

第三篇　論　著

附　錄

第一篇　提案及討論

——立法委員文字問題提案及立法院會
議討論意見暨質詢，均納入本篇。

第一篇　提案及討論

立法委員廖維藩等一百零六人為制止毀蝕中國文字破壞傳統文化危及國家命脈特提議制定文字制定程序法以固國本案

　　近來羅家倫氏主張變革中國文字，另造簡體字並採用已簡化的字，以代替現用之字，且已商由教育部設立簡體字研究委員會，主持文字變革事宜，羅氏自任委員。這事關係民族歷史和傳統文化甚鉅，為防止其毀蝕中國文字危及國家命脈起見，特提議制定文字制定程序法，以固國本。其理由謹述於次：

　　一、我國黃帝史官倉頡初造書契，依類象形，故謂之文，其後形聲相益，孳乳寖多，即謂之字，逐漸演化，遂完成指事、象形、形聲、會意、轉注、假借六書文字的體系，周禮八歲入小學，保氏教國子，先以六書。以後宣王太史籀作大篆，秦李斯作小篆，其筆畫無不本於六書。洎漢揚雄作《訓纂篇》，許慎作《說文解字》，我國六書文字，遂成定體，永垂典範。漢代寫經的隸書，唐開成石經所刻的今隸（楷書），與篆籀相較，似有變化，然其筆法仍沒有出於六書以外的。自五代發明雕板印刷術以後，歷宋元明清以至於近代，我國經史子集等典籍印行於世的，不可勝計，所用字體，大

都承襲晉唐的真書楷書，誠中國歷史文化的所在和民族生命之所寄。歷代所傳習的字書和訓詁音韵書籍，由周秦之《爾雅》、篆籀、漢之《訓纂》、《方言》、《釋名》、《白虎通》、《說文解字》，以至魏之《廣雅》、《聲類》，晉之《韵集》，梁之《玉篇》，隋之《切韵》、唐之《唐韵》，宋之《廣韵》、《集韵》，明之《字彙》、《洪武正韵》，和清朝的《佩文韵府》與《康熙字典》，皆所以正字體、究字音、明字義，而歸本於六書，以爲識字讀書之助，現在所用的辭書和注音字母，也莫出其範圍。今日文字如有所變更，採用羅家倫氏所主張的簡體俗體字，則我國後代子孫，不僅不能閱讀歷代典籍，也不能閱讀近數十年來所出版的文哲科學書籍，如說所有書籍都改爲簡體俗體字，那真是夢囈，永無實現的可能。果然如此，不特中華民族的歷史文化從此斬絕，國家民族的復興基石爲之摧毀，而後代國民實如生在未開化的地區，不知祖宗事業爲何如了。

　　從來共匪欲篡奪政權，統治中國，認爲非毀巇中國文化，無以爲功，而毀巇中國文化，又非毀巇中國文字，無濟於事，始則倡行所謂拉丁化運動，就是欲摧毀直行方塊的中國字，以拉丁字或羅馬字的蟹行拼音字代之，嗣以這種運動違背中國傳統，不易成功，乃改採所謂新文字運動，用自造和俗寫的簡體字，以代替正字，如國字以「囗」代之，華字以「华」代之，衛字以「卫」代之，歷字以「历」代之，幹字以「干」代之，部字以「部」代之。導字以「㝵」代之，習字以「习」代之，辦字以「辦」代之，動字以「動」代之，產字以「產」代之，擁護兩字以「拥护」，以及其他俗寫簡字，不一而足，舉凡公文、便條、教科書和報紙刊物等皆參用這類的字，以期逐漸代替正字，而達成巇亡中國文字的目的。查共匪僞政權成

立後，主持毀衊中國文字的，設有中國文字改革協會，由吳玉章、
胡喬木、徐特立、郭沫若、黎錦熙、葉聖陶、羅常培、魏建功、畐
真等匪徒二十五人爲常務理事，而以吳匪玉章爲頭目。今羅家倫氏
商由教育部組設簡體字研究委員會，主持文字變革事宜，其意義和
作用，豈不是和共匪吳玉章等隔海和唱，而共同爲民族文化的罪人
嗎？近聞蘇俄對於共匪毀衊中國文字工作，以其與《康熙字典》之
字不合，不能用以讀中國書，研究中國問題，提出反對意見，這是
赤俄鑒於鐵幕內的危機和自由世界的強大，殆以此爲對外的宣傳攻
勢，不信其確有不同的意見。

　　二、主張變革中國文字採用簡體字的人，誤認中國文字純係象
形文字，筆畫複雜，讀音困難，不易辨認學習，對於日用和文化的
進展，都有阻滯作用，這真是不通之論。殊不知中國六書文字的絕
大多數都屬於諧聲類，次爲會意類，再次爲象形類，再次爲假借類，
再次爲轉注類，再次爲指事類。據宋・鄭樵《通志》統計，二萬四
千二百三十五字中，諧聲佔二萬一千八百十字，象形字僅有六百零
八字，我們試一檢閱今日的字書，也可以知其梗概。其讀音之法，
雖有雙聲、疊韵、切韵、四聲、五音等各種名義，要皆以反切爲依
歸。所謂「反」者，一字翻成兩聲，切者兩字合成一聲，緩讀則爲
反切的兩字，急讀則爲所求的一音，也就是今日之所謂「拼音字」。
其字母唐末以來有三十六字母，今則有四十注音字母，以資應用，
兒童學習讀音，並不困難，較之英文母音子音讀音的複雜和有字之
無音，尤爲方便。至中國字的筆畫，僅有點、橫、直、捺、撇、鈎
等數種，其組成字的筆畫，最少爲一，最多爲二十九，常用之字最
多爲十餘畫，較之英文有二十上下字母構成之字，也不見得更爲難

學。須知文字由語言而來，有語言始有文字，中國語音爲單音，一音一字一義，可以單獨存在，聯合就成語句，西方語音單音節少、複音節多，合數音節始成一字一義，中西語言不同，所形成的文字自異，今共黨匪徒和少數不肖的知識分子，直欲效顰西方文字系統，初則欲以拉丁字，或羅馬字的拼音字代替中國字，繼則又倡行所謂簡字、俗字運動，勢非將中國文字、中國文化完全毀巇不止。我數千年以來，由方言語音的通轉，以達成文字讀音的統一，由文字的統一，以達成文化精神和民族精神的統一，故能屹立大地，而爲世界文化最悠久的國家，今日不幸，遭逢空前的橫禍，正欲振奮民族精神，反攻復國，豈容類似匪諜的行爲和毀巇中國文化的事實尚可留存於自由中國？民國二十四年教育部曾頒行三百簡體字，當經國民政府命令撤銷，殷鑑不遠，今日教育部豈可再犯？

　　三、細考各國文字，要以中國文字最合理想、最有價值，也最進步、最合科學原則。西方文字是照音母順序拼合而成，除語尾變化有規律外，不能於所有單字中，發現製字原理和彼此間分類與聯繫的作用，以便人們的學習。中國文字則不然，六書就是造字原理，許慎說：「一曰指事，指事者視而可識，察而可見，上下是也。二曰象形，象形者畫成其物，隨體詰詘，日月是也。三曰形聲，形聲者以事爲名，取譬相成，江河是也。四曰會意，會意者比類合誼，以見指撝，武信是也。五曰轉注，轉注者建類一首，同意相受，考老是也。六曰假借，假借者本無其字，依聲託事，令長是也。」其中以形聲一項最有價值。所謂「形聲」，就是造字時，以偏旁部首定其形，以左右上下相對部分擬其音，舉凡飛禽走獸艸木蟲魚山水土石等一切動植礦萬物，只要極少數分類標準的形體字，就可據以造出無數形聲字，以爲這些無數事物的代表符號，門分類別，望而

知義，使人容易辨認記憶。如一象形「鳥」字，就可據以造出鴛鴦
鴻鵠鷗鴣鶴鷺等鳥類無數形聲字。如一象形「犬」字，就可據以造
出狐狸猱猿狼狽獅猩等獸類無數形聲字。如一象形「虫」字，就可
據以造出蜻蜓蝗螟蛾蛹蝴蝶昆蟲類無數形聲字形。如一象形「魚」
字，就可據以造出鰱鯉鯽鮪鰻鮹鱒鮎魚類等水族無數形聲字。如一
象形「艸」字或「木」字，就可據以造出藻菌蘭萱蒲葦葛葵或梅桂
松柏梧桐楊槐等植物類無數形聲字。他如金石象形字，一樣可據以
造出銅鐵鉛錫硫礬等礦物無數形聲字。今日化學上鉀鈉鎂鈣碘磷砷
矽氫氧氨氫等九十餘種金屬、非金屬元素的形聲字，也僅是根據「金」
「石」和「气」三個象形字與諧聲的關係而造成的。所有由偏旁部
首所產生的字，不僅可以造成動植礦萬物的名物字，就是與這些動
植礦物發生連帶關係的事物之字，如騎馬、芟草、鑽礦之類，一樣
可以無限制地觸類旁通而造成。以上列舉的形聲字和其他一切形聲
字，在中國文字中佔絕大多數。據分類統計，在《說文》的五百四
十部，九千三百五十三字中，形聲字有七千六百九十七，佔總數百
分之八十以上。上述鄭樵《六書略》二萬四千二百三十五字中，諧
聲字有二萬一千八百十字，幾佔總數百分之九十。可知形聲字或諧
聲字，實為我國文字主要成分，這類文字不僅具有易於辨認和記憶
的優點，而且具有科學上分科分類的價值，試問今日哪一國的文字
可以與之比擬呢？且我國文字在語文的便利上，尤非他國文字所可
企及。以動詞而論，中國語文一個動詞可以用之現在、過去或將來，
並無分別，西方語文一個動詞，非有現在動詞、過去動詞和現在分
詞、過去分詞，不能形成語句，中西語文的繁簡和學習上的難易，
不言可知。中國文字因有造字的原理和技術，使其便於辨認學習，

所以容易收到文字統一的功效，由文字的統一，更足以促進文化上
和政治上的統一。歐洲古代也曾有羅馬帝國的統一，但拉丁羅馬系
文字，因無造字的原理和高尚技術，始終未得到文字的統一，以促
進政治的統一，至今英、德、法、荷蘭、西班牙、俄羅斯等各國文
字，仍如各國政治之各自獨立而獨立。中國在古代，方言和文字的
分歧，較歐洲尤甚，中國卻得到政治上長期統一，歐洲則否，其原
因極有研究價值。至中國文字在藝術上的價值，堪稱獨步，更不待
說。瑞典著名語文學家高本漢（Bernhard Karlgren）氏，對於中國和
西方各國語文，都有極深的研究和獨到的見解，關於中國語文的著
作有五、六種之多，他認為中國語久已沒有語尾的子音，單音而具
有四聲音調，實為世界高級文化進化的語言。他說：「歐洲的各種
語言有漸漸變為中國語的傾向，從這一點來觀察，可以知道中國語
比較西洋任何一種語言總是先進的，因為中國語差不多已經達到了
無附加語的時期。」「幾乎完全到達了沒有形式變化的境地。」「一
個英國人拒買某種東西，就說 I won't bye it，把主辭賓辭很細心的
表示出來，中國人都以為這都是費辭，只簡說『不買』。」高氏並
認為中國文言文字是一種書寫的世界語，無論在空間上或時間上都
有統一的作用。他說：「以舊式文體，當作書寫上的世界語，這種
很精巧的交通工具，不但可以不顧方言上的一切分歧，彼此仍能互
相交接，……而且可以和古人親密地交接，這在西洋人士是很難辦
到的。（按：中國文字可以垂久遠，而西文則否，殷墟出土的卜辭
皆在三千年以上，仍可閱讀，但四百年前之英文，已很少能讀了，
其文字壽命的長短，由此可知。）現今英國人，在他自己的文書裏，
很難讀到三四百年以前的作品。至於最早時代的文書，他必須對於
語言文辭上有特別的研究之後，才能明瞭。」高氏並認為：「中國

文字和中國的語言情形，非常適合。」「中國文字有豐富悅目的形
式，使人發生無窮的想像，不比西洋文字那樣質實無趣。中國文字
好像一個美麗可愛的貴婦，西洋文字好像一個有用而不美的賤婢。」
「文學和書法發生了密切的關係，這又是西洋人所不能理會的。」
今羅家倫氏欲變革中國文字，另造簡體字並採用已簡化的字，以代
替現用之字，這真是不可思議的違反進化原則的反動行為，自身既
無造字的原理和技術，又不能觸類旁通，形成整個體系，而終陷於
混亂不清，使人不易學習，反而以掘祖宗墳墓的方式，毀棄我國數
千年以來造字原理，破壞我國數千年以來文化上、政治上的統一工
具，誣嶧美麗可愛的貴婦，自廁於無用而醜陋的賤婢。在空間上，
既因本身混亂不堪，難收統一之效。在時間上，因文字欲其改觀，
又不「可以和古人親密地交接」，致使後代子孫都溺於現實主義，
不識過去何以知將來，而無異於未開化的人群。且在今日科學發明
和人間事物日新月異之際，如「千」「干」「叫」「叶」「己」「已」
「拆」「折」的不易辨認寫錯，就是自身陷於筆畫嚴限的境地。在
數理上，勢難造出日新月異更多的字，以資應用，作繭自縛，固步
自封，足令文化萎縮，人文沒落，其流毒之深、貽害之甚，更無有
過於此的。

　　羅氏主張簡化字體－標準化，我們沒有看到標準化的凡例，或
綱領。若依據他所提的四項辦法（見中央日報四十二年十二月一日
羅氏談話），那未免太淺陋、太謬誤了。第一，是追索歷史中由簡
而繁的字，使其恢復原字。那末，「又」字本來是「手」字，「云」
字本來是「雲」字，「又」、「云」筆畫都比「手」「雲」簡省，
但今日「云」「雲」「又」「手」意義都不相同，是不是取銷「手」

「雲」改爲「又」「云」？「然」字，本來是燃燒的意思，後來加火字變爲「燃」字。「然」字筆畫比「燃」字簡省，但今日「然」「燃」意義已不相同，是不是取銷「燃」字，改爲「然」字？「亦」字，本來是肘腋的意思，後來變爲「腋」字，「亦」字筆畫比「腋」字簡省，但今日「亦」「腋」不僅意義不同，形體也不相同，是不是取銷「腋」字，改爲「亦」字？古人生活簡單，造字不多，後來的事物增加，古人所造的字不敷應用，或依據六書原理增造新字，或就原字依據六書原理酌增筆畫，以加強其意義，而原字的涵義也就有損益了。這才是文字進化的正軌，萬不宜一味簡省筆畫，而竟少了應該增加的字，這只是開倒車，並不是進步。第二，是採用已經簡化的字。如「龢」字現已簡化爲「和」字。查「和」字已見於《尚書》、《周易》和《中庸》，也如古文「弌」簡化爲「一」字一樣，已散見於各經典。這樣簡化辦法，等於沒有辦法，這樣說法，也等於沒有說，何必多此一舉，說些廢話呢？第三，是採用現代化公文、軍中、民間已經通用的簡體字。我們知道從前國民政府命令教育部撤銷其所頒行的三百簡體字，現在所流行的或者不致大越其範圍。如真欲簡體字標準化，由國家頒行，則所有筆化多的字，都要依據標準，一律簡化，不能一部簡化，一部不簡化，如現在流行的簡體字一樣，既屬混亂不堪，無有統紀，又不能觸類旁通，互爲訓釋。例如「種」字簡化爲「种」字，查「种」字本有其字，讀爲蟲，係姓氏，後漢有种暠，這字單獨存在，與他字尚無關係，但改作「種」字用，變「重」字爲「中」字，則問題就發生了，輕重的「重」必須改爲「中」，重複的「重」也必改爲「中」，「種力」變爲「中力」，「重慶」變爲「中慶」，如此才算標準化、統一化。然而「重」、「重」、「中」絞在一起，混亂不清，彼此都失其本

義了。又如「團」字簡化爲「团」字，「專」字變爲「才」字，則其他含專字的如「傳」「轉」「搏」等，也必改爲「伬」「軵」「扐」，結果「專」「才」「傳」「轉」「搏」「團」都失其原義，就等於一律取銷了。又如「劃」字簡化爲「划」字，「畫」字變爲「戈」字，查「划」船本有其專義，今竟竄入計劃而作劃，因以連累「圖畫」變爲「圖划」，豈非天下笑話？又如「雞」字簡化爲「鸡」字，「奚」字變爲「又」字，則凡有「奚」字的，都要變爲「又」字，「溪」字變「汉」字，「谿」字變爲「谸」字。而「隹」字本爲鳥短尾者的總名，如變爲「鳥」字，則「隼」「雀」「雌」「雄」等字都要改爲「梟」「鴦」「鴟」「鴆」，所有這些變亂，不是混亂字義，就是增多筆畫，反而使人不認識了。其他俗寫簡體字不能作爲簡化的標準，依上所說，也可以知其梗概。羅氏欲採用已經通用的簡體字，究不知何所指？更不知有何選擇？第四，是簡化字的部首偏旁。那末，所有中國文字，都會遭到災難，變更形相，歸於消滅，其利害得失，本文說得很多，不再費辭。

四、我國歷代字書和訓詁音韵之學，都認爲是立國的根本，大都由君主所敕撰或著者所奏上而頒行。周公攝政，作《爾雅・釋詁》篇，周禮保氏教國子，先以六書。太史籀著大篆十五篇，李斯作《倉頡篇》小篆，都先後爲周秦元首所采用。漢平帝徵通小學者爰禮等百餘人，令說文字未央廷中，以禮爲小學元士，黃門侍郎揚雄采以作《訓纂篇》，凡《倉頡》以下十四篇，共五千三百四十字，群書所載，略存於是。東漢和帝命賈逵修理舊文，於是許慎采史籀、李斯、揚雄之書，博訪通人，考之於逵，作《說文解字》，至安帝十五年因衰病遣許沖上奏，安帝賜上書者佈四十匹。宋太宗雍熙年間，

因《說文解字》歷代傳寫訛謬，命徐鉉等校定，以正天下字學，其敕詔說：「宜遣雕鐫，用廣流佈，自我朝之垂範，俾永世以作程。其書宜付史館，仍令國子監雕為印版，依九經書例，許人納紙墨價錢收贖，兼委徐鉉等點檢，書寫雕造，無令差錯，致誤後人。」明《大明集禮》，論書正訛也說：「六書自變隸以來，流俗寖失其本真，惟許慎《說文》為文字之宗，當依其義，而以楷法書之，不可從俗，凡從俗者皆字之訛也。」至清有段玉裁《說文解字注》、朱駿聲《說文通訓定聲》、王筠《說文釋例》等名著出世，故我國文字以六書《說文》為典則之理，至此更為不可移易了。而訓詁音韵之學，從來相與為用，互有發明，也共同為國家的典範，除《爾雅》、《訓纂》已述於上外，他如漢劉熙所作《釋名》，班固等所作《白虎通》，魏張揖所作《廣雅》，梁顧野王奉命所作《玉篇》，唐孫愐訂正隋陸法言《切韵》為《唐韵》，宋真宗景德間又校訂《切韵》為《廣韵》，仁宗景祐四年詔修《廣韵》為《集韵》，以及明《洪武正韵》，和清聖祖敕撰的《佩文韵府》等，都是歷代要籍，而等韵、古韵的研究，亦相與發明，有功語文。惟我國自來幅員廣大，方言不同，故求語文的統一，實為歷代一貫的政策，晉郭璞撰揚雄〈方言序〉說：「蓋聞《方言》之作，出乎輶軒之使，所以巡遊萬國，采覽異言，車軌之所交，人跡之所蹈，靡不畢載，以為奏籍，周秦之季，其業墮廢，莫有存者。暨乎揚生，沉淡其志，歷載構綴，乃就斯文，是以三五之篇著，而獨鑒之功顯。故可不出戶庭，而坐照四表，不勞疇咨，而物來能名。考九服之逸言，標六代之絕語、類離詞之指韵，明乖途而同致，辨章風謠而區分，曲通萬殊而不雜，真洽見之奇書，不刊之碩記也。余少玩《雅訓》，旁味《方言》，復為之解，觸事廣之，演其未及，摘其謬漏，庶以燕石之瑜，補琬

琰之瑕，俾後之瞻涉者，可以廣寤多聞爾。」觀此可知唐虞夏商周
秦六代派遣輶軒使者，采集方言異語，以謀語言的通轉訓釋，而求
文字的統一，與《尚書》天子巡守協時月、正日、同律度量衡，同
為國家的要政，故語文的權衡，操諸政府，行之民間，查法國增製
文字，亦須經由法蘭西學士院審查通過，一九二八年土耳其文字改
革案，經國民大會通過，由政府公佈。因為一國的文字，關係一國
的語文和文化甚大，自有制定程序，不得任意制作。

　　基於以上四點理由和我國「非天子不議禮，不制度，不考文」
與「車同軌，書同文」的傳統政策，特提議制定「文字制定程序法」，
規定我國新製文字及編訂之字書、韵書，應與國家一切制度，如度
量衡等之制定程序相同，都由立法院審議通過後，咨請總統公佈施
行，非獨延續我國的傳統政策，亦所以符合憲政的體制。至於政府
對於文字研究整理工作，則應由中央研究院設立語文研究委員會主
管辦理，如學術上或日用上須添製新字時，自應遵照六書原理制定，
並須編訂字書、韵書，以正國家字學，分別由行政院轉函本院完成
立法程序，以防杜不肖之徒，毀滅中國文字，危及國家根本。謹提
出「文字制定程序法」草案八條，是否有當？敬候　公決。

　　提案人：廖維藩　李文齋　黃建中　伍家宥　黃龍先　鄧翔宇
　　　　　　黃啓平　姜紹謨　郭登敖　陳正修　喬一凡　冷　彭
　　　　　　王廣慶　滿擊雲　盧崇善　延國符　張廷鏞　余富庠
　　　　　　李漢鳴　周　南　嚴廷颺　周慕文　王秉鈞　劉錫五
　　　　　　韓中石　劉　平　王寒生　張季春　李雅仙　魯蕩平
　　　　　　劉景建　袁其炯　劉啓端　劉贊周　楊幼炯　白如初
　　　　　　孟廣厚　錢納水　賈維桀　張鴻學　錢雲階　劉譜人

杜均衡	湯汝梅	相菊潭	許大川	徐源泉	王夢雲
程福剛	馮正忠	周樹聲	徐百川	夏景如	張一清
曾　彥	陳　成	林　慎	武誓彭	佘凌雲	黃佩蘭
李　鈺	白建民	馬曉軍	趙家焯	李曼瑰	朱　點
葉叶栞	牛踐初	趙公魯	任培道	龐壽峰	宋憲亭
張曉古	胡賡年	周　敏	汪漁洋	李天民	黃振華
朱紀章	王純碧	漆中權	朱如松	錢　英	項潤崑
崔唯吾	趙石溪	伍根華	林炳康	劉效義	滕昆田
譚惠泉	臧元駿	劉振東	劉誌軒	彭爾康	李　荷
張希之	余文傑	李毓華	胡秋原	文　群	楊一峰
程毅志	石宏規	羅　衡	趙惠謨		

文字制定程序法草案

第一條　文字之增製及整理除應遵照六書原則辦理外，依本法之規定。

第二條　文字之增製及整理由中央研究院設立語文研究委員會辦理之。

第三條　中央研究院因學術上或日用上之需要，得遵照第一條之規定，增製新字。並依事實之需要，編訂字書及韵書。

第四條　學術人士、學術團體機關因學術上或日用上之需要，得遵照第一條之規定，增製新字，送由中央研究院審核之。

第五條　中央研究院所增製或審核之新字及所編訂之字書韵

書，應送由行政院轉函立法院審議通過後，咨請總統
公佈施行。

第六條　學術上已增製之字，應由中央研究院加以審定，如須
改製時，依本法增製新字之程序辦理之。

第七條　所有各地流行不合六書原則之俗體簡體字，除私人間
任其行使外，應由中央研究院隨時彙送行政院通令全
國各機關及印刷機構禁止採用。

第八條　本法自公佈日施行。

「文字制定程序法」案補充説明

廖維藩

一、提倡俗簡字是集古今俗字別字錯字破字死廢字死字的大成違反文字進化原則應用更爲困難應予摒除

天地間事物的進化，沒有不是由少而多，由簡而繁，包含太陽系的銀河系或島宇宙，最初只是一團白熱化的氫瓦斯，後來才漸漸地形成行星系各種較氫爲重的元素，再演化而爲生物，由少數簡單的生物，漸漸演化爲種類繁多、結構複雜的各種動植物。

各國文字的進化，因人間事物和人類知識日增的緣故，也是由少而多，由簡而繁，中國文字當然不能例外。西漢揚雄《訓纂篇》五千三百四十字，東漢許慎《說文解字》九千三百五十三字，魏李登《聲類》一萬一千五百二十字，《廣雅》一萬八千一百五十一字，梁顧野王《玉篇》二萬二千七百二十六字，《唐韵》二萬六千一百九十四字，《韵海鏡源》二萬六千九百一十一字，明《字彙》三萬三千一百七十九字，《正字通》三萬三千四百四十餘字，清《康熙字典》四萬二千一百七十四字，迄至現在又不知增加多少字，這不是由少而多嗎？以各個字而論，因應用上的需要，或加字或加多筆畫，以資適應，如「云」字加雨爲「雲」，「孰」字加火爲「熟」，

於是「云」僅是云曰的「云」，「孰」僅是誰孰的「孰」了。又「示」字本是地祇的「祇」，又是垂示的「示」，目視的「視」，後來分別加字，增爲「祇」「視」二字，而原字僅留垂示的意義了。「埶」字本是才藝的「藝」，又是勢力的「勢」，後來分別加字，就增加「藝」「勢」兩字了。這不是由簡而繁嗎？但中國文字，具有六書製字、用字的原理，故能以少馭多，以簡馭繁，仍然簡易，並不繁難。

拉丁化運動，只是以拼音的拉丁字或羅馬字代替中國字，系統不同，形體迥異，根本違反中國語文進化的道理，自應排除。所謂俗字、簡字運動，是不究文字學而開倒車的行爲，背棄六書原理，集古今俗字、別字、錯字、破字、廢字、死字的大成，脈絡全無，條理混亂，門類不分，部屬不明，既沒有系統可尋，又不能觸類旁通，音義各各不同，字字必須強記，求簡而愈繁，求易而愈難，這是適應時代的需要嗎？提倡俗字、簡字的目的在便利大眾，欲將文字由士大夫階級交還大眾，但在數萬中國文字中，僅備以數百早被揚棄而不成體系的古今俗字、別字、錯字、破字、廢字、死字，以代萬字之用，這是符合了所謂便利大眾與將文字由士大夫階級交還大眾的目的嗎？所提倡採用的有許多不用的古字，在二十世紀六十年代的原子時代，居然有這種怪現象，這不是開倒車違背文字進化的原則嗎？主張俗字、簡字的人，說中國文字自古以來，由繁而簡，又說從最古的簡體字中選取簡字應用，究竟是由繁而簡？還是由簡而繁？矛盾邏輯，更令人難解。

中國文字在空間上和時間上已收統一的功效，自不容任意摧毀。如以古今俗字、別字、錯字、破字、廢字、死字和另造的簡筆符號，代替現用正字，在空間上，既因條理混亂，音義各各不同，字字必

須強記，難收學習統一之效。在時間上，因文字欲其改觀，又不「可以和古人親密地交接」，則破壞了古今時效的統一。果然所謂俗字、別字、錯字、破字、廢字、死字運動能夠成功，則將有造成兩種文盲的可能，現在識字的人，對於俗別錯破廢死等字成為文盲，正為兒童將為成人的人，對於現用文字也成為文盲，古今中外有此造成兩種文盲的悖謬事實嗎？

二、要用六書原理整理中國文字和增製新字以適應時代的需要

中國六書文字，最初只有象事（指事）象形的獨體之文，如上下日月等，逐漸演化，乃有象聲（形聲）、象意（會意）的合體之字，如江河武信等，最後則有轉注、假借，如洪龐弘穹訓為「大」，「介」本大龜，假為耿介的「介」，「井」本水泉，假為井法的「井」。象事、象形、象聲、象意是造字的原則，轉注、假借則為文字的運用。象事、象形的文有限，象聲、象意的字無窮，識有限的文，能窮無窮的字，這是六書以簡馭繁的方法。轉注合數字為一義，假借分一字為數義，這是六書以少馭多的方法。我國六書文字，雖繁而實簡，雖多而實少，故有用的文字只要數千字就夠了。背棄六書原理，就是毀棄中國文字。俗別錯破廢死等字，大都是違背六書原理的任意符號，既沒有製字的原理，又沒有用字的方術，決不足以當文字之用。

中國文字數千年演化的結果，實有加以整理的必要，存其有用的，汰其無用的。因學術上和日用上的需要，並須增製新字，以資應用。無論整理文字或增製新字，都要依照六書原理辦理。主張俗

字、簡字的人說六書不是限制中國字的鐵律，無怪乎可以亂造字、亂用字，任意所爲，毫無顧忌。「團」字本是形聲字，從口專聲，學習此字，有軌可循，如簡化爲「团」字，則不是才聲，仍然要強記爲「團」字之音，其他如「傳、轉、摶」等字，也是一樣。又如「雞」字，也是形聲字，從隹奚聲，學習此字，也有軌可循，如簡化爲「鸡」字，既不能讀鳥聲，又不能讀又聲，仍然要強記爲「雞」字之音，其他如「溪、谿」等字，也是一樣。這不是愈簡易而愈繁難嗎？

三、中國文字應有制定程序

　　文字爲人世間應用的工具，製造工具是政府和專家的責任。我國「非天子不議禮，不制度，不考文」與「車同軌，書同文」的傳統政策，就是由政府和專家制定文字，推行全國，今日則應經過立法程序，由總統公佈施行，以符合憲政的體制。

　　法蘭西學士院（French Academy）是法國的語文主管機關，一六三五年成立後，舉凡文字和語言聲調風格的審核，都由它主管辦理。所以法文在西方語文中最適用最少變化的文字，過去多以法文簽訂國際條約。土耳其一九二八年改革文字，是改亞剌伯字母爲拉丁字母，經過國民大會通過，由政府公佈施行。因爲一國的文字，關係一國的語文和文化甚大，自有制定程序，不得任意制作，現本法所定制度，甚與法、土制度相合。

我對於廖委員所提制定中國
文字制定程序法案之意見

相菊潭

　　羅君家倫主張用簡體字，曾經於四十二年十二月一日在中央日報發表一段談話，後來知道本院廖委員提案反對，最近又在中央日報發表「簡體字之提倡甚為必要」一篇文章，連續三天，尚未登完，長篇闊論，弄得報紙上熱鬧轟轟，好像成為當前一個重要問題。我以為這個問題要從三方面去看：一、中國的字要不要去改變？二、怎樣去改變？三、什麼人有權去改變？

　　第一，中國的字要不要改變？我認為要改變，因為時代變了，為了節省時間和精力，筆畫太多的字，最好選擇筆畫較少的字來代替。但是為了適應時代的需要，適應社會進化，適應科學昌明，也需要增加字，如化學用字是；所以單拿簡體字為改變中國字唯一的目的，是不對的。羅君所說的需要用簡體字的理由當中，多把中國文句和字，混在一起，就認為中國學生和社會一般的人，學字很難，學字很苦。其實中國文學的難，不在字的難認，而在文句的構造與運用的方式，這是少數研究文學的所需要的，一般的人用不著這樣。中國的字不見得比英文難認，象形字有形可象，指事字有事可識，固然容易認識；會意字是合體字，認識各體，整個字就容易認識，

如「明」字，說起來有八畫之多，但認識「日」字、「月」字，「明」字就容易認識，「日」字四畫，「月」字四畫，還能算難嗎？「信」字有九畫，但「人」字兩畫，「言」字七畫，認識了「人」字、「言」字，就認識了「信」字，也不算難。至於形聲字，認識了各體，不但整個字的字形容易認識，連字的音，總容易讀會。如「江」字、「河」字，認識了「水」字、「工」字、「可」字，不但「江」字、「河」字的字形容易認識，連「江」字的音，「河」字的音，從「工」字音、「可」字音，也容易讀會，那更不算難了。較之英文字，除少數字尾變化有一定軌道外，本字的組織，用什麼字母，為什麼用這些字母，無意義可尋，無規則可循，只有死記，學生認為中國字難，認英文字更難，拿此做用簡體字的理由，不甚正確。他又舉軍情報導、軍令傳達、新聞記者紀事等，為用簡體字的理由；電報有電碼，速記有速記用的符號，軍令極祕密，有時用暗號，這些特殊事項，都有特殊工具，不能與普通文字並論。我以為談字就談字，不必牽涉到文句，更不必牽到特殊事項，為了適應時代需要，筆畫太多的字，要選筆畫較少的字來代替，應當增加的字，也應增加，不能單以簡體字為改變中國文字的唯一目標。

　　第二、怎樣去改變？無論是用筆畫較少的字，或是增加字，都應當以六書為依據，六書是中國造字的準繩，古代歷次文字演變，都是遵循六書，羅君所舉各例，頗多錯誤，學者論之甚詳，茲不重述。所最奇怪的，羅君這篇文章當中，前面既說他不願意創造，只是從碑帖法書古本善本中選出，處處有根據，處處有來歷；後來又說六書不是限制中國字的鐵則，批評六書，不遺餘力，連倉頡有無其人，還是疑問；既然推翻六書，推翻古則，為什麼要有根據？為什麼要有來歷？他既然要推翻六書，他又自承認是保守，拿六書來

解釋。用「种」字來代替「種」字，自己沒有自信心，沒有決定力，所以弄得前後矛盾，不能自圓其說。照羅君的意思，六書是不可靠，我們談中國字，拿什麼東西爲依據呢？他又沒有提出新的辦法，將來中國字，會任意改，任意添，弄得亂七八糟，五花八門，這對於中國字，有益還是有害？這是保存中國字呢？或是毀滅中國字呢？文字統一，爲中國幾千年國家統一的要素，現在把文字的統一破壞，說是不影響國家的統一，如何能狡辯，我不敢苟同。

第三、什麼人有權去改變？我國古代，非天子不議禮，不制度，不考文，因爲文字關係國家語言文化至大，自有一定的制度，廖委員所提制定中國文字制定程序法，非常重要，如能獲院會通過，照法定程序，由法定機關依適應時代需要和大眾化的原則去研究，去制定，去依法公佈，最爲正當。

上面所說，是在文字改革方面說的，我們看看中國現在是什麼時候？是反攻前夕，怎樣去喚起民眾，全體總動員，消滅共匪，反攻大陸，復國建國，這是我們當前最迫切、最急需辦的事，火已燒到眉毛，應當做的事很多，怎能把寶貴的時間和精力，用在這咬文嚼字方面！文字改變是大事，不是急事；是必需，不是急需；我希望廖委員的提案，早日通過，由有興趣的人，平心靜氣，不偏激，不立異，不固執己見，從長討論，應當改的改，應當添的添，依法進行，這方是正當的。

對「文字制定程序法」草案之意見

李文齋

　　廖委員維藩起草此案，曾費相當的時間，除與本院同仁交換意見外，並與院外專家學者交換意見甚多，本草案曾經多次修改，始告完成。

　　各方少數人不贊成本案的理由，不外下列三點：（一）認為中國文字學習過於繁難，窒礙文化文明的發展；（二）交通界的技術人員以電碼打字等理由，主張簡化中國文字；（三）認為文字是一種工具，應當聽其自由發展；等等理由，本人也曾參加過辯論，不敢同意。

　　文字是一種工具，我不否認，但工具要有規律，才不混亂，混亂是中國文字難學之要因，假若不依規律，各自濫造，其結果一定混亂，個人所使用的工具，與他人毫不相干，為個人的便利，不影響他人，無論如何製造都可以；而文字為人類溝通意見的媒介，非有合理的、一定的方式制定不可。例如：機器上所用之帽釘，為最粗賤之物，但同一號數之帽釘，尚必須同其大小長短，以便於普遍使用，所謂「車同軌，書同文」始能形成統一之局。

　　至於使用技術，如電碼打字等，現在英文的運用自然較為方便，因為這種發明都是基於英文而來。若依據中國文字詳為研究，我想，在使用的技術上，也絕不是不能求其簡便的。此為中國文字之弱點，

我不否認，但此弱點不是不可補救的，而其優點甚多，則迥非西洋文字所可比擬。

若認爲中國文字學習困難，使用不便（繁難與否是另一個問題），因而有礙文化文明之發展，理由也太不充分。可列舉史實說：（一）春秋戰國時代的文字，書寫困難，且無印刷，但中國的學術思想，表現於諸子百家的不朽之作，數千年來，實以此時期爲最盛。（二）周代爲有成文史料最早時期，當時使用文字之困難，更可想而知，但周代所遺留下來的銅器與陶器，除歷史價值外，其製作之精美，具有崇高的藝術價值，即今日原子時代歐美各國的出品亦莫與比論。（三）中國的天文曆數尤爲可貴，中西同以年記，每年同以十二月記，西方以七日記週，中國以干支記年月日，西方的週期常有計算錯誤，而中國的計算，則有史以來，絲毫不爽。（四）考中國古代之「樂」，遠在文字使用困難之數千年前，早有「五音」、「六律」，並依「十二律」之高下次序，定爲「宮、商、角、變徵、徵、羽、變宮」七聲，後世樂工沿用之「管色譜」，分爲「工、尺、一、上、六、四、合」七種聲符，此種樂律及運用，與晚近西方樂律之「C、D、E、F、G、A、B」七音，及其用作簡譜之「1、2、3、4、5、6、7」（do、re、me、fa、so、la、si）等符號，正相符合。（五）物質文明方面，中國已早有科學，〈考工記〉即爲土木工之記載。曲阜孔廟之建築，與北平故宮文華殿爲同樣建築而衹低三磚；民國二十二三年時，孔廟損壞，土木專家張含英先生曾親自攜帶角度軟尺，到孔廟正殿的天花板上去詳爲度量所有構造及材料，計算結果，與西方建築學理絲毫不差。難道中國文化與物質文明之發展，是受到文字使用困難的障礙嗎？

我以爲今日中國文化並非樣樣落後，落後者只是自然科學，其

主要原因，不外：（一）專制時代採用愚民政策，人民能讀書者千不抽一，又以八股取士，而輕視「百工之事」爲雕蟲小技，使中國社會永遠停滯於農業社會，以便統制；（二）政府對於科學設備，不加注意，並缺乏研究機構；（三）現在一般學者多偏重於口頭禪，不切實際。這才是阻礙中國文化及物質文明發展的真正原因所在，而硬要歸咎於中國文字之繁雜，太不正確。且中國文學之優美爲世界各國所不及。文學由文字組成，足證中國文字並未阻礙文化。

中國文字，出於六書，條理分明，體用兼備，以言使用，則注重「目治」，一望而可知音識義，其構造之精微，運用之適切，實足以一古今而協萬方，立國大本，端在於茲。現有文字，雖偶有不合構造通則者，急待整理，然亦不能昧於上述深義，盲目求簡，以致欲簡益繁，舛錯百出，其摧毀文化，危及國本，誠如本案所述，至堪警惕！挽救之道，自應將本案交付有關委員會審查，以期明定文字制定程序，整舊制新，依法實施。

對於院總第二二三號廖委員等
提議制定文字制定程序法案之意見

羅霞天

（1）文字是一種工具，是國民普徧使用的工具。這一工具是否適切使用，要多數使用者來決定。否則生硬地強制是辦不到的，也是有害無益的。

（2）凡是工具，一定有時間性。倘若時間性對於某項工具或其某部分，發生了淘汰作用，珍惜它不肯揚棄是徒然的、無可奈何的。

（3）學習使用文字所需時間及精力的多少，影響其國族的文化是極大的。在一定的時間與精力中，益於此即損於彼。損益之間，孰輕孰重，利害得失，自當鄭重權衡。

現代人所需知識技能的範疇，遠過曩昔。我國人在學術上的成就及學生的程度，除少數外，一般的均遠不及國際的標準。原因雖不祇一端，但文字的繁難，亦屬重大者之一。學術水準，倘若不能迎頭趕上，立國將受致命的威脅。

（4）我國的文字，曾經數度改變。

（5）文字改革以後，對於民族文化的繼續滋長，不是不可能的。許多先例，均足證明。

（6）我國文字必須永遠以六書爲鐵定的原則，寧非過於硬性。原則，並非一律永遠不變的。

（7）我主張中央研究院歷史語言研究所，積極研究，我國文字之改革，除此專責者外，人人踴躍發表意見，熱烈討論。在所不禁。

（8）立法院對於文字改革，應否採取立法手段，如「制定程序法」，目前討論，爲時似嫌過早，等到專家提出具體意見，各方面討論接近成熟階段，然後本院權衡情勢，決定應否有所措施，較爲適宜。

一、對於本案處理意見：本席對於院總第二二三號提案，請求延期討論。

二、延期討論如不得通過，那末本席主張對該草案條文中之第一、第四、第六、第七等四條均應刪除。

其第二條改爲第一條。文字修正爲「文字之增製及整理由中央研究院歷史語言研究所辦理之」。

其第三條改爲第二條。文字修正爲「中央研究院因學術上或日用上之需要，得增製新字，變更舊字及訂定字書詞書」。

其第五條改爲第三條。文字修正爲「中央研究院所增製或審定之新字」，應經行政院公佈施行。

第八條改爲第四條。原案及修正意見併交有關委員會審查。

在立法院會議發表之意見

劉振東

　　本席認爲文字改革是關係國家政治統一及民族文化發展的重大問題，必須愼重考慮，長期研究，制成妥善方案，而不可草率從事的。本席是本案連署人之一，我支持廖委員提案的幾個大原則，我主張本案交付審查，現在簡單提出我的意見。

　　一、請各位愼重的注意，現在所謂改革文字，不是一個兩個字的改革，而是要把全部的中國文字簡化成另一套文字，這是一件非常重大的事。有人說立法院不要管這件事，我要請問各位先生，這樣國家大事，立法院不管，立法院管的是什麼？過去多年來，社會上因應實際需要發明了許多新字，各民意機關並沒有提出不同意見，廖委員提出的案，不是爲一文一字的事情，而是爲國家整個文字變體的問題，立法院對這種大事若不過問，可說沒有盡到他對國家民族的責任！羅家倫說，美英法民主國家，議會不管文字問題，若立法院過問此事，那是創聞。但他不知英美法新製的文字，是少數的文字，而不是改變全部文字，若是改變全部文字，三國的議會能不過問，我認爲那才是創聞！

　　羅家倫的那篇文章，主張簡化中國文字，我不反對簡化中國文字，廖委員的提案也沒有說不應該簡化中國文字，中國字由蝌蚪、甲骨、鐘鼎、大篆、小篆、隷書、楷書進化到現在，已經多少次的

簡化，這是文字進化的程序，從來無人反對，但是簡化也要有原則，有道理，不能不講原則，專務求簡，隨便提出一個方案，把中國五千年的文字整個的改變，而發生不良的後果，影響到國家文化的發展。任何人有文字改革方案，只要有道理，本院同仁不會反對的，有合理的方案，不防拿出來給大家看看，我們最怕沒有合理的方案，隨便提出一套東西，以擾亂國家的文化發展，破壞有關國家民族的生命的文字體系。改革中國文字不是一件小事情，多年以來，主張改革中國文字，已有許多方案，如拉丁化的主張，就是共產黨的一套簡化中國文字的方法，是想根本消滅中國文化，破壞民族統一。我們從來沒有不許簡化中國文字的主張，只是如何簡化問題，不能不慎重考慮。立法院對這國家大事，不能袖手不管，必須平心靜氣的討論，態度嚴正，接受各方的意見，決不允許輕易把國家文化命脈根本的文字隨便改掉。羅家倫的那篇文章，以很不莊重的態度，嬉笑怒罵的口吻，討論這個重大問題，他說立法院案子很多，還要管改革文字的事，如果制定了的字，人家不守它，是否犯法，要去辦他？各位先生，他這是什麼話，簡直沒有常識，他以學人自命，而有這種議論，本席十分詫異，須知立法院所立的法，並不是每案皆有罰則，所有國家的典章制度，重大決策，必須經過決定，這是民主國家的常軌，也是中國憲法所明文規定，立法院所要管的，是改革文字的原則，是重大決策，是要將專家研究成功的新字典，大家看看，予以審定，作為新的標準文字，不是說那個字不許寫，寫了就犯刑法，拿這個作反對立法院的理由，真是太幼稚可笑了！現在寫別字的人很多，從來沒聽說國家司法機關去罰人。不但現在沒有此事，《康熙字典》是專制時代皇帝頒佈的，也未聽說人民寫錯了字就要受刑罰。本席決無私人成見，不過覺得研討改革中國文字

問題，不能取這種不莊重的態度。羅家倫曾說，一個字也要成為一個法案則法案太多，我們也不勝其煩。教育部職司其事，立法院對一個字、兩個字的問題，不必過問，無須成為一個法案。這話他說得有理，我可以贊成，但是要改革整個字體，立法院就不能不過問，我們必須要看看改革的方案，這種嚴正的態度，我敢說沒有人可以反對！

　　二、羅家倫說六書不能範圍中國文字的發展，假定在六書之外，有好的改革方法，以發展中國文字，我是首先贊成的，我對中國文字學雖沒有深切的研究，但也稍稍懂得一點，我可以說中國幾千年來，整個文字的進化，逃不出六書的範圍，中國文字的優點、妙用，及其特殊價值，就在六書，誰能在六書以外找出好方法來改革文字，那真是了不得的貢獻！羅家倫說，先有文字，後有六書，這話很對，可是這話並不能打倒六書，文字是初民時代一個字一個字演變成功的，後來方有學者研究歸納已有的文字，成為六個原則，稱作六書，六書之說，誠如　國父《心理建設》一書的舉例一樣，先有飯吃，再有烹調術，先有用錢，才有貨幣學，所以他說先有文字，後有六書的意思，並不能打倒六書。我可以舉一個例來說，地球旋轉少萬萬年，牛頓才發明萬有引力；人類進化了多少萬年，達爾文才發明了進化理論，六書之作，就和萬有引力學說一樣，在地球旋轉多少萬年之後才發現的，連這一點道理也不懂，還研究什麼小學！如果改革中國文字在六書之外，還有好的方法，加上一書兩書，那真是了不得的貢獻，我願意虛心請教。羅家倫說，外國人沒有六書，我們何必要六書，這話聽來好像有道理，不過平心靜氣的想想，外國文字是拼音而成，可以不講六書，中國的文字，其優點就在六書，如果我們要講拼音，不究六書的變化，則完全摒棄了中國文字的長

處，這樣改革，恐怕是邯鄲學步，本末俱失。正如　國父所舉的比喻，彩票未得到連竹櫝也一齊拋到海裡去了。對中國文字的改革，各方辯論很多，中國文字的優美，用不著我多說，只要就廖委員的提案中所引證的幾位外國學者對中國文字的恭維，就可以概括一切了。所以中國文字的改革，必須遵照六書原則，不能拉丁化，這種拼音文字，雖有其長處，但是短處也很多，二者相較，我認爲還是中國的六書體制好，所以六書這個問題是值得大家注意研究，不可輕言廢棄的。

　　我說沒有人反對文字改革，但改革必有好的辦法，必須根據六書原則，以求保全中國文字的優點。我可以舉一個史例，來證明吾說之正確。李斯可說是千古少有的壞人！以言德操，他自己比自己作老鼠，說「士君子之處世，亦猶鼠耳」，以言功罪，若是他少有半分氣骨，則扶蘇、蒙恬不死，二世之亂不作，趙高之禍不生，而秦不至於亡！以這樣的罪人，而能在中國歷史上有地位，就是因爲他改革文字之功！揚雄、馮道學問不在李斯下，而爲千古所羞稱！但是我在此處鄭重聲明，簡化文字與簡體字根本不同，簡化是遵照六書，而簡體字是不講原則，專務求簡，不能保存國文字的優點，是萬萬不可以的！

　　三、我非常同意廖委員之「非天子不議禮，不制度，不考文」的道理，這決不是頑固保守的，說這是頑固的人，是以文害義歪曲事理，其實這裏所謂「天子」，就是指國家最高負責人，是說惟有國家最高權力機關，才有這種權，也就是說必須立院通過，總統公佈，才能大規模變更中國文字！一個國家的文字改革不可以隨變來的，無論中外學者、歷史家，莫不承認我們這一個國家其所以能綿延不絕，愈久而愈發展，不但文化未如希臘、羅馬之中斷，且而化

及荒服，澤被四裔，形成大一統之局勢，就是因爲我們的文字關係，中國疆域這樣大、風俗語言習慣這樣的不同，而政令統一，國基鞏固，久而彌堅，數千年來，日益擴大，決不因國內喪亂，而民族版圖縮小，並不是靠武力，也不是靠政治，主要的就是靠文字。今天要主張修改文字，並非是不可以，祇要修改的好，若是沒有好的辦法，將我國數千年的文化根本，胡亂改竄，像　國父遺教上所說的將彩票與竹槓統都丟到大洋裏面去，這完全是胡作非爲，是必須加以制止的！因此，我主張這一個案要成立。所謂成立，就是將本案交付審查，將來不僅可以徵求羅家倫的意見，而且可以徵求全國專家的意見，任何人有意見都可以提出來，這是國家的大事，必須全國才智之士，共同商討，慎重考慮，不僅是要經過中央研究院、行政院、教育部的審議，還要經過本院決定，我們必須以嚴肅鄭重的態度來討論，平心靜氣的態度來研究這一個重大問題，絕不能馬馬虎虎的隨便亂講，更不許嬉笑怒罵掉以輕心。本席準備用書面文字在報紙雜誌上公開辯論，現在誠懇的請求院會將本案交付審查，凡是有不同的意見都可以從容發表，從詳討論，並不是交付審查就會妨礙了中國的文字改革。

對於「文字制定程序法」案之意見

周　敏

一、對本案處理的意見主張交付有關委員審查。因為簡體字的提倡，是文字的改革運動。不滿現實，謀求改良。自由其研究價值與必要。

二、對本案的三層看法：

（一）為什麼要提倡簡體字

說者謂「提倡簡體字是要保全中國字，以便維持國家政令的統一，和中華民族統一性的重心。」其實中國文字，原已收到這種功效。邊區及海外僑胞之所以認中國字為艱難，是「學習環境」欠佳的原故。方言語音之訛誤，與字體之繁簡應無關係。說者謂「提倡簡體字是為了簡省時間。」其實如軍事、新聞等爭取時間的文字，恐怕非簡體字所能濟急，而須另以速記或其他方法為助。至於普通應用，正不必過份從寫字上計算時間。說者謂「簡體字是為人節省精力。」但考所謂中國文字的艱難，原不在字的構造，而在字的運用。而且許多書籍，太不注意學術分類。要學者自己從大部書中去提要鈎玄，去領悟摸索。所以即令讀破萬卷也每費力多而成功少。這毛病要從改良「教」與「學」的方法上著手。與字體本身之繁簡

無關。此外試調查比較各校學生學習中文、外文時的難易情形，往往外文更難於中文，而公立學校學生學外文又更難於外人設立學校之學生，此其故祇由於「學習環境」之便利與否。如其再比較一般學生學習理科之所以又較文字爲難，還不是由於學校理科的設備與社會生產和生活方式，不能與學校教學儘量相配合，仍然是「學習環境」不良的關係。有許多人論「字」就及於「文」，論「文」就連到「文化」，因而以爲中國科學思想之所以不發達，是由於中國文字之艱難。甚至認研究中國文字與寫繁複之正體字爲不必要。殊不知中文所以妨害科學思想，是由於歷代之詩賦詞章取士，驅使學者祇用腦力精神於文字，而致玩文喪志，而致忽略了科學。這是過去教育政策和科舉制度的流弊。何關於文字的艱難？怎能說爲寫繁複字體而佔用了學習科學的時間與腦力！說者又謂「提倡簡體字是要使廣大的民眾能以最便利的工具得到知識。」假使簡體字對文化別無流弊。然這是普及教育的好工具。不幸的是使用簡體字，多少還有加重古今文字上隔閡的問題。而且普及義務教育和社會教育的方法極多，不必定靠尙有流弊的簡體字。所以我的結論是祇要：（1）改良中國文字的教學法；（2）改造教學環境；（3）善爲推動義教和社教。都可以節省人們的時間和精力，使致力於科學，並學做時代的人。也就是說可以收使用簡體字的功效，而沒有簡體字的流弊。

（二）如何整理並新造簡體字

依六書解釋文字，可以望文生義，可以觸類旁通。無論先賢造字是否完全以六書爲原則。就大體上說，六書終不失爲中國文字一套有系統的教學工具。善讀書者不必泥古。何必因爲六書對少數字的近於牽強附會而定要推翻六書。時代演變到今日，原有字誠然不

夠應用。宜可以爲學術而增加新字。至於就字的本身，而整理其古今變化的各種字體，使其更便於學習和運用，自亦有其必要。若是一味硬生生地去新造簡體字。那徒見其理絲愈紊，未收省力省時之功，先受妨害固有文化之弊。

（三）立法院應不應制定「文字制定程序法」

制定「文字制定程序法」固是爲了保全中國文字，但於學術研究的精神上似亦有熟議之必要。

在立法院會議發表之意見

伍家宥

　　主席、各位同仁：在上次院會中，許多位委員對於中國文字應否改變？應當如何改變？以及本案應否暫緩討論各點，發表了很多高論，現在本席想要說的也許和上次討論的那些要點，稍微有點距離，但是為了表示個人對本案的態度，認為仍然有說明的必要。

　　廖委員的這個提案，本席為連署人之一，記得在有一次院會中廖委員拿着他的提案稿本，徵求本席連署，同時對本席說：這篇文章太長了，一時不易看完，請你先看後面的辦法草案，本席當時為了不願耽延他徵求連署人的寶貴時間，也就輕易聽信了他說話，先看辦法草案，認為大體上可以同意，他要本席連署，本席也就一時疏忽，以平日相信廖委員的文字妥善，沒有再去翻閱前面的案由和說明文字，竟然給他連署，待到後來見了全文印件之後，才發現案由和說明文字中，有若干不能同意之處，除當時已面向廖委員表示疑義外，現在要向院會說明，並且附帶有兩點建議，留待各位同仁另作指教。

　　本來中國文字改革運動已有多年歷史，注意研究主張提倡的人，包括許多時賢、學者、社會青年，乃至本院若干同仁對於這個問題都是十分重視，而且還有時常發表其具體意見的。本席個人對於這個問題的看法，認為研究主張是一回事，推行又是一回事。研究主

張是學理上的是非問題，如果要加以推行，那是政治措失上的利弊得失問題，一個問題在學理上的是與非尚未得到定論之前，人們對於這個問題研究主張是很重要的。但是如果要定為政策，或是成為政治措施，那就得要慎重考慮。就本案而論，文字是傳達思想、傳播知識的一種符號，或者是一種工具，這種符號或工具，是否能與時代生活相適應？如果不能適應，是否需要有所改革？以及應當如何改革？這都是學理方面和時代是否需要方面很重要的問題。這是應當研究，應當有所主張的。現在這些問題既早被世人提出來了，世人加以研究或者是有所主張，以期有所改進，這是很合理的現象。就中國文字本身來說，已經改革了許多次，而且每次改革都各有其成就，也各有其價值。這些歷史事實，大家都知道，不用本席贅述，只是在現階段中，在另一方面，值得我們顧慮的，是現在文字改革研究工作，還沒有達到完善境地，要是各人各憑自己的智慧，改製或增製許多字體，使得筆畫結構，彼此各不相同，彼此難於認識，如果又復隨便推行，這就將要導致把中國已經統一的字體，弄得錯亂分裂，待到日後發現流弊，補救又來不及，所以想研究一種辦法，使得一面有所限制，一面又得有所整齊劃一，我想這是本案提出的主要精神，也是本席連署本案的主要用意。不料在這篇長文大論的說明中，以大部分的篇幅，反對他人改革文字的主張，抨擊研究簡體字的人們。我想這是一個討論學術問題的態度問題。我們對於學術問題，在各個主張上有所辨難，此一是非，彼亦一是非，只要有學理作根據，本席是不反對的，只是關於事理方面的論證，那是要有分際的，應當慎重的。我們知道簡體字流傳，由來已久，現在有人加以研究整理，乃至有所主張，從學術的觀點去看，未嘗不是一件應作而且可以容許世人去做的事。可是在本案說明文中，一定要

從壞的方面，推究其「意義和作用」，視爲是與共匪同樣破壞傳統
文化的行爲，如果說簡體字是被共匪採用過了，我們就不能過問，
不能有所主張，難道說共匪搞了文藝，我們就不能研究文藝嗎？就
不能對文藝有所主張嗎？共匪搞了政治、經濟，我們就不能研究政
治、經濟嗎？就不能對政治經濟有所主張嗎？何況在本程序法草案
中，也有文字之增製改製整理等條文規定，難道這個所謂增製、改
製、整理等工作，就能保證和簡體的方案不發生一點關係嗎？如果
要依說明文中那樣推究的論據，不是因噎廢食，便是持有成見，本
席站在尊重學術研究自由的立場上，是不能贊同的。至於在若干字
裏行間，用了許多很激動的言詞，斥研究簡體字的人們，是「和共
匪隔海和唱，共同爲民族文化的罪人」，是「不肖的知識分子」，
說他們的主張，爲「類似匪諜行爲」等等，而且對於個人，還列些
不符事實的指摘，像這類近於武斷、過火，有失公平，甚至流於深
文巧詆的說話，本席爲重視提案人應有的風度，也是不敢苟同的。
因此，本席鑒於個人這次連署疏忽，以致發生贊同提案而不贊同案
由說明文字的矛盾情事，爲求嗣後使得這類情事有所減免起見，謹
作兩點建議：

（一）委員提案於徵求連署時，應同時另具提案全文副本，分
　　　送連署人查閱，以昭鄭重。因爲這樣規定，縱使在連署
　　　提案時雖未能審閱提案全文，但能於事後查閱副本，如
　　　有補充修正或不同意之意見時，得能與提案人商榷之餘
　　　地，或可撤銷連署。

（二）委員提案，於徵求連署後，如於提案或說明文字內容有
　　　修改時，應隨時函知連署人，因爲本席連署本案時，其
　　　標題爲：「文字法草案」，不是「文字制定程序法草案」，

　　事後承廖委員口頭見告。本席雖有不同的意見，已和廖
委員談過，此處不必細表。因聯想到這一程序，有補充
規定之必要。

　　這是本席兩點有關的建議，當然不在本案討論範圍之內，惟請
紀入發言紀錄之內，俟本院議事規則有修正時，在提案那一章內酌
予採納。

　　最後，本席還要說明的，廖委員是本席三十多年的老朋友，就
求學的關係說，又是同時期的學長，他對於這一有關學術文化的重
要法案之提出，本席是贊同的，現在究應如何處理，或是應當如何
修正，自當都由院會決定，至於其對說明文所採取的立場和態度，
各人有所不同，這是不便勉強隨和的，所以不得不要來表示我個人
的淺薄意見，謝謝各位。

對於「文字制定程序法」草案
及所謂簡體字之意見

黃建中

　　去年十月二十一日，不佞在本院教育委員會席上曾就教育部設立簡體字研究委員會一事，向程部長提出質詢：並建議文字繁簡難易問題，應多作測驗，廣徵意見，以科學方法、民主態度慎重處理，不可遽作決定。其後三日，遇羅家倫君於聯合國同志會，羅君譙不佞反對簡體字，即以上述建議告之。羅君曰：「訴諸測驗，老兄必敗。」應之曰：「予未先存一成見，根本無所謂勝敗；君素以科學民主爲口頭禪，而於簡體字輒幡然欲武斷擅行，未必能成功。」時何子星君在旁，一笑而罷。十一月初，中國心理測驗學會在師範學院開會，曾託人請教育心理家艾偉先生發表積年研究漢字之結果，並領導會員及學生續作測驗。越數日，艾君在新生報刊佈「從三十年語文心理實驗中討論簡體字編製原則」一文。本年二月，復承惠借鉅著《閱讀心理學：漢字問題》一書，知報上所載者，即書中要點與結論；大致贊成簡體字，而原則頗有若干限制，實與羅君主張大相逕庭（詳後），未致全爲彼所謂簡體字張目。近檢《大陸雜誌》卷五第四期中杜學知君〈論漢字難易與其特性〉一文，引及完形心理學家周先庚氏之文一段，其見解又與艾君大有出入，更足爲反對

所謂簡體字之科學根據。此次廖委員維藩提出〈文字制定程序法〉草案，遂決然連署，則以其合於民主方式也。最近數日，羅君連續在各報發表「簡體字之提倡甚為必要」一文，談及推行程序，卻勸立法機關不問此事。不佞謹就文字繁簡難易問題與文字制定程序問題再次第申論之。

　　第一、文字繁簡難易問題：生物進化由最簡達於最複，此為天演公例之一，羅君卻自謂未之前聞。不佞昔嘗謂社會人事之演進與生物自然之演進不盡相同；社會組織容或由簡之複，而社會文化往往與之相背馳。社會組織日趨於繁複，儀節文字日趨於簡易；以簡馭繁，乃周於用，由複之簡，適得其反。由今觀之，文字有由繁而簡者，亦有由簡而繁者。丨至簡矣，演而為主、為炷。●至簡矣，演而為丁、為釘（說本章太炎先生《文始》景印稿本葉三葉十二）。一二三三乂諸字簡而漸繁矣，至六則龜甲文皆作穴，五之古文或作乂，又由繁而返於簡。三演而為卝四，穴演而為介宂，又由簡而趨於繁。而古文有弌、弍、弎諸字，又或假借壹、貳、參為之，則彌繁焉。（詳見孫詒讓〈名原篇〉一葉二。）隸之變篆，有省、有改、有增。省者，如書僉為亨，書㳘為叕；改者，如書叵為可，書王為玉；增者，如書淑為葆，書潩為潮（據黃季剛先生《小學略說》形體二）省則由繁趨簡，增則由簡轉繁；而玉較小篆多一點，其古文則為玨，抑亦繁而簡、簡而繁之例也。即如羅君所舉灋法、龢和、穐秋、翦剪等字，固由繁而簡；又所舉无無、処處、丽麗、礼禮等字，實由簡而繁。唯所舉迁字，注明「古文遷字」，檢《說文》遷字下古文實作「拪」；詢諸金文、甲骨文專家，均稱古文無迁字。所舉达字，注明「篆文達字」，檢《說文》达字下有「或曰迭」句，「迭」字下有「一曰达」句，蓋达即迭之異體（段玉裁說）。所舉

万字，注明「古鉩萬字」，詢諸金文專家，此乃俗字。按万讀如墨，万俟乃複姓，《宋史・姦臣傳》有万俟卨，以万代萬，万俟卨將訛爲萬俟卨，正如以种代種，宋賢种放將訛爲種放；兩人雖賢佞不同，其姓則均不可久假不歸。要之，中國文字病其太繁時，不妨有所省；省而又省者，以不致溷殽爲限。病其太簡時，不妨有所增；增而又增者，亦所以防塗飾、杜詐僞。特繁其所不得不繁，簡其所不得不簡耳。

　　近人動謂中國文字有兩難，一曰難學，二曰難寫；激烈者主張廢除，隨順者主張簡化；廢除不可能，而簡化之計易售。羅君提倡簡體字，所以非難國字者多在難寫方面，俟後文再論，茲先破難學之說。國字以形、音、義三者爲「縮結」，非但衍形，亦且衍聲、衍義；以意符兼音符，以目治兼耳治。因形而知音，由音而知義，明其統類，得其條理，實較拼音文字爲易學。所謂學習，有認識、辨別、記憶三步驟；第就字形而言，每字須各有其完形或特性，方易認、易辨、易記。周先庚氏發見國字具此特性，其〈美人判斷漢字位置之分析〉一文有云：

> 每字有每字的箇性，每字的結構組織，都像一個小小的建築
> 物；有平衡、有對稱、有和諧。字與字的辨識，因此就非常
> 有標準，特別不容易模糊。比較西洋文字，每字是多箇大同
> 小異的字母所組成，而又橫列成一平線；字與字間的箇性、
> 完整性，或「格式道」，就少得多。（文載《測驗》卷二一
> 期，據杜學知所引）

　　格式道（Gestalt）或意譯爲完形，國字既有完形特性，初認其完整之輪廓，繼辨其差別之部分。「視而可識，察而見意」，不獨指事字爲然；記憶不難，學習自易。古文字學專家董作賓君論中國

文字有云：「我國文字現在雖已距離圖畫甚遠，但每箇字自成一箇
獨立的單位，具體的代表一箇語言、一箇印象、一件事物；試之初
學幼童，反較拼音文字爲易記，教育心理學者多次測驗，可資證明。」
（文載《中國文化論集》第一冊）此雖專言字形，而音義亦不難藉
聯想以得之。就字音學習言，昔有基於聲類、韵部之反切，今有變
爲聲符、韵符之注音。聲符二十四，韵符十六，注音符號共四十，
已較反切爲簡易。就字義學習言，《說文》九千三百五十三字，太
炎先生攝以獨體之文，無過三四百字；此爲推尋綱領之術，自非初
學所能喻。而《說文》部首五百四十，仍可以教童蒙；《說文》形
聲字佔百分之八十以上，半形半聲，兩均兼義，更易觸類旁通。形
聲字大多左形右聲，宋人王子韶倡右文聲兼義之說，近人梁任公、
沈兼士均推闡之。姚鶴年君〈守溫卅六字母新證〉一文之結語曰：
「大概形聲字讀其偏旁，不當於今，即合於古，不當於國語，即合
於方言。故習語文者於六書當重形聲，於語音當重聲類，乃能疏通
變化而左右逢源也。」（文載《大陸雜誌》卷六第十二期）可謂得
其窾要矣。杜學知君引時人所著《識字心理》一書云：

> 拼音文字是字形標音的，漢字是字形標義的；由此看來，漢
> 字的字義學習當比拼音文字容易得多。例如英文的 ‘Loyal’
> 除了代表聲音以外，並不含意義的成份；但是漢字的「忠」，
> 除了由「中」代表字音，更可由「心中」的聯合，表出忠的
> 意義。漢文有見形知義的優點，字義的學習也就容易得多了。
> （原文作「望文生義」，爲改兩字）。

又自作結論云：

> ……字母具有形、音、義三方面的根源，所以同一字母孕育
> 出來的各字，也都具有與字母相似的形、音、義。因此我們

　　只要學習了五百四十個字母，其餘的字學習起來便容易得多。
（〈論漢字的難易與其特性〉）

　　「忠」字从心、中聲，中心曰忠，乃形聲兼會意之字。其所謂
字母，當是指部首而言。識偏旁而推知本字之義，識部首而推知餘
字之義；所操者約，所獲者豐，夫何難學之有！

　　然則國字簡化不更易學乎？曰：繁簡乃相對比較之謂；字之較
繁者未必皆難，字之較簡者未必皆易，不可一概論也。艾偉君認定
十畫以下之字為簡，十一畫以上之字為繁，從事於字形認識與默寫
之實驗，發見要點八則。其（二）曰：「筆畫自十一至十五之字，
有易於觀察者，亦有難於觀察者，視其字形之組織而定。」其（三）
曰：「設有一字，其筆畫在十三以上，為左右偏旁所組織而成，若
其任何偏旁之筆畫數超過其他偏旁在十以上者（如劉、亂等字），
此種組織之字形，觀察非常困難。」其（七）曰：「字形由橫直線
組織而成，如最、華等字者，若其筆畫數不過十五，觀察亦易。」
其（八）曰：「若字之筆畫兩方相稱，如開、罪等字，其觀察亦覺
容易。」（參見《閱讀心理學：漢字問題》，章八、節八、頁十三
至十四。）由此可見識字難易，不全在筆畫之多寡繁簡，而猶在組
織之參差或勻稱；其所舉劉、亂兩字，劉之本字作「鎦」，亂之古
文作「𤔔」，固原無筆畫相差過遠之弊也。至艾君所提簡化原則有
六，全錄下方：

　　（一）避免形狀極其相近之簡體字；
　　（二）多用橫直線及相稱之筆畫，少用斜線及曲線之筆畫；
　　（三）兩偏旁之筆畫數比率不宜相差過遠；
　　（四）在可能範圍內，設法顧到六書條例或造字時之原意；
　　（五）形聲字中藉偏旁而得聲者，應避免例外；

（六）少造形義毫無關聯之簡體字。（以上見同書章九、節七十五、頁二一七至八。）

此六原則中，四、六兩原則比較重要，而簡體字最易觸犯第一原則。國字有由繁而簡省者，正為避免形近之故；古文二與三首之三形近，小篆改為上以避之；古文三从反二，篆文作丅（從段說），上丅均與六身之丁形同，漢隸改為下以別之。《左傳》襄公三十年傳、史趙曰：「亥有二首六身，下二如身，是其日數也。」孫詒讓據金文陳侯鼎亥字作夻，依筭式列之為帄，是為二萬六千六百六十日（《名原》葉二夾注）。顧亥之古文作帀，與豕之古文帀同形。《呂氏春秋》稱：「子夏之晉、過衛，有讀《史記》者曰：『晉師三豕涉河。』子夏曰：『非也，是己亥也；夫己與三相近，豕與亥相似。』至於晉而問之，則曰：『晉師己亥涉河也。』」小篆、隸、楷則亥豕筆畫略增，免再殽溷矣。又如王近玉，則右加丶為玉；埶近執，則上加艹為蓺，下又加云為藝；鬥近門，則借接鬮之鬮以代之；兒近兒，則復籀文之貌以別之。蓋為避免形狀極近之字，寧繁無簡也。羅君極力求簡，不顧六書，殘其形，破其體，亂其聲，殽其義。試觀彼之部首及偏旁簡化舉例，凡下有四點之字概代以一橫，鳥、焉不正寫鳥、焉，而代之以烏、焉；然、熱不正寫燃爇，而代之以烾热。烏与鳥形狀極相近，卻以為烏、焉、然、熱四字同在火部；徇俗沿訛，變本加厲。至所謂早已簡化現在視為正體通用字者，有如花之於華。按《說文》：芲、艸木華也；蕐、榮也；兩字音義雖同，用各有別。今字花行而芲廢，花沿芲之本義，華又引申為光華、華夏字。若以花代華，完全通用，則「文章華國」將寫作「文章花國」，「中華民國」將寫作「中花民國」，不亦大貽天下以笑柄乎？乃猶囂囂然借重前修之言，斷章取義；謂六書全非造字時所

有，至許慎始確定爲幾條原則，六書早經破壞，楷書破壞象形字最
甚。於是形聲字置之不論，特恣情嘲詆轉注、假借，而又不明指事
與會意之別。須知造字之法，倉文已見萌芽，殷契漸臻完備；「古
有其實，周定其名。」（《文始・敍例》中語）許氏乃明其類例。
象形、指事、會意、形聲四者，字之體；轉注、假借二者，字之用
（戴東原說）。形謂一物，事該眾物，獨體爲指事，合兩文爲會意；
指事見一體之意，會意合二體之意，分野釐然，何難區別？有指事
象形、而後有會意形聲，有是四者爲體，而後有轉注假借二者爲用；
轉注一義數字而音近，假借數義一字而聲同。古文初作而文不備，
乃以同聲爲同義（以上本段玉裁說），是爲假借；方俗語殊，各本
所稱以造字，彼此互訓，不外雙聲疊韵，是爲轉注（詳見黃季剛先
生的轉注說）。《說文》媄好二字互訓，未見「妙好無別」。妙古
作「眇」，漢末蔡邕題曹娥碑，始見妙字，許書未錄；眇訓小目，
引申假借爲微妙之意。轉注有同部異部，假借無異韵異聲；何致如
羅君所云「一轉三千里，一借有千百化身」乎？六書縱非鐵律，不
得一概抹煞；形聲一法，既可增造新字無窮，亦復便於學習。許書
不乏「從某省」及「某省聲」之字，皆有脈絡可尋；而部首偏旁照
羅君簡法，字例大亂，學習滋難。其所採碑帖、墨蹟及手寫善本書，
皆不足爲典要；蓋制定文字爲一事，書寫文字又爲一事也。

　　文字繁者難寫而較緩，簡者易寫而較速，似爲無可爭辯之事實。
然爲應用而寫，自唯恐其不速；爲學習而寫，欲速則不達。艾君所
持國字應簡化之最大理由，爲解除小學生之學習困難，而所謂學習
困難，不外默寫困難。小學生默寫之錯誤，有形錯、音錯、義錯三
者；繁體字之錯誤雖俱佔大多數，而簡體字並非無錯。關於影響默
寫之因子，列有十項，各字筆畫數不過十項因子之一。（參見《漢

字問題》章六節六〇頁一五〇至一五三）；其餘九項因子，多可從教學上補救。羅君所謂節省時間與精力，偏重在應用方面，望烽走驛，傳檄馳羽，發號施令，屬文起稿，批公牘，寫信函，抄筆記，開發票，乃至賬簿、藥單之類，不妨盡量簡寫急就。現代軍事上有無線電通情報，有電話供指揮，行政上有打字機代書傭，法庭會議有速記、有錄音，新聞出版有活字、有影印；求速之術甚多，何必獨於簡體字求之？電報號碼、速記符號已較所謂簡體字爲更簡，譯電打字兩事，以字體論，中文雖不如西文之速；以句法論，西文實較中文爲繁（高鴻縉教授有此言）。積字成句，積句成章，積章成篇；寫字徒在筆畫上求簡，臨文不在句法上求簡，時與力均不能省，己與人兩皆無益。況羅君所選固有簡體字、隸草行楷，兼收並蓄；其簡化之部首偏旁、猶復隸楷損毀，行草雜揉。求簡轉繁，欲進反退，是亦不可以已乎？董君作賓又有言曰：

> 隸書古拙，草書詭譎，眞行介在中間，容易學，容易寫，於是成為後世最為通行的書體。……為了發揚光大我中華民族所承繼的文化遺產，對於現行文字，實有使之整齊畫一的必要。就現在通行的眞楷，選擇其習用者，製為標準字典，以後凡學校講習、出版著作、政府文牘，一律以眞楷為依據，不得寫俗體簡筆，以維繫我五千年歷史文化於不墜。至於印刷刊版，可以兼用宋體；民間使用，則聽其自由。（〈論中國文字〉）

潘重規教授批評羅文，盛贊董君此段結論；可謂知言（見最近新生報所載〈論羅家倫所提倡之簡體字〉一文）。

　　第二、文字制定程序問題：中國文字之制定，肇自黃帝史倉頡；世稱倉頡初造書契，其實同時與倉頡造字而知名者，有沮誦，其前

作書者尤眾。《史記・封禪書》引《管子》曰：「古者封泰山、禪
梁父者七十二家，而夷吾所記者十有二焉。」《荀子・解蔽篇》曰：
「故好書者眾矣，而倉頡獨傳者，壹也。」可見倉頡以前，文字已
樊然雜出，太炎先生以爲：「倉頡者，蓋始整齊劃一，下筆不容增
損；由是率爾著形之符號，始爲約定俗成之文字。」是爲中國文字
製定之首次。五帝三王之世，改易殊體，周官保氏教國子，先以六
書：宣王太史籀著大篆十五篇，與古文或異。其後諸侯力政：分爲
七國，言語異聲，文字異形，秦始皇初兼天下，丞相李斯乃奏同之，
罷其不與秦文合者。斯等取史籀大篆，或頗省改，謂之小篆；官獄
職務繁，初有隸書，以趣約易（刑獄用之，餘尙用小篆）。季剛先
生以爲三五殊體，咸歸籀斯勒定；即秦篆亦由斯畫一，非其手刱。
則中國文字、又經周秦制定兩次。自爾秦書有八體，漢興有草書。
尉律：學童十七以上始試，諷、籀書九千字，乃得爲史（諷謂能背
誦尉律之文，籀書謂能取尉律之義，推演發揮而繕寫至九千字之多），
又以八體試之；都移大史並課，最者以爲尙書史；書或不正，輒舉
劾之。漢初廷尉所掌律令，載有此制，是爲以法律及文字試士之始，
以法定考試制度取人之始，以法定正體文字取人之始。及漢之衰，
尉律不課，小學不修。平帝時，徵爰禮等百餘人，令說文字未央廷
中；楊雄采以作《訓纂篇》，凡倉頡以下十四篇、五千三百四十字。
新莽居攝，使大司空甄豐校文書之部，自以爲應制作，頗改定古文，
時有六體。壁中書及鼎彝銘辭、世人大共非訾，詭更正文，嚮壁虛
造不可知之書；廷尉說律，至以字斷法。和帝時，詔侍中賈逵修理
舊文，殊藝異術，王教一耑；苟有可以加於國者，靡不悉集。許慎
考之於逵，乃敘篆文，合以古籀，作《說文解字》十五卷；安帝時，
其子沖詣闕上之（以上據許慎〈說文敘〉及沖〈上安帝書〉）。蓋

漢代文字，亦已兩經整理焉。自質帝以還，大學雖盛至三萬餘生，而諸博士試甲乙科，以爭第高下，至有行賂定蘭臺漆書經字，以合其私文者。靈帝熹平五年，蔡邕與堂谿典等奏求正定五經文字，乃以隸體書丹於碑，使工鐫刻九年，勒石四十六，都二十五萬九百十一字，是爲熹平石經。唐文宗時，鄭覃以經籍訛謬，博士相沿，難爲改正；請詔宿儒校正六經，準後漢故事，乃敕唐玄度覆定九經字體。開成二年，石經刻成，經文參用歐虞褚薛筆法；凡二百二十七石、六十五萬二百五十二字，是爲開成石經（以上參照楊家駱縮景印〈唐石經序〉）。此均釐正文字於經籍之中，勒爲定本，垂諸久遠；世儒多慕熹平而病開成，殆以漢刻隸書而唐刻楷書之故耳！此外魏有正始石經，孟蜀有廣政石經，北宋有嘉祐石經，南宋有紹興石經，清有乾隆石經，皆有助於文字之整理；而宋太宗雍熙間校定《說文解字》，真宗景德間校定《切韻》爲《廣韻》，仁宗景祐間詔修《廣韻》爲《集韻》，明頒《洪武正韻》，清聖組敕撰《佩文韻府》，亦皆有裨於形音之釐訂。唯《康熙字典》依據明人《字彙》，不識字形構造之理，不明同音通假之例；本義、借義不分，俗字、正字莫辨，古今字分載，一字兩部重出（高鴻縉教授批評大意如此）；部首并合，尤爲凌亂。乾嘉後，文字聲韻訓詁之學大進，入民國而趨於鼎盛，今履厚席豐，正宜重修字書韻書。要之，中國文字、所以又百工，察庶物，統一九服萬邦；語言縱萬殊，而文字必歸一致。始而創製，繼而整理，均屬制定之範圍；而制定文字，大氐皆事在全國統一之時期，權歸天下共載之政府，未可率爾爲之。古代「非天子不議禮，不制度，不考文」；而天下「書同文」適在「車同軌」之後，豈無故哉？

　　《說文》敘述七國不統於王之情狀，先言：「田疇異畮，車涂

異軌，律令異灋，衣冠異制」；然後言及「言語異聲，文字異形」。
〈秦始皇本紀〉稱：二十六年，「書同文字」，而〈李斯列傳〉稱：
李斯上書，「始皇可其議，……明法度，定律令，……同文書」；
則制度亦先於考文。「制曰『可！』」爲始皇決事語詞，殆亦羅君
所謂「一言可決」與？中國古無議會，議禮亦爲少數人；文字與曆、
律、度、量、衡同等重要，概須整齊畫一；故皆爲天子所制定，私
人不得擅作。《尚書・堯典》稱：天子巡狩四方，「協時月，正日，
同律、度、量、衡。」時月日律度量衡皆齊同，文字不言可知。《荀
子・正名篇》曰：「王者之制名，名定而實辨，道行而志通，則慎
率民而一焉。故析辭擅作，以亂正名，使民疑惑，人多辨訟，則謂
之大姦；其罪猶爲符節度量之罪也。」古曰名，今曰字，王者制定
文字，通行天下，有私造文字者，與私爲符節度量同罪。《史記》
曆、律分爲二書，《漢書》律、曆合爲一志；律呂定聲，曆象授時，
六律爲萬事根本，度量衡皆取法於律。律度量衡之改變較少，曆法
之改變特多；據《明史・曆志》所述，黃帝迄元，曆已六十二改，
近人則謂自漢三統曆至清用西法，改曆七十八次。康熙初，本參用
大統、回回兩法及西洋新法，新舊交爭，屢交禮部議；康熙八年，
乃專用西法。清聖組嘗自謂素留心曆法，《曆象考成》一書經彼手
定，與《康熙字典》不可同日語；而議定改曆，卻虛懷審慎若此。
康熙五十年十月上諭大學士等：「西法大嵩不誤，但分刻度數，積
久不能無差。今年夏至，欽天監奏午正三刻，朕細測日景，是午初
三刻九分；此時稍有舛錯，恐數十年後所差愈甚。……此事實有證
驗，非比書生論說，可以虛詞塞責也。」（見《清史稿・時憲志》）
其實事求是絲毫不苟又若此。羅君在美國度量衡標準局所見白金標
準尺，當置於調節空氣之保險箱時，其度數果百年絕對絲毫不變否？

當取出而受空氣影響時，其度數在俄頃間仍舊不變否？苟具科學頭腦，不當虛詞塞責。變動中之文字縱不能如度量衡之相當固定，究未致如曆法之改變頻繁，積零為整，求合原則，安有所謂憚煩而不經審議耶？　國父孫中山先生嘗以文字比錢幣曰：「夫文字為思想傳授之中介，與錢幣為貨物交換之中介，其用正相類；必廢去中國文字，又何由得古代思想而研究之？……」貨幣應由國家鑄造，文字亦應由國家制定；偽造貨幣有罪矣，偽造度量衡有罪矣，出版有法矣，著作權有法矣，度量衡有條例矣，私造文字不必有罪，制定文字豈容無法？主張簡化中國文字而反對法定程序，視彼欲廢去中國文字者，特五十步與百步之異耳？荀卿曰：「名無固宜，約之以命；約定俗成，謂之宜，異於約，則謂之不宜。……後王之成名，不可不察也。」（《荀子‧正名》）名本無定，立其約而命之；若約為馬，則人皆謂之馬，若約為牛，則人皆謂之牛。指鹿為馬，非約也；畫虎類狗，非約也；寫虛作虎，寫魯作魚，求簡而違約也；鄭謂玉未理者為璞，周謂鼠未臘者為朴，俗異而約不同也。社會約定，斯成習俗；國家制定，乃成法律。習俗行於一方，法律行於全國；制度本乎習俗，法律本乎契約。此制名之樞要也，亦制字之程序也。

　　文字有循於舊名，有作於新名；無論新舊雅俗，須符「字例之條」。試證諸俗字，凹凸指事；囝○（宗秦客所造）象形；夬（鬧）旡（天）會意；輾（展）蟋（悉）諧聲；因「可」造「叵」乃轉注；即「查」為「察」乃假借（據季剛先生《小學略說》）。試徵諸新字，氫氦氧氟俱從气，而各取巠亥羊弗之聲；鈉鎂鋁錳俱從金，而各取內美呂孟之聲；矽磷砷碘俱從石，而各取夕粦申典之聲。此類化學原素名詞，凡九十有四，皆為最好形聲字；繼是有作，必將取

法。若簡化部首偏旁，則形義全失，不倫不類，唯有出於盡毀六書原則之一途；悍則悍矣，其如不合理何。古有避諱之制，亦不合理；漢諱「邦」爲「國」，其義尚同，清諱「玄」爲「元」，其義實異。唐以缺筆避諱，其不合理尤甚；諱虎作虍，號褫澔虒箎虠唬虢虤虨虌虦之類皆從虍。諱淵作泍，媣亦作㛐。諱世作丗，勩作勘，亦改作勘，泄緤皆從丗，亦改從曳，齒作戯，葉傑櫱媒諜堞之類皆改從云。諱民作㞢，昬作旼，岷泯珉惛昏緡痻碈瞪瑉之類皆改從氏。唐石經中此類字體，觸目皆是（詳見楊家駱〈唐石經序〉附記），倘分行排，頗與羅君第九表相類似。已識整筆字者，固可由整筆而知缺筆，未識整筆字者，實不知缺筆字爲何物，此爲唐石經最大缺點，其病不在真楷，抑亦不合理之制度使然耳！文字簡化運動，起自清末，爾時所謂「簡字」，實即「合聲字母」。王照倡之於前，勞乃宣繼之於後，一挫於《官話報》之封閉，再厄於學部之閣置；旋經資政院議員提出質問，案付審查，乃正名爲「音標」，並決議由議長會同學部奏請飭速施行（詳見《漢字問題》第六章第五十六節）。資政院即清庭籌備立憲時期之議會，合聲字母即今日注音符號之前身，然則文字制定程序，今復何憚而不交立法機關審議耶？文字之創製與整理，由學術機關審核，由立法院機關審議，由國家元首公佈，由教育行政機關執行。事關人民生活、民族文化，非歷此程序，不足以昭鄭重、利推行。即令史無前例，世無成法；不妨自我開先；由今始創。況法蘭西大學院之編審字書語文，土耳其國民大會之通過新造文字，廖委員已援引，羅君亦承認。法文最明確，各國向多以之簽訂條約；土文拉丁化，致青年不能讀其本國典籍。轉求教於法之宿儒（余書麟教授轉述留法某君之言如此），共匪本欲使中國文字拉丁化，先從簡體字入手，莫斯科東方學院感其不便，

提出反對意見；姑無論其反對之動機爲何，共匪勢必一切以俄人爲祖師。大陸淪陷後，共匪所造新字，往往由逃出鐵幕之學生傳入自由中國；教育當局若不禁用，且另頒一套簡體字，則將有兩種簡體字與正體字鼎足而三。造字自趨分裂，復國何望統一？不如專用正體字，禁寫簡體字，保持文化上之統一陣線，促成政治上之統一陣線；所謂文化反攻，其道誠在此不在彼也。

蔣總統在三十九年六月二十日出席政工會議講詞，痛斥「美術字體」，提倡正楷字；謹錄講詞一段如左：

> 所謂「美術字體」，不但毫無美術的意義，而且畸形怪狀，醜態百出，失去中國文字固有之形態。這種字體，連我們自己還看不明白，你們想想一般識字不多的兵士，還能夠懂得麼？但是一般政工人員，慣用這種字體書寫標語，普通宣傳刊物上多用這種字體標題，這無異自己消滅讀者的人數，貶低宣傳的效用。今後宣傳文字一律要改用正楷字。就是我國過去的篆書隸書，亦早已爲時代所淘汰；只能作藝術的欣賞，或考據的依據，不能供大家瀏覽或公文的發佈之用。所以宣傳書刊或標語，亦不宜使用這類古舊字體。

總統最近所謂有提倡必要之簡體字，似非即羅君以行草破壞正楷之簡體字。羅君對於前兩問題，未加分析精研，胸懷成見，預下判斷。平時未全讀　總統前後講詞，徒摭片言，斷章標題。猶復首援易傳，列爲聲量，「子曰」「詩云」自違戒條。「挾天子以令諸侯」，假聖言以惑群眾，邏輯之謂何？辯證乎，形式乎？吾弗敢知也。平情而論，正楷字有繁有簡；一般人用字無多，不妨用其簡者，避其繁者。究竟正楷字應否再簡化？應如何簡化？可由中央研究院成立委員會，以科學方法從事研究。制定文字，應否經過立法程序？可由

立法院有關委員會以民主方式從事商討。最後不佞對於本案，主張
交教育、法制兩委員會聯席審查；在審查本案期間，宜先周咨專家，
博問通人，薈萃群言，折衷至當，然後作為建議，提請大會公決。
敬陳愚見如右，尚冀同人有以教之。

在立法院會議發表之意見

侯庭督

（一）廖案提出的動機，是針對羅家倫主張採用簡體字而發，羅的主張如何？姑且不論，我們祇能談些制定文字制定程序法的必要。不必以羅氏爲假想對象。如果羅的主張是對的，而爲行政院所接受，這變成政策問題，我們可以向行政院提出質詢，如果羅氏的主張是錯誤的，行政院也不會接受，倘若行政院接受了。監察院可以提出糾舉。立法院初不必因爲一箇學術問題的探討，而大驚小怪的來提案。

（二）文字是一種工具，不是藝術。工具的演進，是以切合大多數人實用爲依歸。它追求的是效果。文藝則不然，文藝追求的是靈感的美。廖委員的提案說：中國文字，是美麗的貴婦，簡化後則自廁於醜惡的賤婢。從美的觀點看，我們當然歌頌美麗的貴婦，若從工作生產觀點出發，我們不能不推重醜惡的賤婢了。要知道文字的最大功用在能適合時代的需要，在農業社會時代，儘可能兀坐揮毫，研習甲骨鐘鼎。但在工業社會時代，就不能不用打字機了。我們對於文字的改革大可不必發懷古之幽情。因此我對廖案的第一條、第七條所規定文字增製，以六書爲原則是反對的。

（三）文字改革循什麼途徑，是文化問題，如何改革？是學術問題，我們今天不必在立法院多談。文字應否改革，卻是政治問題。

文字的增製演變，很多是由地方慣用的俚語，進而成爲通用的文字。假如「甭」字，本是北平人地方語，久而久之這「甭」字就上字典了。如果文字制訂必須出自中央研究院，結果是中央研究院制訂的文字，未必合乎大多數人的實用，而三家村常慣的文字，中央研究院縱不予制訂，又有什麼方法禁用呢？因此我對廖案第二條、第三條、第四條是反對的。

（四）文字要由議會通過，總統公佈是不可思議的事，先進的民主國家，如英、美也沒有作過這類事，立法委員不一定都是研究語文學的，那麼將無從審議，結果仍流爲少數人的盲審。議會通過由總統公佈的文字，是否也和中央銀行發行的鈔票一樣，人民必須用，如果用「僞」字，就等於僞鈔。因此我對於廖案第五條、第六條是反對的。

綜上所述，本席對於廖案主張緩議。不過廖委員的研究精神，實在值得欽敬，如果組織研究會，我們願意參加，在大學時，我曾研究過文字的。

在立法院會議發表之意見

趙家焯

侯委員主張緩議，而我是主張交付審查的，我有幾點意見補充。

第一、標題應改爲「字書法」：原案標題爲「文字制定程序法」，其內容僅限於文字之增製及審正，不足以包括文字的使用。我們既訂一個法，固要包括制定，還要包括使用。因此主張把「文字制定程序」六字，改爲「字書」二字。

中國文字的使用，從書寫一方面說：從來是按由上而下，由右而左的次序。除有亞拉伯數目字參加外，通常是不會變更的。至於我們的公文書上簽字，一定要用墨筆書寫。當聯合國憲章在舊金山簽字時，備具文房四寶，準備我們中國簽字時用，當時我國的代表，就是依照中國寫字的書法簽的。這種有歷史性的憲章，其簽字方式，仍用中國慣例辦理的。我們公文程式條例對於簽字的方式沒有規定，我認爲應該有一個規定，立法院對於這些地方可謂是注意了的，我們開會簽到，都是用墨筆書寫的。

第二、本席是贊成廖委員提案的精神的，但有幾點理由補充：

甲、關於增制文字方面：

（一）原案第一、二、三、四、五各條，規定增字，一定要經一定的程序。不過程序裡面，有一點當注意：就是增制文字一定要遵循一個統一的辦法，古者「非天子不議禮，不制度，不考文」。

如果你來一個、我來一個。這樣的隨便增加，是不可以的。

　　舉例來說：現在流行的「他」字，男性的用「人」旁，女性的用「女」旁，指物的用「牛」旁。「你」字也是這樣，男性的用「人」旁，女性的用「女」旁。這樣推演下去，「我」字，男性的應該寫成「俄」，女性的寫成「娥」。至於「我」則只有戰士謝尖順個人可以用了，因爲他開刀兩次，男女尚未分明。這不是大笑話嗎！這樣隨便增加，本席反對。一定要有一個統一方法。

　　（二）推行國語註音。是統一讀音的好辦法。不過注音字母，是表示聲韵的，只能用以註音，不能集音成字。因爲完成字有三個條件：形、聲、義。只有形，沒有聲和義，不算字。只有聲，沒有形和義，也不能算是字。所以文字的制訂，必須有一個統一的程序，免致發生以注音代字的毛病。所以本席贊成第一、二、三、四、五各條的意義，就在這裏。

　　乙、關於改正文字方面：

　　現在有人倡議推行簡體字，本席並不反對。我認爲這也是一種字體，只要簡得好，未始不可以用。本草案的第六、七兩條，就是規定改製的標準，雖其中部分反對簡體字，但私人間還是可以自由行使的，我覺得端楷我們用之已久，也是一種很進步的產物，不宜有所變更。尤其是教學、公文、著述，只能用一種字體，仍以正楷字爲宜，若將篆隸行草簡混於其中，是不妥當的。

　　至於簡體字，我想將來很難成功。根據羅家倫先生發表的大文，他所列舉的，只有二百七十個字。清《康熙字典》已有四萬二千一百七十四字，今天更改了二百多個簡體字，把整個字體都弄亂了，這是毫無補益的。如果要改，應全體改，這樣做得到嗎？羅先生把「擅」字簡爲「拡」，是將「云」代替了「亶」，將來「亶」「云」

就互混了；又如「際」簡爲「际」，是以「示」代替了「祭」，「祭」「示」兩字，也就一樣的互混了；其他如此互混之處尙多。今祇舉二百餘字，就發生無可補救的缺憾，若字再加多，其缺憾就不可想像了。因是想拿簡體字來代替正楷字行使，可說是不可能的事。

我記得從前教育部也曾提出過約三百個字的簡體字，羅先生的二百七十個字，大部分是取材於其中，我們就將他綜合起來，也只有五百多個字，字數也是很少的。現在我以爲簡體字提供社會人士研究則可，想即刻就要代替正字推行則不可。

以上的意見，還望就正於各位同仁。

在立法院會議發表之意見

喬鵬書

　　本席沒有簽署廖委員的提案。不過本席同意廖委員這個提案的精神。古語說：「非天子不議禮，不制度，不考文」，文字制定，是很重大的事情，必須慎重。同時我不同意羅家倫先生簡化的運動。中國方塊字，已經夠難，兩種寫法，更使民間難上加難。求簡化是對的，民間行之已久簡體字，由它簡去。譬如立法院的「法」，古寫「灋」，今天不必恢復古寫。春秋的「秋」字，也是一樣。但是不可以隨便杜撰簡字，靈機一動，想出許多簡體字，是不可以的。我們知道方塊字在過去統一了我們的文化，使我們幾千年的文化，能夠這樣傳下來，同時使廣大地區統一起來。所以方塊字在中國有他的功勞，在中國文學上也有他的奧妙，了不起。有許多中國文學，在西洋文學找不到的好東西。不過方塊字，也有他的過。我們知道老祖宗，有好多思想傳不下來。簡化運動可行，但不是容易的事情，弄得不好，愈弄愈壞。

　　廖委員主張「書同文，車同軌」。我們知道，今天的書同文，車同軌，是秦定天下以後的話，統一中國的事情。今天這個時代，書同文，車同軌有他新的時代意義了。我們知道今天全世界東半球到西半球，只要六十小時，還不需要車同軌嗎？我們的思想，如孫中山先生所說，大同世界就要到來，還不需要書同文嗎？我們人類，

由很多區域，逐漸併合到現在，剩下東方和西方。我們現在努力的，是全世界語言文字的統一，不要在簡體字上兜圈子。這個方塊字將來要到博物館，不會留下去的。不必教全世界的人學方塊字。兄弟多少年讀古書，到臺灣來，還帶來幾千本古書。但是我不提倡學古文、讀古書，因為文明進步，今後的文字，不只要國際化，更要世界化。今後化腐朽為神奇，不是過去八股時代「以杖叩其脛」「闕黨童子將命」，出那樣截搭題，來化腐朽為神奇，而是從廢料裏，找出許多化學原料，與人類有益的。有一天我會到羅先生，我說，文字改革，是後一代的事，如何改革，由後一代去作。原子時代，一定要想到文字應怎樣作的，我們不必為後代操這個心，而且增加麻煩，長江後浪推前浪。羅先生當時反對說：「我不承認是前浪」。我說：我是前浪，我是後浪。

我對於文字制定程序法草案之意見

苗啓平

一

　　考東漢許慎《說文解字》九千三百五十三字，《唐韻》二萬六千一百九十四字，明《字彙》三萬三千一百七十九字，清《康熙字典》四萬二千一百七十四字。迨民國四年，中華書局出版之《中華大字典》，據徐則敏氏統計，凡四萬四千九百零八字。此乃時代進化使然，而人事日繁，知識日增，其文字亦不得不由少而多，由簡而繁，由淺及深矣。最初之字，總由實物或虛象（純客觀一定之象，如方位數目之類）造起，漸及人類之動作，人類之心理，以及純抽象之名詞，與夫一部分之語詞，可爲證明也。

二

　　國父嘗云：「今日中國人口四萬萬眾，其間雖不盡能讀能書，而率受中國文字直接間接之陶冶。外至日本、高麗、安南、交趾之足，亦皆號曰同文。（西人霍爾氏所著《朝鮮西岸及琉球群島遊記》云：『……今此等國家均採用相同之單字，以發表相同之思想，因之彼等所書寫者，彼此自然能完全瞭解。」）以文字實用久遠言，

則遠勝於巴比倫、埃及、希臘、羅馬之死語。以文字傳佈流用言，則雖以今日之英語號稱流佈最廣，而用之者不過二萬萬人，曾未及用中國文字者之半也。……則文字之功偉矣！」

　　國父又言：「……且中國人之心性理想，無非古人所模鑄。欲圖進步改良，亦須從遠祖之心性理想，究其源流考其利病，始知補偏救弊之方。夫文字爲思想傳授之中介，與錢幣爲貨物交換之中介，其用正相類。必廢去中國文字，又何由得古代思想而研究之。抑自人類有史以來，能紀四五千之事翔實無間斷者，亦惟中國文所獨有，則在學者正當寶貴此資料，思所以利用之。……彼歐美學者於埃及、巴比倫之文字，國亡種滅，久不適於用者，猶不憚蒐求破碎，復其舊觀，亦以古人之思想，足資今人學問故耳。而我中國文字，詎反可廢去乎！」未諳主張推行簡體字者，對於上述　國父之垂訓將作如何感想耶？

三

　　（一）或謂主張簡體字者，祇有一部分正體字摒棄不用，並未廢去中國文字。果如是則錯亂之簡字，與工楷之正字，混雜使用，不倫不類，且後代之人，不易閱讀歷代典籍，徒增其困難耳。

　　（二）按《說文解字》全書分五百四十部首，統九千三百五十三字，每部立一字爲首，謂之部首，如从金之字皆在金部，从火之字皆在火部，各依其部首編排之，間有不知其音，不明其義者，亦可知其屬於某一類矣。吾國文字，雖號稱數萬，造字原則，可約之爲六，明此六法，則可爲識字之本。所謂天下義理，必歸文字，天下文字，必歸六書是也。故祇須識數百字，而數萬之字皆可觸類而

通也。難之者曰，破壞六書中之字體，已不自今日始，楷書中亦有之矣，又豈能獨怪簡體字乎。應之曰，自隸體通行，鳥有四足，牛無兩角，音不從言，奉不從𠦳，文字雖非象形之舊，但仍有其演變之迹象可尋，而數亦不多。況吾國文字雖曰演形，而聲之爲用亦最廣。文字數萬，形聲居十之七八，可知造字之時，大牛以聲配合。凡字云：「从某从某、某亦聲」者，皆是形聲兼會意之字也。《說文》標明「會意」之字雖不多，若以「聲系一派」（指研究小學者之另一派）之主張，每字所諧之聲，均有意義，而形聲字之全部，咸屬於形聲兼會意之字。至於假借之字，假形者少，而假聲者爲多。明乎此，更不能不愼重文字之簡化矣。

國父云：「歐洲文字基於音韻（其字母，源於腓尼基人而出自埃及、巴比倫，係借自古代異族），音韻即表言語，言語有變，文字即可隨之。中華製字，以形聲、會意爲主，所以言語雖殊，而文字不能與之俱變。」良以中國文字足以扭轉語言，非西方語言足以扭轉文字之文字可比，而任意從簡也。

（三）提倡簡體字者，如有確實合理之簡寫字體，而成爲一套之簡字體系，以節省書寫之時間，而增強工作之效能，本席雖係本案連署之人，並不反對，揆諸本案宗旨，亦不如是。（觀本案第二條及第五條規定文字之增製及整理並編訂字典、韵書可知）。如以帖寫、木刻、別字、錯字以及民間不識字者所寫斷手斷腳不成字之字，均採作簡字，不依造字原理，是無異以粗劣符號，摧毀優異文字，實最不可理解事也！

（四）我國文字推究，乾嘉諸老已下最大功夫，條理貫通，似繁實簡。如以時代進步，人事日紛，似不妨於教科書及普通書籍，依據正楷；至於一般需用手抄之日用文字（典禮所寫文字除外）可

用行草繕寫，以期簡捷。亦如英文有大楷小楷，有大草小草然。則正簡字體，相互為用，相輔而行，豈不懿歟！又何須畫蛇添足，另行再來一套硬性不妥不通之簡字耶！

四

　　本席對於文字學，素無研究，謹表示意見如右。至對於本案之處理，本席以為茲事體大，不妨廣泛討論，多多交換意見，然後交付教育委員會審查，是否有當，敬候

公決。

對於文字制定程序法一案意見

王廣慶

（一）**本案應成立交付審查**：審查時，聽取主管官方及專家意見，於中央研究院中，成立中國語文研審委員會集合語文專家，徵詢全國意見，制定文字研審原則。再就歷代典籍所有之字採各地方言之音，以及古今文字形聲義之演進譌變，逐字檢討，正其形體，定其音訓，編輯標準語文典，或其他字書、韵書、辭書等。同時確定正字簡字使用限制，並決定後此每若干年，即須開文字研審會議一次，糾正譌誤審定新字，樹立同文宏規，以免國字詭變。

（二）**本案不必緩議**：因教育部已有簡字研究會議，並已通令各學校，暫不使用簡字，以免妨礙正字。惟禁用簡字，雖係一時賢明措置，然祇設簡字研究會，於審正國字之功，殊爲不備。且少數社會人士，不問文字演變及歷代制作之條理，爲其私便，主用簡字者，不乏其人。如任此說單獨發展，則中國文字形體聲音義訓，或將漸就湮巇，有治絲益棼之虞。如祇禁用簡字，則簡字在社會上，行用已久，勢不必禁，且亦無法禁止。故歷代人士，對於正字，皆特別重事視，一爲尊重經典，一爲樹立楷模，定爲準則，昭示學者，所謂書同文也。況中國文字之統一，離開各地方音，獨自成一體系，既將語言侏離之複雜部族，鎔鑄爲一道同風之中華民族，竭其制作精意，形成一高深悠久之文化。現在整理文化遺產聲中，對於珍重

遺產之國字，更宜早日審正。此為國家大事，本院儘可提議，如云時局關係，不應輕言制作，不妨先作倡議，樹之鼻極，逐漸為之，賢於不為。且明清以來，編輯字書者不明小學者多，不能盡聲音訓詁之能事，如《洪武正韻》、《康熙字典》是也。現在研治國學途徑，隨科學法則而進步，多數專家均願從事研究，又何樂而不早為之。

（三）**歷代審定正字事例**：倉頡造字，並非一人獨創，不過就各種通行之字，去其謬亂，定其標準而已。周禮保氏以六藝教國子，五曰六書，班固以為象形、象事、象意、象聲、轉注、假借，文字之本也。孔子答子路問政奚先，曰必也正名，或謂今之字，古謂之名。漢法，太史試學童，能諷書九千字，乃得為史，吏民上書，字或不正，輒舉劾。成帝時，倉頡正字，俗師失其傳，元始中，徵天下通小學者以百數，各令記字庭中，揚雄據之以作《訓纂編》，順續《倉頡》。宣帝時，徵齊人能通正讀者，張敞從受之。王莽亦命甄豐，校文書之部，摹古文《易》、《詩》、《書》、《左傳》於石。東漢靈帝熹平中，詔諸儒正定六經，蔡邕書丹，刻石立洛陽太學門外。其在私人，和帝永元中，汝南許慎，惡世人好奇，詭更正文，參照所有字書，並博採通人，稽譔其說，作《說文解字》，敘篆文，合古籀，據形系聯，不相雜廁，欲以理群類，解謬誤，曉學者，達神恉，蓋恐俗儒鄙夫，翫其所習，蔽所希聞，未嘗睹字例之條，怪舊藝而善野言也。自後古今文字，以此為宗，今日出土甲骨金石之文，所以能考正者，獨賴此書之存。魏正始中，邯鄲淳又書古文篆隸三體石經，補蔡邕今文石經之未備。後魏江式著《古今文字》，並上書請正定文字，所見極正。其後歷代有石經之刻，有正字之官，大抵皆為保存中國特有之正字，不使俗書亂真也。《中庸》

所謂「非天子不考文」者，正恐當時列國，各用私書，妨礙同文政治之故。

（四）簡字不能代替正字爲標準字：中國現在經典正字，雖因歷代失修，多所謬誤，然行用有年，列之典籍，如日月經天，江河行地，無法廢滅不用，凡公文典冊，及金石傳世之文，必須使用現代正書。正書之所以複雜不易學寫者，正所以表示其涵義之專確，與區別性之明顯。如古時「芙蓉」祇作「夫容」，「鴛鴦」祇作「夗央」，今日「介木廠」或作「鉎木廠」，「鐘表」乃作「鐘錶」，正始三體石經，古文「在」作「才」，「鄭」作「奠」，「如」作「女」，「功」作「工」，而今不用此古文者，正以古文「夫容、夗央、介、表、才、奠、女、工」等字，皆另有其意義，用之不能不區別也。又如電燈、飛機、無線電傳真，古時所無，此等新事物發生，中國文法，祇須集現成之字名之，不必如西文須製新字，世人祇覺中國文字之難，不知其配合圓融，應用無方，睹其偏旁，會其義旨，此皆中國文字特長，難能亦自可貴。至民間私用俗字時，眼前事物，易於明白，略有符號表示，即可明其意義，自古先民，早已使用簡字，何煩提倡。如謂以簡字代正字，學子不能復讀經典，不妨將經典另印，則是真欲廢滅正字，有何方法，能使國人贊成。假令不改經典，則正字之外，又以魚目混珠，重疊雜沓，欲簡適煩，何必多此一舉，故簡字任民間使用則可，以簡字代正字則不可。希望大會通過此案，交付審查，樹立大經大法，使全國文字專家、國學大師，出其研究所得，共同編輯語文專書，以爲學人使用準的，則遺產中零縑斷帛，皆爲學術中球圖之寶。

（五）此外尚欲附言數事：（1）中國文字，所以被目爲難學難寫，不僅在筆畫之繁複，而教學方法之不適，亦其一端。文字由點

畫而成，必須先明偏旁之意義。《說文‧敘》云：「文者物象之本，字者言孳乳而寖多」，則是獨體爲文，合體爲字。今《說文》字典中之部首名之曰文，即古今有異，而大體不越。各部首中所收多數字，由部首各種形體，拼湊而成，名之曰字，雖積數繁複，省識費力，然零件認清，成器亦明。古者八歲入小學，先學文字，故今日聲音訓詁之學，猶名小學。今學校教科書中，名爲國文者，自應先教部首偏旁，然後再教成字，次及於成字湊成之文義，使兒童循序不惑，則不知之字，多可類推。而今祇教成字，再教聯句，所學白話文，浮詞多而內容少，此可謂之文章，而非所謂國文。國文涵義，應自文字基本構造始，如習外文者之先學字母拼音再及於文字構成之文章。《說文》部首五百四十，《康熙字典》二百餘，其中尙有可併省者，小學六年中，略一講習，非不可能。如不揣其本，先事其末，囫圇吞棗，不辨肉核，一見本國文字異於符號單純之外文，即有見異思遷之感。不知一切困難，皆可由學而能。吾人一見摩托機器之構造，望洋興嘆，苟能尋其鰓理，自有規矩可循。（2）文盲之多，僑民外人之惡習國文，乃無力就學及學習功淺之故，國於天地，必有與立，非可據此即言中國文字阻礙文化進步也。（3）今日冗長之演說詞，按字計值之新聞稿，羌無故實，希得巨疇，記錄拍打之費時費力，不亞於國文之難學難寫，即將中國文字，每字減爲一二畫，亦不能減此痛苦，何以時代碩彥，無人提倡改正文體、省減字數者，將來如有審正文字會議，此類應成爲時世急需之問題也。

（中華民國四十三年三月廿三日）

請暫保留廖委員維藩等提議
制定文字制定程序法案

王德箴

　　本席拜讀廖委員提案，對其保存吾國傳統文化之精神及其對文字學之豐富知識萬分欽佩！不過本席認爲由於近來有人主張簡化中國文字，教育部有簡體字研究委員會之設立，廖委員隨提議制定文字制定程序法，欲在法律上明文規定：文字之增製及整理由中央研究院辦理，「中央研究院所增製或審核之新字及所編訂之字書韵書應送行政院轉函立法院審議通過後咨請總統公佈施行。」未免「不需要」。因爲一國文字的改革，乃學術範疇內事，立法院不必過問，亦不能過問。本人學識淺薄，未聞英美各民主國家有由國會審議字書韵書之事。須知立法院與國民大會權限不同。目前國民大會的提案與決議，可送行政院參考或選擇辦理。立法院的決議，行政院則非照辦不可。如照廖委員提案，以後文字之增製及整理必以六書爲依歸，其研究結果，必送立法院審議，姑不論本院同人對文字學的修養未見皆能若廖委員之深邃，即使皆是小學專家，在時間上、精力上，也不允許我們去審定學術界每一個新字的增加，或每本韵書的出版。如果說：因爲文字是國家文化的命脈，本院同人，必須負起艱巨，則本席請問那振奮國魂的文章，陶融性靈的詩歌，又那一

種不關乎文化的命脈？難道今後某人討論文體、整理方言的著作，也要經由中央研究院轉送本院審訂嗎？縱使廖委員不憚煩，其如大多同人何？回想五四運動時，保守分子也曾目白話文爲洪水猛獸，但是未聞議會要求送審。現在通行的注音符號，也未曾經過立法院通過。國家很多有學問的人，不管在教育部或在中央研究院，自有學者專家，曾對簡化文字作仔細的研討以求其合理而能通行，因爲這是他們分內之事，否則，政府何必要設這些機構呢？立法院自有範疇以內的事，似不必涉此越俎代庖的嫌疑，這是本席反對本案的基本理由。

其次，本席覺得簡體字亦有提倡的必要，其理由如下：

第一、中國字確有些字不僅筆畫太多，而且太複雜難記，如「竊」字、「龜」字等，在書寫時往往會忘記一點半撇，如爽性把他簡化後，就可無此失誤，使百分八十以上未受過相當教育而又忙於生活的大眾減少書寫時精力時間上的負擔。至於廖委員所舉的例，如「團」字，形聲字，從囗專聲，他說只要記得「專」聲便不會忘記寫法，我想這是對已有文字學知識的人而言，普通小學生是不會想到「團」字從「專」得聲的。

第二、現行中國文字，並不全是造字的六書原形，其間經過甲骨、鐘鼎、大小篆、隸、楷等多次變化，已由繁入簡，如春秋的「秋」字，即其一例。如果說已有者不應改變，那麼楷書、隸書、行書、草書不是都已一再改變了甲骨、鐘鼎、大小篆麼？他們又何嘗召致破壞傳統文化的災禍呢？尤其是魏晉以來盛行的草書，簡略草率得像鬼畫符，但是竟被後人視同珍寶，更未聞有人譴責王右軍等爲反動。過去既如此變，而且變得可喜可愛，今後經過了「難與慮始，易於樂成」一個階段後，也必如此，我們不是愚民，又何必鰓鰓過

慮。

　　第三、現今所提倡的簡體字並非出於杜撰，而是從古書上所已有及民間已習用的字中「表而出之」的，如不數典忘祖，便可言下頓悟，惟此最能上追六書原意。例如「氣」字簡寫爲「气」，不是更適合於六書中的象形麼？至於民間流行的字，如「鸡」「个」之類，已「約定俗成」「司空見慣」，絕非一紙命令、幾條法律所能禁止，而且強行禁止適足違反民意，非立法院所應出此。退一步言，立法院即令好大喜功，也不能代教育部審定教科書，更不能徧赴各機關審閱公文，徧赴郵政局檢查信札，否則便流爲執行不徹底的法律。而且既要檢查其他機關所用的字是否不用簡筆，就必須先從立法院中開始，於是問題就立刻發生了，非先把「立法院」改寫爲「立灋院」不可，經此一改要是人民向立法院有什麼請願，卻因爲不認識「灋」字而找不到院在何處，豈不貽累了忙於生活奔走的人民！

　　根據以上的理由，本席認爲爲了適應民間需要，爲了容易普及國民識字教育，爲了節約時間，提高工作效率，簡體字不僅不應被反對，並且應該盡力提倡。本席原本是學中國文學的，雖沒有像廖委員那樣宏學博識，但也學過甲骨等古文字，而且也會模仿幾句諸子或駢體文調，在胡適之先生提倡白話文時，本席曾用古文體寫了一本「先秦學術思想史」表示反對白話，尤其對於注音符號，認爲破壞中國字體，深惡痛絕。可是廿年後的今日，我恍然悟昔之非。我現在承認文字是語言的工具，其最大價值在能爲廣大民眾發表意見。今天小學生國語讀得準，就完全靠了注音符號。可是注音符號只是注在字旁，表示字音，並未取文字之位而代之，于此我可以向廖委員說明兩點：一、有價值的改革終于是有價值的。二、中國文字是永不會因改革而遭磨滅的。自有楷書以來，甲骨等古字不仍可

以看見嗎？「信而好古」的人儘可仍用篆、隸、行、草等文字，簡化文字運動並非爲探討高深學問的人而興起。

至於廖委員所說天下事物的進化皆由簡而繁包含太陽系等，又說「非天子，不議禮」，又說反切較拼音爲優，又說中文較英文簡單，凡此皆未盡洽當。本席手邊無書，且又臥病，不能一一請教，好在這都是提案的旁文，無關宏旨。

總之，吾國文字需要簡化，與需要增加一樣的重要。廖委員尊重研究學術風度，似不可因爲共匪曾有類似行動而謂提倡簡體字的人即屬與匪「隔海和唱」。

廖委員和連署諸位委員的學問熱忱，本院同人無不了解，本席尤爲心折。似此有關學術問題，本席認爲廖委員可向教育委員會提議請教育部中央研究院派人到會詳細研討，提出簡化字體應該遵循的途徑，以及應歸那個機關主持的道理，本席相信行政當局尊重民意代表，必能按照廖委員等意思辦理，大可不必由院會制定法律，所以本席提議本案暫予保留。

對廖委員維藩等提議制定
文字制定程序法一案之意見

侯紹文

一、中國文字，按照六書之意義製造，頗富於文藝性，在教育上教導學生認字，如按六書之意義講解，不惟容易引起學生之興趣，且易於了解和記憶。如「烏」字、「旦」字。

二、施行簡體字，以筆畫太簡，有時彼此混淆，分辨不清，反失掉文字原來之意義，如「難」字之簡體爲「难」，因之「漢」字之簡寫亦爲「汉」，「雞」字之簡體爲「鸡」，則「溪」字之簡體亦爲「汉」，則「汉」與「汉」究爲「溪」爲「漢」，便無從分辨了。

又簡體字之「敵」作「敌」，是以「商」作「舌」，今「舌」加氵爲「活」，如按簡體字之「敌」字說，亦可爲「滴」，則「活」之一字，究竟爲「滴」抑爲「活」，亦無從分辨了。

三、實施簡體字，的確與文化有毀滅的影響，如提倡簡字者，引「種」字簡體字爲「种」，謂「种」字幾乎一生難遇一次，至於當姓用的「种」字，祇是在《水滸傳》裏見到過，而要請「种」老相公讓姓。其實，後漢有「种暠」，宋代有「种放」，他們在史書上皆有列傳，姓「种」的並非《水滸傳》裏僅有。今如使姓「种」

的讓姓，那就等於毀滅人家的姓氏，也就等於毀滅歷史。原提案人說簡體字足以毀滅文化，今提倡簡字者竟提出毀滅「种」家姓氏，那就等於被他說中了。

又「稱」字改作簡體，只有作秤，而不可作「秤」，因秤與稱只有一義相同，即作量用之衡器，此外「稱」字尚有讀平聲者，「秤」字則僅有去聲；尤以「秤」之義頗單純，而「稱」字之義則較為複雜。如讀平聲者，《禮記》載：「君子稱人之善者則爵之」，稱為、稱道、或頌揚，就是當「言」講。《書經》載：「稱爾戈」稱字當「舉」講。至稱字讀去聲者，在《禮記》載：「禮不同，不豐不殺，蓋言稱也。」「稱」字作「宜」解。《漢書》載：「無以報稱」，那「稱」作「副」解。《漢書》又載：「當其有者半賈而賣，亡者取倍稱之息。」那「稱」為舉錢，猶之乎「借債」。今如以「秤」代「稱」，勢必將古書中之「稱」字意義，完全失掉，那不就等於毀滅文化麼？

在立法院會議發表之意見

杜荀若

本席大體贊成廖委員提案，有下列三點理由：

一、中國文字的構造，根據象形象義，不但既有其原理，而且切合科學，例如「不正」是「歪」，不字加口，即是否定的「否」。且真草隸篆，不限於一格，用之極便，行之已久，除考試用真楷，即軍事報告亦可用行書，並不至因過繁而有延誤時間的情事，實在不可輕言改造。即使改造文字之事，可以不必由立法院制定法律，但以人民代表的一份子，難道亦不宜提供意見嗎？

羅家倫先生所提倡的簡體字，其自相矛盾之處亦甚多，欲益反拙之處，已詳於廖委員提案原文之內，不必詳述。即以「盛」字而言，羅君所擬之簡體字，較之原字尤繁；又「酒」字、「醉」字，簡化後亦較正楷原字為難，如此簡化，將文字支離分裂，於科學文化、反攻復國有什麼好處？依本席淺見，以為當此反攻復國之際，可作的事、應作的事很多，不必積極推行簡化文字運動，歷史上從未見有以簡化文字而圖強復國，更未聞有多寫兩畫字，而遭到國破家亡。文字簡化，有其自然趨勢，不必硬性規定，可任其自然發展。

二、共產黨簡化文字的目的，在摧毀我國固有文化，打倒一切舊道德，消滅我們傳統的精神。我們提倡簡體字，目的為的是什麼？羅先生說，他的簡化與共產黨的不同，但在本席看法，這種比喻是

頗為不倫的，例如共匪改「擁護」為「拥护」，尚有留兩手，意義猶存，而羅先生簡化字草頭改為「⺍」，「羅」上的「四」改為「⺗」，真是支離破碎，滅頂分屍。形體全滅，與摧殘固有文化，不見有何區別。不管他說得意義如何深長，實在不敢苟同。而且如此簡化之後，下一代青年，對以往的書籍，都將變成文盲。而我們這一代的人，如果不向羅先生學習新文字，也將變成文盲了，這種創舉，無寧說是暴行。羅先生說，可用簡體字重印二百萬字的《四庫全書》，我不知道重印《四庫全書》是什麼意思，不是削足適履，勞民傷財之舉嗎？是否除了《四庫全書》之外還要印諸子百家呢？如果說，文字不簡化，有關軍事的勝敗，則試問大陸上的失敗，那一件是因為多寫兩筆字而失敗，這未免無病呻吟了。

三、以中國之大，與方音之不同，信仰之不一，而能得到統一效果，以及國家雖危而不亡者，文字之功實多，例如遼金元清四代，均各有文字，但一至中國，則以中國文字為文字，漸為漢字所同化，中國文字有長處和優點，不能隨便抹殺。大陸上的失敗不關文字的繁簡，而是一部文人自命前進，中心思想動搖，自五四運動以來，主張打倒孔家店，遂為共匪邪說所滲入，造成了今天的慘敗。

根據上述三點，本席大體贊同廖委員提案，至於內容如何研究，自尚有待於專家。

對文字制定程序意見

王大任

　　羅家倫先生提倡簡體字運動，引起社會上很大的注意，也引起社會上很大的反應。問題是一部分簡化或全盤簡化問題。如果是一部分簡化，廖案似可不必提出。如果全盤簡化，涉及文字全部改革，則牽連較大。至於文字趨於簡化，從文字學發展史看來，從甲骨文、古文、金文、大篆、小篆、隸書到楷體字，都是順應自然簡化的趨勢，這種趨勢誰也不能阻止，尤其不能拿政治力量來限制。古來專制帝王如秦始皇、武則天也不能限制人民實行更簡易的文字。秦始皇統一天下後即著手整理文字，當時關東用古文，關中用大篆，秦始皇命李斯作小篆，民間應用較前爲便。後來程邈因爲字體仍繁不能完成政令而繫獄，因而在獄中發憤創造隸書，採用橫直筆體，適於以漆作書，較小篆圓書爲進步，於是風行一時竟取小篆地位而代之。唐朝武則天以政治力量創造文字，諸如「曌」字、「圀」字，皆行之不久，身死字廢，因其不適於簡易之故。

　　復次，在燉煌石室內發現唐代的寫經，也多簡體字。寫經本是極莊嚴之事，書寫者大多淨手焚香爲之，然而也用簡體字。宋版的印刷，也不乏簡體字，原因是爲了刻字的便利。現在軍中的文書，工商的往來，學生的筆記，朋友的音信以及廖委員提案的草稿，大多採用簡字或行書字，簡體字不獨在中文可以看見，外國文字亦多

見之，我們知道英文有簡題字，德文、俄文簡體字更多，不但字母省略，字音亦多省略。所以從理論上說文字簡化與提倡簡體字並沒有錯誤。最主要的乃是方法問題。

　　羅先生在簡體字運動小冊中，關於甲、乙、丙、丁、戊五項舉例，是古今來業已風行的簡字，大體還沒有錯誤。至於庚項從部首偏旁簡化文字的辦法，我認爲大有斟酌的餘地。例如拿一橫代替四點、一點一豎一勾，代替「言」字旁之類，這等於把行書字變成楷體字，弄得行書不成行書，楷體不成楷體，以外國文字爲例，無論英文、日文都有大寫、小寫的不同，正體與草體的分別，兩者各有作用，一定加以變化，結果必不會圓滿。

　　至於以俗體字代替正體字，也大可研究。俗體字如能存在，可以聽任其存在，不必以之代替正體字。我主張「認」字採用正體字（楷書），印刷與教讀也以正體字爲原則；至於民間使用，可以聽其自便。這如同舊曆、陽曆可以合用，過新年、過舊年也可以聽其自便，道並行而不悖，不必強求一致。

　　廖案主張文字改革應該根據六書，我贊成這種慎重態度，但不主張制定程序法，即使制定程序法也不一定需要立法院通過，理由是學術研究不應該受法律束縛，如果嚴格限制，而民間不理會或不採用也有問題。至於文字簡化應否由中央研究院主持我認爲也有問題，我們知道中央研究院歷史語言研究所，研究文字學的人太少，董作賓先生是研究甲骨文的人，一個人負不了這麼大的責任，仍以教育部主持爲宜。文字簡化可逕由教育部公佈，如過去已公佈之三百字可以恢復使用。至於全盤改革，則茲事體大，儘可從長計議，假使沒有一整套辦法，我主張採用多元的辦法，即「認」字用正體字，使用時不妨「正體」與「簡體」並行。

我的意見歸納起來，共有五點：

（一）贊成簡體字運動，希望教育部能將已經簡化的三百字公佈推行，至少在民間可以自由行使，至於認字仍舊維持楷書正體。

（二）文字全面改革，必需有一整套辦法，要旨應以六書為依據，但所謂「六書」，是指廣義的六書而言。我們痛恨共匪的摧殘中國文化，但共匪的簡化文字亦多不悖六書之創造，例如「拥」、「护」兩字，實兼諧聲與會意兩義。

（三）文字簡化機構。似仍以教育部（編譯館）為宜，因其業務比較更接近民眾。

（四）不主張制定文字程序法，即規定一定制作的程序，也不一定需要由立法院通過，以免妨礙學術自由研究的情緒。

（五）最後希望由教育委員會函請教育部派專家到會說明文字簡化的計畫與改革的步驟，藉供參考。

對於廖委員維藩等
文字制定程序法的意見

曲直生

一、基於「書同文」的觀念，一國文字應統一才能維持統一的局面，造成團結的情緒；又鑒於中國文字現有混亂的趨勢，我對廖委員等提案的精神是贊成的。我亦感文字的審查應有一定機構，應統一頒佈，但是否一定照廖委員等的意見，一定要經立法院通過由總統公佈，則現在尚沒有確定的意見，願暫時保留。

二、誠如侯委員庭督所說，本案的討論，應集中在制作文字是否應經一定的程序，但是廖案的提出，在提案理由上明白說出是對羅家倫所提簡體字運動而發，而本院同仁對簡體字又有正反的意見。並且熱烈的討論，則對於簡體字問題，亦勢不能不發表些意見。我自己承認不是文字學專家，現在是願以俗人（英文 Lavman）的眼光，發表自己的感想。

三、我以為文字只是一個傳達意思的工具，其最重要的條件，是簡單而切於實用，為了實用，便不能一定說是求簡。比如現錢的「現」字，古書上常作「見」，與看見的「見」不分。大概後來感覺混淆，就在旁加個側王而變成「現」字，因此意義格外明瞭。又如一二三四五六七八九十，本來很簡單，但銀行的支票上，一定寫

壹弍參肆伍陸柒捌玖拾，拾字有提手，原是取東西的意思，但為免混淆改竄，銀行家竟不憚煩，一定要用大寫，這證明太簡略不切實用。以上都是由簡而繁的例子。

　　四、雖然有由簡而繁的例子，如謂文字一定由簡而繁，則又錯誤。因為社會人事一天一天的複雜，文字需要日多，希望省時間、由繁而簡似是一個大原則。歷史上由複雜的象形變為簡單的象形，由大篆改小篆、改隸書、改楷書，以及行草，都是由繁而簡的趨勢。社會大眾要求簡化，政府一定反對，則實際上政令無法貫徹。政府要就已有的簡體字從事審查，去其容易混淆的，留其比較適用的，即算完成應盡的力量。

　　五、如此審查應根據甚麼標準呢？廖委員在提案的第一條即說有根據六書，六書的原則誠足珍視，但一定說六書以外就找不出新標準，我還不能相信。許慎是個聰明的人，如說現在中國就不可能有像許慎那樣聰明的人，則似乎太武斷。如果一定找不出原則，「簡化」二字，就可以當作一個原則。如果有一個簡體字，經研究機關審議的結果，認為合用，在字書上注明「簡化」二字，豈不是就可以麼？

　　六、有些位同仁，認為如改簡化，很容易使大家忘了本。實際上中國有好多字，早已脫離了本意，比如「也」字原是一個象形字，有實體的意思，但是現在都用作虛字，變為語助詞；朋友的「朋」字，原來為鳳凰之「鳳」字，也是個象形字。鳳為百鳥之王，鳳所至百鳥群集，故藉用代表若干人的集合，音亦改讀。現在提到「也」字、「朋」字，普通人多只知今意，而不知古意，但也沒有甚麼妨礙。也許大家顧慮字改的太多，我們追不上，實際上不必顧慮，比如一個雜貨店，店內物品有數十種甚至百種之多，驟視之無法記清，

但店內夥友，倒毫不費力——記得清楚。所以字儘管改，如果不是全盤改變，普通人都可追得上，正不必太爲顧慮。

七、又有同仁認爲中國字不難認，如相委員菊潭所舉日月爲明，人言爲信的例子，旣不難認又不難寫。但是有些字比如「竈」字、「礙」字、「鑒」字、「獻」字，縱不難認，確亦難寫。如果簡化了，又不至與他字混淆，則有何理由可以反對。又五穀的「穀」字現在都寫「谷」字，「谷」爲小山谷，與「穀」毫不相干，但不論在大陸、在臺灣均已普遍應用，證明「穀」字太麻煩，政府必有一個處理之道。

八、有些人以爲在臺灣不需要對文字太在意，我以爲在臺灣倒有注意的必要。臺灣同胞對中國字多有寫錯，比如昆明街有一所治療院，竟將「療」字誤寫爲「寮」字。類此的例子，不勝枚舉。爲糾正錯誤，隨時隨地，都有注意的必要，於臺灣就應當著手，不能認爲不急之務。

九、社會上的改革事項，如果是切合需要，一定成功，否則失敗。王委員德箴以胡適之先生提倡白話文成功，以此理由而贊成文字簡化。因爲有人提到白話文，我願在此對胡適之先生的改革成就作一番新估價。胡先生的白話文，只可以說成功了一半，胡先生原意，一切都改成白話文，但是除去寫小說及一部分散文改用語體文外，報章的社論、新聞的報導，以及公文往返，至多是淺文言而不是語體，因爲語體文太累贅，在這些場合都不適用，所以沒人採用。實際上白話文施耐庵、曹雪芹、吳敬梓早已採用，胡適之先生不過是加以提示鼓吹，因收到範圍比較推廣的效果而已。根據這一事實，羅家倫的簡體字運動，如果只是就已有加以整理，倒無不可，我想甚至廖委員也不見得反對。如果要妄想將中國文字全部簡化，則實

際上作不到，是費力不討好的工作，本人就不敢贊同。

　　十、我最終的結論是這樣的。中國文字誠有些需要簡化，但有些則寧可複雜。我以爲教育部擬成立的「簡體字研究委員會」，應改爲「文字整理委員會」。至於廖案，關係重大，亦值得重視，應交付審查。審查的時間可拉長，本會期不能決定，拖到下會期亦無不可，總之希望各方多交換意見，再爲決定。

在立法院會議發表之意見

王寒生

　　關於這一個案，諸位同仁已發言很多，我想這一個案也沒有很大爭辯的地方。羅先生主張簡體字的理由，是根據中國歷來文字的變遷，其理論也有採取之處，不可厚非。廖先生是主張制訂文字程序法，其主要意義，就是文字不能任意的簡化，應該要有程序，因改變文字，不像私人研究學術，文字的關係太大，要改變文字一定要有程序不能隨便的改革。廖先生的意見也很寶貴，本席對於這一個案的意見是主張交付審查，審查以後還可以從長的討論研究。現在對於簡體字問題表示一點意見。

　　曲委員已經說過，簡體字運動這一個名詞不對，本席看羅家倫簡體字小冊子以後，也很有這一個感覺，有許多字太困難稍微變一變是可以的，羅家倫提出簡體字這就不對了。大家發生誤會最大的是簡體，因為我們歷史上每一次文字改革都不是說簡體，事後也不是叫簡體，誠如剛才曲委員所說，文字究竟是由繁而簡，或是由簡而繁是很難說的，字的簡體與不簡體而是根據在用的時候，因為根據某一方面或者社會某一方面發生問題，會自然而然的改變，譬如曲委員所說銀行支票為甚麼不用「一」「二」「三」……數目字的，而要用「壹」「貳」「參」呢？因為繁了以後，就無法將數目字塗改了，這完全是基於自然的需要，並非是勉強一定要繁，或者一定

要簡的，這不是簡單的問題。中國古時候文字並不是一種文字，《荀子》中說的很明白，除倉頡所造的文字以外，還有其他的文字，過去文字改革詳細的情形我們不清楚，可是每一次文字改革與我們文字統一有密切的關係，每次文字改革以後，對複雜的文字就統一了一次。我國西南還有象形的文字（苗民、擺夷），也有象形的文字，雖然不普徧，但有時還是用到的，而滿蒙回藏各族俱有其文字，詳細的檢討，一直到現在我們的文字不能完全統一，所以古時文字改革並不是由簡體或不簡體而來的，實在是由運用而來的，是由統一全國文字方面而來的，李斯的改革大篆爲小篆便是一個例子。如果說是今天根據簡體而要改變，是需要研究一下，羅家倫提倡簡體字最大的原因，是說便利不便利，譬如小學生每天感到寫字很苦惱，幼稚園的學生不喜歡寫這樣難寫的字，但是我們看一看那一個國家的文字最容易寫呢？找不出一個國家文字是最容易的，大家都讀過英文，有的字母很長，不僅是很長而且沒有音，我曾經問過先生，爲甚麼要將沒有音的字母放在裏面呢？不會將它拿出來嗎？他說，這不行，因爲英文是由拉丁文變化而來的，有其來源，自己不能再變了，我們知道俄文拼音最容易，不過也有的字母沒有音的，可是俄文文法非常之難，世界上各國文字的文法，沒有比俄文文法再難的了！俄國在革命以後，曾經有一個主張：就是希望將文字改革，不錯，後來是稍微改革一點，但並沒有徹底的改革，因爲改革文字不是一件容易的事。現在說明本席對於簡體文字運動的看法是如何呢？我認爲要想改革文字就說要改革文字，不要說簡體，因爲如果說簡體，就有許多不像字的字也列進去了。文字改革是可以的，但是今天在臺灣而言改革文字似非其時，我們想一想，今天在臺灣應該做的事情很多，爲甚麼要將寶貴的時光與最急迫的時間用在改革

文字上面呢？羅先生如果有改革文字的意思，可以留到大陸光復時局安定以後，希望大家從長討論，或者由政府設立一個機關去研究，在現在這個時候提出來是要考慮的，實非其時。

　　關於本案的處理的方法，是交付教育委員會或與其他委員會去研究，同時我們知道文字改革不是一個學術問題：文字問題比學術問題還要重要，關係特別的大，不能將文字問題視作學術問題去研究。因此要較政策看的還要重大，本院是注意政策問題，可是文字改革比政策問題還要重大，那麼我們為何不注意這一個問題呢？並不是成立一個機構將文字拿來審查，將它限制住，並不是這一個意思，因為它比政策問題還要重大，所以要經過立法的程序。我主張將本案交教育委員會或與其他委員會從長的研究，因為文字改革，與國家前途有重大的關係。

我簽署「文字制定程序法」案的理由

周　南

　　我雖說對文字學，沒有研究，但為著中國文化歷史的一線命脈，又為著我們為什麼要反共的理由，我願以簽署人的地位，對本案表示一點意見。

　　我在報章上讀完了羅家倫君〈簡體字之提倡甚為必要〉一文後，我實在感覺失望！又不禁為中國文化歷史痛，為羅君惜！

一、羅君簡體字，形似簡化，實更繁重，
　　只是變相毀滅中國文字。這與《周易》
　　所謂「簡易」，全不相干。

　　羅文開頭引用《周易‧繫辭》幾句話：「乾以易知，坤以簡能；易則易知，簡則易從。」誠然，「簡易」二字，是《周易》的基本原理，所謂「易簡而天下之理得」。但「簡」的含義，是說：宇宙一切現象的變「易」，不論如何錯綜複雜，其基本原理，只是「一」個。簡而為「一」，是謂至「簡」。所謂「萬殊歸於一本」，所謂「萬變不離其宗」，所謂「吾道一以貫之」，這都是說明：「變（易）化」與「簡化」的高度配合，以及「執簡馭繁」的自然標準。中國文字的來源，不外「六書」，故「六書」實為造字的基本原理。無

論文字如何變遷或增多，其基本原理不變。因之，中國文字自成一完整系統而標準化。今羅君主張：簡化字體，推翻六書。可是簡化應有簡化之道！徒然空喊簡化，不講原則，漫無標準；東選西取，雜亂無章；文不成文，字不成字；徒在形式上追求一種符號式的無機體、絕緣體、死東西！既非文字，亦非符號，只是一種「怪態符號」。凡拼音文字，都是符號，符號無特性。每字代表意義，均爲「假定性」。如果原定 man 謂犬， dog 謂人，亦無不可。中國文字有特性，就是「形音義合一」。每字代表意義，均爲「肯定性」。如「人」不能謂犬，「犬」不能謂人，此項「怪態符號」，既非外文拼音，又把中國文字的肯定性一變而爲假定性，文字性質大變！這是「改變文字」，「毀滅文字」！不是「簡化字體」！《周易》的「簡」，是「執簡馭繁」的簡。在文方面，只有「六書」足以當之。羅君所謂「簡化」，卻是先把「馭繁」的「簡」，加以推翻；再把失馭的「繁」，個個加以支解，使繁上加繁，乃自以爲美曰「簡化」。是羅君的「簡化」，與《周易》的「簡易」，全不相干。

二、羅君簡化理由，除對中國文字與其六書，妄加清算鬥爭外，並無任何建設性意見提出。

羅君對於中國文字「保存文化，延續歷史，凝結民族，統一國家」的那一筆大功用，不但若有遺忘，而且對之極盡諷刺、輕蔑、謾罵之能事，如特別選出的「也」「母」解：還說什麼「買烏龜」「紅燒魚」「燻鴿子」「燒鴨子」「赤兔馬」「寫竄字吃敗仗」「寫醫字會送命」；又說什麼「解釋文字這一套道德化神秘化的理論」，「六書已成神祕的符籙」；甚麼「倉頡疑無其人」；尤甚者，他竟

說：「從不曾遇著過一個西洋人欣賞中國字！」這樣對於本國文字的鄙棄，並妄加清算鬥爭，在匪區倒很平常，在我們實覺自擾；對成人、無能淆惑，對青年、深恐貽誤。再看羅君最令人失望的，就是他於推翻六書之外，並未創有任何「七書」「八書」提出，甚至連「一書」也沒有！又看他的「部首及偏旁簡化舉例」，大部分取自行草書，尤其「章草」。信如他說「章草是最好的簡體字」，「簡體字也和章草一樣」！我想，羅君與其說是「提倡簡體字」，還不如明白說是「提倡章草」。至說「簡體字可以節省時間精力」，我想，還是大家學「速記」，更可省時省力！是否可以廢文字，用速記？又說「爲了大眾化」，不錯。但是，我們對大眾，應引導，不該迎合！臺省大眾感覺使用便利的，恐怕還是日文，而不是什麼簡體字。可是日文並不比中國文字更特別容易學習。我們應該勉強臺省大眾不再使用日文，正如不應放任青年愛看打鬥、情殺、間諜類的電影一樣。「大眾化」的趣味，也應該是高級的。

三、羅君簡化方法，在理論上講不通，在事實上行不通，中共匪徒的「文字改革」，改來改去，還是不改不革。

羅君以爲「土地既有改革，文字也須改革」。我認爲「改革」不是「虛無主義」，一切都要被革掉。有「因」才能「革」，有些優美傳統，根本不能革。否則，是不是最後再來一個民族「血統改革」？羅君從事「文字改革」，我很懷疑他所作簡化方法，（一）在理論上很難講得通。例如「羅」字，簡化爲「罗」字，以夕代維，四維自當簡化爲四「夕」，此已使人難解。至於朝夕之「夕」，若

不另作簡化，又將何解？真難乎其爲「夕」矣。而且任意求簡，無何標準可依，無何系統可循，這樣的字，只有更難認，更難記！那倒不如提倡「速記」，或者索性改用「英文」或「俄文」「日文」，反覺簡便，因爲這些畢竟還有標準可依，系統可循。（二）在事實上更難行得通。要把古今書籍「重印一道」，要把我們這一代所有知識分子再訓一道，重學一道，甚至外國所有學習和研究使用中國文字的人們，也都要再從頭學習一道，這不是「庸人自擾」是什麼？我認爲這也許就是，爲什麼蘇俄反對中共匪徒破壞中國文字，並建議仍以《康熙字典》爲準；中共匪徒「文字改革」運動，亦經停止的真正理由。如果這條「簡化」之路可能走通，我想，中共匪徒早專美於前了。

四、羅君推行簡化程序，堅認：「此事不應由立法院過問」，應由他們少數人「主持研究決定後，轉呈行政院公佈施行」。此項主張，不合憲政常軌與民主精神。

羅君顧慮立法院多事，「凡新製的字，箇箇都要通過法案」。這是多慮！什麼「寫錯字，便犯法，要究辦」。這更多慮！羅君千言萬語，主要一句話，只是「立法院最好不問這些麻煩事」。應由他們少數人「主持此事，研究決定後，隨時轉呈行政院公佈施行」。我想，一個國家「文字的改變」，怎能說是小事！文教大事！如果羅君私作學術研究，立法院當然問不著，現在要「通過政府公佈施行」了，立法院無理由放棄責任不予過問。土地改革，僅爲物質生活，立法院已經過問；文字改革，有關精神生命，立法院更應過問。

否則，會失掉它的存在價值！國家大事，由大家問，不得由任何人或任何方面加以操縱把持。這是憲政常軌，這是民主精神。羅君最後感念「五四」往事，我最痛惜「五四」以來，國人對於自己的文化歷史傳統，一直作無情的襲擊！有力破壞，無才建設。這頗類似破落戶窮極無聊時，埋怨祖德家規，都有缺憾；祖墳風水也不算好。這種態度，既不公道，也不能獲得教訓。

我並不反對「少數」「常用」認爲過於「繁難」的字體，予以簡化。但是：

（一）簡化必須有標準，有系統

中國文字，完全依據「六書」造成。因有六書理論，故所造之字，自具標準，自成系統。無六書即無文字，六書廢棄，文字毀滅。文字雖歷經變遷，然由篆而隸，由隸而楷，莫不以六書爲準。現求簡化，必須不背棄六書的本義，始能維持文字的標準化，系統化。

（二）簡化是自然的，逐漸的

文字簡化的史實，是自然所趨，逐漸而成。　國父在講民族主義時曾列「文字語言」爲五大「自然力」之一。歷代字書，都是就現用文字，合理加以整理。決非一人的知能，一時的創作；既無費力的必需，更無提倡的必要。文化創造，本是「因革損益」的過程。添一字，簡一字，順其自然，久而久之，約定俗成。如有任何企圖一刀斬斷文字歷史，另起爐灶，都是心勞日拙。

（三）簡化是有限度的，有選擇的；而且簡體是不能脫離正體而獨立的

我認為高度文化，無不帶有繁複性，人體組織，無法簡化為原形質。我不敢說「楷字是最後的準則」，但字體簡化，也自有其不能超越的限度。任何字體，對「一」均為「繁體」，但均無法化同「一」之簡。所以「簡化」應是有所選擇的，並非字字都要勉強求簡。只是關於「少數」的「常用」的「繁難無當」的字體，予以簡化。而且「簡體」是不能脫離「正體」而獨立的。簡體乃正體的急就，正體為簡體的根源；有正無簡固不便，有簡無正必失真。簡體不能脫離正體，中外文字皆然。例如 U.S.A. 如何能脫離United States of America 而獨立？說也奇怪，英文有大楷小楷與大草、小草之多，從未聞英美人要將大、小楷與大草，視為繁重，高唱「非斷然予以廢除不可」！

最後，我認為中國文字，與中國文化，與中國歷史，是分不開的，我們反共，主要目的還是為的延續中國文化歷史的傳統，因為要延續中國文化歷史傳統，所以要堅決反對毀滅中國文字的任何企圖。敬請

大會對於本案准予交付審查，迅求通過。並請

指教。

對廖委員制定文字程序法之意見

王夢雲

本案經過數次討論，發言委員，數達數十，即外間學者名流，以及報章社論，不管正反兩面，見仁見智，各有春秋，所有攻擊、防禦方法，所引證資料，可謂盡矣。本席所見淺薄，不足登大雅之門，但姑就管見言之。查我國民間流行之簡體字，乃各地之自然性，並非政府之強制規定，例如廣州府常用「冇」字，即從「有」字減去內涵二畫，「有」既減去內涵二畫，即屬空虛，空虛即表示爲「無」之義，如此簡體，除在廣州府人常用外，其他各府民眾，極少採用，此簡體字不宜輕率倡導，致誤國本。

我國永遠能屹然獨立於世界稱雄者，係基於固有文化，而固有文化，以文字爲重要，其語言次之。蓋正楷文字，在各省市地區，非常統一，並無兩致，推廣及於華僑各地，無不以正楷爲日常應用之文字，故華僑追懷祖國，擁護政府，亦基於傳統之文字而使然。茲者，朱毛匪幫，將中國文字簡化，爲大陸同胞所痛恨，其破壞道德倫常，亦以摧毀中國文字爲入手，若我政府誤信異說邪言，以正楷文字有誤國計民生，影響進化，而聽其擺佈簡化文字運動，敵步亦步，敵趨亦趨，則在此國家千鈞一髮之秋，非常危險，實非謀國者所應爲，故反共抗俄及復國大計，在於培養國本，尤以維護固有文化爲急務，使大陸同胞及各地華僑，葵傾我中華民國，則中興大

業，指日可待，是簡化文字根本不能提倡，政府不宜以力量孵育生長，而自食其果。

回憶民國十三四年間，未清黨以前，一般迷途於社會主義、共產主義者，對不同路人，名爲落伍者、落後者，故一般欲趕上當時時代者，莫不附會，自稱前進份子，所謂前進份子者，不知多少殺身毀家。現在提倡推行簡化文字者，除爲學術上研究者又另當別論外，或則老朽昏庸，深恐落伍，扶杖前進；或則標奇立異，圖露頭角，顯其名字；否則不至喪心病狂，在此非常時期，作文字混亂之舉。查搗亂金融者有罪，誤談國事者有罪，而在政府力求社會一切安定之際，蓄意混亂文字，毀滅文化，影響人心，社會不安者，究何如？是簡化文字，根本不能提倡，政府尤不宜以力量孵育生長，而自食其果。

故廖委員之提案，應予支持，交付審查，是爲至當，敬請指教。

對於文字制定程序法草案之意見

鄧翔宇

　　本席是本案連署人之一，廖委員聯合一百多位同人提出本案，是因爲外間有所謂學人者，積極提倡改革我國現行文字，不僅積極提倡，而且已進入行動階段，彼已憑藉其政治地位，獲得假借主管機關爲其核定頒行簡體字之工具。現行文字爲我國數千年文化之象徵，吾人賴此文字以尙友古人，亦賴此文字以垂裕後昆，若任其強以不合理之簡體字，取代現行文字，無異坐視其毀滅數千年固有文化，斬斷溝通古今文化之橋樑，其流弊所屆，將不可思議。我輩忝爲立法委員，懍於代表人民之職責，不能不有防微杜漸之立法。本席對於文字學無研究，不配對此一事作學術討論；但認爲字之如何改進，固屬學術範圍，字之應否改革，實爲政策問題，身爲立法委員者，不能不談政策，所以不揣冒昧，連署本案。茲姑就個人膚淺看法，提出四點，就正同人。

　　先就提倡簡體字者所持四點理由不能成立說：提倡簡體字之學人，認爲「簡體字有四點好處，（一）可以保存中國文字，（二）可以省時間，（三）可以省精力，（四）可以使廣大民眾得到最便利的求知工具。」就本席看來，其理由皆不能成立，茲分別言之：

　　（一）某學人因近數十年來有人主張中國字拉丁化，或全改拼音字，非趕快改用簡體字，不能杜絕那些主張，保存中國文字，不

知中國字之所以爲中國字，中國字之所以可貴，在於其有互相貫通之原則，有整個體系之理論，有其獨立存在之意義，有其基本一致之結構；今若東抄西襲，七拼八湊，變更中國字之組織，即是毀滅中國字之精義，亦即是斲喪中國數千年傳統文化所寄託之根本，其賊害中國文字有如是者，而尙文飾爲非如此不足以保存中國文字，直是盜保存之名，行保存之實耳。（二）主張用簡體字者，謂可節省抄寫時間，並舉新聞記者寫稿與公務員撰寫文書爲例。此亦似是而非之論。現行文字雖以楷書爲正宗，但在某些場合，爲爭取時間計，自可輔以行草，及可使自己或有關方面辨認之簡筆字，如新聞記者用簡捷技術所寫之字，祇要排字房認識足矣；至於排字房之檢字，則無論是用正體字或簡體字，其時間並無兩樣，況新聞記者於萬忙中寫稿，事實上行草居多，改用簡體字所爭取之時間，實遠不敷其需要。又如公務員擬稿，大致多用行書，機關發出文書，其字體之爲正爲草，視其與受文機關之分際而定，下行文或平行文可酌用行草，上行文則必須楷書，此禮節也，亦通例也。曾涉足公門者，殆無不知之，某學人一向作大官，或祇看到呈判之稿，未曾見過繕發之文，故有此不恰當之舉例。至若所據舉上總統簽呈用耳旁加戈旁之簡體「職」字，則就道理與事實講，均屬未所聞，不知某學人究竟在何處見到如此簽呈，豈因彼仰邀特達之知，其簽呈可以例不恭耶？抄寫方法最能爭取時間者，莫過於速記符號，但速記符號無法廣泛適用，不能普徧代替正體字之功能，可見文字之簡化，實亦有其限度，某學人主張字應簡化，以省時間，其能百尺竿頭，更進一步，逕採用速記符號作簡體字乎！（三）主張用簡體字者，謂改用筆畫簡單字體，可省抄寫精力；並舉筆畫特繁之「臺灣」二字，及小學教科書中之「遊戲」二字爲例，似此萬中取一，舉以爲例，

可謂極斷章取義，強詞奪理之能事矣。「臺灣」二字筆畫誠然太繁，書寫誠然費力，但臺灣一百零七萬小學生，事實上不會每人每天都在寫「臺灣」字樣，所謂因此多耗精力，未免故甚其詞！小學教科書之編著，其原則自是先簡後繁，由淺及深；但每一課文，為求文義貫通，自亦有不能完全避開較繁文字之處，此乃不多見之事實，亦不得已之例外，某學人特自小學教科書中摘取筆畫較繁之「遊戲」二字，詬病正體字之耗人精力，以為其主張改用簡體字之論據，謂非強詞奪理而何。（四）主張用簡體字者，謂可使廣大民眾以最便利工具得到知識，就本席看來，中國字並不繁難，而繁難者為中國文，求文理通順亦並不難，而求文學造詣深湛則頗費時間精力，文學深造屬於極少數人之專修，不發生計較時間與精力問題，若為廣大民眾傳授知識，謹需文理通順足矣。現行文字對於傳授知識，並無不便之處，以此詬病現行文字，實為無病呻吟。況現在義務教育有六年期間，小學生所讀教科書，又有注音符號助其識字，教導識字之期間既甚長，幫助識字之方法亦頗好，祇要教者不太乖方，學者不太魯鈍，不能認今之識字教育為過重負擔，亦不難令人於義務教育期間，獲得文理通順之成就。現在小學生所感受之痛苦，不是字之難認難寫，亦不是文之難學難通，而是課程排列不合理，課文編撰不合理，不此之圖，而妄議改字，究為便民，抑為害民，稍了解今日義務教育者，均能辨之，恐非某學人一篇鴻文所能朦蔽天下人聰明也。

次就改用簡體字所必然發生之流弊言：中國字，聲與聲相證，義與義相生，字與字相通，其構造有共同原則，其理論成整個體系，經許慎《說文》歸納解釋，而法則具備，義理大著，在既有《說文》以後所造之字，固皆本乎此理則，在未有《說文》以前所造之字，

亦皆合於此理則，我國既賴此文字以傳遞數千年之文化，亦賴此文字以統一數萬里之版圖，關係如此其重大，自未可輕議改革，今主張改用簡體字者，背棄此造字理則，於殘編斷簡中，搜集若干向未普徧適用之簡筆字，以代替千古相承之正體字，以強記代理解，變條理為雜亂，是毀滅中國文化也，是破壞中國統一也，流弊之大，曷可勝言。以上所述，已涉及學術範圍。本席不敢多所論列，茲就顯而易見者言之，文字改制後，所有重要典籍，均需重印，全國各印刷機關廠店所有鉛字銅模，均需改鑄，增加國家財政與國民經濟之鉅額負擔，對於國計民生影響甚大，現值反共抗俄，軍需浩繁，財力物力，均極艱難之時，作此絕不應有之浪費，實為不可思議之錯誤，又文字改制後，廢棄現用正字，採用另一套文字，致令現在識字者，對新頒行之文字變成文盲，後起青年，又對於數千年傳習之文字變成文盲，一舉而隔斷古今文化，造成兩種文盲，其利弊得失，當待爭辯耶。某學人認為進化不一定是由簡單進到複雜，可以由簡而繁，也可由繁而簡，自是正論。但是簡應有其可以簡的限度，繁亦有其所以繁之道理，專以簡化為進化，認為惟有簡化方能適合生存，則為偏見。揆諸進化律，固非如是也。彼謂：「人在進化的過程中，把後面一根尾巴掉了，難道現在還希望他長起來嗎」，尾巴之於人，徒增醜態，毫無用處，將其丟掉，自是合理簡化。但尾巴簡化後，人之形體，已適合生存，五官百骸，各有機能，再缺其一，便成殘廢，照某學人之主張，一切應力求簡化，認為愈簡化愈合進化原則，則人之肢體，當應更求簡化，試問再需要簡化之部分為何？人體再簡化一部分，當復成何人形？究竟像豬乎？像狗乎？抑像熊乎？惟有請教於某學人。

　　再次說明立法院應過問文字改制：本案列入議程，公諸社會後，

各方反應甚佳，但聞外間當有一部分人士，認爲本院不應過問文字改制，即院內同人，亦不乏持此見解者，事關權責問題，值得加以闡述。研究文字構造，屬於學術範疇，文字之創造與整理，亦應由學術界發其端緒，闡其理論，爲具體之擬議，供主管之採擇。本院數百同人中，雖多對於此道有深切研究者，以本院非學術機關之故，亦自無任何人有意包攬文字研究改進之事，不過學術界人士對於現行文字之研究，固應有其自由，對於現行文字之改造，則應有其分際，發表改進意見也可，建議改進方法也可，自行部局適用其改進字體亦無不可。至若違反傳統，故立新奇，以不近情之見解，造不合理之文字，而欲憑藉政治地位，假借政治力量，以命令頒行於全國，廢行現行之正字，則是變更善良習慣也，是變更文字制度也，是斬斷溝通古今文化之橋樑也，是破壞發揚固有文化之國策也，是則遠超出學術研究之範疇，而爲對現行國策採取革命行動矣，此而非國家之重要事項乎。憲法第六十三條賦立法院以議決法律及其他重要事項之權，吾輩安得對此駭人聽聞之文字改制問題，熟視而無覩也？干涉文字之研究擬議，固非代議士所應有事，而對文字改制保持最後核定之權，則爲決定政策機關所不能放棄之職責也。

最後講立法院應如何過問文字改制：本院對文字改制問題之立法，應採權能區分爲原則，本院既非學術機關，則同人中儘多學者專家，亦不應取學術研究事項而兼攝之，故關於文字之應如何整理改進，以去其繁難而無當者；暨如何增製新字，以適合新時代新事物之需要。應聽任學術界自由研擬，而以集中審議之責，屬之於全國最高學術機關——中央研究院，本院僅依據研究院審定之文字，爲最後之通過耳。其必須規定由本院作最後之通過者，深恐狂妄者流，輕議變制，而爲數千年固有文化保留一道最後防線也。是法之

立，正於程序，既未認定現行文字應一成不變，亦未予研擬文字改進者以任何限制，僅爲尊重學術權威計，以集中審議之權賦諸中央研究院，爲尊重憲法規定計，以最後通過之責課諸本身，爲研究改進文字者定審議之機關，爲實施改進文字者制法定之程序，所立者爲文字制定法，而非文字法，無礙於學術之自由研究，有助於文字之合理改進，未知此法有何立不得也（有人在報上著論標題爲「文字法立不得」）。

在立法院會議發表之意見

鄧公玄

　　廖委員的提案，本席非常敬佩他對這問題的研究，不過，本席覺得他所提的辦法，還有考慮的餘地，大家討論這個問題，往往容易鑽到問題中間去研究，沒有超出問題以外來觀察，因此不免有見仁見智的看法。其所以不能超出問題以外，就因爲大家看中國文字問題，由幾千年來變到現在，已經定了型，神聖不可侵犯，中國所以能成爲統一的國家，所以能把歷史文化成爲一個體系，維持幾千年來一脈相承的歷史，完全靠有統一的文字。可是就本席的研究，文字意義有兩點：一是表達意思的工具，一是代表語言的符號，在沒有文字之前，初民多結繩記事，文字起源於圖畫，爲象徵性的圖畫，伏羲畫八卦，是我國最原始的文字，也是最早的圖畫，六書中的象形字，就是圖畫的雛型。我國文字中的六書，以象形、指事、諧聲、會意、轉注、假借六種方法，制成今天所用的文字，這是非常自然的進化現象，因爲最早的字必然是具體的事物，然後才進而表意的其他文字。中國有六書的方法，所以至今未發展或演變爲拼音階段，其所以爲此，或因中國語言係單音，而外國係複音所致。西洋文字的拼音字母，最初也由象形字轉變而爲字母，最初係由埃及僧侶所發明，而爲其他民族所採用，巴比倫的楔形文字，就是古代最早的結繩記事，從這種楔形字和僧侶字合併方成爲西文的字母，

如A字，在埃及最古時就是一種象形字，表示埃及人的房屋，埃及尼羅河漲水，人多居樓房，這個A字，就是樓房的意思，以後方由A的象形字變而爲拼音的字母，因爲古A字讀爲 Alfa ，B讀爲 Bete ，於是字母便以 Alfabeta 稱之。自拼音字母造成後，故象形文字不再發生，而專從「諧聲」或「象形」或「形聲」的途徑發展，不僅拼音而成的字失卻象形的本色，就是原來字母的本來面目也被遺忘了。拼音文字可說是諧聲字，或曰形聲或象聲字的充分運用，而我國的諧聲字不過是六書中的一種而已，由此可知不論其爲象形字或象聲字，終不外爲一種「表示觀念的語言之符號」（The verbal symbol of ideas）。文字既係符號，則文字的本身如何寫法，初無關宏旨，要在視能否爲人群表達意思的工具，以言工具的效用，自然以簡明方便爲第一要義，而形態的美惡乃是其次要的了。

　　文字的演變，大抵在無形中遵循上述的條件而形成，而同時亦係人群共同習慣而發展。文字固然有待於某一個人（大多係無名英雄）始作其俑，但個人所創作的文字，是否能普徧流行使用，則斷非某一個人所能爲力。質言之，文字之演變乃由於社會自然的力量所造成，決不是單獨由所謂大力者或政府機關所勉強提倡而然。過去也未嘗沒有故意創造文字的事實，例如武則天造了一個「曌」字，這是表示武則天目空一切，或兩目皆空的自大觀念。但是這一個字除了武則天取以自名而外，有誰去使用這個字呢？又如我國清末民初的年間，把許多翻譯西文的定樣，都加上一個口字，例如英國而爲嘆國，荷蘭而爲嗬嘛，其例不勝枚舉，但結果畢竟未能永久流行。

　　依史書所載，伏羲畫八卦，倉頡始作字，伏羲所畫的八卦，當然是我國最早的字，其數只有八個，後來才演變而爲八八六十四卦，也就是變成了六十四個字。倉頡作字多少，我們無法得知，但無論

如何，必然爲數不多，後世的無數文字，決非都由倉頡所創作，當然毫無疑問。再就我國文字的形態而言，我們認爲其間有兩大原則：（一）由簡而繁，（二）由繁而簡，兩者常隨自然的要求而相互演變，並非有一種必然的指導原則，因爲這是社會人群在無意中所造成，非某某人士所能單獨爲力者。所以有人以爲文字必然由簡而繁，固然有違事實，而有人以爲文字必然由繁而簡，同樣是一偏之見。

　　文字是一種符號，一種工具，它的形態並非神聖不可侵犯，應隨社會進化而進化，有時由簡而繁，有時由繁而簡，不能一概而論，因此就廖委員的提案言，本席的認識，有下列幾點意見。

　　一、廖案的出發點在保存中國文化的優點，尤其在保存六書的體例，以免使中國書籍無人能閱讀，其用意是很可欽佩的，但是把他所提出的「文字制定程序法」的內容觀之，則至少是對於所謂「簡字運動」的力量看得太嚴重了。本席無以名之，而名之曰「矯枉過正」。尤其他提出的方法，不但難以實行，而且也沒有必要，甚至可能引起不必要的紛擾。

　　二、文字制定程序法的第一條、第二條、第三條、第四條的辦法，雖不一定就是最妥善的辦法，然而他主張以中國文字的六書原則來決定文字的制定原則，並主張由學術機關來負整理之責，畢竟是很正當的主張。

　　三、第五條、第六條及第七條的辦法，則殊有疑問，本席不敢贊同。因爲立法院是最高的立法機關，而文字的制定，似不是屬於法律範圍以內的事。文字與度量衡不同，殊不能以法律的硬性規定所能予以限制。假定由政府文化教育機關編纂一部詳盡的字典，而送請立法院審議，想立法院同仁勢將無所措其手足，所以第五條、第六條未便予以贊同。至於第七條的規定，那就更麻煩了，因爲必

如此，則行政院勢非單獨設立一個調查審核的機關不可，而這一機關又非遍及全國各縣市鄉鎮不可，這不僅極端麻煩，而且也近於無謂的浪費。其實文字是一種表達意思的工具，如有人願意書寫一種不爲別人所共同了解的文字，或者不能書寫一種爲別人所共同了解的文字，其結果不過是使其人受到無人理解其意思罷了，對於社會人群並不一定有重大的損害，更不能說有重大的危險。所以第七條的規定既難實行，亦沒有必要。

四、廖委員的提案對於一般著意提倡簡體字的人士的偏見，有一種警告的意義存在。文字是自然發展的，不能閉門造車，同時也不能說提倡簡體字便能達到掃除文盲的目的，因爲文盲是教育不普及的結果，並不是我國文字太繁難的緣故。不過，廖案也有偏見，因爲簡體字也是自然的趨勢或客觀的要求，所以特別用力提倡簡體字，固然是多餘的事；但我們不能說加以整理的工作，亦不必要，所以一定要竭力反對簡體字的使用，本席也不能贊同。因此本席對廖案的主張，提出兩個處理辦法：（一）改爲質詢案，（二）作成決議案，但是不可成爲法律案。本案可以交付審查，作成本院的決議，送行政院施行，或者改爲質詢案，送行政院注意。

對羅家倫先生「簡體字運動」的意見

夏景如

　　廖案對於簡體字運動，主張文字制定程序法。這個草案，並不是要立法院參加制字，不用說院內專家不多，即使全是專家，亦沒有職責參與其事。但是中國文字已有數千年的歷史，又有最寶貴最偉大的貢獻，是文化上極有價值的工具，似乎不宜輕率制文改字。如果不先經過一個長時間的研究，和專家的鑑定，給他一個正確的規律，誠恐率爾更革，很可能對於民族思想，傳統國粹，發生危害！並不是要固步自封，不求前進，何況字的本身，在《說文》上早已說明，他是含有形聲相益的東西，可以滋生新象，不然的話何以自倉頡造字，殷周之前，不過幾千字，降至前清，《康熙字典》時，已增至四萬多字，不過爲適合需要，造字無論多寡，必須根據六書，方成正體字。至於字的形體，更不是一成不變，請看他，由甲骨、鐘鼎而大篆、小篆，而隸書、楷書，而章草、行書、草書，又何嘗固定不變？不過不應於變化其形時；並將其本體結構的精神，亦拋棄毀滅而已！草書乍看，好像任意狂寫，他的形體，猶如春蠶蚯蚓。有時，連本字的跡象全尋不到；其實他的變化，全有來源，全有規律。舉例來說，草書對於偏旁有個指示說「有點方爲水，空卻是言」。這是如何的嚴格？雖是揮毫急就，亦要中規中矩，豈是亂來得稱爲文字！

　　再說中國古人創制文字，其用意與西洋文字不同。西洋文字以字形爲符號，拼其音而生其義。中國文字，先象其形，又諧其聲；有不足用，則會其意、指其事；再不足用，則轉注、假借，每一箇字，有一個字的形體，一個字的聲音，一個字的意義。我們只要明白六書，把部首弄得清清楚楚，無論遇見甚麼字，全能讀得出他的聲音，知道他的意義。部首並不多，只有五百四十箇字。雖至愚拙的人，每日記一個，一年半的工夫，一定記得清、寫得出，及至運用的時候，必不能讀錯一個字，寫錯一個字，還用甚麼別字、怪字，沒來由的字，代替制定的字。近來的人，不想設法使每個人徹底識字，亦不肯依據六書創造字，只想用沒來由的怪字、別字，替代正體字。這不是毀滅文字，破碎文字，又是甚麼？教育部當局不但不想補救，還要因歪就歪、將錯就錯，要想滅亡傳統的國粹，教後生小子，全成了述典忘祖的人，他還自稱是爲了大眾的利益，而簡化文字，能說這種方法，不是削足就履？

　　古時八歲入小學，周官保氏教國子先以六書，當時的六書爲小學必修科目，凡學六書者，對於字形、字音、字義，必須了解：因爲中國的存養工夫，作人方法，與夫國家歷代大經大法，政治的得失，國家的興亡，文化的創造進步，完全載在典籍，不能讀書，何以知道過去的一切？所可惜的，彼時教育不能普及，政府只注重國子，未嘗注重庶人之子。因此士之子恒爲士，農之子恒爲農。四民分居，各有專業，世世相傳。讀書的只有士子，其他的人，均不注重讀書，因此識字的不多。這不是文字難易的過失，乃是政府不能推行識字運動，普及教育的過失。但是人民中之優秀者，仍能通達典籍，崛起於繩樞甕牖之間，成爲大政治家、大學術家。如伊呂之勛業，孔孟之學術，馬班之史乘，民間之詩歌，韓柳之文章，又何

曾因文字的難，而限制了他的發展？

　　況且要節省時間和精力，並不在一個字的筆畫多寡，是在措辭的能否簡明扼要。猶憶幼年，初學作文時，先生教我簡明扼要的方法，舉了一個例說：「有一匹馬，因為受驚，脫了繮繩，跑上大道。這時，正有一隻狗臥在道上，因為逃避不及，被馬踢死了！如果用扼要簡明的方法來說，只需六個字，便能將這一切情景，完全寫出。那六個字呢？就是：『驚馬殺犬於道。』」由此看來，於其簡化文字，不如簡化文章，豈不更省精力，更省時間？假如一定要在文字的筆畫上求簡化，則「刀、刁、力」可以通用，不必分開了。因為一個「力」字，何必費些精力，在「刀」字上出點頭，才算是力？「刀」的一ノ，何必定要作一ノ，才算是「刁」呢？羅先生是提倡簡體字的，為何登報更正「母」是「母」、「毋」是「毋」？如果說，一個字的形體，有他代表的意義，非分清楚了不可，如此，則字畫的繁簡，正因為所表示的不同，並不能說，先繁後簡，方是進化；先簡後繁，便是退化。銀行錢莊，不用一二三四五六七八九十的簡體字，而必須用壹貳參肆伍陸柒捌玖拾的繁體字，豈不是因為正體與簡體所用不同麼？以此類推，當繁則繁，當簡則簡，需要如此。因而凡是正式公文、重要文件，非正體字不能使他正確無訛。

　　過去，因為文字畫一，世世相傳，雖然典籍那樣多，疆域那樣廣，方言那樣雜，無論他是南蠻北狄，東夷西戎，只要認識中國字，便能看中國書，寫中國文章，表達他個人的意見。別人亦一見他的文章，立時能了解他的意思。因此，在政治統一上，人民感情上，收了非常大的效果。能說不是這些繁而難的文字的功勞？現在這些有貢獻的文字，不幸被認為應當改革，應當摒棄，另用些沒來由的別字、怪字，代他負文化工具的責任，於字的本身，無知無覺，感

不到悲喜榮辱：我們這群人，以後不但不能教自己的子弟，還要退下來，從新認字塊，不然，連每日的新聞紙，亦無法看懂，豈不哀哉！秦始皇焚書，大家認為不對；現在書雖不焚，子孫不能讀古書，有書等於無書，置之高閣，任其霉爛，何異於焚？我們為文化著想，為將來追究毀滅國粹的責任著想，為後代子孫對祖宗立國精神的認識著想，對於簡體字運動，應有考慮的必要。因此，贊成諸位同仁的高見，交付審查。

在立法院會議發表之意見

彭善承

本席對本案的意見，與剛才鄧委員公玄的意見不謀而合，不過他是就文字學方面的理論有所發揮，本席對小學毫無研究，對本案所包含的文字應否簡化，和如何簡化的問題，不敢有意見發表，現在對本案的性質和處理問題，說明個人的意見。

首先本席要表明的，對於本案有幾點贊同的地方：（一）文化的改革要慎重，不能隨便。（二）文字的制訂增減，須依六書原則，免致錯誤紊亂，破壞文化傳統。（三）文字改革是國家的一個極重大事件，如果有任何公私機關或個人宜用職權或宜用機會強制行文字改革，本席贊成本案所提文字制訂增減應該有一個法定程序的精神，但是如果沒有強制的行動，而僅是持一種研究討論提倡的態度，那麼這個法定程序的程序是否有必要，還有研究的餘地。（四）本席對原提案簽署諸位同仁維護固有文化傳統的熱情與精神十分欽佩。

本席意見與原案稍有不同的地方：本席覺得原案將文字制訂增減的事情當作一個法律問題來訂一個程序法把它拘束住，這是一個值得研究的。本席認爲原案性質是屬於學術問題、文化問題，決不是制度問題、法律問題，學術問題是求真理的，真理必須長時間的公開辯論，才能得到。所謂真理愈辯愈明，這種問題到了真理辯明

以後，自有歸宿，自得解決，絕不能用法律拘束了真理的爭辯。一個文化問題，它是要求得真美善的最高標準，這種真美善的最高標準，社會自有取捨，社會自有定評，也不是由法律的規定可以得來的，凡是把學術問題，用法律條文來解決，實在是一種錯誤，因為文字改革是一個學術問題，一個文化問題，所以本席主張自由研究，自由辯論，聽任它自由的得到一個自然的歸宿，不要用任何的強制力量限制它的進步的發展。

其次，文字改革不是一個制度，不是一個法律，它沒有為害他人的地方，它不需要強制執行，如果文字要頒佈一種字為合法字，在法的控制之下拘束一般人的應用，本席很耽心，中國的文字有篆字、隸字、楷字、草字，字體的體例形式有很多種，而且每箇字有很多寫法，請問國家依立法程序頒佈文字，是頒佈那一種字，還是把所有字體和每個字所有的寫法都頒佈呢？如果所有的字體和寫法都頒佈，這樣恐怕要打破一般習慣，使得社會和文化更紊亂，如果只頒佈某一種字體或某一個字的某一個寫法為合法字，那麼其他的字體、其他的寫法是否不合法呢？所以無論全部頒佈或者只頒佈某一種，都會陷於社會紊亂的，並且頒佈以後，社會上不遵守，就要引起制裁的問題，不能制裁，足以影響立法的尊嚴。因此本席覺得解決這個問題，不能用立法方式來解決，這不是法律問題，不是制度問題，而是學術問題、文化問題，應該把這問題交給國家最高學術文化機關去負責處理，以研究學術文化的方式去求得真理，求得最後的解決，本席同意原案的主張，把這事交給中央研究院歷史語文研究所主持，用公開辯論研究的步驟去求結論，立法院不必過問，但是要如現在所傳，有人或者某機關以延攬持正面理由的一部份人，不經辯論，而要組織一個委員會，制定一種簡體字，這不是研究學

術的態度，再把這種簡體字用行政命令強制推行，這更是不合理的辦法，我們也應該反對。

　　總之，根據以上的理由，如果把這問題看作學術問題、文化問題，讓他自由辯論，以求得自然的結果，沒有人一定要強制推行的話，本席主張本案延期討論，暫予保留。如果如原提案人所說，這問題曾在院會兩度向當局提出質詢，不獲結果，並有簡體字已印入教科書中的事實，則不妨將本案交付審查，在審查階段先請教育部當局來詢問明白，究竟對簡化字體持何態度，如果教育部只是抱研究提倡的態度，即贊成原提案的精神，須要決定一個法定程序來糾正，把文字之增減與改革應交由中央研究院歷史語文研究所負責主持，以研究學術的方式求得結論，向社會推行。如果有人還要耽心的話，可以要負責的機關，把研究的結果送一份給本院備查就夠了。如果必須審議通過，制定一種程序法，本席認為絕對不可以。

在立法院會議發表之意見

陳紀瀅

　　關於廖委員提案用意，以及贊同廖案維護中國文化於不墮的各種主張，我都表示欽佩。我要預先聲明，本人不是研究文字的，對於文字方面並無高深意見，祇是願意本著使用文字的一份子的立場，貢獻幾點淺薄的意見供諸位先生指教。

　　我認爲這個問題不是一個新問題，在過去三十年內，隨時有人提倡，也隨時有人反對，但是儘管提倡與反對，而簡體字在默默中在自然的發展，卻是事實。提倡簡體字最徹底的莫過於林語堂，他辦《人間世》、《宇宙風》、《論語》等雜誌，自製許多字模用了許多簡體字，各位先生如果不健忘的話，或且曾看過這些刊物，一直到抗戰初期才不見了。我們對於簡體字的提倡與反對，都應該尊重，因爲這是一個學術的問題，也是關於民族文化的問題。但不可貿然加以確定。

　　我想三十年來提倡簡體字也好，反對簡體字也好，今天教科書上和官文書上，都已發現了若干簡體字，這是一個不移的事實，隨便舉一個例來說吧，「剛才」的「才」字，就是一個簡字，在十年二十年前的教科書中就已經有了，如果我們仔細看看，政府文書上自總統文告，行政院的施政報告，甚至本院的文書，也都有簡體字，也並沒有人反對。如果如大中小學的各種參考書，簡體字不知道已

有多少。所以說三十年簡體字的提倡與反對儘管紛爭末已,而簡體字已在默默中走路,這種事實,各位先生諒不致說我講的過火。

我們再看文字的趨勢究竟如何?諸位知道我常常寫些不通的文章,我以爲今天真正保持中國文字,使它不絕續的人,倒是這批搞文藝的人。因爲報館常用的字祇有六千多字,我們往往寫了一篇五千字的作品,報館卻要鑄上幾個他所沒有的鉛字,而許多人爲了避免使用報館字架上沒有的字,也就往往趨向簡化。兄弟寫過一、二本書,就常常發現排印時沒有這個字的鉛模。但是文學作品與報紙的新聞報等不同,每一個字的使用均甚重要,雖然印書館內沒有鉛模,仍不能不用。所以說今天真正保持中國文字的使用還是寫小說方面的人。保持中國文字最多,也就是文藝作品,但是儘管如此,文字的發展確然是由繁而簡,《康熙字典》雖然有四萬多字,較以前各朝的字更多,可是並不是說康熙時的常用文字有四萬多字,而是各個朝代文字彙集起來的,如果在今天編一個字典,可能又不止四萬多字了,但是我們今天常用的字祇有六千多字,而不是四萬多字,所以兄弟的看法文字是由繁趨簡的。

兄弟以爲文字是隨歷史自然而演進的一種工具,絕不是法律,或且頒佈一個命令可以規定的東西,政府的法律規定應該這樣寫,但是民間並沒有這樣寫,你固然可以管到官府文書,但卻管不到雜誌文章的寫法,而野史對於歷史的用處,有時卻較正史爲重要,這種歷史自然的演進,不是可以硬性規定的,我以爲中國文字在世界上是非常優美的文字,值得研究,不但文字如此,即以我國語言來說,也是相當的美。如果提倡文字法律化,那不如一併提倡語言法律化,文字雖然是一種工具,但他是一種複雜的工具,而且富有保守性,提倡或反對都不會發生顯著的影響。

　　我認為提倡也罷，反對也罷，提倡簡體字，並不等於廢除正體字，教育部這次為什麼要提倡簡體字呢？有一次我曾經問過程部長，他說簡體字不整理是不行了，因為臺灣同胞承襲了日本文化的簡體字，在那裡胡亂使用，例如歲字他們寫了一個簡體的「才」字，我又見到他們寫「藝」字為「芸」字，如此一來「文藝作家」變為「文芸作家」，而「芸芸眾生」變成為「藝藝眾生」了，我想簡體字的整理倒是應該的，不然大家彼此不認識，教育部的動機不算壞。有人說為臺灣的方便而不管大陸，我並不這樣看法，我們今天能夠做多少事，就做多少事。假使今天有益於臺灣同胞，也未嘗不是有益於大陸同胞，我想我們說話不必太過火，有人說提倡簡體字等於和共匪隔海相唱，我想似乎不可將我們的工作與共匪的相提並論，何況今天共匪並不提倡簡體字，仍用正體字，我們討論一個問題，應該平心靜氣的研究，尤其我們院中有若干同人對小學特有研究，我覺得這一次有機會發現許多專家，是一件很高興的事，這個問題究竟怎樣處理，見仁見智，惟以我所接觸的朋友來說，都說立法院如果通過了這個案子，將予社會很大的影響，尤其四十歲以下的青年人影響最大。又有人說，立法院如果要管這個問題，那麼以後要管的事情是太多了。所以我以為本案應該儘量討論，而應該要有廣闊的胸襟，來容納不同的意見，我所接觸的範圍，對於簡體字多是擁護的。不過如何提倡，是否像今天教育部如此的做法，那是另外一箇問題。

　　本案如果認為不能放棄，必須使他成為一個正式的案字，我想在教育部沒有正式推行簡體字以前，最好是延期討論，免得社會上有所責難。固然今天教育部的提倡方式我也不能苟同。但仍希望在教育部未提出辦法以前，還是暫時延期討論。

對「文字制定程序法」意見

張九如

　　本席佩服原提案人忠愛中國文字的精神，但不能同意本案的理由與辦法，故主張將本案保留。我的意見，略陳如下：倘有開罪原提案人之處，還求原諒。

　　第一、本席對於人類所使用的一切工具，總希望他能夠改進得更簡便，更合效率。文字也是工具之一，我對他的希望也是如此。文字這種工具，和交通工具的意義差不多。過去人類所用的交通工具，是牛車、馬車、騾車、帆船、櫓船，現在則已經進步到用汽車、火車、輪船、飛機了，要是有人提議這些工具不合「規行矩步」的原理，應該把他取締，豈不使人發笑。過去通信的工具，是用人遞驛遞，現代則已進步到用航空快遞，用有線電無線電拍發了，要是有人提議這不合「萬金家書」「拜啓跪稟」的格式，應該把他取消，請問會有人同意這種提議麼？過去彼此談話聽話的方式，是促膝交談，現在已進步到可用電話電視了，要是有人提議這不合「班荊道故」「把臂談心」的原則，應該下令禁止，試問有誰能夠贊成這種提議呢？尤其明顯的是，古代紀錄事件或意見的方式，是結繩，其後則能用筆寫出，用木刻出、用鉛字印出，現在則更能用速記符號記出，用錄音機錄出了，要是有人提議本院的速記員應該用結繩的方式來記錄我們發表的意見，並主張打毀錄音機，我想決沒有一個

人會同意的吧！根據這些進化的原理，提倡簡化中國字，還不是事同一理麼？六書是造中國字的的原理，但這個原理如果可以簡單化，就不應該阻止他的進化。

原提案人也是喜歡使用簡體字的，如不信，就請翻閱他們的書面意見吧！在這本書面意見裡，不知用了許多簡體字。我們單就案由及辦法幾行文字中略看一下，他們就已經用上六七個簡體字了。例如寫出的「文字制定程序法」一句中的「法」字，就是一個簡體字。如果照古文寫，就應該寫成二十一筆的「灋」字，但是原提案人竟自把他簡省去十三筆了。又如辦法第四條中「送由中央研究院審核之」的「核」字，也是一個簡體字。如果照古文寫，就應該寫成十七筆的「槅」字，至少也應該寫成「覈」字，但是原提案人已把他簡省去七筆，毅然決然的寫成「核」字了。再如辦法第五條中「咨請總統公佈施行」和第八條中「本辦法自公佈日施行」兩個「佈」字，如果照古文寫，應該寫成八筆的「殏」字，至少也應該寫成「佈」字，但是原提案人竟簡略去三筆，很自然的把他寫成「佈」字了。此外如每條辦法開頭所用的「一」「二」「三」「四」等字，如果照古文寫就應寫成「式」「弍」「弎」「䍃」，但是原提案人也同樣的應用簡寫法了。這就可證明簡體字原來是大家所歡迎的，連原提案人在內。

第二、本席對於一切工具進化的觀察，認為總是由繁難而進於簡易的。天地間的事物，雖然由少而多，由簡而繁，但處理一切事物的工具，恰正相反。這正因為事物既然日益繁多，處理的工具就必須日益簡易，纔能以簡馭繁。這不必再引證交通工具之類，都已進於簡捷的境地，就是所謂「形而上」的宇宙觀念，自愛因斯坦的學說出來，也已進入極簡括的境地了。他已把從前科學家哲學家紛

爭不休的許多問題，如物質和能力，空間和時間，引力和慣性等問題，把他綜合起來統統概括在一個宇宙概念之內，提出了一套最新的宇宙法則，把整個宇宙納入若干簡單的基本概念之中，使人類能夠從簡要的提示中，從簡括的高級幾何學中，把握住宇宙複雜奧秘的鑰匙。特別是他認識了物質和能力的關係與配合以後，威力無比的原子彈，就在這個基礎上發明了。既經知道一公分的物質，可以轉變成相等於二萬噸炸藥的能力這個簡單公式，於是原子時代就由此開始了。試想，一公分的物質何等簡單，二萬噸炸藥的能力何等宏大迅捷，然而愛因斯坦竟在以簡馭繁的原則下，完全發明了。他成立這種學說的動機，原只在想說明「自然」原來是很簡單的，人類應該使用簡單的方式，去勘破宇宙簡單的道理，處理宇宙繁複的現象，不應該用紛歧錯雜的方式，去觀察宇宙形形色色的狀態。他這種發明將使人類變更生活的方式，變更一切工具的方式，區區文字的變革，自更不消說。我這番話，是針對原提案人所說天地間事物都是由少而多，由簡而繁一層意思而言的，不知原提案人能同意否？

第三、原提案人並非根本反對簡體字，只是希望慎重進行，這種用意，本席可以同意。但是慎重到必須經立法院審議通過，請總統公佈施行，那就期期以爲不可。

如照第五條辦法，以後所增製的新字，及所編訂的字書韻書，統應由立法院審議通過，勢必發生許多困難。第一個困難，是本院同人深通六書精意及音韻者恐怕不多，勢必偏勞了極少數懂得此道的人。要是每星期都有幾個新字製出，每年都有成本字書韻書編出、更會使少數人累得不堪。第二個困難，要是本院因爲害怕新製的簡體字，可以破壞傳統文化，危害國家命脈，祇主張將新製的字，新

編的韵書字典由本院審查通過，卻不主張把關係更大的學校教科書及全體國民每日閱讀的報紙雜誌亦由本院審查通過，如果有人批評本院同人都是一群「祇見輿薪而不見泰山」的分子，同人將何以解嘲？第三個困難，要是一切有關文化的創作及刊物統由本院審議通過，勢必大大的延誤了定期出定期出版物，本院將何以善其後？第四個困難，本院畢竟是一個最高立法機關，畢竟不是一個學術最高機關，而今偏要過問學術性的工作，勢必至於捨己之田而耘人之田，萬一由此荒廢本務，本院對國家人民將何以交代？

　　如照第七條辦法，所有各地流行不合六書原則的俗體簡體字，除私人間任其行使外，應由中央研究院隨時彙送行政院通令全國各機關學校及印刷機關禁止採用。要是照此規定，勢必產生許多嚴重的後果。第一個嚴重的後果，是將使本院走上違反民意的境地。本院是代表民意來立法的，應該是民之所好好之，民之所惡惡之，人民既經喜歡用簡體字，而且習慣用簡體字，人民既經厭惡用繁複字，而且不都會寫繁複字，本院卻偏主張禁止公私機關使用簡體字，豈不是「好民之所惡，惡民之所好」麼？如此違反民意的法律，本院是不是應該訂立呢？第二個嚴重後果，凡是一種法律，應該使他發生普徧的貫徹的效力，現在一方面禁止各機關學校及印刷所採用簡體字，他方面又准許私人間可以行使簡體字，這豈不使這個法律變成不普遍不貫徹而且無效力的跛行法律麼？這豈不是自己先破壞了法律的統一性和尊嚴性麼？又豈不是自己先危害了有關國家命脈法治的精神麼？若祇知道文字是國家的命脈，而竟忽視法治精神更是現代國家的命脈，更是民主憲政的命脈，豈不是知古而不知今，祇知符號而不知實質麼？第三個嚴重後果，如果明令禁止使用的簡體字，而公私機關卻偏要用，或在不經意中用出來，檢查則不勝檢查，

處罰亦不勝處罰，而且現行民、刑法中所定的罰則，又無一條可以援用，請想，這叫教育部內政部及各地法院如何辦理呢？主管機關既無法辦理，那麼本院所制定的這個程序法，豈不是流爲一紙具文麼？第四個嚴重後果，任何法律、命令的起碼條件，必須能夠實行，今既規定行政院應通令全國各機關學校及印刷所不准使用俗體簡體字，即使行政院的主管部可以增設大批檢查用字的人員，分派到各機關去工作，但是會不會使全國各機關辦理文書的工作，因此延誤呢？若因此貽誤極關重要機密的軍事文書，本院應不應擔負間接的責任呢？

總之，如通過了第五、第七條辦法，絕對是行不通的，本院絕對要負嚴重責任的。最後，我想提醒一件事，作爲本院的殷鑑。德國在希特勒登臺後，曾嚴令禁止德國人使用拉丁化的德國文字，只應使用德國原有的文字。墨索里尼亦曾這樣做過。但都失敗了，而且失敗得很快。像希墨兩人獨裁的徹底，權力的集中，尚且行不通，我們怎能再蹈他們的覆轍呢？可是原提案人卻振振有詞的以土耳其爲例，土耳其的文字改革，曾經國會通過，我們也應該這樣做，殊不知土耳其的文字改革，是根本的全盤的改革，是把阿剌伯字完全改成拉丁字母的改革，他們的國會只須舉一次手，就可解決。我們改用簡體字，是枝節的局部的改革，而且是不斷的改革，絕對與土耳其的文字改革性質不同，本院絕對不能援以爲例。如說，中國的文明與統一，是完全得力於文字的統一，所以必須鄭重其事，由立法院審議通過新製之字與新編的字典韻書，以免危害危國家命脈，那亦未免鰓鰓過慮了。日本的文字，原是選用一部分的中國字，加上自己製造了一部分的簡體字，你能說日本的政治文化不統一麼？你能說日本的富強不及中國麼？老實說，正因爲中國文字太難寫太

繁雜了，所以教育不易普及，一切現代文明也比不上日本。今日提倡簡體字，毋寧是懲前　後的急要工作。

　　老實說，簡體字的因時而生，正如鐘鼎文變為大小篆，大小篆又變為隸書楷書，正是行乎其所不得不行，不是少數人可以阻止得住。但是不能簡化的字硬要他簡，也是不易辦到的，不易辦到的而偏要辦，勢必勞而無功，半途而廢，止乎其所不得不止。因此，簡體字的研究工作，應該完全由中央研究院去進行，專管教育行政的教育部，似乎不必越俎代庖。教育部過問此事的不甚適合，正如本院過問此事的不適合一樣，同樣會荒廢本務。羅家倫先生如果在辦理極重要的考試人才工作以外，行有餘力，則以學文，我們也不反對，但不必大張旗鼓的搬到教育部去幹。本院同仁如廖維藩先生等如果在擔當極重要的立法工作以外，還有時間精力學識去過問那幾種簡體字是行乎其所不得不行的？那幾種簡體字是要不得的，我們自很佩服，但不要攬到立法院裡來幹，尤其不要視立法院為萬能，什麼都可以幹得好，什麼法都可以立得出。因此，本席對於本案的處理，正式提議，予以保留。或者來一個決議，咨行政院令知中央研究院審慎研究，鄭重倡導。並令知教育部不必在部內特設研究機構，應劃歸中央研究院去負責進行。對於本案原提案人，本席願意表示，並希望本院同人一致表示，公請他們去參加中央研究院研究簡體字的工作。至於這件事既是行乎其所不得不行，止乎其所不得不止的事，那麼提倡的人，就不必問他是何等角色。憑他是麻子也好，小白臉也好，總不必去反對他。反正我們要問的是什麼事，不是什麼人，我們決不當以人廢言，更不必盛氣陵人。

在立法院會議發表之意見

吳望伋

　　委員吳望伋發言，他說：本案自經院會熱烈論辯後，報紙連篇累牘刊載，已引起了文化學術界之重視，本人雖稍涉略文字學，仍不敢對此專門學術研究問題上發言，只是當作上了文字學一課後，對廖案的處理，有所主張，細閱文字制定程序法草案，以簡短八條條文，欲將數千年來文化結晶之文字整理制定，未免亦太輕簡了。且各條所舉均爲中央研究院，對教育部及國立編譯館，甚至臺灣大學等主管或有關之機關，都不曾提到，我不知道這一個法案，是針對了什麼而立法，所以我雖不如其他委員駁斥本案體無完膚，確是不能同意本案成爲法律案。同時，臺灣省議會亦一再要求簡化文字，我們同是民意機構，何以要大相逕庭呢？我以爲本案如果要付審查，應該將同人發表意見，予以大量補充條文，使合乎一個法案的條件，俾各有關機關團體學校均能共同集思廣益，來加研究。最好能由原提案人徵得連署人之同意，建議政府組織整理中國文字委員會來專門研究，不必專制法案來限制束縛學術上之研究。否則如果照廖案原文，那末像我吳望伋之「望」字，六年來在立法院所有簽署文件法案，都要無效了，而且我的「伋」是被初小白字先生將「傑」字簡寫，其實是別錯了，可是我自己感覺到「伋」字雖則是簡寫錯了，而比原來的「傑」字，要好寫，並且亦雅緻多了。所以我認爲文字

簡化，是時代潮流的趨勢，我們決不能保守，予人以違反時代，泥古不化之譏，我們是應該負起整理固有文化創造新文化。所以我主張本案不成立法律案，應該建議政府，整理中國文字。

（見中華民國四十三年四月四日臺北中央日報）

我對於文字制定程序法草案之補充意見

劉秋芳

　　廖委員維藩等一百〇六人所提制定文字制定程序法以固國本一案。本席閱讀之後，深佩其理由充分、引證博雅，將中國文字的優點既發揮的淋漓盡致；將文字增製的辦法，也規定的具體妥適，使輕易倡言改爲簡體字者，知所反省，不可冒昧從事。此與中國文化發展前途關係其大，本席特爲提出補充意見數端，以供參考，並請教正：

　　一、中國地區廣大，方言複雜，賴有統一的文字，北人南人對晤一堂言語不通，然一經書之於紙，便可彼此了悟，意見暢通，故中國民族語言習慣，雖甚爲複雜，因有統一的文字爲各地採用之故，也就漸漸地成爲一個統一的民族了，此在歐美對各國是不易辦到的。

　　二、中國文字因具有一字一音一義之特點，故長於配合，例如直升機、潛水艇，中國文字僅需將「直」字、「升」字、「機」字和「潛」字、「水」字、「艇」字配合兩處便成兩個複字名詞，不需另造新字，歐美文字因拼音爲主之故，多需另創新字，故中國文字雖有四千餘年之歷史，而增用之字，共計不過兩萬多個，歐美文字不過二千餘年之歷史，而增用之字，已到五六十萬，一般常讀文學書的人，未必能盡瞭解醫書內的字，諳熟醫書字的，又未必能盡瞭解兵學書，音不同，故字不同，不若中國文字一字一音一義之長

於配合，廣於應用。

　　三、中國文字除代表人類的思想、語言外，還具有美術的價值，王羲之的〈蘭亭序〉，鍾繇的〈上制書〉，輾轉搨印，得者莫不視為珍寶，一方臨其形體，一方賞其美觀，以至北碑、南帖、顏、歐、柳、趙，室中置為飾具，壁上懸為美術，既雅靜而大方，又為人人所共賞，此在歐美各國文字，無此特長之點。

在立法院會議發表之意見

趙祖貽

　　最近一個月到院會的時間少一點，因私事耽誤幾次院會，雖然不是個人的私事。所以對於廖委員最初的說明，與幾位先生的宏論沒有能夠聽到，殊覺歉然。

　　關於這一個問題，我最初看見廖委員的提案是反對的，以後有一個機會，廖委員與苗委員和我說明提案的理由和內容，我覺得也很有理由，今天又聽到諸位先生的宏論，我想將我現在對於這一個案的看法，簡單說明一下：

　　我首先要說明思想界、學術界數十年以來沒有解決的問題，自戊戌政變一直到現在，五十年間，中國思想界有兩個潮流，一個是如何維持我們傳統的精神文明，一個是如何能適應現代科學文化，這兩個思潮互相消長起伏，而在消長起伏之中，要維持傳統精神文明的人，不但不能發揚光大；而且日趨萎靡不振。主張科學文化的人，同時不能迎頭趕上，以致一切生產建設，仍屬落後甚多。這都是我們現在要深切反省的。我為甚麼要說這些話？因為談到文字簡化的問題，又聽到了國粹論等等！甚至於有人批評到五四運動，範圍廣泛，議論龐雜，個人認為五四運動所主張的目標，科學與民主，是完全正確的，直至現在仍然是我們始終未能達成，也是我們所日夜企求達成的目標。談到簡體字這一點，我想既合科學而又不違反

民主，而且對於保持傳統的精神文明亦毫無妨礙，我們的字典上有二三萬字，爲甚麼傳到現在還有六七千字呢？因爲這裏面有許多廢字與沒有用的字，到現在還是保存在那兒，我們知道現在青年人讀書負擔與我們從前讀書時候的負擔不同，分量的輕重完全兩樣，就以我個人說，從前在家庭的時期，是讀四書五經，那時完全要寫正體字，不能寫簡體字，因爲那時我們還是因襲農業經濟社會的時代的一切，讀書人的出路就是應試做官，在那個時代，學生每天的時間的時間完全要用在經書上面，天天要寫大楷小楷，規律甚嚴，如寫帖上寫的字，都要受處罰的，但是現在既進入工業時代，對學校課程的繁複，學生時間支配的困難，均要加以考慮，文字不過爲求知的工具，自然應該從新檢討，不能再墨守成規，而不適應當前的環境。

　　這一次論戰期間，本院同仁、專家、學者，都高談簡字運動，個人不反對提倡簡體字，而對於現在應不應該有這種措施的意見，我暫時保留，大體上我是贊成簡字的，譬如個在家的時候曾經寫大楷小楷，但是後來在大學就要寫筆記，不僅要用流行的簡體字，連自己造的簡體字也要用，這是社會性的，如「困難」的「難」字，與「雞」字，我們都常寫作「难」與「鸡」，任何人都認識，如果一定要以法律制定推行，或者以法律約束它，我認爲要慎重研究，我始終認爲文字關係學術，而學術不能也不應拿法律範圍與以政治力量推進或限制的，根據以上的理由，我認爲本案可分爲三個觀點來看。

　　第一、關於學術性的，我贊成簡字，我與廖委員交換意見，他也贊成文字改革，大家的心理相同，我認爲學術性的研究，應該讓學術團體去做。

　　第二、關於社會性的，我認為還是約定俗成的關係，應該聽其自然發展。

　　第三、關於政治性的，有幾位朋友說，這是政策性的，我認為離題甚遠，如果是政治性的，就有贊成與反對兩方面，這兩方面應該在政治上謀協商，不要用法律性規定限制，無論是通家、專家或教育當局要推行簡體字，如以政治的力量來推行，這是不妥的，同時如果要制定法律約束簡字，限制簡字，甚至取銷簡字，這也未免矯枉過正了！

　　所以我對於這一個問題，就有三點具體的主張：

　　第一、從學術性方面看，讓學術團體去研究。因為社會的情事變遷，科學進步，一國的文字應該適應當前需要，按照文化演進的自然趨勢去研究、檢討，但這不能期諸一朝一夕之功，應該要假以時日，寬其範圍，由最高學術機關主持，博徵眾議，縝密的，周詳的，審慎研討，以解決文化上的重大問題。

　　第二、從社會方面看，前已講過，這是約定俗成的關係，已有的簡字，當然聽其使用通行，無須以法律加以約束。

　　第三、從政治方面看，我覺得無論是變成簡體字，或者反對簡體字，立法委員也好，教育當局也好，大家可以公開研討，不必用政治力量促簡體字的推行，也絕對不應該制定法律以政治力量限制簡體字的行使。

　　基於以上理由，我主張本案改為質詢案，我反對成為審查案。

在立法院會議發表之意見

胡秋原

　　我是廖委員提案的連署人，我聽到大家辯論以後，有一個感想，即現在討論的問題，在我們同仁當中，在外面批評者中，尤其是我的同業的新聞界的朋友中，有澄清論點的必要。現在討論的是甚麼問題呢？這不是簡體字問題。我們並不反對簡體字。我們所反對的，是教育部要頒佈一種簡體字，用簡體字代替過去的正字，並且要訂一種法令，要全國識字的人與寫文章的人都用這一種字。這將成為「法字」，不讀這種字不寫這種字，會犯法的。有人問我：你是否反對簡體字呢？我決不答覆他。從前希臘人有一種詭辯，譬如：他問你是不是殺了五個人。你如果說，是的，固然證明犯罪。如果說否，那麼，你沒有殺五個人，作興殺了一個人或十個人。所以說是也不可以，說不是也不可以。這就叫做詭辯。我們立法院沒有反對簡體字的人。我不反對簡體字，但我必須堅決反對若干人以毫無根據的言論，想入非非的辦法，來強迫國民、強迫青年使用他們所發明的簡體字。有人說立法院不能管這種事情，這是學術問題。於是發生兩個問題，一個是立法院該管不該管的問題。如果只是學術問題，立法院是不應該過問的。但他們忘記如果由教育部頒行這種字來強迫全國使用，是一重大行政問題。我們立法院不管，還管甚麼？其次是能管不能管的問題。宣傳家說：「立法院不管這種麻煩的事

情。」各位先生，這是什麼意思？這是說你們祇懂法律，你們是官僚、政客，不配談這深奧問題，我想要忠告他們一句話，立法院可說人上六百，種種色色，據我平日請教各位先生，我知道至少有五十至一百人是文字學專家，我未請教者，尚有多少。他們各位的知識都是在今天宣傳所謂簡體字的人以上，如果說立法院有不懂文字學的，祇有一個人，那就是我一個人。況且就是我們學問不足，也可以找其他的語文學專家作證。我們並不要有一切本事，但可將天下人本事集合而爲我們的本事。何況，由他們的文章看，真正對文字一無所知的，就是那些自命不凡的人呢？我們是能管的。現在還有一種宣傳出來，說是反對他們的簡體字運動的人就是「落伍」，他們是「前進」的。我認爲這一類名詞只好去唬小孩。研究過一點邏輯與哲學，甚麼叫做前進，甚麼叫落伍？內容是甚麼？標準是甚麼？我要忠告他們，如果真正研究學術不可以做這種噱頭宣傳、廣告宣傳，現在我要說我反對他們強迫頒行所謂簡體字意圖的理由。

第一、這件事情不必要：國家多難，我們今天反共抗俄有切要之事待做，寫字識字多幾筆少幾筆沒有什麼重要。如果有人能拿出可靠理由，證明百年來國勢衰弱乃至大家逃難到此地，就是因爲文字不好，筆畫多了，我絕對不反對他們。我也讀過洋書，最新的書籍也讀，我決不一定要擁護中國文化。只要他們證明我們國家衰弱到這種地步，大陸淪陷是因爲文字不好，或者太繁，那麼何必還要保存，乾脆去掉也好。不過如果今天一切不是我們的文字應負責任的，那麼就沒有談的必要了。

第二、這件事情不可能。我告訴各位，我是今天寫簡體字的，誰也寫簡體字的。各人寫各人的，沒有大問題。所以然者，就是有正體字的存在。認識正體字的人可能認識簡體字。但只認識簡體字，

不一定能認識正體字。正體字等於學校教科書，簡體字等於「一覽」「表解」。一覽表解摘要，能不能代替書籍呢？於是他們必然主張將一切著作都改為簡體字。此即將正體字廢掉。我以為這是不可能的。他們「發明人」說也有辦法，即將所有書籍都用簡體字翻印，甚至將《四庫全書》都統統翻印。我不知道他們看過《四庫全書》沒有？在清朝全盛時期，也祇寫了七份。姑無論有無必要，這決非數年之內可能做到的。不可能之事如要強行，必在社會上發生絕大擾亂。許多人怕「簡體字運動」毀滅中國文化。這無須擔憂。中國文化存在四五千年，並不是任何一個隨便寫幾篇文章就可以打倒的，假使一篇毫無根據的文章就能將中國文化打倒，那真是活該。但如有荒唐的人憑借政府法令推行一種簡體字，有不堪想之麻煩是無問題的。一般讀書寫字的人，尤其是過文字生活的新聞記者先生，平時寫正字寫、簡體字都無所謂，如果一旦以法令頒佈簡體字為正字以後，我們沒有辦法，祇好拿一張兩種字體對照表放在面前才能看書寫字，否則不僅不識字，還有犯法危險！我們的小孩，亦復如是。在臺灣街名既有多少卷，又有所謂幾條通，我們雖然記不清，但是告訴三輪車夫，沒有問題。但他們的法定簡體字頒行之後，我們如不帶一本對照表做三輪車夫，便都成為文盲了。再提倡的人是主持考試的人，將來考試文官的，雖然曾受多年教育，因為試卷偶寫了「廢字」，這一個人就犯了國家的法令，尤其是犯了考試院主持者苦心的發明，當然不應錄取了！今天國家到這種地步，國家的自由已經受危險，我們連寫字看書的自由都被這些發明家干涉嗎？如果因此可使國家富強返回大陸也可以，我覺得無此效力，徒然增加紛擾而已。

　　第三、這完全是一種政治的荒唐！我們今天在臺灣要向全國人

民表示中興的氣象，進行反共抗俄的大計畫、大運動。如有人問臺灣甚麼運動最時髦，答曰：簡體字運動最時髦，我想想怕將使天下人失望。我們中國有一般人都喜歡做表面文章，但此時此地不能再有噱頭的動作。有人說這一種簡體字像共黨的辦法，我不覺得這種話一定是很好的辯論。但有人說，共產黨吃飯，我們就不吃飯嗎？共產黨造鐵路，我們就不造鐵路嗎？這更是愚蠢之問。自神農以來人類就吃飯，司蒂文生以來就有鐵路，這是共產黨學人類的。至於我們發明家的所謂簡體字，顯然是在共黨實行以後。並不是共產黨已經有簡體字，我們學不得。果真如不吃飯即有生命危險，非學不可，否則我總以不學為是，有一件可以不學他的，總以不學才好。從前一位學者說：「滅虜之策，在事事與虜相反。」我們要與敵人立異。敵人旗幟是紅的，我們應該是白的，他是白的，我們一定紅的。不要與敵人混亂。總之，不是立法院反對簡體字，而是教育部準備頒佈的一種簡體字，拿這種簡體字強迫天下讀書寫字使用增加紛擾。立法院才出而阻止，使大家能有免於麻煩的自由。

最後，我建議對這提案辦法。我是連署人之一，不代表提案人，也不代表其他連署人，以我個人之見，這一件事情發難是在教育部，如果教育部聲明沒有簡體字委員會，或者行政院發言人說是政府沒有這種意思，若能做到這兩點，我個人覺得立法院可以將這案暫時保留。但是今天言之尚早，因為教育部究竟採取甚麼政策，我們還不知道，今天我們要採取防禦措施，我們提案是叫「文字程序制定法」，我們並無意造字，只是如果有人造字未經立法院通過者無效，不寫這個字也不犯法。如果教育部沒有這一個行動，行政院也沒有這一個計畫，立法院這一法案等於無的放矢。但在教育部未明白表示以前，這案必須交付審查，並且成立，保證天下讀書寫字的人的

自由。

在立法院會議發表之意見

武誓彭

主席，各位先生：

　　一個國家的文字，因爲社會的進步，必須要有變遷，增加或減少，這種事實，無論任何一個國家都不可避免的，不過如何變遷，如何增加，如何減少，必須有一個辦法，或者有一個習慣，或者有一個程序。我可以舉幾個例來講，本人從前跟一位江老先生學文字學，這位老先生名叫江淑海，他是前清很有名的翰林，他說我們中國舊有文字，不是沒有變動增減，不過在過去文字的變動增減，差不多在翰林院中是頂大的一件事，就是把民間習用的字，他們要研究，研究以後，再來整理，整理以後，再經過大家公認必須增加的，然後再編到字典裏去，最後報告政府。無論那一個字要變動或增減，都要經過這程序，假定沒有經過這個程序，你個人可以寫這個字，國家是不承認的，這是我們中國舊有關於文字變動增減雖然沒有條例規定，但好像也有一種程序。還有一位外國老師馬爾潑斯，他教我們英國文字，他說英國也有土話與土字，他說的話是流通的倫敦官話，算是最標準的。他說英國各地方有各地方的土字，每年由最高文化教育機關地各地方所有的土字拿來研究、整理。然後大家公認這個字可以大家拿來用，可以由土字變成官字，這樣公認後就把這個字編到字典裏去，以後全國人士都可以用這個字了。所以拿這

個情形來講，無論那個國家，他的字有變動增加或減少，必須要有一定的程序，不是說誰都可以變動增加或減少，絕對不是這樣的情形，如果說任何人可以增加一個字或減少一個字，我想過幾年以後，我們不但不能讀中國古書，也不能看現在中國的公文，而且也不能教學生讀書，到最後恐怕連自己的姓名都認不得了。

　　我們可以拿舊有的字來講，有些字不一定是簡化，有好多字也是變動發展來的。譬如新舊的「新」字，本來是洗字，現在新舊的「新」字，原來是燒火的「柴」字，現在變成新舊的新字了，所以中國文字變化，不一定由複雜變成簡單，有時也由簡單變成複雜，文字的作用主要是代表一種意義，由社會公認，這個字就變化了。又如現在羅家倫先生提倡簡體字，他說他自己的「羅」字，應改為「罗」字，但我在前幾天看到羅家倫先生在某處參加紀念會，他簽到時還是用很複雜的「羅」字，而沒有寫簡體的「罗」字，我才知道他提倡簡體字，他自己還述而不作，他自己不寫簡體字，要提倡簡體字，這是表示簡體字仍有問題。

　　同時我想中國的文字，在發展中國的文化上面，在團結中國民族意識上，也發生一個很大的效力，所以中國的文字，不是說不可以變動增減，但如果有變動增減，必須要有個辦法，如何變動，如何增減，如何算我們公認了。如果隨便那個人也可以變動文字，那這個問題太大了，我認為是絕對不可以的，所以我對於廖委員的提案，主張交付教育委員會審查，從長計議，應該用什麼辦法變動中國的文字。這是本人的主張，請各位指教。

對於「文字制定程序法」案意見

馬濟霖

一、「字」的制定與改革是關係民生國命的大事，應由行使最高立法權的本院決定，以昭慎重。

「字」不僅是人人生活上需要的工具，而且是人與人往還上，重要的工具，從歷史上研究，不僅人類社會的進步，是在有「字」以後，才有長足的進步，即使是尚未進化民族，仍然有他自己通用的字，但那些字卻不見得比進步的繁難，反而是很簡單易明的。所以「字」除了是人類生活的工具以外，而且是「國民的生計，社會的生存，群眾的生命」都非常有密切關係的工具。「字」既然如此其重要，所以它必然隨着時代的不同，和人類社會的進化，與人類生活的需要，有其整理與改革的需要，在我國歷史上對於中國字的改革與整理已經經過若干次，但是其中有一個重要關鍵，就是秦始皇時代的改革字體是為了求統一，而滿洲入主中國康熙朝的整理文字，編定《康熙字典》，也是為了統一字體，鞏固政權。字既然如此關係人類生活，又關係政治統一與政權鞏固，那就不能僅視之為學者的專利，和僅視之為學術範疇以內的事，必需正視「字」是人人有份的事，必需正視「字」與政治有重大關係的大事。如何研究，用什麼方法去整理或改革，是專門學者引古證今坐在研究室裏做的

事，但是應不應該改革，和用那一種方法整理的決定權，則應操之於國家行使最高立法權的機關。中國過去規定非「天子不考文」的制度，就是說明「字」不能不改革，但是改革要慎重其事，不能率爾從事，各行其是。我認為中國字從康熙朝整理以後，將近三百年，而且又在科學猛進，世界大勢變化極大的時代，中國的「字」已經有了許多的變化和增加，實在有加以整理需要，但是整理也好，改革也好，這個決定權天經地義的應該操之於行使國家最高立法權的本院，而不應聽任隨意處理，輕舉妄動。關於這一點，在院外有人批評本院同仁要把文字制定的決定權不放鬆，有爭權之嫌。在本院同仁中也有人認為「字」的改革整理是專家的事，我們不僅管不了，也用不著管，我想有關民生國命的大事，我們如果放棄，那是我們失職。至於說「字」是專家的事，我們因為不懂，就連該不該的權，也一起奉送，我認為過於謙虛。我們不懂，是不懂研究過程中的專門技術，但是在許多專家研究成熟之後，提出意見來供我們五百多人選擇可不可？和那一種意見對不對？我們還不懂，那我們對於以往議定的許多事，那都是門外漢多管閒事了。所以本席第一點主張把廖委員等所提的「文字制定程序法」的提案交付教育等有關的委員會審查，交委員會並不是說這個就必需照原提案一字不改的通過，乃是承認本案的成立與開始討論，本席自度把一百多位委員的提案交付委員會審查並不算一種偏激的主張，諒獲大多數同仁的同意。

二、此時此地提倡「簡體字運動」 是既不合時，又不合宜。

「字」是人類社會的重要工具和應加以改革整理，已第一段說

明。但是應不應該改革整理；和在什麼時間，和什麼場合才應該改革整理，那是截然兩事。我想各位先生都比本席清楚，一件事物的價值與好壞，都決定於時間與空間的條件。整理文字，固然是大事，但是在我國歷史上整理改革文字的時代，都是在國家安定之後求統一上的措施。絕沒有如今日國破家亡，力圖復國雪恥的時候，而去鼓動改革文字運動的。在當前的時代中，世界上的學者和科學家，都在埋頭研究室中研究原子、電子、核子，如何防步侵略的荼毒，如何供人類和平的發展，世界各國政府亦都在試驗原子、核子爆炸，而我們卻在這裏鼓動「簡體字運動」，本席個人實在覺得是一件不合時代的迂闊行為。對個人說，可以表揚自己研究的熱心，對國家社會說，並不是當務之急。其次以我們在臺灣目前的情況說，無論朝野都一致認定反共抗俄為唯一國策，不如此不足以復國，不如此，也不足以圖存，尤其不如此，更可使民主國家，國際盟友為之驚奇。可是我們看最近國際視線和國際言論，都不討論行將舉行日內瓦會議，都在注視俄寇要耍什麼花樣？中共有什麼陰謀？美國朝野都在一片聲喧的在反對中共乘機混入國際組織，這件事應該與我們的關係比任何國家都重要、都密切，可是我們自由中國的報統上都連篇累牘的發表羅家倫先生的「簡體字運動」高論，而我們的教育部也在大送羅先生的著作，這實在使愚昧如本席者，莫名其妙。我們今日在臺灣提倡反共抗俄運動之不暇的當中，卻插出來要倡導「簡體字運動」？這除了表示我們好整以暇的偉大精神以外，實在沒有理由不說這種簡體字運動是太不合宜！

尤其嚴重的情形是，中共匪徒在大陸上正使用百般毒辣手段，在摧毀中國的文化，清除中國的倫理觀念，以期把中國人全部改造為俄國種，達成它全部出賣徹底奴化的漢奸陰謀之際，我們也趁熱

鬧來一個否認倉頡、攻訐中國字、懷疑中國文化的「簡體字運動」。
本席並不說倡導「簡體字運動」的人，是和共匪隔海唱和，我想係
身居黨國高位的羅先生，絕無如此用心，祗是此時此地倡導簡體字
運動，對於反共抗俄的國策，有些不相配合，卻是無可否認的事實。
所以本席不是對改革或整理中國字有何反對意見，祗是杞人憂天，
覺得在此時此地，來好整以暇的倡導這些非當務之急的運動，衷心
不敢贊佩而已。

在立法院會議發表之意見

魯蕩平

　　對於廖委員的提案，各位委員已經發表了很多寶貴意見。我們要知道廖案的起因，是因爲有羅家倫先生的倡導簡體字運動，與教育部程部長，簡體字研究委員會的組織，更加上社會人士，都注視這個問題，才有廖委員的提案。現在外界對於廖委員的提案，也有些誤會，認爲立法委員管得太寬了，對於簡體字也要來管。但是我們要知道廖委員提案的動機，是限制紊亂中國文字組織系統的，並不是根本不贊成社會上簡體字習慣的使用。例如民間記帳的俗字別字，讓它們自然的流行，政府不應採用爲簡體字，而制定遵行。同時本院委員中，也不免有些誤會廖案的，主張本案不成立，本席不同意這個主張，本席對本案的處理，主張交付審查，共同研究。

　　其次，本席對於簡體字，發表一點淺見，供同仁的參考。本席對簡體字並不是不贊成，而是主張要慎重，要有方法。如果簡得不合理，則毛病很多，致將一般人原有所認識的字，都會變成不認識的字了。何以故呢？有些字多一畫少一畫，辨別很大，不知道提倡簡體字的人，用什麼方法來著手呢？我認爲簡化是一回事，提倡簡化又是一回事，如果將人家已經簡化的字，拿來提倡，又是一回事。教育部所送交本院各委員的這本小冊子，就是羅家倫先生提倡所簡化的字，全部不到二百多字，本席再三研究，覺得不甚滿意，譬如：

羅先生所主張的「機」簡爲「机」，本席認爲不甚合理。「機」與「机」意義全不相同。此機是機關、機構、天機之機，又氣運之變化曰機。（〈至樂篇〉：萬物皆出於機，皆入於機。）又機械，巧術也。（《莊子‧天地篇》：有機械者，必有機事，有機事者，必有機心。）與「机」字字義截然不同。此「机」字爲木名，與「几」通用。（《山海經》：單狐之山多「机」木，其狀如楡，可燒以糞田。）此「机」字不能與「機」字通用，至爲明顯。又羅先生主張「聽」字應簡爲「听」，這兩個字音與義，又截然不同，此「听」字爲古「哂」字，《說文》謂人之大笑爲「听」，並非「聽」音，而爲「哂」音，俗作爲「聽」，大爲錯誤。又「狼」字與「狠」字多一畫少一畫的區別，音與義，也不相同，「狼」音郎，似犬銳頭白頰，「狠」音「瘌」，犬鬥聲，「狼」「狠」二字，又如何簡法呢？

我國的字，有由簡而繁的，也有由繁而簡的，都是因爲環境的需要，而演變的，如果把它簡得不合理，則魚目混珠，焉馬不分，天夭難辨，弄成笑話，大可不必。例如「辛」「幸」「幸」三個字來說，字體略同，而音義各異。又如「錫」「茶」「壺」與「錫」「茶」「壺」六個字，都是多一畫少一畫的區別。怎樣簡法？這都成問題。

如果要簡化字，至少要將偏旁，部首，根據六書規定出來，庶無焉馬之誤，天夭之混。我國的文字，是先有字而後成文，字與字相聯爲句，句與句相聯爲文，如果一個字沒有字義，這個字就不能聯成爲句，也就不能綴成爲文。所以任何一個字，都有一定的意義。

現在教育部既將羅先生的小冊子，分送各委員，不妨大家詳細研究，並請教育部程部長來說明。不過我總覺得天地間事，越不懂

的人，越是膽大，越知道的人越是小心。越知道的人，越怕做錯。
越不知道的人，越是亂幹，今天不是寫字難，而是作文難，不是認
識字難而是怕的不去認識字。如果不去認識字，當然不知道寫字。
中國的字，自歷代以來，由繁而簡的有，由簡而繁的也很多，已如
上述，並非一成不變的，變有變的理由，不是盲目無知的亂變。

　　現在研究簡體字的人，怎麼去研究，我並不反對，但是硬說六
書不可靠，倉頡無其人，我要反問一句，你從何知道六書不可靠，
和倉頡無其人呢？有何佐證，說服大家，否則似此蔑污古人，未免
膽大，中國的字體，若說繁，並不繁，若說易，也不易，如何才是
易，要從六書研究，字便易認易寫。六書者，即（一）象形，（二）
會意，（三）轉注，（四）指事，（五）假指，（六）諧聲，如果
稍有研究的，當然就會知道文字的來源，並不感覺寫字的困難。一
部《康熙字典》，集合全國的文人學士，經過五六年的時間，考訂
而成，裡面註得很明白，字體有相同相似的，有音同而義不同的，
義同而音不同的，如何寫法，如何發音，平、上、去、入四聲的讀
法等，頗為詳盡。猶如萬國音標，韋氏音標一樣。並且英文中，也
有十個以上的字母，拼成一個字的，不勝枚舉。豈能說中國的字，
一定都要簡化為幾筆組成？這是極無理由的。

　　中國最強的時代，文字通行日本、朝鮮、安南、琉球等地，可
謂極一時之盛。現在已衰落不堪，大家亡本求末，學習外國文字，
如再不挽救，似這樣下去，中國的文字，會漸漸成為歷史上的陳跡
了。

　　所以本席主張廖案應當成立，交付審查，加以修正再提大會討
論。

對廖案「文字制定程序法」意見

陳茹玄

（一）簡化字體與採用注意符號不同，因前者是字體本身的變更，後者是仍沿用本字，不過助本字之易於認別而已。前者是基本的改變，後者是方法的增加。方法可以嘗試，嘗試失敗，亦無大害。基本不能任意動搖，一有差池，損失便難補救。

（二）字體之由簡而繁，或因繁求簡，都是爲便利或需要而來。不能適應需要或得到便利的，則簡者固無取於求繁，繁者亦不能勉強以求簡。筆劃增加，爲求識別。俗體向簡，各因其便。但俗體多缺乏普遍性，賴有正體爲其公共辨識的準繩。兩者兼行，初無大礙。若必以簡體代正體，並用政治力量推行，則標準全失，紊亂不堪，馴至毀滅。

（三）我國行書即是簡化字。但從六書變化出來，且與正楷並存，自然日久不會失真。若依俗體簡化，歧紛雜出，勢必欲簡愈繁。若另定統一標準，變成新舊兩套，使習者更費力耗時，又是求易反難。

（四）簡體雖可與正體共存，但絕不能拿來代替正體。如能將簡體統一化，標準化固是好事。但必須依字的本源以求合理易解的法則。廖案認六書爲最好根據，本席深表贊同。如果要用俗體來求簡化，則不若任其自然，各依習慣，不必強同，仍依正體字爲其統

一的標準，則中國文字仍得保存。

　　（五）簡化字體在人文歷史上是循自然軌道而演變的。揠苗助長，實恐徒勞。事關民族文化存亡基本，更不能浮詞快意，任意更張，魯莽從事。近今由於簡體、俗體字的濫造流行，已使國內青年對本國文史載籍多不能誦讀解識，甚且因其自己之愚惰而鄙夷本國的一切文化歷史，視同涕唾，稱爲死物，相率以自賤其宗。士風日壞、民德日涼、誰生厲階、天下後世自有定評。國脈垂絕，一摘何堪再摘。履霜堅冰至，不可不慎。此本席對於廖案整理文字應極端慎重之意見，更加認爲必要。

簡體字之簡單利害分析

陳紫楓

　　吾國文字中，誠有筆畫較多之字，書寫稍較費時。但宜知使用文字，須備三能：第一能讀（音），第二能解（義），第三能寫（字），而易讀易解，實爲吾國文字所獨具之特別優點，而爲世界其他各國文字之所不及者。

　　蓋吾國文字，本於六書：一指事、二象形、三形聲、四會意、五轉注、六假借，字字皆有根據。其中凡屬指事、象形、形聲、會意四類之文字，其音其義，尤易辨認，尤易記憶。而且此四類之字，約佔全部中國文字百分之九十，所以若論（讀）音解（義）二者之便易，世界任何各國文字，實尚未有出於中國文字之右者。謂予不信，請爲舉例明之如左：

　　（一）指事類文字舉例

　　　　　上（⊥篆文上字）　　　　　下（丅篆文下字）

　　（二）象形類文字舉例

　　　　　口（ᴗ篆文口字）　　　　　田（⊕篆文田字）

　　（三）形聲類文字舉例

　　　　　梧（梧篆文梧字）　　　　　桐（桐篆文桐字）

　　（四）會意類文字舉例

　　　　　（1）筆畫較簡者：

信（𠊱篆文信字，人言爲信也。）

武（𢦏篆文武字，止戈爲武也。）

（2）筆畫較多者：

諍（篆文略，止也，以言止人之失也。从言，爭聲）

誹（篆文略，謗也，以言非人也。从言，非聲）

以上所舉各例之字，其音其義，均易認解，而會意類所舉筆畫較多之「諍」「誹」二字，其義一見即明，其聲即同其左旁之「爭」「非」之聲，凡是類此之字，尤可減少學者記憶方面之負擔。吾國文字，如此優長，如因筆畫關係，輕加簡化，未免以小害大，區區之愚，實在不敢苟同。今即試以左列「諍」「誹」二字爲例，請看簡化結果，究屬如何？

「諍」「誹」此二字如果簡化其右旁，則認音解義二者，均必增加記憶方面之負擔，是雖有稍便書寫之利，而增加認（音）解（義）均難之兩害，豈非以小害大之明證？如果簡化其左旁之「言」字，則即喪失會議之構字條件，欲明其字之義，亦必增加記憶力之負擔，同屬得不償失也。

書面意見

楊寶琳

　　本席對於廖委員所提出文字制定程序法一案，主張予以保留。

　　研讀廖委員之提案後，本席認爲廖委員對文字學確有研究，深爲佩服，但在立法觀點上，本席認爲尙有若干處仍值得多加考慮。

　　本院係代表人民行使立法權之最高機構，在討論每一法案時，對於人民之意見自應特別重視，近來關於簡體字問題民間反應頗多：本席試舉貳例說明之：第一，四月五日，中央日報載女教員吳瓊珍之文章，以一位從事實際教育者，就親身之經驗舉出簡體字對於教育及學生在教學與學習上之影響，表示贊成將簡體字整理發展以適合現代教育，其次據聞最近臺北市各國民學校主持人會談時，亦曾討論簡體字問題，結果一致認爲不應限制學生寫簡體字，並曾有人舉例謂：社會通用將「雙」字寫爲「双」字，逢双十節時家家戶戶寫爲「双十節」，而不用「雙」字，若學生不識此「双」字，則顯然係國民教育不能與社會環境配合，則未免爲教育上之失敗。以上所舉純係教育與社會上之一般反應，亦可見人民對簡體字之重視，若人民認爲簡體字合乎需要，立法院自當順其所需任其發展，實不應以立法限制。

　　再進一步講，文字乃係學術問題，爲民族文化發展之媒介，亦爲國民求知之工具，自應適應大眾之需要，期使其能達到大眾化、

普徧化，順應人民之便利而自然發展，自古迄今文字係由甲骨、金文、古文、小篆、隸書、章草、楷書等演變而來，研其書法，大致係由繁而簡。「其因」實由於人類愈進化，時間愈寶貴，爲節省時間，乃由繁而簡自爲自然之趨勢，實非法律所應限制，亦非法律所能限制者，若強以法律規定限制之，定會引起不良後果。例如科學家有新發明或發現新元素，若現用之字無以爲名，勢必創造新字以配合之，此時若依廖案意見須提送中央研究院研究後再送本院完成立法程序，其間手續之繁瑣，時間浪費，實對科學之發展有百害而無一利。雖然，目前化學上行用之新字如鐳、鎂、鈾、氫、氦等俱能合乎六書形聲之原則，但科學進步甚速，今後必有新字增添，斯時若不依六書原則而書寫，而必須依廖案完成立法程序，豈不極易影響科學之發展？又如新聞記者對社會新聞及科學新聞之報道爲節省時間而使用簡體字，若亦須由中央完成立法程序予以承認，實有礙新聞傳遞之迅速，此非便民而係與民爲難矣！

中央研究院語文歷史研究所所長董作賓先生在其所寫「論中國文字」一文中說：「爲了發揚光大我中華民族所承繼的文化遺產，對於現行文字，實有整齊劃一之必要，就現在所適用之真楷，選擇其習用者制爲標準字典，以後凡學校講習、出版著作、政府文牘一律以真楷爲依據，不得書寫俗體簡筆。」董先生此一主張頗爲明顯，即不得書寫俗體簡筆之簡體字，今再依據廖案第一步須送經中央研究院審核，再經立法院立爲法律之程序，而配合董先生專家之意見，勢必不允適用簡體字。今再以臺幣爲例；臺灣銀行所發行之臺幣上係用簡寫「台」字。是否應予銷燬而重印呢？

歐美各強國之文字均未經國會立法限制，但其文化科學俱頗發達，絲毫未受文字自由發展影響，例如美國韋氏大辭典即每年出版

一次，每次均有新字增添，從未經國會立法限制，英國牛津大辭典及劍橋大字典，有新字增添時均不須經國會立法通過，而其文字非但能保持傳統之地位，未遭毀滅，且日漸爲世界所通用，由此一點即可見廖案所謂「文字不經立法保護易於毀滅而有礙文化」之說之不確！

　　綜而言之，文字乃求知之工具，與人民日常生活有莫大之關係，應任其自然發展，期能達於大眾化、普徧化之境地，以節省時間而增加工作效率。在民主潮流澎湃之今日，人民在各方面俱具有高度之自由，在使用簡字方面亦復如此，不但可以自由研究亦可自由提倡實不應以法律限制，亦不應以命令強制實行。

　　對於本案之處理，本席反對制定法律限制文字之發展，故本席正式提議於下次會議時邀請教育部長列席就簡體字之運用問題，加以說明，並答覆詢問，若教育部表示政府並無此項擬議，則本席主張廖案應予保留，若教育部有此擬議則應依憲法第五十七條第二款之規定得以決議移請行政院變更之，但亦無成立法案之必要，據此理本席意見以爲廖案應予保留。

對「文字制定程序法」
及簡體字問題之意見

何　適

　　我對於文字簡化問題的意見，基於兩個原則：一、維持文字的優良傳統；二、順應時代的自然需要。

　　從維持文字的優良傳來說：中國字有許多優點，爲外國文字所不及，其尤要者則爲中國文字具有自然的統一性，非如外國文字之因讀音變化而致日久易趨紛歧，關於這方面，各同仁已多所發揮，無庸多贅。我以爲維持文字的優良傳統是保全本國文化，和鞏固國家統一的重要條件，根據這一點認識，我不贊成立即把全盤的正字都改用簡體字，因爲全盤改變足以使原來的字體面目全非，已經認識正字的人，還要從新認識簡體字，這個銷耗精力的損失，有甚於現在每個字多寫幾筆的損失。況且這一下子的改變，使新舊字顯然脫節，在文化事業上，當然會發生極不良的影響。這正所謂害多利少的事情，不宜輕易嘗試。

　　從順應時代的自然需要來講：無論中外，文字總是隨著時代進化的。它對於時代的需要，自然就有一種適應性。如中國文字之由甲骨文、而金文、而古文、而小篆、而隸書、而章草，以迄於現行的楷書，其間變化，爲非是出於自然。然則突然把文字全部變更固

然不可，但是絕對不接受文字的變更，亦非所宜。所以現在談簡體字問題，要把「全部都要簡化」和「部份的已經簡化」這兩點分開來講，全部簡化之不適宜，我已經說明了，至於部份已經簡化且爲民間所通用的字體，它的產生，出於自然的需要，這是一般人在書寫文字時很自然的趨勢，正所謂事實勝於雄辯，不容忽視，而且也忽視不了。那末，對於這些簡體字，到底怎麼辦呢？這裏有兩個辦法：一個是聽其自然，一個是加以統一的整理，聽其自然，本無不可，不過由文教機構，加以整理，一方面既不違反自然適應的趨勢；同時又可使民間簡體字更有準繩，我覺得這是可行的。

整理簡體字的辦法，就是由文教機構把已流行的簡體字，大致上依據六書原則，慎重整理後，呈請政府公佈，簡體字公佈以後，可與正字同樣通用於公用各種文書。

對於廖委員維藩等所提「文字制定程序法草案」，在原則上，我是支持的，但是草案第五條規定「增製或審核之新字及所編訂之字書韻書」應由「立法院審議通過」，似覺不大易行，且也不大需要，草案第七條我主張取銷。

對「文字制定程序法案」書面意見

湯如炎

我所贊成的「文字制定程序法」應有下列作用：

一、他會促成中國文字順應需要而演進，不致遭受無謂的干擾。

二、他把整理和改進中國文字的繁重工作付託真正專家。

三、他能確保中國文字的統一與適用。

否則沒有還比有好。

「簡體字」通稱「省筆字」，應否提倡，見仁見智各有千秋。照羅家倫先生的分析，計有不同的意見三類。第一類，主張絕對放任，聽其自然演變。第二類，主張由立法機關「制定文字制定程序法」，規定我國新制文字及編訂之字書韻書，應與國家一切制度，如度量衡等之制度程序相同，都由立法院通過後，咨請總統公佈施行。第三類，主張中國文字必須簡化，而且標準化，隨時分批請教育部或由部轉呈行政院公佈施用。我原本接近（因為並不主張絕對放任，故曰接近）第一類，但自發現第三類以後，覺得第二類頗有遠見，願有條件的加以支持。所謂條件，有如本文開端所述。所見則如下：

一、中國文字需要統一

羅先生說：「中國文字必須簡化，但是不能任人人各自為政的簡化。」「你簡，我簡，大家簡，恐怕簡到大家不認識，因此中國字體分裂五花八門，喪失了必須維持的共性，這與國家的統一有妨，在政令的推行上會產生另一方面的阻礙。」並且舉「現在印度還有通行的十八種重要語言文字，為他真正統一最大障礙」作例子，證明文字不統一是一件大禍事。羅先生這一段話雖是為妨止「倡簡」（提倡簡體字之省稱，下同）朋友們開分店而說，但卻告訴了我們兩件事：一、一個國家的文字絕對不能任其分裂；二、文字分裂的原因由於少數人擅改擅簡。的確，文字是一個國家人人共用而又不能獨享的工具，誰也不應「各是其是」，單獨來一套。可是要另來一套，誰都會，因為文字雖然具有「形」「音」「義」三種屬性，卻只是前人設定，並非絕對的，如果各逞聰明，當然可以花樣翻新。所以羅先生說：「我決不承認創造是古人的專利權，我也不承認現代人的智慧低於古人，我們在選擇古人造的字而外，當然自己可以造字。造字的時候也不必把自己的心靈鎖住在六書的籠子裏。」很對！誰敢說你不能呢！不過不要忘記，我造，你造，大家造，會招致你所說過的結果啊。羅先生當然說「我認為是不會的」，因為有很妙的辦法：（１）簡化的字體選定以後「分批請教育部或由部轉呈行政院公佈施用」；（２）「公佈以後，中小學的教科書裏，應當使用；（３）「指定或約定幾種報紙和利用刊物，首先使用」；（４）那些古書「就其重要的，甚至於全體，用簡體字重印一道」。這樣，正體字「就算多了的一套廢字」，而乃謂「簡體字」也不會有第二家，於是乎自由中國又添一個「大家願意瞻仰風采的胡適之

先生」。真是「想得乖乖」。「十室之邑必有忠信如丘者」。有人
會蠢得像我，便會有人聰明得像羅先生。你能把早晚的「晚」，改
成「旮」或「魯」，我便可以把千萬的「萬」寫成「万」或「卍」，
「牛」「魚」可以互換，「矮」「射」更可以互換，結果是「你簡，
我簡，大家簡」，你造，我造，大家造，中國文字的統一性必被破
壞無疑，竊期期以爲不可。

二、中國文字尚稱適用

文字是人們打破時間空間限制，用來表達意思的工具，如果不
適用，當然要改進的。不過中國文字即通用的正體字並非不適用，
他的優點是：

（一）易於辨認

絕大多數的正體字，無非是一些部首偏旁不同的一個或數個簡
單生字拼合而成，辨認並不比外文困難，我也曾拿一些筆畫少的字
如「孑」「尹」「刁」等，和一些筆畫多的字，如「傘」「罵」「甥」
等，給小孩子認。我發現他易辨認的，倒不是前者，而是後者。

（二）不易誤解

中國文字由於「形」「音」「義」的相互關連，不輕易發生誤
解。如「鈔」寫寫作「抄」寫，「孤」負寫作「辜」負，那「嗎」
寫作那「末」，「同人」寫作「仝仁」等，舉不勝舉，因爲不易誤
解，才能通用。這一優點也可說是簡體字發生和存在的原因。可是

如果改變的太多，令人無從推想，便會看不懂，簡體字只有極少數的流行，不能大量的演變出來原因也在此。「倡簡」的先生們應體會這個道理，否則中國文字的優點反被弄成他的致命傷了。

（三）不難書寫

文字要便於書寫，第一要結構簡明，其次是筆畫簡單。正體字多由部首偏旁及一些簡單生字所構成，其簡明已在前面說過。至於字的筆畫也不比外文繁，今日「倡簡」的先生們卻專從這點做文章，頗為遺憾。其實，用一橫一直原可造出「十」「⊥」「丁」「卜」「丩」五個不同的字，不過現在只留用一個「十」字罷了。如用二橫一直更可造出，二十個不同的字，而今留用的，卻只「士」「土」「干」「上」「下」「工」六個字。古人何嘗不知「簡」便，蓋造成混淆，不易辨認，容易錯誤，將是得不償失呀！

臨了，我還得嚕囌幾句。文字是打破時間限制，人人共用，而又不能獨享的工具。創造確不甚難，統一則殊不易，只能任其順應需要，自然演進。此時此地，需要我們賣氣力的地方很多。簡體字裏面並沒有王冠，只有牛角，請不要硬鑽，免得大家提心弔膽！

對廖委員「文字制定程序法」的一點意見

黃振華

　　本案討論至今，尚無結論。本席因曾簽署本案，不得不略提一點意見。本席認爲本案的要點，應該要把文字的本體、方式、程序和法律分別討論。

　　一、**本體**：我國的文字本體，同人事一樣，是由簡而繁的，由象形而指事，而會意，而諧聲，而轉注，而假借演進的。

　　二、**方式**：我國文字的方式是調適人事馭繁以簡的，是由篆書而隸書、八分、楷書、行書、草書而發展的。

　　三、**程序**：我國文字發展的一般程序分（由簡而繁的）自然的演進與（馭繁以簡的）人爲的發展，前者的功能是保存與欣賞，後者的功能是創造與建設。

　　四、**制定法律**：本案若照文字發展的一般程序擬訂法律依賴自然演變的文化傳統，與六書法則是不夠的，還須着重人爲發展的時代精神，與科學方法，從事研究整理我國的文字，使能有所建設與創造，才可以調適今日文字上的問題。

　　五、**提議**：本席正式提議，本案交付教育及法制兩委員會審查，當否仍請公決。

對於文字制定程序法的幾點意見

魏佩蘭

　　一、簡化文字，不是目前的要圖，擺在我們眼前的，比這更為重要的事太多了，似乎不必咬文嚼字，殫精竭慮地浪費時間和精力。至於學術的研究，科學方法的整理，對於中國文字，倒是有其重要性與必要，政府的提倡和限制，都是不必要的庸人自擾辦法，因為文字是代表思想和情感的良好工具，這工具如果發生了障礙和困難，它自然會由用工具的人修改或求簡的（這裡所說修改和求簡，是若干年來民間對文字簡化的趨勢，非指新創濫造者言）。而且學術上有價值的貢獻，是社會和民間，尤其是政府不可遏止和反對的一種趨勢，關於文字學數千年來的創造和發明，早已有其輝煌的成就，和偉大的貢獻，我國最有價值的國粹，就在這一套文字學的演變史中，後人的發明和造詣，任憑多麼進步，多麼有高明見地，都很難駕於蒼頡、許慎、王右軍之上的，後人對於字學的新花樣，還不過是根據前人的研究和榜樣，亦步亦趨，不過自以為妙乎古人罷了。這不是我泥古信古，的確今人的研究，只能說因勢利導，而日趨簡易循六書之原則，而強言超越於六書範疇的人實在不見得有多少高明之處！

　　二、文字體例之繁簡，係順社會之演進，而流傳遞嬗本於自然原則，因應社會需要，由繁而簡，有不可遏制的地方，無庸提倡，

自然會捨難趨易，例如法律之「灋」，粗細之「麤」，台灣之「臺」，和氣之「龢」等字，社會習焉不察，均用簡字而不用本字，突然來一個提倡，是無風起浪，根本用不著的事，因為有知識的人，你不提倡他該用本字的地方他就自然會用本字；不該用本字的地方，他不一定要用本字，初學識字的兒童和大眾，腦子裡根本用不著給他增加負擔，讓他多憶一種繁難的印象，教學的人，絕不會先教繁難的本字而後教簡易的正字，通常教學都是正楷體字為字學楷模，正楷是字體最為允當的一種體例，既不繁難，又不流為俗白，至於說寫正體字耽誤時間，浪費寶貴光陰的話，那就寫行書、草書聽其自便好了，有誰來干涉和限制（上行公文及學生書法是另一回事）呢？退一步言：不寫正體字，不節省時間，一樣的不節省；寫正體字，節省時間，同樣可以節省，這些事在乎人為，而不在乎文字工具之繁簡。至於《說文》字繁難阻礙了科學的進步，那更是風馬牛不相及的事，所以提倡簡體字根本是庸人自擾，標新立異，以求自炫的辦法，倒不如不提倡，聽其自然趨勢去演變，來得合適。

　　三、文字為表達思想情感之工具，無法律約束範圍，或法律制定程序之必要，科學上須要增造之新字；如化學名詞、醫藥方面名詞用字，均可聽其自然發展，此為學術範疇內事，法律無權過問，至於說民間任意濫造字體，自有社會自然趨勢去遏制或淘汰的，用不著繩之以法的。總之，正字與簡字若干年來並行而不悖，兩存而不偏廢，都不成問題，愛用者聽其自由，不必出之政府法令，提倡或約束，事實上無此必要！至於別字、俗字等，倒有整理出來，供給教學者以參考借鑑，以為字學準繩的必要！

　　四、簡化文字應當留待返回大陸後，與匪共破壞文字的地方，同時一併慎重研究，徹底整理，願舉國上下，多用其心思與智慮，

於國計民生與夫如何策動反攻大計上面，國家幸甚，民族幸甚。

　　五、廖案交法制委員會與教育委員會聯合審查。

對「文字制定程序法草案」意見

陳紹賢

一

　　任何文字的演進，都有其自然的趨勢，中國文字的過去是如此，今後也必然是如此的。不過科學對於文化的進步，不在等待，而在促進。以科學原理與方法去整理中國文字，是事實所必需的。所謂整理，從廣義看，當然包括文字的簡化、繁化、淘汰和增製。何者該簡？何者該簡？何者必須淘汰？何者必須增製？以及如何應用學理與事實去作種種的決定？凡此都應由語文學專家們去研究與解答的。

二

　　教育部延聘專家，從事這種研究，這該部職權以內的事。本席對其將來研究的結果，實寄以誠懇的期待。近來引起本院同仁憂慮的，就是傳說該部要憑少數人編製的簡體字，圖以命序去強制推行。如果如此，顯非學術的問題；而是政治的問題了。我們當然不能根據「傳說」來判斷問題：可是現在的所謂「簡體字運動」，不是基於專家集體研究的成果，而是全憑個人的主觀與武斷，那簡直是一

種英雄主義運動，我們何能苟同！而且在這種運動裏面，我們承告了：「研究後決定的字，隨時分批請教育部或由部轉呈行政院公佈施行。」這可證明上述的「傳說」並非完全無稽的。對此事件的可能演變，我們認爲有關於國家的重要事項不能不有所措施，這是我們在職權內的合法考慮。

三

對於廖委員等的提案，其在「防衛措施」的用意上，本席是贊同的。但對其在程序上有「立法院審議通過」的規定，本席是反對的。理由很簡單：從法律觀點看，「文字的增製與整理」不是法案，我們無權要它來經過立法程序。再就事實上看，這種工作是學術性與技術性的工作，不僅僅與教育有關，本院在審查工作的分工組織上，已無法從事此項審查：要院會的通過，更可想像其難能了。本案應否稱「程序法」，抑應改爲決議事項，也都還有研究的必要，可與原案一併交付審查。

我對簡體字問題的意見

陸宗騏

　　字體之由繁而簡，原爲字體演變史之自然趨勢。現在如能再簡當無不可。不過字體之簡化目的，在求便利。如何而後能便利？必應同時具備三個條件：一爲普通書寫的便利，二爲初學習字的便利，三爲字體辨識的便利，此如甲骨文、金文、古文、大小篆，都與六書所謂象形、指事、會意、形聲、轉注、假借之作用切近，可得字形辨識的便利；但沒有書寫及初學的便利。隸書方正平直，筆畫整齊，可得初學的便利，但沒有甲骨文等辨識的便利，也沒有草書等寫作的便利，草書筆畫連寫，簡單圓熟，可得初學的便利，但普通人之辨識困難，初學亦感不便。楷書略能兼顧三者，但缺點尚多，有待改進，爲今後之真正便利計，仍應從普通書寫，初學習字及一般辨識三方面，同時研究改進，而不能徒以減少筆畫，便認爲真正便利也，現所謂簡體字中有擬從古代的簡體字中選取者，有擬將部首及偏旁簡化者，有擬于每中應用弧形連筆，以圖書寫敏捷者，是均注意書寫的便利而不能同時兼顧到初習及辨識的便利，實不可取。蓋古代簡體字，不過是當時書家的一種臨時筆法、或美術寫法並非爲適合初學及辨識之必要條件。後來所以演變爲較繁字體，而將原簡體古字，自然淘汰者，即所以適後來之實用需要，不得不是如此。此如古字之叚即今之假，如現在將「假」簡寫作叚，則叚叚相混，

正無謂也。部首及偏旁原以便利字義的分類認識，軌簡馭繁，如將部首的「心」簡寫作三點（⺗），便將「忠」「怒」等字，去了從心的意義。如將偏旁的言字簡寫作讠，便失了以口作言的意義。殊于辨識不便。至于仿用弧形連筆的草書，實非兒童所易學習，正如人之未學行者不能學走也。總之簡體字之推行，一定要顧到兒童的容易學習，及一般人民的容易辨識，才能普及識字；至筆畫減少，不過是便利的一端而已，故簡體字究應推行到若干程度，非經文學的專家研究，不易洽當，本院似不應遽予定論也。

書面意見

彭醇士

台與臺

羅家倫先生簡體字文章裏，一再提到臺灣，應作台灣，臺靜農先生，將姓改爲台靜農，是明智之舉。可惜我不認識靜農先生，不能當面請教，其先德將臺改台，深意所在。或避難、或避役，抑有其他原因，不得而知，但敢斷言，決非爲簡寫幾筆，而輕易換姓，就以我們羅先生來說，連羅先字，寫作罗字，他都不肯，幾百年前老人們對宗族觀念，如彼之重，那能貪省幾筆，便換姓呢，況且姓台的另有一宗，以羅先生學問，過於淵深，或者不知，臺氏先德，決不能不知，據潘重規先生在新生報發表的文章，硬說靜農先生，並未將臺字，改爲台字，我們可敬佩的羅先生，還能說誑嗎。

再說臺灣，改爲台灣，我無異議。但不能因省幾筆而改，若說本地幽美之景，有如天台那應該是台字，不能作臺字，又從台州來說，本地是海外的台州，或者說天上的三台星，便是台北、台中、台南、三台，也可以作台而非臺。是台北、台中、台南、三台，也可以作台而非臺。

要說臺灣在海中央，有如大陸高阜，《說文》臺觀四方而高者，又《釋名》臺持也，築土堅高，能勝持也。則是臺字，而非台字，

餘如漸臺、星名，曲臺、宮名，興臺、賤者之稱，澹臺、複姓、漢侍中臺佟，臺姓，皆應作臺，不能作台，而且台字，與臺字，各有一義，絕不相蒙，就一般說，台光，不能作臺光。台甫，不能作臺甫。如銀臺、鸞臺、柏臺、或臺榭、臺閣、臺門等則又皆應作臺，不能作台。

　　台字可通的：（一）與能字通，見《周禮·司中》，三能三階也疏。三能，即三台，又太尉、司徒、司空、三台、漢皆作三能。（二）與鮐字同，見《詩·大雅》，黃耇台背箋，台之言鮐也。（三）古文嗣字，見《書·舜典》，舜讓於德弗嗣，古文《尚書》，作弗台，實則台字本音怡，《說文》悅也，又《爾雅》我也、予也。《方言》養也，晉衛燕魏曰台，又失也，宋魯之間曰台，是絕無臺之義也。

　　至於臺字，則更單純，除臺草，或者可作薹草，不能苔草外，幾於無可通同之字。由此言之，臺字，似毫無根據，可簡寫為台，即以高明的羅先生，种字為例，亦說不通，何以故呢，因為种字，還勉強說是形聲，台與臺，可為毫無關係，我在此處要補充一句。淵博的羅先生，必定另有有根據，如果肯提出來，供大家研究，我十二分希望，而且欽佩，不過千萬不要提出音樂台、笑舞台、亦舞台、等等錯誤的台字，來濫竽充數，因為簡字儘管簡字，錯誤是要改的，假如因陋就簡，要羅先生提倡什麼呢，不是大家已然簡了嗎，以尊作似草非草，似真非真，又簡又不簡，又通俗又不通俗的文字，來提倡，是何所取義呢，就尊姓說真書羅草書䮌俗書罗按羅先生舉例作羅先生舉例作羅這有什麼意思呢。

　　羅先生又說到小學生，六年之間，要認二五五八個十筆以上的字，以為可憐，我要請問，羅字筆書，不能算少吧，但小學生，大

都能認出隱、ㄴ、橛、ㄎ、呵、ㄐ、殄這四個字，筆畫不能說多，不查字書，羅先生能認嗎。

　　小學生六年功課有比認字更重要嗎，以六年之久，共認四千多字，假期除外，每天不過四或五字，能算多嗎？孩子爲難嗎？可憐嗎？于至於學生中有許多別字，推行簡體字以後，能沒有嗎？我以爲這是教學問題，不是繁簡問題，羅先生慈悲孩子，認字可憐，不慈悲孩子，失學可憐嗎？更不慈悲孩子，跟着羅先生，走一條上不通古，下不通今的道路，可憐嗎。

　　至於羅先生大著簡體字運動小冊子其中舉例錯誤甚多，本院同仁及社會人士曾爲檢正，已見報端，茲不再論；最可笑的，華作花：原著稱，早已簡化，現在視同正體，我的天，花是華的分出字，如暮是莫的分出字，分出之後，各爲一義，不能混爲一談，假如花是華的簡字，花華即是同義，花即是華也，中華民國，也可簡寫爲中花民國，豈不荒謬。

關於簡化中國文字問題之質詢

喬一凡

　　報載教育當局，已聘請專家集會，簡化中國文字，此事關係中國文化前途，較之經書之整理，尤為重大。查中國文字之簡化，實有其自然之趨勢，其創造也，初非一人一地，智者作之，愚者守之，久而始廣。故一字或數形，一形或數意，一形一義或數聲，數聲數形或一意，舉凡勢之可象，則起臥飛伏皆可形，體之可形，則鱗毛羽鬣皆可象，縱之橫之，增之減之，各從其便，初未有一定規律也，是以吾國文字，亦同吾國之經書，實為吾先民集體思想與經驗所創造，故其含義極豐，為世界文字中之最優越，最完美者！而其運用，亦以虛靈見勝！故文字雖為語言之符號，而並不受語言之拘束，語言均可控制文字，文字亦能扭轉語言，可以與語言分，可以與語言合，以此語不可通，而文仍可通，中國方興廣矣，以有此可通之文，故能於南北東西之域，山川阻險之境，而能通其意，且以字音之關係，能扭轉各地語言，遂使禹甸神州，能成為大一統，尤非西方文字僅為語言之符號，語言變，則文隨音變，而文為死文，有如拉丁之別於現代，英法德俄意西之各依其音以製字，字隨年月以俱增，動輒數十萬文，習甲科者，不能通於乙科，生生死死，皓首不窮，以視我國文字以至少之字，馭至繁之事，其難易為何如乎，今如作不合理之硬性簡化，將使我之合形、合聲、合意之文字同於西方之

拉丁，是因簡而轉生一層大障礙矣！且也中國之字形，由大篆而小篆，由小篆而隸書，而楷書，而行而草，其遞變之跡，均有其自然之勢與可循之理，可通之道。其作者未有不深於文字學者，故形態雖變，而無不合於文字之標準，今教育當局，所聘之所謂專家者未知有通文字學者否？倘以不通文字學者主持其事，實無異使不識文字者改革文字，豈非古今之笑談？現事雖動機，而形尙未著，未知程部長亦動深思否？

對教育部關於文字問題之質詢

廖維藩

　　從來共匪欲篡奪政權，統治中國，認爲非毀滅中國文化，無以爲功，而毀滅中國文化，又非毀滅中國文字，無濟於事，於是說中國字是不進步的象形文字，直行方塊的字和封建社會的產物，筆畫複雜，讀音困難，不易辨認學習，阻礙科學文化發展。這類誣衊的反動言論，乃造成中國文字的災難，始則倡行所謂拉丁化運動，欲以蟹行拼音的拉丁字或羅馬字，以代替中國字，嗣以這種運動違背中國傳統，不易成功，乃改採所謂文字改革運動，用自造和俗寫簡體字，以代替正字，如國字以「囗」代之，華字以「华」代之，婦字以「妇」代之，歷字以「历」代之，織字以「织」代之，團字以「团」字代之，劃字以「划」代之，階字以「阢」字代之，衛字以「卫」代之，部字以「卩」代之，擁護兩字以「拥护」代之，以及其他俗寫簡字，不一而足，舉凡公文便條教科書和報紙刊物等，皆參用這類的字，以期逐漸代替正字，而達成滅亡中國文字的目的。查共匪僞政權成立後，主持毀滅中國文字的，設有中國文字改革協會，由吳玉章、胡喬木、徐特立、郭沫若、黎錦熙、葉聖陶、羅常培、魏建功、聶真等匪徒二十五人爲常務理事，而以吳匪玉章爲頭目。今教通部採用羅家倫氏推行簡體字的主張，組設簡體字研究委員會，主持文字變革事宜，其意義和和作用，是不是也和共匪一樣，

認爲中國字筆畫太多，讀音困難，不易辨認學習，妨礙科學文化的發展呢？是不是因羅家倫氏和共匪吳玉章等隔海唱和，而招致我國文字在全中國範圍內沒有存在餘地，而徹底歸於消滅呢？羅氏毀棄了中國數千年以來六書造字的原理和技術，他究竟採用何種造字原理和技術，以創造簡體字呢？請程部長分別答復。

〔附〕對廖委員維藩質詢之答復

程天放

廖委員質詢關於簡體字研究的問題，我首先要向廖委員說明的。教育部誠然成立了一個簡體字研究委員會，開始研究工作，但是這個工作與共匪在大陸上所作的完全不同，因爲共匪根本要消滅中國文化，連帶的消滅中國文字。我們是反過來的爲了保全中國文化，才做這個工作。不能說共匪在大陸上用了這個名字，我們就不能用。今天共匪在大陸用土地改革的名稱做萬惡的勾當，但是我們不能說共匪做土地改革，我們在臺灣就不能做土地改革，這是要說明的第一點。

教育部爲什麼要成立簡體字研究委員會，很顯然的今天臺灣簡體字成了問題。諸位先生都有子女在國民學校或中等學校讀書，諸位可以看出來國民學校與中等學校所用的簡體字很多，有些是從大陸傳來的，有些是日本留下來的，有些是一般青年自己創造的。譬

如臺灣學生普通將「歲」寫成「才」，「風」字許多學生將中間「虫」字取消，外面彎一下。這樣簡寫，沒有來歷，沒有根據。假如這個學校簡其所簡，那個學校簡其所簡，這個人創造他的簡寫法，那個人又創造他的簡寫法，將來中國就不能書同文，破壞了文字的統一性。

這是一個大問題，教育部曾通令禁止。但是我們感覺禁止不夠，還要提倡有根據而合理的簡體字。

中國的文字，誠如廖委員所說有甲骨又，鐘鼎文，篆書，隸書，楷書，各種不同的變化。在這個變化的過程中，有的由繁而簡，有的由簡而繁。由繁而簡的如法律的「法」，古代的寫法左面三點水，右面上是一個「鹿」字，下面是「去」，筆畫多極了，後來簡化，變成現在的寫法，三點水一個「去」字，這種變化，有根據，由繁而簡，應當提倡。

但是有些字的變化確是由簡而繁，如禮義廉恥的「禮」字，古代的寫法「示」旁加「乙」非常簡單。後來把左面變成「豊」字了。這種由簡而繁的字為什麼不可以重新規定呢？中國文字有數千年的歷史，經過了多少次變化，我們要求在不妨礙統一性的前題之下，規定一種通行的簡體字。這是教育部成立簡體字研究委員會的原因。再重複一句，作這個研究不是破壞中國文字，而是求合理的簡寫，為求不妨礙文字統一，由政府作一個統一的公佈以免甲學校這樣簡，乙學校那樣簡，又教育部現在只是研究，並沒有作任何決定。

剛才廖委員提到羅家倫先生的主張，不錯，羅家倫先生在報上發表了幾篇文章，但這是他個人的主張，不是研究委員會全體委員的意見。研究委員會開過幾次會。現在分頭做研究工作，還沒有得到結論。有了結論以後公諸天下，請大家研究，那時再請立法院教

育委員會委員參加。

　　爲什麼要以後才請大家研究呢？因爲我們請大家研究，一定要拿出一個東西，如果沒有東西，如何請教呢？所以第二步才請大家參加研究。等大家研究獲得了結論，然後呈報政府經政府認可，才呈由　總統命令公佈。

為簡字運動問題質詢教育部長

王廣慶

（一）近以科學昌明，教科繁多，對于我國固有文化工具之文字，在學校中因時間關係，不能專攻，致生文字難易問題。為保持文化遺產，便利青年學習起見，自宜於教育部中設立中國文字研究會，邀請語文專家研商改良教法，並用前代「以科學治文字學」之成就，兼采最近專家意見，制定字書、辭書一類工具書，將各種字體，兼收並列，說明其形聲義之由來、演變，是否正確譌誤，及本字、正字、簡字使用之方法與限制，樹之典範，免滋疑惑。亦使無力專攻文字之各校員生，有所查考依據，便於進修。否則僅設簡字研究委員會，似乎簡字以外不須研究，其研究結果，固不得而知。因之有倡言簡字運者，刊發冊籍，喧騰報章，不明文字形聲義之義蘊，輒欲有所論列。且欲假借聲勢，明令推行，改印經籍，廢棄典訓，用一家之簡字，代標準之正書，致使專家學者，指正辯駁，避免現實，無詞以對。

（二）整理中國遺產，曾經　總統昭示。即舉新速實簡以張其說，不知新速簡以外，尚有一實，實者充實真實之謂。簡字是否整個遺產，是否真實文字，不辨自明。歷代對于文字之重視，有同文之制，有正字之官，有石經之刻，有正名之論，皆恐紫色奪朱，鄭聲亂雅求其真實而已。簡字者如畫法上之寫意，如臨池家之草書，

有時具體而微，有時肢骼不具，便用則可，持正則未。文字在書法上，可以恣其約易，發揮藝術精神，如爲宣達政令行遠傳後，必須文字本身，有嚴正之形聲，有精確之意義。實事求是，不能假借，即云現在正書，已有不合，然唐宋以來，千年未改，一誤可矣，豈容再誤。東漢有章草，即所謂「解散隸體麤書之」者。麤草之書，又名槀曹，魏晉六朝以還，有所謂某善草隸，草隸即簡筆之正書，史官之載筆，例不采用。後此每一朝代，皆有官板正字經典，刻石鐫木，昭示鵠的。而麤草之書不入公文教科。覩簡字草書槀書之名，即知其用在管率了草屬槀，故凡官府起草文書，學生作業筆記，私人書計函件，儘可使用，以赴急速，以便萌俗。如典冊試卷，公文條約，亦以簡字代正書，則魚目混珠，婢學夫人。是非無正，彼此互亂。匪特千年文物，有澌滅之虞，其影響政治學術，曷堪設想。

　　（三）據上所述，教育部職司文衡，如爲文字畫一，以達同文之盛也，自必將整個文字，開會研究創立宏規，以一指歸。請問教育部，對此問題，將僅以簡字研究會研究所得統一簡字乎。抑聽取專家意見，將中國文字，爲整個之研究，有所決定，改進文字教育乎。或即就所謂簡字運動家之所述作，爲之命令推行乎。或尙有其他高見，解決此一問題乎。鄙意整理文化遺產，必須從先人遺留之宅舍莊田著手，不能專就遺留之瓦礫垃圾上用工夫。請程部長即席答覆。

對教育部分送羅家倫著
「簡體字運動」之質詢

李文齋

　　本月廿五日由院送公文袋內抽出中央文物供應社印行之羅家倫著「簡體字運動」一冊，不知是何人所送，廿六日上午赴祕書處查詢，始悉教育部曾於廿五日打電話到立法院向收發科張科長說：「教育部有分送各委員的東西請代為分發」，經副祕書長允諾後，教育部既派其總務司雷震邦先生送院代發，政府機關既分送刊物，當負責任，本席不得不再來一次「寒流」，提出質詢。

　　「簡體字運動」小冊，即報端早已發表過的「簡體字之提倡甚為必要」一文，其理論是否正確，見仁見智，各有不同，姑不置論，但其中所引之例證，錯誤不通及斷章取義之處甚多，茲依據《說文》並參證潘重規先生在新生報所發表的文章，略舉數例如左：

　　（甲）羅冊第九頁「早已簡化現在視如正體通用的字舉例」中所舉「剪」字，羅氏認為是「翦」字的簡化字。但查《說文》，「翦」字的意義是羽生，從羽，前聲。「前」（歬）字的意義是「齊斷」（即剪斷之意）從刀，歬聲。「歬」字的意義是前進，《說文》：「不行而進謂之歬。從止在舟上」。可知古書上用作剪斷講的「剪」字，乃「前」字之同音通假字，而「剪」字乃是「前」字的繁體俗

寫。因「前」字已經借用爲前後之前，故加「刀」以示區別，是「剪」並非「翦」之簡化字。

（乙）同冊第十一頁「現已習用的應有簡體字舉例」中所舉「丰」字，注明是「古文豐」字，但查《說文》「丰」字的意義，是艸盛，豐字的意義是「豆之豐滿」，豆是盛肉的器具，上半山山是象豐滿之形。《說文》並無「丰」是古文豐字的紀錄。又同冊同頁所舉「迁」字，注明是「古文遷字」，但查《說文》遷字下載的古文是從手從西的「扄」字，並無羅氏所舉「迁」字。

（丙）同冊第三十二頁第二行至第三行，羅氏認爲「止戈爲武」的「武」字，「造時有它特殊的命意」是「教軍隊止戈，不要打仗」。但依《說文》解釋「武」字，明明說的是：「楚莊王曰：『夫武定功戢兵。』故止戈爲武」。止戈爲武上面還有「定功戢兵」一句，而且說這話的楚莊王，見於《左傳》，正是打了勝仗，安定了國家，解除了敵人的武裝，下令復員，各安生業。

（丁）同冊第三十二頁第八行至第十二行羅氏所引《說文》對於「禿」字的解釋，僅引述：「無髮也從人，上象禾粟之形，取其聲。王育說：倉頡出見禿人伏禾中，因以制字。」而將《說文》原文「取其聲」下之「凡禿之屬皆从禿」，及「因以制字」下之「未知其審」兩句刪去，於是根據王育說，對許慎大事嘲笑。實則依《說文》原文解釋，「禿」字有兩說，是以前說爲正，附引王育說，聲明「未知其審」，正是不以王育之說爲然。羅氏把書中反面的意思刪改爲正面意思引用，「這真妙了」。古今著作中，尙屬罕見，也許是「斷章取義之提倡甚爲必要？！」

教育部爲全國最高教育行政機構，且爲全國文化領導機構，現既正式分發「簡體字運動」小冊，自然同意其內容，希望推行，與

私人贈送參考者，當然不同，不知教育部已否察覺其錯誤不通及斷章取義之處，如未察覺，這樣知識貧乏的教育部何以領導羣倫？如明知而代發是故意誘致社會人士蹈其錯誤，危害文化，莫此爲甚，倘謂無礙於教育文化，則共匪宣傳品也可以代發無忌了。請教育部詳爲答覆。

〔附〕關於李委員文齋對教育部分送羅家倫著「簡體字運動」質詢案之書面答覆

教育部

教育部因臺灣各級學校中流行簡體字，其中甚多自行創作，或因襲日據時代之習慣，如歲作才，國作囗等，既不合理，又易滋誤解。故於教育廳來呈請示時，指復此類簡字，應予取締。但臺灣省各級民意機關，曾一再建議，請簡化文字，以便利人民。同時，社會上流行已久之簡字，如臺作台，灣作湾，自應准其通用。爲此教育部特於去年六用，聘請專家十五人，成立簡體字研究會，期對簡體字，縝密研究，合理者准其流行，不合理者則予以禁止，庶中國文字，不致紛歧。此項研究工作，尚在進行，並未作最後決定。羅家倫先生亦爲教育部所聘研究會委員之一，渠所著「簡體字運動」，係渠個人多年研究之結果。教育部因立法院正在討論此問題，故特

將該小冊分送各立法委員，以供參考。至文中所舉例證，有無錯誤，
自當由著者自行負責。且見仁見智，各有不同，亦可付諸學術界公
評。教育部贈送參考書籍，似不能謂爲知識貧乏，或危害文化。

李文齋對於教育部答復發表書面聲明

（中央社訊）立法委員李文齋認為行政院對他質詢教育部分送羅家倫所著「簡體字運動」小冊一事的答覆，是「答非所問」。李文齋於四日發表書面聲明，說他於三月二十八日對教育部分送羅家倫著「簡體字運動」一事的質詢，其主要內容為：

（一）「簡體字運動」小冊，其理論是否正確，見仁見智，各有不同，姑不置論。但其中所引的例證，錯誤不通及斷章取義之處甚多，特提出四字，如其所引之「剪」字及「丰」字之解釋錯誤，「武」字之解釋將上面的「定功戢兵」一句刪去，「禿」字之解釋將下面的兩句「凡禿之屬皆從禿」及「未知其審」刪去，剪頭去尾，把原意弄反了。

（二）政府機關分送刊物，與私人贈送不同，教育部為全國最高教育行政機構，且為全國文化領導機構，分送文化刊物，自然同意其內容，希望推行。不知教育部已否察覺其錯誤及斷章取義之處，「如未察覺，這樣知識貧乏的教育部，何以領導羣倫？如明知而代分發，是故意誘致社會人士蹈其錯誤，危害文化。」

李文齋在四日發表的書面聲明中說，我質詢的重點，在「已否察覺」四字，為何不答？如以其為不錯，應對本人之質詢作有力的糾正。

行政院在答覆中曾說：「亦可付諸學術界公評。」李文齋說：「這是我極端希望的事，教育部就應當將我三月二十八日的質詢公

布出來。」

（見中華民國四十三年五月五日臺北中央日報）

第二篇　專家意見

——立法院教育內政法制三委員會審查
「文字制定程序法草案」案，邀請
教育當局報告及專家發表之意見，
均納入本篇。

第二篇　專家意見

在立法院審查會之報告

程天放

主席，各位先生：

　　兄弟很感謝貴院三個委員會給我機會說明關於簡體字研究經過情形，我首先要告訴各位，教育部為什麼會成立簡體字研究委員會，乃係根據事實需要而來，並非教育部同人覺得太閒自己找事來做，自從兄弟到部以來，不斷接到臺灣各級民意機關的請求，譬如彰化縣議會，桃源縣議會，屏東市議會，臺中市議會，他們每次在開會時，都有議員提出議案，都感覺到「漢字」對於臺灣兒童太難認了，筆畫太多，不容易寫，也不容易認，所以他們請求政府制定一種簡體字，讓國民學校兒童能夠很容易的吸收中國的文化，認識中國的文字，不但是縣市級議會有這種呼籲，省參議會在兩年前，也曾經通過決議請求政府制定簡體字，讓兒童們易讀易寫。像這類公事，有的由議會直接送到教育部，有的由議會送達省政府再轉送教育部。

　　還有個事實，在前年開始時，教育廳有呈文到部裏來請示，說是現在臺灣學校──尤其是國民學校的一般教員和學生，由於日據時代習慣，寫簡體字的很多，譬如中國的「國」字，寫成「囗」字者，又

譬如將「歲」字寫成「才」字，他們請示部裏如同這一類簡體字，還是提倡，還是禁止。我們因為鑒於一方面由民意機關呼籲，一方面由教育廳拿實際問題來請示，教育部不能置之不理，要表示態度，當時就指令教育廳，關於簡體字，現在請了一批專家來研究，但學生不能隨便創造簡體字，譬如「國」字，不能以「口」來代替，「歲」字不能以「才」代替，如將「口」代替「國」，以「才」代替「歲」，應予禁止，我們有了指令給教育廳，就不能不做研究工作，在去年四月，舉行簡化文字座談會，請了一二十位平常對文字學有研究有興趣的專家，對簡體字問題彼此交換意見，座談會的結果，產生了簡體字研究委員會，也因為在座談會裏邊許多人咸認為簡體字可以採用，但不能隨便創造字，以免破壞中國的文字統一性，簡體字可以寫，但一定要合乎標準，使其標準化，不過這個問題，不是舉行一個座談會可以解決得了的，中國流行的簡體字很多，自古以來的簡體字以及臺灣同胞在日據時代創造的簡體字也很多，大家認為應該有個固定的委員會經常來做這個工作，因此在去年七月我們成立了簡體字研究委員會，聘請十幾位專家擔任委員，兄弟自任主任委員，講到這一點，我特別要聲明，因為外面引起誤會，以為教育部成立簡體字研究委員會，完全是受了某個私人的請求才成立的，其實完全是由於民意機關和教育廳的請求才成立的，同時由兄弟自己來主持，並沒有請旁人來主持。最近幾個月來，社會上對簡體字引起了很多的辯論、爭執，雜誌，報章都充滿了有關簡體字的文字，在教育行政立場而言，這是一個很好的現象，大家應該討論、鼓勵，但事實上，本來簡體字研究委員會成立到現在，雖然已快十個月，但實在很慚愧，我們做的工作太少，因為教育部是一個很窮的機構，每月辦公費少得可憐，這個簡體字研究委員會就根本沒有經費，也沒有派置職員，同時找的幾位專家，他們都

有固定的職業，有的是教授，有的是公務人員，都只能在教書或辦公餘暇才能從事研究，而且教育部對各委員會也毫無報酬。在這種情形之下，工作不易有成績。自去年七月開一次座談會時，推定兩個小組，一個負責搜集，一個負責整理，希望得到兩個小組報告，有了具體的結論，再來開會研究，但到現在還沒有得到結論，一直到本月才開第二次會議，所以，雖然外面對這個問題討論得很熱烈，實在我們本身對於這個工作還做得不夠。

剛才我說過大家對於簡體字感到有興趣的，無論贊成或反對，常常發生意見，我們希望在熱烈討論中，能夠得到一個很合理的結論，不過很多可惜的是在討論辯論的過程中，有些人士對教育部引起誤會，譬如說，有人認為教育部預備制定一套簡體字公佈以後，將正體字取銷，強迫人家一定要用簡體字，這一點我可以向各位先生報告，絕對沒有這回事，今天我將簡體字研究委員會的規程也帶來了，我將本規程的前兩條讀給各位一聽，使各位知道簡體字研究委員會的工作重點在什麼地方。

第一條　教育部為研究簡體字以便於教學起見，設簡體字研究委員會：

第二條　本會研究範圍如次：

（一）關於簡體字資料搜集事項。

（二）關於簡體字整理事項。

在以上的兩條中，很明白的規定了簡體字研究委員會的工作任務，一個是簡體字資料的搜集，一個是簡體字的整理，並沒有談到說是我們將來將簡體字研究好以後，就要強迫人家使用，更從來沒有想到使用簡體字而廢除正體字。現在不但正體字可以寫，一切隸書篆書甚至鐘鼎文甲骨文，一樣可以寫。

　　以上是關於教育部成立簡體字研究委員會的經過，及其工作範圍向各位作一個說明。

　　關於簡體字問題的本身，我想陳述一點個人的意見。我認爲不合理的簡體字，沒有根據的簡體字，譬如將「國」字寫成「囗」字，這是應該禁止的，但有些合理的簡體字，在事實上又可以節省寫字的時間，使認識更便利，譬如台灣的「台」，這是通用而且合理的，何必又一定非寫個複雜的「臺」字不可呢？又譬如禮義廉恥的「禮」字，本來以前是用「礼」字，後來變成複雜的「禮」字，今天我們爲什麼不可以把從前的「礼」字拿來使用呢？像這類的簡體字，我想是可以讓大家使用的，值得提倡。有幾位先生認爲使用簡體字，可能破壞中國文字的特性，因而影響中國的文化，我個人認爲假使以「囗」來代表國家，這是有問題，當然要加以禁止，但根據我剛才所舉的「台」字「礼」字，我認爲不會影響中國文化的本質和特性，這是我對簡體字的見解，但是我不贊成我要寫這個「礼」字，而不准人家寫那個「禮」字，我要寫這個「台」字，而不准人家用那個「臺」字，這是我個人對簡體字的見解。

在審查會發表之意見

羅家倫

主席，各位先生：

關於簡筆字問題承貴院教育法制內政三委員會相召，要兄弟來說明主張，這種不恥下問的精神非常欽佩。本人提倡簡體字的主張和方案，曾經在〈簡體字之提倡甚爲必要〉一文裏面，大致已經敘述，現在再向各位奉贈一冊，敬請指教。

其實簡體字運動，並不始於今日，中國文字演變的程序中，早就經過若干次的簡化。近幾十年來，更不斷的有此要求，有此表現。現在不必多講理論，因爲這是實際問題，這是根據現時代的生活要求而來的。兄弟的中國文化修養很淺，但是絕無要毀滅中國文化之心。反之，兄弟主張字體簡化，正是爲了要想保存中國文化，使中國文化能向大眾普及，並且防止中國文字爲拉丁化文字所篡奪。在座諸位一定知道多年來兄弟是反對拉丁化的人。兄弟偏遊國內和海外各地，深感保存中國文字有政治上的重要性，可是無論在內地，在邊疆，在海外，所有學習和使用到中國字的同胞，無不感覺到其複雜和困難。這也是事實問題，不是理論上爭辯的問題。若是不從速簡化，使其易學易寫，將來必難保存。

況且現在是民族生存競爭最劇烈的時代，時間精力均當以最經濟的方式，充分利用。文字不過是傳達和紀錄思想的工具。到了現在原

子時代，我們不能也不必堅守着古代遺留下來的字體，不事變更。我們祇周我國新聞記者與外國新聞記者在爭取新聞報導的速度時，其所受文字工具上的限制，就可以明白即最低限度的簡化，也是必要的。

以前科舉時代的教育，乃至兄弟小時候在私塾裏的教育，主體是文字的教育，天天祇要讀書臨帖就够了。現在小學和中學學生所需要的知識，比當年多到若干倍，而且都是爲了生存所必要的知識。最近國立編譯館將小學六箇年級的課本上所用不同的字統計出來，計有四千零三十箇。其中十一筆到三十筆的字多到二千六百六十八字。看過去密密層層的，大可驚異。如國民學校一年級國語課本就是十三筆的「遊」字，十七筆的「戲」字。三年級就有像「鑿」一類的字。把小孩子的腦汁絞在這些字的筆畫上，實在不經濟。又如「雙」字現在規定是正體，小學生必須如此寫，若是寫「双」，則教師就不能不打紅槓子。但每逢十月十日的國慶，滿街的牌樓，標語，都寫「双十節」，而不寫「雙十節」，小學出來反而不認識了。這是一位臺北的小學校長告訴我的實際情形。所以兄弟主張我們應當選定適當的簡體字在國民學校推行起，因爲國民學校是爲一般國民的生活教育的。

最近我在報紙上看見有「繁不必難簡不必易」的理論，於是我在一箇臺北市立的國民學校裏做了一種簡單的測驗。測驗了二至六共四箇年級，參加的小學生計一百五十九人。得到他們教師的幫助，要求各班學生分別抄寫一百箇正體字，一百箇簡體字，計算其最快和最慢時間的比較。其中差別最大的爲四年級箇人寫正體與簡體兩種字的兩箇最快時間的比較；計最快寫正體一百字費十三分鐘，最快寫簡體一百字僅四分鐘。二者相比，寫簡體比寫正體竟快到三倍以上。我也知道這種測驗幾乎簡單到不值得一做，但是這種速率的比例雖屬簡單，卻也可以表現一點客觀的結果。並且細看測驗的卷子，還附帶證明「愈

複雜的字錯的愈多，愈簡單的錯的愈少」這句話，也是事實。其實這都是顯而易見的事理，不過既然有不同的議論，所以不妨多費一點事，並且多費諸位一點寶貴的時間。（附測驗國民學校學生寫正體簡體各一百字速率比較表於後）

測驗國民學校學生寫正體簡體各一百字速率比較表（參加學生一百五十九人）	年級	字別 / 類別	箇人最快時間	箇人最慢時間
	六年級	正體字	九分　五二秒	二三分　三〇秒
		簡體字	四分　三〇秒	八分　一二秒
	五年級	正體字	一一分　二〇秒	三六分　二〇秒
		簡體字	七分	一七分　二〇秒
	四年級	正體字	一三分	二七分　五秒
		簡體字	四分	一六分
	三年級	正體字	一〇分　四〇秒	三二分　四一秒
		簡體字	六分	二〇分　四一秒

　　其實這些難易的問題，那種字體合用的問題，證願意寫那種字體的問題，可以不必垂問專家，雖然承諸位不棄，因兄弟或有一知半解而垂問，祇須問家庭裏的小弟弟妹妹們和一般老百姓，就可以得到最忠實的答案。

　　至於兄弟所願意提倡的簡體字，真是毫不足奇。兄弟所持的是「述而不作」的態度。正如方才奉贈的小冊子裏所列的，（一）從古代已

簡現在習用的簡體字裏去選取（我原文就是主張「選取」，不是所有古來的簡字都恢復，以下均同）；（二）從漢魏碑帖及名人墨蹟所見的簡體字裏去選取；（三）從宋元以來木刻書中常見的簡體字裏去選取；（四）從公文書中常見的簡體字裏去選取；（五）從軍中文書常見的簡體字裏去選取；（六）從民間及商業上通用的簡體字裏去選取；最後（七）我主張將部首及偏旁簡化，使許多字簡化的形態可以標準化，但是這些簡化的部首和偏旁，每一箇都是採自漢魏晉唐宋元明碑帖墨蹟及善本書中所常見的，絕對沒有一個是杜撰的。這正是略略表現兄弟一點尊古的情緒。按照以上的簡法，簡出來的字，不但簡箇大家認識，並且許多人現在就是這樣寫的。這都是已通行或極易通行的字，縱有兩三箇部首及偏旁或者爲不注意碑帖的人，於初見時不甚習慣，但把對位的方法一說明，便立刻可以認得。所以採取這種述而不作的途徑，絕對不會有一種不認識的新字體產生的危險。

有人以爲簡體字與破體字同屬一類，不能登大雅之堂。其實碑帖裏的字大都是名家所寫，其中簡體字常爲臨池者所模倣，稱爲帖體，反認作風雅。字的筆畫之多少，歷來常有演變。比如「初」字的左旁本是兩點，但歐陽修親筆寫的「集古錄跋」，藏在故宮的真蹟，則祇寫一點。循字左旁本有兩撇，但歐陽修在同一跋上，祇寫一撇。但是誰能說歐陽修不通到如此，連「初」字「循」字都不會寫？蘇東坡在耳聾帖墨蹟上寫「癢」字爲「痒」字，誰敢說蘇東坡不學無術到寫別字？

況且我前面所舉的七種辦法，不過是我提供的意見；而且我提供的還祇偏重在選取資料的來源。至於何去何從，我很虛心的請大家指教。如果我舉的字例之中，遇有不妥當，乃至有錯的話，雖其中尚有可容討論之處，然而僅管可以剔除，我毫無成見。但是這不過是幾箇

字的選擇問題，決不妨害到中國繁複的字體應否簡化的根本問題。本人既抱「述而不作」的精神，所選取的又係固有和通行的字體，所以決不敢冒充創造，使其承受「羅體字」的稱呼。更不曾要求教育部將我所選取的結果，就此頒行。這一層誤會，程部長方才也已經說明過。總之我的小冊子，乃是我自己研究的報告。任何方面的批評，我都願意虛心領教，供我進一步的研究。我尤其希望不吝指教的先生們，提出建設性的方案，因為學術本來是大公的。

不過兄弟有一點小小的意見，請諸位先生採擇。我以為選取何種簡化後的字體，是另一問題，但是為普及教育，擴大文化基礎，以適應時代和民族生存計，中國字體必須簡化。選定簡化後的字體，務必先在小學採用因為小學是國民教育，應注重在增進廣大民眾生活的知識和技能。節省兒童的時間和腦力，供他們發展前途，就是救救孩子。現在我們倒有權力寫簡體字，而小學生非寫複雜的正體字不可。否則要吃紅槓子，這是現在一個重大的問題。

簡體字應當標準化，使中國文字一面能適應民族在現時代的生存和進步，一面仍然能維持其統一性，不失為互相傳達思想的工具。現在各處流行各處的簡體字，是客觀的事實，也是無法遏制的潮流。我深怕結果弄到甲有甲的簡法，乙有乙的簡法，丙有丙的簡法，最後簡到彼此對於所簡，互不認識，那中國文字的功用，倒是破壞了。為此我主張簡化要有標準，但這不是用法律來製定的。不過採取「約定俗成」的意義由教育部宣布一下。最好的前例有兩箇：一箇是吳稚暉先生在民初由國音統一會定下的國音符號。當時雖由教育部公布，但非強迫採用。就是說，你寫字並不規定要注國音符號，若是要注的話，則務必注這套標準的，並且先在小學課本注起。照此辦法，國音不但推行到南洋和海外凡是有僑胞學校的地方，使許多僑胞青年，能說流

利的國語，而且在光復以後傾向祖國的臺灣同胞尤感到實際的便利。另一個好例就是國立編譯館編定的各種的科學名詞，也曾由教育部公布。這種公布都不過是用政令宣布，而不是用法案公布。在以前一箇西洋科學名詞中國科學家各自迻譯，有時多到七八種，致譯名甚爲混亂。結果是有些科學書籍竟因譯名不同，而失了交互參考或教學通用的功能。譯名規定以後，大家爲便利起見，爭相採用，頗有助於科學的進展。我所舉這兩點例，在不久以前也曾發表過一次，現在敬提供諸位先生參考。

我們要保存文化，但是我們也得要求文化能保存我們。沒有文化的民族是不能長久生存的，然而世界上有些擁有很高文化的民族，因爲不能適應時代的進步而滅亡了，如埃及，巴比侖，希伯來民族都是例子，結果反而讓其他的民族來繼續研究和吐納這類古代光榮的文化。這也是很慘酷的史實。

諸位先生公忠謀國，對於我們祖國文化愛護的精神，實深敬佩。辱蒙不恥下問所以敢貢獻我忠實的愚見，敬求指教。

在審查會發表之意見

田培林

我不是鑽進文字學的範圍裏邊去解決簡體字問題，我只是站在文字學的範圍以外，去說明簡體字問題，換一句話來說，我不敢冒充文字學專家，對於簡體字問題發表什麼高見，我只是從教育，文化的觀點，說明我對於簡體字問題的看法。

第一、簡體字問題是一個文字問題，而文字問題又是語言問題，所以在討論簡體字問題以前，我們必須要先認識語言的意義與價值。從「自然生活」來看「人」，「人」和其他「動物」並沒有本質上的差異。但是因爲「人」在「自然生活」之外，一方面要過一種「社會生活」，另一方面又要過一種「歷史生活」。「自然生活」只是一切動物的「箇體」生活，至於「社會生活」和「歷史生活」，則已經超出了箇體生活的範圍，而進入一種「團體」生活的狀態。人能夠征服自然，利用自然，正因爲人能夠打破自然生活的約束，由箇體生活進入團體生活，這是人之所以爲「人」的基本因素。現在我們再追尋一下，「人」何以能夠超出了動物性的自然生活，而進入團體生活？最主要的原因乃是「人」能夠創造出來一種「語言」。有了語言，才能夠把動物性的箇別的「人」，連係起來，成爲一個團體，所以　中山先生把語言看作民族構成的原因之一。有了語言，才能夠把人從其他動物的行列中間，提高起來，形成人在世界的特殊地位。語言是原始

民族中的高度文化，同時又是創造其他文化的工具。語言創造了團體
生活，但是在人類團體生活的新陳代謝過程中，語言就失去了它原有
的意義與價值。人類原始的歷史、文化，到了現在，我們比較能夠知
道的較爲詳細的，只有中國、印度、埃及以及美索不達米亞幾個文化
系統。此外在美洲的原始民族文化，到現在我們就很難知道它的情
態。何以如此，正是因爲那些原始民族只有語言，而沒有文字。（參
看 Karl Jaspers: Vom Ursprung und Ziel der Geschichte, 1952,
Muenchen, s. 48 或 Michael Bullock 英譯本 The Origin and Goal of
History, 1953 p.27）語言只能夠把同一地區，同一時代的箇人連結起
來成爲生活團體；至於上一代與下一代的連係以及代代相傳，所形成
一種歷史生活，就須要把語言再進一步，形成一種記錄語言的符號，
即文字，然後才有可能。這是語言和文字的關係，也是它們的區別。
語言是以箇人的聲音作基礎，是屬於主觀方面的「事件」，所以很容
易發生小的差別而引起慢慢的變化；至於文字乃是記錄下來的符號，
是屬於客觀的「事件」，比較的不大容易改變。但是語言和文字在形
式上雖有區別，在本質上卻並不能分開；因而語言的演變，也逼的文
字不得不跟著演變。文字的演變乃不可避免的事件，但是無論如何演
變，都不應該失去了文字的意義與價值，也就是說，文字的演變不能
以箇人的意慾爲根據，必須要注意保持文字的歷史意義。如果因爲文
字的急遽改變，使下一代不能接受上一代的文化，損害了文字延續歷
史的價值，那麼文字的改變就成爲文字的毀滅。

　　第二、一般的都認爲文字只是一種表情達意的「工具」；工具的
本身並沒有什麼價值，只要能達成目的，就是有價值的工具，所以文
字可以隨時改變。這樣的看法，自然也有一部分的道理。但是卻並不
是一種絕對正確的道理。我們如果分析一下，就可以發現所謂「工具」

這個概念，含義並不完全相同。有些工具只是一箇人或少數人，在某一時期中，用來達成某一特殊的目的，有些工具則是一箇生活團體，共同使用，來完成一個共同的目的。爲吃飯所使用盤碗，和爲維持社會秩序所需要的法律、道德，雖然同有工具的意味，但是在本質上，卻大有差別。前者可以個人的好惡，隨時更換，後者則決不能夠以個人的願望，任意變更。語言、文字，依照黑格爾的說法，則已經由「個人心靈」（主觀精神）進而爲「客觀精神」，已經不是個人單獨使用的工具，已經有了它本身的特殊價值。語言、文字不僅是創造文化的工具，其本身就是高度的文化。有些語文哲學家認爲語文是一切文化的倉庫，歷史的保存者，思想的負荷者。德國的哲學家赫德（Johann Gottfried Herder, 1744—1803）甚至以爲「理性與語文同在」。因此，我們決不能把語言、文字當作一種單純的、特殊的工其來看。自然，也就不可能以個人的意慾來改變語言、文字。

　　第三、剛才聽到一箇鄭重其事的測驗報告，說正體字在書寫時候此較簡體字要多費一點時間，並且把二者的快速程度都用分、秒表示出來。在教育研究中間，爲什麼要用測驗，乃是因爲一箇問題，不能預先明確的決定，必須經過測驗，才能確定它的結果。至於正體字筆畫較多，書寫起來，比筆畫少的簡體字，要多化費一些時間，這用不著測驗，也可能知道。如果這樣的使用測驗，我想那些研究測驗理論和方法的學者聽到了一定會覺得有點傷心。並且在教有工作中，把省時與否當作判斷價值的標準，是否妥當，也大成問題。學習要經濟、省時，自然是一切教育工作者的希望；但是只求省時，而忽略了學習結果的價值，那麼省時就不足寶貴了。文字是一箇民族中歷史、文化的寶藏，爲了教學方面的省時，只學習了一套箇人或少數人所創造的簡體字，反而放棄過去民族文化的寶藏，這是否算是成功的教育，恐

怕大成問題吧。近來一些文化進步的國家儘量的延長國民教育的期間，並不在教育工作中作省時的經濟打算，能說這些國家的領導者是愚不可及麼？提倡簡體字，儘可另找其他理由，只是在教學時候，能夠節省時間，並不是一個好的藉口！

在審查會發表之意見

董作賓

　　我很慚愧因為我對這個問題並沒有研究過，我過去在歷史語言研究所，只做我箇人一部份的工作。就是甲骨文字研究，所以說我是文字學專家，實在不敢承認。我在報紙上看到許多關於討論簡體字的文章，寫得很好，非常佩服。

　　說到我箇人，我是贊成寫簡體字的，不過這僅指平常民間應用或自己起草稿寫文章而言，但如果印書印報，也用簡體字，實在有考慮必要，我認為簡體字儘管可以應用，但不要影響到正體字。對於現行的簡體字也儘管可以研究，誠如羅家倫先生所說，研究只供參考，這是很對的。

　　我現在把禮無萬雞四箇字，自中國古代到現在的演變，列表比照如下（附表一至四），以供大家參考。由此可知幾千年來這些字的正體字形，都沒有多大的變化。但在正體字之外流行著的簡體字，只見於民間刊物，所以不會影響到正體字。談到簡體字，過去教育部在民國二十四年曾公佈三百二十四箇簡體字，後來又取銷了，因為裏邊的首部偏旁，有自相矛盾混淆的地方很多，這是要請提倡簡體字的人加以注意的。現在舉一個又字的偏旁為例（附表五）。同時簡體字的提倡，對於六書的原則，一定要加以破壞，至少是「形聲」一種的破壞。如果隨便簡化，偏旁部首常常會發生混亂和矛盾現象，這是值得注意

的！爲了維繫我中華民族幾千年的文化，我希望簡體字在民間儘可以應用，無論如何不能影響到正體字。

我對於簡體字問題的意見

高　明

　　我綜合近來提倡簡體字運動的人們的意見，最重要的有下列幾種主張：

　　（一）簡體字省時省力，應該推行。

　　（二）已經通行的簡體字，應取得與正體字同樣的地位，使其合法化。

　　（三）尚未通行或形式紛歧的簡體字，應使之標準化。

　　（四）合法化，標準化以及新制簡體字（包括部首簡化），均應由教育部主辦，並陸續通令採用；立法院不必過問，也不應過問。

　　他們說：「字體簡化這件事，不是一個新的問題。遠在民國二十四年，教育部曾經著手推行這項工作，並擬定三百幾十箇簡體字，公佈採用。」據我所知，簡體字問題的提出，並不始於民國二十四年。遠在甲午（光緒二十年）之役、庚子（光緒二十六年）之役，中國戰敗之後，一時民族自信心完全喪失，有些人覺得我們中國什麼都不行，而文字亦不能例外，於是字體簡化的問題就被提出來了。首先提出這問題的，是河北王照。他創用「官話合聲字母」，直隸總督袁世凱、兩江總督周馥、盛京將軍趙爾巽等為了推行他的主張，且在天津、南京、奉天等地辦理大規模的「簡字學堂」。到了光緒三十三年勞乃

宣在南京出版了他的簡字全譜，並慫憑那時的議會——資政院——許多議員支持他。到了民國十一年，錢玄同在教育部國語統一籌備會上提出「減省現行漢字筆畫案」。到了民國十六年，陳光垚在上海發表發起簡字運動臨時宣言，並籌組中國文字改進學會。到了民國二十三年，錢玄同復向教育部提出「搜採固有而較適用的簡體字案」。到了民國二十四年八月，教育部纔公佈第一批簡體字表三百二十四字。此外，吳廉銘擬定選用簡體字的四箇原則，其中有一箇原則，就是「所有部份以能在各字中相一致者爲限」，剛纔董作賓先生所舉的「又字萬能及其矛盾」，他就力想避免；結果，選來選去，祇選出了一百二十箇字。還有剛纔羅家倫先生所提到的漢字問題的作者艾偉先生，在他的書中提出簡化字體的六原則，其中有一條說：「在可能範圍內設法顧到六書條例或造字時之原意。」由上敘述，可見「簡體字運動」的發生，遠在清末光緒年間，到現在差不多有六十年的歷史。爲什麼這運動不能像「白話文運動」那樣「一帆風順」，竟是「一波三折」，六十年來不能成功，還有待於今日羅家倫先生和教育部再來倡導推行呢？這其中必有客觀的因素在。

我推詳這客觀的因素，有下列幾種：

第一、這運動的發生，其歷史的背景是國家戰敗後民族自信心的完全喪失，因而對於本國文字的優美動搖了信心。而這運動的一開始，就是想要以音標文字來代替方塊字的。其後減省現行正體字的筆畫，使其合法化、標準化，祇不過是一種過渡的手段，而最後的目標實在是想徹底的推翻中國方塊字。在國民革命軍完成北伐後，民族主義深入人心，一般人的民族自信心已漸次恢復。大家從中外學者的言論裏漸漸知道，中國文字並不如那些提倡簡體字者所說，是一種「要不得」的文字；相反地，中國文字是世界上最優美的文字之一種，是

民族文化所寄託的，也是民族精神所寄託的，若是改變了它，其影響的惡劣是不能想像的。因此，對於這種出於自卑感的簡體字運動，大家是不能接受的。

第二、若採用已經通行的簡體字，使其合法化，必將破壞「六書」的原則，剛纔董先生所舉簡體字中「又字萬能及其矛盾」，便是例證。六書是從文字制作和演變的過程中，所歸納出來的六個原則。古人便用這六個原則來教小學生識字。《周禮》：「八歲入小學，保氏教國子，先以六書。」小學生懂了六書，用六書的方法來識字，字便容易認識了。即如剛纔董先生所講的「禮」字，從示，從豊，豊亦聲。你懂得了會意和形聲的方法，認識這個「禮」字便不難了。再說你認識了一個「豊」字，則從「豊」得聲的字，如「澧」、「醴」、「鱧」……等字，就不難認識了。又如羅先生最喜歡提起的「臺」字，照《說文》的解釋，是「觀四方而高者」，是象形字。我們如果用象形的道理，把「臺」字講說給學生聽，學生所得的印象必然深刻，永遠忘不掉。所以「六書」是幫助學生識字的一種「執簡馭繁」的方法。若是為推行簡體字，而將「六書」破壞了，學生除了一箇字一箇字去死記外，便別無簡單易記的方法，這不是節省小學生識字的時間和精力，而是浪費小學生的時間和精力。至於現在國民學校裏不用「六書」幫助小學生識字，因而發出中國字難識的呼聲，這個罪過不應由文字去負責，實應由教育去負責。如果把罪過全部推到文字的身上，說是文字繁難了，便把文字拿來砍頭去尾，那豈不是天大的冤枉！簡體字破壞「執簡馭繁」的六書原則，求簡易而反繁難，這也是簡體字運動過去不能被人接受的一個重要原因。

第三、若採用未通行或形式紛歧的簡體字，使其標準化；或儘量用「六書」的造字原則，另訂一套全新的簡體字，以代替正體字。結

果，一般人失掉寫簡體字的自由，原來各行業間自己所流行的簡體字，必須受標準化的限制而重新學習一番。而我們已經認識正體字的，過去所學習的不算數，勢必要從頭學習一番標準化和新製的簡體字，這不又是浪費一般人的時間和精力嗎？推行簡體字運動的人，以節省人的時間和精力為號召，而其實祇是浪費人的時間和精力，這如何能得到一般人的擁護呢？再說小學生們祇認識這一套標準化和新製的簡體字，我們如果不將從古以來的書籍以及現代出版的正體字書籍，全部重印一過，則學生們除了從用簡體字印刷的教科書上得到一點可憐的智識外，將無能讀之書，這是推動文化前進呢？還是拉著文化倒退呢？若是將古代和現代的書籍，全部用簡體字重印一過，這又要浪費人多少時間和精力！這又要浪費國家和民間多少財力！像這樣浪費時間、精力和財力的簡體字運動，試問怎樣能夠獲得國人的支持呢？

第四、如果正體字與法定簡體字並行，則一般兒童在學習正體字外，又要學習一套合法化、標準化和新製的簡體字，這很明顯地是增加兒童學習的負擔，那裏是為兒童節省時間和精力呢？而我們成人——在座的各位先生都在內——在我們所已熟識的正體字外，不管我們職業上如何煩忙，我們總得抽出時間和精力，加學一套新的法定簡體字。雖說正體字不廢，我們過去所學習的還有用；但新的學習總還是要浪費我們的時間和精力的！試問：這樣增加學習負擔的簡體字運動，又怎樣能受人歡迎呢？

第五、再就簡體字本身來說，亦未必即能節省多少時間和精力。因為字的繁簡與難易，不能專就寫字一方面來說，識字和寫字就不同。有時寫起來簡易的字，識起來反難，即如「丨」字，寫起來最為簡易，但認識的有幾箇人呢？惟其筆畫簡單，對於音義的了解，祇憑

死記，所以我們不們不常用它。而筆畫較繁的字，寫起來看是較為繁難，識起來反而較易，即如「鑿」字，筆畫甚多，反而引起識字的注意力，就很少人把它讀錯講錯，當作鐮刀斧頭。繁難與簡易原沒有必然的關係。我們試舉一個旁證，即如「胡適」二字是文言，「到那裏去」四字是白話，前者文簡而較難懂，後者文繁而較易知，我們現在為什麼不提倡簡化的文言呢？專從「簡」來說，以為「簡」就是「易」，是一種不正確的看法。若是祇看著寫字的難易，而無識視識字的難易，這又是一種不正確的看法。再說，所謂「簡」也應有個辨別。　總統提倡「新」「速」「實」「簡」，我們體會他的用意，所謂「簡」應是指「簡要」、「簡當」的「簡」，而並非指「簡陋」的「簡」。就文字而言，六書的「執簡馭繁」，是「簡要」、「簡當」，若是廢掉了六書，冶古今俗字、廢字、別字於一爐，那祇是「簡陋」而已。簡體字雖說節省了寫字的時間和精力，另一方面卻浪費了識字的時間和精力，而且又拋棄了「簡要」「簡當」的原則，而歸於「簡陋」。這種運動又如何能使人信從呢？

綜合上述五種客觀的因素，所以六十年來的簡體字運動不能獲得順利的成功。現在這五種因素並未消失，而且現實的困難更多於往昔。羅先生有一篇談簡體字的文章，叫人面對現實，我們現在就再來談一談我們所面對的現實罷：

第一、現在大陸被共匪竊據，我們侷處在臺灣一島。共匪是根本沒有民族意識的，他們正做著出賣國家民族的勾當，向蘇俄一面倒。他們為徹底的消滅民族文化，消滅民族精神，和我們絕緣，正在積極地製訂一套簡體字，來代替現有的正體字。我們如今在臺灣祇有八百萬同胞，而在大陸上則有四億六千萬同胞。這四億六千萬同胞，過去完全是使用現有的正體字的。今天我們政府撤退到臺灣來，我們時時

刻刻希望能早日回到大陸，而大陸同胞也時時刻刻在想望著我們。如果我們現在製訂一套簡體字，使大陸的同胞不認識；大陸上的共匪也另外推行一套簡體字，使我們不認識；這樣，我們和大陸上的同胞，由於文字上的隔閡，便將逐漸地失去原是一體的意識，而形成爲兩個國家，這正是共匪和俄寇所企求而不得的。假如我們現在不把文字變更，我想大陸上同胞在共匪改革文字之後，看到臺灣的文告，宣傳品以及書籍，那些原是他們所熟習的正體字印成的、寫成的東西，他們必定油然興起了「故國之思」而益增其傾向之誠的，這對於反攻大陸是一種無可比擬的潛在力量。現在提倡「簡體字運動」，就是要毀滅這種潛在的力量，這無異是一種自絕於大陸同胞的運動。

　　第二、幾千年來我們中國傳留下來的書籍，都是用現有的正楷字印的；就是現在各書局，各出版機構所印的書籍也無一不是正楷字印的。我們如果推行簡體字運動，試問政府和民間的財力，能否把這些恆河沙數的書籍都用新製簡體字重印一過？如果不能。那麼，我們若照簡體字運動者的主張，在小學裏教簡體字，在教科書裏用簡體字；其結果，祇有後代的青年，除了用新製簡體字印行的教科書外，無可讀之書，無能讀之書，幾千年來我們祖先的著述祇有束之高閣，連現在所出版的書籍也都變成廢物。這是把中國文化，從現在起，一刀割斷的辦法。這是使後代青年，智識侷限於教科書，與幾千年來的祖先精神絕緣的辦法。所以我們可以說，所謂「簡體字運動」，實在是封鎖後代青年的智識，斷傷民族文化命脈的一種運動。

　　第三、再從兒童心理健康來講。簡體字運動者高叫著「救救孩子們」，他們爲兒童寫簡體字，吃紅榜子，而抱不平、而叫冤屈，因此主張准許兒童寫簡體字，使簡體字合法化。這誠如剛纔田培林先生所說，失掉了教育的意義。教育不應該迎合兒童因陋就簡的心理。小學

生寫簡體體字，給他們吃紅槓子，正是糾正他們因陋就簡的心理，就教育的立場說，是千該萬該的事，這不是傷害孩子們，而正是救救孩子們應有的措施。孩子們如果在國民學校裏，養成了因陋就簡的心理，將來做人、做事、做學問也勢必都因陋就簡起來，這直接地影響他們個人的前途，而且也間接地影響國家的前途。世界上沒有一箇人，可以抱著因陋就簡的心理，而獲得成功的。凡是成就大事業、大學問的人，都是精益求精，實事求是，一點不肯因陋就簡的。一個國家裏，人人都能認真地做人、做事、做學問，這個國家纔有興盛的希望。現在簡體字運動者，是在迎合兒童因陋就簡的心理，並有意或無意地培養這種心理，全沒顧到這心理對於他們和他們國家前途的影響。所以我認為所謂「簡體字運動」，實在又是損害兒童心理健康的一種運動。

此外，如使簡體字標準化、合法化，勢必要使我們成人於所認識的正體字外，另外再學一套簡體字，這又是增加成人學習負擔，浪費廣大民眾精力的一種運動。如果政府決心推行簡體字運動，不惜投下大量金錢，來重印恆河沙數的現有書籍，在現今反共抗俄的時代，國家的財力應付軍事、內政、經濟各方面的需要已感到很困難，又憑空添上這一筆大開支，這顯然又是浪費國家財力的一種運動。

總之，我們面對現實，來檢討所謂「簡體字運動」，祇是自絕於大陸同胞，妨礙反攻大業的運動，祇是封鎖後代青年的智識、斲傷民族文化命脈的運動，祇是損害兒童心理健康，喪失教育意義的運動，祇是增加成人學習負擔、浪費廣大民眾精力的運動，祇是消耗國家財力，擴大財政困難的運動。推行這一運動，弊害無窮，而利益甚少。我們如何能輕舉妄動，率爾附和，而不審慎從事呢？

現在再說到立法院能不能過問這件事。本來文字是「約定俗成」

的，無須用政治力量或法律力量來干涉。但是教育部已設立了簡體字研究委員會，這表示行政機關已準備以政治力量支持這個「簡體字運動」。雖然剛纔程部長說，教育部設立那個委員會，祇不過是研究整理而已，並不打算推行，更沒有廢掉正體字的意思。但照我們的想法，教育部為什麼要研究整理簡體字呢？研究整理簡體字，決不會是為的「歸檔」，當然是希望推行的。如果希望推行，這就變成一個政策問題了。這一個文字的政策，影響全體國民的生活，影響兒童和青年的教育，影響反共抗俄的大業，影響國家民族的盛衰興亡，如果代表人民的各位立法委員先生袖手旁觀，不予過問，怎樣對得起選舉諸公出來的人民呢？所以我對於立法委員諸公注意這個簡體字問題，要訂立一箇文字制訂程序法，是非常的欽佩的，覺得諸公真不愧是人民的代表！好在立法院提出的這箇法案，祇是訂立「文字制訂程序法」，並非「文字制訂法」，更非由立法院來制訂文字，祇不過是一箇「制訂程序」的立法，我認為立法院本身是有這箇權力的。

　　最後，我還要聲明一點。現在有很多人說，討論簡體字問題，不應給人戴帽子，說人是匪諜，這是一種時代病。我也是不贊成亂給人戴帽子的。我說簡體字運動是某種某種的運動，並不是給簡體字運動者戴帽子，祇是就事論事，就理論理。我覺得事實和真理最要緊，如果事實是和共匪隔海唱和，用「不應給人戴帽子」這句話，並不能掩護自己的行為。譬如我們抓著一個真正的匪諜，他說：「你們不應給人戴帽子。」難道我們就真的放了他嗎？再說，不願意別人給自己戴帽子，就不應該偷偷給別人戴帽子；不願意別人說自己是匪諜，卻給別人加上「保守分子」、「頑固分子」、「故步自封」種種的頭銜，那是對的嗎？過去在大陸上，共匪慣會使用這一套手法。凡是跟他走的，便稱為「前進分子」；凡是反對他的，他就給人戴上「保守」「頑

固」……種種帽子；因而迷惑了，欺騙了許多青年，弄得大陸變色，成爲今天這種局面。我們受到這種教訓太多了，今天在反共抗俄的基地臺灣，我們還能容許這種手法逞意嗎？這是我們所要警惕的。我今天在這裏講話，我決不給人戴帽子，也決不怕別人給我戴帽子，我祇是就事論事，就理論理，這是我最後要聲明的。

在審查會發表之意見

潘重規

　　今天立法院三個委員會以專家身份邀請本人發言，本人非常慚愧，不過站在國民一份子的立場，也想發表一點意見，供貴院參考。剛纔教育部程部長與考試院羅副院長發表了很多意見，我現在提出幾點意思請教。

　　（一）程部長說是爲了針對事實的問題，而設立簡體字研究委員會研究簡體字。我想，有關教育的問題教育部本來都應該研究，不過我對於教育部的辦法有一點懷疑。教育部成立簡體字委員會之前，曾經召開一次座談會，徵詢對文字教育有研究的人士的意見，而今天在座的董作賓先生，並未被教育部邀請，也未向董先生諮詢意見。剛纔程部長說：「董先生是真正的文字專家」，討論簡體字問題，而摒絕「真正文字專家」於門牆之外，這真是令人百思不得其解的。等到簡體字鬧了將近一年，教部纔把董先生補上一名委員，而董先生已經聲明業將簡體字研究委員的名義辭去，此一委員會的成立，不能不令人發生莫大的懷疑。

　　（二）羅副院長發表簡體字運動的長文，本人曾有一篇文章向羅先生請教，我希望羅先生以民主的風度答復。同時，我對於羅先生提倡推行簡體字所使用的宣傳手段，我站在國民一份子的立場，要提出嚴重的抗議。羅先生剛纔說「認爲簡體字，可以，就推行；不可以，

就算了。」我很贊成這種開明的態度。不過，羅先生在全國各大報紙發表的文章，言詞犀利，主張堅決，極盡鼓動之能事，在廣大民眾之前發生的影響力量確實不小；請問，在立法院輕描淡寫的幾句話，是否可以抵銷民眾的誤解？

其次，我要請問羅先生提倡簡體字是不是合乎科學精神？

第一、我認為羅先生的文章發表得太快：那一篇文章是在本年三月十八日寫成，但是三月十七日就在各大報紙同時登載，這是不是合乎科學家的謹嚴態度？這是不是合乎新聞界投稿的正常手續？

第二、我認為羅先生做簡體字的試驗太慢：剛纔羅先生分送給我們的簡體字的測驗表，據羅先生說，是在最近根據一百五十九位小學生測驗得來的統計。姑無論此種測驗方法有無價值，但以先發表不成熟的主張，然後慌慌張張去找材料一點而論，這便是不合於科學精神。還有，羅先生對於簡體字運動的態度太幽默，太不夠認真。照羅先生剛纔說，「人家願意採用就採用，不願意就算了，這不算一回事體！」像這樣重大的事情，而有如此輕率不負責任的態度，我真要為國家民族抽一口冷氣。今天因為受時間的限制，不敢多說，我已準備了一些書面意見送請貴院參考。

至於推行簡體字的害處，除了許多先生提到過的，我補充幾點如後：

（一）將正體字破壞，增加了中小學生與廣大民眾的負擔。

（二）行使了羅先生的簡體字，會妨礙了民間自由使用的簡體字，如果將來這些簡體字用在教科書、印刷書上，將要使天下大亂。

所以我說不僅妨礙了正體字，而且影響了民間自由使用的簡體字。

羅先生說這是科學化的運動。並沒有強迫推行的意思，而且在社

會上還是用的溫和方法，將來一定是行得通的。我認爲羅先生如果硬將簡體字印在中小學課本上，當然一定會行通的。爲什麼？假定今天把中小學教科書都改爲英文、俄文，中國的文字遲早一定也會變成英文、俄文的。羅先生認爲這是溫和的方法，我認爲這是最專制的方法。

我們改革一種制度，可以影響到一個時代；如果改革文字，將要影響到千萬年代。文字不僅是一個時代的工具，而且是過去與未來整個國家民族的共同工具，這是億萬年來民意的結晶，不能隨意拿某一國家作比較，日本改文字，是改漢字，美國如果改文字，是將英文改爲美文，大陸上共匪改文字，並且正式成立機構積極的推行，進一步可能完全改成俄文，它們是執行出賣民族文化的任務。我們在反共抗俄的臺灣，以孤臣孽子沈重的心情，從事保衛國家民族歷史文化的工作。我誠摯的向民意代表表呼籲，請各位民意代表運用最大的智慧，最高的熱情，對此一有關國家民族命脈的最重大的措施，做一次最適當的決定！

在審查會發表之意見

毛子水

　　關於簡體字的意見，我曾經發表過一篇文章。這篇文章主張：（一）許多久已在民間通行的簡體字，由教育部用命令頒布，使得於公私文件——上自政府法令，法院判狀，下至俗閒券契，醫生藥方——和各種考卷上一律通用。（二）教育部在頒布這些簡體字以前，應廣徵專家仔細討論，使頒布的字盡皆妥善。（三）頒布簡體字，純以便於書寫爲目的，並非廢棄「正體」；有人不怕麻煩，願寫所謂「正體」字的，自得隨意。至於古今書籍的原來字體，暫時應當一切仍舊。

　　我的理由極爲明顯。教育部管國家文教的事情，自然有這箇責任；頒布久已通行的簡體字，使得成爲「正體」，乃是因利順勢，決不至有行不通的毛病；簡體字頒布以後，舊時的「正體」字尚可使用，則人民仍有選擇的自由；所採用的都是久已通行的，則童叟都不至在學習上加重任何擔負。這些都是極簡單的道理，無論什麼人都可了解的。

　　剛才主席說，今天邀請專家發言。「專家」的名義，我是不敢當的。我雖然在大學裏教一門有關訓詁的功課，但對於文字，沒有精深的研究。所以在今天所討論的問題上，我可以說是個外行。我所發表的意見，完全是憑常識的，決不能算是專家的意見。

　　又，剛才有一位先生提出不要雷同羅家倫先生的文章一節，我倒

有一句聲明的話。我一向說話和做文章，並不抄襲羅先生的；今天我
自信亦不會犯這個毛病。但羅先生的提倡簡體字，我覺得是我們現在
所應當做的事情，所以我的意見不能不有和他的相雷同的地方。至於
近來報紙上所載的討論簡體字問題的文章，無論贊成或反對方面的，
似都免不了一些小疵。這都由於不虛心，太好勝的緣故。但儘管羅先
生文章裏有誤用名詞的地方，實無害於他的很好的主張。當然我說
的，是指羅先生主張研究簡體字、行用簡體字而言。在選定簡體字或
製造簡體字的問題上，羅先生自己既沒有具體的定論，我自難和他雷
同。並且，我是不主張在目前新造簡體字的。

　　我以爲教育部的召開簡體字研究會，是可以做的，而且是應該做
的。在這箇時候，我們在使用文字上能夠省卻一點時間，就應當設法
省卻。我們即不爲自己省時間，我們也應當爲下一代的人省時間。只
要做得有理，做得合於經濟的原則，節省時間是我們生活上一種基本
的道理。所以教育部的召集討論這個問題的會議，乃是「責無旁貸」
的。至於立法院現在有沒有制定「文字制定程序法」的必要，我因爲
不十分明瞭我們立法院的職權，不敢妄說。

　　今天我不必詳細講我所以主張簡體字的理由了。但有一件事是值
得講給大家一聽的。我有一個五六歲的小姪女，每天在家裏學習寫字
的時候，遇到筆畫繁多的字，便問她的媽媽有沒有省寫的。這個小孩
在別的方面很是伶俐，而寫字則想避繁就簡。可見這是人類一種自然
的要求。我想這一件事實，儘足說明我所以主張由教部公布簡體字的
理由了。總之，在這文明進步一日千里的時候，我們在書寫上能夠省
了一筆，便應當省一筆，能夠省卻一秒鐘，便應當省一秒鐘。我國古
代教童子寫字，把爾字寫作「尒」，禮字寫作「礼」。後者可能已有
一千年的歷史；前者發生稍晚。這兩個簡筆字，都是第一等的；牠們

非特「古」，而且「雅」。可惜格於科舉時代的功令，這個合理而進步的書體，只行用於兒童的習字帖上。但我們古代教育家能夠注意到兒童學習能力的問題，是值得我們欽佩的。

六書的說法，雖然到西漢末年或東漢初年才有，但對于我國文字的構造，分析得的確很好。（在解釋文字的構造上，當然只指象形、指事、會意、形聲「四書」言；轉注、假借，和文字的構造沒有關係。）但六書是說明我國文字體用的綱領，並不能作爲後世書寫文字的圭臬。關於簡體字問題，許多人都援引六書以爲辯論的根據，似乎並不切當。即就六書本身言，造字的時候實在已有簡筆的規律了。據許書所記，家從豭省聲，羔從照省聲，監從䘓省聲，在我們以六書的原則批評起來，都是省得很沒有道理的。家字、監字，現代文字學家尙有比許書較爲通達的解釋；「羔」字似只好以「省聲」來說了。以「秋」字的說解和「秋」字的籀文來推論，則「羔」字「從照省聲」的話似亦有可信的地方。無論怎樣，我們決不能說造字的時候沒有去繁就簡的一原則。《說文》虫部百餘字，差不多全和蝮蛇沒有關係；近代小學家以爲這些字都是從蟲的省作。我們以融字「從蟲省聲」來判斷，則虫部百餘字大多數爲「從蟲省」無疑。所以於六書以外，我們應承認「簡筆」一書。

我以爲「六書」的說明我國文字的體用，好像文法的說明語言的結構一樣。文字的體製可以不受六書的拘束，好像語言的變化不受文法的拘束一樣。我相信六書可以告訴我們我國文字原始體製的大概，我亦相信《馬氏文通》（大體上）可以告訴我們我國唐以前文言文的規律；但我不相信我們能夠有一部文法書可以永爲我們萬世子孫說話的準則，我亦不相信六書必永爲我國文字的型范。我們於六書以外，如更發見我們書寫文字的大經大法，即增爲七書八書亦未嘗不可！

　　不同的文字須有分理可相別異。我們當然不能因行用簡體字而致文字上的混淆。但「字例之條」很多,我們不應該執一端以非他端。譬如,有人以為廟字簡寫為庙,則朝字應簡作「由」,而潮字亦應簡作「油」——這不是和原來由徑的由、油水的油混淆了麼?我以為這種辯說,不足以駁簡體字。在《說文》,土部墣字有或體作圤,但木部樸字和朴字則為兩字。我們可以把圤字看作墣字的簡體,難道我們亦必把朴字看作樸字的簡體麼?這種地方,只有「約定俗成」的原則可以說得通。如不用這個原則,則我可以說,我們現在所用的「正體」字,有許多都是混淆不清、不合六書的。(我提到庙字作例來說,乃是因為我現正看見這個例有人寫出來張挂在壁上。但我並不贊成我們選用這個字為廟字的簡體字。如果要我選定一廟字的簡體字,則我意以從苗的庿字為最好。這字見於士冠禮,許君以為是廟字的古文,且諧聲甚相近;我們如有「正文字」的事,尚宜以庿易廟,何況還是較簡的呢!)

　　我今天不打算在細節上說話;這不過偶然見到壁上張挂的隨便說說罷了。我們現在的大問題,是我們的文字是不是應該用簡體的。我以為如果我們有便利於使用的簡體字,則我們自然應該舍繁用簡。我所以主張教育部應該有簡體字的選定和頒布,就是這個緣故。至於我們是否應該於原已在俗閒行用的簡體字以外新製簡體字,那是另一問題。這個問題,當然亦值得我們從事教育的人去研究的。

　　老實說,如果我們要想我們子孫永遠實用我們的美麗而便利的語言,則我們的文字將來必趨向於拼音的一途。民國十七年大學院所公布的國語羅馬字,雖然不必即為定式,但將來即有改作,大致必不甚相遠。(我的意思,國語羅馬字太過於細密;我們將來的拼音字,似必為國語羅馬字的一種簡體。)

　　有人以爲改變文字即是廢棄我國固有的文化；那是不對的。我國古代用籀篆，後世易以草隸：我們從沒有在這點上發生過文化廢興的問題。如以爲行用簡體字則人將不識正體字而聖經賢傳亦便沒有人能讀，這真所謂杞人憂天！就本人所主張的而言，我們係選取久已通行的簡體字而承認爲「正體」，與舊時所謂「正體」的並行不悖。古代的經書，自然不會因爲幾箇個「古文」或「俗字」變爲「正體」而便沒有人去讀。非特這樣。如我們能多想一想，我們可以知道：我們能否發揚光大我們的固有文化，只看我們能否努力於學術和工作，並不在乎我們文字體製的變或不變。我且舉一個西洋文化史的例以作參考。希臘古代的書籍，有許多是值得我們現在人一讀的。而現代歐洲各國所使用的字母，除去希臘本土以外只有東歐有幾箇國家的字母是多少襲用古希臘字母的形式的。但我們可以說，從文藝復興以來，善讀希臘古書的，是英、法、德的學者，決不是希臘人或俄國人。想到這裏，我們可以知道精神和形式完全是兩件事，我們亦可以知道我們要發揚我們的文化，並不必要反對使用簡體字。

在審查會發表之意見

沈剛伯

　　本人不是文字學專家，只是以一箇普通讀書人的立場說話。我對簡字運動是有條件底贊成。贊成的理由是（一）現在所謂正字，大抵係以《康熙字典》爲根據，其寫法已有許多與六書原則不合，既是六書原則，早已打破，則少寫幾筆，豈不更省麻煩？（二）中國文字已經過多次變更，古人並不墨守成規，而能隨時表現出改革創造精神，我們今日也應如此。（三）現在不寫簡筆字者甚少，成年人百分之九十寫簡筆字，而不許小孩子寫簡筆字，實在沒有理由。凡是禁令；便不應有例外，現在社會上通行簡字，甚至政府公文也用簡字，獨禁止國民小學生寫簡字，寫了就要扣分，未免不公。尤其是執行禁令的老師同主張非寫正體字不可的學人們常常自己寫簡字去拿到稿費，言行如此不相符合，在教育上實在可以發生很不好的影響。我贊成簡字而附有條件：（一）要簡而不混。（二）不能箇人任意底簡，簡到別人不認識。（三）不必先定原則，然後照著那些條例去簡字，因爲任何原則都有例外。勉強推行是難行通的。總之，我覺得推行簡字不是創造文字，也算不得改革文字，只是將社會上早已流行了的簡字廣爲搜集，加以整理，這似乎不必借重文字學專家。這種工作的教育意味實在多於學術意味，應該將搜集整理後的簡字，印送各教書多年之小學教師徵詢他們的意見，從他們教字的經驗中，也許可以得到許多寶貴

意見，看那些簡字是易寫，易識，易辨的，那些字是易混，難分而且
並不易識的。經過這樣一番工作，或者可以推行方便收約定俗成之效。

書面意見

沙學浚

　　用簡體字書寫，一般人早已實行，原不需要「提倡」或反對。最近有人提倡「簡體字運動」，定有推行使用的方法，主張「添改銅模」，主張教育部或行政院「公布施用」，這才遇到反對！──反對提倡簡體字印刷，反對由政府公布簡體字以代替有關的繁體正楷字，這是問題焦點之所在。

　　四年前我發表〈中國永恆價值〉一文，有一節說明中國文字的特點和優點。其中三點足以說明中國文字是容易學習的：

　　一、**中國文字具有科學性**：字典中的部首，差不多就是一種科學的分類：有關水的用水旁，有關木的用木旁，形聲字占國字最大部分，每個形聲字一半指示讀音，有西洋拼音文字之長，一半指示與某項事實或現象有關，是爲拼音文字所沒有的重大優點。

　　二、**中文文法「簡易」**：學習西洋文字最感頭痛的文法上「複雜」的規則和不規則，此刻無法細談，掛一定然漏萬。比較的講中文文法容易，英文文法較難，而且成語特多。德文和法文，文法最複雜，很多不合理，法文讀音很難。

　　瑞典高本漢教授，精通多種語言，根據比較語言學的研究結果，認爲中國文字是進化的、優美的、簡單合理的、容易學習的。這種客觀的、正確的見解，應該確信無疑。有人硬說中國文字是世界上最難

學的文字，不知有何根據！

三、中國的人名、地名，全用普通字組成，三者合一，最便於學習。我們認識了幾千單字，既能讀普通書，又認識全國的各地地名，和各人姓名，以及全世界譯成國文的古今地名和人名，這是多麼經濟。西洋和其他的各國人名和地名，十分之九不同，又很少用普通字組成，三者不合一，學習不經濟。中文的這一優點，是我們容易忽視的。

國民學校花費六年時間，如果還不能教學生對於三四千個常用的國字，能正確的讀音、書寫、理解、和簡單的使用，主要由於國文教材教法不好。我們不去研究改進教材教法，都責中國文不好，責任中國文字繁雜；不但言不成理，而且太不公平，我要爲中國文字伸冤。

採用簡體字，書寫上雖可節省一些時間（就學生全部課業說是極少的），讀音和理解上卻增加了許多麻煩。結果是求簡得繁，求易得難。若干筆畫少的字，書寫費時雖較少，但因差異很少，反而容易寫錯，因而難學，例如「巳、已、己」，「未與末」，「治與冶」等，反之，繁體字如「國、謝、鼻」等，倒容易學，由此可知若干簡體字反而難學。「種」簡化爲「种」，「鍾」「動」「董」「衝」「腫」怎樣簡化？「際」如簡化爲「际」，「祭」「察」「蔡」怎麼簡化？「燈」如簡化爲「灯」，「登」「澄」是否簡化爲「丁」、「汀」？「橙」「鄧」「鐙」又怎樣簡化？「時」如簡化爲「时」，「詩」「侍」是否簡化爲「討」「付」？「峙」「待」「等」又怎樣簡化？由這幾個例子就可看出簡體字不容易有原則，不能成爲系統。推行之後，只有造成混亂和困難。

爲了使我們後代子孫能讀現在和過去的一切圖書，爲了使全世界華僑能讀祖國的書報，爲了使大陸四億五千多萬同胞能讀政府文告和

一般圖書，我們必須保存、愛護這套有一千多年歷史的，成爲有機的全體的正楷字，不要加以破壞，割裂和「改造」！

製定簡體字有原則嗎？

一、下表第一字列包括一箇正楷字及其常見的簡體字。

二、第二字列以下，→所指如爲一字及一問號（？），表示「是否這樣簡化？」例如「侍→付？」表示「侍字是否簡化爲付字？」

三、第二字列以下，→所指如爲一箇問號和一箇方格（？□）表示「這箇字應該怎樣簡化？」除少數無法簡化外，如、曆、馨、翳等，其餘都是字典上找不到的，也沒有銅模可以鑄字；可依第一字列的簡化方式，在其各方格內寫出它們的簡體字，奇形怪狀，令人發笑。

（第一字列）	價→价	歷→历	擊→亖	與→与	壩→坝
（第二字列）	買→介？	曆→？□	繫→？□	興→？□	霸→具？
			譽→？□	灞→？□	

（第一字列）	禮→礼	雞→鸡	廟→庙	聲→声	醫→医
（第二字列）	澧→？□	奚→又？	朝→由？	馨→？□	翳→？□
	醴→？□	溪→汉？	潮→油？	磬→？□	毉→？□
	體→体？	谿→？□	嘲→？□	罄→？□	瞖→？□

（第一字列）	羅→罗	漢→汉	點→桌	網→纲	辦→办

（第二字列）維→夕？　難→难？　默→?□　綱→?□　辯→?□

濰→汐？　歎→?□　黔→?□　岡→?□　瓣→?□

懼→?□　艱→?□　黯→?□　罔→?□　辮→?□

　　　　　　　　　然→?□　剛→?□　辨→?□

（第一字列）機→机　　過→过　　惡→恶　　樸→朴　　際→际
（第二字列）幾→几？　渦→?□　亞→西？　僕→仆？　祭→示？

畿→?□　禍→?□　啞→哂？　撲→?□　察→宗？

璣→?□　鍋→?□　椏→栖？　璞→?□　蔡→?□

磯→?□　蝸→?□　婭→?□　蹼→?□　擦→?□

饑→?□　窩→?□　堊→?□　幞→?□　瘰→?□

　　　　堝→?□　壺→?□　襆→?□　傺→?□

（第一字列）種→种　　時→时　　團→团　　猶→犹　　權→权
（第二字列）重→中？　寺→寸？　專→才？　猷→尤？　鸛→鸡？

動→?□　侍→付？　轉→?□　尊→?□　權→?□

董→?□　詩→討？　磚→?□　奠→?□　灌→?□

鍾→?□　峙→?□　蓴→?□　猷→?□　讙→?□

衝→?□　峙→?□　傳→?□　遒→?□　歡→?□

腫→?□　待→?□　搏→?□　鰌→?□　罐→?□

踵→?□　痔→?□　甄→?□　蝤→?□　勸→?□

（第一字列）還→还　　鐘→钟　　趙→赵　　膽→胆　　擅→抎
（第二字列）環→?□　童→中？　肖→又？　詹→旦？　宣→云？

寰→?□　潼→沖？　消→汉？　澹→?□　壇→?□

擐→?□　　僮→仲?　　硝→?□　　簷→?□　　氈→?□

嬛→?□　　瞳→?□　　艄→?□　　瞻→?□　　澶→?□

闤→?□　　曈→?□　　梢→?□　　贍→?□　　檀→?□

繯→?□　　撞→?□　　稍→?□　　蟾→?□　　饘→?□

圜→?□　　幢→?□　　逍→?□　　儋→?□　　顫→?□

鐶→?□　　艟→?□　　綃→?□　　擔→?□　　羶→?□

（第一字列）敵→敌　　濱→滨　　獨→独　　燈→灯　　圍→囲

（第二字列）商→舌?　賓→兵?　蜀→虫?　登→丁?　韋→井?

滴→活?　　償→?□　　燭→烛?　　澄→汀?　　偉→?□

適→适?　　殯→?□　　濁→?□　　證→訂?　　緯→?□

鏑→?□　　臏→?□　　觸→?□　　鐙→釘?　　瑋→?□

摘→?□　　檳→?□　　髑→?□　　橙→?□　　幃→?□

嫡→?□　　擯→?□　　蠋→?□　　磴→?□　　諱→?□

蹢→?□　　嬪→?□　　鐲→?□　　鄧→?□　　葦→?□

讁→?□　　繽→?□　　躅→?□　　瞪→?□　　違→?□

商→?□　　鑌→?□　　欘→?□　　蹬→?□　　禕→?□

　　　　　　　　　　　屬→?□　　凳→?□　　趨→?□

中國文字的簡化問題

杜學知

一、漢字簡化問題的提出

在臺灣，關於漢字的改革問題，最早提出意見的，是臺灣省參議會第一次大會，曾通過「請政府制頒常用簡易漢字，限制使用奧僻文字，以利人民辨識案」；後來臺灣省臨時省議會第二次大會，又通過「請提倡國字改革運動案」。這些問題，在大陸上，本來都曾熱烈的討論過，研究過，實施過，但都沒有得到滿意的結果。

關於漢字的改革，大別之可有兩派不同的主張：一派主張盡廢漢字，改用羅馬拼音。考羅馬字比照華音的辦法，最早如明天啓時，西洋傳教士金尼閣（Nicolas Trigault），所著《西儒耳目資》一書，即已開始；到鴉片戰爭以後，海禁大開，西洋的傳教士，接踵而至，他們爲了傳教上的方便，常有用羅馬字拼切當地土語的情形。民國十七年，大學院所公布的「國語羅馬字拼音法式」，雖然用來作爲「國音字母」第二式的，然不能說不是受了這一派人主張的影響。後來國際間的陰謀者，想分化中國民族，曾私下推行「拉丁化運動」，居心巨測，漸爲國人所識破，於是這一派人的主張，遂無形寢絕。

另一派人主張保留漢字，惟須將漢字改簡，即所謂改用簡體字的辦法，教育部前曾明令公布三百二十四箇簡體字，報紙雜誌，相繼承

用，結果感到許多不方便，旋即取消前令。

　　改革漢字的辦法，在大陸上沒有行通，到臺灣來，想不到又成了問題。同時，在報紙上，看到匪幫對中國歷史從根加以纂改後，復對中國文字著手改革，雖然詳細的情形不得而知，然由以前暗中主動的拉丁化運動，現在換爲以政令所推行的強制改革，其於中國文字的命運，可想而知。筆者心以爲危，曾同時草成兩篇文字：一爲〈論漢字的優點〉，刊於四十一年六月《學生雜誌》第四十六期；一爲〈論漢字的難易與其特性〉，刊於四十一年八月《大陸雜誌》五卷四期。想由此能够引起國人對這一問題的注意。

　　在臺灣所談漢字的改革，雖然只是一個簡化的問題，但問題的本身並不簡單，教育部因設立「簡體字研究委員會」，聘請專家從事研究，可見對此一問題的鄭重態度，絕不會再有以往對簡體字公布而又取消的輕率了。惟最近看到該委員會的委員羅家倫氏，在臺灣各報所發表有關漢字改革問題的〈簡體字之提倡甚爲必要〉一文，共分七節：一、爲什麼必須提倡簡體字；二、中國字體經過的重大變遷；三、簡化字體的具體主張；四、六書不是限制中國字的鐵律；五、解答幾箇疑難問題；六、提倡和推行簡體字的方法與程序；七、學術研究的態度。這樣一篇有條有理、面面顧到的大文，在自由中國有關漢字的研究方面，尙屬僅見。此文雖係代表羅氏箇人的意見，但由羅氏對簡體字提倡的熱心及研究的獨到一點看來，也不難借此測知教育部簡體字研究委員會的意見如何。教育部是國家文化方面的最高行政機構，研究實施有關國家民族五千年歷史文化的漢字改革問題，誠然是對每箇生活在此一文化圈子裏的人都有切身的重要；同時，國家最高的立法機關立法院，由委員廖維藩等一百零六人，爲制止毀滅中國文字，破壞傳統文化，危及國家命脈，特提議制定「文字制定程序法」，以固

國本案，雖然此案尚沒有獲得院會的通過，成為法律，可見國人對此一問題，是相當的重視的。因此，筆者也願取羅家倫氏的態度：「若是照　國父遺教的解釋，在民主的中國裏，四萬萬人都是皇帝，那似乎我們至少也有『考文』的權利；因為中華民國憲法第十一條賦予我們『人民有言論、講學、著作出版之自由。』同時，我們並不妨害社會秩序，公共利益，違犯憲法第二十二條的規定而受到保障。」再來談一次這個重要而又重要的問題，想能够更引起國人的注意，該不會有人認為多餘的吧！

二、漢字的特徵及其優點

漢字是象形文字，這是盡人皆知的。雖然現在看來，形相上似乎不像了，乃是由於篆文變隸書時，曲筆改為方筆的結果，於是圓的太陽，變成方形的了；半圓的月亮，變成長方形的了。但從形態上，筆畫上，仍能窺知原始象形的形狀，故仍不失為象形文字。

關於象形文字，一般人認為不能够表達抽象的觀念。如以前美國聖佛蘭西斯科醫科大學教授 Ingo W.D. Hackn 所撰〈文字的起源〉一文，便曾這樣的說道：「象形字的缺點，在埃及、亞述、與中國的文字中，已形暴露。因為抽象的觀念，是不能以實物表現的，勢必改變象形字為字尾，附加於他組字之左或右，始能共同表出一個總概念；因此，文字愈形複雜。至今書寫時，尚多感困難。」（見賀昌群譯文，載《民鐸雜誌》九卷三號）這完全是不明白中國象形文字的一種說法。因為中國的象形文字，既不須要什麼字頭或字尾，並且照樣的可以表達抽象的觀念。因而，埃及亞述的象形文字，很早走入絕途，而中國的象形文字，卻能屹立至今，自然有它所獨具的特點。

　　中國的象形文字，能夠發展到現在這一地步，係緣於語根孳乳的
一個事實。如許慎《說文解字·序》云：「倉頡之初作書，蓋依類象
形，故謂之文；其後形聲相益，即謂之字。字者，言孳乳而浸多也；
著於竹帛謂之書，書者，如也。」所謂依類象形之「文」，便是「語
根」，也就是「字根」；所謂形聲相益之「字」，便是由「語根」孳
乳浸多的字類。所以這幾句話很重要，正說明了中國的象形文字，由
依類象形而孳乳浸多的情形。

　　字根，以前的人或稱字母，如王觀國《學林新編》曰：「盧者，
字母也。加金則爲鑪；加瓦則爲甗；加目則爲矑；加黑則爲黸。凡省
文者，省其所加之偏旁，僅用字母，則眾義該矣。如田字，字母也。
或爲畋獵之畋，或爲佃戶之佃；若用省文，惟以田該之，佗皆類此。」
盧與田，是字根，也就是依類象形之「文」；鑪甗矑黸與畋佃，便都
是孳乳浸多之「字」。又中國文字，大多數字根在右旁，其所加之偏
旁在左旁，因而字母之說，也叫作「右文」說。如沈括《夢溪筆談》
曰：「王聖美治字學，演其義爲右文。古之字書，皆從左文，凡字其
類在左，其義亦在左，如木類其左皆從木。所謂右文者，如戔，小也：
水之小者曰淺，金之小者曰錢，歹之小者曰殘，貝之小者曰賤，皆以
戔字爲義。」張世南《遊宦記聞》亦云：「自《說文》以字畫爲類，
而《玉篇》從之。不知其右旁，亦以類相從：如戔爲淺小之義，故水
之可涉者爲淺，疾而有所不足者爲殘，貸而不足貴重者爲賤，木而輕
薄者爲棧。青爲精明之義，故日之無障蔽者爲晴，水之無溷濁者爲清，
目之能明見者爲睛，米之去粗皮者爲精。」戔與青，是依類象形之
「文」，其他便是孳乳浸多之「字」。由此看來，中國的象形文字，
起於有形可象的字根，然後再由字根，孳乳演變，以至浸多，不但不
須要附加字頭或字尾，並且任何抽象的觀念，都可由意義的引申表達

出來。因此得使中國文字，不至於走入絕路。

　　就漢字的意義方面說，也是由字根所具的意義，引申而浸多的。如上所引王觀國之說：「僅用字母，則眾義該矣。」可證孳乳浸多諸字之義，都是由字母引申而來，所以「凡省文者，省其所加之偏旁。」而右文之說，凡字，其類在左，其義在右。也言意義出於字根。近人梁啓超氏，引申「戔，小也」一義，所舉之例字尤多，如「絲縷之小者爲綫，竹簡之小者爲箋，木簡之小者爲牋，農器及貨幣之小者爲錢，價值之小者爲賤，竹木散材之小者爲棧（見《周禮注》），鐘之小者亦爲棧（見《爾雅‧釋樂》），酒器之小者爲盞、爲琖、爲醆，水之小者爲淺，水所揚之細沫爲濺，小巧之言爲諓（見《鹽鐵論》及《越語注》），物不堅密爲㦫（見《管子‧參患篇》），小飲爲餞，輕踏爲踐，薄削爲剗，傷毀所餘之小部爲殘。」（從發音上研究中國之字之源，載梁任公近著第一輯下卷。）

　　上列，因由「戔，小也」一義之引申，復得引申義十七字，然十七字之義，皆謂之「小」，其義將無由分別，故另加偏旁以專某類之義：如綫加糸旁，其義爲絲縷之小者；箋加竹頭，其義爲竹簡類之小者；牋加片旁，其義爲木間類之小者；餘皆仿此。故偏旁只能表「義類」，而不能表「義根」，義根只能由字母表之。所以沈兼士曾作〈右文說在訓詁學上之沿革及其推闡〉一文（見《中央研究院慶祝蔡元培先生六十五歲論文集》），也主張應用右文說以探尋語根。以前的人，過於重視偏旁，認爲只有偏旁才能表「義」，字母不過用來表「聲」，實是大誤。然偏旁表「義類」，在漢字的學習上，關係也很大，因爲就是從來不認識的字，由於它的偏旁，也能猜出它是那方面的意義。

　　字義由字根引申而來，以前的人很多看到了這一情形。如楊泉《物理論》曰：「在金石曰堅，在草木曰緊，在人曰賢。」便因堅緊賢三

字皆從叹，故三字之義也相通。龔自珍述段玉裁論《說文》「以聲爲義」條云：「古者先有聲音而後有文字，是故九千字之中，从某爲聲者，必同是某義：如从非聲者定是赤義，从番聲者定是白義，从于聲者定是大義，从西聲者定是臭義，从力聲者定是文理之義、从劦聲者定是和義：全書八九十端，此可以窺上古之語言，于劦部發其凡焉。」又胡韞玉《六書淺說》亦云：「凡字之從侖得聲者，皆有條理分析之義；凡字之從堯得聲者，皆有崇高長大之義；凡字之從小得聲者，皆有微妙眇小之義；凡字之從音得聲者皆有深闇幽邃之義；凡字之從尤得聲者，皆有深沈陰鷙之義；凡字之從齊得聲者，皆有平等整齊之義；凡字之從肅得聲者，皆有斂肅蕭索之義；凡字之從包得聲者，皆有包括滿實之義；凡字之從句得聲者，皆有屈曲句折之義。蓋後人用字尙義，古人用字尙聲，惟其尙聲也，所以聲同義即同。王氏云：『義寄於聲，爲造字之本，亦爲用字之權。』旨哉言也。」

　　所謂「義寄於聲」，以前的人，多把由一語根孳乳寖多的字叫作形聲字，故聲同者，義亦相同，實即同一語根的字，乃同一義。如盧爲字母，因而鑪、甗、矑、臚等字，皆衍盧音，《說文解字》稱作盧聲；田爲字母，因而畋佃等字，皆衍田音，《說文解字》稱作田聲。可見在許慎之時，從某字母衍聲之字，皆讀某字母之聲；到了隋唐人所定的反切，同衍某聲之字，讀音便有了歧異。這因爲後世讀音，漸多變轉，遂發生此等現象，若以「雙聲」「疊韻」求之，自可明白其變轉的條理。

　　由上所述，可知漢字除了衍形之外，仍有衍聲的要素，這一點梁啓超氏也早說過了，他說：「流俗之論，每謂中國文字屬於衍形系統，而與印歐衍聲之系統劃然殊途，此實謬見也。倘文字而不衍聲，則所謂孳乳寖多者莫由成立，而文字之用，或息幾乎矣。象形、指事、形

聲、會意、轉注、假借、是曰六書，自班孟堅、許叔重以來，皆稱爲造字之本。象形、指事、會意，衍形之屬也；形聲、轉注、假借，衍聲之屬也。《說文》萬五百十六字，形聲之字八千四百零七，象形指事會意之字，合計僅一千有奇，其間兼諧聲者尙三之一，依聲假借而蛻變其本義者亦三之一，然則中國之字，遂謂什之九屬於聲系焉可也。單字且然，其積字以成詞者更無論矣。」（見同前）

　　所以中國文字，既衍形，又衍聲；而衍形衍聲，實際又是從衍義來的。許愼的《說文解字》一書，分所有漢字爲五百四十部，於是外國的語言學者，便認漢字語根共有五百四十箇。這樣說，雖尙欠確切，然大致是不錯的。姑假定中國文字的字母，共有五百多箇，而這些所謂的字母，必定都由象形字變來的；然後再由字母，引申其義，孳乳其形，變轉其聲，於是成功了今日的看似繁雜，而實具有條理的漢字。又因爲漢字字母具有形、音、義三種母根，所以由同一字母孕育出來的各字，也就具有與字母相似的形、音、義三種要素；因此，我們只要通了五百多個字母，其餘的字，便也隨著通了。同時，漢字既具有形、音、義三種表徵，更由於三者的縮結（Bond），我們只要認識其形，便可以隨著知其音、義；只要認識其音，便可以隨著知其義、形；只要認識其義，便可以隨着知其形、音。通常說的「望文生訓」，是就其形而知其義；「秀才不識字，讀半邊」，是就其形而知其音；至於「猜字不離母」一句話，則形音義三者都可由字母上猜出了。

　　說到這裏，我們覺得只有漢字才配稱作字母，西洋的拼音文字，充其量不過算作「音母」而已。因爲所謂「字母」者，是文字之母根；文字具有形音義三個要素，字母便須爲其三者之母根。我們看西洋文字的字母，雖多出於希臘羅馬，在早本也是象形字，到後來象形的意味完全消失了，現在只利用其音的要素，以拼切所有文字的聲音。退

化的只剩下一個「音」的部份了，自然「形」的意義，從文字的本身
上看不出來；而義的意義，也只是所拼綴的語言的意義，與文字的本
身毫無關係。結果，所謂字母，僅係文字拼音的符號。至於漢字，因
為是象形文字的流衍，所以還不失其形相的意義；同時在六書中，形
聲假借字居多數，便也具有聲音的表徵；自宋人倡「右文」說，認為
形聲字的「聲」，不但標聲，還要標義，這也很合於文字孳乳的道理，
所以意義，仍由文字的本身表達出來。因此，便構成中國文字所特別
具有的優點。

三、漢字在現社會的功與罪

　　由上所述，我們明白了漢字的特徵及其優點，既然而在應用上是
不是合宜呢？一般人的看法：總覺得漢字既難學習，又難書寫；於是
認定漢字是落後的文字，是不合時代的文字，甚而有些人以為中國科
學的落後，也由於漢字艱深的緣故；推演所至，認為即使漢字不全盤
廢除，也須要徹底改革；這樣，便構成了近數十年來不時對漢字改革
的擬議。但這畢竟是主觀的說法，缺少學理上和事實上的根據。倒是
教育界的許多人士，能夠對漢字加以客觀而又科學的研究。就拿漢字
的繁簡在學習上的難易一個問題來說，由近代教育家研究實驗的結
果，已經獲得了可靠的結論。最大的一個發現，就是周先庚氏所提到
之漢字「格式道」（Gestalt）的特性，他說：

　　　（漢字）每字有每字的箇性，每字的結構組織，都像一個小小
　　　的建築物，有平衡、有對稱、有和諧，字與字的辨識，因此就
　　　非常有標準，特別不容易模糊。比較西洋文字，每字是多個大
　　　同小異的字母所組成，而又橫列成一平線，字與字間的箇性，

　　完整性，或格式道，就少得多。(〈美人判斷漢字位置之分析〉，

　　《測驗》二卷一期。)

因此，漢字就不怕筆畫繁多，筆畫繁多反足以構成漢字的格式道（即

「完形」性）；這樣，字的整體便易被人注意，據額得曼和達基(Erdmann

& Dodge) 的實驗，曾有以下的說明：

　　甲、將字置於遠處，不能辨其組成的筆畫，也能認識。

　　乙、經過許多試驗，若將字置於一定的距離，使每種字畫，單獨

　　　　的顯出，反不能認識。

　　丙、字的筆畫，如比較複雜，或在視覺上表示特殊的形式，則易

　　　　於認識。

　　丁、筆畫不多不少的字，比筆畫最少的字易於認識；且認識筆畫

　　　　最複雜的字，所費的時間，比認識筆畫最簡單的字，所費的

　　　　時間爲少。

後來蔡樂生、周學章、劉廷芳諸氏，也都作過同樣的研究，蔡氏所得

的結果，證明十二畫的字，比較三畫和六畫的字容易認識；周氏也得

到相同的結論，認爲筆畫多的字（平均一二・二畫），比筆畫少的字

（平均七畫），容易認識，而且容易記憶。另據劉氏的研究，所得的

結論爲：

　　甲、筆畫最少組的字，不比筆畫最多組的字容易學。

　　乙、在數種情形下，筆畫最多組的字和筆畫最少組的字，同樣的

　　　　難學。

　　丙、以十四至十九畫一組的字，爲最容易學習。

由此看來，筆畫較多的漢字，雖然容易認識，容易記憶，但也有其限

制，超過了限制，便又入於難學的地步，如劉氏結論，十九畫以上的

字和十四畫以下的字，同樣的難學。然十九畫以上的字，僅佔全部漢

字的少數，故不能推翻「繁字易學」的一個規律。關於這個規律的構成，可歸納爲下列兩個原因：

甲、複雜的東西，較易引起人的注意，學時注意力較大，所以印象也較深；將來重認時，也自較容易。

乙、複雜的東西，所包含的細目，既然較簡易的東西爲多，學時在心理的方面「抓手」（Mental grasp）亦多，所以印象較深，將來重認時，也比較容易。

（以上所引，見姜建邦《識字心理》。）

筆畫比較繁多的漢字，不但在形相方面容易認識，已如上述。就是在字音和字義方面，也比較容易學習，這是因爲漢字形音義三者綰結的關係。總之，但就漢字學習一方面說，筆畫繁多，並不是壞處，反而因爲「格式道」（即「完形」）和「抓手」，更增加了學習上的憑藉，卻是出於一般常人意料之外的。

若就書寫方面說，自然筆畫少的字書寫起來比較快些。如西洋的拼音文字，千變萬化不過是二三十個字母，自然書寫起來，容易得多。至於中國文字，一字一個形狀，少者數筆，多者數十筆，書寫上確實是比較吃力的。況且現在是科學的時代，動力的應用已進步到了原子能，人類社會也隨著以快速爲勝，那麼，在文字上的赴急應速，便覺外國文字的鋒利，中國文字的笨拙，於是便認爲中國文字非改簡不可。沈有乾氏曾統計教育部所公布的三百二十四箇簡體字，平均每百字可省一百三十七筆；他如艾偉、蔡樂生、周學章、章榮等人研究的結果，也都具有同樣的情形。羅家倫氏也說到：「例如臺灣二字，照所謂規定的正體字寫是『臺灣』。……若是把臺作『台』，把灣作簡體的『湾』，則兩字共可減少二十三筆。現在臺灣小學生一百零七萬人，每人每天要寫『臺灣』二字一篇，則每天要多寫二千三百六十一

萬筆。若是一位書記每天抄寫三千字，每字平均十筆，寫完這許多筆，則竟要費七百八十七天！」羅氏又說：「在這生存競爭劇烈的時代，無論是爲民族，爲個人，時間不但不能浪費，而且片刻必須爭取。但是用我們筆畫繁複的文字，與人競爭，是爭不過的。」因此，羅氏經過擴大的推論之後，認爲必須提倡簡體字的理由：「第一是爲了要保全中國字；第二是爲了節省時間；第三是爲人節省精力；第四要使廣大的民眾能以最便利的工具得到知識。」這自然是言之成理的。

此外，中國文字，在並世各種的文字中，具有它的特性，這一特性，適足以構成它的優點，最主要的，是能够通古今數千年來的異語，能够凝合各地紛歧複雜的方言，這一種團結中華民族的向心力，即使漢字具有不可饒恕的缺點，都可以將功折罪的。時人也都看到了這點，如張斯人〈中國文字的演進〉一文，也曾這樣的說到：

> 中國的文字，認識其字，同時即知其意義；聯字成文，聯文成章，就其所知者，可以聯想推及其所未知者。事理愈明，則意義愈通，而文字之運用亦愈靈。西方文字，完全由於拼音，雖便於記錄，普及亦易，而名辭愈演愈多，需要記憶名辭之困難，將超過中國文字之認識；中國文字，是由難而易，西方文字，則由易而難也。因聲而成字，聲音既變，則文字的意義，亦形隔閡。世代之隔離愈久，而拼音文字的利用，所有之效力愈低。中國文字，因形與聲、聲與義，三者一致，給予人之印象既深，而影響人類之心亦最大。中國文字的本身，是含有共同之原則，具有獨立的存在之意義，文字本身之意義，不因聲與音的不同，而有所改變。民族雖有不同，各地方言，雖有不通，皆無礙於中國所謂之大一統。中國之文字，對於中國的統一實為主要之條件。（四十三年三月二十一日，中央日報第二版。）

至於在文字的學習方面，非但不如一般人所理想之困難，而由於用科學方法研究的結果，反倒證明其容易，在上文中已明白討論過了。最近立法院由委員廖維藩等提出「文字制定程序法」的議案，委員相菊潭，對此案發表意見，予以支持，也曾說及漢字並不比外國字的難學：

> 中國的字，不見得比英文字難認：象形字有形可象，指事字有事可識；會意字是合體字，認識各體，整個字就容易認識。如「明」字，說起來有八畫之多，但認識日字、月字，明字就容易認識。日字四畫，月字四畫，還能算難嗎？「信」字有九劃，但人字兩畫，言字七畫，認識了人字、言字，就認識了信字。也不算難。較之英文字，除少數字尾變化，有一定軌道外；本字的組織，用什麼樣字母，為什麼用這些字母，無意義可尋，無規則可循，只有死記；學生認中國字難，認英文字更難。拿此做用簡體字的理由，不甚正確。（四十三年三月二十日，中央日報第二版。）

中國文字，基於它的特性，在學習方面，既不煩難；又因它的優點，通古今，協萬方，使中華民族，數千年來，團結永固，立國至今，不能不說是漢字的功效。可是當此原子動力的時代，人事社會，無不以快速為勝；而漢字書寫比較煩難，又不能不自承其罪。由漢字書寫的煩難，改為書寫的簡易，便是一些人提倡簡體字的動機。

四、漢字簡化的歷史及所造成的混亂

人類的文化，就內容方面說，自然是由少而多，由簡單而趨於豐富；若就每一單獨的事物來說，未嘗不是由繁縟的，變為簡明的，由慢的變為快的；也許這是人類的天性，好逸惡勞，好比走路一樣，往

往喜歡斜刺裏走一條近路。然由此天性，使人發明了天然動力的應用：如蒸汽動力、電汽動力，現在更進到原子動力了。而快速的意義，不知增加了多少倍。所以文化的發展，一方面增加它豐富的內容，一方面簡化它處理的程序、相輔而行，不相違背。最近立法委員廖維藩所提「文字制定程序法」一案，其說明認爲：「各國文字的進化，因人間事物和人類知識日增的緣故，也是由少而多，由簡而繁，中國文字當然不能例外。」更舉歷代字書字數的增多，以及字義引申的漸次繁縟，以證成他的說法，並且還說到：「天地間事物的進化，沒有不是由少而多，由簡而繁，包含太陽系的銀河系或島宇宙，最初只是一團白熱化的氫瓦斯，後來才漸漸地形成行星系各種較氫爲重的元素，再演化而爲生物，由少數簡單的生物，漸漸演化爲種類繁多、結構複雜的各種植物。」這樣強調由少而多、由簡而繁的進化原則，恐怕與事實不能完全相符。就拿中國的文字而論，在字形的結構方面，從殷虛的甲骨文字，發展到周代的鐘鼎大篆，結體繁密，字形茂美，實在是至於登峰造極。而秦時的小篆，比較起來，便是簡體字，所以許氏《說文・序》云：「斯作《倉頡篇》，中車府令趙高作《爰歷篇》，太史令胡毋敬作《博學篇》，皆取史籀大篆，或頗省改，所謂小篆者也。」小篆便是就大篆省改的結果。而隸書又是小篆的簡體字，許氏又云：「是時秦燒滅經書，滌除舊典，大發隸卒，興役戍，官獄職務繁，初有隸書，以趣約易。」衛恆《四體書勢》亦云：「秦既用篆，奏事繁多，篆字難成，即令隸人佐書，曰隸書，漢因行之。」故隸書又是小篆約易的結果。隸書之後，再趨簡易，便是草書，庾肩吾《書品論》云：「草勢起於漢時，解散隸法，用以赴急，本因草創之義，故曰草書。」這自然說的是草隸。章草亦然，崔瑗《草書勢》云：「章草之法，蓋又簡略，應時諭恉，周旋齊迫；兼功並用，愛日省力。」

此外正書本隸書之變，其簡化的跡象甚明。關於行書，張懷瑾《書斷》云：「行書者，劉德昇所作也，即正書之小變，務從簡易，相間流行，故謂之行書。」由此看來，漢字的演變，一步比一步趨於簡易，然在相承變化的時候，趨簡是有限度的，如果超出限度，人將不識，所以簡化的規律，以八分爲最合度，歷代因有「八分」之稱。如康有爲《廣藝舟雙楫》云：「秦篆變石鼓體而得其八分；西漢人變秦篆長體爲扁體，亦得秦之八分；東漢而增挑法，且極扁，又得西漢八分；正書變東漢隸體而爲方形圓筆，又得東漢之八分。」這幾句話，很能說明漢字簡化的情形。實際上，就這樣以八分爲度的簡化，簡到現在，再與周時的大篆相比，無論在字形上，筆畫上，確實簡易了許多，也就應合了「赴急應速，愛日省力」的兩句話。

由以上所述看來，中國文字，日在趨於簡化之中。不但小篆變大篆，隸書變小篆，已爲顯著的簡省；即在每體文字的本身，如甲骨文字，鐘鼎文字，小篆，隸書等，也都有簡體字的存在。文字的簡化，本來由於作字時的省力取巧；約定俗成之後，大家承認，於是便形成一種文字形體上的改變。所以文字並不是某一人所能單獨人創造，傳說中倉頡造古文，史籀作大篆，李斯作小篆，程邈作隸，劉德昇作草，充其量只能表示一個時代的意義。文字趨簡，既係眾人的事業，所以隨時創造，隨時淘汰，而經約定俗成者，不過是少數中的少數。因之，在文字中，每一形體有每一形體的簡體字，每一時代有每一時代的簡體字，每一地方有每一地方的簡體字，每一人有每一人的簡體字；如此，錯綜紛紜，各逞巧思，若等到約定俗成，大家承認的一套簡體字創造完成，須要一個長時間的孕育和發展。所以中國文字，由大篆簡化爲小篆，由小篆簡化爲隸書，由隸書簡化爲正書，由正書簡化爲草書，都是約定俗成的結果，並不是由那箇皇帝考文制字，用一紙命令

所能行得通的。雖然〈秦始皇本紀〉曾云：「二十六年，書同文字。」許氏《說文解字‧序》亦云：「秦始皇帝，初兼天下，承相李斯乃奏同之，罷其不與秦文合者。」是秦始皇書同文字，係因七國文字異形，遂以秦國文字爲標準而統一之；然秦國文字，並不是那幾箇人所制定，也只是秦國地方約定俗成的結果。可見數千年來，中國文字，都在大家創造，大家承認的情況下，一步步的簡化成現在的樣子。

因而，中國文字的演變和發展，便循著兩條路子同時並進。一條路便是許氏所說的：「俗儒啚夫，翫其所習，蔽所希聞，不見通學，未嘗覩字例之條」的字例之條，具體說來，字例之條，就是「六書」，也就是文字本身所具的規律。這個規律，造成中國文字的特性和優點，也就是中國文字的靈魂或精神的所在，在第一節已詳細的說過了。另一條路，便是作字者隨時求簡，結果，文字是一步步的簡化了，文字的規律，也就隨著有意無意的被破壞了。但破壞是有限度的，超過限度，漢字的特性和優點便不能保存，這是國家文化方面和有識之士所不許可的。所以，中國文字，循著上列兩條路演變發展，表面看起來，一方面是保持文字的規律，一方面又是破壞文字的規律，看似矛盾，實際上是相反而又相成的。因爲就每箇人使用文字說來，雖然時時在趨於簡化，破壞文字的規律，但就社會文化的要求說來，又隨時來維護文字的規律，使不遭受到文字使用上的嚴重破壞爲度。在歷史上，自周朝的《史籀篇》，到秦朝李斯所作的《倉頡篇》，趙高所作的《爰歷篇》，胡毋敬所作的《博學篇》，以及漢時司馬相如所作的《凡將篇》，史游所作的《急就篇》，李長所作的《元尙篇》，楊雄所作的《訓纂篇》，班固所作的《十三章》，賈魴所作的《滂喜篇》（亦稱《彥均篇》），後來統稱《三倉》，段玉裁《說文解字注》云：「自倉頡至彥均，漢魏時，蓋皆以隸書書之，或以小篆書之，皆閭里

書師所教習，謂之史書。」這些既是學習文字的課本，便同時也是因維護文字的規律，所示範之作字的標準。以後這類的書更多，國家於科舉考試，書判章表，所規定必用的標準字體，便是維護文字規律的具體辦法，如唐代的《開元文字》，張參的《五經文字》，唐玄度的《九經字樣》，顏玄孫的《干祿字書》，一直到羅家倫氏所舉的《康熙字典》，臨文便覽之類，都是這些作品的代表。此外，像漢末的熹平石經，魏正始石經，唐開成石經，孟蜀廣政石經，北宋嘉祐石經，南宋紹興石經，清代更有乾隆石經。這些對於校正文字，壽石垂遠，尤見國家維護文字的苦心。

總之，文字的創造和發展，必須具有一定的規律，始能成功一種完善的文字；然使用起來，便不免趨於簡化，但簡化以不失於文字的規律爲準；現在所存的正書，毋寧說是經過約定俗成的一種簡體字，所以比較接近文字的規律，於是就被大家所承認，也就保持了中國文字的特徵和優點。

文字的簡化，最主要的是「或頗省改」和「據形繫聯」二途。據形繫聯是草書，由草書寫真了，便可達到或頗省改的結果。如由篆草發展而爲隸書，由隸草發展而爲楷書，再由楷草發展而爲現行的許多簡體字。所以草書爲文字簡化的主要因素。同時，中國文字，在逐步簡化的過程中，還有一個重要的關鍵，是用筆之變。中國的文字，是象形文字，必須畫成其物，隨體詰詘，因而主用圓筆，繫聯不斷，以達物象之真。然用圓筆作字，自然比較困難，所以小篆之變大篆，雖然是或頗省改，但因用筆相同，其繁簡難易，也就相差無幾。等到由小篆變爲隸書，不但在字形上，由繁入簡；而且在用筆上，由圓筆變爲方筆，橫豎鈎折，在作字上簡捷了許多，然就字形上說，原本是象形的本質盡被破壞。日月二字，便是最好的例子，早在漢代，便有「馬

頭人為長，人持十為斗，蟲者屈中也，苟之字止勾也。」（見《說文解字·序》）而「石建自詭，馬不足一；馬援糾繆，皋為四羊。」（見《說文解字》段注）後魏江式亦言隸體失真，如追來為歸，巧言為辯，小兔為毚，神蟲為蠶。凡此皆由於隸體用筆之變，就字形不能得物象之真，於是附會出許多可笑的說法。羅家倫氏亦舉魚鳥馬三字下的四點，不能代表火字，所以原來的象形字，都給楷書破壞了，實際從隸書起，因用筆的變化，早已有乖了象形的意義。不過這些字，還是由象形字的本身變來的，雖然用筆不同，而字形的結構，總算相差不遠。而隸變最無理的，便如清人胡秉虔〈隸篆之變〉一文所云：「隸變之初，有篆文如此作，而隸體不能成字者，則以同聲之字代之。」如此一來，原來的象形字，變成了不相干的形聲字，遂成了純粹聲音的符號，所有漢字具備的形音義三要素的縮結，完全給破壞了，這便有違於漢字的規律，遂造成文字簡化中的混亂現象。

五、漢字簡化聲中的危機

中國文字，由籀篆簡化到楷書的地步，從文字規律的觀點說，雖然不無造成混亂的現象，但大致上仍維持了漢字所固有的特徵和優點。現在的社會，既已經進步到原子的時代，一切的工具，都須要鋒利快速，文字當然也不例外，因之便有人提出進一步簡化漢字的擬議，同時教育部已經設立簡體字研究委員會，負責制訂簡體字的工作，雖然全案尚未見公布，但就該會委員羅家倫氏所發表的〈簡體字之提倡甚為必要〉一文看來，恐怕不但不能達到中國文字簡化的目的，反而將更促成中國文字的混亂現象，進而破壞中國文字所有的特徵和優點，而使中國文字不得不歸於壽終正寢。為四萬萬五千萬中華

民族的團結計，爲五千多年中國悠久的歷史文化計，實在是令人悚然憂懼而不能自己的。

中國文字的簡化，自然合於歷代文字發展的原則，同時也合於時代的潮流，所以對漢字求進一步的簡化，既然是無可厚非，並且是應該的，需要的。但羅氏的意見，只是基於一般人都用簡體字，所以簡體字便有提倡的必要，不管一般人所使用的簡體字，是不是合乎中國文字的規律，是不是不致破壞中國文字的優點；只希望由人爲的制定，政令的推行，而建立一套純粹簡體字的新文字，這樣一來，就連最後經使用文字的眾人，約定俗成，俾達到自然選擇，以爲決定去取的力量，都被剝奪了；因之中國文字的命運，是可以想像而知的。

羅氏文章裏，曾經這樣的說：「祇看箇人的信件，新聞記者的文稿，乃至正式的公文裏，那處沒有簡體字，甚至於充滿了簡體字。」但這一情形，並不夠造成〈簡體字之提倡甚爲必要〉的理由。因爲自古以來的情形莫不如此，順筆作字，免不了趨向簡化，古今人自是一樣。是故行文用的簡體字，在未約定俗成以前，不過只是個人的簡筆符號而已，自然說不到「文字」的性質。然羅氏特別強調箇人對文字簡化的功績，他說：「我們千萬不要看不起民間通用的字。從文字的歷史看來，字固然不是一箇人——倉頡——造的，也不是少數官吏和士大夫造的，須知許多字是不知名的老百姓造的。他們造了，通用了，於是士大夫和其中的專家學者，不能不承認。不但承認，而且附會了許多理由，說是這些字造得如何聰明奧妙，於六書中合於那一書。」這幾句話，說文字的演變和發展是對的，但文字的演變和發展，必須遵從一條固定的規律，然後才能夠得到約定俗成，而爲大家所通用，並不是士大夫和其中的專家學者，所能附會到合於六書中的什麼書，便能夠通行無阻。若說到文字的簡化方面，誠然是老百姓也時時刻刻

的在那裏創造，但創造出來的文字，若不先考驗它是否合於文字的規律，則其所創造的文字，絕對是不能够通用的。而羅氏提倡簡字，便首先認爲「六書不是限制中國字的鐵律」，他引吳稚暉先生在《說文解字詁林・敍》的〈附辨〉一文所說的話：「六書之分類，決非造字之時即有之。造字之哲人止由之而不知。至文字燦然大備，人類積漸亦有學術分類之理智……」我們同意這一種說法，也承認六書確實是文字燦然大備後所歸納出來的字的規律，所以造字的哲人，雖不知六書，然必須「由之」，始能創造出合乎規律的文字。現在羅氏創造簡體字，是明知六書，而不欲「由之」，所以便說「六書不是限制中國字的鐵律」，他的理由是：「我充分承認六書過去的貢獻，可是我更相信孔子盡信書不如無書的遺教，因此我不願意看見六書之說，成爲神秘的符籙，爲改革中國文字的障礙。」這樣既認定六書爲改革中國文字的障礙，便是不承認中國文字固有的規律；如捨棄規律而創造簡體字，自可無拘無束，無所忌憚，任意爲之，也就自易爲力了。所以羅氏對文字的創造，一再說：「我不承認創造權祇是古人的專利。」「我決不承認創造是古人的專利權。我也不承認現代人的智慧低於古人。」像這樣捨規律而創造文字的創造法，自然是人人都能够創造的，當然不必獨讓古人專美於前了。

　　同時，羅氏文中，在〈爲什麼必須提倡簡體字〉一節裏，曾具體的說明提倡簡體字的理由：「第一是爲了要保全中國字。要保全中國字，是爲了要維持國家政令的統一，和中華民族統一性的重心。……所以我極力要保存中國字，並且認爲非用簡體，不易使中國字保存。」這一個理由，說得非常的正大，但照羅氏所提的辦法，實際上由於文字的簡化，不依照文字固有的規律，則簡體字實行之後，不但不能保全中國文字，反倒徹底促成中國文字的滅亡。由前文的敍述裏，可知

這是一定的結果，「第二是爲了節省時間」，當然簡體字比筆畫繁複的文字，容易書寫，時間自可節省，所以這個理由，是無可非議的。「第三是爲人節省精力。」「第四是要使廣大的民眾，能以得最便利的工具，得到知識。」羅氏的意思，認爲簡體字書寫起來方便，就可以爲人節省精力；但沒有想到，簡體字因破壞了文字固有的規律，失去了形音義三要素的縮結，形成一堆毫無系統可尋的死符號，自然認識起來，要比較困難的多。況且簡體字，由於筆畫的減少，破壞了中國文字上原有的「格式道」（即「完形」），認識起來，因失去了「抓手」，所以也就增加困難。因此，簡體字即令在書寫上節省精力，但在認識上消耗精力，自應分別觀之。雖然文字的學習工作，一生一次便足，而文字的書寫工作，一生中時時刻刻都不能離開，因之，寧可學習上困難一點，不得不求書寫上的簡捷便利，所以實施簡體字是必要的。但對使廣大的民眾，能以最便利的工具，得到知識一點，便不容易達到目的。本來中國文字的問題，應兼顧學習上和書寫上兩方面去解決，而學習和書寫二者，確有不可兩全之勢，若只爲了書寫上的便利而求文字的簡化，最低限度，也要保持中國文字固有的規律，因爲如此，才是改革漢字，而不是破壞漢字；才是保全漢字，而不是毀滅漢字。這一點是談中國文字改革的一個先決問題，可惜羅氏把它忽略了。

　　因爲羅氏對漢字簡化的認識，先有了問題。所以在他「簡化字體的具體主張」一節裏，所有他的主張，也就有了問題。他說：「中國字體不是一成不變的，楷書更不是天經地義的定形。每次字體的變動，都是由於時代的需要，和人類趨向便利的要求。……字體簡化在理論上應該早已不成問題，現在的問題是如何把字體簡化。我研究的結果，認爲可循以下幾條途徑：（甲）從最古的簡體字中選取；（乙）

從漢魏以來碑帖名人墨蹟裏選取；（丙）從宋元以來木刻書中選取；
（丁）從現在公文書常見的簡體字中選取；（戊）從軍中文書常見的
簡體字裏選取；（己）從民間常用的簡體字裏選取。」假使像這樣東
搜西採的簡化起來，雖說易於爲力，但恐所根據選取的材料，不是作
者所慣用的簡筆符號，便是歷代經被淘汰了的簡體字。這種漫無標準
的字體，既不合於漢字固有的規律，也缺少文字應有的系統，便如立
法委員廖維藩氏所說的：「所謂俗字簡字運動，是不究文字學而開倒
車的行爲。背棄六書原理，集古今俗字別字錯字廢字死字的大成；脈
絡全無，條理混亂，門類不分，部屬不明，既沒有系統可尋，又不能
觸類旁通，音義各各不同、字字必須強記、求簡而愈繁，求易而愈難，
這是適應時代的需要嗎？」而羅氏卻自以爲：「循着上面這六項的來
源中，可以找出許多很好的簡體字來。我所搜集的可以千計，其中可
以選的已有數百，而且我在看書讀帖的時候，隨時都有發現。」羅氏
並舉「國」的簡體字，歷代或作「囯」，或作「囶」，或作「国」或
作「圀」，日本人作「国」。實際上「國」字的語根是「或」、而不
是「囗」。共產黨以口代國，固然不對；而歷代的簡體字，都將語根
的部份廢掉，換一個其他的字，雖可以強爲之說，然已失其所從出，
根本破壞了漢字的規律，其失與作「囗」者等。所以就算認它是簡體
字，也是被列於淘汰的，而不是約定俗成的，自應歸入俗字別字錯字
破字廢字死字之列。但羅氏更舉「种」字爲例云：「即如簡寫的种字
代種，我以爲很好。你看一邊是禾，一邊是中，從中聲，把禾插在中
間爲种。這可以說是形聲字，也可以說是會意字，在六書之中合於兩
書，有何不好？」種字的語根是「重」而不是「禾」，由「重」字引
申其意義，得「種」字義，遂加禾旁以專之；在字形上，孳乳作「種」；
在字音上，衍讀「重」音。所以漢字是形音義三要素縮結的。現在將

語根的「重」字改爲「中」，雖然可以說一個「從中聲」，但形義兩方面都沒有關係了。而羅氏還強解爲會意字，如果這種解字方法能够成立的話，則三家村測字先生們的說解，都可以成爲新的《說文解字》了。可是所謂簡體字的創造也者，大都屬於此類。此類簡體字，除了用簡單的字形表字聲以外，別無他意；雖然還有時保留著原來的偏旁，但偏旁在文字的構造上是不重要的，因爲它代表的是「義類」，而不是「義根」。因而，所造成的簡體字，只不過是語言的聲音符號，好比因翻譯化學名詞所造的新文字，實際還只是一種音譯而已。與其如此的既廢棄了漢字的特徵和優點，而在形式上還求保持着它的方塊性質，倒不如乾脆的改成拼音文字，也許更簡化，更便利。可見文字的簡化，誠如立法委員周南氏所云：「簡化應有簡化之道，徒然空喊簡化，不講原則，漫無標準；東選西取，雜亂無章；文不成文，字不成字；徒在形式上追求一種符號式的無機體，與絕緣體，既非文字，亦非符號，只是一種怪態符號。」立法委員廖維藩也說明簡體字的制訂，如不遵照六書原理辦理，是徒滋紛擾的，他說：「團字本是形聲字，從囗專聲。學習此字，有軌可循；如簡化爲团字，則不是才聲，仍然要強記爲團字之音，其他如傳轉搏等字，也是一樣；又如雞字，也是形聲字，從隹奚聲，學習此字，也有軌可循；如簡化爲『鸡』字，既不能讀鳥聲，又不能讀又聲，仍然要強記爲雞字之音，其他如溪谿等字，也是一樣。這不是愈簡易而愈繁難嗎？」這雖然只就文字讀音的要素說，已是如此，若更說到形義兩個要素，其滋疑淆惑處，更不待言。所以文字的簡化，應有文字的簡化之道，如不得其道，是不會有所成就的。

六、漢字的合理簡化及其他補救辦法

就中國文字的本身及其發展說，欲求簡化，必須先使合於漢字固有的規律。這樣，既能保持漢字的特徵及優點，且能得到簡化的便利，這自然是合理的簡化方法，爲一般人所樂聞的。

談到合理的簡化，確實不是一個簡單的問題。先說中國文字固有的規律，雖然有古代流傳下來的「六書」，但六書是古代學者對文字歸納出來的意見，是否已盡文字發生和發展的軌迹，是一問題；同時，六書的傳說，先有班固許慎鄭玄之不同；以後的學者，對六書更是各持已見，莫衷一是。所以欲確定文字固有的規律，還須要先下一番工夫。

在文字的發展方面，因爲已具有數千年的歷史，錯綜紛亂，尤難猝理。現在所得最早的文字是甲骨文字。而甲骨文字，只限於占卜所用，範圍極小；且由甲骨文字的使用看，已達於很發達的地步，距離原始的文字已遠。所以欲追溯文字的原始及其變遷的大要，也必須先下一番工夫。

上述這兩種工作，必須先得到結果，而後文字的簡化，始能有所根據。所幸在這方面，古人蓽路藍縷，已作了不少，尤其有清一代，考據之學盛，「小學」遂爲治經之津梁，故其成就至爲可觀。晚近因發現甲骨文字，可借以訂正舊說者甚多。所以中國文字之學，到了現在，已達結集和整理的地步。如果能够有學術機關，延聘專人，從事此一工作，相信不數年間，可以畢事。不但文字的規律，可以得到一確切的瞭解；而文字的演變，也可以得到系統的整理。然後根據此一合規律有系統之文字，徹底改革，全盤簡化，則簡化以後的文字，既不失文字原有的系統，亦切合文字固有的規律，必如此，方不廢漢字

的特徵及優點，方合於漢字簡化之道。

因此，對於中國文字簡化的步驟，我們贊成先由學術機關作整理研究的工作，因求學理上的根據，故不必責以速效。整理簡化之後，實施辦法，一是由學術的提倡，一是由法令的推行；學術的提倡，賴著文倡導，自然不會有什麼問題。至於法令的推行，在歷史上，因係空前之事，爲愼重計，自有交立法院最後審查的必要。因立法院是代表民意的，則文字關係每箇人民表達思想的工具，由立法院通過公布，雖不像以往由人民約定俗成以決定取捨，而代以民意機關的會議，以爲取捨的決定，其意義自然是差不多的。

由以上所述看來，欲求漢字的簡化，必使合於漢字固有的規律及發展的系統；而此規律及系統，須要研究整理，始能確有根據；而研究整理的工作，又非一朝一夕之事。所以漢字的簡化，其事誠然是不簡單的。但爲了克服漢字書寫上的困難，筆者另有一個圖難於易的辦法：就是不妨仿照西文字母的格式，也將漢字分作大楷、小楷、大草、小草四種：以現在印刷用的宋體字作爲大楷，以現的正楷字作爲小楷。其他如于右任先生近年所提倡的「標準草書」，很可以作漢字的大草用；至於小草，可用現在的行書。但行書也須要先立一個標準出來。雖然行書，「務從簡易，相間流行」，好像每箇人都可以隨筆創作；其實不然，因爲運筆有遲速，作字有巧拙，在不失正楷形體的原則下，當然可以有一個最便捷的寫法，這就是所謂的「標準行書」。有了這四種字，以宋楷二體專供印刷用，手寫限用行草二體，自然就快速多了。這樣，既不廢漢字的正體，又可以使書寫上簡捷，自然是一舉數得的。至於簡體字，仍由人民自由行使，不作法令的規定。但由行草二體的標準化，和使用上的習慣化，書寫上既然快捷了，當然再不須要無理的簡體字，徒滋混淆。況且標準行書，還有一個好處，

就是書寫上快捷了很多，然不失正書的形體，因而，認識了正書，也就認識了行書。而簡體字，因爲簡得失了正書的形狀，反倒不容易認識；大草雖然也是如此，然因其約定俗成，有標準，故認識起來，尙有憑藉，也就不難；于先生標準草書，曾有草書釋例之作，可證草勢不是沒有理由的。由此看來，以現行的簡體字最爲無理，而一些人著文撰說，大聲疾呼，不惜圖以法令爲之推行，實在是不必要的。

　　此外，爲求漢字書寫徹底快速的辦法，惟有借助於現代科學的發明，如果能够由漢字排檢法的改良，而設計一種較手寫爲快的打字機，借用機械的力量，以達書寫快速的目的，當然是很可能的。這樣，漢字雖然書寫起來困難，也就不成問題了。

　　　　　　　　　　　（中華民國四十三年四月十日寫竟）

簡體字運動批判

邵祖恭

一、文前聲明

一、爲「迅速」、或爲「紙面狹窄」、或因「對字拼法修養程度」
關係，將若干筆畫嫌繁的字，私文書甚至公文書併其附件，
手寫包括複寫油印，於不妨礙其法律性時，使用「習慣」的
簡體字，自可聽便，並未反對。

但不可照「簡體字運動」主張廢去現行的字。——使有一「既
定」標準，簡不離宗。

二、印體字不動。（印體字要動，倒不是要改用簡體字，乃是要
改正銅模鉛字的錯字。）

三、語文考試，顧名思義，不得使用簡體字。

非語文考試，以所考之學科爲主。如使用簡體字，無礙於各
該學科之考試。

四、語文教學：堅定「拼法」信心，加強「拼法」訓練，「對字
拼法修養程度」使之正常。

五、簡體字之研究：有研究之自由。

六、簡體字之頒行——

（1）如廢現行的字，不可頒行。

（2）如不廢現行的字：簡體字有其互相節制之自然作用，自會止於「習慣」，且已於並應使一般字典附予辨明，可資翻查，不勞頒行；若欲非頒之功令不可，所頒應限於爲某現行字（如「歲」字）不作爲某簡體字（如「才」字）〔此已是錯字，並非簡體字，實乃另一問題〕，不爲某現行字（如「聲」字）作爲某簡體字（如「声」字）事項。

七、簡體字不必提倡。

八、簡體字不造字。

二、簡體字運動基本理論及思想方法論底批判

簡體字運動最聳人聽聞，而亦爲提倡者自信甚堅，以爲「認清潮流」，「適合時代要求」的，其基本理論有四：一、識字教育觀，二、功利論，三、猶太主義，四、民主及科學觀。經加分析，「字體簡化在理論上應該早已不成問題」，卻正成著問題。簡體字運動的思想方法論，亦是不合邏輯。

（一）簡體字運動的識字教育觀

簡體字運動以爲叫小學生去認若干筆畫嫌繁的字，是不合教育的。殊未究初學之人，宛同白紙，於字無所不可吸收，授一原字或一簡體字，在學習上相差無幾。原字基於六書，尚較易識；簡體字抹殺六書，反要硬記。認一原字，異日覽書方便，終身受用不盡。認一簡體字，則原字至死不識；日後若再認原字，心理上已具障礙，便感吃力，或畢其生不願再認：法上得中，何必入手貪些小便宜，老大徒傷

悲呢！如須使已認簡體字者再認原字，而先已認原字者又須認簡體字，便成一箇國民兩套文字的負擔。至簡體字運動主張古書可使一律翻成「簡體字」本，未免《涑水紀聞》所載王安石的經濟，欲洩梁山濼涸而為田，又慮如許之水安得處所貯之，劉貢父所譏別穿一梁山濼則足以貯此水，今日之舉，得無尤甚。是又何止古書，即迄今數十年來已出之書，豈可盡摒於翻刻「簡體字」本之外！此項工程浩大的改排翻印工作，在出版界談何容易；且校對愈校愈訛，牽連不錯者亦錯，輾轉刊誤，害人不淺。如謂人不盡為將來讀書之人，亦不必人人讀書，書不改排翻印，由專家去認原字，大多數人不妨終身囿於簡體字。然而入手授字之初，憑何而知某一國民配讀書，某一國民不配讀書，先即普偏施以扼殺興趣，削弱能力，剝奪上進的基礎識字教育。「摘死自芽」（nipped in the bud）！幼苗何辜！教育上最慘酷的事，莫如假定本不低能的人為低能。過分溺愛！便成虐待！

　　若謂識字教學費時費力，此亦不必要的考慮，多餘的統計。學生於學習及練習識字時，所費時間心力，係應有之義，分內之事。識字教育，應著眼於課本、教學法、師資之力求改善，教案之統一頒發，與字的筆畫止為「拼法」無涉。

（二）簡體字運動的功利論

　　簡體字運動以為多寫筆畫，有何益於軍事、農業、工業乃至文化事業（以下稱軍事、農業、工業）。此項論調，可稱為「功利論」。今姑不問功利論，是否為人生價值一切衡量的唯一標準。即論功利，簡體字自即不合功利，首先啓人以苟且玩忽愉懶畏怯之心，其損害於功利的「心理建設」基礎甚鉅，決非省下一些筆畫可以抵帳的。而功利亦非表面及短視可以測量得出來的。如科學理論的研究，文學藝術

的陶冶，自無人判其無益。即謂係屬無謂之事，不必遠譬，即就簡體字運動而言，不惜將有益於軍事、農業、工業上面的人力時間金錢，要爲汗牛充棟的古今來圖書，重行改排翻印一徧，此尙可爲，又何須偏在一些筆畫上面打「小算盤」呢！是則已與簡體字運動所持「節省時間」「節省精力」兩項理由、「有益軍事農業工業」一項口號，自陷矛盾。且省些筆畫的時間與精力，是否移用於所謂有益方面，並無證明。可移於軍事、農業、工業；亦何嘗不可移用於看戲、打牌、跳舞。在整個簡體字運動方案上，亦未發現有「所省筆畫，除軍事、農業、工業外，不得移作別用」的自然制衡作用。此種設想，一無保障。若謂四萬萬人，人省一筆，日省一筆，不可勝省。此眞是兩個故事的巧合：昔有奇士獻策，四萬萬人，人各一元，政府可立增四萬萬元收入；又如貧女待嫁，今日一蛋，明日一雞，蛋雞相生，生生不已，十年之後便可相夫起家造屋增產：同樣未將其他條件、變動與抵銷因素、實現可能限度、以及出發數字實在程度計入。自然所期的效果，怎不落空。

（三）簡體字運動的猶太主義

　　簡體字運動自命爲「猶太主義」，點畫必省，標榜「莫以筆少而不減」。作者對此項「唯簡論」曾作批評：「即謂點滴必爭，錙銖必較，循斯理論，唯簡是務，誰可設定一字被簡的最後限度！字永瞬息可簡，即字永瞬息不定，字將不字，瞬息不識。今人不能讀前人之書，明日不能讀今日之書。」本來排印體與手寫體，原屬兩事，西文可證。排印體字的筆畫，鑄刻而成，並不妨事。若要手寫迅速：已有行書草書在；何況使用習慣上的簡體字，又爲吾人所不廢；即舉其極，今日尙有速記術。總不能變天下印體字儘爲速記符號，豈不簡之又簡。照

簡體字運動的「猶太主義」發展，是會否定了簡體字的。

（四）簡體字運動的民主及科學觀

簡體字運動以爲簡體字方合民主及科學。不知違背「約定俗成」的文字，就是不民主；違背已成科學的文字學，就是不科學。（文字學固於文字爲後起之事，但研討文字的，在學術分類上，係屬於文字學的範疇。各學皆然，此無所自起糾纏。）

文字原是符號，經過演化上「選擇」「淘汰」「定型」「穩定」「統一」「標準」一連串的歷程，歷經漫長歲月的推移，公私心力的維護，人人共同識別，共同使用，成爲通古今而大一統的工具，「約定俗成」，文字已是民眾的了。何勞擅定簡體，強迫認識；硬廢原形，禁止使用；此種約束，便不民主。簡體字運動又誤「拼法」爲文字學，文字學可認爲專家之業，「拼法」乃識字的基本訓練，係大眾之事，不能劃歸專家，不是少數人所可得而壟斷，成爲特殊階級專利品的。讀書識字，人人之事，剝奪人權，便不民主。

至謂六書乃漢代產物。漢代的法令，延至今日立法院也要廢止。六書本非其比，乃是歸納出來的造字法則，自非一朝的法令，亦非斷代的文物。一種學問的法則，不問多少古老，歷代相承研討，迄今未有突破，是則千載如新。在新法則沒有發現及公認之前，自屬成立。僅憑「不必把自己的心靈，鎖住在六書的籠子裡，可是要合理要便利要明晰而不易混淆」空洞的口號與標語，簡體字運動是代替不了六書的。此而代替，便不科學。

簡體字運動，對於「六書」既係不在眼內，「八法」自更不在話下。主張楷書的，尚不以「六書」而無視「八法」。即論「八法」之末，觀簡體字表，所列各字，筆畫相連，以白跳黑，憑一己之主觀破

共守之客觀，憑飛躍之意念奪既定之形象。等於拿草書叫小學生認；等於英文拼法、ｂ連在ａ上，ｆ又斜覆在ｄ上，中間又省了ｅ，ｌ與ｉ無分，ｍ與ｎ不別。固屬大亂拼法；亦復叫小學教員教筆畫時，如何唱法。直是懸巨公的法帖，強國人以奉行。自贊書法則可，定為國字則不可。

以此時人所斥「集古今俗字別字錯字破字廢字死字的大成」、鹵莽滅裂、七拼八湊、錯誤已見而亦自承的簡體字，要來解決「現在的問題如何簡化」，藍圖如此，定案可知，從而「公布施用」，「大家一定是望風景從，速於置郵而傳命」，「公布以後，中小學的教科書應當使用」，「添改銅模」，「……報紙刊物，一定很快的跟著改變」，「這個運動推行的迅速，預料……更為順利（日本推行簡體字是硬性的，內閣公布以後，全國一律遵改）」，簡體字運動的理論體系及其實施方案，是否科學，是否民主，自會受到考驗的。

簡體字運動，自持「字體簡化在理論上應該早已不成問題，現在的問題如何簡化」。正坐「現在的問題如何簡化」，為簡體字運動與生俱來、永打不開的死結，實握整箇運動生死關鍵，與簡體字運動理論成立與否，為不可分。理論即在辦法中，無辦法即無理論。簡體字運動自始即不成其為運動。

簡體字運動蓋震眩於科學管理「刪去不必要的動作」（to eliminate unnecessary motion）一義，而「刪去不必要的動作」，亦非此謂。與其加之現行字筆畫之身，更毋寧返加之整箇簡體字運動本身之為恰當。誰為「不必要」，誰即分該「刪去」。簡體字運動，既不成其為運動，即為「不必要的運動」，已落入「不必要的動作」內，而構成為「刪法」上最大項目。該項運動，既在「刪去」之列，兩者不並立，反證現行字的筆畫，不在「刪去」範圍。

　　復次，簡體字運動以中國字過於繁重妨礙科學為號召，「願多化時間精力在工作本身上，而不願把他消耗在文字工具上」。不知現行楷書對科學盡了最大工具的責任及價值底貢獻，適與所論相反。簡體字運動既發現「現行楷書之所以維持：（1）由於當時同時有行書和草書的興起與流行；（2）從五代和宋初發展了印刷事業，以代替最大的抄寫工作」一事實，厥為一大關鍵，允宜大書特書，此即楷書足以巍然存在的理由，亦即楷書不步古籀篆隸後塵之所在。此出現於古籀篆隸者，不出現於楷書；推論於古籀篆隸者，不推論於楷書。何況釐然成序，維持楷書，上述的兩大支柱，在整個文明網內，今尤勝昔：前者如電碼、速記術之發明，數學及若干學科之自有符號，文字「表格化」之流行，「標準草書」之擡頭，習慣「簡體字」手寫之不廢；後者如印刷事業之突飛猛進，中文打字機之便捷多方：燦然大備，後尤勝今。中國文字體系，原非不經改革，既已維持了楷書，收通古今而大一統之效，有何不好。是則已無足深究，何必為了一些筆畫繁簡，一定要使文字隨時而變。文字不僅是時代的工具，並能為歷史的工具；不僅是今日的工具，並能為明日的工具：如能如此，更足珍貴。有一較長時間維持的文字，自比跟著時代變異、或自為及啓後人作「不必要」之一簡再簡的文字好。簡體字運動蓋震眩於「革命」「時代」「科學」「民主」大義，而欲力逼文字出於「日新月異」之途者；詎知今日中國文字正合於此四諦，不啻生而迫死，舉行「活葬」。論者以為「自擾」，殆不為過。惟其文字上有如此一箇「既定」工具，所以接受科學，非常順利。真所謂「善戰者無赫赫之功」，無聲無臭，不矜不伐，現行楷書盡了文字最大的功能。如像簡體字運動的主張，其趨勢及流弊之所極，必然演成字瞬息可變，字隨意任拼。吾人將疲於奔命於重歷造字的一連串過程工作，日不暇給，且非一蹴可就。科

學如何能降尊紆貴落得下腳來！必迫得放下科學研究，先做一番字的工夫。可見現行的字，有利科學，何嘗障礙科學。至科學在中國的不進步，實出多元，另有重大的原因在，非此欲論。

簡體字運動所持「要保全中國字」「要使廣大的民眾能以最便利的工具得到知識」兩項理由、「不願把他消耗在文字工具上」一項口號，現在，倒要向簡體字運動要求了！

今乃欲以簡些字的筆畫，而謂可致：科學發達乃至富國強兵、反共抗俄、復國建國……無往不利，此真「操一豚蹄、酒一盂，而祝曰：『甌窶滿篝，汙邪滿車，五穀蕃熟，穰穰滿家』」之見，所持者狹而所欲者奢，科學及事功的成就，那有如此「廉價」，那可啓人「傲倖」。

（五）簡體字運動思想方法論不合邏輯

簡體字運動以爲白話文國音符號均係反對在先而成功在後，所以推斷簡體字運動必然成功。白話文等，即使百分之百成功，並未發現與簡體字運動成功有若何必然關係。此種推論方法，抑且非常危險，可以自陷於任何一項項目皆會成功的謬誤。今幸主張簡體字，設若主張某種主義，豈不連任何主義的成功，均不例外。簡體字運動自己都不會承認這種邏輯的。

簡體字運動，常以一字而攻全體，爲百字而搖各字，已犯「以偏概全」的謬誤。

其乞靈「丐詞」，運用「詭辯」，時賢已予指出。

三、簡體字頒行問題

或謂楷書固是符號，固是拼法。簡體字又何嘗不是符號，不是拼

法。由上所述，兩相比較。可知：楷書是優性的符號；簡體字是劣性的符號。楷書以六書爲拼法之指示，是有理性的拼法；簡體字廢棄六書，要憑硬記，是無理性的拼法。吾人不能以劣性的符號代替優性的符號，不能以無理性的拼法代替有理性的拼法。否則，是「退化」不是「進化」。

「約定俗成」：故（1）簡體字不必提倡。（2）簡體字不造字。

近來放棄「簡體字代替現行字」的主張，跡象漸趨明顯，此項睿察，殊足譽揚。至另一主張，係對已有簡體字之本身，作調查、研究、整理、統一，經決定後，予以頒行並存，俾眾遵依，並不代替現行字。簡體字自有研究自由；但出之頒行並存，賦以現行字同等地位，使之「合法化」，將開簡體字代替現行字之端，是不啻代替現行字的變相。所放棄「簡體字代替現行字」主張的理由，即放棄是項「簡體字頒行並存」主張的理由。本文文前聲明第六條第二項並已列具辦法，可供參考。

四、簡體字運動乃復古運動

文字既是符號，既是共同的工具。千萬不要忘記了「約定俗成」的意義。今日要以甲骨文鐘鼎文等來改或來代現行楷書，作復古運動的，乃是簡體字運動。反對簡體字運動，即反對復古運動，即反對以甲骨文鐘鼎文等來改或來代現行楷書，爲其中之一義。簡體字運動：對簡體字，要選自「最古的簡體字」、「漢魏以來碑帖名人墨蹟」、「宋元以來木刻書」；對部首和偏旁簡化，要採自「漢魏晉唐宋元明碑帖墨蹟及善本書」；復古的程度已至「且不必遠推到殷墟的甲骨文、即從金文、古文、和篆文裏，就有許多很好的簡體字」，「那知道正

是我們老祖宗最好的作品」,「若是能用商周金文(鐘鼎文)上的字,
豈不更尊重中國固有文化。這些好字,實在應當受到他們應有的尊
敬,能夠合法化而普遍的採用,才是道理」:那真是簡體字運動自謂
「千萬不可以爲把我們古老的東西一齊搬出來,就可以反攻大陸,打
走俄寇,滅盡共匪」的了。所以「引古改楷」,早在一百七十餘年前
舊如四庫全書總目提要諸公,已作評斥,足見開明,雖屬片言隻語,
此種論斷,所具啓示,非常明智。蓋皆著眼於文字爲符號爲工具的意
義,及「約定俗成」的重要。同理,以發現的甲骨文鐘鼎文,以及爲
一時手寫迅速權宜作用的簡體字,要來改來代具有若干世紀歷史,經
過一連串歷程,通古今而大一統的現行字,自屬兩無是處。張之洞所
謂「致遠思泥」,雖不指點畫之末,要亦可爲簡體字運動借鑑。若徒
斤斤於簡體字之採用或創造,爲代替或並存之頒行,已如作者在「正
字運動」一文所言,廣泛動搖了一般拼法信心,勢將由統一而分歧,
由一簡而思再簡,甚至不妨任簡任繁,自簡其簡,所成之字,互不相
識,造成一片混亂,無比困擾。真足以動搖文化動搖人心動搖國
本!!!

五、帶一套淪陷中國大陸同胞原來所熟悉的字回去

「簡體字運動」對於淪陷中國大陸,係用何種字體,一則述「經
過共匪幾年惡化,……文字都有很大改變」;再則述「共匪約在大半
年以前,突然不提倡他那一套魯莽滅裂的減筆字體」。若前者爲事實,
簡體字運動雖自具數十年以上歷史,並非效法奸匪,今以大陸已變,
吾人可變,則奸匪主動,吾人被動:依簡體字運動精神,應從已變,
始符理論,此自斷不相從,則徒然再多一套簡體字的負擔。若後者爲

事實，則吾人已變，大陸未變，將成一箇國家兩套文字。竊以爲吾人在臺灣，法令儘可求變。唯有文字不可求變。良以文字非政令可比，此「耕者有其田之所可實施」（簡體字運動原引之例），而簡體字之不可頒行。讓吾人帶一套爲淪陷大陸同胞原來所熟悉的字回去，列祖列宗的心魂在呼喚我們一起，莫使大陸同胞異日相見不相識，當抱頭痛哭的時候，發現文字是陌生生的一套，在歷劫餘生驚魂未定之下，那真會自血淚交流的懷抱裏，突然感覺到被「一股寒流氣壓」隔離著。總不希望在文化反攻登陸時，還帶一本《簡體字運動》小冊子、暨《簡體字原字對照表》、與一本校對不精的《簡體字典》，夾在中間，做翻譯官。——平白增加文化反攻的負擔，簡化了字體，繁化了工作。

（中華民國四十三年四月二十九日於臺北市）

我體驗到的變革中國文字問題與簡體字在中國文字學上的問題

林　尹

中華民國四十三年五月二十六日列席立法院
教育內政法制委員會聯合審查會發言紀錄

前　言

　　今天立法院教育內政法制三委員會，為審議文字制定程序法，邀召本人參加，就文字改革有關問題，有所垂詢。本人以學術研究立場，曾有〈簡體字與中國文字學〉論文一篇，於本年三月三十日及三月三十一日在臺灣聯合版連續刊載過。今天就事言事，我願意把我所體驗到的變革中國文字問題及簡體字在中國文字學上的問題，提出一談，以供各位先生參考。

第一節　我體驗到的變革中國文字問題

（一）一往直前，我最先是贊成變革中國文字的

　　在二十多年以前，我在北京大學研究所國學門，研究文字聲韵學。那時候我的導師，關於語音部門是劉半農先生，古音部門是錢玄同先生。劉先生是搜集俗字的專家、錢先生是提倡簡字的大師，我因爲受兩位導師的影響，所以也曾贊成而擁護中國文字的簡化，並且還贊成把中國文字改成拼音方式整個歐化起來。

　　後來我到北平師範大學國文系教書，那時候國文系主任就是錢玄同先生，文學院院長則爲現在大陸上爲匪幫推行文字改革工作的黎錦熙。錢先生是主張根據六書原則簡化文字，黎錦熙是主張改革中國文字爲拼音方式，而推行國語羅馬字的。因爲他們兩位都是我的老師，非常接近，所以我也住在北平中南海國語統一委員會裏面，同他們朝夕相處，而研究討論的機會也特別多。民國二十四年秋天，第一批簡字三百二十四字，已經得到教育部同意，送請中央政治會議通過，公佈爲輔助社會教育之用（並非爲學校方面之使用），而拼音方式的國語羅馬字，也流行一時。所以我那時候的情緒，也特別興奮，以一往直前的心理，滿以爲簡化字體，必可以便利人民，拼音方式文字，必定可以掃除文盲了。

（二）遭受挫折，我對於反對者的不滿

　　我記得：當劉半農錢玄同先生及黎錦熙他們研究提倡簡體字與改革中國文字爲拼音方式的時候，國內人士，反對的固然很多，而瑞典語文學專家珂羅珂倫（華名高本漢）也反對用拼音文字代替漢字，而

提出很多意見，他認爲中國文字是統一中國的工具，中國疆域廣大，方言不同，中國文字能够離開語言之分歧而獨立存在，這不是一朝一夕之故，中國文字與文言已經成爲中國書寫上的世界語，決不可輕易改變，加以摧殘。所以說：「中國人如不願廢棄此種特別文字，決非笨拙頑固之保守，中國文字與中國語言情形，非常適合，中國文字爲中國必不可少者。」（見高本漢著《中國語與中國文》）然而這些話是學術上的見解，學術上的見解是各有不同的，所以反對者自反對，提倡者自提倡。因爲提倡者努力結果，國語羅馬字既經傳播，而簡體字也由教育部公佈，準備用政治力量來推行（國語羅馬字已於民國十七年由大學院公佈）。

　　但是教育部把第一批簡字一公佈，就引起軒然大波，全國各地既紛紛責難，而考試院長戴季陶先生，尤爲憤慨，大加反對。戴先生反對的原因，是注意到後果問題。他說：以國家力量推行簡俗字，這是自己摧殘根本，其害比亡國尤甚。他並且舉出　總理對於文字教育，視爲民族生命的最大要素，決不可輕易出此。他當時有兩封信給朱家驊王世杰兩位先生，而要求當時的教育部長王世杰先生收回第一批簡字的明令。這兩封信我已經另行抄印，各位一看原文，就可以知道戴先生反對的詳細內容了。

　　自戴先生發表反對意見，及說明危害國家命脈之危機後，遂有國民政府取消簡體字之命令，各地反對的氣氛，也就平息了。當時簡體字的推行，受到這大的挫折，我對於戴先生很不滿，認爲戴先生的思想太陳腐，文字本來是工具，寫幾箇簡體字，爲什麼就會比亡國還要厲害呢？所以我在那年寒假回家，經過東京的時候，在葉楚傖先生的座上遇到戴先生，我還同戴先生辯論一番，初生之犢不畏虎，結果給戴先生罵了一頓，我當時雖然敢怒而不敢再言，而內心中依然是覺得

戴先生是「迂腐」，是不合「潮流」。

（三）事實證明，我轉了一百八十度灣

　　事情很奇怪，我最先是全力擁護錢玄同先生及黎錦熙的主張，非但要簡化中國文字，而且還想改成拼音文字完全歐化的。在民國二十五年，突然使我轉了一百八十度灣，而佩服戴季陶先生所提出來後果問題之有見地，及想到高本漢所說中國文字是中國統一的工且並非謬論。這是事實的造成，非但使我轉了一百八十度的灣，就是黎錦熙也自己懊喪了許多時候，而錢玄同先生也覺得變革文字是值得研究的一箇問題。所謂事實：第一件事實，是二十五年上半年，黎錦熙偶然提到兩年前的事情，檢出他自己用國語羅馬字所記的日記，結果查了好久，自己認不出自己所寫的字，自己研究不出自己所記的究竟是什麼事了。錢玄同先生引爲笑話，黎錦熙也深爲懊喪，這件事卻給我一箇很大的諷刺，我因此回想到戴季陶先生注意到後果問題，的確是有見地。因爲當時在我眼前所現出來的事實，是一位提倡用拼音方式改革文字的祖師爺，朝於斯夕於斯的研究，大聲疾呼的在推行，結果自己兩年前所寫的字在兩年後自己認不出來了。如果全國實行，豈不是將中國文字轉由困難而入於糾紛嗎？豈不是毀滅中國文化、破壞中國統一嗎？所以我對於改用拼音方式廢棄形符的漢字問題，從此抱定了極端反對的態度。第二件事實，是民國二十五年暑假我回到故鄉瑞安去，我看到從鄉下寄來的一封信，信裡面的字，差不多十箇我有八箇不認得，我還記得「戴學禮要賣屋基」這幾箇字，他寫成「木孝曲妾支厒基」這樣的形體，真是弄得我啼笑皆非。後來這位寄信的人進城來，我纔一箇一箇的請教他，並且問他所寫文字的來歷，據他說：鄉下人寫字只是做箇記號，給自己好記憶，並不一定要給別人看的。想

不出來的字，都是寫「又」、或者寫一「、」，一切從簡的代表，所以各人的寫法是不同的。我很希奇這封信，就帶到北平給錢玄同先生看，錢先生也無法認出這封信上許多字，因此，我同錢先生研究簡體字推行的後果問題，認爲鄉下人寫簡體字，就是結繩記事的比較進步方法，所以「又」「、」可以萬能的代表。推行簡體字如果有標準的話，依然是在不同形的簡體字中，選擇一箇，禁止另外的許多箇。結果有許多地方，本來不通行這個被選爲標準的簡字，除了正體字外，還要多學一箇簡體字，豈不是欲簡反繁嗎？如果漫無標準的提倡，則各地各人，各自方便，豈不是各地文字愈形複雜嗎？況且中國文字的特點，是每一字都有他的「形」「聲」「義」相配合的道理，尤其是形聲字最有條理，所以中國文字之構造，形聲字佔百分之九十，倘使在「又」「、」萬能原則之下的簡體字無窮產生，豈不是把中國文字形音義配合的特點完全喪失，變成字字必須強記了嗎？錢先生也深以爲然。故錢先生就此以後，對於讀書識字，則強調應當明瞭文字學知道六書的原理，纔能有以簡馭繁的認識中國的文字。所以他於二十五年多天，在我所著的《中國聲韻學通論》這部書上做一篇序，特別說明：「自成童以上，籀讀古書，宜知小學。」（小學就是文字學）他對於普及教育問題，也就改變而注意到注音符號之推行。（注音符號的目的，並不是將中國文字改爲拼音文字，而是將中國文字加以注音符號，協助初學之讀音。）我也就此對於簡體字的便民，發生絕大懷疑，因而偏重於注意簡體字在中國文字學上所發生的問題了。

第二節　簡體字在中國文字學上所發生的問題

（一）六書在中國文字學上，是民主的結晶、是科學的歸納

　　任何一國文字，他的構造，必須具有形音義的配合，而中國文字對於形音義配合的作用，尤能平均發展，瑞典語文學專家高本漢對於全世界語文比較研究結果，曾謂：「以中國之大，而能如此結合，實由於中國文言及文字，為一種書寫上之世界語，作為維繫之工具。中國有此精巧之工具與運用之有方，故中國歷代以來，能保存政治上之統一，亦不得不歸功於此種文言與文字之統一勢力。」（見高本漢著《中國語與中國文》）這箇原因，就是中國文字的構造與運用，合於六書原則，脈絡條理分明，形音義的配合科學化，因此不受各地方言的影響與支配，而成為統一中國的書寫上世界語，成為全世界最進步的一種文字。所以要知道中國文字的特點與功效，必須先要明瞭六書的本質與內容。

　　六書並不是在造字之先，先有這個規律，乃是中國文字構造與運用方法的歸納。因為中國文字的構造方法與運用方法，歸納起來，是有條理的，而他的條理，絕對不能越出這六種範圍，纔有六書的名稱。所以六書在中國文字學上，可以說是民主的結晶，是科學的歸納。在中國文字學上之有六書，也是等於一箇人的生活中有「衣食住行」的事實，並不是同政府法令一樣，可以廢止可以修改的。

　　所謂六書，最初見於周禮保氏。許慎《說文解字·敍上》說：「周禮八歲入小學，保氏教國子先以六書。」這可見在周朝的時候，對於中國文字的構造與運用方法，已有科學的歸納，許慎的《說文解字》

不過是依照這個歸納的條理，把中國文字加以歸類與說明，使大家對於每一箇文字的形音義的配合，都能瞭解。

現在有一般人，不明瞭六書，誤解六書，以爲六書乃是少數人甚至於某一箇人規定的規律，也是同政府法令一樣，可以廢止可以修改的。所以主張推翻六書，說六書不是限制中國文字的鐵律。有的還想別出心裁，主張七書八書，這是不明瞭六書的本質與內容，纔有這種錯誤的觀念。我現在爲要證明六書在中國文字學上，是民主的結晶，是科學的歸納，所以把六書與中國文字之關係，先加以說明。以免誤解者歪曲事實，而冤枉六書。

六書雖有六種，但其中有「體」「用」之分，並不是六種都是造字的方法。

六書中所謂體，是對文字構造方法而言。六書中文字構造的方法只有四種，就是「指事」「象形」「形聲」「會意」。

六書中所謂用，是對文字運用方法而言。六書中文字運用的方法有兩種，就是「轉注」「假借」。

知道六書的體用，纔能明瞭六書的本質與內容，明瞭六書的本質與內容，纔能知道六書的的價值。老實說句話，六書是最進步最科學化的中國文字中，缺一不可，多一不能的歸納出來的定理。

譬如說「指事」「象形」「形聲」「會意」這四種是構造文字的方法。構造文字所以有這四種方法，就是因爲他本質完全不同，各有各的方式，各有各的作用。如果用科學眼光注意下列三點，就很容易清楚這四種區分的道理了。

　　文（獨體）與字（合體）的不同

　　形（形符）與聲（聲符）的不同

　　虛（抽象）與實（實體）的不同

　　我們看許慎《說文解字・敘上》說：「倉頡之初作書，蓋依類象形，故謂之文；其後形聲相益，即謂之字；文者物象之本，字者言孳乳而浸多也。」可見文與字是有區別的。因爲文是獨體的，字是合體的。文字創造之初，只有獨體的文，這種獨體的文，或者象事之形，或者是象物之形，是用「指事」同「象形」的方法構造的。後來人事複雜，獨體之文，無法應付，纔拼合獨體之文而成爲合體的字，這種合體的字，或者形與聲相拼合，或者形與形相拼合，是用「形聲」「會意」的方法構造的。所以「指事」「象形」與「形聲」「會意」的區別，是獨體與合體的不同，也就是依類象形之文，與形聲相益之字的不同。

　　依類象形的獨體初文中，所以有「指事」「象形」的分別。大抵有實體的形狀可象，如

之類，都可以畫成他實體的形狀，所以叫做象形。如一丄丅八小丨屮八乀之類，只能作抽象的符號，所以叫做指事。（班固《漢書・藝文志》，指事叫做象事，就是說象形乃象物體之形，象事乃象事態之形）。歸納起來說，中國文字中，用象形方法構造的，大多爲名詞，是有實體的。用指事方法構造的，大多爲動詞形容詞，是抽象的。所以「象形」與「指事」的區別，是實體與抽象的不同，也就是虛實的不同。

　　形聲相益的合體字中，所以有「會意」「形聲」的分別，是因爲配合的成份不同。從配合攏來兩箇以上獨體初文的形意上，會悟出這一個合體字的意思來的。如「人言」爲信，「止戈」爲武，「手下目」爲看，「日在雲上」爲曡之類，都是就形體上的意思爲主，所以叫做「會意」。至於用形符與聲符相配合，一半用形符表明他的類別，一

半用聲符注明他的聲音，以表示出這一箇字的意義來的。如「松柏楓榆梧桐枌檜」都是木之類，所以用木字作形符，給人家一看見就曉得這些字是同木有關係的。如「妻淒凄悽鵜郪綾曑」都是讀爲妻，所以用妻字作聲符，給人家一看見就知道這些字是妻字的聲音。這些是利用形體與聲相配合，所以叫做「形聲」。形聲字是造字最科學化的，也是全世界最爲進步的方法。形聲與會意的區別，就是形與形合爲會意，形與聲合爲形聲。這是形符與聲符配合的方式有異與成份的不同。

至於「轉注」「假借」兩種。這是文字運用的方法。我們如果分清體用的不同，這兩種的區別，也是很容易的。

「轉注」是把各時各地所造的文字，其意義相同而形體不同的，互相注釋，把他歸類，這是溝通同義異形文字的方法，也是給人家容易瞭解字義的方法。（許慎《說文解字·敘》說轉注是「建類一首，同意相受」。舉例爲考老二字，因爲《說文》裡「老考也，考老也。」互相注釋，所以後人對於轉注有許多誤解。其實凡屬同義異形之字，可以互相注釋的，如《爾雅》「初、哉、首、基、肇、祖、元、胎、俶落、權輿，始也。」據段玉裁說就是轉注。因此引申起來，非但中國文字互相解釋者爲轉注，就是外國文字互相解釋的，也是轉注的道理。）

「假借」就是引申聲相同義相近的字，借作別一個沒有造成的字之用，這是借用同音義近之字，以解決當時造字之困難的一種辦法。（許慎《說文解字·敘》說假借是「本無其字，依聲託事。」舉例爲令長二字。這是因爲有許多字，很難有適當的形體可以表明，所以就已造成的文字中，取音同而義近的，把他意思引申出來，而借用他的形體。如朋本爲神鳥，借爲朋友之朋。西字本爲鳥在巢上，借爲西方之西。須字本爲面毛，借作所須之須。易字本爲蜥易，借爲難易之易。

道字本爲道路，借爲道德之道。常字本爲衣裳，借作恆常之常。才字本爲草木初生，借作才能之才。能字本爲多力之獸，借作能力之能。尊字本爲酒器，借作尊卑之尊。理字本爲攻玉，借爲條理之理，等等。這些都是本無其字，依聲託事的假借。）

　　由上面的說明，我們可以知道六書是體用俱備，譬如一個完美的工廠一樣，非但能生產，而且還能運銷。所以我說六書在中國文字學上，是民主的結晶，是科學的歸納，決不是少數人或者某一箇人隨隨便便規定的。現在爲求簡單明瞭起見，再把他列一分析圖表，以供各位參考。

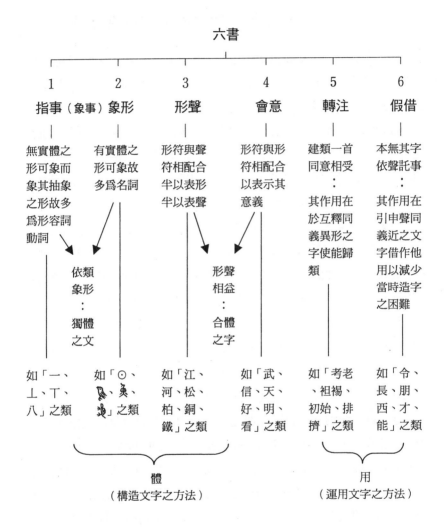

（二）懷疑六書，是未明瞭中國文字的基本原則

　　現在有一些人，懷疑六書，以爲六書是可以推翻的，中國文字的形體，是隨便可以省改的。這是不明瞭中國文字的基本原則與誤解六書的緣故。如果這樣做下去，把整個有體系的文字攪亂了，將來一定字字必須強記。如果字字必須強記，那麼中國文字就淪於不科學的路上，非但失掉了統一中國的功效，而且他的結果，一定會趨於淘汰而不能存在於世界的。高本漢是瑞典人，因爲對世界的語文曾經比較研究，明瞭中國文字與中國語言適合的優點，尙且很感慨的說：「中國人必毀棄此種文字，此乃自願摧毀中國文化實在的基礎，而降伏於他人。」（見高本漢著《中國語與中國文》）我們現在說到簡體字，固不是廢棄漢字，然而摧毀了中國文字的脈絡條理，使中國文字整個體系淆亂，這也是自願摧毀中國文化實在的基礎，而爲降伏於他人的先聲。所以我以爲要求中國文字簡化，應當注意到怎樣使大家很簡便的明瞭中國文字的體系，得有識一知萬的認字功效，並不是在於少數文字的字體筆畫上求簡單所能了事的。

　　羅家倫先生的簡體字運動，他的目的，只在字體筆畫上求簡單，而沒有注意到辨別文字脈絡條理之重要。他爲要隨便簡省字體筆畫，所以想盡理由，要推翻六書，證明六書不是限制中國文字的鐵律。然而羅先生所提出來幾點懷疑六書的問題，在六書本身卻是絲毫不成問題的。譬如說：「指事與會意兩項區別，很難有嚴格的分野。」這是羅先生要推翻六書的一箇理由，羅先生卻沒有想到指事與會意，非但有嚴格的分野，而且還是隔了一道鴻溝。因爲指事是獨體的，會意是合體的，指事是文，會意是字，比較懂得一點文字學的人，都很容易區別的，而羅先生居然還是懷疑不清，這是我很奇怪的。又如「談到

現在的文字，而要乞靈於『轉注』『假借』這兩位先生，尤其危險。」
這是羅先生要推翻轉注假借同文字的關係，而想打倒這兩位先生在六
書上所佔地位的理由。羅先生卻沒有想到，轉注假借雖然是文字運用
的方法，但是要同造字完全脫離關係，使造字先生不乞靈於他，這是
絕對做不到的。就是以簡體字而言，譬如一個「罗」字，爲要他能通
行，是否要在字典上注明說「罗就是羅字」呢？罗字通行了之後，人
家看到「羅」字，來請教字典，是否字典上要注明說「羅就是罗字」
呢？這雖然與許慎考老之例，略有不同，然而也是互相注釋的一條
路。據段玉裁說，凡是互相訓釋的，都爲轉注，可見轉注對於文字運
用的功效。羅先生的簡體字，能夠不乞靈於轉注，就能推行，就能運
用嗎？至於假借，本來在文字未完備的時候，有的有語言而未有文
字，所以借用音同義近之字，以減少造字之困難。後來已有其字的，
而音同義近，也相借用。甚至於有些錯字別字，也自冒爲假借，許多
簡體字，如以「又」代替「義」字之類，都是借用「假借」名義而來。
錢玄同先生當時分析簡體字，得八種構成的方法，其中一種，就是「假
借他字」。羅先生的簡體字能不乞靈於假借嗎？總之，羅先生的懷疑
六書，是因爲誤解六書，羅先生認爲中國文字的字體筆畫可以隨便省
改，而疏忽了中國文字脈絡條理的重要，這是不明瞭中國文字基本原
則的緣故。

　　我有一天同程天放部長談到六書問題，程部長也曾對六書發生懷
疑。他說：「六書的形聲字，根本不合理，譬如『江』字，『从水，
工聲』。水是他的形，工是他的聲，照形聲字的規則上說起來，江字
應該讀成工（ㄍㄨㄥ）緣對，爲什麼讀成（ㄐㄧㄤ），聲音相隔這麼
遠，豈不是不合理嗎？」這箇問題，也是程部長沒有注意到聲音演變
的規律，及中國文字基本原則之故。在中國聲韻中，江字是屬於「見」

母，守溫三十六字母的牙音（即淺喉音）「見溪群疑」字母的字，本來是應該念成現在注音符號ㄍㄎㄫ的聲音。但是因爲齶化的緣故，（齶化就是中間有 iü 的介音。）所以演出ㄐㄑㄏ的聲音。這好比英字母中的 g 字，碰到降元音（即洪音），就讀如ga、go，碰到升元音（即細音），就讀如ge、gi，江字與工字，都是「見」母字，他的演變，也就是這箇道理。現在北方人江字念成「ㄐㄧㄤ」，是已經齶化了，南方有許多地方，江字豈不是還念成「ㄍㄤ」或者「ㄍㄨㄥ」的嗎？同這樣同例的「見」母之字，如街道的街，監察院的監，交通的交，簡體的簡，階級的階，姦邪的姦，覺悟的覺，家庭的家，教育的教，減少的減，假借的假，解說的解，等等。在各地方言中，有的地方，還保持本音讀爲注音符號的「ㄍ」音，有的地方已經受了齶化，變成屬於注音符號的「ㄐ」音了，但是他的演變，是有條理的。（其他如重脣音與輕脣音，舌頭音與舌上音，其演變也是一樣有規律的。）況且中國文字，不是一時一地一人所造的，所以能成爲統一全國的工具，就是形體上聲音上不論如何演變，在另一箇時代，或者另一箇方言不同的地方，都可以從他演變的條理上，尋出他的脈絡來。江字的聲符是工字，而部份地方讀成「ㄐㄧㄤ」音，這也是聲音演變自然的趨勢，並不是形聲字構造之不合理。因爲中國文字的基本原則，是以貫穿古今，溝通南北爲前題，並不是根據某一個地方的方言爲標準，而僅僅適合於某一個地方的方言就算數的。如果因爲部份地方聲音演變不同，作爲改變已經通行全中國的文字之理由，甚至於想推翻他整個的系統，這是製造糾紛增加麻煩的辦法，其結果必至於摧毀中國文化實在的基礎而了事。所以我說：懷疑六書，是不清楚六書的本質與價值，也是不明瞭中國文字的基本原則。

（三）文字之進步，並不在乎字形筆畫之簡單，而在於辨別之方便，與運用之適當

　　提倡簡體字的原因，說是爲書寫簡便，節省時間。但是文字的作用，在於傳達語言，溝通思想，如果只求書寫上的簡速，不顧到辨別與學習的困難，其結果一定只有增加糾紛。

　　如果說書寫簡速，就是改進文字。草書豈不是又快又簡單嗎？然而草書在書寫的時候是簡單，寫字的人固然可以節省時間，但是認字的人，可就吃苦了。從前有句話說：「草書三日不認主」，也就是說寫草書的人，當時爲求簡速，龍飛鳳舞的乘興寫下去，過了三天，寫字的人自己也難於辨識了。因此，往往寫字的人爲了省幾分鐘時間，使認字的人不知道要費多少時候去研究辨別，如果是一封信告訴人家一件有時間性的事情，人家接到認不出來，費了很大時間去研究辨別，豈不是把一切的事情都耽誤了嗎？草書的創造，遠在楷書之前，有了草書的簡速，還要流行端正的楷書，這就可以證明文字的作用，是在傳達語言溝通思想，是需要別人的瞭解。如果爲了書寫者一方面的簡速，而增加辨認的糾紛，這就根本失掉文字的作用了。

　　如果說，減少字體筆畫，非但可以在書寫上快速，並且可以把他變爲簡易的工具，就是學習起來也方便得多。這個理論，驟然聽到是很對的，但是事實證明，決不是如此方便。中國文字本來是由簡而繁的，然而很奇怪，古人有許多筆畫很簡單的字，到在竟變成死字，而現在所流行的，反而是後起的筆畫繁多的字。這個原因，就是筆畫簡單的容易混淆難於辨別，筆畫繁多的，形聲義配合顯明，比較使人容易瞭解的緣故。如果不注意到文字作用問題，只是一味求簡，那麼我可以追求語根的本字，及根據《說文》的古文，搬出一大堆原始簡字，

筆畫既少，書寫又簡單。但是，不是變成死字，就是失掉了他本字的地位。這可以證明筆畫簡單而辨別困難，並不是一定受人歡迎的。

（一）古簡今繁，而簡字已成爲死字者，舉例如下：

古簡字：	丶	丄	丁	丿	丶	厂	乀	乛	乚	匕
今繁字：	主	上	下	撇	拂	批	迤	及	隱	化

古簡字：	弓	六	亼	𠘨	北	了	不	囗	四	勹
今繁字：	含	其基	集	坰	礦	乃	示	圍	窗	包

古簡字：	厶	冂	冃	厶	丂	乚	丩	广	㐌	而
今繁字：	肱	冪	帽	筐筐	巧	呵	殄	儼	信	麗

古簡字：	廾	半	丞	吅	㐭	全	內	㣺	效	卩
今繁字：	拱	攀	期	讙喧	廩	倉	蹂	會	教	節

古簡字：	㫃	厺	頪	金	加	丬	广	𡿨	凷	忐
今繁字：	懼	突	髮	鞭	偓	凝	左	畎	塊	恐

（二）古簡今繁，因本字出借，而以後造繁複之字，佔其簡單本字之地位者，舉例如下：

古簡字：	而	冉	匊	須	居	莫	西	又	奉	要
今繁字：	鬚	髯	掬	鬚	踞	暮	棲	右	棒	腰

古簡字：	朋	亦	然	前	均	巨	豈	敖	㬎	暴
今繁字：	鵬鳳	腋	燃	剪	韻韵	榘	凱	遨	顯	曝

古簡字：	見	景	縣	匈	疋	互	回	羊	自	屮
今繁字：	現	影	懸	胸	雅	笡	迴	祥	鼻	艸

古簡字：云　非　止　妃　韋　份　烏　孰　召　丘
今繁字：雲　飛　趾　配　違　斌　鳴　熟　邵　炷

古簡字：哥　罔　申　柬
今繁字：謌歌　網　伸　揀

（三）古簡今繁，古今字體互用，而以繁複之字爲通行標準者。學例如下：

古簡字：帰　迟　㝵　肊　厶　𥩟　勛　𢼊　訨　埶
今繁字：歸　遲　得　臆　私　竢　勳　養　詩　藝

古簡字：号　宋　庿　悳　竃　垚　叨　舍　尒　从
今繁字：號　寂　廟　德　竈　堯　饕　捨　爾　從

古簡字：灾　㤅　𦣝　礼　皃　气　啚　众　烟　銕
今繁字：災　愛　頤　禮　貌　氣　鄙　衆　煙　鐵

古簡字：㒳　睿　葡　虜　眎　朿　亢　叶　畺　迹
今繁字：兩　叡　備　擄　視　刺　頏　協　彊　蹟

由上面這些例子看起來，最初文字的筆畫，本來是很簡的，但是幾千年以來，竟毫不憚煩的，把簡單的筆畫，逐漸增加變爲繁多。居然筆畫繁多的字能够流行，筆畫簡單的字反而變成死字或者失掉了本字的地位，這是幾千年來的事實的趨勢。如果照羅先生以簡爲貴的理論說起來，這幾千年來的人，不知道文字的筆畫簡單，是進步的方法，反而要流行筆畫繁多的字，真是愚蠢笨拙，不知方便了。然而事實是事實，理論是理論，羅先生的理論，是推翻不了幾千年來所經驗出來的事實的。我很簡單的學一個例說：譬如「縱」字的本字是「從」、

「從」字本字是「从」，原始的文字是很簡單的，後來演進爲從字爲縱字，我們如果一味的求簡，把「縱橫」二字寫成「从橫」；「放縱」二字寫成「放从」或者「放從」；「縱的綫」寫成「從的綫」或者「从的綫」；在書寫的時候固然減省了好多筆，辨認起來就麻煩了。所以幾千年以來，寧可多寫幾筆，使字體分類清楚，給學習者同辨認者減少許多麻煩，這種不存苟且的心理，纔是真正明瞭文字的作用，纔是真正以簡馭繁的辦法。

　　況且中國文字演進到現在，已經成爲很有價值很精巧的工具。他所以有這樣的成功，就是因爲他脈絡條理分明，可以有以簡馭繁的方法。指事象形會意的字，已經約定俗成，爲古今南北所通行，且有線索可追究其根本；而形聲字因爲形音配合的科學化，尤有以簡馭繁的功能。例如形聲的從「工」得聲字，我們把他歸納起來，如：

　工　古紅切。聲屬於淺喉音見母，韻屬於平聲東韻。
　　　功　攻　疘　玒　釭　魟
　　　　以上皆从工得聲，讀爲古紅切，與工字聲韵俱同。
　　　紅—葒　虹—湙　仜　粏　訌　唯　訂　翁　颿
　　　　以上皆从工或由工孳乳字得聲，讀爲戶公切，與工字韻同。
　　　空—箜　崆　椌　硿　稬　悾　埪　倥　淁　鵼　塰　蛩
　　　　以上空字从工得聲，孳乳而有箜崆等字。讀苦紅切，與工字韻同。
　　　江—茳鴻　杠　扛　釭又音工　矼　豇　肛
　　　　以上皆从工或由工孳乳字得聲，讀爲古雙切，與工字聲同。

貢─潰　憤　碩　簀

以上貢字从工得聲，孳乳而有潰憤等字。讀爲古送切，古音與工字聲韻俱同，今音則爲四聲之異。

由這個例子看起來，形聲字的音讀，我們只要明瞭他的條理，不管他演成幾千字幾百字，都是有一定體系的（說詳《中國文化》第五期拙著〈形聲釋例篇〉）。中國文字除形聲的方面，有整個的體系，以外，並且因語根關係，在形義方面，也是發生連帶作用，例如「臤」有堅固剛強之意。於是與臤有關者，如：用手堅持爲「掔」。土之剛者爲「堅」。金之剛者爲「鏗」。石之堅者爲「硻」。纏絲急而堅爲「緊」。能而多才爲「賢」。牛很不從牽爲「掔」。又如戔有傷殘之義，引申之有殘餘的意思，有小的意思，於是與戔有關者，如：水不深者爲「淺」。識見淺薄者爲「俴」。禽獸食餘爲「賤」。絲之細者爲「綫」。貝之小者爲「賤」。竹之小者爲「箋」。虎淺毛爲「虥」。巾之小者爲「帴」。小痒爲「癆」。剩餘者爲「殘」。刻削爲「剗」。金之小者爲「錢」。杯之小者爲「琖」「盞」「醆」。由這樣看起來，形聲字的配合，非但一半是形，一半是聲，而且他所取的聲符，並且還有意義的作用，給學習者與辨認者有依類旁通的方便。

中國文字據許慎《說文解字》所載者，共凡九千三百五十三文字，其中獨體之文，指事只有一百二十五，象形只有三百六十四，合共不過四百八十九。合體之字，會意一千一百六十七，形聲七千六百九十七，合共八千八百六十四，而形聲字佔全數百分之八十以上。後來梁朝顧野王的《玉篇》，增加至二萬二千七百二十六字。唐朝孫愐的《唐韻》，增加至二萬六千一百九十四字，宋朝陳彭年的《廣韻》，丁度的《集韻》，明朝梅膺祚的《字彙》等，對於字數都有增加，到清朝

《康熙字典》，已經有四萬二千一百七十四字。這些後來增加的字，差不多都是形聲字，所以形聲字在現在中國文字整箇數目上說，約佔有百分之九十以上。形聲字的條理既如此明白，形聲的作用，又如此方便，我們如果放棄了這種特別優點，而不加以注意，反而在少數字形上減少筆畫，攪亂整箇體系，弄得將來字字必須強記，增加學習與辨認之困難，甚至於整箇文字無法運用。這樣說是改進中國文字，毋寧說是毀滅中國文字。所以我說，文字的進步，並不在乎字形筆畫之簡單，而在於辨別之方便，與運用之適當。現在簡體字以「又」以「丶」，作萬能的代表，隨便「假借他字」，以爲簡省筆畫的運用，而且把形聲字的偏旁，任意更改，既經攪亂了形符聲符的體系，又失掉了以簡馭繁的作用，這樣的簡化中國文字，無異南轅北轍，是很值得研究的。

結　論

就我所體驗到的事實，簡體字是求簡而益繁，就我所知道的經過，簡體字運動，是已經落伍了。就我所研究中國文字學的結果，簡體字是破壞中國文整箇構造的體系。所以錢玄同先生自民國廿五年以後，認爲識字必須注重文字學，普及教育而不毀滅中國文化，乃在於注音符號之注音（並非以注音符號代替漢字）。錢先生死了以後，想不到又有羅家倫先生，又來作已經失敗而落伍的簡字運動。羅先生對於文字學的修養，雖然不深，在羅先生自己說來，總算是「曾從當代幾位經學大師學過《說文》」，腦海中也還記得中國有《四庫全書》這個名詞。簡體字運動成功之後，籌到經費，還想改印《四庫全書》。所以羅先生的運動成功，我們中國文化雖然變質，也還不至于完全毀滅。然而錢先生主張根據六書，推行簡字，想不到死了以後，有羅家

倫先生打破六書而提倡簡體字，在學術價值上已經一折八扣了。羅先生提借簡體字，還想改印《四庫全書》，維持中國歷史文化，倘使羅先生死了以後，再來一位一折八扣先生，又是改革文字運動，甚至於羅馬化拉丁化，那就連五十年以前的中國歷史都談不到了，那裏還提到《四庫全書》，中國文化實在的基礎，豈不是就完了嗎？文字是全國人民所公用的，也是古今所共有的，決不是少數以宣傳力量造成的冒充學者，所可操縱的。立法院既是民意代表機構，有制定法律的職權；我認爲對於「制定文字」「變革文字」，立法院是應該有程序法的制定，也如上次教育部要公佈第一批簡體字，先經中央政治會議通過一樣。這不是爲對付羅家倫先生這次簡體字運動的問題，實在是預防羅家倫先生以後，將來有少數人控制一切，而來毀滅中國的文化。

簡體字糾紛中芻言

宗孝忱

立法院應確定正體楷書為中華民國國書，
民間日用流行成熟之簡體字，一任自然不加干涉。

一、發端詞

　　孝忱承立法院寵召，側與文字專家之列，俾於簡體字問題，有所貢獻，自慚學殖荒落，言之不能成理，對於外國文字，認識太淺，不能引以較量短長，不過自冠年即從事研究《說文》，教授《說文》也有多次，手寫《說文》篆體，亦不知若干通，但多注意字形，往往忽於字義，所覽《說文箋注》，只三五家，又不能融會貫通，屢欲有作，自反不足，特以時代不同，聖人且可自為，專家不妨濫竽，略舉所知，不免塵羹土飯，耳食雷同，命曰芻言，實無可采擇，僅僅供藝林笑話云爾。

二、論楷書易區別　易認識　美滿完整　簡無可簡

　　竊以為中國文字，優美完整，富邏輯，辨虛實，有統系，有變化，一字一音，一字一義，最易區別，最易認識，亦最易使用，實為世界

各國所不及，就字形言：已由古文奇字而大篆而隸而楷，一簡再簡，已至無可再簡之限度，亦即層累進展到區別顯著，認識容易，使用不致混淆，美滿完整的地步，所以近古以來，未有人輕言改變，民元以還，曾經有人倡廢中國文字，倡改中國文字　總理曾鄭重反對，戴季陶先生嗣又痛哭流涕而陳言，今日提倡簡寫，無異昔日提倡廢棄，簡單理由，就是甲提倡簡寫若干字，乙又提倡簡寫若干字，今日提倡簡寫若干字，明日又提倡簡寫若干字，簡得一撘糊塗，使人無從識別，無形之中，正楷完全成為廢物，一切歷史文化，歸於消滅，文字與固有文化，如精神之於軀殼，不容分開，盡人皆知，必強辭奪理，迷惑羣眾，等於一葉兩豆，欲以蔽塞天下人之耳目，是大不易事。

富邏輯：

萬物萬事，無不搜羅。

辨虛實：

萬物的實體象形，萬事的抽象會意。

有統系：

分別部居，各以類從。

有變化：

（一）鳥　　烏鳥鴉純黑不見其睛

（二）兔　　免兔善奔免於被獲不見其足故少一畫爲免

（三）魚　鯀　鱻　　犬　犾　猋　　　麤　鱻　毳

兔混淆，易識別，由簡變繁。簡無可簡的實例：

（一）二　丄　上　　　二　丅　下

（二）ナ　右　佑　　　ナ　左　佐

三、論簡體字，向來自由採用，
政府不應干涉，更不應提倡

　　至於民間日用簡寫，向來一任自然，各適其用，不相干涉，如文字學上本字的簡寫，假借字簡寫，數見不鮮，碑帖和墨蹟流傳簡寫，民間書契及小說刊行的簡寫，亦數見不鮮，政府並不加以糾正和強迫，此是人心的自由發展，人事的隨機應變，當簡的字，強欲使之繁，固不可得，當繁的字，強欲使之簡，亦不可得，簡有簡的通俗，繁有繁的通俗，就適應事實適應環境而定，各有各的時間支配，不可同日而語，即不可執一而論，如其是軍中戰士專門科學學者，當然任其自由簡寫，工農商賈，亦當然任其自由簡寫，我輩平時文稿信件日記賬冊，也是常用簡寫。但於正式書契，正式文章，致尊長函牘，則力戒簡寫，以昭鄭重，就是平時取巧簡寫，一切不合理易混淆的簡體字，概不采用，恐人誤認，日久也許自己誤認，即便是極合理的古寫，或假借的簡寫字，如婚姻的婚字，可寫作昏字，吉祥的祥字，可寫作羊字，形影之影，可寫作景，表彰之彰，可寫作章，勢可不寫力，藝可不寫云，憂愛二字，皆可不寫夊，陰陽二字皆可不加阝旁，這些字例甚多，舉不勝舉，因為容易認為他字，誤會本意，以致誤事，就不采用，如一味提倡簡寫，則不合理的簡寫，爭奇鬥異，各執一是，文字不能統一，貽誤國家者大。

四、論字的變化，出於天演的，不是人為的

　　記得少時治古文，愛用古寫簡體字，先生責備以為不可，以後治文選，又愛用繁複的字，先生又以為不可，總說是人難認識，文章雖

好，能欣賞者不多，由此悟到簡有簡的必要，繁有繁的必要，要以通情達意爲主，更由此悟到字的變化，是出於天演的，不是人爲的，武則天的圐字，洪秀全的囯字，人不肯寫的，就是民間流行的各種簡體字，不知經過若干時期經過若干人的公認，才能成立通用，不是一人一時隨便改造，能普徧推行的，也不是政府命令，可以強迫全盤簡化的。

五、論中國文字，由繁改簡的少，由簡改繁的多，取其易區別，易認識，適應萬事萬物，各不混淆

中國文字，既然是以形聲相益孳乳寖多爲原則，而又以區別顯著，認識容易，使用不致混淆爲標準，最初盡量象形，盡量會意，取得識別，由繁改簡的固多，有了六書來範圍，則由簡入繁的，實在更多。

略舉例如左：

（一）冃古帽字　帽今帽字　　　（二）求古裘字　裘今裘字
（三）囱古窗字　窗今窗字　　　（四）网古網字　網今網字
（五）須古鬚字　鬚今鬚字　　　（六）臼古齒字　齒今齒字
（七）无古無字　無今無字　　　（八）厶古私字　私今私字
（九）云古雲字　雲今雲字　　　（十）宷古審字　審今審字

以上是由簡入繁的，此例甚多，所以由簡入繁，使人容易區別，以免混淆。

（一）雨古雨字　雨今雨字　　　（二）雷古雷字　雷今雷字
（三）厵古源字　源今源字　　　（四）灥古漁字　漁今漁字

以上由繁轉簡的，最初盡量象形，盡量會意，及至六書完成，從

而簡化，段玉裁云小篆之於古籀或仍之或省改之，仍者十之八九，省改者十之一二而已。

六、論六書是中國文字之鐵律，許慎《說文》是文字學之指南針，不易推翻

　　至於六書，真正是中國文字之鐵律，此項鐵律，也不知經過若干時間，經過若干萬人的公認，千錘百鍊，才能完全成立，而許慎《說文解字》，實是文字學入門的指南針（六書不是許慎發明的，周禮即有六書名詞），不可以少數糾紛，破壞多量的完整，即謂《說文》不足憑信，如象形，指事，會意，為字之基本，經許書整理後，精確微妙，無可非議，假借，轉注，為字之運用，一以補救其窮，一以統一其不同，而形聲一項，歸納萬事萬物，使人易識易別，人的方面，屬於心者從心，屬於耳者從耳，屬於目者從目，屬於身者從肉從身，手足面首各從其類，物的方面，屬於水者從水，屬於火者從火，屬於木金土者從木金土，鳥獸蟲魚，各從其類，一邊是意，一邊是聲，使人一望而知，不難認識，多少古文籀文嫌簡或嫌繁之字，多以形聲之例而損益之，故形聲之字特多，《說文》部首五百四十，次序排列，多係蒙上起下，始一終亥，有條不紊，六書不可破壞，《說文》不可反對，破壞反對，就是消滅中國文字，就是摧殘中國文化，科學進展，字不够用，可援形聲之例，隨時增製，如化學名詞，氧氫鈣鈾鎢等字，但亦不可無故妄造新字，擾亂文字統系，我聽說外國字，也是因需要而增加，不曾有求簡求少的，求簡求少，真是開倒車，是行不通的，羅斯福總統欲簡化文字而未能，是一個最恰合的例子。

七、鄭重向立法院請願，希望教育部，將小學教育程度水準提高，正體字一字不可簡寫一筆不可簡寫，更希望考試院，不可提倡任考生寫簡體字

　　我的意見：教育部應改簡體字研究會，為督進文字和書法的機構，以提倡毛筆書法，糾正字體，灌輸造字精意為職責，不得已增製新字，應由此機構通過發表，否則毅然取消，不必留此枝節，自惹糾紛；要是強調說中國字多難認，消耗學生腦力，不得不設法救濟，這箇問題，應在小學減少累贅的白話文，減少各科補助讀物，中學減少英文鐘點，規定小學生以至初中學生，各應認識若干字，高中及大學，則不能有限制，以錮蔽其智識進展，小學教科書中，即應將六書大意，簡明編入，而短句短篇文言，引誘其學文言之心，養成其學文言之習，尤不可少，現時偏重普通常識及尋常白話，於愚蠢學生為益有限，於聰明優秀學生為害實大，我國民族性遺傳，優秀者多，愚蠢者少，古者八歲入小學，保氏先教以六書，四十年前小學教科書完全文言，安見得古時兒童能接受，現在的兒童就不能接受，未免太輕視，太溺愛。程度水準，每況愈下，其故即在於此，又漢時學童十七以上，試籀文九千字乃得為史，拿今日教育和學科分配來說，未免太多，不妨大量減少，但於本國文字，絕對不可執外國學說，過於壓低進修度教，對於字體，確定已通行之正體，一字不可簡寫，一筆不可簡寫，以杜由減少而至混淆，由混淆而至消滅之流弊。數日前，聞一老於中小學教育者，談及現時小學生，因學白話養成習慣，到中學便不喜學文言，加以注音符號附入，四角號碼發明，學生就注意這兩項，對於字之偏旁，字之組織，一概弗得而知，實是經驗之談，不得以頑固腐敗不明教育原理，來肆其叫囂之慣技，最近教部有不准學生寫破體字別寫字

之命令，至爲佩服，惟改編小學教科書，不肯參入文言，初中教科書，不肯多加文言，引爲大憾。我希望立法院不但不能通過簡體字推行，應確定正體楷書爲中華民國國書。我更希望立法院要提倡文言，自小學養成習慣，以發揚固有文化，是我誠心誠意，向立法院爲我子孫黎民請願。維繫中國文化在世界人類文化中地位。

若考試爲國家掄才大典，爲民主政權之一，宜若何鄭重，若何嚴格，淺人提倡，准寫白話文，已屬非是，更不應彰明較著的任人盡量的寫簡體字，破體字，別寫字，要知優秀青年對於考試絕不肯潦草塞責，苟且從事，何必埋沒真才，成就非真才以貽誤國家，從前除詔誥章奏而外，民間簡寫，從未干涉，就是考試一項，限用正體字，有此規律，以正國人心志，而且使外人知我國家有莊嚴的正體字，不是糊七糟八無固有文化的國家，我願立法院加以糾正。

八、論提倡簡體字，失去獨立自尊的信心

我聽說簡體字不是學的共產黨，而是學的日本，殊不知日本字不能獨立，非借用漢字不可，野心家無法脫離漢字，於是創製少數簡體字，表示獨立自尊之意，惟所製簡體，初行時，日本老成見道之士，亦多不以爲然，我國今日處危急存亡之秋，要推行簡體字，完全失去獨立自尊的信心，此種信心一失，關係於國家民族者何如。

九、論提倡簡體字，不肯拿中外古今通盤比較

我聽說外國字典，有幾十萬字，中國字典，不過四萬多字，外國字有將近三五十個字母併成一字的，中國字通常采用的多的不過二十

筆左右，三十筆的就不多，十筆左右的字用得最多，比較起來，中國字似簡易得多，我輩撫心自問，自命爲專門學者，能認識多少字，恐怕認得三千字的人就不多了，比漢時學僮，能試籀文九千字，慚愧得多，還要提倡簡體，非錮蔽民智而何？非擾亂人心而何？非欲消滅中國文化而何？

十、論際此危急存亡之秋，不應舉此攪擾紊亂情緒的簡體字運動，更不應就程度水準低的方向舉行測驗

羣眾的習慣，最易流於苟且，亦最易流於懶惰，有辭可借，苟且懶惰益甚，值此反共抗俄之時，要人人歷盡艱難困苦的境界，嘗盡艱難困苦的滋味，才有同仇敵愾的決心和勇氣，於是時也，忽然推行簡體字，增加其苟且心和懶惰性，真愛國家，真愛民族，不應出此，我知道青年學子，功課繁多，怕費腦力，歡迎簡體的多，羣眾少學習，圖便利，不知其他，也是歡迎簡體的多，此種歡迎是否合於正義，我不敢知，倘若故意迎合，乘機提倡，不免感情濫用；假借權勢，一意推行，不免職權濫用；政府方提倡民族精神教育，所以維繫我民族精神者，厥惟文字，風雨危舟之中，藉口大眾化人生化，而欲舉此攪擾紊亂情緒之事，是大不韙是大不幸！所以我極端反對推行簡體字，我更極端反對用機巧和迷惑的手腕，用廣泛和牽就的方式，就程度水準低的方向，要舉行種種測驗。此種測驗，譬如向兒童提倡懶學，向適齡壯丁提倡免役當然是簡簡歡迎的。

十一、駁提倡人片斷的引《易經‧繫辭》四句爲號召

　　《易‧繫辭》：「乾以易知，坤以簡能，易則易知，簡則易從。」四語爲〈繫辭〉第一章，斷定乾坤兩卦之辭，結論則曰易簡而天下之理得矣，理即原則之謂，言卦而未言爻象也。〈繫辭〉第八章：聖人有以見天下之賾，而擬諸其形容，象其物宜，故謂之象，聖人有以見天下之動，而觀其會通，以行其典禮，繫辭焉以斷其吉凶，故謂之爻。結論則曰：言天下之至賾而不可惡也，言天下之至動而不可亂也。前後一貫，意義始能完全。六書爲字之原則，猶之乾坤兩卦也，所有造成之字，至賾而不可惡，至動而不可亂，猶之爻象也。提倡人引前四語爲號召，而不顧及全文之意義，難道〈繫辭〉第八章在可刪之列嗎？至於盡信書則不如無書，明明是孟子之言，誤爲孔子之言，這由於急於發表推行，不暇檢點所致，我又嘗爲提倡者考慮簡體字推行，亦甚爲不易，國家有《四庫全書》在，民間亦有藏書及現時已印成之書在（此時重排印《四庫全書》是太欺人了），焚之則與共產黨無異，不焚則後人仍舊可見前人字跡，愛寫正體字者，仍舊是寫正體字，爲之奈何，就非先於刑律上加入不寫簡體字的罪名不可。

十二、駁提倡人說歷史慣例，不怕人反對，
　　　最後並希望提倡人服從正義

　　倘若說不怕人反對，反對是歷史慣例，談到歷史慣例，遠者不論，即如《洪武正韻》，《康熙字典》，皆在國家全盛之時，於文字加以整理，加以統一，而未有所改造，所以通行至今，以爲正體，雖不無可議，然有裨固有文化，無可推翻。今日何日，豈容有攪擾人心淆亂

視聽的簡體字發生，文字不能一致，就是人心不能一致，不是小事，或者外國歷史有此慣例，提倡人又引從前提倡語體文故事爲證，反對自反對，推行自推行，我認爲提倡語體文，使人不能通文言，使人不能讀古書，使人多費時間寫閒話閒字，而不能適應社會一切環境，一味用巧言詭辯來掩飾，社會上已有怨言，事實上已呈敗象，爲功爲罪，我不敢知，不過提倡語體的人，已由打倒孔家店漸轉入崇拜孔子的傾向，說不定將來再行提倡文言，所謂「毋意毋必毋固毋我」，仍舊不失爲聖人，我是十分佩服。提倡簡體字的先生，也應省察環境，得風便轉，犧牲成見，服從正義，惟善人能受盡言，亦我所十分希望。

所言多雷同，多固執，智力學力所限，敬請原諒。

曾於美術節放歌，茲節其關於書法一段，附呈以博一粲：

倘言書法更精絕。始自獸蹄與鳥跡。古籀分隸迭相承。正楷莊嚴成典則。草書不可采。貌以難認識。碑版不可據。書家任損益。繁實不可刪。簡亦不可執。文字代語言。所貴能統一。簡到結繩爲最便，還從太極徵無極。文野之分究何在。識時我欲問權哲。

書面意見

程發軔

一

到臺灣以後，因爲研究邊疆問題，與羅志希先生，晤面較多。上年三月，羅先生在師院開始談簡體字，當時有胡委員秋原，沙主任任學浚在座，頗不謂然。發軔以半地主的口吻，曾提出綜合性的說明。

我希望中國字有合理的簡化。我的老祖宗程邈，改篆爲隸，化圓爲方，化曲爲直，是文字簡化的刱作者，但現在環境與秦始皇時代不同。（一）當時造紙術未發明，非竹木即布帛。（二）當時印刷術未發明，非繕寫即雕刻。現在印刷術進步，一紙風行，日逾千里，與秦代大不相同。因爲字已刻板定型，而流傳的空間又迅速，又廣泛，要想變更字型，頗不容易。不過制度考文之事，不能說永久不變，否則我們應寫甲骨文和籀文了，我當時很冒昧的提出三點不成熟意見：

（一）古人由簡而繁的，祇要字形不重複，吾從其簡。如网加亡作罔，加系網，網即网，仍可復寫爲网。又冈加山爲岡，岡上再加山爲崗，崗即岡，仍可復寫爲岡。（當時未舉字例）

（二）古人由繁而簡的，祇要字形不重複，吾從其簡。如雷古文䨓，後簡作靁，再簡作雷，似無可再簡了。若因靁可省作雷，將傀偏之儡，亦省作佃，便與佃字重複。若因靁可作省雷，將堡壘之壘，亦

省作里，便與里字相混淆。二者皆有所不取。

（三）古今都繁的，祇要字形不重複，可以簡化的，吾從其簡。如窗古作囱，即煙囱後加穴爲窗。即窗戶。加心爲恩，即急遽。古人有「恩恩不及作草」的名言。蔥蒜之蔥，或蔥嶺之蔥，無急遽之形，有中通之象。直可省去心字，作茵。從艹，囱聲。已是形聲俱備，舉此爲例，似乎有的字可以簡化。

以上三點不成熟意見，今日重行提出，祇能說三次應召而來，藉此塞責，不敢說有參考的價值。

二

上年十二月二十七日師院週會，請羅先生講演，講題是論簡體字。講的內容，與本年三月各報刊載的，大致相同。我同趙友培先生聽講完畢，承羅先生垂詢，當貢獻管見：

（一）無原則，無體系，不能達到「易知易從」目的。

（二）援草入楷，混淆系統。

（三）將別字俗字及某部份專用字列入簡體，不合六書原則。

至其他述而不作方面，煞費搜集工夫。如啓爲启，麗爲丽，二人爲从，三人爲众等等；允當之處甚多，不必列舉。此乃國家大事，應多請文字學專家（靭對文字學毫無研究，特此聲明），從字根研究不必專注重字面爲是。既將管見貢獻於羅先生，今日報告於各委員之前，以免曳白之誚。

三

貴院三委員會第一次座談會，羅先生說歐陽修碑帖中，「初」字祇有一點，是示旁，不是衣旁，引爲簡體之證。碑帖是講求氣勢筆意，不注重字形。初字應从衣，若見某碑帖初字少一點，將一切初字皆改从示。如見某人少一目，跛一足，則雙目雙足者，「難乎免於今之世矣」。文字求簡化用意甚善，若以破體字廁入簡化之列，恐文字家，有「畏此簡書」之歎。

胡適之先生說：文字語言宗教，最富於保守性。因爲深入羣眾以後，綿延不斷，要想一刀砍斷千江水，談何容易。且就時間說，文字改革，是在大一統之世，偏安一隅，不暇及此。若必推行簡字，試問反攻前夕，總統文告，先及大陸，將用楷書？抑用簡字？應計及之。就空間說，臺灣地方，光復未久，祖國文字，荒疏多年。若不於此時深植根基，確定字形，將來俗字別字，連篇累牘，更多糾紛。我雖希望文字能得合理的簡化，目前就時間空間立論，仍應急其所急，此事似可從緩。

書面意見

傅隸樸

我對於簡體字運動，根本反對。反對的理由，可分為三點：一、破壞了民族文化，二、違反了教育目的，三、事實上無此必要。

先就民族文化說：代表一箇民族文化的重要文獻，自然是歷史，但歷史並不是每箇國民都有機會或能力可以讀閱的，惟有文字能普徧深入民間，就是窮鄉僻壤未受過教育的婦女，他們對於自己的姓名也莫不認得很清楚，我們看臺灣同胞在日本人五十多年同化的努力之下，在生活習慣上雖已有不少改變，但對於姓名的字形音義，絲毫不變，就足以證明文字所代表的民族文化力量之強了。羅家倫引日本人簡化漢字為自己的提倡張目，實在是不明白日本人簡化漢字的苦衷。日本人因為我們常說他們承受了我們的文化，反而侵略我們，忘恩負義，他們便倡議廢棄漢字，全用假名，以雪恥辱，可是有人舉例說：「ハナノウヘニメガアル」這句話，可以說是「花發了芽」，也可以說是「眼睛生在鼻子的高頭」，如盡廢漢字，純取音讀，花和鼻子，芽和眼睛就分辨不清了。這種情形在說話時的誤會還容易解釋，若訂立契約，就會發生不可思議的糾紛了。因此日本人知難而罷，中止廢棄漢字的運動，但在使用漢字時，儘量改變漢字的音義形，以示與中國立異，羅氏所舉的日本「国」字便是其例之一。這是一種民族自卑感的表現，也可以說是文化遺產貧弱的民族的悲哀，我們有了代表民

族文化完美的文字，爲甚麼不自珍惜，卻反去向那文字落後的國家看齊、致頌？自從西學東漸之後，我們的社會形態走了樣，倫理觀念轉了向，文學價值貶了格，唯一殘餘的就是字形，若再把這一殘餘面目加以撕破，試問我們把什麼來證明我們還是中國人？

次就教育的目的說，教育的主要目的，是矯正人類好逸惡勞的惰性，養成任重致遠的人格，一切規避取巧的方式，都爲教育之所忌。上次毛子水先生說他的小孩子每遇到筆畫多的字，就要問他媽媽，有無簡筆字可寫？如果順著這種心理發展下去，要發財就買愛國獎券，要升官就學鑽營好了，何必在學問上用苦功，在工作上出苦力？誰還咬薑喝醋地爲國家民族的生存去作堅苦卓絕的奮鬥，寫字一道，在我國素來含有極深刻的教育意義，不僅點畫位置不得絲毫走移，而下筆先後的秩序，也一點不許亂。楊萬里主考湖南漕試，見錄取卷中有把盡寫作尺二的，他便把試卷剔除作廢；歐陽修在一次典試中，出聖武爲天下君賦題，考卷押君字韻的人，有把羣寫作群的，他也作爲廢卷不取。這些看來都是小事，但關心教育，認真求才的人，就從這些小節上觇人素養，矯正士習。現在竟以小學生怕寫筆畫多的字爲推行簡筆字的理由，試問小學生怕上學，是否也應該廢除強迫教育制度？

再就事實本身說：凡是改革一件事，必須是那事物本身有了流弊或者是不能適應時代的要求。但中文字不僅對國內事物上未有應用上的流弊，就是對世界日新月異的科學文藝上的名辭翻譯，也都能應付裕如，毫無不達之感。若以繁簡爲理由，要知中文字筆畫的繁，並不是原始如此的，而是應社會的要求而產生。當伏羲造字的時候，所有筆畫僅有兩種，就是「—」和「--」，由這兩種筆畫遞相組合，便成了☰（乾）☱（兌）☲（離）☳（震）☴（巽）☵「坎」☶「艮」☷「坤」八種符號，就是現在的八卦。☰代表天、父，☱代表澤、少女，

☲代表火、中女，☳代表雷、長男，☴代表風、長女，☵代表水、中男，☶代表山、少男，☷代表地、母，這就是原始部落生活中最普徧的幾種人事，試問世界各國文字筆畫，簡有過此的嗎？後來人事益繁，☰又代表君、夫，☷又代表臣、妻，當一箇人在政府稱臣時是☷，在家庭作夫時卻成了☰，於是文義的負擔愈重，人事的糾紛愈多，所以倉頡造字時，就採用象形指事等方法以濟其窮。仍不够，便有轉注假借一類形聲相加的字形產生。一箇字用幾箇字併合而成，筆畫便自然的多了。筆畫繁的字寫起來固然是費事一點，但它所表示的字義也更爲詳盡，一箇文化程度高的文字，它所代表的不止是一事一物的現象，而且還含有那事物的歷史意義，如英文的一月到十二月均用專名，遠不如我們用數字分別簡單明瞭，可是那每一箇專名都含有它歷史的意義。英美人何嘗不知道用數字區分，寫記都便利些？但他們覺得保存歷史的意義比寫記的簡便更爲重要。而且以簡爲造字的原則，字形將永不得確定，如羅氏所舉「覆」的簡筆字「覄」，誠然是少了許多筆畫，但若用草書的「ㄨ」字，豈不是更簡了嗎？循此演變，必又有以數字合寫成一字——如書信中寫頓首作「ㄅ」——的運動產生，把字形攪得愈紛亂，寫認更困難。中文字既未有非改革不可的事實需要，而繁簡的理由又如此不健全，所以提倡簡體字實在是一種非愚即妄的舉動。

　　立法院是代表民意的機關，凡屬有礙國家民族的，不問有無前例，均當以法制來作預防。我現在提供確定中國文字的四點意見以供參考：

　　一、正字以《康熙字典》的筆畫爲標準。

　　二、書寫正草並行，不作硬性規定。

　　三、簡筆字可任俗間自由使用，但學校作業，機關公文

　　則絕對不准用。

四、科學上應增造的新字，由各該學會依據六書原則擬
　　訂，送經教育部審定，公佈使用。

書面意見

李敬齋

　　我不是文字學專家，今天以專家身份講話，實在慚愧。但我喜歡研究文字學，因之也有一知半解，樂意供獻出來。

　　改革文字是專門學者的事，我希望文盲切莫下手。我所說的文盲與常義徵別：一箇未進過學校的人，雖然也認識一二三四等幾箇常字，仍是政府要掃除的文盲。一個名著一時的文豪，能寫長篇大論，但是認真考較起來，連一二三四都不知其究竟，這就是文字學的文盲。文盲參加討論文字改革，是合法的，因為憲法上規定人民有言論之自由。但是法律問題之外還有道德問題，注意到道德問題才是君子。

　　中國文字的混亂，有許多是文盲製造出來的。例如「攀」字本作「𠬞」象兩手左右扳引形，俗人加「棥」為聲作「樊」，文盲先生再加「手」作「撚」或變成「攀」成了三隻手了。又如「疆」字，古人本作「畺」，從二「田」三界，後人又加「弓」，文盲先生嫌二田不足，再加一「土」作疆。這類例子，不可勝舉。

　　或曰：「古人已省去的，從古；後人妄加上的，去掉；簡化工作，便可竣事。」但亦不簡單。例如「莫」為「暮」之本字，文盲先生於「日」下加「日」，若去「日」從「莫」，則又牽連到「莫須有」之「莫」字。又「單」字本同「干」，戰字寫作「𢧐」，左持干而右執戈，作戰之義十足。「獸」字寫作「狀」，左執干而右牽犬，狩獵之

義十足。但从干从單之字不少，若不詳加說明，一律通改，从「單」人固不解，从「干」一樣糊塗。（使我驚奇的即許多人不知干戈之干即盾，連字聖許叔重先生也不認識。）越改越簡單可也，越改越糊塗怎麼辦？而現放著一個戔「从」二戈相向（因書寫不便今改作戔）字，亦「戰」之本字，何以不用，而置之閑散？俗人再造一個毫無意義的「战」字，从戈，占聲。（按「战」爲「戰」之別構，俗認爲「戰」之簡體，非是。）又如「餳」字，本作「飴」，俗又製「糖」字，又製「餹」字，「餳」字，又製「粻」字，「糧」字，「糯」字。這一類的事情，在中國字裏太多了，不是增加混亂嗎？現成的字，排著不用，再造再造，這又是文盲之一種。

我的意見是中國字應當簡化，可以簡化者甚多，但須有系統有計畫的簡化，不能一箇一箇的亂來。沒有系統無計畫的一箇一箇地盲目改造，不是簡化，而是繁化。（另有長篇文發表，此處不再詳論。）

中國字並不難學。第二次大戰時，美國訓練遠東登陸部隊，於六箇月內，能寫長篇信、說話。關於語文方面，由哈佛大學承辦，請趙元任先生主持，六箇月後，不僅能寫長篇信、說話，還能演話劇、唱中國歌。（見《新聞觀察》第二一四期，本年四月十四日出版）

中國字體，大別之爲三種，（一）古文，（二）隸書，（三）草書。我們所說的草書並不專指象十七帖的那種大草。那是文人的遊戲品，或藝術品。應用起來，寫著易而認著難。爲切合實用，尚須另定。隸書包括漢隸，魏碑，及唐宋以來的楷書或曰真字。古文包括殷契，鍾鼎文字，東土古文，西土籀篆。欲定草書，須先正隸書，欲正隸書，須先正古文。假若我們對草書持放任主義，學校也不去教它，暫時未嘗不可，然而終是缺點。但日常應用的隸書，斷不能放任，必須管制。管制之道，先把它們箇箇考究明白，字體一一整理妥當，因此不僅牽

連到古文，又牽連到語言。不僅牽連到文言，而且牽連到白話。中國語言極爲發達，而文字趕不上，不敷用，從古如斯，故通假之風盛行。例如「萬方」之方，地方也；「醫方」之方，藥單也；「管教無方」之方，方法也；「一手劃圓一手劃方」之方，矩形也；「甲方，乙方」之方，旁邊也；「布在方策」之方，木板也（尙有十餘不同之義不能備舉）。這位「方」先生兼了這麼多差，真討人厭，何能不混亂呢？它何以兼這麼多差，因爲你沒有這麼多字，「東」「西」「南」「北」都是借字，何以要借，因爲你沒有本字。

因此我建議集合專家十人二十人來編一部好字典，字字有了標準，才好管制。例如「萱」字有蕙、萱、藼、蕿、蘐等數構，古又借「諼」，借「諠」。應該選定一個標準字，否則你寫這個，我寫那個，如何管制？

假若，貴院能通過一個組織，一筆預算，來編一部《民國字典》，預期五年可以竣工。再抽出常用字，編成小字典，專供學生之用。因近百年來文字學之長足進步，此一書成，定使《說文解字》，《康熙字典》之類，爲了減色。刊行之後，獎勵國人，提供修正意見，雖一形一聲一義之微，無不採納保存；十年一次，舉行審定會議，分別去取，改正初版，再將第二版頒行全國。如此十年一版，以至永久。

關於簡體字

牟宗三

我的意見如下：

凡主張一件事必有理由。我看主張簡體字的理由，大都不能成立。

（一）語言文字是全民族所使用的自然演變成的工具。字有一定的寫法，字與字間的結構有一定的語法。教員教兒童或青年識字造句，依照通行的標準，糾正他們的錯誤，是應當的。這是教員的責任，也是他的道德。字寫錯了，應當吃紅槓子。別錯字當該糾正。通行的簡筆字，雖不算錯，但在教與學的立場上，以正字爲準，教他們認識正字，書寫正字，這是教員的認真，高度的負責。依此，給他們拉紅槓子，不能形成嚴重問題，不能以此作爲提倡簡筆字的理由。若因吃紅槓子，便認爲是嚴重問題，便認爲須提倡簡體字，則勢必無人敢糾正錯誤，無人敢認真作事。此將完全失掉教與學的意義。此完全是苟偷方便取巧的心理。

（二）若因筆畫多而造成錯簡，造成青年的過重擔負，因而成一嚴重問題，故須提倡簡體字，則試問統一而合法化了簡體字以後，即能保兒童、青年無錯簡乎？此決無人敢保。如是，又必有人認爲嚴重，來一運動，再定一套文字。如此方便下趨，不但完全失掉教與學的意義，且滋擾混亂，不可收拾。以此爲提倡簡體字之理由，全無是處。

（三）在全民族四萬萬人所使用的文字工具中，有幾箇筆畫多的

字，便認爲是兒童青年繁重的擔負，一定要來一箇運動，推行簡體字，製定簡體字教科書，我以爲未免太張皇了一點，太不識大體。教兒童青年認識正字，書寫正字，不算是浪費了他們的時間，繁重他們的擔負。許多無謂的浪費不設法免掉，而偏在幾個文字上打主意，這豈是爲人父母，爲人師長，爲全民族全社會著想者，所應存心？小學兒童，也只是教他識字，洒掃應對，幾個筆畫多的字，就阻礙了他們的發展嗎？中學青年所學的多一點，然試問幾個筆畫多的字，就妨礙了他們學英文，學數學，學理化嗎？他們自己寫筆記，寫稿子，寫信札，仍可用簡筆字。這裏並沒有人禁止他。（至於先生閱日記改作文不准寫簡體字，這是先生的認真，而且也不是絕對的。）然則何必定要推動簡筆字，製定簡筆字教科書呢？難道看正體字的書，也耗費了他們的時間嗎？簡便主意決不可在這裏使用。

（四）全民族所使用的文字工具，無所謂新舊，也無所謂古雅不古雅。如提倡簡筆字，便以爲是趨新，是進步，反對的，便以爲是守舊，是落伍，這完全是虛張聲勢，不著實際之見。維持通行的正體字以爲標準，不是好古慕雅。這不是琴棋書畫，駢體文。觀念，學說，主義，以及發明真理，可以言新，但新不要新到文字上來。隨觀念及真理內容，可以造新字（如化學上的），造新名詞，但這不是簡體字問題。文字筆畫之多少是字本身的事，是依造字規律自然演成的，也不都是繁，也不都是簡。這不是憑空隨意可以製造的。若必以自訂的簡體字爲新，爲進步，則必有以廢除漢字，另造一套，爲更新者。

（五）正體字對於科學並無妨礙，簡體字對於科學亦無助益。有些學科學的人，以爲筆畫多的字浪費了他們的時間，因此主張簡體字。試問數學書，物理化學書裏，有幾個普通文字（即自然文字）？數學有數學的符號，自然科學裏亦多用符號。幾個正體字豈便妨礙了

學科學？

（六）簡體字是「大眾的要求」。這並無根據。在這裏亦不可以
動不動說大眾。國民教育是強迫教育，這裏面的兒童當然是一部分大
眾。中學青年也是一部分大眾。還有失學的，以及受國民教育，中學
教育，甚至大學教育，即停止而轉業的，也是一部分大眾。試問這些
大眾都贊成簡體字嗎？有誰測驗過？（誠如胡秋原先生所說，要測驗
回大陸。）說是「大眾的要求」，我看完全是代聖立言。但這不可不
慎。就兒童而問之，他們能有一定的意見嗎？就中學青年而問之，他
們敢說有一定意見，決然負責嗎？就社會上一般大眾而問之，他們敢
說定要簡體字嗎？不要說沒有問過，測驗過，且說這種事也不是問兒
童青年及社會上一般大眾，所能決定的。民主也不是可以到處應用
的。若有人無故生事，要開民主會議，來問：要不要我們的語言文字？
要不要我們的國家？要不要我們的父母兄弟？這行嗎？這是可以拿
大眾來說來試的嗎？我看只有共產黨敢如此。

依以上所述，結論如下：

（一）簡筆字，誠如胡秋原先生所說，是手稿字，當然可以通行，
而且已經通行。這無人反對。

（二）印刷書籍，報章，雜誌，總之，凡印刷文件仍須俱以正體
字爲標準。（若有人好奇，自辦雜誌，其中刊上簡體字，如林語堂以
前之辦《論語》，當然有他的自由。）

（三）教育部若認現時流行的簡筆字，有錯亂，不整齊畫一，認
爲即簡筆字亦不可亂寫，集合專家而統一之，整齊之，標準化之，這
是可以的。但不可以此代正體字，尤其不可行之於教科書。教育部管
不了這許多，也負不了這大的責任。

（四）教育部一定要超過它的本分而推動這種革命性的事，立法

院可以過問。

第三篇　論　著

——本篇論著，係採自臺港菲
出版之書報雜誌。

第三篇　論　著

簡體字可以公佈推行嗎？
——請問程天放部長

李漁叔

　　中央日報載：「教育部簡體字研究委員會，於日昨舉行會議，由主任委員程天放主持，分搜集、整理、公佈、推行四步驟進行，並請羅家倫等負責簡化部首工作，可能先自教科書及公文上作起。」教育部推行簡體字，早於十年前已經做過，似聞係因戴季陶先生一哭而罷。有人說：戴先生似患神經，也有人說他功在民族文化。在反共抗俄的今日，教育部重提舊事，期在實行，從表面看來，似乎沒有甚麼重要，實則關係民族文化問題太大。像程天放部長那樣公務繁忙，而國學根底又不太好的人，最好請幾位中國文字學專家，詳細討論一下，如果能把中國文字源流，以及訓詁音聲之學弄明白了。相信他自己會恍然大悟，這是一件極其「庸妄」而毫無價值的工作。

　　筆者並非文字學專家，只就大體上指出幾箇問題，和程部長商榷。

（一）從文字上説：

中國每一箇字，都是根據六書產生的，六書是指事、象形、會意、形聲、假借、轉注。中國人現在多不懂六書，學校中也不教這課目，實則這是中國文字的根本，構造既極其合理，含義也最爲豐富，尤其容易瞭解。如指事是指明其事，假定用一畫爲主，另以一畫表達我們的意思，把這一畫向上指，就是上（上）字，向下指，就是丅「下」字，指向口中，就是中字。象形是象物體的形態，如日、月、魚、鳥、水、木等（古文都是畫其實形），所以說「畫而成之如圖畫然」。會意是就字義合演而成，含有很深的義理。如「武」字：造字的人，恐怕後人迷信武力，變成黷武主義，所以單單用止戈兩字造成。其他如人言爲信，背私爲公（公字上面的八字是古文背，厶字是古文私），仁字從二人（朱子云，人與人同類相親，故從二人則仁之意見矣）等等都是。以上三類叫作無聲字，第四類形聲，則叫作有聲字，有聲字的音，都是由無聲字而來的（參看本期林尹的形聲釋例）。例如木字是象形，是無聲字，木旁加「公」，加「白」，是從木「公」聲，從木「白」聲，變成功「松」「柏」。水字是象形，也是無聲字，水旁加「工」，加「可」，是從水「工」聲，從水「可」聲，變成功「江」「河」，因形聲的字一邊是定形，一邊是定聲，故叫做形聲。以上四類是中國文字構造的方法。至「轉注」「假借」是中國文字運用的方法，就不必在這裏細說了。像這樣，造成無數字，無數類、無數形、無數義、而部首條理，絲毫不紊，可見古人造字，慘淡經營的苦心。及至古籀大小篆一再變而爲隸楷，既不背古義，也簡便易行，中國文字的基礎，就這樣大定，也可以說再完備沒有了。至於那些簡體字，多半是些不學無識的人，隨意捏造的，在山歌、唱本、流水賬上，胡

亂塗寫，只求便利，絕沒有一定標準可循。如驢、爐、臚、瀘右邊的
盧字，都可以用筆畫較少的戶字去替代。雞、觀、漢、歎等字，或左
或右，也都可以把又字替代。準此，則「驢」字係由盧得聲，「雞」
字由奚得聲，改成戶、又將怎樣讀法？「滬」和「瀘」用簡體字該是
一樣寫法，「盧」「戶」沒有分別，姓「盧」，姓「扈」，門「戶」，
沒有分別，「漢」和「灌」，「歡」和「歎」，「雞」和「難」等類
的字也沒有分別，也都可能纏夾不清（略舉數例以見一斑，其餘留待
專家討論）。不僅字的形態全變，意義也全變，即如何得聲，如何讀
法，也會使人如丈二和尚摸頭不著，中國文字會從此攪得亂七八糟。

（二）從效用方面來說：

中國字是從一兩畫以至數十畫，外國字是從一兩個字母以至數十
個字母，各有其配搭拼湊的原則，而表達意思的效用則是一樣的。這
些聯綴成字的點線，成了定型，不能去隨便省略削減。外國字寫起來
並不比中國字簡單，假定也嫌字母聯綴太多，給這一字中間減掉一些
字母，是絕不可能，即便弄錯一兩個字母或音，也會失掉原意，讀不
成聲，不僅被社會人士恥笑，還會使人不知所云。那些外國字的語根，
語尾，和讀音，正和中國字的點畫，偏旁，音義一樣，絲毫不可錯亂。
由此可知；提倡簡體字的人，是完全沒有明白六書的意義，如果也知
道一些文字源流、和中國字如何得形、如何成聲、如何詁義的原理，
就不會那樣庸妄而大膽了。我們生在現代，應該要知道和學習的事情
太多，當然不能疲神文字，而文字之應力求簡捷，已為事勢所必趨。
作文寫字，道理相同，文章不宜堆砌，不宜故作艱深。書法則除專家
外，平常寫字，只要能夠辨識，不必刻意求工。但寫字將筆法弄得顛
倒錯亂，也同作文把文法弄錯一樣，別人會不明白你的意思，反而失

掉文字的效用。我們誠然知道，這種簡體字，用成了習慣，大家自會明白，也許可以劃一通行。不過；簡體字是別字、錯字、不通的字。中國文字不是不合理，不是不夠用，從這些十分合理而夠用的文字之外，還要去勞神費力，搜集那些別字、錯字、不通的字，加以整理研究，下一番工夫，那叫做庸人自擾。如果由教育最高當局，公開承認那些別字、錯字、不通的字，正式著爲功令，予以公佈、推行，索性從教科書及公文上作起，那教育最高當局就得自己承認是「錯到底」的教育。青年人在學校中用簡筆字寫東西，應該予以糾正，公務員也一樣，因爲這是一種錯誤，改正幾次，也就不會再錯了。我們爲教育部著想，與其抽出工夫，做這樣將錯就錯，一錯到底的提倡簡體字的工作，何不聘請專家，去研究整理行草書，推行全國，一方面藉以弘揚民族美藝，一方面使青年們增加寫字的技能，並可以節省時間，豈不是又簡捷，又合理麼！現代的人很忙，機關公務員和學校青年同學也更忙，亦不見得忙到連寫字的工夫都沒有，而且只是多少幾筆的問題。在這鑠石流金的大熱天，我們看見許多人在那裏揮汗從公治學；但亦有許多人在那裏享樂、混事、殺時間。主持教育重責大任的人，應該整頓學風，養成全國「認真」「求實」的風氣，不宜在這些「錯亂」「苟簡」的工作上求表現。

（三）從文化方面説：

　　代表一個國家民族的文字，有其永恆性、獨立性、更有其莊嚴性。外國字一字多音，中國字一字一音，外國字以聲音爲主；中國字兼以形（形象），聲（音聲），義（意義）爲主。造字的方法，是「近取諸身，遠取諸物」，處處不離開人、物、時、地，正是從實驗、實證、實用而成，可以說是最合於科學的文字。　總理說過：「歐洲文字基

於音韻，音韻即表言語，言語有變，文字即可隨之。中華製字，以形聲會意爲主，所以言語雖殊，而文字不能與之俱變。」已說明了中國文字優於歐洲文字的原因。而中國字形的端莊流麗，字義的正確豐富，更不是外國字可以比得上的。這樣優美崇高的文字，實在值得後人加倍愛護，予以光大發揚，爲甚麼還要去毀傷他的面目，損害他的莊嚴呢？　總裁曾昭示大眾，以整理民族文化遺產，發揚民族文化精神爲重，最近更聞各學校奉令改善教材，以增加學生閱讀古書的能力。我們知道青年同學，爲甚麼失掉閱讀古書的能力？那是因爲以前教育當局，過分提倡白話文所招致的失敗，所以本國人讀本國文要翻譯才能懂。人情畏難就易，作文樂於用白話，寫字也當然樂得用簡體，何況一經教育部公佈，即算煌煌功令，還不是趨之若鶩麼？有那些炉、驴、「拥护」，「大斗」等字可用（注意括弧內是「擁護」「奮鬥」四字，係共匪慣用的簡體字），幹嗎還要再去用那些麻煩的「本字」呢？那麼，寫字的這樣寫，印刷廠的字模就照樣鑄，書報也照樣印，用得久了，遇到「本字」，反會變成陌生，寫不來，認不出。簡體字推行得愈多愈廣，正式由六書產生的文字，死得越快。從提倡白話以來，大多數人已讀不懂文言，於今，再從文字根本，來一次抖亂，眼見寫的、印的、讀的公私文書，課本，書刊一切都變了樣。那些六經子史，義理詞章考據之書，在後輩青年眼中，再起一次更大的變化，他們先前只是苦於讀不通，現在則索性連上面的字也認得不多幾箇了，不要十年工夫，中國文字會全部死掉，賸下來的，只是浮薄淺陋的「白話文」，配合著那些顛倒錯亂數不清的簡體字，中國民族文化的前途，還可以想像嗎？胡適之流，所以罪不可恕，不在提倡白話文，而在他們壓根反對中國文化，要去全盤西化，所以儘量做破壞工作。三十年來，由於民族文化遭受創傷，造成空前的禍亂，今天再也經不

起戕伐了。這種斬斷中國文化命脈的責任；請問程部長負得起麼？

（四）從反共抗俄的意義上說，一發做不得。

　　筆者在民國二十七八年間，隨軍在西戰場作戰，那時匪巢在延安，毛匪澤東、周匪恩來常常寫一些所謂「游擊戰術」，和其他的「宣傳文字」。那些小冊子或單張，都是用很薄的紅綠紙油印的。上面的字，如像「國」變成「囗」，「犧」變成「牺」，「鬥」變成「斗」，其餘如「炉」「难」「汉」「欢」等字，更不用說了。這些簡體字，在滿紙上跳動，使人乍見了，感到頭昏眼花。自匪幫們佔領大陸，果真徹頭徹尾廢止文言，一律用的是道道地地的白話，而使用的字體，也一律是貨真價實的簡體字，於是乎中國書籍，變爲廢物，索性一火了之！匪幫們爲什麼要這樣做，是因爲他們處心積慮，要歸化蘇聯，消滅祖國文化，只有這樣，才能做得徹底。我們國家政府，站在全世界自由民主國家的前面，與國際匪幫作戰，是爲全人類自由正義而戰，也是爲保衛中華民族文化而戰。我們剿滅匪幫，重光禹甸，第一步工作，就是文化工作，一面發揮民族文化的精神力量，一面從根剷淨國際匪幫的殘酷知見，和荒謬言論。要達到這項任務，就得以崇高的民族倫理哲學的精義，配合由六書產生的合理文字，去滌瑕蕩穢，起死回生。如果顛倒在此時做這種推行簡體字的工作，與匪幫遙相呼應，則現階段「爲民族文化而戰」的意義，究竟何在？假定有人向程部長開玩笑說：「那推行簡體字的四個步驟，匪幫們不是已經做了麼，何必再做？」程部長將怎樣回答？又假定有一位不明事理的人，在旁邊挑眼說：「程部長在向匪幫看齊！」又怎樣回答？推行簡體字，雖然不是程部長的創舉，雖然只是舊事重提，而在此地，在此時，我們再三考慮，認爲是違反國策，違背反共抗俄的基本原則，萬不可行。

教育部應做的事太多了，程部長以有為之才，尤應在此時規畫有關文化教育的百年大計，挽回浮薄淺陋的學風。況業精於勤，豈能怠忽。讀書識字，為天下莘莘學子，進學入德之門，更不可草草從事，倘舉措之間，稍一失當，便足貽害無窮。甚願程部長多加考慮，慎重從事，千萬不要上那些「新文化大師」們的當。

（見《中國文化》第五期・中華民國四十二年八月出版）

論簡體字

王樹楷

　　我國文字是世界上一種很優美的文字，表情達意，應用無窮。它底缺點就是難學難記，不像英美文字，以字母表聲符，言文一致比較易學易記（此指英美本國人士說）。

　　近些年來我國研究文字的學者，叫我國的漢字爲「方塊的漢字」，以別於蟹行排隊的英文。漢字的數目，雖然日常間手頭應用者不過四五千字，可是《康熙字典》上所收的各種字體已達四萬九千餘字。學者多以爲我國教育難以普及，人民讀書三四年以下者，往往在閱讀方面，還不能左右逢源，應用自如；在表情達意方面，更是拿不起筆來，甚至六年畢業小學生，也有半數上下，不能從容應付社會應用的需要。

　　漢字的難學難記，第一個原因是字數繁雜，筆畫太多，造字的原理原則，雖有所謂「六書條例」，可是真正瞭解「六書條例」而能自由應用的人，很少很少。其次是古今各地言文的分歧，在已經流傳了三兩千年的文言裏，雖然大體已經統一，可是有的字有的詞，還流行於某地或某行業間。至於各地的方言，更是差別很遠。所以近年以來，許多文字學者主張廢棄漢字，改用記音符號代替漢字，如注音符號，如國語羅馬字，如各種速記學上應用的符號等。這種符號，目下還不能代替漢字，所以漢字的改繁爲簡的事，在我國文字改革上，實在是一個很大的問題。日本民族，他們有獨立的語言，而沒有獨立的文字，

他們的文字在幾百年以前，完全竊用漢文，可以說是一知半解，似是而非，大義大致相同，而習慣用法多有差異。他們竊用漢字，混雜上他們土產的假名，近些年來，日本的學者，深感到漢字的難學難記，想用種種方法，研究廢棄漢字，到目下雖然有一些淺短詞意不用漢字，可是比較成系統較長的論著，仍然離不開漢字。他們對於漢字的使用率，已經研究的很澈底，如小學生應學多少漢字，中學生應學多少漢字等。可是距離完全廢棄漢字的程度還很遼遠呢。

關於漢字的書寫，自大篆，而小篆，而隸書，而楷書，而行草。大篆、小篆筆畫彎轉，書寫不便，隸楷已經方便了很多。行書書寫更為方便，草書則筆畫太簡，多用彎轉，使人不易認識。所以目下社會上應用最廣的一則是在印刷上應用的楷體字。（廣義的楷體字，自然可以包括：正楷、宋體、古宋、長宋等字體。）一種是在書寫上常用的行書。

簡體字就是行書中常寫的字，較之楷體，筆畫減少了很多，較之草書又很接近楷體而便於辨認。所以近二三十年來，有很多學者很提倡簡體字。如在民國二十三年前後，在上海有三四百名的大學教授曾聯名提倡手頭字（後改為簡體字），公佈字表，手頭常寫之簡體字約計四百餘字，刊登於當時的教育雜誌上（手頭無書，大略如此）。不久教育部在民國二十四年八月二十一日以第一一四〇〇號部令公佈第一批簡體字表，其部令扼要之語有：「我國文字，向苦煩難，數千年來，由圖形文字，遞改（為）篆隸草書，以迄今之正體字，率皆由繁複而簡單，由詰詘而徑直，由奇詭而平易，演變之迹，歷歷可稽。惟所謂正體字者，雖較簡於原來之古文篆隸，而認識書寫，仍甚艱難。前人有見及此，於公私文書文字，往往改用簡體，在表章經典，及通問書札中，簡體字亦數見不鮮。明儒黃氏宗羲，對於應用簡體字，主

張尤力，有『可省工夫一半』之語。而社會一般民眾，於正體字書籍，雖多不能閱讀，但於用簡體字刊行之小說，謄寫之賑單，輒能一目了然。可知簡體文字，無論在文人學士，在一般民眾間，均有深固之基礎，廣大之用途，已爲顯明之事實。近年以來，政府與社會，雖渴望普及義務教育及民眾教育，而效果仍未大著，其中原因固多，而字體繁複，亦爲重大原因之一。於是談教育普及者，多主擇最通行之簡體字，應用於教育，以藉補救而利進行……。」

這第一批簡體字表公佈以後，並由行政院通令全國各行政文化教育機關，一律採用，上行、平行、下行公文中亦通令一律採用，當時上海有十大雜誌如東方雜誌、教育雜誌、一般中學生等，日報如大公報、申報等（？）也都改用簡體字排印。一直到民國二十六年七七事變爆發，這種文字上的改革運動，也就不得已而停滯了。

從以上各段的論述看起來，簡體字在書寫辨認均較簡便，在我國文字改革運動上實有其莫大之價值，對於普及教育上，亦有其莫大之重要性，所以應該積極提倡才對。近日忽在省政府公報本年夏字第三期（四月三日）內載本省教育廳（四二）教四字第一三一五四號廳令內開：

一、據報各校學生習字有寫簡體情形，如國字寫爲「囗」或「呡」，又「邊」「麗」「黨」「體」則寫爲「边」「丽」「党」「体」等，經呈奉教育部四十二年三月九日臺社教（四二）字第一八八五號令：查關於簡體字一案，本部正經邀請專家審議中，在未審定公佈前，各校學生自寫之簡體字仍應禁止。

二、希查照轉飭所屬各級學校遵照。

我以爲學生寫錯別字是一個比較嚴重的問題，寫簡體字倒是一個比較次要的問題：因爲簡體字和原意尚無出入，錯別字往往就與原意

相左了。像把「管」寫成「菅」；把「丐」寫成「丐」；把「肓」寫成「盲」；把「剌」寫成「刺」；把「商」寫成「商」。至於像寫錯筆畫的字，更是難以清計：像把「初」寫成「初」；把「裡」寫成「裡」；把「步」寫成「步」；把「脅」寫成「脅」；把「直」寫成「直」；把「眞」寫成「真」；把「籃」寫成「藍」；把「迎」寫成「迎」等。教師在黑板上寫字，在習慣上，除了國文課時，特殊情形外，很少寫正楷字。尤其像數理化的功課，經常儘量利用符號，對於非寫不可的文字說明，總希望力求簡便迅速，自然簡體和行書，都是「司空見慣」，如果限制學生在作文簿，週記簿，國文筆記和考卷上不許寫簡體字，自然名正言順，無可反駁，不過在實際上如果想使每箇學生都能作到很切實，也須要一個長時間的訓練。所以我的主張是：

第一、我們要承認民國二十四年八月二十一日教育部部令第一一四〇〇號所公佈的第一批簡體字表共三百二十四字。

第二、由政府當局儘速聘請專家研討公佈第二批簡體字表。如已公佈之第一批字表附錄說明所載：像偏旁「言、鳥、馬、糸、辵、走」等字，簡體作「訁、鸟、馬、纟、辶、走」，以及日本文部省審定之簡體字未經收入我第一批字表者如「圓」寫作「円」；「榮」寫作「栄」，「萬」寫作「万」，「來」寫作「来」等。

這樣對於日常應用以及普及教育上，一定是很方便的。

在日本對於簡體漢字之研究，較之我國，更爲具體。在昭和七年（民國二十一年）經該國文部省國語調查會新查定，三省堂所編印的《常用漢字新辭典》中，內收常用漢字一千八百五十八字，其中包括簡體字一百五十五字。並且把簡體字列在正格，把本體字註在下邊，例如双（雙）、欠（缺）、台（臺）、号（號）、尽（盡）、乱（亂）、边（邊）、宝（寶）、点（點）等，於此可見日本人對於簡體字重視

的程度了。

（見《臺灣教育輔導月刊》第三卷第八期‧中華民國四十二年八月出
版）

對於簡體字的希望

陳大齊

　　前幾時與朋友們談及教育部擬訂簡體字的事情，有人問作者，是否贊成，有什麼意見？作者於文字學，是一個十足的門外漢，對於簡體字問題，實不敢贊一辭。不過作者亦是一箇使用文字的人，日常以文字爲工具，則對於所使用的工具，自亦不免有些感想。正如使用機製器皿的人，關於器皿的品質，製造的道理，雖一無所知，但依據日常使用的經驗，可能有些感想，甚或懷抱些改進的希望，縱使那所懷的希望在理論上是說不通的。在事實上是辦不到的，然不失爲使用者的希望。現在即以文字使用者的資格，說些外行的希望話。

　　在敘述希望之前，先略述個人贊成簡體字的意見。擬訂簡體字的主要目的，不外在於使人易認易寫，節省時間。現代人所應該學習的東西太多了，不能仍如從前那樣十載寒窗，把全部時間消磨在文字的學習上，應當騰出時間來學習其他應該學習的東西。中國文字艱難，對於普及教育，確甚不利。文字本不過一種工具。「工欲善其事，必先利其器」，工具既有不利，自應設法改良。且古人已改良了好幾次，今人自應繼續努力，以完成古人未竟之功。中國文字一方面有其缺點，他方面亦有其優點。優點何在？在於「書同文」。此於民族的統一，有着甚大的貢獻。東西南北的人，方言不同，口頭往往不能達意，但一經寫成文字，則凡識字的人即能互相理解。「書同文」足以培養

民族的意識，足以鞏固民族的統一，所以此一優點值得重視而必須保全。簡體字只減省筆畫，並不破壞「書同文」，依然保持著固有的優點。中國文字的艱難，雖不能因筆畫的減省而全部消除，但至少可以消除其一部分。事半而功倍，應當贊成；事半而功等，亦應當贊成。即使事半而功稍減，只要不減到二分之一，亦可予以贊成。若事半而功亦半，那末多一事不如少一事了。使用簡體字，雖不敢保證其必能事半而功倍，但其決不至於事半而功亦半，則是可以斷言的。工具簡易而功效不會有降低的危險，正合於使用工具者的希望，所以作者對於簡體字的擬訂，極端贊成，毫不猶豫。

　　此下試說作者對於簡體字所懷的希望，作者的希望，簡便二字足以盡之。簡，指筆畫的減省而言，俾人易於書寫。便者，有條理可循，俾人易於辨認。簡而又便，簡得纔有用處，簡而不便，不但埋沒簡的功用，反足以引起紛擾。故擬訂簡體字；不可專顧筆畫的減省，尤須顧及辨認的容易。現在試說作者所希望的便。作者所說的便，含有二義：一爲觸類傍通或舉一反三的便，二不相混亂的便。所謂觸類傍通或舉一反三者，即言知道了某一字應當如何簡寫，則凡與該字有一部分成分相同的字，用不到檢查簡體字譜，即可推知其應當如何簡寫。例如雞字，若採用俗體又字傍的鳥字爲簡體字，則溪字必須可以寫爲三點水的又字，而奚字亦須可以寫成又字。必如此，纔可以有舉一反三的方便。所謂不相混亂者，即言兩個本不相同的字，在簡化以後，不可變成同一形體，致使人不易分辨。例如雞字，若採用了又字傍的鳥字，則鸛字便不可以亦簡化爲此一形體。這兩字的形體必須有明顯的分別，纔可以有不相混亂的方便。就現在通行的俗體簡字而論，欲維持舉一反三的原則，便容史混亂；欲維持不相混亂的原則，便不易舉一反三。通行的俗體簡字，只就若干日常應用最廣的字加以簡化，

至於應用較狹的字；則未嘗簡化。故沒有顧及觸類傍通的必要，遂亦倖免了互相混亂的危險，現在欲擬訂國定的簡體字，其所採方針與辦法，應與俗體簡字之任其局限於狹小範圍內者，有所不同，欲簡化，則筆畫繁多的字須一律簡化，不可只簡化一部分的字，而任其他的字依然筆畫繁多，不予整理。既須把筆畫繁多的字全部簡化，則觸類傍通與不相混亂二事必須同時顧到。

舉一反三與不相混亂，始稱之爲擬訂簡體字的原則。由此推衍，且爲作者所能想到的，有下列三點具體的希望：

（一）兩個不相同的字，簡化以後，必須有不同的形體。

（二）簡體字，必須與原有的另一字有所分別。

（三）古體古義已引申爲另一義，其原義早經不通行者，雖筆畫較簡，亦不必恢復。

就第一點而言，試以俗體簡字爲例，鷄字寫作又字傍的鳥字，爲了觸類傍通，溪字應當寫作三點水的又字，觀字寫作又字傍的見字，則灌字亦應當寫作三點水的又字。再如滬字通常簡寫作三點水的戶字，爐字通常簡寫作火字傍的戶字；則瀘字應簡寫作三點水的戶字。如此一來，則溪與灌，滬與瀘，便無從分別了。有時雖可從上下文來分別，有時卻未必可能。我們可以說灌水，亦可以說溪水；可以說灌水工程，也可以說溪水工程；可以有滬江大學，亦未嘗不可以有瀘江大學。縱使看了上下文都有分別的可能，而一字有了兩個以上的讀音，亦甚足以增添麻煩。所以爲了避免混亂起見，兩個本不相同的字決不可以簡化成同一的形體。次就第二點而言，例如團字，俗體把其中的專字簡寫爲才字，爲了舉一反三，則專字亦應寫作才字，而才本有其字，與專字的涵義讀音兩不相同。含若寫成同一形體，則專字與才字將無可分別了。又如種字，俗體簡寫爲种，而种本有其字，不過

日常所不大用到而已。國定的簡體字公佈施行以後，古書亦應當逐漸改用簡體字印刷，否則人們須學習兩種字體，反而加煩，又何必多此擬訂簡體字之一舉？所以种字雖非常用之字，亦未可使種字與之相混。再次就第三點而言，例如又字本來即是右字，云字本來即是雲字，而且又字云字的筆畫亦比右字雲字較爲簡單。但又字云字現在已通用爲別的意義，右字雲字便不宜恢復其古時的寫法，以免混亂。孚字本是孵化的意義，然字本是燃燒的意義，後世加上卵字、火字，固有畫蛇添足之嫌。但現在孚字然字早已引申以成他義，與孵字燃字分化，自亦不宜復合爲一了。文字的簡化，應當只是筆畫的減省，不應當是字數的減省，這是必須分別清楚的。新的事物日有增加，則爲之符號的新字亦應隨以增加，以幫助人們對於事物的辨別，以減少智識上的混亂。

　　既須觸類傍通，又須不相混亂，容或是一件不易做到的事情。上面說過，門外漢的希望，不一定在理論上說得通，亦不一定在事實上辦得到，只是姑抒其希望而已。簡體字既由政府集合專家研究擬訂，雖有重大的困難，非必無克服的可能。現在試再就困難的克服，一述作者的希望。擬訂簡體字可有述而不作、亦述亦作與作而不述三種辦法。述而不作，只搜集古體字、俗體字，加以選擇採用，不另創作。爲了避免社會上的阻礙與吹求，這或不失爲一種好的辦法。但述而不作的結果，據作者的臆測，或不能觸類傍通，或不免字體混亂。所以這種辦法不是作者所希望採取的。作而不述，排斥一切古體字、俗體字，一概不予採用，專務新創，則亦過趨極端，未必是好辦法，所以依作者的淺陋之見，似宜採取亦述亦作的辦法。古體字、俗體字以及草書行書之可以採用者，則採用之；無可採用，則新創之。擬訂當局應鼓起「當仁不讓」的勇氣，凡應行新創者，即努力創作，以爲新中

國建立一件文化上的大事業。有人以爲擬訂簡體字，不可破壞六書，作者認爲此點亦不必過於拘守。現行的楷書早已破壞了六書，父字已不能使人想見其爲手中持杖，魚的尾巴已變成了四只腳。簡體字承楷書而擬訂，又怎能保全六書而無所喪失？有可保存之處，自應予以保存，無法保存，則亦不必勉強。例如楊字，木傍表示其事物的種類，易字表示其讀音，這確是中國字的特長，雖不能使人一見即知道楊之爲何種植物，但至少可以知其爲木類而讀爲易，予認字者以甚大的方便。像這樣的示類與注音，作者亦希望其保存。若爲易字別作簡體字，而楊字亦隨以簡化，不喪失其諧聲的功用，更是作者所希望的。至如父字魚字，儘可仍用楷書，不必恢復其原來的形體。

（見中華民國四十二年十月二十三日新生報臺北版「每日專欄」）

簡體字之提倡甚為必要

羅家倫

「乾以易知，坤以簡能；易則易知，簡則易从。」

——易大傳——

中國字體需要簡化，才能保存，才能適合現時代中國民族生存的需要。這是時代的要求，也是我們廣大民衆迫切的要求。

其實中國字體的簡化運動，不從今日起；在歷代字體的演變中，他都留下了顯著的事蹟；即就現代而論，也不祗四五十年。廣大民衆需要簡便的工具，去求適合於他們生存競爭的知識。許多學人、教育家、文化工作者，爲了要增加工作的效能，願多化時間精力在工作本身上，而不願把他消耗在文字工具上，於是也發出同樣的呼聲。這是一股不能遏制的潮流，不但表現在呼聲，而且表現在事實上。不問有人如何不贊成，祗看箇人的信件，新聞記者的文稿，乃至正式的公文裏，那處沒有簡體字，甚至於充滿了簡體字。所以這不是少數人的好奇，這運動更不是我箇人所得而私，所敢得而私。我們研究提倡簡體字的人，不過是認清了這箇潮流，想順民之情，因勢利導，爲簡體字整理和探討出一些條理，使其作合理的、有意識的推進而已。然而爲這一點小小的看法和志願，箇人已受到了不少的攻擊，雖然贊助也大不乏人。但是這決不是我箇人的問題，我願意平心靜氣，以學術研究的態度，來把爲何必須提倡簡體字的理由、簡化字體的方法，以至如

何提倡推行的手續，提出報告，求教於大衆。

一、爲什麼必須提倡簡體字

第一是爲了要保全中國字。要保全中國字是爲了要維持國家政令的統一，和中華民族統一性的重心。我的足跡踏遍了國內東南西北許多省份，遇着語言不通的時候，可以用文字傳達意見。我經過國外有僑胞的各地，也是如此。但是邊地和海外僑胞，和我談起，莫不申訴學中國文字的困難。縱然有能寫字的人，也很難寫完整的字體。因爲求生更加困難，所以這種情形祇有日見加重。這是普遍可慮的現象。時代變了，生活方式改了，而我們這一套繁重的文字工具還不改進，無論他有多長的歷史，是不容易保存的。於是近數十年來有人主張中國文字拉丁化或全部改用拼音文字，這是我認爲不可的。我極贊成用注音符號來補助中國字和國音的推行；這套統一國音的辦法功效很大，在海外僑胞中不甚能寫字而能說國語的很多，以及臺灣同胞莫不感覺國音符號的用處而樂於學習，就是顯著的例子。可是把符號脫離本字，不論用那種音符，都有很大的流弊。因爲中國的方言非常複雜，若是專用符號拼音，則不但可使字句的意義混淆，而且可以使統一的文字漸漸分裂爲百十種文字，弄到彼此不懂。關於字義混淆，可能發生誤解的例很多。民國三十七年在南京開聯合國舉辦的基本教育會議，報上簡稱爲「基教會議」。於是有小孩子問我道：「爲什麼雞叫還要開會？」吳稚暉先生說，按照無錫土話，「太陽」可誤聽爲「腿癢」。而我聽北方某省朋友談天，常常容易把他說的「攻擊」、「供給」、「公祭」三箇名詞混淆。所以這是來不得的。若是弄到分裂爲若干種不同的語言，那更是危險。印度當年不能統一，雖有許多原因，

但是因爲不同的語言文字太多也是主要原因之一。後來英國人藉英文做統一政令的工具，也祗做到政令部份爲止。現在印度還有通行的十八種重要語言文字，爲他真正統一最大的障礙。至於民國二十六年以前共匪藉拉丁化和世界語爲祕密宣傳的工具，尤引起我的反感和痛心。所以我極力要保存中國字，並且認爲非用簡體，不易使中國字保存。以後的經驗，更加強了我當年的主張。

　　第二是爲了節省時間。在這生存競爭劇烈的時代，無論是爲民族，爲個人，時間不但不能浪費，而且片刻必須爭取。但是用我們筆畫繁複的文字，與人競爭，是爭不過的。無疑義的我們學校裏的學生費在學習文字上的工夫，比西方國家的學生爲多，而且效率不如人家好。作戰期間的軍情遞和發號施令，是何等緊急的事，但是我們因文字的關係，時間上爭人家不過。他如新聞記者的報導，是要爭取速度的，我們的記者因爲工具上的限制，所感受的是何等的不便；用簡體字還來不及，還能够要他們用正體字嗎？這些非身歷其境的人，不能感覺親切。從前雍容不迫，在書房裏讀經臨帖的時間過去了。　蔣總統提倡「新、速、實、簡」，速簡一道提出是很有關係的，因爲非簡則不能速。

　　第三是爲了節省精力。人生的精力有限，在每時期都該用在最經濟方面。以前的讀書人，可以在書房裏把若干年所有的精力都費在讀書寫字上，而現在的時代和環境，都不能允許今日的我們和我們的後代照以前的方式去做。現在的青年要學的知識技能太多了，決不能耗費太多的精力於文字。本來時間和精力兩項的關係是難分開的。現在且舉一例，來申說第二第三兩項理由。例如臺灣二字，照所謂規定的正體字寫是「臺灣」，臺灣省政府和臺灣大學都是這樣寫的，祗有臺灣銀行的臺作「台」就是所謂小寫，也就是簡體。若是把臺作「台」，

把灣作簡體的「湾」（此簡體字宋元早已流行），則兩字共可減少二十三筆。現在臺灣小學生一百零七萬人，每人每天要寫「臺灣」二字一遍，則每天要多寫二千三百六十一萬筆。若是一位書記每天抄寫三千字，每字平均十筆，寫完這許多筆，則竟要費七百八十七天！我有一天問臺大中國文學教授台靜農先生的尊姓來源，他說他是孔子澹臺滅明之後，由澹臺簡爲臺，由臺簡爲台，已經有幾十代了。這真是最明智的辦法。若是台字都作大寫，那寫給臺先生的信封上要寫「臺灣省臺北市臺灣大學臺靜農先生臺啓」，是何等的費時費力！

　　第四是要使廣大的民眾能以最便利的工具得到知識。以前享受知識的優先權是士大夫階級的人們。多數的他們比較有錢有閒，能够從容「問道」。可是現在時代不同了，知識已經不是士大夫的專利品。我們要爲廣大生產的、勞動的，也就是忙碌的民眾著想。我們國家的基礎，要擴大到他們身上，才能富強康樂。所以我們的教育愈要普及，那求知識的工具愈要簡易。　蔣總統在陽明山指示我們說：「爲大眾寫的文字而不能大眾化，乃如何望其有效！」他在四十二年十二月十六日主持總動員運動會報時，更明白指示道：「簡體字之提倡，甚爲必要。」（這是紀錄原文）這實在是民族領袖的寶貴教訓。因爲他認識民眾的需要，時代的要求！

二、中國字體經過的重大變遷

　　任何的改革，要變動若干人根深蒂固的習慣，自然會使他們因自己的不慣，而感覺困惱，而發生反對，這是人情之常，也是歷史上常見的事實。「天不變，道亦不變」的態度，就是由此而來的。可是中國的文字是否改變過呢？現在流行的楷字是否是最後的準則呢？這

便有歷史上演變的經過爲證。我們中國字體已經大大的變過多少次了。我們可以追溯到最早的殷墟「甲骨文」。以後是「金文」即普通所稱鐘鼎文。到了春秋戰國時有最大的兩支：一爲「古文」流行於河南山東一帶，爲「東土文」，許多經書是用這種文字寫的；一爲「籀文」，流行於西秦一帶，爲「西土文」。（「班志許書以史籀爲周宣王太史，其說蓋出於劉向父子，而班許從之。」近代經王國維先生詳徵博考，發現太史籀並非太史名籀，乃一位史官。古籀讀二字同音同義，籀文第一句「大史籀書」並不是說籀文是太史籀其人寫的，乃是「大史讀書」的意思。見「《觀堂集林》卷五〈史籀篇疏證·序〉」。附註於此，以見研究字學的進展。）到秦代統一李斯刪改籀文，作爲「小篆」，而同時程邈作「隸書」。小篆或篆書，可以說是當時的花體字，流行並不很廣也不很久，而隸書大爲簡便，故漢碑、官文書、和兵符（如「流少墮簡」）幾乎全用隸書。隸書流行二百多年，乃有「章草」出現，這是最好的簡體字，雖然後來的行草書多由他演變出來，但是他本身還是簡簡分立的。到了漢末隸書失勢了，於是行書、草書、和楷書正式的取而代之。楷書的寫法，歷代都有參差，至於現在的所謂正體字，乃是由科舉時代寫大卷而成定形，《康熙字典》的作用自然很大，但是應試必備的「臨文便覽」一類楷字標準書的影響，恐怕更大。就上所述中國字經過的重大變動至少七八次。而中國經史書籍仍然存在，中國文化仍然保存，難道把字體簡化一下就是要毀滅中國文化嗎？就會毀滅中國文化嗎？以上的史實，已經備下了明確的答覆。若是說用了簡體字就不能讀孔子的書，我想請問說這話的人，他現在讀的經書是春秋時代的「古文」寫的，還是楷書寫的，或是宋體字印的呢？「古文」經書有多少人能認識？反轉來說若是孔子從天而降，一定很容易的上汽車，開電燈，可是一定看不懂現在的書籍和

報紙。請看下面的表，就可以略知中國字體變遷的大概。（中國文字演變舉例見第一表）

那時代表示打魚的漁字，多麼好看，可惜竟變成現在比較簡單的漁字。僕人托着播箕，上面東西堆得高高的，何等有趣，爲什麼把他們簡化了？諸如此類，不必多舉。然而篆書不能和隸書競爭的理由，在此很爲明顯。

要講好古，要講字學的「六書」，那楷書破壞六書，尤其是其中的象形一類，真够厲害了。可是楷書的字體，歷代都有變遷，其中也有不少簡化的趨勢，可看下表：（早已簡化現在當作正體通用的字舉例見第二表）

像把「灋」字寫爲通用的「法」字，「龢」字寫爲「和」，「穐」字寫爲「秋」，都是很好的選擇，也是很好的自然淘汰。若是（一）同時沒有行書和草書的興起與流行（雖然草書在漢代開始，但連筆的草法則在晉時才興），爲楷書開一便門；（二）從五代和宋初發展了印刷事業，以代替最大部份的抄寫工作，則楷書決難維持這長時期的幸運。

（第一表）

早已簡化現在視如正體通用的字舉例：

法－灋	花－華	戎－戜
善－譱	預－豫	秦－琹
針－鍼	秋－穐	缺－闕
和－龢	仙－僊	秤－稱
巨－鉅	剪－翦	倘－儻

（第二表）

三、簡化字體的具體主張

中國字體不是一成不變的，楷書更不是天經地義的定形。每次字體的變動，都是由於時代的需要，和人類趨向便利的要求。最近一百年來，中國的閉關時代過去了。因為和西方接觸，乃發生軍事、政治、經濟、文化上從來未有的大變，影響到全民族的生死存亡。這種傳達思想工具，應當為適應生存而改變，倒是迫不及待的要求。字體簡化在理論上應該早已不成問題，現在的問題是如何把字體簡化。我研究的結果，認為可循以下幾條途徑。

（甲）從最古的簡體字中選取

我們且不必遠推到殷墟的甲骨文，即從金文、古文、和篆文裏，就有許多很好的簡體字，現在或是被遺棄，或是用了出來，反被有些

祇懂得尊重「臨文便覽」裏所有楷字的人們，斥為「俗體」，罵作「小寫」。有如「迁」字，我親耳聽到擁護中國文化的雅人，痛斥其為「學生胡寫的字」，那知道他正是春秋時代古文的「遷」字！又如「坣」字正是古文的「堂」字，「达」字正是篆文的「達」字，「処」字正是篆文的「處」字。這都受着一片罵聲的字，那知道正是我們老祖宗最好的作品！又如「禮」字現在用得很多，若是能用商周金文（鐘鼎文）上的「礼」字，豈不更尊重中國固有文化。這些好字，實在應當受到他們應有的尊敬，能夠合法化而普遍的採用，才是道理，下表所列，不過是舉出的幾個例子。

現已習用的古有簡體字舉例：

无	古文無字	乃	金文迺字	气	篆文氣字
万	古鉨萬字	処	篆文處字	坣	古文堂字
達	篆文達字	众	古文衆字	尔	篆文爾字
从	金文從字	丰	古文豐字	礼	金文禮字
丽	古文麗字	宝	古文寶字	导	金文得字
启	甲骨文篆文啟字	异	古文異字	弃	古文棄字

（第三表）

（乙）從漢魏以來碑帖名人墨蹟裏選取

漢魏以來的碑帖和名人墨蹟，是中國文化史上重要的產品，是中

國文人學士努力搜求，醉心臨摹的美術，這應該能登大雅之堂了。不幸其中許多字竟被祇知舘閣體和宋體字的人，又認爲「俗體」、「小寫」或「破體」。有如「辦」字作「办」見漢羊竇道碑，「亂」字作「乱」見唐真大師塔碑銘，「靈」字作「灵」見蘇東坡墨蹟。若不說明來由，則中國文化的大護法一定以爲太俗了。若是把漢唐碑帖和東坡法書舉出來，他又立刻會蕭然起敬！這個來源的字可以收輯採用的很多，下表也祇是舉例。

　　漢魏以來碑帖及名人墨蹟所見的簡體字舉例：

随	隨見晉王羲之蘭亭序	纲	網見唐皇甫府君碑
卆	卒見北魏崔頠墓誌銘	恶	惡見北魏司馬景和妻孟氏墓誌銘又見唐人寫經宋人刻書
办	辦見漢羊竇道碑	灵	靈見宋蘇東坡墨蹟
时	時見漢史游急就章	粮	糧見漢孔廟禮器碑又見張衡思玄賦
乱	亂見唐眞鏡大師塔碑銘	两	兩見蘇東坡與郭君書墨蹟
痒	癢見蘇東坡耳聾詩墨蹟	灯	燈見沈石田墨蹟又早見玉篇

（第四表）

（丙）從宋元以來木刻書中選取

宋朝開始大規模刻書工作，是中國文化上一箇重大的變動。學術的流通和文獻的保存，因此得到了有效的工具。宋元版本，早爲歷代學者所注意，近二三十年由於影印技術的發達，善本書能够大量的公開於學術界。在這些可寶貴的書籍中，可以找到許多很好的簡體字，是當時流行的，也是後人習見的，也祇是爲了後世正楷的偏見，而遭歧視。隨手翻來，便可發現「朴」字見於宋刊《孝經》，「盐」字見於宋刊《釋名》「旧」字見於元刊曾南豐《元豐類稿》。在這些書裏我收集到的字，何祇數百，而且從宋元以來久爲民間所通用，並最容易爲一般人所認識，略如下表所舉：

宋元以來木刻書中常見的簡體字舉例：

朴	樸見孝經（建德周氏藏宋刊本）又見宋蔡襄書謝御書詩	淵	淵見宋刊尚書
声	聲見宋刊說文解字繫傳通釋	机	機見經典釋文（通志堂刊本）
旧	舊見元刊元豐類稿	盐	鹽見釋名（江安傅氏雙鑑樓藏宋刊本）
听	聽見元刊古今雜劇	鼠	鼠見方言（江安傅氏雙鑑樓藏宋刊本）
窃	竊見元刊三國志平話	蝇	蠅見元刊元豐類稿

执　執見宋刊古列女傳　　　琼　瓊見元刊京本通俗小說又見國父大元帥手令墨蹟此字在廣東省最通用

（第五表）

（丁）從現在公文書常見的簡體字中選取

要求行政的效力增加，那公文書的字體應力求簡易。這是自然的趨勢，漢朝隸書的通行，即由於此。我國機關裏發出任何一件公文，因爲字體複雜和沒有西文打字機那般的迅速和便利的工具，不知道比他國遲緩多少，何況還要注意正體字的書法！這種無聊的形式主義，往往耽誤許多緊急的要公。最近幾十年來因爲事實的逼迫，機關裏對於用簡筆字擬稿發文，不能不予以放鬆。有一次我在中央某會議中於兩頁文件裏數出了四十七個簡體字，又有一次在考試院院會席上，於一頁議案裏發現了二十七個簡體字。其中有不少是合於古寫的。像以「核」代「覈」，雖本來字義並不相同，然早經通用，以「拟」代「擬」，處處所見皆是，以「耺」代「職」，則上總統文件上亦復如此，爲什麼這類的字不能認爲正體，反讓公文書上有許多私生子呢？略舉幾個常見的字，列爲下面舉例的表。

公文書中常見的簡體字舉例：

核—覈　　　拡—擴　　　覄—覆

拟—擬　　　征—徵　　　刬—劃

称—稱	耴—職	报—報
兹—茲	际—際	会—會
党—黨	与—與	号—號
选—選	侨—僑	务—務

（第六表）

（戊）從軍中文書常見的簡體字裏選取

在軍情瞬息萬變的時候，多費一分鐘在文字上就多遺誤一分鐘軍機。西方軍官可以在打字機上通電報傳達命令，我們因文字的障礙就被剝奪了這種爭取時間的便利，豈可於一謄再寫之間，還要浪費時間在計較字體上？相傳一箇故事，說清將鮑超被太平軍圍困，緊急地要向曾國藩求救。鮑超的文案（當時祕書之稱）咬文嚼字的起草，還未曾起好。鮑超是當年武夫，不通文墨，祗會寫自己的姓名，於是提筆寫一「鮑」字，畫了重重的大圈，把「鮑」字圍著，立刻派人去遞，曾國藩一看，大驚道「老鮑被圍了」，立發救兵，爲鮑超解圍。現在軍文書中簡筆字，其中也有是新造的。聽說有軍事教育機關奉命正在加意研究製造。通用字中如「戰」字作「战」，　總統手令就常是這樣寫法，「機」作「机」則是古字，「敵」作「敌」則見於所有的軍情報告。如「竄」作「窜」更有必要，因爲發現匪敵進竄的時候，是何等緊急的情況，若是仍然慢慢的寫竄字的許多筆畫，可能字還沒有寫完，敵軍已經竄到了！所以軍文書中許多常用字，是應當採取的略如下表。

軍中文書常見的簡體字舉例：

奂—興	撃—擊	师—師
战—戰	获—獲	敌—敵
营—營	团—團	平—軍
窜—竄	轰—轟	扰—擾
区—區	劲—勁	围—圍
据—據	联—聯	奋—奮

（第七表）

（己）從民間常用的簡體字裏選取

我們千萬不要看不起民間通用的字。從文字的歷史看來，字固然不是一箇人——倉頡——造的，也不是少數官吏和士大夫造的，須知許多字是不知名的老百姓造的。他們造了，通用了，於是士大夫和其中的專家學者，不能不承認。不但承認，而且附會了許多理由，說是這些字造得如何聰明奧妙，於六書中合於那一書。自然這些字中愈古愈能人敬仰，而最近愈易遭人鄙棄。其實現在通行簡體字裏面，有些還是古字。忙於求生活的老百姓是要求文字簡便的。譬如家有病人，請醫生是何等緊急的事，何必不寫簡體的「医」字而定要寫複雜的「醫」字，反而耽誤請醫生來治病？主婦要找泥水工人打竈，為什麼不寫簡單合理的「灶」字，而要寫上許多筆的竈字，弄到工人還會發生誤會以為不是要他打竈而是要他去代買烏龜呢？便民是為政設教之道。請

大家千萬不要以爲老百姓是「俗物」，所以寫俗字。下列的表不過略舉數例。

民間及商業上通用的簡體字舉例：

对—對	当—當	灶—竈
点—點	才—纔	蚕—蠶
桥—橋	滨—濱	个—個
虾—蝦	医—醫	尽—盡
庙—廟	袄—襖	坟—墳
埧—壩	烛—燭	寿—壽

（第八表）

循著上面這六項的來源中，可以找出許多很好的簡體字來。我所搜集的可以千計，其中可以選的已有數百，而且我在看書讀帖的時候，隨時都有發現。這類字中，有許多是習見習用的。我在這上面費了好些工夫；可是爲適合現代人民生活的需要而簡化字體，卻祇限定在上面幾箇圈子裏找字，那也未免作繭自縛，太無勇氣。但是我並不願自己來造字，雖然我不承認創造權祇是古人的專利。

（庚）從部首和偏旁簡化

爲了便於一般人的認識，而且符合大家，連我在內的「尊古」情緒起見，我主張一種以簡馭繁的簡筆方法，就是簡化字的部首和偏

旁。因爲這些是構成字體的重要因素，掌握住了它們就可以掌住簡化的鑰匙。而且這少數的符號，很容易講習，很容易記憶。我對於這些符號的簡筆，還是一點不願意創造，祇是從古人的碑帖、法書、和古本善本書裏去挑選出來，可以說是筆筆都有根據。因此每一簡法都有若干的出處，係經過歸納後的選擇。若詳細註明，則未免太繁，所以下列表中，不能不從省，好在了解的人望可知。而且表中所舉簡化的部首偏旁，也祇是一部份。這不過舉例而已。（部首和偏旁簡化舉例見第九表）

　　從上面表上簡化後的字形看來，即不注明原字，一受過普通教育的人，大概可以認識。其中縱有不認識的，一講明部首偏旁簡化的對位，也就可以很快的領悟。我在編製前表的時候，也曾有幾點簡單的原則，存在心裏，想在可能範圍以內，盡量做到。（一）從最常用的部首偏旁簡起。（二）注意簡化最繁而又常見的字，其繁而較冷的字爲數甚少的，暫且不問。（三）每箇符號希望最好祇代表一箇單位，但原來已經通用的簡字中，遇有某一符號，已成爲該簡字不可分解的部份者，可以不必改動，讓他保持原狀（楷書中往往一箇符號代表好幾個單位，其例甚多），（四）仍然把簡化後的字維持其方塊字的形態，即間採用章草或行楷中的部首偏旁寫法，也仍能設法將其楷書化。（五）字體雖分隔，但每字中最簡單的弧形連筆不必過份避免，如楷書裏的乃字、及字、爲字中，也何曾沒有一筆轉進到三箇方向的情形，而且相當的連筆，可以從減少手的上下動作中，爲寫字的人節省不少精力。（六）如有可省之筆，在常用部首偏旁之內縱然爲數很，少，也還是要減的。盼望人不要罵我猶太，須知積少成多，在一頁字裏很可能從某一偏旁的上面，省幾百筆。中國有句古話說：「勿以善小而莫爲」，我們也可以用同樣的調子說「莫以筆少而不減」。我們

的主張是爲大衆省時間、省精力，而同時得到最便利的工具，更同時
使中國字仍然帶着中國的味兒！

綜合的看來，可見我對簡體字的主張和共匪的根本不同。我並無
以「囗」代「國」，以「卩」代「部」，以「动」代「動」這類的主
張。以此來攻擊我，無異「無的放矢」，「借刀殺人」。至於以「卫」
代「衞」，據我所知，倒是多年來國軍軍中文書上最通用的字呢！我
是從不以「囗」代「國」的人，可是說到此地，我不妨說一箇笑話。
在中國特出的女子武則天做皇帝的時候，有人要巴結她，說是國中豈
可有「或」，當改「武」字。武則天怒道：「豈可把我姓武的關在圈
子中間。」於是把國中的或字改爲八方，寫作「圀」。我在河西看見
出土的垂拱年間的碑上，國字就是這般寫法。太平天國時候，也以爲
國中豈可有或，於是改或爲王，以符合洪秀全天王的尊稱。其實囯字
的寫法，早見於《正字通》一書。在民國元二年許多人把國字寫作囻。
現在我倒想大陸上應該有人向共匪建議，把國字裏的「或」字換箇「人」
字，以符合他們僞「人民共和國」的僭號。至於寫出來成爲何字，不
妨請大家試寫一下。于右任先生在他訂正的標準草書裏，國內以或作
武，他說這字是抗戰時候寫定的，以武力衞國，甚合時代需要。日本
最近公布的漢字，國寫作国。若是國家果真有玉那般堅白，也還不壞，
且較簡便。但是說到此地，有點超出論題以外了。

部首及偏旁簡化舉例：

（採自漢魏晉唐宋元明碑帖墨蹟及善本書）

爿作爿	灬作一	火作火	心逆作灬正作十	艸作丷
壯 壯	爲 焉	炒 炒	忠 忠	蔣 蔣
妝 妝	然 然	炮 炮	懇 懇	葉 葉
獎 獎	热 熱	焰 焰	念 念	苏 蘇
牆 牆	者 煮	烦 煩	慨 慨	范 范

（第九表）

行
作
彳

衔
街

衝
衝

沭
術

衕
衛

虫
作
虫

蛛
蛛

蜂
蜂

蝴
蝴

蟬
蟬

四
作
罒

蜀
蜀

詞
罰

置
置

羅
羅

糸
作
絲
正作
由作

索
索

緊
緊

紀
紀

統
統

竹
作
⺮

笠
笠

笨
笨

策
策

筮
管

衣
作
衣

表
表

裂
列

裳
裳

製
製

皿
作
皿

盂
盛
盛

盟
盟

盤
盤

（表九第）

金	酉	身	足	豕	言	角
作	作	作	作	作	作	作
釒	覀	身	呂	豕	讠	身

鑒	醬	射	路	亰	說	解
鑒	醬	射	路	家	説	解

釣	酌	軀	踐	象	讒	觸
釣	酌	軀	踐	象	讒	觸

鎖	酒	躲	蹄	豪	講	觴
鎖	酒	躲	蹄	豪	講	觴

鑄	醉	謝	跪	黍	諜	舼
鑄	醉	謝	跪	黍	諜	舼

（第九表）

魚	髟	馬	食	韋	雲	門
正作 边作	作	作	作	作	作	作
鱼	髟	马	飠	韦	云	门
魯	髻	馮	餉	偉	雪	開
魯	髻	馮	餉	偉	雪	開
鱟	髮	駕	飲	遠	雲	關
鱟	髮	駕	飲	遠	雲	關
鮑	鬢	驚	飯	轄	零	閥
鮑	鬢	驚	飯	轄	零	閥
鯨	鬆	騎	飭	韜	需	闕
鯨	鬆	騎	飭	韜	需	闕

（第九表）

灶　作　屮　　坚　作　至　　戋　作　戈　　娄　作　娄　　乔　作　乔　　兴　作　兴　　会　作　会

劳　勞　　　茎　莖　　　浅　淺　　　屡　屢　　　侨　僑　　　学　學　　　俭　儉

荣　榮　　　径　徑　　　贱　賤　　　喽　嘍　　　桥　橋　　　觉　覺　　　绘　繪

茔　莖　　　经　經　　　笺　箋　　　楼　樓　　　轿　轎　　　誉　譽　　　荟　薈

莺　鶯　　　迳　逕　　　栈　棧　　　数　數　　　骄　驕　　　赏　賞　　　桧　檜

（第九表）

戀作亦	齊作齐	黽作邑	黑作里	黃作芄	鹿作鹿	鳥作鸟
變變	濟濟	鰲鰲	黛黛	潢潢	塵塵	兔兎
鸞鸞	擠擠	鼈鼈	墨墨	橫橫	蘆麓	鷹鷹
戀戀	儕儕	蠅蠅	黔黔	磺磺	麝麝	鴨鴨
灣灣	劑劑	繩繩	黜黜	簧簧	麒麒	鵬鵬

（第九表）

四、六書不是限制中國字的鐵律

　　爲了研究中國的古籍，我很尊重許氏《說文解字》，因爲第一他對於我們研究古書，頗有幫助，第二他裏面爲我們保存許多研究中國古代制度、民俗、和文化史上的資料。許愼的兒子許沖進呈乃父所著《說文解字》表上，說許愼將「六藝羣書之詁，皆訓其意」。許愼所舉象形、指事、會意、形聲、轉注、假借六項，不問其始於何時，以前的內容如何，但至許愼才比較確定的用爲研究中國古代文字以解釋六藝羣書的幾條原則，也可以說是他的「工作的假定」（Working hypothesis），循此途徑，分別探討。可是不可忘記兩點：（一）人類是先有文字，後有文字學的，也和人類先會飲食，後有營養學一樣。吳稚暉先生在《說文解字詁林》敍的〈附辨〉一文的開始，便痛快的說道：「六書之分類，非造字之時即有之。造字之哲人止由之而不知。至文字燦然大備，人類積漸亦有學術分類之理智……」這是正確的論斷。（二）許氏《說文解字》成於公元一二一年，其所根據的字體，據著者自稱祗是「今敍篆文合以古籀」。至於古文，則他僅僅說到當時「郡國亦往往於山川得鼎彝，其銘即前代之古文」；這正是鐘鼎發現的初期，其文字還未充份研究和應用。自然他是不曾見過甲骨文的了。所以他對於古代文字的資料和認識，並不完備。近代人以許氏《說文》爲宗的，曾有一時極力說甲骨文是假造的，正因爲這種新發現，可能妨害他固定的系統，於是從否定中避免接受新的材料。按照《說文》六書的解釋，當然象形字比較最早而容易確定。指事字和形聲字也產生較早。以上三項與古代造字的關係自然也較深。可是指事與會意兩項的區別，就很難有嚴格的分野。舉一箇淺近的例子來表現：按

《說文》來講指事是「指事爲意上下之字是也」。這就是說上字的上部是指上，下字的下部是指下，說這是上下兩字造時的本意。假設我是乘飛機來臺灣，有人問我怎樣來的，我把手向天一指，那時天空並無飛機，當然無事可指，可是那位問的人也可懂得，豈不就是會意嗎？可是所會的是另外一意。此例雖近，其理則同。至於轉注乃是「互訓」，「考老實同，妙好無隔」若是現在有一位精通《說文》而立志要把這條來應用的話，恭維「好人」爲「妙人」，那就糟了！至於說到假借乃是「本無其字，依聲託事」；這就是本來沒有這箇字，借一箇同音字來當作這箇字，如油漆的漆字與數目的七字通用，見於《墨子》。元朝的趙孟頫還把「延祐柒年」寫作「延祐桼年」，以表示他的博雅好古。在古代字少的時候，古人這樣做法，自有不得已的苦衷，可是此路一開，便可毫無遮攔。後來講訓詁的人，也可以，並且也曾經無拘束的附會，以講方言的部份爲尤甚。事例很多，不可勝舉。若是要把這條六書原則，運用到現代文字學上去，那更危險了。有一天我和一位福建籍學術界的朋友談天，我聽他說過幾遍「交際化學」，我真是困惑極了。我心裏想那裏來這一種新學問。於是我不得不請求他寫下來，原來是「膠質化學」！若是要用「本無其字，依聲託事」的原則，豈不要鬧大笑話嗎？我三十五年以前也曾從幾位當代經學大師學過一點《說文》，並且後來也學過一點比較文字學。祇可惜我資質太笨，而且科學的成見也太深，老是遇到一些想不通的地方。這不能怨古人，祇能怨我自己。最後我遇到想不通的時候，便達觀起來常常自己寬解道：「一轉三千里」，「一借可有千百化身」，何必太拘泥呢？總之我認爲「轉注」與「假借」兩項是訓詁學上的問題，與造字無關，談到現在的字來，而要乞靈於這兩位先生，尤其危險。

　　我還覺造字是一件事，用字又是一件事。一個字造時雖有他的原

意，可是以後應用起來，各時代都會發生不同的意義，符號也會跟着變，我們千萬不可泥古。《玉篇·序》上說：「六書八體，古今殊形，或字異而訓同，或文均而釋異。」這幾句名言，很可說明文字演變的現象，中國文字學上更有一種特殊解釋文字的方法，就是要從字的構造裏去找「微言大義」。正如徐諧所說「所以窮高遠而澈幽隱」，「君子曰，作書者其知後世之惠乎，其聖人之留神乎！君子人者，若能脩之，善人勉焉，淫人聳焉。故畫一以極其本，加二以致其變，屈曲究竟以盡其意，孳而胤之以窮其機」。這一套道德化、神祕化的理論，是造成中國人對於字的崇拜尊敬，到神聖不可侵犯地位的來源。其實一箇字縱然造時有它特殊的命意，如「止戈爲武」便是，但是現在我們的時代不同，環境也不同了。在這反共抗俄的際會，我們能教軍隊止戈，不要打仗嗎？況且有許多字不必追本窮源，按《說文》的解釋，講給中小學生聽。「也」字是一箇象形字，三年前吳稚暉先生曾用篆文淋漓盡致寫出，有人還把他用套色版印出，就是一個不雅的例子。母字也是一個象形字，講起來恐怕不能增加母親的莊嚴。至於毋字的解釋，更是太富於假設和想像。許氏《說文》訓作「止之也，從女有奸之者」，這真是「匪夷所思」！像這類的例，我也不必多講。最可以當故事講的，莫過於「禿」字。許氏《說文》解釋道：「無髮也，從人，上象禾粟之形，取其聲。王育說：倉頡出見禿人伏禾中因以制字。」（王育漢章帝時人，許慎有時頗引他的話。）這真妙了！倉頡如有其人，那也比王育許慎要早二千六百年，髣髴倉頡造字的時候，漢朝《說文》家親見一樣。而且照此說來，倉頡縱然不是南方人，當造字時一定身在南方，不然何以祇看見無髮人頭上是稻子而不是麥子和高粱呢？

　　我始終尊重《說文》，認爲是中國文學上最早的一部大著作，其

中爲我們保存很多中國文化史的資料，也因爲他的幫助而了解了許多古書。不過其中牽強附會，講不通和已經失了時效的部份也頗有。我充分承認六書過去的貢獻，可是我更相信孔子「盡信書不如無書」的遺教，因此我不願意看見六書之說，成爲神祕的符籙，爲改革中國文字的障礙。縱然六書曾視爲中國文字上最高的法律，可是一千八百三十三年以前漢朝學者定下的法律，爲什麼現在還得全部遵守，就民法刑法和其他的法律而論，時至今日，漢律還能通行嗎？若是如此，那我們現在豈不是不需要立法工作嗎？若是有人如此推論，我一定期期以爲不可！

　　講到此地，請大家原諒我附帶說一個故事，我主張下面有四點的字，把四點寫成一橫，不但免得有四次上下的動作，而且大家也都認識。於是有研究小學的先生不以爲然，說明這四點是代表火字。我說：誠然誠然。我也知煮字、熟字，熱字、然字等下面的四點是代表火字，可是魚字底下四點是否代表紅燒魚？鳥字的四點是否代表燻鴿子，或是燒鴨子？至於馬字的四點使我了解到關雲長所騎的赤兔馬的來源，大概他是火上烤過的？這雖是朋友閒談的時候，講講笑話，然而可見六書的原則，早已經過許多破壞了。這類的象形字固然被楷書破壞得最厲害，其實破壞六書的又何祗楷書呢？

五、解答幾箇疑難問題

　　第一、用了簡體字以後，所有的古書都不能讀了，這就是要毀滅中國固有文化！

　　我可以回答道：決無此事。簡體字採用以後，古書仍然可讀。民

族文化能保存與否，在乎民族是否能有獨立自由的生存，是否能在適於生存的條件之下，繼續創造，繼續努力，而不在乎字體的是否改變。中國文化的大護法常常誇耀中國文化繼續存在了五千年，同時也不能不承認中國的字體改變了多少次。可見文化的保存是與字體無甚關係的。採用簡體字以後，古書仍然可讀的事實——不是理由——在本文的第二大段裏，已經講得很明白。這事實就是諸位現在所讀的孔孟書籍，決不是孔孟當年的字體。那些遺留下來複雜的字，儘可讓好古敏求之士去研究，去欣賞，決無人去妨害他，但不必勉強那研究各部門學問的人，或是在緊張狀態之下求生存的人，非用不可。爲顧慮到那些古書讀起來不方便起見，則有其他補救的辦法。就是把其中重要的，甚至於全體，重印一道。最近我們爲想保全中國善本書於這亂離的世界上，曾計劃把四庫全書一齊縮印爲便於閱讀的照片。多備數份，分存各處。經估計了一下頁數，知道不過二千萬字。即將其全部用簡體字排印，所費終屬有限，而大家所省的時間和精力，其價值卻是不可估計。

　　第二、於是問難者繼續問道：這樣說來，是不是會形成兩套字體？

　　我認爲是不會的。因爲用簡體字是廣大民衆，尤其是青年，熱烈的要求。現在學校一定要教學生寫正體字，乃是奉命而行，然其效果也祇以小學爲限。至於大中學生寫筆記，做文章，因時間忽促，誰還管那一套。至於社會人士，更不必說了。祇要政府解除過去對簡體字的禁令並採用一大批簡體字，大家一定是望風景從「速於置郵而傳命」。那識簡體字的人對於現在的正楷，仍然能讀，因爲如採用我建議的辦法，則兩種形態的距離，相差有限，至多不過像楷書和隸書的差別一般。寫楷書的人既然能識隸書，可見識正體字的人何嘗能識簡

體字？就算多了一套廢字，也不過是楷書盛行後的隸書罷了，有何害處？

第三、簡體字會損失中國字的美感，並且不雅。

要回答這問題，可以反問道：世間事物，尤其是藝術品，是不是複雜的就美，簡單的就不美？就中國畫來說，王蒙的層巒疊峯是美，倪雲林的枯筆簡筆山水也是美。至於八大山人的寫意寫生，寥寥幾筆，誰不承認他達到藝術最高的意境。講到中國書法，章草最簡單的了，而歷代公認張芝索靖的書法是美。世界的美學中，決無以繁簡來定美惡之理。美不是絕對的，一成不變的。有許多美感是習尚養成的。從前中國人欣賞女生的美是病態的美，現轉變爲健康的美。有一時以「髮光可鑑」爲美，有一時以「首如飛蓬」爲美。服裝的時尚，更無道理可說。所以每一時代都有每一時代美的標準，也就有每一時代美的存在。這箇時代過去了，下一箇時代自然會有他的美產生。世間有些美是富於共性的，有些美是特殊的。如西洋人，當然祇是少數有中國藝術素養或興趣的西洋人，也能欣賞中國畫，但是我從不曾遇着過一箇西洋朋友，真能欣賞中國字，若是你寫一張字條送他，當然他爲客氣起見，也會連聲說：「頂好！頂好！」至於「雅」字，乃是指中國文人學士從修養中得來的趣味而言（Cultivated taste），其標準的高下，常隨時代而異，我可以大膽的說，簡體字也和章草一樣，寫好之後，將來一定能得到讚美。

第四、簡體字不合進化原則，因為進化是由簡單而進到複雜的。

這樣的進化論倒是不曾聽到講過，進化可由簡而繁，也可由繁而簡，這全看對於適合生存與否而定。繁的就是最好的嗎？人在進化的過程中把後面一根尾巴掉了，難道現在還希望他長起來嗎？以工具而

論，西洋打字機簡便得很，而中國打字機複雜極了，難道中國打字機好過西洋的嗎？說到武器，則以前克虜伯炮很複雜而現在打坦克的火箭炮最簡單。若是在戰場上遇着敵人的坦克來，我們還是用火箭炮去打呢？還是要徵求克虜伯炮去打呢？嚴復先生的譯學是了不得的，但是他譯達爾文（Survival of the fittest）這箇名詞爲「適者生存」未免有點小錯，至少是未能盡意，因爲按原文當作「最適者存」。在物競天擇的環境之中，祇有最適應生存條件的才能生存。自然界的現象如此，人類的文字也是如此。

第五、中國字體縱然不無可改之處，但是現在不能在臺灣改革，等到回大陸以後，全國大統一了才能談改革。

我們誰不想收復大陸，快點看見國家統一，四海昇平，那時候再行敷文設教？可是從現在到收復大陸的一段工作是如何的艱難。我們當積極努力隨時改進，爭取任何時間，採用任何工具，才可有望。否則等待，等待，等待，任何興革，等到何時？平均地權也是牽涉全國性的措施，爲什麼我們政府要在臺灣實行「耕者有其田」的政策？

我們爲便利民眾，推行和增強其復國建國的知識和技能，正應當授以簡便的文字工具。何況臺灣省參議會第一次大會曾通過議案：「請政府制頒常用簡易漢字，限制使用奧僻文字，以利人民辨識。」以後臺灣省臨時省議會第二次大會又有議案：「請提倡國字改革運動。」這不是民意機關代表民眾的呼聲嗎？我們更當明白，經過共匪幾年的惡化，大陸上民眾的生活習慣、思想文字都有很大的改變，我們登陸後既不願用共匪的文字工具，而自己又沒有一套簡便的字教給他們，還要逼他們學「臨文便覽」裏的楷書字，這是不可能的，這是他們不能接受的！

第六、看你前面所列簡字，老是要從古的方面求根據，未免太保守了，難道除此而外，我們就沒有創造新字的智力和權利嗎？

這種責難，我親自聽見過多次，常出自年青一點的學人之口。我承認我的辦法較爲保守，可是我前面已經說過，我決不承認創造是古人的專利權，我也不承認現代人的智慧低於古人。我們在選擇古人造的字而外，當然自己可以造字。造字的時候也不必把自己的心靈，鎖住在六書的籠子裏，可是要合理、要便利、要明晰而不易混淆，因此我敢說，所謂學生字中，雖有一些是無道理的，却也有些是很好的。即如簡寫的「种」字代「種」，我以爲很好。你看一邊是禾，一邊是中，從中聲，把禾插在中間爲種。這可以說是形聲字，也可以說是會意字，在六書之中合於兩書，有何不好？這種新說文講種字，比舊說文解「秃」字好多了，有人以爲此字和舊有的「种」字相混淆。不知原來訓作「稚也」的种字，幾乎一生難遇一次。至於當姓用的种字，則我們還能一想就記得的，祇是「水滸」裏魯智深的舊長官「种老相公」种師道。可是姓种的太少了，而種幾乎天天要用到，不妨請种老相公暫時讓一讓罷！青年學人責我太保守，那知道我主張這種保守的辦法，還有人認爲我是有「類似匪諜行爲」呢！

六、提倡和推行簡體字的方法與程序

廣大民衆對於簡體字的要求，是共見共聞的事實，不是任何人的私意，有人說我們主張簡體字是「天下本無事，庸人自擾之」。我固然是庸人，可是大衆對於簡體字的要求是一件顯然的事實，不能說是無事。我們不能逃避事實，應當有勇氣面對着事實。我想堅持中國字體決不能簡化的人，一定不多。現在的問題是用什麼手續來簡。據我

觀察，不外三種意見：

第一種是主張絕對放任聽其自然演變的。其理由是政府不必管到許多的事，老百姓自有辦法。你不是說過千萬不要看不起不知名的老百姓的創造力嗎？他們創造出來的字可能比你們擬的，或是政府定的好。誠然！誠然！我從不敢看不起老百姓的智慧。可是絕對的聽其自然，也有很大的流弊，而且不能解除當前的困難，尤其是中小學生的痛苦。

這很大的流弊是當前因為生活方式的劇變，大家都感覺到中國繁重字體的不方便，於是各人隨意的自動在簡。你簡，我簡，大家簡，恐怕簡到大家不認識。因此中國字體分裂到五花八門，喪失了必須維持的共性，這與國家的統一有妨，在政令的推行上會產生另一方面的阻礙。

至於當前的困難必須待標準簡體字來解決的很多。即以小學教育而論，現在課本上用的，老師教學生寫的都是所謂規定的正楷字。國民學校一年級教本的第三課就是「去，去，去，去遊戲」。這「遊戲」二字，筆畫如此之多，學生難學，老師也難教，大家知道小學教師教字，是用數字將一筆一筆唱出來寫在黑板上的。像十二筆的遊字，十七筆的戲字，有些小學生常常連數目還數不清楚，如何寫法。小學教師在教室裏用簡體字是要受干涉的，中小學生習字本子或作文簿上發現了簡體字是要吃紅槓子的。舉一件事為例。教育部長對於簡體字的態度是開明而熱心的，可是去年（四十二年）不知道是那方吹來了一股寒流氣壓，也因此下了一道禁止學生自寫之簡體字的命令。令上雖然說：「關於簡體字一案，本部正邀請專家審議中，在未審定公佈前各校學生自寫之簡體字，仍應禁止。」以後臺灣省教育廳照轉給各縣市政府及各學校的「教四字第一三一五四號令」，其「事由為各校學

生習字常寫簡體應予禁止仰遵照」，更易使人感覺到直接了當。這道命令下去，於是各校教員慌了，學生作業本子上從此添了無數的紅槓子。這件事表現出四箇問題：（一）學生自寫的簡體字產生紊亂字體的現象。（二）但是在禁令之下，民間合理的簡體字如何能產生如何能通行。（三）學生一方面對於繁複的字體感覺到應用不，一方面又沒有比較方便的字體教給他，如何是好。（四）教本上所印的複雜字體，仍然是一種學習上的擔負。所以絕對的放任主義，不能解決當前的困難，而且有治絲愈棼的危險。

第二種是為了防制以簡體字毀滅中國文化起見，故必須由立法機關「制定文字制定程序法，規定我國新製文字及編訂之字書韻書，應與國家一切制度，如度量衡等之制度程序相同，都由立法院通過後，咨請總統公布施行」。事關立法大權，以我現在所負職務上的名義而言，自然絕對尊重，不敢妄參末議。若是以一箇學人，或是一箇國民的身份而言，則我或者也可以申述一點匹夫之見，希望我們的代表，能夠垂聽。

在民主國家裏，「新製文字及編訂之字書韻書」，須經國會通過，就淺學所知，還是創聞。英國國會的權力是國會中之最大者，從不曾聽說他通過新製文字及字書韻書。英文字典上的字現在增加到三十幾萬，若是都要經國會通過，國會應不勝其繁。我們祇看見有《牛津大學字典》、《劍橋大學字典》，從不曾聽見過《英國國會字典》。美國國會權力也不小，我們同樣也不曾聽到通過新製文字的議案，和有國會通過的字典。聽說有人舉法國為例。法國的法蘭西學院是一箇學術評議機關，著名學者或是有大功勳的人被選進去做會員，祇是加上一種榮譽的頭銜。其中有一箇委員會在編字典，要編一部類似《牛津新字典》那樣大的書，編了幾十年還未完成，據說要到一九六〇年至

七〇年之間，大約可以出齊。這是一種研究性的類書，至於其他的法文字典甚多，法文字也年年有大量的增加，其中以學術的字爲最多，並不經該院通過，更不經法國參衆兩院通過。這是共見共聞的事實。說到土耳其的文字改革，乃是把全套以前土耳其所慣用的亞剌伯字母，一概改爲拉丁字母。這是很徹底的更換字母，一次可定，一言可決，與通過每箇所謂「新製文字」，性質不同。我和研究公法、文史以及科學的朋友們，平心靜氣的談過，我們淺薄的意見是：立法機關是最尊嚴的，是「一案而爲天下法」的，最好不問這些麻煩的事，讓最高教育行政機關去辦，爲立法機關多保持一些權威，爲教育學術機關多保持一些自由，恐怕爲機關，爲學術，爲國家都有一些好處。這是幾句很客觀、很誠懇的話，並無惡意，更不存冒犯的心思。文字的增減是繁瑣的事，他是不斷在動態中的。民國十年我去參觀美國度量衡標準局，主管者開了一箇調節空氣的保險箱，取出一枝白金標準尺來，一百多年以來度數不變，可是美國文字經百餘年來，變得太多了。在現在的世界上，活的文字，似不能和呆的度量衡相提並論。此外還有幾點小意見陳述不知道對不對。（一）若是新製的字箇箇都要通過法案，將來立法機關一定不勝其繁，恐怕耽誤開議國家要政的時間。（二）若是議決了的「合法字體」，有人不寫、不用，或是寫走了樣，便是犯法，究辦則不勝其究辦，不究辦則反而有損堂堂法案的尊嚴。（三）若是有些字急於要用，不及提請通過就通用了，將如之何？提出了但因立法機關要案太多，耽擱許久，外間大膽先用了，又將如之何？有些字因疏忽遺漏而不及補行手續，也未經發覺查究，始終「逍遙法外」更將如之何？在以上三種情形之下，都會產生許多「公然不法」和「逍遙法外」的字，同時使人民存藐視法令的心，似乎都會構成民主守法國家裏的不幸，而且是不必有的現象。這些話如有不對，

還請海量包含。我希望並且相信民意的機關一定會顧念到人民的便利，民主合議制的決定最後一定明智的。

　　第三種意見是中國文字必須簡化，但是不能任人人「各自爲政」的簡化，弄到彼此不認得，失了文字的作用，而且分裂中國的文字，妨害政令的推行，和中華民國的統一。故簡化的字體必須標準化，使大家認得，而且容易使用。這種字體選定和頒布的手續，不必過於嚴格，而且須留些彈性，以便文字裏隨時產生新陳代謝的作用，使中國文字是統一的，而且是活潑而有生命，能適應時代要求的。這種工作，可責成教育部和中央研究院合作進行。可以合組委員會主辦此事。自然開始是研究，研究後決定的字隨時分批請教育部或由部轉呈行政院公布施用（日本公布簡字也祇是文部省決定後呈請內閣總理吉田茂於日本昭和二十一年〔公元一九四六年〕十一月十六日內閣下令公布並不奏請天皇）。公布以後，中小學的教科書裏，應當使用。若是向社會推行，擬用溫和的方法的話，則可先指定或約定幾種報紙和刊物，首先使用。我想決無困難，因爲最大多數新聞記者是贊成的，最大多數讀者是贊成的，祇要有一兩家報館添改一些銅模，一定可以吸收大量的讀者。臺灣的民眾和學校青年一定首先歡迎。這風氣一開之後，其餘的報紙、刊物一定很快的跟着改變。這個運動推行的迅速，預料比民國八、九年間白話文的推行，更爲順利。（日本推行簡體字是硬性的。內閣公布以後，全國一律遵改。此次中日和約裏有二十一個簡體字。當該約在臺北付印時，日本代表團請求其政府用飛機送來這二十一個字模，才把全約印就簽字。這種守法不苟的精神，很可稱讚，至於日本的簡體字，除了少數不妥的而外，其中也有些是中國古來的簡體字，但此處不必多講。）這個合組的委員會於選定簡體字，和研究如何簡筆而外，同時還不斷的調查、考察、分析中國字羣裏新陳代

謝的情形，隨時吸收新字，改進舊字，以開明的、科學的態度，使我
們這套傳達思想的工具，永遠能夠適合於民族生存的條件，和時代進
步的要求。教育部本來是國家教育行政最高機關，這件事本在他的職
權範圍以內。中央研究院是中國學術研究機關，也是最高評議機關。
他們都同國內外學術界比較接近。這件事由他們合作來做，祗要當心
匪諜嫌疑犯，一定能够做好，出不了什麼危險。

七、學術研究的態度

什麼是學術研究的態度？這話說來也簡單，就是：有理講理，就
事論事，不必動氣，不必漫罵，更不必隨意加人以罪名。真理是討論
得出來的。科學的方法首先要認清可靠的張本。邏輯的推理有一定的
步驟和範圍。大體上不過如此而已。

在四十三年三月一日臺北聯合報上，我拜讀一篇煌煌大文，是反
對簡體字的提案。其中有幾段公開提出我的名字來譴責。關頭就說：
「近來羅家倫氏主張變革中國文字，另造簡體字並採用已簡化的字，
以代替現用之字，且已商由教育部設立簡體字研究委員會。主持文字
變革事宜，羅氏自任委員。這事關係民族歷史和傳統文化甚鉅，爲防
止其毀滅中國文字，危及國家命脈起見，特提議制定文字制定程序法
以固國本。……」再說：「查共匪僞政權成立後，主持毀滅中國文字
的，設有中國文字改革協會……而以匪首吳玉章爲頭目。今羅家倫氏
商由教育部組織簡體字研究委員會，主持文字變革事宜，其意義和作
用，豈不是和共匪吳玉章等隔海和唱，而共同爲民族文化的罪人嗎？」
又說：「今共黨匪徒和少數不肖的知識分子，直欲效顰西方文字系統，
初則欲以拉丁字，或羅馬字的拚音字代替中國字，繼則又倡行所謂簡

字俗字運動，勢非將中國文字中國文化完全毀滅不止。……今日不幸遭逢空前的紅禍，正欲振奮民族精神，反攻復國，豈容類似匪諜的行為和毀滅中國文化的事實，尚可留存於自由中國？」恭讀之餘，不勝欽佩。本來民意代表在民意機關裏發言，自有保障，不對院外負責，我不但了解，並且尊重。祇是此文於院會討論以前，在報上批露，似欲公諸社會，鳴鼓而攻。這層我不敢非難，也不想申辯，祇因為幾處都提到本人名字，與箇人名譽有關，謹以國民一分子的資格，說明兩點事實：第一、教育部設置簡體字研究委員會自有秉承，決非我有權可以「商由教育部設立」。至少據我箇人所知，　總統在第十七次總動員運動會報時，垂詢簡體字問題後，教育部長起來有詳細報告。　總統指示說：「為教育，為大眾的便利，在國家的立場上，簡體字是很有用處的。我是贊成，有提倡的必要。」在座有各單位的首長，大家都聽到這段訓示。至於我參加簡體字研究委員會，乃是奉到教育部一紙聘書，決不敢「自任委員」，也不配主持。第二、我不曾主張過「以拉丁字或羅馬字的拼音字代替中國字」，這和簡體字運動完全是兩回事，我到現在才開始知道我是「不肖的知識分子」，「與共匪吳玉章等隔海和唱」，從事「類似匪諜的行為」。縱然不是直接派來的匪諜，至少也是「匪諜嫌疑犯」或「匪諜同路人」。等我閉門思過後，頗願報到自首。

　　我想這種名詞加在他人身上，似乎還超過漫罵，但是我始終不敢說是誣陷。我想主稿的先生原意不是如此，不過由於他擁護中國文化的熱忱過高，遂有此興到神來之筆。我對於主稿先生的尊姓大名也不願提出，決非輕視，乃是保持論事不論人旳態度。我還有一點幽默感，決不，也不敢計較此事。

　　不過這種態度是有其他的影響的，我願意忠實的報告出來，當作

社會問題研究。最近兩星期內我至少遇見幾十位大學教授，見面時有些人紛紛來安慰我，弄得我啼笑皆非。又一位名教授匆匆的來訪我道：「你都被民意代表戴上這樣的一頂帽子，我們還說什麼！」又有一位很幽默却又帶幾分感慨的教授說：「你做你的副院長好了，何必管什麼簡體字的閒事。」我十分不願聽到那種反映的意見。

在三月十六日下午三時半我收到一封恐嚇信，我一笑置之。不想十八日上午九時又從考試院轉來一封上寫「羅副院長家倫本埠鐵漢寄」。信裏的文字和上面的大同小異，最近一封的字句如下：「你想賣國，溝通匪幫，用減筆字毀滅中國五千年文化。我們老粗祇有武力對你。準備送你一個大炸彈，叫你完蛋。凡有與你同路者都將同歸你一路。鐵漢團。」信裏字蹟是做作的，信面字是會寫字的人寫的，不見得一定是「老粗」。匿名恐嚇本來是最無價值的東西，毫不值得一提，何況臺灣是治安秩序最好的地方，更不值得一提，我所以要提的是，為了文字的問題有人會寫恐嚇信，倒也是別開生面。萬一真有箇老粗受到了某項文字的感動，那我也祇好背誦經書裏「君子之德風，小人之德草，草上之風必偃」這句聖人的名言了！

不過據香港文化界的朋友告訴我，說是共匪約在大半年以前，突然不提倡他那一套魯莽滅裂的減筆字體，弄到他們在香港的文工分子，對於這一百八十度的轉彎，很難自圓其說。據這位朋友告我，和我從有關文件中得來的跡象，是莫斯科東方學院裏的俄國人反對這一套，因為他們習慣上用的是《康熙字典》，對於這些共匪製作的新字，在《康熙字典》上查不到，於是對於審查共匪的文件感覺不方便，於是作此反對的建議。我以為這個轉變，無論傳來的理由是什麼，其中有一個真正的理由是可以確定的，就是俄國人認為「在這原子時代的一切發明，咱們老大哥自有權衡，自會作妥善的支配，不勞你們中國

人操心，你們不妨多費些時間精力去寫那複雜的字罷！」在這轉變的情形之下，話又說回來了，就是與共匪隔海和唱這件事，不能讓我專美於前。但是我決不敢嫁禍於人。

因爲現在是民主的國家了，所以我對搬出古來「非天子不議禮，不制度，不考文」的話來應用，不敢同意。若是嚴格的說，誰是天子？那許多有關這類工作的機關，都該廢置了。若是照 國父遺教的解釋，在民主的中國裏，四萬萬人都是皇帝，那似乎我們至少也有「考文」的權利，因爲中華民國憲法第十一條賦予我們「人民有言論、講學、著作出版之自由」，同時我們並不妨害社會秩序公共利益違犯憲法第二十二條的規定而受到保障。不過我覺得大家討論學術問題，或國家大小事的時候，態度很爲重要。大家能保持一點風度，恐怕流弊少一點，對於國家的幫助多一點。

我們反共，要消滅共匪，是反共匪的投降俄寇，出賣祖國，認賊作父，反共匪的殘暴、極權、奴役，及其他的倒行逆施，我們却不能因爲共匪在築鐵路，我們就當拆鐵路；共匪用紅顏色，我們就禁止任何地方用紅顏色，共匪吃飯，我們就不吃飯。否則便是「隔海和唱」。

我們大家都在反共陣營裏，大家都認清不消滅共匪，不能解救同胞，復國建國，並且自己不能生存。但是共匪是有強大的敵國背景的敵人，要反共得重定一套在現代使用最有效的辦法。這應當集合衆長，詳加考慮，千萬不可以爲把我們古老的東西，一齊搬出來就可以反攻大陸，打走俄寇，滅盡共匪。力求進步還怕趕不上時代，祇圖保守便是自殺。至於現代的政治和文化，尤當推廣到並建築在廣大民衆的基礎上！

凡是改革沒有不遇到反對的，這是歷史上的公例。我們那裏配得上比子產於萬一，可是「孰殺子產，吾其與之」的歌謠，我們是在經

書上讀過的，現在讓我講一箇現代的故事來做結束罷。當民國七八年在當年的北京發生了一箇文學革命運動，主張以白話做文章。胡適之先生是倡導者，主張要建立「國語的文學，文學的國語」。傅孟真先生和我們一班朋友，因為編輯「新潮」，不過是這陣營裏的小卒。當年北洋軍閥和一班衛道先生，都認我們是「洪水猛獸」，「欲得而甘心焉」。於是有一位知名的舊文學家，在安福系辦的「公言報」（當時民間稱為「訟報」）上，寫了一篇小說，名叫〈荊生〉。故事的內容大概是說，在陶然亭某處有一群魔鬼在開會，正在商量毀滅中國文化的勾當。忽然有一位具有大法力的偉丈夫，破壁而來，把這一群魔鬼，打得落花流水，烟消雲散，從此天下太平。其中的那位魔頭，就是現在為國民大會而來臺灣，熱烈擁護自由中國，大家願意瞻仰風采的胡適之先生。在臺灣的人從毛子水先生到我，也都是荊生未打死的魔鬼，可是文學革命運動，不能不說是達到了他用國語來創造文學的主張。我們政府重要的文告早已用白話了。廢置「高文典冊」而不用，當時何曾不認為是離經叛道，非聖毀法的事！但是最初得到實惠的是小學生，使他們的小腦筋，不受到不能了解的文字的戕害。以後受到好處的是大中學生，最後是廣大的民眾。

　　紙包不住火，古老的沙堤，抵不住民族為生存而要求簡便知識工具的洪濤。簡體字運動的功效，我們希望最初而且很快的，能使中小學生得到實惠。不久，最好是同時，更使廣大的民眾，也能得到便利。我們要實現　蔣總統一貫的指示，從速「把中國建設為現代化的國家！」

民國四十三年三月十八日脫稿

（見中華民國四十三年三月十七日至二十日臺北中央日報）

中國文字的演進

張斯人

　　因文而成字，由字而成章，文字之起源，是始於象形。就其形，則知其物也。如日月山川，耳目手足是也。由象形演進而爲指事，指事之中，而有象形之意，象形之中，而寓有指事之義。觀其形，則知其事也。如上下左右，干戈宮室是也。象形、指事兩者，即是文字本身的組織之原則。

　　諧聲者，是以字的所有之音，同於物的所有之聲也。水火木金土，字即象其物之所有之形也。水字之音，即近如流水之聲也。火字之音，即近如發火之聲也。木字之音，即近如林中有風之聲也。金字之音，即近如擲金之聲也。土字之音，即近如擊土之聲也。烏與鴉，燕與雀，皆字如其形，音如其聲。即觀其字，則知其形，就其形，則知其聲也。天與巔同音，地與底同聲，就其聲，則知其義也。長與常，勝與盛之義相近，福與備，善與祥之義相似。義與義相同，則聲與聲相通。上與下，高與低之形不同。去與來，出與入之義不同，義象其聲，而聲則象其形也。會意者，如人言爲信，如心爲恕，矢口爲知，止戈爲武，就其形與形之所在，而知其所在之意也。諧聲會意，兩者，即是代表文字所有的聲與義之原則也。

　　集合以上四種之原則，而成一文字。即每一文字的本身，皆含有以上四種聯帶之意義也。如以中國文字爲象形之文字，而象形兩字，

不足以盡中國文字之意義。中國的文字，是由象形之演進，而成爲一合理化的象徵之文字。中國是以所有的事與物之徵象而爲文字。文字的本身，即含有一種物理與人事之意義，所謂之字，即是文也。

轉注，轉即轉其同者，而爲不同者。如同通統桶，從重總眾，皇王廣廓，是由形與聲，聲與義之同者，轉注而爲不同者。即相同之中，而有不同之義也。假借，假即假其不同者，而爲同者。如果實之實，假借而爲誠實之實。興盛之盛，假借而爲盛物之盛。生長之長，假借爲年長之長，長短之長。是由形與聲，聲與義之不同者，假借而爲同者，即不同之中，而有相同之義也。所轉所假愈多，而文字之繁衍日廣：即事形聲意互相會通，互相利用之意義愈精。象形、指事、諧聲、會意四者，爲造字基本之原則。而轉注、假借兩者，則專爲推廣以上四者，所以盡其用也。

許氏《說文》，就以上所說之六書，將所有文字，分門別類，予以解釋。唐宋以來，歷代講小學者，皆根據許氏之說，加以伸述，認爲轉注與假借，同屬於字的本體之不同。夫形有轉注假借，同時有聲的轉注假借，事與義亦有轉注與假借。不知六書之分，並不限於字與字之不同。中國之文字，是聲與聲相證，義與義相生，字與字相通。集合數義而成一字，一字兼有數義。六書爲中國文字的結構，基本之原則。而六書本身之意義，已成爲中國文字整箇的理論之系統。不知六書所有之真義，即不知中國文字所以互相貫通之理。同時亦即不知中國文字之真相也。

《說文》與字典所列之部首，一百九十幾個單字，即等於中國的文字所有之字母。部首以內所列之字，除少數因形而立義，因義而得聲，例如兩人爲从，兩木爲林，三口爲品，聲皆象其義也。此外如不與一爲丕，口與力爲加，長與弓爲張，今與口爲含，至與土爲坖，少

與女爲妙，單與戈爲戰，立與手爲拉，免與日爲晚，肖與木爲梢，昆與水爲混，柬與火爲煉。十之八九，皆拼音而成聲。中國的文字，象徵之中，實兼有拼音之長也。

　　古音聲短而濁，今音聲長而清，古人舌團，今人舌尖，古人唇厚，今人唇薄。同一文字，而古今之聲不同，同一聲也，而古今之音有異。宮與喉，商與舌，角與牙，徵與齒，羽與唇，古聲相同。而今日所發之音則不同。子與鼠，丑與牛，寅與虎，卯與兔，辰與龍，巳與蛇，午與馬，未與羊，申與猴，酉與雞，戌與狗，亥與豬，今日所發之聲雖不同，而古音則相同。就其聲可以知其義，就其義，亦可以知其聲也。明乎聲與形相通之理，則通乎中國所以爲文之道也。中國文字，經過數千餘年。因世代不同，而古今的聲音之演變亦異，就現在的文字所有之音，如團其舌，緩其唇，促而發之，猶能近於古時所變之聲也。三歲小兒，語多近乎古音，人類的唇舌之利用，是日趨於尖銳，未來之視今日，亦猶今日之視已往也。

　　中國所有之文字，如仁義禮智，孝弟忠信，元亨利貞等字，本身皆含有一種不同之意義，實際上即等於拼音文字所有的專用之名辭。西方所有的專用之名辭，不能一律改爲普通流行之語言，則中國現在之白話亦同樣不能完全代表已有之文言也。

　　或以中國文字，形與聲，聲與義，各自分立。認識困難，難於普及。中國的文字，認識其字，同時即知其意義，聯字成文，聯文成章，就其所知者，可以聯想推及其所未知者，事理愈明，則意義愈通，而文字之運用亦愈靈。西方文字，完全由於拼音，雖便於記錄，普及亦易，而名辭愈演愈多，需要記憶名辭之困難，將超過中國文字之認識。中國文字，是由難而易，西方文字，則由易而難也。因聲而成字，聲音既變，則文字的意義，亦形隔閡。世代之隔離愈久，而拼音文字的

利用，所有之效力愈低。中國文字，因形與聲，聲與義，三者一致，給予人之印象既深，而影響人類之心理亦最大。中國文字的本身，是含有共同之原則，具有獨立的存在之意義，文字本身之意義，不因聲與音的不同，而有所改變。民族雖有不同，各地方言，雖有不通，皆無礙於中國所謂之大一統。中國之文字，對於中國的統一，實爲主要之條件。

　　六經的文字，多屬於兩三千年以前之成語，至今讀其書，猶能識其義也，詩書以內，許多字句，依然與今日通行之語言無異。而現在一般流行之格言，如自強不息，利見大人，小往大來，遏惡揚善，反身修德，赦過宥罪，勞民勸相，觀國之光，漁汗大號，進退存亡，消長盈虛，無一而非《周易・繫辭》所有之成語。亦惟有中國所有的象徵之文字，爲之聯係，人類的歷史，前後斯能如一日也。

　　中國的文字，與中國的歷史，是具有一種不可分離之關係，道德的觀念已成民族的內心之印象。孝弟忠信仁義之名，字的徵象，與字的意義在民的心理之上，已形成一種不可抗違之力量。雖窮凶極惡之人，對於不仁不義，不忠不信之名，亦無人樂予接受。中國文字的象徵，與文字本身的意義，是有聯帶的關係。中國的文字，即是代表中國的文化之徵象。如存其意義，去其象徵，破壞文字本身的組織，即等於貶低文化的本身之意義。中國的文化，即是中國大一統之基礎，徵象的改變，意義的混亂，則民族傳統之信念，中國大一統的基礎，亦將爲之動搖。現在所有之文字，是經數千年歷史的演進而來。考文之制，已往列爲大典。新的意義與新的名辭，可以增加新的文字。而文字的增加，必須合理化，必須不背六書之本義。繁難而無當者，亦應予以簡化。惟必須根據各地已有的情形，合於環境之需。加以合理之整理。始能行之而通，垂之永久。倉頡造字，亦是根據以往各方所

有的類似之文字，予以合理之整理。由篆而隸，由隸而楷，亦由自然的演進，就其所有者，加以合理之調整而已。文字的演進，是基於時代之需要，逐漸的改進而來，決非一人的知能，一時的創作，所能行之而無礙也。拼音文字的便利，是富於文化的推廣之效力。象徵文字本身的合理化，是具有歷史的永久之意義。同為人類的文明之所需要。就整個歷史之進化而言，以上兩種文字，方式雖有不同，而代表人類文化之意義，將日趨於接近，而互相合作。即象徵的文字，為代表歷史的永久之意義，而拼音的文字則成為推行文化的所有之工具。

（見中華民國四十三年三月二十一日中央日報）

字體是「法定」不得的
——劉國賓的故事

陶希聖

　　立法委員廖維藩先生等對羅家倫先生提倡簡筆字，發生爭論。古色斑爛的文章連篇見於報紙。羅家倫先生也在報紙上刊出長篇大論。

　　我在大學時代，也讀過文字學，沒有興趣，更沒有天才，實在讀不好。後來學法律，把這門學問也就拋到九霄雲外去了。今天文字學的爭論，雖然熱鬧非常，可是我沒有這分學力來參戰。

　　法官判案總是先下判決，再說理由。所以學法律的人，寫文章他是先出結論，後提理由。今天我的結論，就是字體是萬萬「法定」不得的。理由很多，爲了方便，且用劉國賓的故事來說明。

　　劉國賓是鄉下一個好青年，可惜他寫自己的姓名，寫慣了「刘国宾」。中華民國四十三年，立法院制定了「字體法」，四十四年法定字典又公佈了。這時劉國賓恰好從中學畢業，到臺北來投考臺灣大學。不料他報名時寫下「刘国宾」三字，註冊處主任龔瀛賽先生和報名處職員蕭襄先生就拒絕了他的報名單，說是他把自己姓名寫了黑市字。

　　劉國賓到了兵役年齡，參加了國軍的一個隊伍。他服務非常勤敏，特別是當哨兵、守門崗，有時通夜不睡。但是他對長官的每一報

告，都被扣分，扣得他頭昏腦悶。因爲他寫報告，不是寫「刘国宾」，就是寫「刘國賓」，或是「劉国宾」。後來他參加國軍政治大考，他的長官再三再四叮嚀他，不可寫墨市字，但是他一入場，首先在卷子上寫下一個「刘」字，便被監試委員扣了他的卷子。

民國四十五年，政府還都南京。自修苦學的劉國賓進了貴州原子能工廠去做技工。那時工廠的技工每日只有六小時工作，他閑暇時，從一個副工程師學原子物理學。這位副工程師是臺靜農先生的孫子臺農孫。他什麼都好，就是簽名的時候，把臺字老是寫成「台」字。

原子物理學上的詞，如鈷、氫、鐒，很多都不合六書，既不見《說文解字》，也不見《康熙字典》。在「字體法」上都算是「法外字」，寫這些字的行爲也都是脫法行爲。

民國四十八年，考試院舉行檢定大考。臺農孫帶領着劉國賓去申請檢定。臺農孫申請書上寫的是「台農孫，年三十歲，貴州原子能工廠副工程師，專長是氫鎔解工程。」劉國賓寫的是「刘国宾，二十八歲，貴州原子能工廠助理技師，專長是鐒提鍊工程。」考試院檢定大考委員會收到這兩件申請書，首先查對「法定字典」，發現其中姓名是「黑市字」，科學名詞是「法外字」，而且發現原子能科所有的申請書都有法外字，只好一律批駁。考試院這年把原子能一科停止檢定，候立法院補充「法定字典」後再舉行。

劉國賓這一氣非同小可。他辭去工廠職務，去做出口商。有一次他與一個印刷廠訂立了出口貨商標承印合同，印價十萬元，約定一個月內交貨，每逾期一日，印刷廠要賠償他的損失一千元。不料那印刷廠竟逾期半個月，把他的一批出口貨耽誤了。他到法院去打官司。法庭審查他們的合同，印花票是貼了，也經過了公證人作證，可是「刘国宾」三個字又違犯了「字體法」，合同無效。劉國賓至此便破了產，

回江蘇原籍去申請耕地做自耕農。至於縣政府批准與否，且聽下回分解。

　　這個故事指出了「字體法」有許多流弊。如果「字體法」對於違法者沒有制裁，那就等於無法。如果有了制裁，那就是農工商學兵大眾每人每天都要做黑市、或是脫法行為。所以我的結論是「字體是萬萬法定不得的」。

（見中華民國四十三年三月二十三日臺北聯合報）

中國文字是鞏固中華民族的基石

徐鐵果

一、前　言

　　中國文字是一門專門學問，以前讀書的人，把「雅學」，「小學」都當作一項必修課目，訓讀書寫，非常講求。現代因爲文化進步，科學發達，我們必須學的課程太多，讀書時間又很有限，事實上不允許我們再用多的時間去研究，因而在訓讀書寫上也就逐漸的馬虎，不大注意。流風所至，讀錯了音，寫錯了形，以訛傳訛，甚而以非爲是，毫不爲奇。碰到過很多人把「效率」的「率」字，讀作「統率」的「率」字音；讀作「立」音，倒反而被認爲是一種錯誤。又如「斡旋」的「斡」字，「叵測」的「叵」字，「膏肓」的「肓」字，讀錯了音，也寫錯了形，那更是常事。固然在進入原子時代的今天，我們不應斤斤計較於這些，去做過分非求。但也不能以牛作馬。陷溺於支離破碎的風氣。或竟蔑視民族文化遺產，捨已耘人，偏重外語，而漠視自己的文字。尤其共匪要爲其主子俄帝逐步消滅我國固有文化毒計，老早聲言要「廢棄方塊字，適用拉丁文」，一面臆造大量簡字，淆亂破壞，欲使得我們由不愛中國字而放棄固有文化，再由忘去中國歷史而不知所本，才是他出賣國家民族的最終目的。目前我們這種對文字不甚講求的態度，正是文化侵略最大的危機，和民族精神最大的隱憂。筆者不

揣譾陋，僅就一得之愚，寫出中國文字的構成發展和數量的統計，以及具備的特點，包含的特質等問題，就正於先進與社會人士，另一方面希望能提高我們的共同警覺，對於文字知所珍惜愛護，鞏固歷史基礎，振奮民族精神，以粉碎共匪摧毀固有文化的陰謀。

二、民族的生命活力

人類的文化發展，是先有傳達思想意向的語言，然後才有紀錄語言的文字，再由文字擴大傳播這一種語言文字的使用空間和時間。消彌了空間上的限制，泯滅了時間上的隔離，才有歷史文化的傳流以致不斷進步。

世界上祇有沒有文字的語言，絕對沒有語言文字不相一致的民族。沒有文字祇有語言的民族，不僅文明不會進化，且將必然不能永久適存於世界。　總統在中國之命運裏對中華民族的長成與發展，有一段最精闢的說明，他說：「就民族成長的歷史來說，我們中華民族是多數宗族融和而成的。融和的動力是文化而不是武力，融和的方法是同化而不是征服。」所謂文化的根本動力就是文字，因爲生活的連繫，思想的溝通，必須靠文字，語文不同怎麼能够融和？宗教的傳播也要靠語文，風俗習慣的維繫，仍然要靠語文。生活、宗教、風俗習慣等構成民族的要素，祇是文化的形式，語文才是凝結的因素，融和的動力。離開了語文，便失去了效用，唯有文字，才是民族的唯一生命活力。

中國語言文字不一致的說法，是因爲對文字沒有認識的一種錯誤觀念。凡是漢文語系的語言文字，都是一致的，所不同的祇是語音，而不是語文。語音有差異，是世界上任何較大語系的一竹種普徧自然

現象，不是中國獨有的事。無論那一個語系相同的民族，總有因地而異或多或少的差別，我們民族的人口分佈廣，土地面積大，因而差別也就隨著人口和面積而等量相加，並不是甚麼奇事。再者由於地理上的限制，文化發展或是接受文明的先後有所不同，對語言的使用也就自然的略有差異。在文字上有所謂「語文字」和「文言字」運用的不同，在語言的使用上，也就或多或少的有些地域保留部份「文言字」，有些地域部份引用「語文字」，但是這一些差別，祇是文字的運用和語音的不同，在文字的表現上卻了無痕跡，語言儘管有點出入，一經寫成文字，便可一目瞭然。倘使真的通行了拼音字，你用你的方言，我拼我的土語，將由語文的分化而造成民族的破裂，所以文字正是中國融合的民族的中心動力。

總統於三十九年六月廿日講「如何改進我們革命的方法」，有一段說：「共匪要摧殘我國文化陰謀，就是要使得我們中國人變質不知其爲中國人。這樣，他第一步就要使中國人忘記了中國歷史，而他要想達到這個目的，就先要使中國人不懂中國字，不愛中國文。第二步，就可使中國人只懂外國字，只愛外國文，久而久之，自然就成一箇外國人，就是陷爲異族的奴隸而亦不自知了。」俄帝奸匪正使用文化陰謀在中國大陸上來摧殘我們民族。我們再回溯滿清由於統制中國，引用漢文而廢棄了滿文，不過幾百年功夫，滿文滿語已是無影無踪了。在反共抗俄，爭取民族生存文化延續的今天，我們能不體認民族生命活力之所繫？

三、中國文字有些什麼特點

中國字是世界上僅有的「單音獨體」文字，每一個字都有它獨立

完整方方正正的形體，同時每一個字另能有一個發音，更有他獨立的意義，字與字間的組織，運用簡便靈活，沒有嚴格的使用限制，具備了這一特點，便使人認爲學中國字是一椿難事。其實和外國文對照一下，中國文字比世界上任何一國文字爲少。中國文字僅是比外國文字的字母多，並不是字多，熟記三千個外國文字的人，還不能說是足够應用，熟記三千個中國字的人，便已是程度可觀了，不信我們自己檢查一下，我們寫得出，讀得準，認得真的字竟究是多少？日常應用的字又有多少？實在的，普通鉛字架上，也祇有四五千個字，便足敷應用了；打字機裝在字盤上的，亦不過四千多字，中國字的妙處，不在字的多寡，而是運用上的技巧問題，鍊字造句，沒有止境，寫一手好文章，就不很容易。

中國字都具備有形、音、義三個構成要素，我們懂得這三個要素，不但幫助辨認和檢查，而且有很多字，我們看到它的形體，不查字典，便可以讀出它的音，也了解它的義了。譬如「丄」字，「一」字上加「｜」字，「｜」字是它的形，「上」是代表它的音，丄丅之「上」就是它代表的字義。相反的我們祇要聽到這箇聲音，就可以知道這箇字的形體，看到這箇字的形體，就可瞭解它所代表的意思。不像外國文字祇是單單的僅作代表符號之用，而另外並沒有其他任何活的意義。中國字典，便是按照這三個要素來分類的；由《說文》、《玉篇》、《字彙》、《康熙字典》到《中華大字典》都是按字形排列的字典。由《切韻》、《唐韻》到《中華新韻》，都是按字音排列的字典。由《爾雅》、《廣雅》到《通雅》，都是按字義排列的字典。

中國文字是整整的方塊，更有相對相反可聯可配的折合性，所以能組成一種勻整對仗，意備音諧的排列音節文學，詩詞和對聯，便是這種性能的特殊表現，也是中國所特有的一種民族文學。例如唐詩：

「兩個黃鸝鳴翠柳，一行白鷺上青天，窗含西嶺千秋雪，門泊東吳萬里船。」潮州雙忠——張巡、許遠——祠聯；「國士無雙雙國士，忠臣不二二忠臣。」又如「八刀分米粉，千里重金鍾。」這一種對使工整，文情相生的文學，絕不是其他文字所能創造的，祇有中國文字才能如此。

中國文字有獨特的折合性，更有優良的組合方法，隨著時代的演進，生活的進步，可以高度的適應運用，非常靈活，沒有艱枯的感覺。對於外來語，我們可以完全不用原名譯音，而按中國字的組合意義，另行確定新的名詞，如火柴、鋼筆、電話、無線電報、火車、飛機、鈾、氦等，不但不會使人不懂，且可以很清楚的明白表現出原有性能，而更為顯明正確，不必像日本祇能把match（マッチ）ink（インキ）pen（ピン）glass（ガラス）tobacco（タバコ）hotel（ホテル）等直譯出來，而不能用自己的語文創造新詞彙。

四、中國文字包含那些特質

中國文字最初「依類象形」，由形象描繪成「文」。但是很快的就利用曲線描繪意象事象，又造成了象意象事的「字」。由簡單代表出複雜，由空靈象徵出具體，其演變和發展正和中國畫同一途徑，同一道理。又因書畫所用的紙、墨、筆、硯工具相同，筆法上講求氣勢神韻，畫面上講求引人入勝的靈妙狀趣及氣氛，從古書畫並稱，視為同體的孿生藝術。中國人在藝術的評價上對於書畫兩者是不分的，一樣的賞玩摩研，同等的診視愛惜，不僅中國人如此，許多外國人一樣也有同好而收藏中國的墨寶。尤其日本人對中國文字，不但實用上，一直不能廢止，而對欣賞書法的表現上，金石書法亦祇用中國字，而

不兼用日本字母，可見中國文字是世界上唯一具有高深藝術價值的了。

　　文字有音韻，也是中文字所獨有的特質。凡字的讀音，平出而不低亦不高的；叫做平聲。高呼而猛強的，叫上聲，哀而遠的叫去聲。短促而急收的，叫做入聲，分平上去入四聲。一者因爲單音字，一字一音，不够應用，有了四聲，便可變化一箇字爲四種發音而成爲四箇字。再者發音相近的字，讀起來很容易混淆，有了四聲，便有了顯明的區別。更有「三仄應須分上下，兩平還要辨陰陽」的講求陰陽平仄，抑揚頓挫的音韻，不僅祇「詩、詞、歌、賦」可歌可吟，就是一篇好的文章，也一樣音韻鏘鏘，朗朗上口。甚至於中國人起名字，一定也要用叫得響，讀得順的字。對於音韻上，就是專門按音韻排列的字典，便利檢查運用，這種形式音調的優美，不是任何語文可以相比的。

　　中國字的部首分類法，就爲優美合理，有條理，有系統，不是任何文字可以相象得到。由人的本體部位開始，再推到自然現象，與物質生活，以致精神生活，共有二百一十四箇部首。關於人的動態，由手的從手，用腳的從足，發音的用口，精神狀態及意識表現從心。人倫的從女、父、子等。氣象的從日、月、風、雨等。生活方面的，衣有絲、麻、皮、革等。食有米、麥、豆、黍等。住有宀、广、門、邑等。行有彳、走、舟、車等。木本植物用木字旁，草本植物用草字頭。鳥分鳥、隹，獸分牛、馬、虎、鹿等。金屬礦物從金，石礦從石。舉凡天文、氣象、生理、心理、病理、物理、動植礦物、音樂、祭祀、色彩、工業、農牧漁業、生活用具、生產和戰爭工具等，莫不應有盡有，燦然大備。從字形上，我們可以由字的構造而體會到許多字的科學意義和高深哲理，譬如糕糉是用米做成的，筐籠是用竹子編造的，鈴鐘是金屬的製成品，女子有了家叫做「嫁」，男子取女叫做娶，這

些高深優美的表現，正是中華民族文化根基深厚高度發展的結晶。

五、中國文字如何構成怎樣演變

　　我們要想明瞭中國字組織的演變，最好先從文字的本原「六書」說起，劉歆《七略》說：「六書，一象形，二指事，三會意，四形聲，五轉注，六假借。寫物形曰象形，如日月是也。字不能象，則指其事，曰指事，如上下是也。事不可該，則會諸意，如武信是也。意不可盡，則諧諸聲，曰形聲，如江河是也。事不可窮，則因形體而轉注焉，曰轉注，如考老是也。因音意而假借焉，曰假借，如令長是也。有此六意，雖天地萬物，無不可為盡矣！六議既定，書有依歸，不致杜撰。」這便是中國文字構造的不變法則。從文字上再來分別，許慎的《說文解字》上說：「倉頡之初作書，蓋依類象形，故謂之文，其後形聲相益，即謂之字。」又說：「文字可互稱，獨體曰文，合體曰字。」可見中國文字是由單體字再發展到複體字，講求配合組織的，因為倉頡最初發明了文字，我們便一直認為文字是倉頡造的，其實造字的人很多，歷代都有新字出現，現在仍然不斷的有新字產生，如「塔」字是佛教傳入中國才有的，「傘」字是發明傘以後才有的，又如「沉」字是由「沈」字蛻變而來，「憑」字是由「馮」字蛻變而來的。現代的「哩」「呎」「鐳」「氫」「籼」「尥」等，都是隨著社會進化，生活演變，而在不斷的產生，在創造新字之外，既有的字也在隨著時代的進步，由繁而簡，不斷的變化，有退休了的古字，有通用的俗字，更有代替的簡字，例如「旾」是「春」的古字，「穐」是「秋」的古字。處的正字是「處」，俗字是「處」，簡字是「処」，眾的正字是「眾」，俗字是「衆」，簡字是「众」，在字的結構形體上，雖有繁

簡不同，而他所代表的觀念，也就是本性還是不變的。另一方面，有些字和我們生活逐漸增加了距離，或是政治上的革新，而在嘴上和筆下也就漸漸的少用以至於不用。古代裝飾以玉爲貴，甚麼「珡」「珩」「瑗」等字，現在便已不再多見了。武器不斷革新，古代的「鍠」「鉞」「槊」也就不再被引用了。政治革新，如「朕」「御」「詔」以及刑罰上的「荆」「耴」「劓」等字，也都廢棄了。距離時代和生活逐漸增加遙遠的字，在新陳代謝的定律下，普通字典，也就逐漸不再列入，而宣告了它的死亡。

　　字有正草隸篆等體式，不過我們爲了說明方便，要倒轉過來。從篆字說起。篆字的創始爲倉頡的古文，現在我們通常叫它爲蝌蚪文，因爲當時筆墨還沒有發明，那種文字是用竹桿蘸些漆寫在竹簡上面的，竹硬漆膩，不能自如行畫，便成爲頭粗尾細的蝌蚪形狀，因此叫他做蝌蚪文。後來周宣王時太史籀，改古文而另形成一種文字，叫做籀文，又名大篆，這種文字流傳不廣，我們現在僅能於周代的鐘鼎彝器上才能看到。還有一種叫做石鼓文的，以前人都叫他做周篆，其實它的用筆，已和秦篆接近了。春秋戰國時代，各國分裂，因而文字也就不相轉通，還有很多奇字，不可強識，到秦始皇統一了天下，丞相李斯統一中國車軌、衡量和文字，特地作了一篇《倉頡篇》，把參差斜整，沒有定式的古篆，變爲整齊規矩，一點一畫的小篆。漢改篆爲隸書，魏晉已降又改用和篆書相近的正字，又叫做楷書，一直流傳到現在，可說就再沒有什麼改變的了。

　　倉頡造字，起於鳥獸之跡，以象形爲主，在篆字上我們可以明顯的辨認清楚，如「山」「水」「日」「月」「鼠」「燕」「草」等，但書法由篆書變化到隸書、草書，一直到現在通行的楷書，這些跡象，已是模糊不清了。現在我們所接觸的字形，已經不是象原物的形，亦

不是字質的形，而是字體定型的體形了。

六、中國文字歷代總計的統計

從商周到現在，文字的數量，一天一天的增加，殷墟甲骨文已經發現的有十萬多斤，據董作賓先生等研究的結果，總數不過兩千字左右。秦李斯作《倉頡篇》，所收小篆是三千三百字，比商朝多了三分之一，東漢許慎作《說文解字》，共收九千三百五十三箇字，分五百四十部，為《倉頡篇》的三倍。南北朝時張揖作《廣雅》，收一萬八千一百五十箇字，比《說文》又多了一倍。梁武帝大同九年，顧野王作了一篇《玉篇》，分為五百四十二個部首，共收二萬二千七百二十六箇字。唐孫愐作《唐韻》，收二萬六千一百九十四箇字。宋仁宗寶元二年丁度作《集韻》，有五萬三千五百二十五箇字，算是古今收字最多的字典。明萬曆四三年梅膺祚作了一部《字彙》，收三萬三千一百七十四箇字，是一部最有價值的字典，分部減為二百一十四箇，由一畫到十七畫，完全以筆畫多寡，定排列的次序，檢查極為方便，後來由《康熙字典》到現在所通行的各種大小字典，多半是依照他的規模來編排的，雖然這部字典流傳不廣，不很出名，而他卻是流行字典的嫡祖。清朝的《康熙字典》，收四萬四千九百三十箇字。民國五年中華書局的《中華大字典》，收四萬四千九百〇八箇字。商務印書館《辭源》所列的單字，總計祇有一萬一千一百九十一箇字。二十四年教育部頒行的《小學初級分級暫用字彙》，祇列了二千七十一箇。《國音常用字彙》為一萬二千二百一十九箇字，選定的漢字銅模，常用字是四千〇七十六箇，次常用字是一千二百四十九箇，借用字是一千四百六十三箇，總數為六千七百八十八箇字。

七、我們要愛護民族的文化遺產

　　文字語言，是文化的主要源泉，尤其文字的傳播流傳，不受時間和空間的限制，是事物史蹟紀錄的符號，是弘揚文化的利器，更是民族歷史文化的基石。我們文字有獨特優越的條件，完美瑰麗，遠勝於埃及的象形文，巴比倫的楔形文，古羅馬的拉丁文那些死語，亦強於世界上通行的任何文字。所以歐美研究漢學的人，莫不推崇備至，苦心鑽研，而我們能不加倍珍惜？而消極暴棄，不求甚解，馬虎使用？甚或自卑自艾，蔑視民族文化遺產，而抱著金碗去向他人乞食？

　　中國幾千年來，歷史文化的發揚光大，正是由於文字活力的充沛，在俄帝奸匪正對我民族固有文化作無情摧殘的今天，我們一定要珍惜民族的遺產，保持並發揚文化的活力，用我們優美的文字，寫出中華民族中興的史篇。

中華民國四十三年一月五日初稿於臺北

（見《新動力》第六卷第三期及第四、五期·中華民國四十三年三月二十五日及四月二十五日分別出版）

論羅家倫所提倡之「簡體字」

潘重規

　　考試院副院長黨史編纂委員會主任委員羅家倫先生，最近發表了〈簡體字之提倡甚爲必要〉一篇文章，對改革中國文字提出堅決的主張和具體的辦法。我個人站在學術教育工作者一份子的立場，不能不將讀後意見，坦率的提請羅先生注意，並請明白答覆。

　　遠在數月以前，羅先生在各種集會上發表其推行簡體字的主張，直到今天，羅先生才把他的主張在港臺各報正式發表，其見解之成熟，辦法之周詳，例證之正確，照理應該是不成問題的。羅先生又一再譏抨「擁護中國文化的雅人」，不懂金文古文的源流，不懂民間俗書的價值，由此可知羅先生是自命爲博通古今文的專家，照理羅先生精心列舉的例證和辦法，必然是至精至當，無瑕可指；否則與羅先生所譏抨的「擁護中國文化的雅人」，有何區別，更以何種資格敢強顏以「專家」姿態高居爲改革中國文字的主任委員，現在我專就羅先生審慎發表的主張提出疑問，希望羅先生按著文句，逐條拿出證據來。予以「或是或非」「誰是誰非」的答覆！

第一、羅先生列舉的「古文」是甚麼古文？

　　羅先生在論「中國字體經過的重大變遷」時，曾確切說明「古文」

「籒文」，即是許慎《說文》中所載的「古文」「籒文」，因此羅先生各表中列舉之「古文」「籒文」，必然應與《說文》符合，否則亦應注明其他可靠根據，方合於羅先生所標榜「首先要認清可靠的張本」的科學方法。現在羅先生第三表所舉之「丰」字，注明是「古文豐字」。查《說文》「丰」字的意義，是艸盛，豐字的意義是「豆之豐滿」，豆是盛肉的器具，上半䖒是象豐滿之形。《說文》卻並無丰是古文豐字的記錄。又第三表中「辤」字，注明是「古文辭（从䛅）字」。查《說文》「辤」字，乃是「𡴊」（从受）字的籒文。又第三表中「迁」字，注明是「古文遷字」，查《說文》遷字下載的古文是从手从西的「㧖」字，卻沒有羅先生所舉的「迁」字。又第三表「宝」字，注明是「古文寶字」，查《說文》寶字的古文是「𡩫」而不是「宝」。羅先生用鋅版特製的影印圖表，公佈了許多來歷不明的「古文」，該不是「手民之誤」吧！至於第三表的「气」字，本來就是雲氣、空氣的本字，羅先生硬說是古有的簡體字。不知道羅先生看見了甚麼是未簡以前的「气」字。古今文章中有些「氣」字，乃是後代人借用筆畫多的餼氣字，去代替筆畫少的气字，並非雲氣空氣的本字作「氣」。羅先生有甚麼新材料可做理論的根據呢？

第二、羅先生誤以「繁化字」爲「簡化字」

第二表「早已簡化現在當作正體通用的字舉例」中，羅先生舉出的「剪」字，認爲是「翦」字的簡化字，其實並不是這麼一回事。查《說文》「翦」字的意義是羽生，从羽，前聲。「前」（歬）字的意義是「齊斷」（即翦斷之意），从刀，歬聲。「歬」字的意義是前進，《說文》：「不行而進謂之歬，从止在舟上。」我們把這幾箇字認清，

知道古書上用作翦斷講的「翦」字,如《詩經》「勿翦勿拜」,乃是前字同音通假字,而「剪」字乃是「前」字的繁體俗寫。因爲「前」字已經借用爲前後之前,因此又加上一把刀以示區別,其情況如「然」字已經从火,而俗書又放上一把火,「莫」字已經从日,而「暮」字又跑出一個太陽。後人把簡單的暮夜字「莫」字,用做「莫有」的「莫」字,就把同時出現兩個太陽的「暮」字,用做暮夜之「暮」。「然」字从火从肰,「肰」字从犬从肉,乃是狗肉,古人是極歡喜吃狗肉的,把火燒烤的狗肉,更是令人饞涎欲滴,所以「然」字乃是道地的燃燒的意義;因爲然字用做了「然而不然」的然字,於是又燒起一把火,寫做「燃」字了。𠡠進的「𠡠」,古人偏偏要寫多一把刀的「前」。於是明明是剪刀的「前」字,放著不用,偏偏不怕麻煩,要用兩把刀的「剪」字。這正是繁化的現象,羅先生卻硬拉來做簡化的實例。承蒙羅先生,「始終尊重《說文》」,不知道羅先生曾否用「科學方法」從頭到尾看清楚過一部《說文》沒有?

第三、羅先生採取的簡體字到處闖禍

羅先生要從各方面的省筆字,拼湊成一套「羅氏簡體字」,我希望羅先生快把全部發表出來,這篇文章僅僅只舉了四五十箇字,叫人心裏癢癢的,實在不够過癮。不過就少少的幾十箇字,已經發現有到處闖禍的怪現象。譬如第六表中從公文書中選取代替「擅」字的「扡」字。依照羅先生的主張,爲了保存中國文化,是要用「羅氏簡體字」把全部古書重行排印一次(見羅文第五節)。現在「擅」「扡」兩既被羅先生簡爲一體,那麼,《說文》:「扡,有所失也」,《春秋傳》曰:「扡子辱矣」的「扡」,就要變成「擅,有所失」,「擅子辱矣」

了。《廣雅·釋詁》：「抎，失也」的「抎」字，也變成「擅，失也」了。還有《呂氏春秋·音初篇》的「抎於漢中」，《史記·東越傳》的「不戰而抎，利莫大焉」的抎字（報紙篇幅寶貴，不敢多舉），都變成「擅於漢中」，「不戰而擅」了。其次，羅先生既取「偏旁云」代替「偏旁亶」，那麼「饘粥」，變成了「飰粥」，「顫抖」變成了「頢抖」，「祭壇」變成了「祭坛」；還有從「云」的字，「芸草」要認成「薑草」，「紛紜」要認成「紛繵」，姓「妘」的要認成姓「嬗」，魂魄的魂，也要喪魂落魄了。單單為了省寫幾筆，擅改一個「擅」字，便鬧得鳥亂乎上，魚亂乎下，照羅先生「請种老相公讓一讓」的辦法，當然可以一聲吆喝，民眾迴避，不過民眾太多，恐怕是無法打發的！為了節省篇幅，只是舉此一字為例，已經可以看出省寫幾筆的利弊得失，它不但不能節省青年人的時間，還增加了老少壯丁各色人等的麻煩。至於從亶從云的字，各有聲韻的關係，省去有形的幾筆，又增加了無形的記憶上的負擔，這一切的連帶問題，想來更不在羅先生的考慮之下了。我真奇怪，羅先生著書立說，啓世牖民，要做出驚天動地的事業，叫廣大民眾跟著他自己走，然而，應走的道路，似乎應該先自己動步踏看一徧才好。

第四、羅先生不懂六書，偏要改革文字

羅先生說：「六書不是限制中國字的鐵律。」──六書是不是限制中國字的鐵律，姑且暫時不談。我們先看羅先生是否鬧清楚了六書？羅先生鬧清楚了六書與否，也姑且不談，我們看羅先生自吹自擂的六書，是否能自圓其說？羅先生說：「轉注乃是互訓，考老實同，妙好無隔，如果有一位精通《說文》，而立志要把這條來應用的話，

恭維好人爲妙人，那就糟了！」我要請羅先生注意自己說的話「考老」
「妙好」互訓，只是說考可訓老，老亦可訓考，並不曾叫人把「考試」
互訓爲「老試」。假設說：「網羅」可以互訓，也只可說網可訓羅，
羅可訓網；決不能說「羅家倫」可互訓爲「網家倫」。羅先生擔心有
精通《說文》的人把轉注用糟，我看還是留神自己爲是。羅先生又擔
心用「本無其字，依聲託事」的假借要鬧笑話，還現身說法舉了一個
用「交際」代「膠質」的實證。我要提醒羅先生，許愼說的假借是「本
無其字，依聲託事」的造字法。羅先生舉的例乃是「本有其字，依聲
託事」的通用法。猶如考試院的「考」，乃是借用「考老」字做「考
試」字，根本與六書造字之假借無關。羅先生特別舉出《說文》解說
六書之誤，如「止戈爲武」是「敎軍隊止戈，不要打仗」，怕會影響
到現在反共抗俄的士氣。但是《說文》解釋「武」字，明明說的是：
「楚莊王曰：『夫武定功戢兵』，故止戈爲武。」止戈爲武上面還有
定功戢兵一句，而且說這句話的楚莊王，見於《左傳》，正是打了勝
仗，安定了國家，解除了敵人武裝，下令復員，各安生業；這正是中
國人一貫的堅強而又和平的性格。羅先生看看春秋戰國漢代的人物，
多麼軒昂磊落，那有「聽見槍聲，嚇得面如土色，拚命往廁所裏鑽」
的怪模樣。羅先生的靈感，竟發覺許愼楚莊王的意思是磕頭蟲主義，
真是「仁者見仁，智者見智」了。羅先生又一再嘲笑許愼，把「禿」
字的解說，當做笑話故事講。試看說文「禿」字下注云：「無髮也；
從人，上象禾粟之形，取其聲。凡禿之屬皆從禿。王育說：『蒼頡出，
見禿人伏禾中，因以制字。』未知其審。」許愼解釋禿字有兩說，是
以前說爲正。附引王育說，聲明「未知其審」，正是不以王育之說爲
然。漢代許多簡字祖師，鬧的「馬頭人爲長」，「人持十爲斗」一類
的笑話，正是許愼所齒冷的，羅先生自負「科學成見太深」，又指示

人：「科學的方法首先要認清可靠的張本，邏輯的推理有一定的步驟和範圍」，我倒想請教，科學家看書的方法，是否就像羅先生這樣選高興的看幾句，和喫肥魚，斬頭去尾，專燒中段似的！羅先生不懂六書，便說六書不是限制中國字的鐵律，這是羅先生的自由。等於安徽人（這個安徽人所指的是我本人，其他概不在內）未到臺灣以前，說冬天沒有人喫西瓜，也是安徽人的自由，如果要組織委員會來推行「冬天不喫西瓜運動」，並且要本省同胞信從響應，那就可笑之極了。我看了羅先生的自白，說三十五年以前，曾從當代幾位經學大師學過《說文》，老是遇到想不通的地方。我想，以羅先生如此聰明，自然只好怪那些寒傖的經師教法不良，眼光不夠，不能得到羅先生的賞識。同時當代幾位經學大師都向羅先生說不明白，除了羅先生自己以外，更有向人說得明白？到底羅先生不愧為達人知變，所以一到想不通，便「達觀起來」，跳出六書圈子，創立出一套「羅氏簡體字」來。不過我還感到美中不足的是：假設「科學成見太深」的羅先生早年能遇到大科學家愛因斯坦，從他學相對論，要是學上三兩年，遇著不通的時候，一定也「達觀起來」，搖身一變，早又發明出一套「新相對論」來，我們自由中國還怕不成為「科學天國」嗎？話得說回來，六書是否造中國字的鐵律，且等羅先生把我向羅先生提出的本身矛盾解釋清楚，再來和羅先生判斷「是」與「否」，這樣庶乎才不違背羅先生所主張「先要認清可靠的張本」的科學方法。

第五、檢討羅先生推行簡體字的理由

（一）羅先生說：提倡簡體字第一是為了保存中國字。並且認為非用簡體，不易使中國字保存。這話是羅先生的主觀說法，如果說提

倡簡體字即可保存中國字，那麼羅先生對日本最近公佈的漢字，羅先生很為贊賞。並且說：「日本推行簡體字是硬性的。內閣公佈以後，全國一律遵改。此次中日和約裡有二十一箇簡體字。當該約在臺北付印時，日本代表團請求其政府用飛機送來這二十一箇字模，才把全約印就簽字，這種守法不苟精神，很可稱讚。」不過我要請問羅先生，日本如此硬性的進行簡體字，是否為了保存中國字？據我看來，日本不但要簡化漢字，為了建立他獨立自主的日本文化，將來有一天他還要徹底廢掉漢字的。不過日本接受中國文化遺產太深，一旦還擺脫不了，不得不簡化漢字做為過渡辦法。單就這一點來說，羅先生在國內提倡簡字，效果如何，不得而知，不過羅先生提倡簡字，無疑的是與日本「隔海相和」，我為羅先生預祝，日本總有一天要以「文學博士」的頭銜奉贈羅先生的。其次朱毛匪徒所倡行的簡字運動，羅先生是否也認為他是保存中國文字呢？雖然有人攻擊羅先生提倡改革文字，有「類似匪諜嫌疑」，與「共匪隔海唱和」。我卻先不推測提倡改革文字的是甚麼人，而要觀察他提倡的是甚麼「字」。據羅先生說：他對簡字的主張和共匪的根本不同。並無以「口」代「國」，以「卩」代「部」，以「动」代「動」這類的主張。不過據我看，羅先生以「丰」代「豐」，以「迁」代「遷」，是用的所謂「古文」；那麼，共匪以「囗」代「國」的「囗」，不也同樣是用的所謂「古文」嗎？羅先生的「拡」代「擅」，和共匪的「动」代「動」，又有甚麼不同？難道一個算「左傾」，一個算「右傾」，就是根本不同嗎？除此以外，依照羅先生「片刻必爭」，「莫以筆少而不減」的觀點看來，共匪的以「囗」代「國」，比較羅先生擁護日本公布的「国」字（見羅文第三節），更加簡單，更加方便。羅先生口口聲聲說順應廣大民眾要求，解救青年學生苦痛，如果舉行公民投票，他們還是擁護羅先生從日本

販回來的八畫東洋貨，還是贊同「土生土長」三畫的「囗」字呢？連羅先生自己不以「囗」代「國」，不但違背了共匪的規定，同時也違背了自己「片刻必爭」，「莫以筆少而不減」的原則。這樣「上下其手」的原則，是羅先生「閉門稱帝」的原則，不是老百姓的原則。羅先生與其吞吞吐吐，躲躲藏藏，倒不如乾脆說：「國」字簡到三畫的便是共匪，簡到八畫的便是保存中國字的「羅氏簡體字」。好讓廣大民眾容易明白些！羅先生雖然一方面鄭重聲明與共匪以「囗」代「國」的簡字不同，一方面又很高興的報告新消息，說俄國人反對共匪推行簡字。羅先生說是俄國人存心叫中國人多費精力去寫複雜的字，這個推測，恐怕不如香港朋友原來的報導，「因爲俄國人在《康熙字典》上查不到共匪一套新字，對於審查共匪的文件感覺不方便」的正確，否則，共匪焚燬古書，爲甚麼不教共匪改變作風，更好叫中國人多消費些精力呢？

（二）羅先生說：提倡簡體字爲了節省時間，節省精力。並且指出中國學生學習中國文字，不如西方人學習西方文字好。我要請問羅先生根據甚麼標準得出來的比較結果？西方國家的文字是指的英文、法文、德文，抑或是包括俄寇的文字？羅先生學過多年的西方文字，研究過多年的西洋歷史，做過多年外交官（印度雖非道地的西方國家，用的卻是「英國官話」），以羅先生如此赤誠的學習西方語文，到底羅先生的洋文高出自己「本國劣等文字」的程度究有若干度？請羅先生先自白出來。羅先生講到簡省筆畫，還擡出臺靜農教授的尊姓來作例。羅先生誇贊臺先生把「臺」姓改爲「台」姓，省卻許多筆畫，是最明智的辦法。我今年看到臺先生的名片，還是印著「臺」字，臺先生住宅的門牌，寫的也還是「臺」字，同時我回頭一想，羅先生的尊姓一共是十九畫，臺字倒不過十四畫，羅先生爲甚麼不把自己的尊

姓改造一下，採用廣大民眾人人認識的「四歹」羅，而偏偏要用「四維」羅呢？羅先生代人署的書籤，寫的招牌、代青年朋友題的字，我看見的全是寫的「四維」羅，有時還印上一個「花體」圖章，如果採取從「四歹」的「罗」字，不是既可以節省精力時間，又可向廣大民眾青年學生起「帶頭作用」，一舉兩得，何樂不爲呢？羅先生文章標題中用的「之」字，何等簡單，連篇累牘的「的」字，何等複雜，爲甚麼不用筆畫簡單的「之」字呢？羅先生又大聲疾呼的說用簡體字是廣大民眾，尤其是青年熱烈的要求。羅先生如此關切青年，要爲中小學生解除痛苦，我要報告羅先生，中小學生最怕的是數學，其次是英文，即如英文字典有「三十幾萬字」，比中國字多上六七倍；中國字學會三四千常用字，便可和羅先生「上下其議論」，英文字學會三四千，還差勁得很。而且英文的字，有時候讀長音，有時候讀短音，有時候有音，有時候無音，有時候一個字發多少個音，重音有時應該在前，有時又應該在中或在後，害得一班青年摸頭不著腦，有時爲了一個發音，練習了一年半載還未正確，然而學生勤勤練習，並未抱怨教師，教師除了授以正確音義以外，還有甚麼簡化方法？羅先生爲著學生寫簡體字喫紅槓子「抱」不平，假如現在有的學生大寫其「口」字，「动」字之類，是否也應該聽其「合理存在」？羅先生說國民小學一年級學生教本的第一冊第三課，就有十二畫的「遊」字，十七畫的「戲」字，非寫簡體字不可。其實書殼上印著的國語常識第一冊的「國」字就是十一畫，「識」字就是十九畫，開頭一個「國」字，是教學生認「囯」字好呢？還是「口」字好？楷書的「國」字，是留在二、三年級教呢？還是永遠不教？教小學生認「囯」字的時候，是否要告訴他們說：這個字是由開「囯」元勳羅家倫先生採取「日本守法不苟精神」從東洋販運回來的，然後告訴他們本來的「囯」是寫做「國」的。請

問，這樣是解除了小學生和教師的痛苦，還是增加了小學生和教師的痛苦？是節省了青年廣大民衆的時間精力，還是浪費了青年和廣大民衆的時間精力？

第六、我對於中國字體的觀察

文字是事物的影寫，事物隨時代而增繁，所以文字的製造孳生是由少而多、由簡而繁，這是自然的鐵律。至於書寫應用，為了便利，便往往求簡；為了慎重清晰，又往往求繁。此一事實，舉不勝舉。羅先生第一表（中國文字演變舉例）是用欺騙民衆的手段，專舉由繁到簡的字。其實，甲骨文的十（甲）、冖（六）等字，都比篆文，甚至比行書草書還來得簡。現在縱使依據羅先生的例證，也可看出文字的演變不是專向減筆畫的道路一往直前的。最明顯的事實：簡筆的章草明明在較繁的楷書之前；楷書發生時，也沒有誰抱着「臨文便覽」去應試，又是「那方吹來的一股寒流氣壓」吹出來的「楷書」呢？我們試冷靜察一下，我們中國文字的創造，確實是由各時各地的民衆自由創造，自由使用，適合於大衆心理的便能通行，不合於大衆心理的便遭冷落。真够得上是民主自由精神的產物。所以文字一經受歷史承認，便不可以私人意見擅自更改，因為尊重歷史的傳統，即是尊重廣大民衆的公意。就如羅先生主張用簡寫的「种」字代「種」，把「种」字解釋做把禾插在中間為种，認為是很好的。殊不知文字的解釋也有歷史的依據，譬如最簡單的「一」字，是從古公認為數目字的。倘或各種人用各種眼光去解釋；我們做教員的說明明是粉條，做挑夫的說簡直是扁擔；擺食攤的人說活像是油條，……還有各種各色的看法，都有他的理由。試問像這一樣人各一心，口各一辭，即使一個最簡單

的「一」字，也將爭論不出一個結果。這樣下去，將使廣大民眾永遠得不到一個公用的工具，這是斷送國家民族文化命脈最大的敵人，我們如何可輕易放過！荀卿子說：「王者之制名，名定而實辨，道行而志通，則慎率民而一焉。故析辭擅作名以亂正名，使民疑惑，人多辨訟，則謂之大姦。」這一段話，的確不是「無的放矢」的。所以講到中國文字，第一件要緊的事，便是尊重從古以來造字用字的民主自由精神。

其次、中國文字的製造是無法跳脫六書的範圍的。為甚麼呢？因為中國最初造字的時期，並沒有誰頒佈「六書」做造字的法律，由於各時各地所創造的文字，歸納起來，得到六種造字的原則，就是歷代相傳的「六書」。猶如外國數目字從「１」到「０」，也不由於任何人所強制規定。然而無論數目如何繁雜增多，但超出不了１２３４５６７８９０十箇數字。六書之所以能成為中國造字的律則，其原因即在於此。不但舊的字離不了它，即是新造的字也離不了它。譬如現在科學上造的新字：氮、氧、氫、氦、鐳、鎂、鈾、鈦等等都合於六書中「形聲」的原則；新文學上寫的新字：如「她」與「牠」，宗教家造的新字如「祂」，又是合於六書中「形聲」的原則；難道這些人是查考了六書的原則，然後造的字嗎？所以認識六書是中國造字的原則，這是研究中國文字第二件要緊的事。

其三、中國書寫的文字，可分為三大類。第一、是正體字；第二，是簡體字；第三，是變體字。合於六書而字形字義皆有歷史根據的字，便是正體，如同《說文》所載的古文篆文之類。甚麼是簡體字呢？為了書寫便利，把正體字的筆畫減省，如同隸書、草書之類。甚麼是變體字呢？為了美觀，可以將正體字改變筆畫，如同鐘鼎文字，書家法帖之類。為了慎重起見，可以用比正體筆畫更繁複的字，如同用「壹」

「貳」代表「一」「二」。我們看到市政府的納稅通知單，銀行郵局的存款單，商家往來的收款單據，都有「新臺幣請大寫」的字樣。這也是廣大社會的呼聲，不知羅先生聽到了沒有？（同樣，外國文字也有正體字、大寫字與花體的不同。）中國文字所以能行之數千年而不敝的緣故，便是有正體字做簡體、繁體的中心，應該簡的地方，聽你去簡，應該變的時候，聽你去變。只要你能知道簡體是正體之簡，變體是正體之變，聽你在適當的範圍自由活動，任意發展，都能萬變不離其宗的。就以眼前羅先生本人寫的中國字，也離不了這個範疇，試看羅字寫成从网从糸从隹的「羅」，便是正體；意義是以網捕鳥，在六書屬於會意。俗字寫作「罗」，便是簡體。像羅先生的花體印章裏的羅字，那便是變體。羅先生替「華國出版社」寫的招牌，出字寫成兩個山字，這又是為了求美觀，增多筆畫的變體。羅先生把「簡」字念得像菩薩上帝那樣神聖，攔街勸人信教，然而自己卻並不是一個虔誠的信徒。所以要談中國文字，辨清這三種不同的性質，自然是第三件要緊的事。

其四、楷書乃是我國繁簡適中，各階層通用的字體。字的筆畫過多，固然不便應用，筆畫過少，也不便認識，容易混淆。所以筆畫過少的字，並不適宜於做各階層的通用字。試看從古以來筆畫最簡的字，除了「一」「乙」以外，其餘「｜」「、」「丿」「乀」「厂」「乀」等字最簡單且極有意義，從古到今的「雅人」，卻從來不曾用在他的文章裏面來增加雅氣。這又是在誰人「禁令之下」不許他通行的呢？同樣的繁字也常被人省去筆畫，因此飯館裏有豬「干」、「虾」子一套簡體字，糧食店有「谷」子、米「粮」一套簡體字，中醫師開的藥方有刃（錢）旡（兩）卜（分）一套簡體字，乃至軍中文書公文書各有一套簡體字。還有彈七弦琴的琴譜，挑字寫作「ㄥ」，鈎字寫

作「勹」，抹字寫作「木」，散字寫「卝」，這一套最簡的簡體字，比起「羅氏簡體字」來，真有「小巫見大巫」之感。這各種各式的簡體字在適當範圍內都能運用自如，通行無阻，誰還願意來學羅先生的那一套？羅先生想把他套在中小學生頭上，中小學生是預備養成國家各階層的健全份子，所以必須學習各階層通用的文字，不能以苟簡貽誤國家的青年，所以要談中國文字，不能不認清楷書的真正性質和價值，這是第四件要緊的事。

第七、我對於整理現行楷書的意見

楷書的性質，前面業已說清；楷書流行使用的時期確是相當長久，自然也有整理的需要。至於整理的辦法，我很贊同董作賓先生的意見，他在《中國文化論集》第一集〈論中國文字〉中說：「為了發揚光大我中華民族所承繼的文化遺產，對於現行文字，實有使之整齊劃一的必要。就現在通行的真楷，選擇其習用者，製為標準字典，以後凡學校講習，出版著作，政府文牘，一律以真楷為依據，不得寫俗體簡筆，以維繫我五千年歷史文化於不墜。至於印刷刊版，可以兼用宋體，民間使用，則聽其自由。」董先生整理中國現行文字的主張，言辭雖簡，而含意深長，實在對於文字學有精湛的研究，乃能發為正確的主張。他每一句話皆包含一部重要工作。譬如他說：「就現在通行的真楷，選擇其習用者」，這就必須由專家學者，就各時代的重要著作，加以分析統計，以求得真正可靠之常用字。又說：「民間使用，則聽其自由」，這就由於董先生看清楚了民間各階層使用各種不同簡體字之實況（略如我上節所說），故能發此明智之論。我希望政府主持學術教育的當局對於真正專家如董先生之意見，應該比開口發明，

閉口改革之流的意見要加一萬倍的重視，才是國家民族之福！我感覺古今中外任何學人，無不欲以所學貢獻於國家民族人類，惟學術事業斷無投機取巧之方，所以任何學人，無不埋頭苦幹，以求真正有所貢獻。愛因斯坦以七十五歲之高齡，每日仍步往研究室不斷工作。馬丁路德畢生盡瘁翻譯聖經，乃謂：「翻譯非盡人所能，必其敬虔真實勤勉恭謙，有學問而富於經驗，且為真正之基督教徒者始克從事。」蓋惟愈重實行之人，則其出言愈不敢輕易武斷。假使在歐美國家，有一市儈政客之流，忽高談科學之新改革，聽者殆無不嗤之以鼻，而羅先生以學英語西史之人，游宦歷年，做官之日長，治學之日短，而治中國文字學之日尤短，不明六書，即欲推翻舊說；不識古字，即欲別造新文。挾偏激武斷之成見，集古今廢字俗字於一爐，便自命為改革。未嘗如許慎之「博考通人，至於小大」，而一聞逆耳之言，即以甫於三月十八日寫完之文章，提早發表於三月十七日之報紙，「官大好吟詩」之惡習，並未隨時代有所改善。文字與國家民族之命脈不可分，其關係之重大，無與倫比，倘欲改革，宜如何臨事而懼，熟慮周諮。豈有如羅先生文字尚未認清，便敢張口改革者！羅先生撫躬自問，其誠謹之精神，與愛因斯坦馬丁路德果有一毫相似否？羅先生一再挾「廣大民眾」之呼聲，為推行「羅氏簡體字」（羅先生雖說不敢自私，但並沒人接受，故敬謹璧還，正名為「羅氏簡體字」，非敢以「帽子」相加）之後盾，本人謹以「一個國民的身份」，向羅先生「申述一點匹夫之見」，望羅生逐條解答，使羅先生推行簡字之高見，研究學術之態度，倡導民生之精神，得昭示於廣大民眾之前。本人自當敬聆教益，請羅先生暫停政務，為廣大民眾更進一解！

中華民國四十三年三月廿二日寫於臺北

（見中華民國四十三年三月廿七日至三十日新生報臺北版）

簡體字與中國文字學

林　尹

一、中國文字由簡而繁，而能以簡馭繁

中國文字構造之方法，乃由「指事」「象形」，逐漸擴展至於「形聲」「會意」。「指事」「象形」謂之文，「形聲」「會意」謂之字，此即許慎《說文解字·敍》所謂：「倉頡之初作書，蓋依類象形，故謂之文；其後形聲相益，即謂之字。文者物象之本（各本《說文》無此句，段玉裁據《左傳》宣十五年正義補），字者孳乳而浸多也。」文爲造字之原始，字乃繁衍之所由，故文簡而字繁。

中國文字演進之跡，固由簡而繁，然其條理脈絡，未嘗絲毫淆亂。雖字體孳孔，至於百千萬億，能明其造字之方，循其條理以求，莫不察而可識，簡而易知。故時歷千載：能究其跡，地隔千里，仍知其義。所以然者，良由六書之用，能以簡馭繁也。

昔人深明此義，且求所以以簡馭繁之道，故童子入學，首重六書。所謂六書，昔稱之曰「小學」，即今所謂文字學也，許慎《說文解字·敍》曰：「周禮八歲入小學，保氏教國子先以六書。一曰指事，指事者，視而可識，察而見意，上下是也。二曰象形，象形者，畫成其物，隨體詰詘，日月是也。三曰形聲，形聲者，以事爲名，取譬相成，江河是也。四曰會意，會意者，比類合誼，以見指撝，武信是也。五曰

轉注，轉注者，建類一首，同意相受，考老是也。六曰假借，假借者，本無其字，依聲託事，令長是也。」此六書之中「指事」「象形」「形聲」「會意」四者，爲文字構造之方法，亦謂之體；「轉注」「假借」二者爲文字運用之方法，亦謂之用。明其構造，知其運用，則中國文字雖繁而實簡，此昔人所以教國子先以六書也。

二、六書以簡馭繁之例

許慎謂：「依類象形，故謂之文。」蓋指事、象形皆獨體之文。有實體可象而象其形者，如「日」「月」「水」「火」「魚」「鼠」之類，則爲象形；抽象事物之形以爲符號者，如「一」「上」「下」「三」「八」「小」之類，則爲指事。（班固《漢書·藝文志》，稱指事爲象事，即謂人之一切思想皆可象，亦想像之謂也。）象形有實體，指事爲抽象，故指事多爲形容詞動詞，象形多爲名詞。

其後形聲相益，乃成合體之字。形與形益，謂之「會意」；形與聲益，謂之「形聲」。會意由合體表明其義，形聲則由合體表其形而定其聲。

獨體之文，象形象事，既視而可識；合體之字，形聲相益，又音義俱明。故明乎「指事」「象形」獨體之文，則「形聲」「會意」合體之字，即可迎刃而解。「指事」「象形」之文有限，「形聲」「會意」之字無窮，識有限之文，能窮無窮之字，此六書以簡馭繁之方法也。

今考許慎《說文解字》，共凡九千三百五十三文字。獨體之文，計「指事」一百二十五，「象形」三百六十四，合共不過四百八十九。合體之字，計「會意」一千一百六十七，「形聲」七千六百九十七，

合之則有八千八百六十四，而「形聲」之字最爲眾多。蓋「形聲」之道，乃造字發展之極點，亦造字方法之最科學化者。故自《說文》以後，若《廣韻》《玉篇》《集韻》等所增加者，皆以形聲字居多。（鄭樵《六書略》所列指事象形會意三者，不過一千四百五十五，形聲至二萬三百四十一，可見後人所增加者，多爲形聲之字。）即今日化學名詞，如「氧」「氯」「鈾」「錳」「鈉」「鉀」等，亦依形聲而構成。

　　由是觀之，中國文字，舍形聲字以外，其餘指事象形會意三者，不過千餘。會意之字，如止戈爲「武」，人言爲「信」，手下目爲「看」，日下雲爲「曇」等等，既可比類合誼，以見指撝，至於形聲之字，尤易明瞭，茲特述之，以證中國文字脈絡條理，皆可尋究，學習中國文字，並非艱難。

　　許慎《說文解字‧敘》曰：「形聲者，以事爲名，取譬相成。」蓋以其半爲形符，半爲聲符，取其形而譬其聲也。故視其形符，可明其類；察其聲符，可知其音。「江」「河」「淇」「漳」「湘」「洋」「溫」「潞」，一見而知其爲水類，「松」「柏」「柚」「梅」「桔」「桐」「梧」「楨」，一見而知其爲木之屬，此視其形符可明其類也，「銅」「桐」「峒」「筒」「侗」「狪」「絧」「衕」，一見而知其有「同」之音，「竿」「肝」「鴠」「玕」「迀」「忓」「盂」「邗」，一見而知其從「干」之聲，此察其聲符可知其音也。至於稍明文字之學，知其語根之由，更可究其源而測其義。如「臤」有堅固之義，於是從臤得聲之字，堅持爲「掔」，土剛爲「堅」，金剛爲「鏗」，石堅爲「硻」，纏絲急爲「緊」，能而多才爲「賢」，牛很不從牽爲「𡥀」，皆有堅固之意。如「戔」有小義，於是從戔得聲之字，如水不深爲「淺」，竹之小者爲「箋」，杯之小者爲「琖」爲「盞」，爲「𪟝」，絲之細

者爲「綫」，貝之小者爲「賤」，巾之小者爲「幑」，禽獸食餘爲「胲」，
小瘦爲「瘦」，剩餘爲「殘」，淺識爲「俴」，虎淺色爲「虥」，皆
有微小之意。一聲可諧萬字，萬字而必同部同聲。（形聲字與所从之
聲母，其初必爲同音，說詳《中國文化》第五期拙作〈形聲釋例〉。）
故形可見而識，聲可察而知，義可測而明；舉一隅而以三隅反，則識
一可以知萬，於是「轉注」馭文字之繁，「假借」求文字之簡。六書
有「以簡馭繁」之方法，而重以「馭繁以簡」之運用，故中國文字，
雖由簡而繁，實簡而易知。

三、中國文字之功效

天下文字，皆出於六書。中國文字，獨能備六書之體用，故形符
聲符，配合運用，而極其構造之精微；非但能傳語言於久遠，且可一
語言之紛岐。

中國文字，重「目治」之功，而發揮「同文」之效者。蓋以文字
附語言而作，故文字所以傳達語言。語言有古今之變，南北之異，偏
重音符，依聲音而立字者，雖當時當地語言相同之人，或以爲便。但
語言一有不同，即無由知其音而明其義。此中國文字所以「形音」並
用，重「目治」以濟其窮也。（歐州印度，幅員渺小之國家，相去不
及數百里，其文字即不相同，即因偏重音符，由於「耳治」之故。）
吾國區域廣大，交通阻梗，語言之岐異，不下數千百種。中原語系，
吳語系，粵語系，閩語系，藏緬語系等等，既大有分別。每一語系之
中，又有若干種不同而不能互相了解之方言。（例如吳語系中之「蘇
州語」與「溫州方言」，即無法可通；而溫州方言中之永嘉語青田語，
雖縣境毗連，音調亦絕不相同。）若非文字重「目治」之功，收統一

之效，則中國早已分崩離析爲幾千幾百國家。離鄉百里，即須學習他國文字明其語言，離鄉千里，乃至於須明數十國字，始足應用（印度即有此弊）。又安能有今日境內同文，萬里一家，雖語言艱阻，而情愫無間之便利乎。

　　所謂形音並重而能傳世久遠者，中國以「單音節」之語言，「一音」可表名物，「一音」可表達意思，故以「形符」象物象事，「聲符」注音定聲。能察其形而知其音者，既可有轉變之用；即聲韵轉變，方言不同者，亦可因形而知意，有注音之便，而無拼音之弊；此其所以在空間能發揮「同文」之效，在時間能補救「音變」之缺點。至於音符文字，重在「耳治」，故時代推移，語言變遷，對古代典籍，即須重加翻譯。蓋耳所不常聞之語，即無由知其命意之所在也。吾國數萬里之疆域，同文無阻，數千年之文化，源流可考，此實由於文字之構造，形音並用，含義不變，故不受古今方言聲韵轉變之影響。

　　中國文字之構造，既如此簡易，中國文字之功效，又如此偉大，故瑞典語文專家珂羅珂倫（Bernhard Karlgren　華名高本漢）嘗謂：「以中國之大，而能如此結合，實由於中國文言及文字，爲一種書寫上世界語，作爲維繫之工具。中國有此精巧之工具，與運用之有方，故中國歷代以來，能保存政治上統一，亦不得不歸功於此種文言與文字之統一勢力。」又謂：「中國人如不願廢棄此種特別文字，決非笨頑固之保守，中國文字與中國語情形，非常適合，故中國文字爲中國所必不可少者，如中國人必毀棄此種文字，此乃自願摧毀中國文化實在之基礎而降服於他人。」（詳高本漢著《中國語與中國文》）吾國學者，反昧斯義，或提倡國語羅馬字，以摧毀根本。或提倡俗字別字，稱爲簡體，以淆亂文字條理脈絡。自召輈張，深可歎喟。

四、今所謂簡體字實求簡而益繁

今所謂簡體字者，非簡字也，實集俗字別字錯字之大成。而提倡者，未究文字之學，未明識字之理，徒曰字惟求簡，便於學習。殊不知學習之簡便，在於脈絡條理之分明，而不在於字體筆畫之簡單。脈絡分明，知一可以識萬，條理混亂，字字必須強記。今所謂簡體之俗字別字錯字，大亂六書脈絡條理，他日必至於字字強記而後可，此求簡而益繁也。

況人類心理，未必全趨簡易，有時亦視其需要。即以文字而論，「丌」字最爲簡單，何必改繁爲「基」，「靣」字已象形，何必增之爲「廩」，他若書「欲」爲「慾」，書「埶」爲「藝」，書「孰」爲「熟」，書「景」爲「影」，此求易於辨認，故增簡使繁也。又如書「一」爲「壹」，書「二」爲「貳」，書「三」爲「參」，書「四」爲「肆」，此爲應用之宜，故舍簡而就繁也。故識字求簡便之方，用字知馭繁之道，此爲當今普及教育之急務，若提倡俗字別字錯字而名之曰簡體，謂可便於學習，此自欺欺人之言，徒使國民對民族精神所賴以維繫之神聖工具，亦存苟且之心，此珂羅珂倫所謂：「自願摧毀中國文化實在之基礎也。」

先師蘄春黃季剛先生嘗曰：「識字有簡便之方，馭繁之道，能明六書，雖繁而實簡。」先師吳興錢玄同先生亦謂：「自成童以上，籀讀故書，宜知『小學』。」蓋以簡便之方，即依六書之理，馭繁之道，乃在形音之辨。今之所謂簡體字，大抵村夫俚人之作與別有用心者之所爲，如「驢」之從戶，既失音符之道，國字作「□」，又失形符之義，以「大」爲「奮」，全違假借之方，以「汙」爲「漢」，反多轉注之繁。違六書之本義，增識字之艱難，而曰便於學習，吾不知其何

以自圓其說也。

（見中華民國四十三年三月三十日至三十一日臺北聯合版）

論政府不可頒行「簡體字」

胡秋原

　　有三件事，是我不聞、不問、不談的：（一）純個人是非；（二）貪污之屬；（三）其他一切問題。縱使有人認為重要，然大而言之，與反共抗俄保臺復國無必然關係；小而言之，與個人自由無直接關係；深遠而言之，在學術上無甚意義與價值者，我也是決不注意的。

　　數月以前，偶與羅家倫先生同席。他大談簡化文字必要，我未發一言。後來他「將軍」，「你一定會贊成的」。我說，我很佩服他的熱心，但很抱歉，實在想不出有什麼重要；事實上人人都在寫簡體字，似乎聽其自然好了。他說應由政府標準化。我說政府不宜管這一類的事情；果然如此，固有的字既不會消滅，無非多了一套東西，徒然增加我們精神的負擔，我們記時間要記陰陽二曆，許多街道要記兩個地名，還有度量衡要記三種之多──將來還要記兩種字體，不是太麻煩嗎？以後我也偶而聽到「簡體字」，但當作耳邊風。我想這不過茶餘酒後有鬼無鬼相命有靈無靈之類，屬第三類不問之列的。

　　三週以前，立法院廖維藩先生說他有一提案，反對簡體字，徵求我簽名。我問：你管他做甚？他說，教育部有一委員會，準備頒行簡體字了。我才大為驚訝，看完他的提案。其中若干論點與措詞，我並不贊成。除了提出幾點，希望他能斟酌以外，我立刻簽名。因為這提案還有修正餘地；而如果萬一教育部當真要（我想不至於）頒布簡體

字；統制我們寫字，增加青年的麻煩；則除了立法院出而制止以外，是很少其他有效的方法的。

由於這一因緣，我才看完羅先生〈簡體字之提倡甚為必要〉之洋洋大文（以下簡稱羅文）並略述感想。

第一、羅文是不公道的。羅文標題是「提倡」。人各有志，任何人有提倡任何運動之自由。即使有人提倡「綠唇膏」，贊成者照辦，不贊成者一笑，這原不生問題。但羅文明明說要「隨時分批請教育部或由部轉呈行政院公布施行，教科書應當使用，……可先指定幾種報紙雜誌使用。」這已是一個行政問題，並將影響到一般人的讀書寫字了。如果立法院有人反對，教育部的委員會自可出席答辯。然羅文立刻說，「立法院最好不問這些麻煩的事。」他甚至於說「為教育學術機關多保持一些自由。」他忘記了一旦公布施行就超出了一箇「學術」問題。這不是立法院多事。誠然立法院案中「議禮考文」之說，有幾分學究氣；而羅文是說只許有提倡施行的自由，不可以有反提倡反施行的自由，殆所謂「只許官家放火」歟？

第二、問題到了這一步，就要「講理論事，認清可靠張本」（見羅文）了。不幸羅文的「四大理由」，是完全不能成立，半點「可靠張本」也沒有的。

第一個理由說，用簡體字「即是為了保存中國字」。這在邏輯上叫做丐詞——即以一種尚待求證之命題為立論之根據，乃一種愚弄對手的詭辯法也。要證明這一理由，必先證明「中國文字要滅亡了，除了拉丁化或簡體化外，就只有死路一條了」。但羅文對這一前提並無證明。這等於我們在街上走路，忽然遇到一位「神仙」，劈頭就說，你明天正午必死，除非吃我的丸藥。文字誠然只是工具，全部文化也只是工具。果真「破家亡國由汝」，保存都可不必。然而羅文只是丐

詞。爲免行文支離，我也只說到此處爲止。不過我想一言的，在十九世紀，不少西洋語言文字學家認爲中國語言文字很「原始」；唯到二十世紀，全世界著名語文學者斷無一個妄人再持此見。反之，多數認中國語文是世界最進步的。中國語文是中國民族最足以自豪於世的創造，他本身經過四五千年之試驗，滅亡不了的。以中國語言之特殊，恐怕只好用這種方塊文字。至於文盲問題乃至國家強弱，實與我們文字構造無關。拼音文字的阿比西尼亞、印度不要說了。第一次大戰前，俄國文盲實達百分之八十，而半漢字的日本，幾乎無甚文盲。百年來國勢之不競，斷不能怪倉頡的。（雖然羅文作者很想對他缺席裁判！）

　　羅文主張頒用簡字第二理由是「節省時間」，第三理由是「簡省精力」，其實是一個意思。第四理由是「爲忙碌的民眾著想，教育愈要普及，求知識的工具愈要簡單」，雖頗有語病，還是一個意思。大概爲了宣傳，就不怕「繁」了。羅文中心論點，無非是以簡易二字來作宣傳。少數附和其說，也是由於這一點。其實這是根據皮相的觀察，作性急之概括，思想已入牛角尖中，反以爲得前人未壵之祕。至此尚不止步，結果必適得其反。歷史上許多庸妄之行（如王莽），政治上許多似是而非之論（如社會主義），莫不由此而來。我之所以反對羅文，不是不願簡易，不是好「古」慕「雅」，正是由於羅氏簡體字萬一頒布之後，要引起我們無限的混亂與麻煩。我們平日多寫兩筆字的「浪費」，比起因頒行簡體字而生的麻煩，真不算什麼了。這才是問題中心之所在。

　　（甲）羅文致誤之由，首在不明進化與繁簡之理。他立論本身，已極矛盾。他說進化可由簡而繁，亦可由繁而簡。同時他說，「人在進化中把後面一根尾巴掉了」。「中國字體不是不變的，每次變動，都是人類趨向便利的要求。」這分明又在主張由繁而簡。但是，爲了

證明他的簡體來歷不凡，他又不惜從「最古的簡體字」中選取。不是羅文理論有毛病，就是我們祖先不懂羅氏進化原則，有點「開倒車」了。這到底是什麼一回事呢？

　　我想介紹一位洋人柏格森的看法。他說進化方向是構造愈複雜，而使用愈簡單。他曾舉電話機爲例。誰也能使用他，可是製造、結構、修理，都不簡單。此不一定爲金科玉律，但總比羅文語無理次，高明一點。此說如何信，則中國文字似乎很合格。你看他一橫一直甚爲複雜，使用使來卻甚爲簡單。中國的字雖多，常用字不過四五千。外國字好像只有二三十箇字母，但即以《簡明牛津字典》而論，除語尾變化不計而外，總不下四萬字。當年高本漢深讚中國文字巧妙，照他看，中國字並不困難，而用字之巧妙，常有非西文可及者。他舉過許多例，我手頭無其書，但記得他說「獨裁」就不知比 “dictatorship” 好過多少。我很誠懇希望，凡對中國語言文字自慚形穢的人，看看這位舉世知名的真正比較語文學者關于中國語文的著作。

　　其次，要知道一種生物進化到一定階段後，即在形體上變化甚少的。尼朵之流「超人」之說，即不知此理。誠如羅文所說，人將尾巴「簡」掉了。照羅文「理論」，將來是否還得將手腳或耳朵再簡化一番呢？這真太富於「幽默感」（見羅文）或太不「幽默」了！文化亦有類似情形。以文字而論，大概在印刷術發明過程中，字體即逐漸定型化。所以唐宋以來，中國文字就沒有大的變化了。因爲已無變的必要了。當繁當簡的，早已變過了。

　　由於羅文理論之過於「簡化」，其「神來之筆」（見羅文），竟無法說明一大矛盾，即何以我們古字反而更簡。羅文從金文、碑帖、木刻中，發現許多古字。可惜他沒有看到魏「三體石經」。其中有多少簡體而且簡而又簡啊，五字只打一個×，基字只有三筆六，及字只

有一鈎ㄱ。為什麼後人不憚煩添頭添腳呢？無他，避免混淆而已。暮
字原無日字，勢字原無力字。加「日」加「力」者，因「莫」「埶」
可以發生混淆也。我們需要簡單，但亦必須避免混亂；一亂，即更繁
矣。羅文作者當然是主張白話文的。但可想到文言比白話更簡？當年
章太炎先生教人作古文方法，即將虛字盡量去掉。我想，我們打電報
的文字（過去要人通電除外），很像古文。例如「母病速歸」，即周
公復生，亦無法更古。當然，還可簡至一箇字：「歸」。但除非兩兄
弟分別時早有約定，意思愈來愈不明白了。所以，古人決不比我們更
蠢。他們是故意求繁的，正是為避免混亂而繁的。果真愈簡愈好，我
們還要什麼簡體字呢？乾脆用速記術好了。

　　羅文不僅由古字中選簡體，還要由軍中、公文、商業文書中找簡
體，並主張一律標準化。這是更使不得的。各種職業有其簡體，也有
其繁體。商人將萬作万，但一、二、三偏寫成壹、貳、參。前者是因
為太常見，故簡之；後者因為怕混亂，故繁之。各種不同社會，有不
同的需要。公路局的左、右、快、慢，何等簡單？中藥店的參字可以
寫成彡，金銀花還可簡為二花。如果標準化一下，我們將洋人小說譯
為「二島」，杜甫之詩改為「不貪夜識二氣」，只要經過「頒布施行」，
還是可懂的！羅文為臺灣省同胞節約。何不為四萬萬人想想，中華之
華，有十二筆之多，也何妨再費精神，「發明」一番呢？還有「江蘇
蘇州蘇州中學一位蘇老泉先生」也不要讓他有向隅之恨纔好！

　　（乙）羅文致誤之由，次在不明文化現象中的同異之理。羅文云：
「個人信件，記者文稿，正式公文，那處沒有簡字？」一點也不錯。
他問為什麼不標準化？這就不行。我想鄭重告訴作者，簡體字母庸提
倡，自然流行；要提倡其標準化，卻永遠做不到。原因有二：一、如
上所述，各種不同社會有不同需要。行政機關必要的簡體，到了商業

機關可能發生混淆，有時算錯帳事小，到軍中混淆，打敗仗事大。二、人之所以為人，文化之所以為文化，即不斷求同，同時不斷求異。有禮服制服，也有五顏六色之衣裳。我們需要標準化之正楷，但簡字永遠不會標準化。即會標準化了，又會發生新簡字的。簡字是手稿字，他是根據正體而多少加上個人心裁的，他永遠是大同小異的。

我們天天在寫簡體字。尤其我們過文字生活的人，時時在寫簡體字。即如我這篇文章，恐怕十箇字中，八箇字是簡體字（包括行書在內）。這種字，我的太太和好友認識，但一般人可不一定認識。如我第一次投稿「新生報」，編輯先生、校對先生、排字先生不一定箇箇認識。但三方面一湊，大概沒有問題。兩三次後，更無問題了。其他投稿的張三先生、李四先生，其簡體不一定和我一樣，但在編輯校對排字三方合作下，也沒有多大問題。這是什麼理由？這不僅由於這三方面是辨字「專家」，根本由於有一個非簡體字的存在。簡來簡去，八九不離十。豈僅寫簡體？即使寫一二別字，乃至於錯落一二字，也沒有問題。這是什麼理由？由於有正體字，有一定文法之存在。所謂正字等於人民，簡體字等於人民代表。正字等於黃金，簡字等於紙幣。羅文理論是說只要代表，不要人民，只要紙幣，不要黃金。不知如此一來，別中生別，簡外求簡，結果必至於一片混亂，終於變為鬼畫符的。

不要以為中國字很繁，外國雖用拼音字，一樣有文盲，一樣有寫別字的。英文中有許多無用之長物，例如 Through 一字，七個字母，何不寫成Thru呢？外國電影劇本上也有人使用諸如此類之簡體的。但是，他們竟沒有一個「學者」，組織一個委員會，將什麼 knowledge laboratory，although 砍頭、腰斬、和斷腳，來節省時間，節省精力，是多麼愚蠢啊！尤其是法國人，許多字母既不讀音，偏偏要寫出來，

印出來，多麼麻煩浪費啊！以字母言德文有花體字，英文書第一章第一字亦常排花體（等於篆文）。在英文練習簿後面，大家都看見有印好的標準楷書。標準草書。但外國人的手稿，很少寫標準草書的，簽起名來，更五花八門，爲什麼不再標準化一下呢？在文字中，他們有許多簡字。但除了 etc.，B.C.，A.D. 之類以外，二次大戰後講國際問題的書籍常用 VJ，VD，NATO，UN 之外，很少用於書中。爲什麼不標準化呢？每一本英文字典後面，皆有縮寫字表。但一個A字，一個C字，有各種不同意思。一個商人的C字，不同於一個化學家的C字，亦不同於一個歷史家的C字，一個印刷商的C字，一個看護的C字。西洋人竟不知道標準化一下！此無他，他們的心理衛生較我們講得更好而已。

　　（丙）因此，簡體字是一事，這是無人反對的；標進化是一事，這是不可能；以政令推行羅氏簡字又爲一事，這是萬不可行的。如果簡體字標準化，必造成字體意義之混亂，已如上述。如果真要以法令推行，結果將是一個不堪設想之苛擾，而真正的「文字獄」，甚至亦事勢之必然。首先，如上所述，新的「法」字出來，數十百年來的正字，不能一朝消滅，一切公教人員青年學生便都得將兩種字體記好。其次，據羅文說：「爲顧慮那些古書讀起來不方便起見，有補救辦法，就是把其中重要的，甚至於全體，重印一道。最近我們曾計劃把四庫全書一齊縮印爲照片，多備數份，分存各處，全部用簡體排出，所費有限，價值不可估計」云云。這真是「談何容易」，而且其消滅中國書的意圖又何其顯然，這是必然的。因爲即使政府能以政令推行「羅字」，固有之字，當然存在，當然成爲眼中之釘。因此必須收民間之書，非簡字之書不得讀。羅文說，倉頡未必有其人，好在有第二倉頡。我想，李斯大概曾有其人，難道作者又想兼作第二李斯嗎？果然如

此，那真是「匪夷所思」了。他還怕沒有保障，「教科書應當採用，指定報紙刊物使用，添改銅模……」。我想，組織簡體字推行委員會，以羅文作者爲委員長，設立簡體字訓練班，編印《簡體字宣傳大綱》，《簡體字概論》，《簡體字問答》，出動「簡體字宣傳列車」，當然都是題中應有之義。而凡應高考普考，其竟敢寫「廢字」者，當然不取，這也是不待說的。但是，須知拿筆桿的人，是不好惹的。那時即令平日喜寫簡字的人，一定偏偏要寫「廢字」。那時羅字發明人縱有「民主風度」，一定忍耐不住。歷史上許多昏迷行爲都是要強行不通之路而來的。但這不過是假定羅文作者有權推行其「發明」的邏輯結果。我斷言政府是不會頒行此一「發明」的。

此外我要指出羅文所表現的思想與企圖，在政治上學術上，都是此風不可長的。他說「類似匪諜行爲」，也許言過其實；但羅文說「我們不能因爲共匪吃飯，我們就不吃飯」，亦是可笑的遁詞。歷史上沒有共黨以前，人類吃飯數千數萬年矣。這不是我們學共黨的，而是共黨學人類的。然而簡體字分明是學共黨的。誠然，如有必要，敵人也可學。但我想。如果不是吃飯之類不吃則死的事，總以不屑步其後塵爲宜。

其次，在學術上，我願誠懇一言，中國語言文字，是應當研究，整理的。也決非絕對無須改革的。基本工作，是應集中全國語文學者，編一部包括形音義的大字典出來，才能進而談到改革，這才叫做學術。隨便少寫幾筆字，即名爲學術；中外古今豈有如此廉價的學術乎？

縱使勉強扯上學術，我也認爲羅文作者乃不適於談文字問題之人。我只學一點歷史與哲學偶爾翻翻此類之書，以爲參考之資。故於此道，根本外行。但我看羅文談中國字體變遷，全非事實；而引王國維先生之說，不知此亦非定論。六書誠非金科玉律，清代以來，甚多

據金文契文修正許說者，但也總要言之成理，始有益於學問。昔半山說字，已多笑柄。而羅文作者於舉例時一涉及文字，其所說不僅涉獵過《說文》的人，即看過《文字蒙求》乃至任何一個書局的高中國文教科書的人，亦可知其十九皆錯。這原是枝節。篇幅有限，未及談到。但如羅文作者不服，而報紙及讀者不厭煩，我可以再寫一篇文章指出。然我不懷疑羅文作者對中英文皆有修養。昔吳稚暉先生看見羅文作者一本翻譯，常勉其繼續努力，想作者當能憶及，人何不用其所長乎？此因與作者曾有一日之雅而願一言的。

有人以為此一運動可以「完全毀滅中國文化」，我不這樣想。這種文章即有一萬篇，也不能動搖中國文化分毫。所須預防者，是有人主張輕於頒布。我想中國語文是中國民族最偉大的最基本的財產，應當研究，然此是大事並非急事。我希望教部及中央研究院多請各方專家（包括羅文作者），從長討論。這應當由整理入手，而非由標準化入手，尤非由簡體化入手。這不是一張表，一篇文章所能了事的。無論如何，萬萬不可以不成熟方案，「公布施行」。個人如有任何高見，作文著書也好，到公園演說也好，我們都很佩服。但不可濫用職權，慫慂政府，隨便公布，尤其是職司考試的人，箇人無論願意讀經也好，寫簡體字也好，我們都很佩服。但不可利用職權，以求普及箇人的意志。如果超過這範圍，影響國家施政，干涉到我們寫字著書的基本自由，則不唯欣見民意機關不放棄其職責，而我們不幸而和這太有關係的人，是絕對無法不起來力爭的。至政府中多深明大體之人，斷不會徇一時浮論，遽為操切，這也是我們深信不疑的。

（見中華民國四十三年三月三十一日至四月一日新生報臺北版「每日專欄」）

簡體字運動並非不要緊，
提高大眾文化是更要緊的

蔡培火

　　近來在報紙雜誌上，對於簡體字運動，甚多主張與反對，這是根本問題，殊有討論的價值。對簡體字運動主張最力者，是羅家倫先生，而對此主張反對最力者，好像是廖維藩先生。反對者的主要意見，是在維護民族歷史和傳統文化，恐怕簡體字一實行，時間久遠，古字古文沒有人能讀，致使傳統文化中斷，危及國家民族的命脈，此固屬公史忠為國之見，有其一面的根據與道理。但是提倡者所持之理由，則是認為中國字體需要簡化，才能保存，才能適合現代中國民族生存的需要，當然也是公忠為國的主張。但是雙方都只是有其一面之見而已，誰也不能說誰是完全對與不對。對於文字改革的問題，本人四十多年來持有極大的興趣，在我總覺得現時多數的意見，只是停滯在前述兩類的見解之內，沒有餘力可以再進一步往前走。依照前者的意見，其結果固不必說，依照後者的見解，他雖也說：「知識已經不是士大夫的專利品，我們要為廣大生產的、勞動的、也就是忙碌的民眾著想，我們國家的基礎，要擴大到他們身上，才能富強康樂。」但是他不是又說：「可是把符號脫離本字，不論用那種音符，都有很大的流弊」嗎？這樣一說，所謂廣大生產的、勞動的、也就是忙碌的民眾

而言，那麼這廣大的民眾，就是在指那大多數「目不識丁」的民眾呀，若是真地在指許多無知無識的民眾而言，真地要爲他們著想，要將我們國家的基礎安在他們身上，來求得富強康樂的話，我很對不起說，不僅是前者的主張不能發生效果，就是後者也只是五十步與百步之差，完全摸不著癢處，終是無濟於事，大家這樣就是吵到天昏地黑，也不能找出問題的答案。本人不揣冒味，願在此指明出來，敬請大家考慮。

　　將音標符號脫離本字而寫方言，這對於一般文盲的民眾，實有很多的便利。過去曾聽有一些地方當局，對此曾發出命令禁止，接着遂有全省南北部的基督教大會向省府提出陳情書，陳說這若真的是政府的禁令，那麼全省基督教會的活動就要停止了。因爲全省基督教會，受外國宣教士的指導，自八十餘年前以來，便採用了羅馬字的音標符號，標寫閩南語的聖書聖詩等宗教書籍，本省一般文盲的民眾，因此非常容易地接近宗教，這是一個很好的例子。本人四十多年來的大夢，想用音標文字來提高我們大多數同胞的文化水準，前天在中央報紙上，看到胡博士適之先生，在中國語文學會討論國字改革問題的席上，發表高見，其記事之一段說：但當時胡博士未以音標文字與白話文同時推行，僅倡漢字寫白話，由於語言在每箇人心中，有深厚基礎，故讀白話文人人可以無師自通，而音標文字在當時無法行通，胡博士認爲音標文字，或將尚有施行之日，何況簡體字之推行，他至表擁護。本人看到這一段消息。於日前走訪胡博士，當時有江一平、陶一珊二位先生在座，胡博士很明白地答覆本人真地他說了那段話，並指示本人四十多年來的大夢需要再繼續做下去，博士還懇切地指示說，語文是最保守的東西，比較宗教還要保守得多，絕不可一蹴而成，必須忍耐繼續努力，以求各方的了解，必有成功的一日。本人受到這幾句的

鼓勵，好像得到千萬的援軍，感覺前程有了無限的光明實在極爲高興。

　　本人在此需要簡短報告本人的見解出來就教大家。本人以爲我們中國文字，有牠的特色，有牠的優點，本人絕不主張廢止漢字。不過，漢字太難學習，對沒有長時間來學習的人，實在是太不適用。在期維持民族歷史與傳統文化的需要上，古字古文是需要保存，這箇工作是屬於專門學者的努力，是屬於少數人的學問，這少數人是我民族中優秀的部份，也就是我民族中的導師，他們有特別的志趣有悠長的時間有充裕的能力可以應付，不怕古字古文有困難。何況民族固有的文化傳統，是民族國家命脈所在，是保存在古字古文之寶匱中，因此古字古文是必需維持並發揚牠的，絕不可以加以廢除。至於簡體字的提倡，是專爲實際生活的需要上而來的，據他們說，是爲適合現代中國民族生存的需要，是要使廣大民眾能獲生存競爭的智識。不過就本人的了解，他們所謂的廣大民眾，並不是指我們那許多文盲無知的廣大民眾而言，而是指那些受過相當教育的人，這只是中國人口之一二成而已，不算是廣大的民眾。這些人不是我民族的導師，不是專門在做維護民族精神與傳統文化的學者，也只有這些人才用得著簡體字。從來我們國家的基礎，就是放在這些人的身上，因此中國的國基，是不穩固的。本人以爲簡體字的運動，可以使這些人多得便當，但是恐怕沒有希望因爲簡體字的運動，便能使國家富強起來。總而言之，古字古文是學術上的需要，爲我國民族文化傳統的發揚光大而不可缺的寶貝，簡體字是爲幾千萬同胞，在實際生活上要多得便利，不過如是而已，對國家的發展上，並不能有甚麼了不起的貢獻，也並沒有甚麼會危及國家命脈的地方。假使提倡簡體字的人們說，除使用簡體字以外，不准再用古字古文，那就大大有問題，他們並沒有這樣主張，是沒有問題的。在本人看來，無論古字古文也好，簡體字也好，只是我

國人口之一二成，只是數千萬人可以使用的工具，真真的我國廣大民眾，依照現在的作法作風，根本就沒有福份可以均沾其益。因此，本人敢說，無論是主張與反駁的那一方，都是摸不著癢處，都與我國的發展需要上沒有多大的關係。

胡博士適之先生說：「音標文字或將尚有施行之日」，而胡博士往日首倡白話文的時候，「未以音標文字與白話文同時推行」。照本人的了解，胡先生的意思，不是說音標文字在今日施行沒有價值，需要在將來施行才有價值。

臺灣光復當初本人曾住陪都重慶四個月，私自計劃回臺灣後，做甚麼工作來服務國家民族為最需要，想來想去想不出比這個夢的實現更要緊。這夢是想用音標文字來書寫閩南語，通過閩南語的書籍報章，分與我臺灣同胞研讀，他們可以無師自通，他們只要努力長進，知識水準必定急速地提高，一切的一切，儘可著著進步而如人，因此在重慶就作成新白話字歌（日據時代本人有一曲舊白話字歌）其詞曰：「文明開化誰不愛，原子時代已到來，四強之一大中華，落後百姓處處在，白話字，像天使，要把學問的金鎖開，化我家庭成學界，爾長進，這天使，帶爾跑上文化的天臺。」這首詞有譜可以唱，不過詞裏的白話字，不是以往我所主張的羅馬字，乃是國語的注音符號了。我光復回臺的大夢，是想用國語注音符號，來標寫閩南語發刊書報，使我大大多數的文盲弟兄姊妹，無師而能自通，無論是國語國文或政令主義凡是能於引導他們進到國語文化水準上面都可通過白話字來使之了解。可惜，我的夢至今還是夢而已，我的歌還沒有通行。固然古字不能更改，簡體字的運動，也有必需，不過我以為音標文字所能發揮的功用，是將必較之上述兩者獲得更多的效果。

羅家倫先生發表宏論的時候，特別聲明他是以簡人的身分發表

的，本人也以同樣的心情，爲國族的將來著想，謹陳鄙見如上，敬請有心此一問題的諸位先生，賜以指教。

中華民國四十三年三月三十日稿

（見中華民國四十三年四月一日中華日報臺北版）

談羅家倫簡化文字

王 震

　　報章載考試院副院長兼教育部簡體字委員會委員羅家倫發表〈簡體字之提倡甚爲必要〉一文，羅氏向以文自鳴，而不知其文之荒謬，一至於此，茲掇其荒謬之大而不掩者，分別如次：

　　（一）不知有母：羅氏提倡簡字原文謂：「母字也是一個象形字，講起來，恐怕不能增加母親的莊嚴，至於母字的解釋，更是太富於假設和想像，許氏《說文》訓作止之也，從女有奸之者，真匪夷所思。」（照錄原文）羅氏固屬善於誹訕人之人，故雖許叔重亦不能逃其匪夷所思之譏。惟查《說文解字》第十二下，毋部第三十四字，毋，徐氏注：「牧也，從女，象裹子形，一曰象乳子也，莫后切。」實爲父母與母親之母，而羅氏不知也。同卷第四百四十四部首：「毋，止之也，從女有奸之者。」徐氏注：「武扶切。」實爲毋字，與母字雖同屬女，而有從--從一的不同，即《論語》「毋友不如己者」，「毋意毋必毋固毋我」，《禮記》「臨財毋苟得，臨難毋苟免」，音與無同。羅氏既不知有母，又不知毋之爲毋，遂以女有奸之者而爲母，文壇醜史，莫此爲甚。

　　（二）原文又謂：「現在我們的時代不同，環境也不同了，在這反共抗俄的際會，我們能教軍隊止戈不要打仗嗎？」如此的訓詁，非羅氏之文，則不可得而見，孫子是兵家之祖，他說「上兵伐謀」，近

世德人克羅塞維斯著《大戰學理》一書，在軍事學上，地位極高，價值極大，講到最後，則在於「消滅敵人鬥志」，這似乎都要以不戰而屈人爲武的，正與止戈爲武之義相同，若一定要手持槍砲，肩荷彈葯，彼來擊我，我亦能還之以擊，方才可以爲武，這就雖武不揚矣。平心而論，所謂止戈，所止的是敵人之戈，敵人有戈，使之止而不敢發，或使之棄甲曳兵而走，則我之威武爲何如，若必執戈與敵較權量力，則不獨勝負在未知之數，不可爲武，即或幸而得勝，猶可得謂之武乎，此「勝之不武」之誠，所有來也，羅氏乃以止戈爲止己之戈，實開訓詁學未有之奇談，非吾人之知所可得而及者。

　　羅家倫強不知以爲知，還要來提倡文字之簡化，我們推求其故，恐怕也是中了「句不驚人死不休」一句詩的毒。我國近五十年來，學者之求學，每憚按步就班，循序漸進，不求充實而光輝，祇知標新立異，求能一語驚人，若打倒孔家店之流，遂竟揚名飲譽而終身，其流毒之深，真令人不勝浩嘆！

　　（三）羅氏原文說：「採用簡體字以後，古書仍然可讀的事實，不是理由，在本文第二大段裏已經講得很明白。」我也就羅家倫所很明白的事實中間，來提出一些小問題，看羅家倫能不能明白。我少年時，曾以《史記》對讀班史，遇有同樣的記載，《史記》的七年，班史每作十年，這相去三年之久的差別，羅家倫能懂得嗎？在這裏，請讀者慢看下文，也先來想一想，這樣的書，如何讀下去，我在從前的時候，也是百思而不得其解的，徧出而問老師宿儒，亦均瞠目而不能答，在這時，我只得用孟子的態度來處之，就是勿得於言，則求之於心而已。厥後讀《說文》，至「卞易之正也，從一，微陰從中衺出也」，又至「屮東方之孟，易气萌動，從木戴孚甲之象」，又至「𪞶」徐氏注「皁或從白從十，或從白從七」，於是始知十與七有相通之地，而

又未知其義也，迎而思之，復知七與甲，俱含出生之義，故以甲爲七，而皀又以七或爲十，楷書之草，則逕以甲爲十，再查十字，《說文》則謂「十，數之具也，一爲東西，｜爲南北，則四方中央備矣」，與七與甲，實不能相通，復進而思其由，十則一｜相等。七則衺出，相沿而爲直出，故草之甲爲十，而皀之七，亦或作十，於是始知班史之十年，實七年，與《史記》無以異也。只此一點，我恐怕多半連那《史記》與班史之差別都不留心的羅家倫是不懂的。

（四）羅家倫說簡化文字，是要「節省人力」，這是極動聽的，又把簡字來分爲軍用民用公文所用，作種種的分別，鋪張揚厲而爲之說，又似很有研究的，不知公文所用，軍文是不是可用，公文軍文可用，民間又是不是可用，公文軍文民間皆可用的，寫信寫日記寫文章，要不要分別，所以這種鋪張揚厲，是毫無道理的。碑帖與木刻上，雖多簡寫文字，然也有增加筆畫的。如尊字，在漢唐之間的碑帖，很多有加上一畫而爲尊的，木刻上的走字，又是加上一、而爲辶的，所以碑帖木刻上的繁與簡，是書法家對於字體的間架結構，運神布局的一種伸縮辦法，並不可以當作文字學研究的。羅家倫的原文，有「隸書流行二百多年，乃有章草出現，這是最好的簡體字，雖然後來行草書多由它演變出來，但是它本身還是箇箇分立的，到了漢末，隸書失勢了，於是行書草書和楷書，正式的取而代之。」這述文字片段的歷史，是不錯的，我可以就在這片段歷史的事實上面，提出一點，作箇小問題，請主張簡字的人想想：草行書草書，當然是比楷書簡易，並且章草也是箇箇分立的，爲什麼章草不及正楷的通行，行書草書，也比正楷簡易，現在的教育家爲什麼不用行書草書而用楷書爲主，這個答案，虛懸在這裏，請主張簡體字的人來解釋吧。

我們中國的文字，是由自然力產生與孳乳，而人力所及，不過加

以整理劃一而已，如包羲氏之作八卦，未有文字也，然後世之字，如漢之石門頌，其序端即有巛字，實爲包羲氏八卦中之☲。篆文中之巛，又爲包羲氏八卦中坎爲水之☵。篆文中之火，亦即八卦中離爲火之☲。上古之世，八卦而外，初民之所應用，不外「、一｜丿乀」，文字之肇端，然無可考矣。所謂倉頡之造字，當不過將倉頡時所有之書契，整理劃一而已，決非倉頡一人一時所作，而又流行於時者。及周宣王太史籀作大篆，則自倉頡而後，經五帝二代之久，文字之沿革，當又至乎書不同文矣，殷墟甲骨與當時之金石所刻，實爲明證，史籀則出而整理劃一，亦非史籀一人一時有所作也。史籀而後，見之於許叔重《說文・序》者曰：「言語異聲，文字異形，秦始皇帝初兼天下，丞相李斯乃奏同之，罷其不與秦文合者」而已，後世遂傳李斯作小篆，其實乃以當時流行之字，合而同之，亦非李斯一人一時有所作也，自是以後，雖有八體六書，前代所存岣嶁奇文，倒薤篆文等，尙不在是，迄至於今，皆湮沒而無見，則又爲人力而去之矣。今則文字之形體，未有變也，其音聲亦無以異也，言語雖有不通，而出之以文字，則無不通也，奈何遽欲以人力推其流而變革之，是則不免孟子之所惡矣，孟子曰：「所惡於智者，爲其鑿也。」故當此之時，而言文字之簡化，是亦鑿而已矣。

（見香港《人生》第八十一號・中華民國四十三年四月五日出版）

面對現實的簡體字問題

羅家倫

　　自從三月十八日我寫成的〈簡體字之提倡甚爲必要〉一文發表以後，承大家熱烈的討論，見諸報端，我收到的信件也有二百多封，使我非常感謝。縱然也有對我盡情嬉笑怒罵的文字，祇因我文化的修養很淺，深恐開罪，故引《孟子》裏「惡聲至，必反之」這句話爲戒律。但是，我不是沒有辯論的根據和理由。我認爲現在應當首先認清根本問題，暫且不必作節外生枝的辯論。

　　關於提倡簡體字的理由，前文已經詳細講過，不必再說。現在讓我們面對事實，拿常識來作判斷。

　　第一，無論「簡不必易，繁不必難」的理論如何精微，我們祇拿正寫的「臺灣」二字和簡體的「台湾」二字自己來寫，或是來教學生，請問那兩箇字省時、省力？那兩箇字容易寫？多寫許多筆畫對臺灣的軍事、農業、工業，乃至文化事業有何好處？我看見四月五日香港時報所登〈香港學人看簡化文字〉一篇中，引唐惜芬先生的話道：「我們祇要把一篇五百字的稿，分別用楷書和現在的簡體字寫成，兩相比較在時間上的距離，我們就知道簡化文字是不是需要了。」這是很平實的話。

　　第二，國立編譯館就小學教本做了一番統計的工作，編了一種《常用字彙初稿》，很有意義。根據這種研究，小學一年級基本字爲五四

九箇，其中十畫以下的三三一箇，十一至二十二畫的二一八箇，內有十七畫的「鞠」字；十九畫的「蠅」；二十一畫的「鐵」，廿二畫的「歡」。小學二年級五三五字，其中十畫以下的二一八箇，十一至二十七畫的三一七箇，內有二十一畫的「竈」字，二十三畫的「曬」，二十四畫的「蠱」，二十七畫的「饞」，小學三年級六四一字，其中十畫以下的二四三箇，十一至二十六畫三九八箇，內有二十一畫的「襤」，二十二畫的「髒」，二十四畫的「鹽」，二十六畫的「驢」。小學四年級七四五字，其中十畫以下二七九箇，十一至二十八畫四六六箇，內有二十六畫的「關」，二十七畫的「鑽」，二十八畫的「鑿」。這就夠受了，不必再列舉了。總計小學六年共四○三○字，其中十筆以下的一四七二箇，十一畫至三十畫的二五五八箇。許多筆畫都可以減，但是現在按照寫正體字的規定，學生必須照這繁複的樣本寫。可憐的孩子們！

　　第三，這種繁複的字體使學生無法寫，也無時間寫，於是不得不寫簡體字。因為老師不許教簡體字，學生也沒有好的簡法，於是胡亂寫出來的簡體字，層出不窮。弄到五花八門，教員也無從辨識；教員在教室裏為爭取時間起見，也不得不寫漫無標準的簡體字。有人責備臺灣學生寫「才」字代「歲」字，固然不對，但是教師沒有好的簡體歲字教學生，那這種不合理的簡法，是無從提防的。無論教育部教育廳如何禁止「學生自造的簡字」，因為大家都愛便利，禁令終難生效。學生如此，社會上一般的簡體字，更是複雜。眼見流弊一天多一天，何不製定標準，以「約定束成」的辦法，因勢利導呢？

　　簡體字是時代的要求，是生活的必需。但是對於這個問題，有以下三種看法。

　　第一、是為了保持楷書的正統，不容簡體字來混淆，於是主張文

字應由立法機關審定。立法機關通過的字自然是法定的字，未免太莊嚴了。文字是不斷在演化和孳生的，在這科學時代為尤甚，似乎不可令其太受拘束。這道理最近大家討論得很多，我不必多說。

第二、聽其自然演變，毫不加以過問，這種放任主義，似乎也有可以討論之處，就是現在簡寫的字已經五花八門。若是你簡你的，我簡我的，他簡他的，簡到頭來，彼此對於所簡各不認識，豈不反把中國文字的統一性毀滅了。這流弊是不可不顧慮到的。

第三、是經教育文化機關，對於簡體字加以研究，制定簡體字的標準，公布出來，但並不帶強制性要大家必須遵用。所以要經教育機關公布（或公告），祇是希望收約定束成的效果。誰要寫正體字仍然可以悉聽尊便；若是要寫簡體，請採取此項標準。標準該用那種，自然以學術態度，本便民原則，從長討論，無人有權勉強。這就是我在前文中所說擬用的「溫和辦法」，並且主張「可先指定或約定幾種報紙和刊物，首先使用……這風氣一開之後，其餘的報紙刊物一定很快的跟着改變」。這段文字所表現的主張是很清楚的，不想仍然發生誤解，總還是我不夠強調的緣故。所以再為申說一遍。

這種主張的好處有三箇前例可以證明：

第一、是民初吳稚暉先生主持的國音符號運動（當時亦稱注音字母），這些國音和音符經國音統一會審定後，當經北京政府公布。這套辦法並不強迫人人使用，祇是有人如果教學或書寫要注國音時候，必須用這套音符，及其注法。當初公布之時，大家認為破壞文字的形狀和美感，也是譏笑和怒罵紛起。我們當時親自見到的。那知道後來海外各地僑胞和今日的臺灣同胞，都能說標準的國語，正是國音符號的成就。

第二、是民國七八年文學革命運動也就是國語文學運動的前例。

當國語文學初倡的時候，處處沸騰了離經叛道的人詬罵。可是當年北洋軍閥的政府，倒也有種風度，就是一不以法令禁止白話文，二並且將小學教本改用國語，這實在是對兒童，以至以後的青年最大的恩惠。所以現在我們為了救救孩子起見，應當先將臺灣教育廳轉下的「教四字—三—五四號令」，其「事由為各校學生習字常寫簡體應予禁止仰遵照」的，迅予取消，並迅速製定簡體字的標準，公布或宣布出來，以收因勢利導的成果。國民教育是為一般人民求必需的生活知識和技能的，所以應當首先取得求生活知識和技能的簡便工具。

第三、是抗戰前幾年教育部國立編譯館開始審定和頒佈科學標準名詞的前例。向來科學名詞多從外國文字中譯來，甲譯、乙譯、丙譯……常常不同，以致西文物理學裏同一名詞，多到七八種譯名，從甲書學物理的不能讀乙書，於是教育部國立編譯館約定專家審定乃至擬定各種科學名詞公佈出來，雖然不是強迫施用，可是大家紛紛遵循，因為必須如此，大家才可以交換各科學的知識，減除學生的困惱。這些最好的成例，為什麼我們不採取呢？

我現在所說的都是平淡無奇的話，因為我們所面對的是現實。我們要虛心，同時們也要有勇氣面對現實。

　　　　　　　四十三年四月七日在臺灣大學演講後寫成

（見中華民國四十三年四月八日臺北中央日報）

正字運動

邵祖恭

　　中國字雖非拼音文字；但是他的筆畫，有同拼法。既係有同拼法，凡字自屬不可拼錯。可是吾人任意拼錯，不求正確，視爲無足重輕——原因在心理動搖。

　　今天如果將外國文字例如英文拼錯，那真是「曲有誤，周郎顧」，立刻遭遇糾正；在拼錯的人，亦虛心接受，決不會去主張拼錯是可以的。何獨於本國字的筆畫，任其拼錯，不以爲不可以，顯見是不公允的。

　　中國字的任意拼錯，已成爲教育及文化出版上最嚴重的基層問題。而簡體字運動（以下稱簡字運動，「簡字」與「減字」自不相混），原想以簡化來便利及確定拼法，所恐適得其反：

　　一、以爲字既可簡，字形不足尊重，動搖信心，出現期待。對於中國字的拼法，越加不予注意。錯字及形似之字，更不別白。

　　二、由統一到分歧，中國字本已統一。此套簡字一旦出來：（１）若干對文字學有修養及信心的人，方求字形確不瑕，自必力行其是。對此套簡字，勢難勉從。（２）簡字既係對原有字形多少予以簡省，自必難保各方主張一無出入。勢將引起聚訟，國人莫知所從。（３）即樂從簡字的人，顧名思義，既爲簡字，心理上亦會浮起一重陰影、馬馬虎虎。筆畫少些既可，多些又屬何妨，任意去拼，不求正確；又

進而不妨自簡其簡，一變而爲人各一套簡「簡字」。——拼法至此，愈形分歧。

　　三、以今日簡字運動的心理視此套簡字，墨瀋未乾，而已滋長新期待，期待明日的簡字推翻今日的簡字，不斷的視字形爲過渡，將既定作未定，徬徨希冀，逃避現實，陷心理於永久動搖，對每一字的拼法，沒世而不求正確。

　　至謂中國字形，本已簡過，此話是不錯的。但可簡的幾千百年來已簡過了。方塊字業已定型已若干世紀了。董作賓先生並謂當初簡過程中，又何嘗沒有若干字簡錯，那我們又何必專師古人的錯誤，再去走錯一步。

　　文明進步，如法令隨事實而增加，機械較工具爲複雜，簡其應簡，不能簡其必繁。文字亦同，人智日開，簡將不周於「用」，字形亦有由簡增繁之例：

　　一、避免添改之例　如「一二三四五六七八九十百千万」，寫作「壹貳參肆伍陸柒捌玖拾佰仟萬」，乃爲避免添改。

　　二、避免混淆之例　如廢「囗」字而行「圍」字，當係避免混淆。觀《大戴禮》「囗生唔」句第一字，因闕字作囗形而誤爲口字可悟。

　　三、後起分工之例　如「或」字即「國」字「惑」字，後復加「囗」作「國」，加「心」作「惑」，予以分工，俾符精細。

　　四、新事新字之例　如新知有氫而造「氫」字，非「气」字可簡。所以簡字亦無當於字形全體發展之極則。

　　中國字形如果可以尊重六書保存字源，又何必予破壞揚棄。如太平天國盛行簡字「國」字爲「国」；朱毛奸匪盛行簡字簡「領導」二字爲「拎扨」。前者以「国」爲內坐一王；後者以「領導」爲一手持令一手持刀。按《說文》：

國——邦也，從囗、從或。

（或——從囗、戈、以守其一。一、地也。）

領——項也，從頁、令聲。段注「領猶治也理也，皆引伸之義」。

導——引也，從寸、道聲。段注「導道義本通」，「寸、引之必以法度」。

吾人從持戈守土互尊領域之國，從空無所有內坐一王之國乎！吾人從有治有理引以法度之領導，從一手持令一手持刀之領導乎！字簡至此，所爭者大，不待明智之抉擇，必爲國人之共棄。總之，筆畫一味求簡，字形固愈支離，音義亦復難明。原字來歷具在，何忍祇圖減省。可見字之所以爲字，其道多端，不僅在徒爭繁簡一項。

至爲急就，在手寫時，使用習慣上的簡字，自可任便。此則已屬有路可走，兼籌並顧，各得其所，是爲「確實」而不忘「迅速」。在教育及文化出版上予以採用或另創簡字，廢去原字，是爲「迅速」而忘「確實」。本文不論其弊害舉舉大者，即論動搖一般拼法正確心理，簡字應該到此止步。

嘗分析簡字運動，以爲乃：

一、百字運動　照若干簡字先生拈出，亦不過占甚少數字，厭其筆畫繁多難拼。說破啞然，如此類的字，所能列出的，不會超過百來簡字。對此百來簡字要簡，倒有一箇最簡的方法，就是不取巧不使乖，逐去認得他拼出他完事。捨字不識，日思其簡，並不上算。移期待的心機與時間爲學習，豈不早了，何事於簡！而且認字，能分得每一箇字構成的分部，便屬不難；字經一簡再簡，分部輾轉湮沒，反要硬記。總簡下來，亦復省得幾筆。即謂點滴必爭，錙銖心較，循斯理論，唯簡是務，誰可設定一字被簡的最後限度！字永瞬息可簡，即字永瞬息不定，字將不字，瞬息不識。今人不能讀前人之書，明日不能讀今日

之書。一字之內，簡自何部？簡自何筆？若謂可採自碑帖及古刻書籍：昌黎已有「俗書趁姿媚」之歎；且誤於刻匠石匠刀刻之手，不知凡幾；古書板本精而校字未必盡精，刻木難而換字尤屬更難：筆畫沿訛，所在皆有，豈以其古，遽予信賴。簡字無論因創，牽扯殊多，易重易亂，簡亦不易。「偏旁點畫」之學，「右文」之說，左支則友絀，跋前則疐後，簡一不當，不堪收拾。——凡事原非一簡可了，簡的本身，即不簡單。以此少數是否應簡的字，實不足構成簡字運動。得不償失，利不抵弊。徒使國人誤會字要簡了，原來的字形要廢了，去記筆畫是白費的了，廣泛動搖了整個拼法的信心。

　　二、字盲運動　由於廣泛動搖了整個拼法的信去，懈怠了字形識別的意志，簡字既為原來字形的改變，「錯字」亦為原來字形的改變，錯字有任意簡之的錯字，更有任意繁之的錯字，亦有不繁不簡任意變形變位的錯字，錯字得藉簡字運動振振有辭橫行無忌。此外「形似」之字，分明二字，各有其音，和有其義，所謂失之毫釐，差之千里；「避諱」之字，筆畫雖確減少，乃是君主餘毒，封建遺孽，久漏革命之網，亦須通緝歸案，恢復失落的筆畫，補足殘缺的字形，還我字來，所謂帝制之不存，避諱之何有：既以字屬可簡，一皆悍然不辨。總其大成，謂之「字盲」；「文盲」之外，又多一盲。簡字運動徒然鼓勵及掩護了「字盲」運動。

　　為堅定一般拼法正確心理，謹呼籲正字運動。

（見中華民國四十三年四月十日新生報臺北版）

簡化文字問題

葉　青

一、簡化文字之必要

　　中國文字有很多是一個字底筆畫繁複，認識甚難，書寫不易，讀書人爲了識字和寫字，耗費時間不少，這在從前，是沒有甚麼關係的。因爲從前的讀書人很少，費很少人的時間，影響不大。而且從前的學問也簡單，讀書人耗費時間於識字寫字，在研究學問上沒有多大的妨害。但是現在不同了，無法像從前那樣了。

　　爲甚麼呢？因爲現在要實行普及教育，使人人讀書。但人人讀書的時間有限，如果識字和寫字耗費時間太多，便不能學得其它必需的智識和技能。就是專以讀書爲事的人，即所謂智識份子，也因學問複雜，種類繁複，並須作高深研究，亦不能在識字和寫字上耗費時間太多。所以簡化文字成爲了一個問題。

　　中國今天，急須普及教育，增進智識，尤須發達科學、研習技術，以建設現代文化。因爲中國比諸歐美太落後了，其自鴉片戰爭以後成爲被壓迫民族的根本原因，即在於此。　國父主張「迎頭趕上」，「後來居上」。我們幹了幾十年沒有辦到。現在非趕快努力不可。時間再不能耗費在識字和寫字上了。簡化文字在所必行。否則永遠趕不上歐美，民族生存還要困難。

因此，簡化文字是普及教育和增進智識之所必然，是發達國家文化和爭取民族生存之所必然。其關係底重大，不很明白嗎？凡是贊成現代化的人都應贊成的。主張革命的人尤應贊成。中國革命不限於制度：文化亦然。已有文學革命了，怎不可有文字革命？簡化文字就是文字革命。我們從事革命好幾十年，還怕文字革命嗎？不，我們要完成一切革命，建設一箇完全新的中國。

二、反對簡化文字的錯誤

現在竟有些反對簡化文字的人，他們提出了種種理由。雖是那些理由很不能健全，無須重視；然而其結果也有有害於簡化文字底進行。因此，把那些理由拿來討論一下，是必要的。我贊成簡化文字，應該為它掃除障礙，開闢道路。

第一個反對簡化文字的理由，是說：「象徵的文字為代表歷史的永久之意義；而拼音的文字則成為進行文化的所有之工具。」「中國的文字與中國的歷史是具有一種不可分離之關係。」那麼簡化文字就是歷史失掉永久之意義，對於過去為拋棄歷史，對於將來為割斷歷史，便是不對的了。

果然如此嗎？絕對不是。實行拼音文字的國家，其歷史也有永久之意義。而實行象徵文字的國家，其歷史也未必有永久之意義。老實說，歷史的永久之意義不是由文字來的。文字只是一種工具或符號。對於歷史沒有決定作用。中國文字雖是中國歷史上的一種東西，但卻非一成不變者。它隨着歷史底變化而變化。根據事實，它已經簡化幾次了。如果它在過去能代表歷史的永久之意義，那麼簡化文字是不會使它失其代表歷史的永久之意義的，同時也沒有拋棄歷史和割斷歷

史。簡化文字不過順着中國文字簡化的歷史以求合於中國現代歷史底
需要而已。

　　第二個反對簡化文字的理由，是說：「中國的文字即是代表中國
的文化之徵象。如存其意義，去其象徵，破壞文字本身的組織，即等
於貶底文化的本身之意義。」所以簡化文字，「這事關係民族歷史和
傳統文化其鉅。爲防止其毀滅中國文化」，要反對它。

　　這個理由是錯誤的。中國文字只是中國文化底一部份。因爲文化
包括甚多，如政治、法律、教育、道德、宗教、哲學、藝術等等都是。
而文字對於這些文化說來只是工具，非其內容。所以中國文字不是代
表中國文化底徵象，只是代表中國文化底外形。簡化文字雖是破壞文
字本身的組織，並不貶低文化本身底意義。歷史上已有簡化文字多次
的事實，便證明了這點。因此，它對於傳統文化並無妨礙。很明白，
簡化文字只是使記載政治、法律、教育、道德、宗教、哲學、藝術等
等的工具，更爲簡單而已。它在便於閱讀上，反而有普及作用。所以
簡化文字是無害於保存中國文化，而有益於發揚中國文化的。指爲『毀
滅中國文化』，顯然不當。即以破壞文字本身的組織而言，也很不當。
過去由甲骨文、金文而大小篆而隸書、楷書而草書，不是已破壞文字
本身的組織很多次了嗎？又何嘗毀滅中國文化呢？

　　第三個反對簡化文字的理由，是說：「道德的觀念已成民族的內
心之印象。孝弟忠信仁義之名，字的徵象與字的意義在民族的心理之
上已形成一種不可抗違之力量。雖窮凶極惡之人，對於不仁不義不忠
不信之名，亦無人樂予接受。中國文字的象徵，與文字本身的意義是
有聯帶的關係。」簡化文字要使道德失去作用，所以非反對簡化不可。

　　這個理由也是錯誤的。因爲道德是公認的行爲標準。它使人喜善
名而厭惡名。道德底力量在此，其與文字沒有關係是明白的。各國底

文字不同，而在道德底標準相同時，人皆不願接受不道德之名。國內的人，文字相同，只要不識字的人了解道德底標準，也不願接受不道德之名。所以中國文字簡化多次，並未因此影響道德甚麼。那麼簡化文字之不至於敗壞道德，便很明顯了。文字不是符呪，符呪可以驅除邪鬼，使人消災得福。文字不能驅除惡念，使人去惡爲善。老實說，符呪也沒有驅除邪鬼的作用。我們看到有知識的人講道德卻做不道德的事。他們說是一回事，做又是一回事。說即宣讀文字之謂。那麼文字有甚麼道德作用呢？一點也沒有。

第四個反對簡化文字的理由，是說：「中國文字因有造字的原理和技術，使其便於辨認學習，所以容易收到文字統一的功效。由文字的統一，更足以促進文化上和政治上的統一。」所以「中國之文字，對於中國的統一，實爲主要之條件。」簡化文字就是破壞統一，應該反對。

這個理由根本不能成立。因爲它與事實相反。中國在春秋戰國時代，如許慎所說：「語言異聲，文字異形。」秦始皇統一中國，「丞相李斯乃奏同之，罷其不與秦文合者。斯作《倉頡篇》，中車府令趙高作《爰歷篇》，太史令胡毋敬作《博學篇》，皆取史籀大篆，或頗省改，所謂小篆者也。」（許慎）「是時天下事繁，嫌篆書不便，始皇又使下杜程邈作隸書，以趣約易。」（夏曾佑）這表明中國是先有政治的統一而後才有文字的統一。秦漢時代，文字統一了，然而來了三個國底分裂，接著是十六國和南北朝底分裂，以後有五代十八國的分裂，最後還有北伐以前十幾年的分裂。這表明文字的統一，不能保障政治的統一。老實說，中國及任何國底統一與否，其原因均別有所在，與文字無關。那麼簡化字怎麼就破壞了統一呢？

第五個反對簡化文字的理由，是說簡化文字要「危及國家命脈」。

怎麼危及國家命脈的呢？因爲今日簡化文字後，「我國後代子孫不僅不能閱讀歷代典籍，也不能閱讀近數十年所出版的文哲科學書籍。……如此，不特中華民族的歷史文化從此斷絕，國家民族的復興基石爲之摧毀：而後代國民實如生在未開化地區，不知祖宗事業何如了。」這還沒有危及國家命脈嗎？所以簡化文字必須反對。

其實，簡化文字後是可把歷代典籍和近人著作改用簡體字出版的。關於今天流行的先秦著作並非用先秦文字，而是用宋字印行，便知其可能。雖然歷伐典籍和近人著作甚多；但是分別緩急，陸續改印，則不難辦到。這事無須由政府出錢，只是要書店出版古今書籍概用簡體字，便可成功。其未改用簡體字者，亦無何種關係。因爲能讀歷代典籍和近人著作者，必非普通人，而爲智識份子。他們能讀簡字即能讀正字。所以簡化文字後，後代國民仍能閱讀歷代典籍和近人著作，那末簡化文字便沒有斷絕中華民族底歷史文化和摧毀國家民族復興底基石了。所謂危及國家命脈者，又從何說起呢？這完全是沒有的事。

總而言之，簡化文字對於中國底歷史、文化、道德和政治統一，國家命脈沒有一點損害，所以用斷絕歷史，摧殘文化、毀滅道德、破壞統一、危害國家命脈的理由來反對簡化文字，實在是錯誤已極！老實說，文字是一種符號，並非一國底歷史、文化、道德和政治統一、國家命脈底本身。所以有一國的文字與它國相同者，如比之與法，美之與英，瑞士之與德法。我們能說比國沒有異於法國的歷史、文化、道德和政治統一、國家命脈嗎？能說美國沒有異於英國的歷史、文化、道德和政治統一、國家命脈嗎？

明白這個道理，就是採用它國底文字，亦與自己底歷史、文化、道德和政治統一、國家命脈無損。土耳其在一九二八年把固有的亞拉伯字改爲拉丁字，曾經損害了它底歷史、文化、道德和政治統一、國

家命脈嗎？否，它反而日益強盛起來，以致它底歷史繼續了，文化發達了，道德進步了，政治統一鞏固了，國家命脈延長了。簡體化還不是拉丁化呀！怕甚麼呢？老實說，土耳其底文字改革之成功，就是中國文字改革能獲得同樣成功的證明。我們應該勇敢地展開簡化文字的運動。

三、簡化文字與共產黨

這裏，反對簡化文字的人採取了一種不正當的辦法，就是給主張簡化文字的人戴上一頂紅帽子，說他是共匪或與共匪相呼應的人。他們把簡化文字看成是共匪底陰謀。請看這一段話吧：

> 從來共匪欲篡奪政權，統治中國，認為非毀滅中國文化無以為功。為毀滅中國文化，又非毀滅中國文字無濟於事。始則倡行所謂拉丁化運動，就是欲摧毀直行方塊的中國字，以拉丁字或羅馬字的橫行拼音字代之。嗣以這種運動違背中國傳統，不易成功，乃改採所謂新文字運動，用自造和俗寫的簡體字，以代替正字……而達成滅亡中國文字的目的。查共匪偽政權成立後，主持毀滅中國文字的，設有中國文字改革協會……以吳玉章為頭目。今羅家倫氏商由教育部組設簡體字研究委員會，主持文字變革事宜，其意義和作用豈不是和共匪吳玉章等隔海和唱，而共同為民族文化的罪人嗎？近聞蘇俄對於共匪毀滅中國文字工作，以其與《康熙字典》之字不合，不能用以讀中國書，研究中國問題，提出反對意見。這是赤俄鑒於鐵幕內的危機和自由世界的強大，殆以此為對外宣傳攻勢，不信其確有不同的意見。

這就是說，蘇俄也是贊成中國共匪底簡體字運動，以便毀滅中國文字，征服中國民族了。

這一段話，包含了無數錯誤。首先要說的，是講那段話的人對於共匪及蘇俄之完全無知。並且對於共匪佔領大陸及蘇俄征服中國的事實，也完全無知。而拉丁化和簡體字與共匪及蘇俄究竟有甚麼關係也完全無知。他只是想給羅家倫氏帶上紅帽子使他及別的人不敢再主張簡體字而已。

必須知道，共匪主張的馬克思共產主義，乃爲一套思想，可以翻譯成各國底文字的。因爲文字只是工具，並無害於思想底內容。所以各國共產黨沒有一定要改變其國文字的必要。這就可知中國共產黨底拉丁化和簡體字運動，並不從它底思想來了。換成別的話，拉丁化和簡體字運動毫未帶有共產主義底氣味。至於共匪「欲篡奪政權，統治中國」，是非推翻政府不爲功的。而推翻政府實爲一種政治運動，且須加上軍事行動而後可，共匪竭全力於此二事，所以他之佔領大陸，不是拉丁化運動底結果。而且他在佔領大陸以前很久便停止拉丁化運動了。簡體字運動，如「中國文字改革協會」底組統，則是佔領大陸以後纔有的事。

這裏有一箇問題，就是共匪爲甚麼要發起拉丁化運動和簡體字運動？這是因爲中國文字難讀難寫之故。因爲難讀難寫，就不便於展開宣傳，普及教育。共匪要展開宣傳，普及教育，所以要來一種拉丁化運動。及到他知道拉丁化運動不可能，乃改爲簡體字運動。共匪底宣傳，就是宣傳共產主義；共匪底教育，就是講授共產主義。那麼拉丁和簡體字便有利於共產主義了。這是共匪要發起那兩種運動的原因。

但是宣傳和教育不限於共產主義。別的主義也需要宣傳和教育，例如三民主義等。就是不講主義，而看重智識的人，也需要宣傳和教

育來開通民智發達文化。所以把難讀難寫的中國文字加以改革，使成易讀易寫，是與共產主義沒有特殊關係的事。正因爲這樣，改革文字的運動不限於共匪，也不始於共匪。它是早就有了的事，並且有很多的人參加。現在稍微舉一點事實出來。

　　西歷一八四二年鴉片戰爭以後，歐洲傳教士紛紛到中國傳教，便在各地創造土語羅馬字來翻譯《聖經》。這種羅馬字有很多種，又稱教會羅馬字，盛行於中國南方。到一八九二年，福建人盧戇章把它修改爲一種羅馬式的拼音字母，定名爲「中國第一快切音新字」。一八九五年，吳稚暉又創造了一種拼音字母，被稱爲「豆芽字母」。一九〇〇年，王照發表一種「官話字母」，嚴修和吳汝綸等人均表贊成。他後來還辦有拼音官話書報社，出書很多。一九〇七年，勞乃宣發表《簡字全譜》嚴復等人表示贊成。次年，《新世紀》刊載署名前行、篤信、蘇格蘭、新語會會員等人來稿，主張廢除中國字，採用世界語。辛亥革命以後，民國元年教育部召集的讀音統一會中又有主張羅馬字的人。八年以後，國語統一會曾著手於羅馬字底創造。十二年，《國語月刊》出版漢字改革號，趙元任、林語堂、錢玄同等均主張以羅馬字代漢字。十七年，國民政府大學院公佈國語羅馬字，以喚起全國語言學者之注意。國語羅馬字創造以後，還出版有陸衣言底《國語羅馬字入門》、趙元任底《最後五分鐘》（劇本）等書。

　　這些人，從主張土語羅馬字的教士到主張國語羅馬字的趙元任，有一個是共產主義者嗎？否，而且相反。教士是反共的，誰也知道。吳稚暉底反共，也是誰也知道的。可見以羅馬字代替中國字的運動之與共產主義無關了。那麼共產黨底拉丁化運動，原是土語拉丁化，其與共產主義無關，不很明白嗎？不要中國字的文字改革，尚且如此；則要中國字的文字改革，只是主張簡化或簡體的，與共產主義又有甚

麼關係呢？完全沒有。

如果說，今天共匪主張簡體字了，我們就不要再主張簡體字，再主張簡體字便是與共匪「隔海和唱」，那末今天共匪說中國話，我們就不要再說中國話了，如果再說中國話，豈不是與共匪「隔海和唱」嗎？這樣，我們又說甚麼話？先生們，我們與共匪都是中國人，要說中國話，是有相同之處的！說反共要與共匪完全相反，或一切都不相同，根本就錯誤了。我們沒有法子與共匪完全相反，或一切都不同。並且也用不著這樣。我們反共不是因爲共匪主張拉丁化和簡體字，而是因爲共匪賣國、獨裁、破壞民生。這是我在《爲甚麼反共》一書上說了的，不必解釋。

共匪佔領大陸，在於做賣國、獨裁、破壞民生的事。這是因爲他底共產主義主張國際主義，無產階級專政和階級鬥爭之故。目的倒不在於毀滅中國文字。或者要問：賣國不毀滅中國文字嗎？不，因爲共匪沒有這個必要。誰也知道，共匪賣國是把國賣給蘇俄。蘇俄是新帝國主義，其征服它國，與舊帝國主義不同。舊帝國主義對於被征服者要毀滅其文字。蘇俄採用另一套方法，即利用各國底共產黨代爲做征服工作。這就用不著毀滅各國底文字了。事實是這樣。如果把蘇俄看成舊帝國主義，那是錯誤的。

因此，蘇俄不贊成共匪的簡字體，亦屬實情。簡體字對於蘇俄之征服大陸，並無好處，反之，還有害處。因爲蘇俄研究中國情形的人，學的中國字是正體字，如果共匪改用簡體字，他們就不能閱讀共匪出版的書報。於是蘇俄在了解中國和支配共匪、監視共匪上都大不方便。所以他反對共匪的簡體字。這是真的。說它反對共匪的簡體字「爲對外的宣傳攻勢」，好比說東德工人暴動是東德共產黨僞裝自由的表演一樣，完全與事實不合。

那麼說人主張簡體字是附和共匪，到這裏不覺得他底反對簡體字是附和蘇俄嗎？我以爲主張簡體字不是附和共匪，反對簡體字也不是附和蘇俄，而是各有見解，各有用心的。客觀上的相同，並無妨礙。討論問題，要注重是非，不能動輒以政治上的罪名加人。老實說，動輒以政治上的罪名加人，是共匪底作風，不應該仿效的。

平心靜氣而論，簡體字是對的。它底理由，如我在開始所說，不因共匪和蘇俄底主張與反對而發生變化。我們要就事論事，以真理爲依歸，既不因共匪底主張而反對，也不因蘇俄底反對而主張。簡化文字是中國歷史上的老問題，今天又提出來了，我們要予以解決。而解決之道，就是依照中國文字不斷簡化的教訓，再與以簡化。

四、主張簡化文字的正確

我們知道，反對簡化文字的人還有很多話講。他們從簡化文字本身上提出了很多反對理由。這是值得討論的。現在一箇一箇地來。

第一箇反對簡化文字的理由，是說：「古人生活簡單，造字不多。後來的事物增加，古人所造的字不敷應用，或依據六書原理增造新字，或就原字依據六書原理酌增筆畫，以加強意義，而原字的涵義也就有損益了。這才是文字進化的正規，萬不宜一味簡省筆畫，而竟減少了應該增加的字。」如果「一味簡省筆畫，而竟減少了應該增加的字」，「這只是開倒車，並不是進步」，所以「羅家倫氏欲變革中國文字，另選簡體字，並採用已簡化的字以代替現用之字，這真是不可思議的違反進化原則的反動行爲。」

果然嗎？否。進化雖是由簡而繁，但簡化文字並不違反進化，特別不違反文字底進化。這裏要說的：簡化文字在於主張簡體字，簡體

字是簡筆字，即把一箇字底筆畫減少，並不反對增造新字。它只是說增造的新字不使筆畫多。如果字底筆畫少，偏旁部首底筆畫也少，再依增造新字不可使筆畫多的原則，就在原字上酌增筆畫使成新字，也不會弄得筆畫很多的。這對於由於簡而繁的進化原則，違反了甚麼呢？一點沒有。而且簡字合於文字進化底另一原則，就是單字底體是由繁而簡。中國字經過多次變化，可說愈變化，筆畫愈少。這種情形在拼音文字底字母，也是這樣。因為文字是工具，以便於應用為主，筆畫多的字，在應用中自然變少。否則就是以筆畫少的字來代替它，而把筆畫多的字擱置不用。所以簡字不是開倒車，而是進化底必然。

第二個反對簡化文字的理由說：「中國的字不見得比英文字難認。象形字有形可象，指事有事可指，固然容易認識；會意字是合體字，認識各體，整個字就容易認識。如明字，說起來有八畫之多；但認識日字、月字，明字就容易認識。日字四畫，月字四畫，還能算難嗎？信字有九畫，但人字兩畫，言字七畫，認識了人字，言字，就認識了信字，也不算難。」所以說中國字難讀難寫的話，是不對的。簡體字沒有必要。

這個理由完全不能成立，因為象形、指事、會意是就字底構造而言，字底讀音毫無關係，譬如日字是象形，但何從而知道它底讀音是仁逸切呢？又如明字是會意，就認識了日字和月字，又何從而知它底讀音是迷迎切呢？信字也是會意，就認識了人字和言字，又何從而知道它底讀音是細印切呢？中國字是一個字有一個字的讀音，非逐字學便不能讀出來。這就與英文字不同了，英文字是拼音字。拼法簡單，一知道了，便可讀出一切字來。說「中國的字不見得比英文字難認」的話，完全與事實不合。至於寫呢？明字固然只有八畫，信字固然只有九畫，不算是多。但比諸四畫五畫的字也就多了。所以明字信字仍

有簡寫的草書。至於比明字信字底筆畫字還多的，則爲數不少，普通是十幾畫，二十幾畫的字亦多。並且每畫要提起筆來另行開始。而開始底方位不一，或上或下，或左或右，或中。這就難寫了。英文字底筆畫固然不太簡單，但是只有二十六個字母，寫起來總是由左而右，一筆完成。所以中國字比較難讀難寫，因而學習困難。就是學會了，寫也費時特多。因此，簡化是出乎自然——沒有停止過。簡體字非常盛行。這是經濟原理使然的，正體字無法保持。

第三個反對簡化字的理由，是說中國文字有「就其聲可以知其義，就其義亦可以知其聲」之妙。所以中國的文字，認識其字，同時即知其意義。聯字成文，聯文成章。就其所知者，可以聯想推及其所未知者「事理愈明，則意義愈通，而文字之應用亦愈靈，西方文字完全由於拼音，雖便於記錄，普及亦易，而名辭愈演愈多，需要記憶名辭之困難，將超過中國名辭之認識。中國文字是由難而易，西方文字則由易而難也。」所以簡化文字沒有必要。

這個理由對於識字的人，尤其對於懂得文字學的人，或許是對的。因爲他們對於中國文字或許「就其聲可以知其義，就其義亦可以知其聲。」同時，亦可「聯字成文，聯文成章」等等。誰不知道「事理愈明，則意義愈通，而文字之應用亦愈靈」嗎？凡此種種，對於西方文字也是一樣。但對於不識字的人，識字少的人，不懂得文字學的人，便相反了。他們對於中國文字，一點也不能「就其聲可以知其義，就其義亦可以知其聲。」它如「聯字成文」等等，更不容易。至於名辭，同樣需要記憶，與西方文字無別。所以中國文字是由難而難。如果說中國文字底名辭是聯字而成，其合體字可以推知，不需要記憶；那麼西方文字底名辭也有聯字而成的，也有合體字，豈不同樣不需要記憶嗎？因此，中國文字若真是由難而易，西方文字便是由易而易

了。要中國文字由易而易，非簡體字不可。所以簡化文字實有必要。

　　第四個反對簡化文字的理由，是說簡化文字可以造成兩種文盲。因爲簡化文字在採用已有簡字時，要採用所謂俗字別字等。所以反對簡化文字的人說：如果「所謂俗字別字錯字廢字死字運動能够成功，則將有造成兩種文盲的可能。現在識字的人，對於俗別錯破廢死等字成爲文盲；正爲兒童將爲成人的人，對於現用文字也成爲文盲。古今中外有此造成兩種文盲的悖謬事實嗎？」所以要反對簡化文字。

　　這是錯誤的。所謂「俗字別字錯字破字廢字」，是就羅家倫先生主張從最古簡體字、漢魏以來碑帖和名人墨跡、宋元以來木刻書、現在公文、軍事文書及民間選取簡體字而言。羅先生在〈簡體字之提倡甚爲必要〉文中，對於這幾種簡體字各舉了很多例證。一看便可知道那些簡體字都是常用的，流行的，沒有一個爲現在識字的所不認識。就是新造的簡體字或簡字，是把現用文字底筆畫減少，現在識字的人，認識現用文字，必然一望而知。情形正同過去之認識簡字和草書一樣。至於兒童認識簡字以後，要讀現用文字印的書，自然有人（出版家）將這些書改用簡體字出版。有需要就有供給。以現在識字的人和正爲兒童將爲成人的都有所成爲文盲。簡體字易讀易寫，是掃除文盲的利器，絕不會製造文盲。

　　第五個反對簡化文字的理由，是說簡化文字，以簡化爲事，必然「亂造字，亂用字，任意所爲，毫無顧忌。」這就破壞六書原理了。譬如團字簡化爲团字便是。「團字本是形聲字，以囗專聲。學習此字，有軌可循。如簡化爲团字，則不是才聲，仍然要強記爲團字之音。」這就既背棄六書原理，又不便於學習了。「背棄六書原理就是毀棄中國文字。」其爲極惡大罪，是顯然的。所以簡化文字必須反對。

　　這也是錯誤的，簡體字無論來自古今或任何人，均有其理由，絕

不是「亂造字，亂用字。」譬如灶之簡化爲灶，戰之簡化爲战，國之
簡化爲国，鉅之簡化爲巨，便可作爲證明。團之簡化爲团，亦復如此，
今以團爲例。意即囗之內皆才，乃「方以類聚物以群分」之意。看事
實吧：學術團體之內皆爲學術人才；政治會社之內皆爲政治人才；勞
動組合之內皆爲勞動人才；軍事編制之內皆爲軍事人才；等等。可見
團不是「亂造」的了，它有它底理由。說團是「亂造」，乃因團爲形
聲字，而团則不是形聲字之故。這並沒有關係。簡化雖是把已有的字
簡化，實則是改造已有的字，爲一種造字行爲。六書不是造字的原理，
而是解字的原理。所以簡化不受六書限制，可以不管六書的。它只依
照簡化底原理去簡化就對了。而用六書以反對簡化、限制簡化，都不
適當。我們只可用六書去解釋簡體字。譬如團字不是形聲字了，是否
可用指事和會意去解釋它。如果六書能解釋簡體字，那末六書底價值
仍可保持。否則它只是正體字底原理，簡體字底原理便須另行研究
了。六書原是研究正體字所得出的原理。如覺其不合簡體字而拋棄
之，另行研究，不能說是「毀棄中國文字」。同時，文字是符號，如
覺現有者不合而拋棄之，另造一套，也不能視爲極惡大罪。這是要明
白的一點。

　　總而言之，簡化文字是對的。任何反對文字的理由，都站立不住。
這是我檢討那些理由後所得出的一個結論。說到這裏，問題不是應否
簡化而是如何簡化了。

五、簡化文字與政府

　　關於如何簡化中國文字的問題，我沒有甚麼研究。羅家倫先生提
出的主張，如採用已有的簡體字，再簡化部首及偏旁等等，從原則上

說，都是對的。我贊成他底主張。這裏不再說什麼。我要說的，是簡化文字底程序問題。

有人說：「基於……我國『非天子不議禮，不制度，不考文』與『車同軌，書同文』的傳統政策，應該由立法院制定『文字制作程序法』，……以防杜不肖之徒，毀滅中國文字，危及國家根本。」這箇「文字制定程序法草案」，以爲「語文的權衡，操諸政府」，「至政府對此文字的研究整理工作，則應由中央研究院設立研究委員會，主管辦理。」草案中的五和七兩條規定：「中央研究院所增製或審核之新字及所編訂之字書韻書，應送由行政院轉函立法院審議通過後，咨請總統公佈施行。」「所有各地流行不合六書原則之俗簡體字，除私人間任其行使外，應由中央研究院隨時彙送行政院，通令全國各機關學校及印刷機構，禁止使用。」

這就包括了很多問題，需要討論。

第一、「非天子……不考文」所以「語文的權衡操諸政府」之說，不合事實。語文是社會的產物，在天子和政府出現以前，便已有了，提出「文字制定程序法草案」的人說：「唐虞夏商周秦六代派遣輶軒使者，采集方言異語，以謀語言的通轉訓釋，而求文字的統一。」可見語文造自民間，唐虞夏商周秦六代天子或政府不過「采集」之而已。清朝康熙皇帝編輯字典，也是「采集」「訓釋」。《康熙字典》出版，人手一編，以便查閱參考，就把文字統一了。所以語文不是天子所制。語文底權衡不操諸政府。這是要明白的一點。

第二、「非天子不議禮，不制度，不考文」底「傳統政策」（不可作爲政府主管語文的根據）。因爲那箇傳統政策是君主政治底思想，今天的政府處於憲政時期，實行民主政治，職在爲民服務。它要過問語文，應從便利人民，避免紛歧上着眼，不能以天子自待，把考

文看成它底特權。而且那箇傳統政策已被　國父打破。　國父在清末不是又子，而卻要制度。他主張三民主義和五權憲法，便是證明。後來的辛亥革命，推翻君主政治，實行民主政治，另開了一個紀元。現在要恢復那箇傳統政策，便是反對　國父，反對革命。「這真是不可思議的違反進化原則的反動行爲。」

第三、主張由立法院制定「文字制定程序法……以防杜不肖之徒毀滅中國文字，危及國家根本」，是從極權主義出發點，甚爲錯誤。民主時代，言論自由。而主張簡化文字，並不犯法。爲甚麼就是「不肖之徒」？爲甚麼就是「毀滅中國文字，危及國家根本」？如果主張簡化文字的人就是「不肖之徒，毀滅中國文字，危及國家根本」，那便應該拿去槍斃了，至少也要逮捕治罪。言論自由何在？主張簡化文字的人，是革命之徒，志在改革中國文字，重建國家根本。他們應該享有言論自由。

第四、語言文字爲人民底事。其增製新字，乃需要使然。如新字不當，在應用中必被修改或淘汰。而俗體字底發生，乃修改底表示。正體字底擱置，乃淘汰底徵兆。凡此皆文字變化之自然，用不著政府來過問的。尤其用不著一個機關來增製新字，審核新字，禁止俗體簡體字。而審核新字，禁止俗體簡體字，根本是限制人民自由。這是違反憲法的行爲，民主政府不能出此。

第五、政府要過問文字，以謀人民底便利，是可以的。但必須順應文字變化底趨勢，承認新字，承認俗體簡體字，並助長簡化運動，滿足簡化要求，編訂簡體字典及其它字書、韻書，交書店出版，以供人民之自由採用。對於簡體字，首先納入學校教科書並作推行識字教育之用，都是可以的。編訂的機關無論爲教育部或中央研究院或國立編譯館，均無不當。至於說要把編訂的新字及字書、韻書等「送由行

政院轉函立法院審議通過後，咨請總統公布施行」，那就不必要了。
「割雞焉用牛刀」。

　　第六、立法院中不乏明達之士。他們主張民主，尊重自由，深知
立法院底職責爲何，法律適用的範圍所在。要通過「文字制定程序
法」，像提案人所主張的那樣，將來由立法院通過新字及字書，韻書
咨請總統公佈施行，不一定可能。而立法院所應制定的地方自治通則
及創制法，複決法等，迄未制定。至於如何督促行政院，革新政治，
達到廉能目的，也是當前需要。這如何還能分散時間精力於分外的
事？

　　總而言之，簡化文字問題是應該讓人自由研究，自由解決，而不
必以法律相繩，命令從事的。它底性質屬於文化，並不屬於政治。而
政治機關應把政治弄好，不必干涉太多。憲政時期，自由第一。一九
二八年土耳其文字改革之經由國民大會通過，乃是因爲廢除固有的亞
拉伯字母採用外國的拉丁字母之故。我們的簡化文字大異於土耳其，
沒有援例的必要。

六、三民主義的文字觀

　　現在要總括地說一下。

　　前面屢次說文字是一種工具或符號那句話，甚爲重要。它是與三
民主義創立者孫中山先生底見解相合的，也可說由他而來。他告訴我
們：「文字爲思想傳授之中介，與錢幣爲貨物之中介，其用正相類。」
錢幣即金錢。「金錢本無能力，金錢之能力乃由貨物之買賣而生也。
倘無貨物，則金錢等於泥沙矣。倘有貨物而無買賣之事，則金錢亦無
力量矣。」文字也復如此。倘無思想，文字等於泥沙。倘有思想而無

傳授之事，文字亦無力量。明白這點，講到歷史、文化、道德、政治等等，均須注意思想。美國與英國同一文字，而自有其歷史、文化、道德、政治等等者，在此。土耳其廢除自己的亞拉伯字，採用外國的拉丁字，仍不失其國家民族之地位者，亦在此。

國父以為錢幣是變化的，由布帛刀貝而金銀而紙票。這種變化就是進化。文字亦然。所以他說「文字有進化」底話。「文字之源，本出於言語。而言語每隨時代以變遷。」因之文字也有變遷了。所謂變遷就是變化，也就是進化。所以文字不是一成不變的。這種文字觀合於　國父底哲學。哲學為宇宙觀。　國父底宇宙觀是進化論。他在《孫文學說》第三章說得很明白。宇宙是進化的，在宇宙內的文字也不能例外。文字是進化的，我們不能站在保守主義立場上來觀察它。所以簡化文字，使文字由舊而新，乃是進化底要求。反對簡化，維持正體，是反進化論的保守思想，殊為錯誤。

因為宇宙是進化的，變化的，革命纔有可能。革命底革，就是變革，亦即變化。革命從語源上說，是變更天命。原來天命為不可變者，現在連天命也要變，那末革命就是普徧的變化了。換言之，革命是無所不變的。正因為這樣，　國父主張民族革命、政治革命、社會革命，又主張錢幣革命、思想革命。依照革命底邏輯和　國父底邏輯，我們應該主張文字革命，就是改革文字。而三民主義的新中國，不限於新制度，還要有新文化，不可以有新文字嗎？所以簡化文字是中國革命底一環。

怎樣改革文字呢？依照民族主義，要尊重民族語言，民族文字。國父說：「一民族之進化，至能有文字，良非易事。而其文字之勢力，能旁及隣國，吸收而同化之。」所以中國文字值得尊重。　國父反對「廢中國文字之議」，鄭重地說：「中國文字決不當廢也。」那末改

革文字就不是拉丁化或採用羅馬字了。怎辦呢？這就只有簡化中國文字之一途。簡化中國文字不違反民族主義，並且合於中國文字底進化**趨勢**。所以 國父從沒有反對簡化中國文字的事。進步一說，民族主義要爭取民族生存。今天爭取民族生存，簡化文字是必要的。它一方面可便利宣傳，普及教育，以發揚民族意識；一方面可便利學習；加強研究，以趕上先進國家，這不很好嗎？

　　依照民權主義，文字要辦到人人能讀能寫。這纔可以把教育和智識交給平民。但是平民要為生活而從事各種職業，沒有很多的時間精力用於閱讀書寫。所以簡化文字甚為必要。「飯館裏有豬『干』、『虾』子一套簡體字，，糧食店有『谷』子、米『粮』一套簡體字」，便是證明。由此可見簡字是「民眾創造，自由使用」的了。民權主義要尊重民權，所以要承認簡體字。如果說民權主義要尊重民意或民眾底公意，那麼簡體字就是廣大民眾底公意，便應承認簡體字。有人以為正體字也是民眾底公意，要羅家倫先生「尊重廣大民眾的公意」「不可以私人意見擅自更改」為簡體字。不知民眾底公意是變化的。從前為正體字，現在則為簡體字了。我但要面對現實，不要復古和守舊。今天，只有簡體字纔是合於民權主義的文字。

　　依照民生主義，文字要切合民眾底生活需要。生活是社會的和忙碌的，現在則趨於迅速和緊張。前面說的「豬干」之「干」，「虾子」之「虾」，「谷子」之「谷」，「米粮」之「粮」，就是民眾生活底產物。所以簡體字合於民眾生活。正體字是有閒階級底玩意兒。智識份子，在今天，一般說來，不是有閒階級。所以他們也用簡體字，新聞記者即是例證。只有少數人，寫起文章來，好用古字和僻字，以顯示其淵博。但是今天，我還未見到，從前纔見到過。與民眾生活距離太遠的字，是不能存在了。

　　總括看來，三民主義的文字觀在今天是主張簡化文字的。這種簡化文字合於三民主義新中國底需要，成爲它底新文字。在將來，在三民主義底最高理想——大同主義實現之時，世界大同了，改革文字又將成爲不可避免。那時底改革，怕是吳稚暉先生所主張的世界語了。只要主張大同，這就是必然的結論。「文字有進化」，又怎能停止於簡體字呢？

　　但是今天我們只主張簡體字，不主張世界語。因爲將來大同實現，借用　國父底話，斯時人民，道德智識既較我人爲高，自有實行之力，何必我人之窮思竭慮，籌畫於數千年之前乎？我人既爲今日之人民，則對於今日有應負之責任，似未可放棄今日我人應負之責任，而爲數千年後之人民負責任也。故我人處今日之社會，即應改良「今日」文字，「以盡我人之本分」。主張簡化文字是時代要求和歷史任務。

七、簡化文字與專家

　　有人說，簡化文字需要專家，而且需要「真正專家」。政府對於他底意見，「要加一萬倍的重視」。這是對的，我充分贊成。而且我從不輕視專家。但是我還有一點話講。

　　我以爲專家底長處是專，短處也是專。因爲是專，所以成爲專家；但因爲是專，所以愈專愈窄，他走進牛角尖去了，所見有限。換言之，他天天在圖書館裏，實驗室裏，因而脫離民眾，脫離生活，脫離現實，脫離政治，昧於國家需要，昧於世界潮流，昧於歷史發展，昧於時代任務。有些人只是抱殘守缺，咬文嚼字，以古非今。所以有很多專家不知改革，甚至反對改革。而改革也就有很多不是專家幹出來的了。

　　譬如文學革命，無論發起的胡適也罷，主張最力的陳獨秀也罷，都不是文學家。不僅當時為然，以後亦然。就到今天，胡適也不是文學家。說他是思想家、哲學家、考古家等等，都有理由。如果說他是文學家，那麼他底作品為何？胡適也是詩底改革者，他倡導白話詩。但他並不是白話詩人，也根本不是詩人。然而胡適發起文學改革之時，真正的文學家，即所謂專家也者，如林紓一流人，則起而反對。結果，專家失敗，非專家完成了改革文學的大業。

　　當然，專家不多像林紓一流人。而簡化文字需專家。但倡導簡化文字者則可不必是專家。所以羅家倫先生假使如有人所說，「治學之日短，而治中國文字學之日尤短，不明六書……不識古字」，亦可倡導簡化文字的。「中國文字的創造，確實是各時各地的民眾自由創造。」這民眾是「明六書」的人嗎？是「治中國文字學」的人嗎？既然這些民眾可以實際創造文字，羅先生為甚麼不可以主張簡化文字？簡化文字是改造文字，也就是創造文字呀！

　　簡化文字所需要的專家，是贊成簡化文字的專家。換一句話，它需要瞭解民眾，瞭解生活，瞭解現實，瞭解政治，知道國家需要，知道世界潮流，知道歷史發展，知道時代任務的專家。至於抱殘守缺，咬文嚼字，以古非今的專家，實在用不著。迷戀六書的專家，也用不著。因為六書懂不懂是沒有甚麼關係的。簡化自有簡化底原理。如果六書能包括一切字，那麼簡化了的字仍可用六書去解釋它。簡化若是把形聲字改為會意字，或指事字去了，那是無關宏旨的事。萬一六書不能解釋簡化了的字，則可用別的原理。這是解字問題，不是造字問題。簡化文字是造字問題。

中華民國四十三年三月三十日

（見中華民國四十三年四月十四日至十九日臺北公論報）

簡體字論戰引起之回憶

半　生

　　臺北近日爲字體簡化問題，大開筆戰，唇槍舌劍，各皆理直氣壯，筆者隔岸觀火，感想萬千，舊事塡膺，亦欲有言。

劉半農生在地中

　　民國六年，筆者投考北大，國文試題爲文武論，當時吾非不知題義之所指，徒以年少氣盛，好作偏頗之詞，縱筆所之，硬栽命題人以不妥，專從文武兩字之含義，吹毛求疵，而以洋洋數千言交卷，自念必不錄，不意評卷老師非常民主自由，不以我爲忤，榜發之日，而名竟高懸，時移世遷，忽忽三十餘年矣，在今日視之，此種試題，似誠有些問題矣。

　　當年北大預科有作文一課，筆者國文教師爲日後鼎鼎大名之劉半農氏，彼我師生，後且一度成爲同學，某次作文，筆者劈頭便來一句「夫人生於天地之間」，作爲開場白，發還之日，開卷一閱，劉氏將此一句改爲「人生在地中」，自念我固陳腔濫調，但劉氏此一改竄，今日憶及，猶莫明其妙，而劉氏固亦早已「生在地中」矣。

大學教授　道士唸經

又憶當年吾國一般中學，外文程度至爲低劣，學生看書固不行，聽講更不可能，但一旦升入大學，某些課程，教授竟捧英文原文書照唸，用英語講解，流水行雲，滔滔不絕，聽者徒覺有如道士唸經，不知其所唸爲何，只有天曉得矣。當日師嚴道尊，只好彼此心照不宣，互不侵犯，筆者即爲飽嘗此味道之一人；後日有某教育部長，上任伊始，詢及蒭蕘，筆者便以大學除外文課，外語系，及參考書外，應限制教授用外國課本，用外語教書，奉獻。奈何國家未亡，此風似乎今日猶烈，國子先生既以講外國話爲榮，達官貴人且有以洋文批公事者，此阻礙吾國文化之發展，豈在字體不簡化之下乎。

遺民原是移民

筆者曾於某國立大學，見一國際法教授且兼政治系主任者所編講義，其中有「遺民律」字樣，初疑爲一時筆誤，但繼續讀去，竟千篇一律，檢視目錄亦然，「遺」「移」雖同音，但含義絕異，「遺民」「移民」且爲風馬牛不相及之兩名詞，奈何堂堂大學教授，竟如此涇渭不分，此豈字體簡單不簡單之問題乎。

抄書而不知寫字

抗戰初期，筆者觀光某模範省，一日參觀其一表證中心小學，入一教室，見諸生伏案作書，教師則雙手交抱，高踞講臺，承告是課爲抄書，巡視一過，則所有學生，多不知開筆，此從下而上者，有從右

而左者，有先打點而後連串之以成一畫者，不覺大驚，因語該教師，此輩學尙不知寫字，何能抄書，彼率爾對曰，先生所見，爲班中最懶最劣之學生，因請其指告一二優秀者，而招之詣黑板前，令其書寫，固仍如前。

小學教師　狼狽不分

又筆者近年居港，家有一小學女生，偶聽其用「陰囊」「新郎」等字眼斥人，疑爲粵語，命之寫出，始知爲「陰狠」「心狠」，誤將「狠」字讀爲「狼」字者，因糾正之，竟遭抗拒，謂爲老師所教，兒童迷信老師，家長哭笑不得，詢之其同學，亦眾口一聲。一次見其地理課本某節，有「熱帶」兩字，誤刊爲勢帶，爲改正之，其師教時，竟照讀勢帶，比經吾家小學生當堂指正，彼輕鬆地答曰，就讀「熱帶」罷。如此吃人膏血，誤人子弟，豈字體簡化問題所能爲力耶。

國文老師　別字連篇

筆者曾於大陸，與二三友好創辦一中學，一切設施，頗具理想，教師人選，亦力求上乘，某師範學院院長介紹其畢業生到校任教，面子問題，擇其所謂一文史最優者延聘之，一日參觀其授課，一篇國文，竟發現其讀錯字音至五字之多，如「龐」讀爲龍，如「瑟」讀爲必，往復不改，當時猶恐聽覺有差，乃將此五字書之黑板上，請其注音，以示諸生，彼仍然注「龐」爲龍，注「瑟」爲必，此國家公費造就之師範生，而爲其院長稱爲最優秀者，吾不知其次焉者更將如何，此豈僅簡體字可以解決之問題乎。

教育廳長　裝腔作勢

更有妙者，吾曾躬逢某省一全省中學校長會議，其教育廳長爲該省當日一炙手可熱之烜赫人物，翻雲覆雨，不可一世，猶憶此公當年上任之日，報紙發表其學歷，爲「受小學教育在廣州，受中學教育在北京，受大學教育在某國」，雖然英雄莫問出處，但此一單學歷，可謂別開生面，閉幕之日，彼匆忙蒞會致詞，筆者忽見會場席上，互傳一紙條，好奇心動，側目竊視，乃「聽政工人員說話」七大字，彼居堂堂若輩頂頭上司也，胡爲而不尊重至此，甚以爲奇，旋見其神氣十足，展開甚師爺捉刀所撰之長篇演詞而朗讀，豈料不聽則已，一聽始知此公妙不可言，不特讀得下句不接上句，且發音尤爲特殊，如苦心孤「詣」，讀爲苦心孤「旨」，剛「愎」自用，讀爲剛「復」自用，「贍」養讀爲「瞻」養等等，不一而足，美不勝收，爰此公爲中央訓練團王教育長東原之及門弟子，盡承衣鉢，裝腔作勢，維妙維肖，每唸數句，必照例將其右手，高高舉起，最末一字，必拉得又長又高，如苦心孤「旨」內之「旨」字等音調，特別清脆爽朗，如雷貫耳，陰陽怪氣，此公有焉，其人而任教育廳長，則字體即簡之又簡，而回至結繩，抑何補耶？

大學教授　誤人誤國

一次筆者榮任某省縣長考選典試，當局掄才心切，力求公正，欲使野無遺賢，特聘大學教授擔任評卷，密封祕室，備極隆重，榜示前夕，舉行典試會議，鄭重審核，發現及格者寥寥無幾，但考試科目，不過四間，一查究竟，始知某門試卷，全體均不及格，大都零圈，最

多亦不過二三十分，筆者好奇取閱該門試卷，原爲問答題四條，稍有常識，皆能答出，豈知評卷員對答得無瑕可擊，洽到好處者，賞以鴨蛋，牛頭不對馬嘴，瞎說胡扯者，反又給分，是此公本身不是無常識，即有神經病，迫不及待，只好權宜將此門分數全部作廢，儘就其他三門分數均及格者，予以取錄，如此大學教授，誤人誤國，豈簡體字問題乎。

字體果法定不得乎

此次簡體字論戰中陶希聖氏發表〈字體是法定不得的〉一文，舉劉國賓其人一眞實故事爲例證，人且讚其輕鬆有趣。故事大意，謂劉國賓慣寫其姓名爲劉國「寅」（編者案：當作「賓」。下同。），因此幾筆之差，致一生碰盡釘子，事事失敗，如考大學，被拒報名，參加檢定考試，被批駁不准，與人訂約，亦被敗訴，終致憤而歸耕。愚意以爲劉國賓知識份子也，既知「寅」字之如此倒霉，則改邪歸正，豈不易如反掌，而竟計不出此，則此公神經，似乎甚不健全，惟筆者殊怪我政論大家陶先生，竟因此例證，而肯定字體之不得法定，果如所言，倘吾輩身尚未死，或有人焉，堅腎不分，則陶先生不將啼笑皆非耶！吾輩箇人立身行事，尙須有守有則，一國字體，萬民公用，豈可漫無法守，任意糊塗，而能如箇人言論文章之二三其德，隨心所欲乎，陶先生高明，以爲如何。

失掉議長寶座

猶憶大陸淪陷之前年，全國報紙曾一度競傳廣西省參會議長選

舉，因字體發生紛爭，歷久不決，小諸葛且因此以百忙之身而專誠回省。事緣當選議長之陳錫珖，有三數投票人，誤將「錫」字內之「日」字寫爲「且」字，致對方堅持以廢票論，而互爭不已，請示內政部解答，亦無結果，終至另選始了案。此與劉國賓故事，如出一轍。吾國今日高唱民主，和動輒選舉，又實行憲政，則一切只有繩之於法。倘字體無規律，則劉國賓陳錫珖之故事，將層出不窮。欲杜絕此糾紛，則舍字體法定外，其道莫由。否則天下紛紛，何所適從。筆者未得見陶氏全文，不知其究如何以自圓其說。

文字之難　不在單字

筆者以爲文字之難，無間中外。究其所難，不在其單字，而在其文法，在其成語，在其習慣。童而習之，知其然，而不知其所以然，惟習慣而自然耳。繁難之程度，與其民族文化歷史深度，成正比例。乳臭小兒喃喃學語，爲其本能；進而識字，並非難事。吾國字體筆畫雖多，但以視英法文單筆畫，多至二十餘字母者何如。逐字學習發音，雖不如拼音之易，但我均爲單音，以視英法文字之複音，其難易又復何如。今欲求字體簡之而又簡，以期學也更易，寫也更便，自極理想。但上述一類人物故事，書不勝書，而此輩又均負民族文化承先啓後之重責，竟魯魚亥豕之不分，自應非字體不簡之所致。長此下去，斯文掃地，不特山河變色，且將文物全非。權衡利害，孰輕孰重？研究討論，孰緩孰急？抑或平頭併進，雙管齊下，論戰諸公，其亦計及，而有所抉擇乎？

打破最後　一隻飯碗

　　走筆至此，猶欲有言。吾國文化悠久，歷數千年而不墜者，幸賴有此統一之文字耳。今日交通發達，人事紛紜，五方雜處，接觸頻繁，然而同爲黃帝子孫，而彼此語言不通。筆者前時居穗，今日留港，有如寄身異域。早年旅次外洋，無此淒涼。今因不能交談，遂爾隔膜重重，情感不能交流，誤會叢生，甚至交惡，是國語統一運動之迫切不尤甚於字體簡化問題乎？港政府似乎有不明文之規定，小學教習，必須通用粵語，中學尺度雖稍寬，但用國語教學，又不爲粵生所歡迎。吾輩上海佬，知識份子，流亡至此，原幸有此一碗飯可吃，不料今又並此而因之打破，如筆者其人，倘非陳社長孝威邀約到《天文臺》寫文賣稿，已早索我於枯魚之肆矣！臺北諸公，與其坐而論道，何如實事求是，不更爲識時務之俊傑耶？

（見中華民國四十三年四月十四日至十七日香港《天文臺》）

我對於簡體字的意見
──致南部某中等學校二年級全體同學書

無華樹

　　最近一箇月來，先後收到你們許多來信，有箇別的，有聯名的，為簡體字問題，向我提出許多意見。你們熱心研究的精神，使我有說不出的快慰。歲月如流，離開你們不覺已經八箇多月了。八箇多月之中，只有最近這一箇月來我最高興，最快樂。因為我幾乎每天讀到你們的信。

　　對於你們的來信，我一封也沒回，惟一的原因，是我想等這場簡體字的筆墨大戰有了結果再說。然而就眼前的情勢看，這場大戰正殺得難解難分，很有演變成一場長期戰爭的趨勢，我不能再等下去了，現在把我對這一論戰的一些意見和你們談談吧。

　　我的一點最基本的看法，是覺得這問題在今天是一種不急之務，沒有非把這問題求得根本解決不可的理由。這是一件大事，但不是一件急事，應該等到國家太平之後從長計議，此時此地，比這更迫切更重要的事太多了。我們應該把我們的聰明才智應用到更重要更緊迫的地方去才對。我不相信因為一箇「竄」字就會打敗仗，也不相信用一箇「窜」字就可以打勝仗（羅家倫先生曾舉此字為例）；我不相信中國科學落後是因為文字繁複所致，也不相信大家用簡體字就可以造出

原子彈和氫彈、鈷彈來；我不相信現在一般大、中、小學生國文程度低落是由於繁簡體字的關係，也不相信簡體字就可以把我們各級學校學生的國文程度提高；我不相信中國行政效率低落是繁體字造成的，也不相信簡體字可以提高行政效率；我不相信大陸是因爲繁體字丟掉的；也不相信簡體字就可以把大陸收回來；我不相信大家對中國文字用錯、寫錯、讀錯，這錯是因爲太繁的緣故；也不相信用了簡體字就可以保證大家今後，不再有困難，不再有錯誤。

羅家倫先生一再強調使用簡體字可以省時省力。這自然是百分之百地對。但是換一箇角度去想想，我覺得中國人對於時間精力的浪費太可怕了，一件公文，從擬稿到發出，往往可以拖到十天半月，這是文字繁複造成的嗎？三點鐘開會，五點鐘到齊，這是文字的病嗎？羅家倫先生以小學生爲例，說每人省幾筆，一百多萬小學生就省了幾百萬筆；換成我的話說，每人平均每天浪費三十分鐘，自由中國九百萬軍民每天浪費了多少時間呢？中國文字除了正楷之外，行書草書就是一種便民體，就可以省時省力。學生在學習時代，不宜寫簡體字，公文用字以用楷書爲是，這都有其必要。至於我們日常作劄記，寫文章，寫日記，作信札，以及其他許多交際應酬，字體是極爲自由的，好比總統府和臺灣省政府一樣，除了一箇正門，還有許多邊門，除了有些人必須走正門進出才妥當外，一般人儘可以自由走其他任何邊門進出。羅家倫先生所提出的簡體字，把行書草書和一切亂七八糟的字都融化成一體了，我實在不敢苟同。

羅家倫先生說，小學生在六年中要認四千，零三十箇字，十一畫至三十畫的「繁」體字有二五五八箇。十一畫的字也算「繁」體字嗎？那我們最好的辦法是不讀書。六年學四千多字，平均每天不到三箇字，在數量上能說多嗎？認識了「盧」字，「爐」「廬」等字還太困

難嗎？認識了「相」字，「箱」「廂」「湘」等字還困難嗎？會寫「虫」「黽」，「蠅」字還困難嗎？會寫「金」「贊」，「鑽」字還困難嗎？會寫「骨、葬，馬、盧」，「髒」「驢」字還困難嗎？會寫「穴鼠」，「竄」字還困難嗎？我常想，中國的文字好像是有軌電車，英文好像是無軌電車，能認識一千箇左右的中國基本文字，中國文字的認、寫、讀、用都不困難了，以之和英文比，實在高明得多。進一步看，我們一般人常讀錯、說錯、寫錯、用錯的字，是繁體字嗎？我卻以爲簡體字似乎還多些。「己已巳」，「辛幸」，「拚拼」，「丐丏」，「爪瓜」，「亨享」，「密蜜」，「訴訢」，「折拆」，「扦扞」，「范笵」，「氾氾」，「刺剌」，「玫玖」，「沬沫」，……這些字都很簡單，可是你們過去就常常弄不清。「自已」，「己經」，「幸苦」，「辛福」，「拚音」，「乞丐」，「亨福」，「官運亨通」，……這種例子太多了。不但你們常弄錯，社會上的情形也是一樣，能說這些字太繁難嗎？「達」字上面寫作「幸」，「商」字當中的「儿」寫作「十」，「步」字下面寫成「少」，「抓」字右邊寫成「瓜」，「爬」字左邊寫成「瓜」，「迎」字上面寫成「卯」，「陷」字右邊寫成「臽」，「餡」字右邊寫成「臽」，「切」字左邊寫成「土」，「抹」字右邊寫成「未」，「術」字中間寫成「求」，「如火如荼」寫成「如火如茶」，「狼狽」不分，「賭睹」混淆，能說這是字體繁難嗎？有許多的人，把「擴大」讀成「礦大」，把「木柵」讀成「木删」，把「滲透」讀成「參透」，把「拯救」讀成「丞救」，「水滸」讀成「水許」，「不寒而慄」讀成「不寒而粟」，「沁園春」讀成「心園春」，「地域」讀成「地或」，「暴露」讀成「ㄅㄠ、露」，「垃圾」讀成「拉及」，「諫」字讀成「練」，……這都是因爲太繁難才發生的錯誤嗎？

我以爲今天對於國文方面最緊要的一件事，不是提倡簡體字，而

是如何使文字教學科學化，系統化，如何提高國文教師的素質，如何改進教材，如何改良教法，如何加強文字教學，如何促使大家對中國文字的努力學習，不此之圖，斤斤於文字繁簡問題，實在是舍本逐末，於事實無補，於國家，人民毫無利益。今天我們一般中國人，對中國文字太不注意了，誰都是敷敷衍衍，馬馬虎虎，似是而非「大概差不多就可以了」。學生如此，老師如此，上至名流顯要，下至黎民百姓，誰也不曾腳踏實地的用心學習中國文字（關於這方面，我曾在《自由青年》十一卷四期發表了一篇〈試論中國文字的危機〉，想你們早已讀到），這問題還不夠嚴重麼？

總之，關於這件事，你們的態度要冷靜，沉著：

第一、不要向人類的惰性妥協，不要向人類的弱點發展，不要因為簡體字問題而鬆弛自己的學習精神。我常常對你們說：「欲求真學問，須下死工夫。」好偷懶的人，絕不會有偉大的成就。

第二、不要有偶像觀念。某人在某方面有較高的成就，並不一定他的任何主張都對。一箇人縱使是文學家，卻不一定是文字學家。西洋科學進步，但不會「外國月亮比中國圓，外國糖果比中國甜」。羅家倫先生是我十分敬佩的老師之一，但如果他的主張並不全對，我自然應該提出反對意見。羅先生一再說到　總統也主張用簡體字，但他並沒有將　總統主張簡體字的具體理由說出來，這是毫無意義毫無價值的。古人說：「盡信書，不如無書」，我可以換句話說：「盡信人，不如不信人」。不盲目崇拜，不爲威權觀念所蒙蔽，是我們求學問必須有的態度與精神。

第三、不要有錯誤的進步觀念。主張簡體字並不一定就是對的，進步的，好的；反對簡體字，並不就是思想陳腐，落伍，錯的，壞的。改革不一定是對的，新的不一定是好的。有人說：「改總比不改好」，

「簡總比不簡好」，「新的總比舊的好」，這話都是片面的，武斷的，不可靠的。

第四、不要有社會盲動觀念。大陸淪陷前，大家都以爲「共產黨來了總比國民黨好」，等到赤色鎖鍊加身，後悔已經遲了。所以有人說：「群眾是盲目的」。簡體字問題，也可作如是觀。大多數人認爲方便的，並不一定就對。五日中央日報有一篇「一箇中等學校教員對簡體字要說的話」，文中意見對否，我不想置評，只是文中說到「如果舉行投票，一定多數人贊成使用簡體字」，這種事情能投票表決嗎？譬如我們說「立即反攻大陸」，「人民不必納稅」，「人民不要有身份證，以免麻煩」……能投票表決嗎？由此可見，多數人以爲應該做的事，有的不可能立即做到，有的根本不能做到。至於說臺灣省議會曾建議政府簡化中國文字，這是因爲光復不久，本省同胞在語言文字上都與中文字距離太遠的關係，情形特殊，不足爲例，假如說本省同胞大多數主張用日語日文，大家都覺得方便，可以嗎？

親愛的小弟弟們，你們的聰明才智，你們的學習精神，我都有永恆不變的信心，希望你們繼續努力，實實在在地研究，懃懃懇懇的求學，講求科學方法，注重科學精神講求效率，注重技能，愛惜時間，把握時間，不斷奮鬥，不斷創造，「有恆爲成功之本」，你們的前途是光明的。

中華民國四十三年四月十日

（見《自由青年》第十一卷第六期・中華民國四十三年四月十六日出版）

我們對於字體簡化的意見

自由中國社論

　　在過去一個半月當中，字體簡化問題，在報紙雜誌上爭論得很熱烈，立法院也爲了這件事辯論了好幾天。我們除對那些無聊的漫罵，深致惋惜以外，對於贊成者和反對者的意見，都同樣尊重地加以考慮過。我們的結論是：

　　一、字體簡化是大眾的要求，是有其必要的。

　　二、已經通行的簡體字，應取得與楷書同樣的地位，學生作業簿和試卷上寫這一類的簡體字，不應吃槓子；教科書和習字本上（尤其是小學的），應該儘早盡量採用這一類的簡體字。

　　三、尚未通行或形式紛歧的簡體字，應使之標準化。

　　四、標準化以及新制簡體字（包括部首簡化），均應由教育部主辦，並陸續通令採用；立法院不必過問，也不必過問。

　　字體簡化是大眾的要求，這句話不是憑空說的。民間及商業上有許多通用的簡體字，公文書中有許多通用的簡體字，軍中文書也有許多通用的簡體字，這都證明字體簡化的要求，是來自大眾，是普遍的，決不是一個人或少數人異想天開的玩意兒。大眾爲什麼要簡化字體呢？理由很淺顯，就是因爲文字是表達思想情緒的工具。工具的本身，在不妨礙其功用的條件下，越簡單越好；簡單就便於使用。使用文字，是思想情緒表達的手段或過程，手段或過程越省時間越好；簡

化字體，可以節省寫作的時間。這番道理，再平常再簡單不過了。反對者卻有人把這個問題看得那麼嚴重，說是毀壞傳統文化、說是危害國家命脈，這種說法，不是沾染了時代病之一種（給人帶大帽的時代病），就是不懂得文化、國家、與人民的關係。文化是要適應時代要求的，國家是為人民而存在的。字體簡化呢？事實具在，是大眾的要求！

有些簡體字，已經通行，識字的人也個個都認識而且常常寫的，如「体」、「当」、「过」、「办」……等等，為什麼不能與楷書享同等的地位呢？學校教師們，自己寫作時寫簡體字，但在學生作業簿或試卷中遇到簡體字就打紅槓子；堂堂的公文書可以用簡體字，而教科書卻不許有簡體字排入。這有什麼道理可說呢？如果以為學生認字寫字，當以六書為正宗，簡體字是不本於六書的，所以不應讓學生學習。要知道，學生認字寫字，是當作一種工具來學習，在校學生並不是每個人都想攢牛角尖做文字學專家！

字體簡化的趨勢，是大眾的要求，不是任何勢力阻擋得住的。但是近年來臺灣民間所使用的簡體字，確實有點紛歧混淆的毛病，如以「才」代「歲」之類。反對字體簡化的人，有的從字體演變中舉出由簡而繁的例子，證明字體的演變不是由繁而簡的，如燃燒的「燃」字，原來只是「然」字，後來因為「然」字另有其他意義，於是就在它的左邊加上一個「火」字，成為燃燒的「燃」。這種事例，雖然不只一二，但不是代表字體演變的一般趨勢，而是說明為避免字義混淆，不得已才有這種由簡而繁的演變。我們不應以此事例來反對字體簡化，但我們在推行字體簡化運動中，紛歧與混淆的毛病，也必須注意到。所以簡體字的標準化是必要的。

我們所說的「標準化」，第一步，也是最重要的一步，是把已經

通用的一些簡體字，由教育部公佈出來，使他們享有與楷書同等的地位，不僅讓學生可以寫，教科書上也應盡量採用。例如現在小學教科書中有二十一畫的「鐵」和「竈」字，應該換以通行的十三畫的「鉄」字及七畫的「灶」字，二十四畫的「蠶」字，應該換以通行的十畫的「蚕」字。這個第一步的工作是馬上就可以做的，教育部不應該遲疑。第二步，調查搜集不很通行的簡體字以及一義而有兩形以上的簡體字，加以整理研究，就其較為合理的來推廣使用，讓大眾慢慢地公認了，再來正式公佈。第三步工作，就是簡化部首，創造新的簡字。

　　簡體字標準化以及創作新的簡體字，應由、也只有由教育部來主辦，並通令採用。教育部是國家教育機關，它可以延聘熱心字體簡化的學者組織一個經常機構來做這項工作（查現已設立簡體字研究委員會），並經常出版刊物作研究的工具，同時用以推廣簡體字的使用。至於立法院對這件事，不必也不應過問。其理由已有人充分說出。這裏我們只想說一句：要想國家走上法治前途，立法權必須謹慎地運用。這個道理，立法院本身，也有許多立法委員想到。所以在前幾天的辯論中，不贊成以法律制定文字的，也大有人在。現在所謂「文字制定程序法」一案，正交付審查，我們希望該案經過審查而打消。立法委員中之文字學專家及對此事有興趣者，儘可以個人名義在報紙雜誌上發表宏論，以供教育部簡化字體的參考。

　　我們的具體意見，已如上述。最後我們要補充一點：

　　字體簡化這件事，不是一個新的問題。遠在民國二十四年，教育部曾經著推行這項工作。當時教育部聘請專家數人詳細研究，並擬定三百幾十個簡體字，公佈採用（並經國民黨中央政治會議通過），商務印書館且已製造銅模，準備印書。後來中全會討論時，蔡子民、吳稚暉先生都很贊成這件事。吳先生且曾諷刺地說：「今天的字體，雖

孔夫子在世，也不會認識的。難道現在就不能再簡化嗎？」但因戴季陶先生以不出席全會表示堅決反對，此項工作卒歸停頓。這次羅家倫先生發動這件事，不過舊事重提而已，反對者大可不必視之爲罪魁禍首，贊成者亦不必尊之爲先覺或導師。如此，則在爭辯中當可免除那些有失風度的氣氛。字體簡化是大眾的要求，固步自封的保守觀念，是我們一向反對的。就事論事，我們贊成字體簡化！

（見《自由中國》第十卷第八期·中華民國四十三年四月十六日出版）

驗明「字」問題的正身

陳桐柏

　　「字」的問題，如果拿學術態度來研究自然包括得很廣，但現在所爭論的，似乎僅是「繁」「簡」的選擇。既如此，試提出下列二問：

　　一、有何利？有何害？

　　二、簡有何利？有何害？

　　爲什麼要爭繁簡（至於如何定繁簡的標準暫且不談）？爲的是用時方便，所以在答這兩問之先，我們須來討論一下「字」本身「用」方面的問題。「字」之於用有三方面：一是「認」，二是「記」，三是「寫」。易認，易記，易寫的字是實用起來最好的字。

　　「認」與「記」是一件事的兩個過程，可以合併起來說。牠所要求的條件是字形的區別，這是中國字的特點。雖然也有些字如「巳」「已」「己」，如「戊」「戌」，如「子」「孑」，如「人」「入」，如「大」「太」「犬」，如「申」「由」「甲」……（大致筆畫愈簡區別愈難，所以字多了，必然的筆畫就多起來了，使易辨認），區別甚微。但與蟹形文字比較起來已經是天壤之別了。若更能「望文生義」，「觸類旁通」，則認與記之易必遠甚於僅有區別，這是中國字的又一特點。「寫」當然是拼音字較爲容易，因其寫來寫去就只有那幾個字母，有人說英文寫亦不易，那是兼具「記」與「寫」之二難了。至於印刷的排字，拼音字更易於中國字，但這不僅是筆畫繁簡的問

題，繁既難，簡並不能使其易。

現在來答前面兩個問題！

一、繁有何利？易認易記。有何害？難寫。

二、簡有何利？易寫。有何害？難認難記。

這不是很清楚了嗎？提倡簡體字的目的，就是爲著「難寫」，我們不應該胡扯了，我們要用大字排出：

「字」問題的正身，經驗明是「難寫」

只爲了難寫，問題就很簡單。是不是應該爲「寫」的問題而把「認」「記」忽略呢？我們是否要因「寫」的關係而去動搖字的基礎呢？要不要印版字也簡化起來，使從此大家不知有正字呢？去一難而留兩難是否合理呢？所以我主張只爲了解決「難寫」來想一個辦法，這辦法是：中國字應有一種「書寫體」。至於這種書寫體是否就只是簡體字那還大有問題，因爲我們祖先遺留給我們的「寫」的方法，還有比簡體字更方便的「行書」和「草書」。草書似有過猶不及之弊。行書則在各人的筆底下老早用著（當然，行書是以簡筆字爲骨幹的）。我們何不提倡它呢？

蟹形文字很顯明的有他們的印版體和書寫體之別。英文如此，法文，德文，西班牙文，意大利文……無不如此。就是和我們一脈相承的日文，也有片假名與平假名之別，都是爲便利易寫而來。但並不因爲有書寫體就不要正楷（正楷辨識較爲明易也）。我們中國，行書既屬便利，但可惜它的流傳並不太普遍，本人就是一個知道不多的人，我贊成把它標準化來提倡，成爲我們的書寫體，使這方便的東西人人知道，難寫的困難就解決了。

（見中華民國四十三年四月十七日新生報臺北版副刊）

簡體字問題平議

毛子水

　　一年以前，我在新生報（四十二年二月廿七日的每日專欄）曾有一文討論《我們文字的幾箇問題》。我那篇文章分爲三段。一論「正字」問題，二論行用草書問題；三論簡筆字問題。對於「正字」問題，我主張以「約定俗成」爲原則，但以爲一箇國家的文字，須有一通行的標準。「因此，一部『改正版』的正字略或字學舉隅，實在還是我們現在所需要的書。」對於草書問題，我以爲我們現在不能不有草書；但草書和真書一樣，亦當有一種標準的字樣。我並且以爲于右任先生的「標準草書」，非特大學及師範學院國文系學生可取以爲法式，即凡受過中等教育的成年人亦應當各備一冊。（這些意見，一直到現在還沒有什麼大變更。）

　　「至於簡筆字，我以爲暫時我們不需要。我們現在果廢棄通行的文字而用簡筆字，則下一代的人便很難讀我們的古書：這是我們一箇無比的大損失。如果僅爲書寫的迅速而採用簡筆字，則我們已有一種標準草書，自可不必用簡筆字了。我們現在有許多比簡筆字更重要的事情要做；簡筆字的試驗，只能等世界太平的日子再動手。」

　　這是我一年以前的意見。我說「暫時不需要」：暫時，是因爲我們正在積極預備收復大陸國土，恐怕沒有從事整理文字的人力和物力；不需要，當然不是「要不得」，乃是因爲我那時以爲有了「標準

草書」的風行，簡體字的問題便可緩了。但我與其現在迂迴解釋，不如坦直的自認去年說錯話，——至少是說話不清楚。我今天這篇文章，是要說我們現在已不能忽視簡體字問題，並且是要修正我一年以前關於簡體字的意見的。

我以爲我們現在有研究簡體字，選定簡體字以及由國家文教機關頒行簡體字的必要。我不是說，我們的國家已沒有比整理文字更重要的事情；更不是說，我們的青年以後已可完全不讀古書了。我以放棄我一年以前的意見，完全由於時俗的需要。在過去一年裏，我聽說我們中小學的教師禁止學生寫簡筆字，並聽說考試院裏曾有人提出考卷中一箇簡筆字罰扣一分的建議。這兩件事情，都不是我們可以不管的事情；凡關心國家文化和教育的人，對於這兩件事，都應有一箇較實際較具體的意見。我想我們教育部去年所以有簡體字研究委員會的設立，亦就是因爲這箇緣故。這自是國家管教育的機關所應當有的事情。半年以來，我因爲忙於課務，沒有多大工夫去想這箇問題，所以不能有什麼詳盡的意見發表。近來立法院有針對簡體字的提案，而社會人士亦多有對這箇問題加以討論的，我因綜合一年來的零碎思考，並參酌當世各賢達的議論，而得著一箇關於簡體字問題的新意見，即是本段頭一句所表達的。講得具體一點，我以爲：

一、許多久已在民間通行的簡體字，教育部或行政院可用命令頒布，使得於公私文件——上自政府命令、法院判狀，下至俗間券契、醫生藥方——和各種考卷上一律通用。（「久已通行」的限制，當然亦是「暫時」的；我們現在如能造出妥善的「新簡字」，有何不可！）

二、教育部或行政院在頒布這些簡體字以前，應廣徵專家仔細討論，使頒布的字盡皆妥善。現有的簡體字研究委員會，似可略加擴充；但所延聘的委員，須是對於這箇問題真正有見解，有興趣的。

三、頒布簡體字，純以便於書寫為目的，並非廢棄「正體」；有人不怕麻煩，願寫所謂「正體」的，自得聽便。至於古來書籍印版的字體，暫時應當一切仍舊。

我這三條意見，定有人以為多事的。但若我們不做第一條，則考官和考生，老師和學生，都會有打不清的「筆墨官司」。這種事情，可使我們的青年，志士受到毫無理由的損失。這的確是我們現前的一大問題，是我們所必須解決的。若沒有第二條，則所頒布的簡體字行用起來或弊過於利。有了第三條，則國家雖有簡體字的頒布，而不強迫人民使用，人民仍得自由選擇。這箇辦法，使用簡體字的人可得到便利，而不用的人亦可「置之不理」。總之，我現在所以主張我們應當研究簡體字，選定簡體字以及（由國家文教機關）頒行簡體字，乃是為解決我們行政上或教育上的困難。我所擬的的辦法，似乎各方面都兼顧到，不致有什麼流弊；即我一年以前所以不贊成採用簡筆字的一大原因（古書問題），亦可因這箇辦法而消失。但一人的思慮，豈能盡善美；我是很希望熱心文化和教育的人有肯糾正我的這箇意見的。至於簡筆字是否應和「標準草書」併為一談，則須等待專家的決定；這箇問題，似乎是不能「一概而論」的。

以上是我對於簡體字問題正面的話。因篇幅所限，我不能多作辯論。但我對於這次許多朋友討論簡體字問題的態度，則未免有點惋惜。

我以為人類多多少少都有點戀舊性，所以我對於這次許多人的反對簡體字並不以為奇。半世紀前，英國和美國都有改良拼法的運動，但都沒有效果。在美國尚有幾箇新制字留在字典裏，在英國則一點痕跡都沒有了。拼音的文字尚且這樣，何況我們中國文字呢！我所惋惜的，乃是有幾位參與這次討論的人，未免意氣用事。

無論才學多大的人，一涉意氣用事，便很難持平了。羅君因熱心

於簡體字的提倡，要多舉例證以說服反對者，於所用的名詞遂不及檢點；雖無傷大旨，究屬牽強。潘君作文駁羅君：學術上的互相辯駁，乃是美事；但因好勝心盛，自己的說話，亦不免微有錯誤。即如胡秋原君，一向議論極為通達；但對於簡體字，則主張「聽其自然」。若使胡君的兒女，在學校裏，因把「缺一點的方」代替萬字，或把盡字寫作「尺下重兩點」而受教師的處罰，不知胡君心裏要怎麼想。難道胡君亦要「聽其自然」麼？我想胡君固不會斥責自己的兒女，因為胡君是主張自由使用簡字的。但我想胡君亦不會怪教師的頑固，因為胡君應當知道教師是奉教育當局的命令而這樣做的。胡君所以忽視這箇實在的問題，恐怕亦是為成見所蔽的緣故。我所以特舉這三君為例，純是「責備賢者」的意思。養心的功夫最難；我不敢說我便不犯意氣用事的毛病。

立法院廖君等的提案，則似出於誤會。廖君因恐羅君的簡字一出「危及國家根本」，所以提議「制定文字制定程序法」以圖防止。據我所知，羅君所擬的簡字，還沒有完篇；即使制成，教育部亦決不會隨隨便便即拿來頒布的。教育部對於固有文字的愛護，當不下於廖君，提案的動機固好，但舉動未免太慌了一點。

廖君提案原文中引了高本漢的話：「中國文字好像美麗可愛的貴婦；西洋文字好像有用而不美的賤婢。」我意文字是一種傳達意思的工具；在文字上，「用」的意義大過於「美」的意義。我們若不使我們的文字和西洋文字一樣的有用，則我們在文字上便已不及人家了。這是我見到高本漢的話以後的感想。但高本漢這話究竟對不對，是另一問題。

（見中華民國四十三年四月十九日新生報臺北版「每日專欄」）

印刷用楷‧書寫用草
——于右老致力文字改進廿餘年的結論

劉延濤

　　民國以來，國人對於文字的改進，可分爲兩大系：一、保存漢字，一、廢除漢字。保存漢字一系內，又有兩種看法：一、認爲漢字難寫，應當解決寫的問題；一、認爲漢字難讀，應當解決讀的問題。前者有兩派，一提倡章草，一提倡簡字；後者於字旁注音。廢棄漢字一系，也有兩派：一是國語羅馬字，一是拉丁化。凡此種種，不論其成功的大小，除拉丁化的辦法外，可以說都是用意至善的。只有拉丁化的辦法，不獨是要廢棄漢字，毀滅文化，而且是不注四聲；採用方言，旨在造成一種大混亂，破壞這一歷史悠久的偉大民族的團結，而便利極權的統制的！

　　于先生對於文字改進，站的是什麼立場呢？站的是保存漢字的立場，而主張首先解決寫的困難的。因爲漢字的優劣，漢字是否難學，是否難讀，世界語言學家尚有不同於一般人的看法，只有寫時筆畫的繁複，是千真萬確的。于先生在這裏有了一箇堅決明快的主張，就是：「印刷用楷，書寫用草」，因爲這在世界各國，已經成爲通例了。

　　就書寫的迅速利便而言，草書是最進步的字體。所以在草書發明的初期，一般人對它若癡若狂的風靡情形，在漢趙壹「非草書」一文

內，有著很生動的紀載。當時人對於草書作家的推崇，比之顏回孔子，可見人們久困於篆隸的繁難，驟得解放後一種反常的心理狀態！從這以後一直到唐初，都是草書最盛的時期。我們看當時草書使用的範圍，可以說是普及到各階層，應用到各方面。尤其是尺牘，似乎是以草書爲得體。這一期間的名人傳記，多特別加上一句「工尺牘」的讚詞。「工尺牘」，即工草書（詳見拙文〈尺牘與草書〉，見《草書月刊》）。漢明帝令劉睦作草書尺牘，魏晉以來更有草書月儀（即尺牘）傳世，這都是預作草書尺牘，資人楷模的。宋劉穆之傳：「穆之與朱齡石並便尺牘，嘗於武帝坐與齡石並答書，自旦至日中，穆之得百函，齡石得八十函；而穆之應對無廢。」這才真是衛恆所說的：「草書之法，蓋有間略，應時諭旨，用於卒迫，兼功並用，愛日省力！」且至日中得百函，只有草書能辦得到！所以我們提倡文字簡化，若是爲的印刷，則鑄字的繁簡，關係很小；若是爲的書寫，則我們應當採取最進步的草書。而今日的學生，簡直沒有機會看到草書，不要說學，更不要說用了。

但是草書要有標準！

草書爲什麼到唐以後，便脫離實用而成書家的專藝呢？這原因有二，一是本身的缺點，一是外來的阻力。最重要的，還是本身的缺點——無標準！一般人對於草書有箇錯誤的觀念：認爲草就是潦草，就是隨意塗抹，根本就是沒有標準的，草書而言標準，是矛盾，是笑話！實則草書才是最需要標準的。孫過庭書譜說得好：「真虧點畫，猶可記文；草乖使轉，不能成字！」草書筆意少失，便喪失其實用價值了。所謂不成字者，就是寫出來不獨別人不能識辨，甚至自己也不能識辨。這裏有箇很有趣的故事，冷齋夜話：「張丞相（商英）好草書，一日得句，索筆疾書，滿紙龍飛蛇動，使姪錄之。當波險處，姪罔然

而止。執所書問曰：此何字也？丞相熟識久之，曰：胡不早問，致予忘之！」自己的詩，自己的字，自己當時都不能識辨，何況別人？何況後人？而文字的本身價值也就喪失了。

　　于先生早就注意到這一層，在民國二十一年，便在上海成立標準草書社，提倡草書，提倡標準草書。但是這箇標準是由整理古人草書而得到的易識、易寫、美麗、準確的草法，而不是自己意造的標準。于先生是最反對以一人之法繩天下的，嘗批評宋高宗手書的「禮部韻寶」，明神宗特頒郭湛書「草韻辨體」底失敗，就是不能兼採眾善，而以一人之法繩天下的結果！所以于先生的這部標準草書，簡直可以說是一部草書史，裏邊包裹了各時代的作者，各區域的作者，各派系的作者。于先生說：「惟期以眾人之所善者，還供眾人之用。」標準草書後附釋例，將前賢草書的變化，整理出來七十一箇代表符號。學草書者，能將這七十一箇符號熟記，則習用的字可以說都能運用自如了。

　　于先生民國三十二年在重慶時曾印過一本手臨的標準草書，在自序裏說：「此後國家民族億萬世之基，皆應由一點一畫一忽一秒計起。人與人國與國之強弱成敗，即決於其所獲得時間之長短多寡。文字改良，雖為節省時間之一事，然以其使用之廣，總吾全民族將來無窮之日月計之，豈細故哉！」這裏于先生很明白的說明了他為什麼要提倡標準草書了！于先生是當代大書家，但是他底提倡草書，決不是為的美藝！

　　文字的價值在乎使用，然必須使用而後能顯其價值。就書寫底便利迅速來說，草書遠過於一切字體，但在草書發明七八百年之久，到了唐以後又復廢而不用，這不能不說是一種重大的損失！孫過庭說：「何必易雕宮於穴處，返玉輅於椎輪！」于先生說：「草書好比是飛

機，行書好比是汽車，其他字體，有的是馬車，有的是牛車！」也就是說：「何必返飛機於牛車呢！」今有千萬里的旅程，捨飛機而用牛車，人必皆知其不可。吾於此願爲今之主張文字改進者進一言：「要提倡文字簡化，就應當提倡得徹底，就應當提倡最進步而有標準的草書——標準草書。」

　　標準草書第八次修正本，已經由中央文化出版事業委員會出版了。于先生很謙遜的說：「這只是一箇藍圖，偉大的建築，還要國人共同的努力呢！」明天是于先生七十晉六華誕，我們朝著老人「印刷用楷，書寫用草」的指示，而爲新中國偉大的建築努力吧！我們以老人造福國人的心情，來爲老人祝福吧！

（見中華民國四十三年四月二十一日臺北中央日報）

青年做事要從難處入手

——有感於「簡體字」問題為「正風」作

樓桐孫

　　我看同學們的作文或筆記，常常有少數看不懂。近閱羅家倫先生的大文，在各報連登數天，並已印成小冊到處分散，他認為「簡體字」甚有提倡必要，始恍然於我自己的落伍，對於羅先生那種一味求新，銳意前進的精神，真令人「五體投地」。

　　我知道臺灣同胞，尤其是一般青年，特別歡喜用簡體字。羅先生的主張一定合於這一部分人的口味。因為在若干情形之下，簡體字畢竟可以簡省幾筆，覺得要簡便些。這也正是羅先生大力提倡的主要理由之一。

　　然而「簡便」不一定就是「正確」。「容易」更不就等於「善美」。那末，我們青年做事求學問，到底是「簡便」好呢？還是「正確」好？「容易」好呢？還是「善美」好？就中國文字而言，這恐怕決不是單靠「簡體字」可以解決得了的一個重大而又複雜的問題！羅先生的提倡，未免「掉以輕心」。各方輿論之所以齊起抨擊，這是一個原因。

　　筆者對於文字學固然缺乏專門的研究，但數十年來提筆作文，每逢一詞一字遇有疑難的時後，必盡我的能力所及，隨時加以一番查考，方敢放心，久而久之，對於文字的問題也就積有些許知識而深深

的感覺到中國文字的精微，已與民族文化精神凝而為一：除非決心要破壞文化，毀滅文化，否則萬萬不可「予智自雄」的隨便提倡予以更張。　總統是革命的領袖。他的革命性應該不會不及羅家倫吧。可是總統早於三年前講〈如何改進我們革命的方法〉，卻便極力要大家愛護中國文字，保存中國文化，以免誤中共匪要摧殘我國文化，「就先要使中國人不懂中國字，不愛中國文」的狠毒陰謀。羅家倫是黨史家，我想不應該不知道這個吧？

「六書」大意，不外以形、聲、義三者為主。自籀，篆變為隸楷時間甚久，改革已多，筆者非所素習，不願詳論。茲但就行楷書，將國字分為四類，各舉數字為例，以供同學們的參考：

第一類是字形相似而音義不同的字，字書所載，不下二百條之多。例如「儿几」，「子孑」，「巿市」，「巨叵」，「本本」，「回囘」，「易昜」，「場塲」，「管菅」，「幹斡」等等，尤其其中「巨叵」，「管菅」，「幹斡」之類，一般人最易弄錯。

第二類是形聲似同而義解各別的字亦很不少。最常見的錯誤，例如誤「彷」（彷徨）為「仿」（仿效）；誤「歧」（分歧）為「岐」（山名）；誤「秒」（分秒）為「杪」（本末）；誤「贏」（與「盈」同）為「嬴」（姓）之類都是。

第三類是形義相似而讀音不同的字，例如「倭矮」，「匿慝」，「官宦」，「趣趨」之類，比較不多。

最多的（我當然沒有經過精確的統計）似乎是第四類：字形不同而音義一樣的字。這就是「古已有之」的「簡體字」吧。例如「乃迺」，「从從」，「仆踣」，「无」無，「仙僊」，「个箇」，「佚逸」，「太泰」，「坎轗」，「尸屍」，「注註」，「向嚮」，「丽麗」，「叫噭」，「法灋」，「奔犇」，「伯霸」，「兆肇」，「浣澣」，

「核覈」，「郓黨」，「洪鴻」等等……多得不勝枚舉。（不過其中也有不完全兩字同義的；也有一字含有兩義的；並有應用到名詞上時，是不宜兩字通用的：這還是要隨時注意識別，以免錯誤）。

此外又有「己已巳」，「戊戌戍」，「母毋毌」，「棲淒悽」，「凋彫雕」，「嗛歉慊」，「氾汎泛」之類，形音都極相近似，但義各不同，稍一不慎，便會陷於錯誤，如想改用簡體，均易混亂。以上不過是舉幾個例子而已。總之，筆者的愚見，以為文字是民族文化的表徵，生命活力的所寄，我們不應畏難而輕加割裂。提倡簡體云云，實恐利小而害大。

（見臺灣省立行政專科學校《正風》革新第二期・中華民國四十三年四月二十四日出版）

簡體字商榷

葉芝生

　　推行簡體字問題，去年我已有所聞，未加注意。而且認爲我們天天拿起筆來，寫的不是行書，就是草書，不都是簡體字嗎？到了今年，簡體字之爭，愈趨愈烈。讀羅家倫先生〈簡體字之提倡甚爲必要〉一文，才知道這是二千年來文字上的一大變，值得大家來研究的一個問題。

　　怎麼說簡體字是二千年來文字上的一大變呢？我們試看羅文簡化字體所從選取的途徑：

　　甲、最古的簡體字。

　　乙、漢魏以來碑帖，名人墨蹟。

　　丙、宋元以來木刻書。

　　丁、現在公文書常見的簡體字。

　　戊、軍中文書常見的簡體字。

　　己、民間常用的簡體字。

　　他從上面六條途徑，選取簡體字，還要簡化字的部首和偏旁。去年七月九日，中央日報載：「教育部簡體字研究委員會，于昨日舉行會議，決定分四步驟進行；可能先自教科書及公文上作起。」是簡化後，可能在教科書及公文上作起。現在羅文又說：「隨時分批，請教育部或由部轉呈行政院，公布施行。教科書應當使用。……可先指定

幾種報紙雜誌使用。」其範圍又由教科書、公文，推廣到報紙雜誌。
將來這簡體字一批一批的公布出來，到了最後，中文字典就要整個簡
化，老字典概不適用。換言之，就是從簡體字公布完畢後，正體字即
壽終正寢，像籀篆之類，只讓考古家去欣賞，或刻印章、寫屏聯等用，
此後全由簡體字取而代之了！正體字就是楷書。有人說：「楷書由晉
王羲之創始。」實則漢章帝時已有之。《宣和書譜·敘論》：

> 漢章帝建初年間，有王次仲者，始以隸做楷法。所謂楷法，即
> 今日之正書也。

可見楷法實始于王次仲，而非王羲之。只因王羲之是書法權威，
所以王次仲之名被掩。自王次仲至今，有一千八百七十餘年；用大數
來計，不是二千年來文字上的一大變嗎？

有人說：「物競天擇，適者生存，達爾文的天演論，是普遍適用
的。正體字既嫌繁難，自然要由繁而簡，由難而易，歸于淘汰這是潮
流所趨，何容置喙？立法院廖委員維藩等，提出『文字制定程序法』，
豈不是違反潮流？」這個是非得失，連日報章上所載雙方宏論，都已
發揮盡致：我不欲蹈襲陳言，重加論列。我只是要問，簡體字簡來簡
去，是否有個恰到好處的止境？羅文說：「人在進化中，把後面一根
尾巴掉了！」但人類簡到沒有尾巴之後，是否還可以再簡下去，把耳
鼻手足之類，簡化一下？我想人體構造，大體已定。只能說：鬍鬚還
可剃掉，頭髮、手指甲、足指甲、還可剪掉，大事簡化，似不可能。
正體字是否還可不事簡化呢？我以為正體字也像人類一般，由蝌蚪鳥
篆，而甲骨文，而金文、籀文、小篆、隸書、楷書，早已沒有尾巴；
現在只好剃剃鬍鬚，剪剪頭髮爪甲了！

古今來文字演變的情形，究竟是怎樣的？凡是治文字學的人都知
道；有由繁而簡的，也有由簡而繁的。

　　《易‧繫辭傳》：「上古結繩而治；後世聖人，易之以書契。」

　　《周易正義》引鄭康成注：「事大，大結其繩。事小，小結其繩。」

　　結繩記事的方法，是最簡不過了！但後世聖人，因此不够應用，易之以書契，由簡而繁。

　　《易繫‧辭傳》：「包犧氏之王天下也！仰則觀象于天，俯則觀法于地；觀鳥獸之文，與地之宜，近取諸身，遠取諸物，于是始作八卦。」

　　伏犧畫八卦，是代表仰觀俯察所見諸物的文字。

　　《易緯‧乾鑿度》：「☰古文天字，☷古地字，☴古風字，☶古山字，☵古水字，☲古火字，☳古雷字，☱古澤字。」

　　八卦便是代表八個名詞。

　　《易‧說卦傳》：「乾為天，為圜，為君，為父，為玉，為金，為寒，為冰，為大赤，為良馬，為老馬，為瘠馬，為駁馬，為木果。」

　　是一卦且包含了十四種意義之多；像本文後面所舉的長字一樣，一字有數十種解釋。再計算說卦傳的坤卦，有十二種意義，震巽二卦，各有十六種意義，坎卦二十種，離卦十四種，艮卦十一種，兌卦九種。這一部伏犧時代的小字典──〈說卦傳〉，寥寥八個圖畫式的文字，代表了一百一十二種意義。雖較結繩為繁；但較之倉頡以後文字，仍簡易得多。但到了黃帝之世，人事日繁，又不够用。于是他的史官倉頡，始制文字。

　　許慎《說文‧序》：「黃帝之史官倉頡，見鳥獸蹏迒之跡，……初作書契。」

　　倉頡見到了獸蹄鳥爪，蹈在泥地上遺留下來的足跡，……屈曲成文，有感于中，摹仿而作書契，不外象形象意文字。如日字，畫作⊙，月字畫作☽等象形字，象物之形。及＿﹒＿﹢等指事字，象人之意。點一

點在一畫上，指明在上之意，爲上字。點一點在一畫下，指明在下之意，爲下字。象形象意字，都叫做獨體字；這是六書中最先發明的。後來人事更繁，又感到不够應用，于是又有形聲字。

《說文·序》：「倉頡之初作書，蓋依類象形故謂之文。其後形聲相益，即謂之字。」

形聲相益，是形符加上音符。如江字，左邊是水之形，右邊是工之聲；河字，左邊是水之形，右邊是可之聲。說到這裏，有人問我：「左邊是形。則信然矣！右邊是聲，則恐未必。如江字工聲，並不讀工。」這個問題，牽涉到音韻語言學去了！唐代僧守溫三十六字母的見母字，古人都讀剛聲「ㄎ」，今人多改讀柔聲「ㄐ」。江字今人讀柔聲「ㄐㄧㄤ」，古人是讀剛聲工「ㄍㄨㄥ」的。現在廣東潮陽人，還保存著古音，讀江作工。且江字古雙切，江古二字是雙聲，古字的聲母，現在不是還未變古音讀剛聲ㄎ嗎？所以形聲字，如銅讀同，桐讀同之類，是古今音讀未變的。江河之類，是音讀已變的。許慎說：「字者，言孳乳而寖多也。」形聲相益而生字，如鳥獸孳尾而生子，愈生愈多。在說文九千餘字中，形聲字佔了十分之八。這十分之八，在古人讀起來，只要認半個字。像今人新造的鈾字，只要讀半個由字即可；是何等容易？到了周代，造字的方法，總計起來有六種；叫做六書。

《周禮》：「八歲入小學，保氏教國子，先以六書。」

在象形、指事、形聲外，又多出會意，轉注，假借，三種造字方法。

會意字，如止戈爲武；戈字下面加一止字，就是㞱字，後來又改做武字。言武力是迫使人停止拿起干戈從事戰爭的。如武王一戎衣而天下定。又如人言爲信；左邊人字「亻」，加右邊言字，就是信字。

言人的說話要信實。如人而無信，不知其可也。形聲字，字中自己注了音。會意字，字中自己加解釋。造字法的巧妙，至此無以復加了！這兩種方法，都是合兩個獨體字，成一個字。叫做合體字。

　　轉注字，說法頗多，爭訟不決。最普通的一說；言轉注因各處方言不同，所造的字，不能一致。如甲地造一個老字，乙地造一個考字，字雖不同，意義則一。所以「考者，老也。老者，考也。」轉相注解，叫做轉注。這種轉注字，只要看爾雅一書，就可知同義字之多。如果沒有這種方法，如何能吸收各地不同之字，使之統一？此說于許氏「同意相授」之言合。但如吾、予、余、朕、台、卬、姎……等，都是我字之意，部首並不同類，于「建類一首」之言，考老同部之例不合。且只能互相注解，不能造出新字。今擇其比較適合的一說：如考字，取老字的上半「耂」，下面加上丂音。耆字，下面加上句音；句，居候切，音苟。又如屐字，取履字的一半「尸」，加上支音。屩字，加上喬音。取不完全的形符。輾轉注入音符。考、老、耆，都是老字部，既合于建類一首；履、屐、屩都是鞋，也合于同意相授。似形聲而非形聲，且能造出新字。這類字也是合體字。

　　假借字，可分做兩種。第一種如朋字，本是鳳字。後來借作朋友的朋字用，另外造一個鳳字來抵補；朋字就久假不歸了！第二種如長字，本義是長久之長。《說文》：「長，久遠也。」後來借作首長之長用，《說文》：「令長是也」。此字借用後，本義依然通用。又引申做長短之長；長幼之長；「長其長」之長，上長字，敬也；「君子道長」之長，漸進也；「苟得其養，無物不長」之長，生長也；「平生無長物」之長，餘也；「乘長風破萬里浪」之長，大也；「門雖設而長關」之長，常也；「論人稱其所長」之長，善也……一個長字，引申達數十種之多。如中華書局出版之《中華大字典》所舉：長字音

平聲場的，有四十二種解釋；音上聲掌的，有三十種解釋；音去聲仗的，五種解釋；音去聲障的，一種解釋；共七十八種解釋。除地名、山川名等不計，也不下數十種。非但長字如此；字典裏每個字下面，有多種解釋的，要居多數。所以我們只要認識千餘字，便可作數千數萬字用。要說簡，真是簡到極點。中文字典只有四萬多字，便可抵得英文三十多萬字，大半原因，就在於此。實則字的本義，只有一種，其餘都是假借。好像借屍還魂的神話一樣，己本無體，借人之體以爲體。所以假借字，也叫做無體字。這種造字方法，是不造遠勝於造了！

自會意、轉注、假借，三種方法加入，成爲六書後，無疑的，周代文字，比較倉頡時，不知要增加了多少。到了秦代，合《倉頡》、《爰歷》、《博學》三篇，均爲《倉頡篇》，通行的字，共得三千三百，叫做秦篆。及東漢許慎作《說文》，達九千三百五十三字，三倍秦篆。此後代有增益，一直到清代，《康熙字典》增至四萬多字。康熙以後，陸續增加新字；如氧、氮、氫、鈣、鉗、鈾、……等新名詞之類。這是字數方面，由簡而繁的。

如上字，由二變做上；下字，由一變做下；以字，由㠯變做以。以及前字本義爲剪，後又加刀爲剪；莫字本義爲暮，又加日爲暮；然字本義爲燃，又加火爲燃；執字本義爲藝，又在上面加草，下面加云爲藝之類。是字形方面，由簡而繁的。

由殷代甲骨文，演變爲周代金文；由金文變爲史籀的籀文，也就是大篆；由籀文變爲秦李斯的小篆；由小篆變爲程邈的隸書；由隸書變爲王次仲的楷書；如羅文第一表，中國文字演變舉例各字。是字形方面，由繁而簡的。

《說文》：「五帝三王之世，改易殊體，封泰山者，七十有二代，靡有同焉。」

　　這七十二代不同的字體，今傳者蓋少。但文字種類之多，可以想
見。周宣王爲求統一書體，命太史籀作大篆。

　　《說文》：「宣王太史籀，作大篆十五篇，與古文或異。」

　　這十五篇大篆，無疑的，把宣王以前的各種文字，加以整理刪削，
歸於統一。此爲第一次書同文，字數方面，刪繁就簡。東周以後，諸
侯力政，文字異形，言語異聲。正像今日英俄德法……等國，各有各
的語言文字一樣，不能統一。秦始皇兼倂天下，李斯始奏同之；不與
秦文合的，悉行罷去。取史籀大篆，改做小篆。此爲第二次書同文，
字數方面，刪繁就簡。經過這兩次同文之後，得倉頡篇三千三百字。
在這個數字以外的，如說文所言七十二代不同的字體，以及諸侯力
政，各國的異形文字，都罷斥不用。這是字數方面，由繁而簡的。

　　總之，文字的演變，有由繁而簡的，也有由簡而繁的。應簡時，
以簡爲貴；該繁時，以繁爲重；不能爲一味求簡。

　　《宣和書譜·敍論》：「字之變，至隸極矣！」

　　言隸書已簡到極點。楷書和隸書，字形雖不相同，筆畫多寡，實
相去無幾。我不敢說，由倉頡時的蝌蚪鳥篆，殷墟的甲骨文，簡到楷
書，是簡到了極點。但我可以說，像人類無用的尾巴，已經去掉，只
有鬍鬚爪甲，尙可剃剪。簡是有止境的；將整個字典，加以簡化，無
此必要。潘重規教授舉出許多簡體字，到處闖禍的證據，要羅先生答
復；我想他是不會有完滿答復的。因爲中文四萬多字，要各有各的形
體，以免彼此混淆；勢不能個個字簡化，都只用少數的筆畫寫出來。
孟子：「若火之始然。」然字本義就是燃燒。何以後人不憚煩，要多
加一火字？《詩·采薇》：「歲亦莫止。」莫字本義，就是晚暮。何
以後人不憚煩，要多加一日字？因爲然莫二字，後來都已成爲假借
字，本義反晦；不得不加上火日，以資分別；但此猶可諉之曰假借。

至上下以等字，古文本只有一二筆，何以後人要加成三四筆呢？這並非古人比今人愚蠢。捨簡就繁，是因為太簡了，容易混淆。我們要知道「易則易知，簡則易從。」也要知道，「居簡而行簡，無乃太簡乎？」說句笑話，現在的四萬多字，是不能簡做八卦，八卦簡做無極而太極，只畫一個圈圈的。

　　更用各國文字來說。中文四萬多字，較之英國《牛津大字典》三十餘萬字，只有七分之一。美國《威士大字典》，字數也很多。歷年來，每年要增加一千多字，此後尚在繼長增多之中。所以新字典一出，即要多賣美金一元。比之中文字數，真是大巫見小巫了！以字形來說，如英文菊字，chrysanthemum，有十三個字母；雖然，notwithstanding有十五個字母；違憲，unconstitutionality，有十九個字母。這類筆畫繁多的字，在英文字典中，不在少數。還有多至二十多個字母的，如西藥名、科學名等。至德文較之英美文，筆畫尤多。如幼稚園，kleinkinelerptlegungsomstalt 有二十八個字母，排成一字長蛇陣。又如中文一字，只有一筆。英文一字，one 就有四筆。中文二字，只有兩筆，英文二字，two 就有六筆。法、德、西、俄……等國數字，也和英國彷彿，都比中文筆畫為多。固然，英文也有簡單的；如我字 I，只有一筆。歎詞O只有一筆。但此類字絕無僅有。所以字形方面，英美各國文字，並不比中文簡單。何以他們不要簡化，仍能保存？中文不簡化，便不能保存？

　　再用六書來說；有體字以形聲字為最多，佔《說文》十分之八。這十分之八，都可望文生義，觸類旁通。如看到金旁銀、銅、銑、錫等字，即可知其為金屬礦物。木旁桃、梅、松、柏等字，即可知其為木類植物。水旁江、淮、河、漢等字，可知其為水。山旁峰、嵐、嶂、岫等字，可知其為山。日月風雨，耳目手足，虫魚鳥獸，犬馬牛羊，

玉石絲竹，矛矢車弓……《說文》五百四十個部首，就是把中文分成五百四十類。分類之細，無以復加。不知者，嫌其繁難。其知者，喜其有系統，有條理，若說科學，科學到極點。提綱挈領，以簡馭繁。識字之便，實為世界各國所無。這真是祖宗遺留下來的國寶。此種優越文字，只要認識到一二千，即够應用。中文打字機常用字，也不過九百多字，連間用字只有三千三百八十字。若還說中文繁難，不易學，要分批簡化：簡得那些古書讀起來不方便時，要把其中重要的，甚至全體重印一道。四庫全書全部，用簡體字排印。真是駭人聽聞！這非但是史籀、程邈、王次仲復生；簡直是倉頡再世。史籀等都不敢跳出六書範圍。而羅氏簡體字，循著六條途徑簡化；那六條途徑，顯然不能一一原本六書。羅文雖有「我始終尊重《說文》」之言，但他又說：「六書不是限制中國字的鐵律。」他是要跳出六書，用他自己六條途徑的新六書，造一套振古未有的奇蹟。豈不是倉頡再世？《四庫全書》需要重新排印，無疑的，所有中文書籍，都用不著秦始皇的一把火，自然等於焚燬了！凡是識字的人，無論你是通儒碩學，都非再行學習不可。否則，沒有把集俗字別字錯字之大成的簡體字認清，照舊使用正體字時，都將認為別字，錯字，違反政令。你就會成了讀破萬卷的文盲、半文盲，或別字先生。

推原簡化文字起因，無非要節省時間精力，給小學生寫字方便。我想耗費時間精力，在文字方面的還少，在白話文方面的比較多。如大家常引為說助的「母病速歸」這個電文，只四個字。如果用白話文，「你媽病了，趕快回來，」總算最洗練了！也要八個字。古人寥寥數十百字的篇章，言簡意賅，並沒有耽誤什麼要事。現在洋洋數千萬言，看得人頭昏腦漲，也不見得格外收效。這究竟那個來得節省時間精力？如教小學生寫「之」字，只有四筆。寫「的」字，就有八筆。寫

父母二字，不過九筆。寫爸爸媽媽，就有四十二筆。這究竟那個來得簡單方便？羅文對於五四新文學運動，極口贊美，並不憚繁。對於文字，為什麼卻要求簡？

我的結論是：字只可放寬尺度：在書寫方面，凡是人所習知的准予通用。絕對不可因陋就簡，矯枉過正，以致治絲益棼。英法等國文字，也有楷書行書。正體字簡體字，自章草而後，幾千年來，是並行不悖的。于右任先生標準草書自序：

> 現代各國，印刷用楷，書寫用草，已成通例。

印刷是鑄好的字型；多幾筆，少幾筆，印起來不是一樣方便嗎？我以為簡體字不由政府公布施行則已。否則，立法院對於少數字簡化，可不過問；對於這個二千年來文字上的一大變，是不能不過問的。廖委員等非但不違反潮流，實在是中流砥柱！而且「物有本末……知所先後」。今日先務，是要教忠教孝，洗雪國恥；在文字內容上改進。簡化字體，是次要問題，而不是甚為必要問題。近日于斌總主教，詳述美國教育思潮，積極提倡道德及宗教。我們的友邦，已從根本著手。這是值得效法的。何必亦步亦趨，學習敵人的簡體字呢！

（見《民主憲政》第六卷第九期‧中華民國四十三年四月二十五日出版）

怎樣倡行簡體字

劉光宇

　　羅家倫氏新近發表了〈簡體字之提倡甚爲必要〉的一篇長文以後，馬上便遭到了一百零六名立法委員的聯合反對，提出了文字制定程序法草案八條，要把文字制定的權力，囊括於立法的範圍。從表面上看，雙方雖正展開強烈的論戰，而其可以預見的結果，無非是公說公有理，婆說婆有理：縱使那些立法委員，將草案通過爲正式的法案，而羅氏則仍可用教育部簡體字委員的名義，和研究文字專家的身份，根據憲法中規定的言論自由，並且仍用　總統曾經說過的〈簡體字的提倡甚爲必要〉這話兒作爲護符和主題，匹馬單槍，以與那些駁斥他的人們周旋。其所以令人大惑不解的，就是本來純粹是屬於學術範圍以內的一樁問題，爲什麼偏偏要把它弄到政府機關裏去瞎兜圈子？我敢相信，兜來兜去，到底也不會兜出什麼好的名堂來。原因就是，中國文字學，雖然已有長足的進步，但迄今還沒能成爲完整的科學，在這種情況下，任何人如果偏要藉了政治上的力量，予以任何硬性的規定，終於只能收到相反的效果，所以，儘管一零六位立法委員，也都是討論文字學的專家，而我對這件事的看法，卻認爲是關於簡體字本身的問題，還沒有弄得清楚以前，大家就要你爭我吵，談什麼限定人們使用囉：或者什麼立法的程序囉，這不是言之過早了嗎？對於一個尚未成熟的果子，最好只有繼續加以培護，使它長得碩大；如果誰也

想摘了先嚐一口，那滋味可以斷言：不是澀的，便是酸而又苦的。所以我除了對這個問題，一向也非常關切，和在這裏貢獻一部分個人的意見而外，唯有拿「欲速則不達」這句老話，來奉告給袞袞諸公。

（一）我們首先需要對於中國文字孳演的跡象，得到一個扼要的，與較為明澈的概念，根據古文字學的資料，我們可以探溯到，遠在數萬年以前，中國已開始有文字的雛形：象形的文字畫，便是我們今天所用文字的嫡祖，這在仰韶期的陶片中，已可窺見其端；到了殷商時代，文字的繁殖，已由單純的象形，滋生到形聲、指事、會意、轉注、假借、六書具備的階段，而成為一種單音讀，語文通一，而有定型的文字；由於社會的進步，文化的發展，和使用上的需要，到了周代，文字大量地加速增產，形體繁簡不一；秦代局面統一，李斯等人，根據大篆簡化了的通書，制定了筆畫較簡，而且勻稱，並為長方形所廓有的小篆，也稱為秦篆。不過，那僅是當世通用的官書，而民間所通用的，則是更加簡便的隸書，篆和隸都由殷周文字漸變而生，並且全都符合於六書制作的本旨，興漢後再經漸變而尤為簡捷的楷書，同為正體的文字。至於諸位立法委員所徵引的伏羲畫卦，和黃帝之史倉頡作書，在文字學中，不過視為兩句相傳的神話而已：就是程邈作隸，至今也沒找到什麼有力的佐證，所以我們只可以說，文字是歷代由廣大的民間自然而生的民族文化的精華，而絕非任何少數人的智力所可以發明和創制得出來的東西！明乎此，則任何文字學專家也不敢把它當做自家的專利品了。

（二）照一般的說法，草書是自漢代有了章草，才開始產生的另一種書法。其實我的意見是：草體的書法歷代皆有之，而非自章草始。不信請先從春秋，戰國時期的銅器銘文中去研究；尤其是諸如周畿以外的齊、楚、吳、陳等國的銅銘，陶文和幣文中，更大量地被發見了

很多的草體字。另外：八年前我曾在北平搜購了不少未經著錄的甲骨
文拓片，在那裏面，我更首先發見了：甲骨文中，也的確另有一種甲
骨文的草書，根據以上的事實，我對於羅氏僅依古書上的說法，認為
草書始自章草這個粗率的論斷，也是不敢予以苟同的。再則隸書中還
有草隸，見於漢代的木簡，和磚燒的民間契文，以及軍用的符節和驛
傳的短簡；而楷書也另外分出了行、草兩支：足見我國任何時代中的
任何一種通用的文字，都各有它的草體。

　　（三）自從由篆隸演化而成為楷體以後，從漢末直到今天，中國
文字，便始終保持著楷書的定型。究其原因，一部份雖然是由於後來
印刷術的發明有以致之；然而從字形上來比較研究，楷書的一成不
改，就因為它有一方面承襲了正統的篆、隸書法，合乎中國文字制作
的一般原理。（亦即不違背六書的旨趣。其實，六書也並非是在文字
自然產生以前，就先規定好了的法制；不過是文字學家歸納出來的，
六種產生文字的方式而已。）另一方面，從一個新的角度上觀察，它
是化曲線而為直線或折線；根據幾何學的道理，兩點之間，以直線為
最短可以減短寫字的時間，因此吾人可以概見，中國文字，演進到了
楷書，可以說是已經獲得了空前偉大的進步了。試想還有什麼東西，
比直線更為簡捷呢？職是之故，千百年來，多少專制魔王，都被打倒
了；它卻像一個難以想像的巨人，屹立著，屹立於數萬萬廣大的群眾
中，直到今天！談到這裏，我對於羅氏所說的「祇圖保守便是自殺」
一語，便感到百思也不得其解了。

　　（四）當我們認清了上面這些現象之後，我們方能對於我們所需
要的簡字，開始去加以研討，我的意見是：為了使用上的方便起見，
簡體字的倡行，為今後文字學者不可忽視的一個重要的工作，而這個
繁難的工作，也絕對不是一個簡體字委員加上一〇六個立法委員所能

解決得了的；而必須集思廣益，由某一個純粹研究文字學的學術機構，擔任研究改良和倡導的工作；必須非常虛心地、公開去蒐求和裒輯任何人所貢獻的寶貴的意見；並且分門別類，還要從歷代的文獻中，從廣大的民間，去找尋研究的資料，繼續不斷地加以綜合的探討和科學的整理，然後再把有系統，而且真正具有建設性的辦法公佈出來，希望人民自己去決定選用與否。我相信：辦法如果真的是很好，人們又何樂而不去用它呢？但是，假使所擬具的辦法，還不夠科學，不夠完美，而偏要自鳴得意：更憑藉了政治上的權力，硬要人們被強迫著去使用，那不單是提倡者自己，枉費心機，就是國家政治上，也會無形中被蒙上一層尷尬的陰影！我想，這絕非任何人所願意使它發生的事情吧。武則天也曾自命不凡，妄造了幾十個新字，憑了她專制的淫威，迫令當世的人去使用，可是等到她一死，人們便都仍舊應用原有自然產生的文字，把她所制定的字，永遠擯棄了，殷鑒不遠，今日昌言簡體字者，實在都該懷戒心呢！

（五）記得明、清二代的小學家，在解釋經義的時候，常常提到「互行字」這個問題，如言某字與某字為互行字，或某字為某字的互行字。我認為：互行字的涵義，就是從字形上看，原是兩個不同的系屬的文字，其字形雖迥乎不同，而在普通的情況下，二者的音讀和涵義，是同時可以相互通用，並行而不悖的（其中也有多於兩個以上的互行字）。例如「個」「个」和「箇」；「於」和「于」；「纔」和「才」；「祇」和「只」等。但雲南省的「箇舊」，卻不能寫作「个舊」或「個舊」；「于右任」也絕不能寫成「於右任」；「才子」不能作「纔子」；「母也天只」不能作「母也天祇」。從這一現象中，我們可以觀察到：互行字雖則其中有一個是比較簡捷的字，但使用起來，卻不能百分之百的，完全為另一個互行字的簡用字。原因便是在

某種特殊的情況下，甲、乙二字的用法，卻又完全是相異的。這一現象幫助吾人獲知了：簡字的取用，只有應該是從一個的本身上去設法求得簡化，而不可以由另外簡單的一個字，來完全代替了它的使用。所以我對於我們所應採取和倡行的簡體字，有一個初步的界說：就是我們所需要的簡體字，是從一個字本身字形上簡化之後，而仍然保持著楷書體勢「即仍以直線，或折線在方形中結構，而不違背六書」的古今民間普遍通用的簡捷的文字。由這一個觀點作出發點，我們便很快地發見了，羅氏所提出來的他所認為容易提倡的的簡體字，雖然幸而還未推行，便已發生了弊端：第一、有一大部分是他採自行書和草書的；照道理講，我們無論如何，也不應再把它拖回到使用曲線和連筆的不進步的和潦草的老路子上去。第二、一旦違背了六書的旨趣，便永遠不能夠自圓其說。六書之於文字，猶如文法之於文章，試想一篇不管文法，不合文法的文章，怎樣能使人讀得通呢？況且中國文字的產生，每個字都有它的世系，和它在理論上所具有的完美的根據。如果在研究的態度上求其草草了事，而不以極端嚴肅的態度去探討，那就難免會發生毛病；因為有了毛病而遭到人們的責難，便是咎由自取。所以我雖不敢說，羅氏的說法，完全是野狐禪；但是也不能否認，他所提出的一些辦法，實際上已經是跨入了左道旁門了；尤其是他倡議把他所認為是很好的簡體字，從根本上著手，印到小學課本裏面去。我謹以非常客觀的態度奉勸羅氏，在這個問題仍舊還成為問題的時候，千萬可別再被上一個「誤人子弟」的罪名。

　　（六）因之，我對於簡體字的倡行，也有一個建議：就是倡行簡體字，站在教育部簡體字委員的立場，實屬責無旁貸；而至少也該於博詢通人，至於小大，信而有徵，大家認為完善而可用之後，用介紹推廣的辦法，逐漸向人民倡導，儘量地採用，假以時間上緩緩的薰陶，

便不難由於習慣的使用，而使它自然而然成爲一種定型。但是，絕對不可以任何稍爲勉強方式，逼令人家非用不可。假使你所提出來的辦法真好，還怕人家不愛接受嗎？有了新的意見，不妨儘量發表出來，縱使是不妥當，也會受到自然力量的淘汰。只要永遠保持著研究學術和探討學理的丰度，即使大謬不然，只要中間不含有絲毫勉強的作用，便不致把一件極好的事體給弄殭，甚至於弄壞了。同時我讀了一〇六位立委反駁羅氏的宏論，對於那保存六書原旨的意見。是深表擁護的；唯因了彼此見地的不同，便公然指摘某人的行爲，簡直是類同匪諜，則大可以不必；代表民意的委員，是不可意氣用事的！我無意作魯仲連，不過只是直覺地認爲我們原本應當如此而以。至於以後羅氏如果繼續發表有關簡體字的文章，也大可以不必一定要引用　總統的話作爲話題，因爲學術就是學術，是無關其他問題的。

（七）筆者對於中國文字學的研修，敢說已超過十六年以上的苦功。畢竟因自己的拙鈍和功力環境所限，至今還不能達到原來的願望。我認爲東漢許愼所著的說文解字，雖然標出了五百四十個部首，爲歷代字書所宗承；可惜其中舛誤甚多，晦澀不通的地方也著實不少，因而不能藉了它便對我國所有的文字，作有系統的整理，我也曾希望把中國較爲遠始的文字，徹底地加以分析，把他們分爲不能再分的各個最簡單的，構成所有文字的單位，有如化學中的元素一樣，然後再把它們仔細地排列出來，而稱之爲「字素」。如果能夠作到這一步，則對於任何一個漢字，便都能加以條貫和闡釋了。因爲非如此不能使我國的文字學成爲系統完整的科學；但這也不是幾個人窮其畢生的精力所能作得完的工作，這只有寄望於具有共同研究的興趣和責任的朋友，在這一方面，還需共同努力苦修下去，才會有成績。我們能作多少，便作多少；未完成的工作，唯有留給後人去做去，假如再加

上半個世紀，我們能使我國的文字學成爲一門完整的科學，並且把簡
體字的倡行，普遍地推廣到民間，就已算有很快的成績了。五十年在
中國歷史上是不算很長的一段時間的。

（見《人生》第八十三號・中華民國四十三年四月二十五日出版）

中國文字簡化問題平議

王大任

　　羅家倫先生提倡簡體字運動，引起社會上很大的反應。問題是一部份簡化或全盤簡化問題。如果是一部份簡化，廖維藩先生等一〇六人似可不必反對。如果全盤簡化，涉及文字全部改革，則牽連較大。至於文字趨於簡化，從文字學發展史來看，從甲骨文、金文、大篆、小篆、隸書到楷體字，都是順應自然簡化的趨勢，這種趨勢誰也不能阻止，尤其不能拿政治力量來限制。古來專制帝王如秦始皇，武則天也不能限制人民實行簡易的文字。秦始皇統一天下後即著手整理文字，當時關東用古文，關中用大篆，秦始皇命李斯作小篆，民間應用較前爲便，後來程邈因爲字體仍繁，不能完成政令而繫獄，因而在獄中發憤創造隸書，採用橫直筆體，適於以漆作書，較小篆圓書爲進步，於是風行一時竟取小篆地位而代之。唐朝武則天以政治力量創造文字。諸。「曌」字，「圀」字，皆行之不久，身死字廢，因其不適於簡易之故。

　　復次，在燉煌石室內發現唐代的寫經，也多簡體字，寫經本是極莊嚴之事，書寫者大多淨手焚香爲之，然而也用簡體字。宋版的印刷，也不乏簡體字，原因是爲了刻字的便利。現在軍中的文書，工商的往來，學生的筆記，朋友的音信以及廖委員提案的草稿，大多採用簡體字或行書字，簡體字不獨在中文可以看見，外國文字亦多見之，我們

知道英文有簡體字，德文、俄文簡體字更多，不但字母省略，字音亦多省略，所以從理論上說文字簡化與提倡簡體字並沒有錯誤。最主要的乃是方法問題：

羅先生在簡體字運動小冊中，關於甲、乙、丙、丁、戊五項舉例，是古今來業已風行的簡字，大體還沒有錯誤。至於庚項從部首偏旁簡化文字的辦法，我認為大有斟酌的餘地。例如拿一橫代替四點，一點一豎一勾，代替言字旁之類，這等於把行書字變成楷體字，弄得行書不成行書，楷體不成楷體，以外國文字為例，無論英文日文都有大寫小寫的不同，正體與草書的分別，兩者各有作用，一定要加以變化，結果必不會圓滿。

廖委員維藩主張文字改革應該根據六書，我贊成這種慎重態度，但不主張制定程序法，即使制定程序法也不一定需要立法院通過，理由是學術研究不應該受法律束縛，如果嚴格限制，而民間不理會或不採用，也有問題。

總之，文字變遷最好聽其自然演變，如果認為變遷可以用人力阻止，何以由甲骨鐘鼎而古文大篆，由大篆而隸書，由隸書而楷體呢？當年宣和書譜懷念隸書的喪失正和今天擔心簡體字的推行，楷書必滅的心情同屬過份的顧慮！反之，用一二人的智力不依據有系統有法則的六書而獨出胸臆，自我創造，如羅先生所選固有簡體字，俗體字，隸草行楷兼收並蓄，其簡化之部首偏旁，猶復隸楷摃毀，行草雜糅，求簡轉繁，治絲愈棼，雖用意甚善，但在改革的技術上未免漏洞太多無法實行。

艾偉君對於漢字簡化問題所提供之卓越見解，實較羅先生為周至，其所提簡化原則有六，照錄如左：

　　一、避免形狀極其相近之簡體字；二、多用橫直線及相稱之筆

畫，少用斜線及曲線之筆畫；三、兩偏旁之筆畫數比率不宜相差過遠；四、在可能範圍內，設法顧到六書條例或造字時之原意；五、形聲字中藉偏旁而得聲者應避免例外；六、少造形義毫無關聯之簡體字。（以上見《閱讀心理學・漢字問題》，九章七十五節。）

此六項原則均極重要，可見文字改革，實至繁鉅，如果僅像羅先生所主張爲避免小學生學習困難一類的理由，而一意趨簡。其結果固然可以減少小學生學習默寫的「形錯」，但「音錯」與「義錯」，勢必增多。至於減少時間與精力之說，這是偏重在應用方面，談到應用方面不獨使用簡體字，還有比簡體字更簡易的速記符號，信報號碼，以及錄音影印之類，故簡體字可以應用，但不能和一元化相提並論。

董作賓教授在〈論中國文字〉一文中，有一段話與鄙意極爲接近，他的主張是：

> 就現在通行的眞楷，選擇其習用者，製爲標準字典，以後凡學校講習，出版著作，政府文牘，一律以眞楷爲依據，不得寫俗體簡筆，以維繫我五千年歷史文化於不墜。至印刷刊版，可以兼用宋體，民間使用，則聽其自由。

鄙意「認」字應採用正體字（楷書），印刷與教讀也以正體字爲原則，至於民間使用，則行書簡體可以聽其自便，這如同陰曆陽曆可以合用，過新年過舊年也可以聽其自便，「道並行而不相悖」，不必強求其一致。

呂思勉在所著《中國通史》裏說：「凡文字總是大眾合力，於無形中逐漸創造的，也總是大眾於無形之間將其逐漸改變的，由一人制定文字，頒諸大眾，令其照用，古無此事。」故仍以自然演變，水到渠成爲宜。如操之太急，勉強爲之，不但欲速不達，抑且今非其時。

時賢及立委多有主張今日大事，為反共復國，文字改革，應從緩議，洵不失為明智之見。

　　至於文字簡化應否由中央研究院主持我認為也有問題，我們知道中央研究院歷史語言研究所，是以研究歷史語言為主體，研究文字學的人太少，董作賓先生是研究甲骨文的人，雖然也懂得文字學，但一個人負不了這麼大的責任。仍以教育部（編譯館）為宜，因其業務比較更接近群眾。文字簡化可逕由教育部呈請行政院核准後公佈。如過去已公佈之三百字可以恢復使用，至少在民間可以自由使用。至於全盤改革，則茲事體大，儘可從長計議，由全國專家慎重考慮再作決定，假使沒有一整套辦法，我主張採取多元的辦法，即「認字」用正體字，使用時不妨「正體」與「簡體」並行。

（見《新動力》第六卷第四、五期·中華民國四十三年四月二十五日出版）

從簡體字論爭談起

洪　昭

一

　　自由中國近兩月來，論壇上忽然出了新論題。它既非「民主」，「自由」，「權力」之類的深遠問題，亦非「我們如何反攻」之類的應時問題，而是像我這種淺陋之輩從來沒想過的問題——我們是否應提倡簡體字？

　　我說我淺陋得從來沒想過這箇問題，確實不是謙虛話，而且認真點說，這還有為自己留面子之嫌，因為我之淺陋，豈止沒想過這箇問題，而且實在不懂有這樣一箇問題存在呢。幸而我居然恭逢其盛看見這次陣容偉大的論爭，從長達數萬言，引政府首腦人物的話為題的專論，讀到立法諸公引古論今深謀遠慮的提案，再讀到日報上每天好幾封的讀者投書，我纔算到底明白了原來有這樣一箇大問題：而我卻是既不懂有此問題，尤其不懂此問題之所以為大；淺陋至此，真不好意思。

　　可是我雖然在自慚之餘，曾努力看這些大文，結果卻只是愈發現我確實不堪造就，對這樣一箇大問題仍然看不出它何以成問題，又何以成大問題。

　　在「專論階段」中，我讀了羅家倫先生的大作，印象只是「這篇

文章寫得不短」；至於他強調的那些重點，例如六書非鐵則，簡體字可以節省時間等等，我當時祇覺得有點像夜行田野之中大聲咳嗽以嚇鬼，其實鬼本來沒有，多咳嗽白傷精神。因爲六書規則本來祇能是一種設準的釋文字法；關於字的構造的規則，本來既非屢經實驗而得，也不能有甚麼先驗根據；誰說它堅牢如鐵？至於節省時間，如果專就筆畫算，則簡字既然筆畫少些，當然每寫一篇千字短文可以省上分把鐘——因爲可簡的字並不太多，簡化了的字和原字筆畫相差很大的也不太多，而一篇千字短文裏，倘若有三十箇可簡的字，簡化結果每字省兩秒鐘，大概可以省上一分鐘。可是如果把用簡體字所必須做的附帶工作算起來，所費時間要有多少，或者再考慮除了費時間以外還會添些甚麼麻煩等等之問題，那麼提倡簡體字是不是一件合算的事，似乎就很有考量餘地了。而羅先生卻並沒給我們一種估計性的數字。因此我對他這箇基本理由也覺得有點捕風捉影之感。

這時我自然還沒大「悔悟」，我不懂這箇問題的重要性，也不想多懂，因此讀了專論後，只把那些選出來的草書欣賞了一陣，就丟開了。但接著看見立法院大開辯論會，教育部也要組織委員會執行這一項偉大工作，我這纔發覺此事非同小可，於是我大讀提案，可是讀了以後，更覺得惶惑。

「提案階段」的文字，有正有反；正面主張的大致還是側重在節省時間，但和專論一樣，儘管持「科學態度」，可是不給我們數字，不計算「消耗」問題——例如把所有的書重印一遍，所費的時間是進行簡字運動所必需消耗的時間，應該算成消耗的——我仍然莫測高深；其次關於學生亂寫別字或「自由簡字」方面，提倡簡字的人也由此來說明統一簡字的必要。這是連我也懂的事；可是依我想，這似乎與提倡簡字並無一定關係；這只消做一種補充工作就行；例如各書局

刊行的字典上附注一箇標準的簡體字在後面就行了；學生愛寫正字就寫正字，愛寫簡字就請他們遵守字典上的標準：又何必提倡。

至於反面的意見，大抵重在說明改文字的危險性；例如文字有關國家的統一；用簡字會形成兩套文字等等。這確實都有理由；可是如果正字並不禁止，簡字也不勉強人用，這些危險似乎並不會發展到嚴重程度。因此，我讀了許多高論以後，最後覺得這些越說越嚴重問題，正因有人要提倡政府頒行簡字而起。其實許多簡字已經用了許多年，並未產生甚麼危害文化的後果，可是倘使真真在臺灣重印書籍，易正體爲簡體，大張旗鼓，把一切舊籍都弄得面目一新，而要說對於臺灣以外的人們並不發生某一程度的壞影響，我也不敢確信。因此，我在這些宏論裏轉了一箇大圈兒，結果還是覺得，倘使不大吹大擂以革命姿態來提倡簡字，則根本就沒有甚麼問題。換句話說，聽其自然，只做點必要的補充工作，似乎根本可以平靜無事。我還是回到我那箇淺陋的想法了。

後來論爭進入「讀者投書」階段；各大報幾乎每天刊布數封來函；琳琅滿目，美不勝收。可是我詳讀這些信以前，第一箇感觸是，這很有點像我逃出鐵幕下的古城之前的幾箇月裏看見的共產黨官方報紙的「搞運動」的情調，爲之驚訝不已。但我雖然在專論和提案階段的文字中找不出喚醒自己注意大問題的針砭之言，以致弄得歸於淺陋；可是我還是不甘淺陋，很想說服自己；因此每日又讀各報讀者來書若干篇；可是結果我只發現，這些人有的贊成簡體字，有的則不贊成；至於理由呢？則大半牛頭不對馬嘴。最使我失望的是，沒有誰能說出這箇大問題的真正嚴重性來，反之，有些「讀者」則表示這箇問題日後回大陸再說，這倒和我原先的淺陋想法相近了，安能不失望？

最近又到了「立法院座談會上發言」的階段，不過這次祇是專家

學者有份，我只看見五六位先生的議論；其中似乎還是羅家倫先生主張提倡簡體字，和專論時代陣容相同。大家也沒說到〈簡體字的提倡甚爲必要〉一句訓詞的精義到底是甚麼。

這樣，我毫未得到啓示，自己還是覺得這箇問題似乎不算大。不過經過這一次論爭，我分析問題的興趣又被引起來。因此，我想把有關簡體字運動的幾箇重大問題略爲談談；我雖然自己還是覺得簡體字之提倡不像有甚麼重要意義，可是分析問題時則先把自己的感想放下，這一點我自信做得到。

二

我現在想把與簡體字問題有關的幾箇重要問題作一客觀分析，至於這些問題別人已否討論過則在所不問。除了我覺得應當提到的問題以外，我也不歷舉別人的說法來批評。

第一是簡體字運動的根據問題。

我們現在倘要提倡簡體字，那麼我們必得要一箇根據，作爲提倡的理由；這對於任何一箇運動都是一樣。這種理由大別之姑且分成兩類：一類是消極的理由，換句話說，我們如果提倡某一運動，而說它是不得不有的，是爲了解除某種嚴重的壞現象或者避免某種緊迫的危機而提倡，則我們可說是有一種消極的理由。另一類是積極的理由，以這種理由來提倡某一運動的時候，我們必須能說明這箇運動確實能有正面效果；我們爲尋求一種發展，使運動所關的現況走向更好，而提倡運動，因此我們稱爲積極理由。

消極理由能否成立，首先要看能否確定一嚴重的客觀需要，其次要看能否確定在這一箇運動中所提倡的解決需要的辦法是否唯一的

辦法或最好的辦法。如果不能說明客觀的嚴重需要，則我們無法瞭解一運動的消極理由，而如不能確定這一運動能對此需要提供唯一或最好的解決，則雖然有客觀嚴重需要，卻並不能以之決定這一箇運動之必須提倡，因此，消極理由仍然不能成立。

積極的理由自然以能改善現況，能有新創獲的成果爲主。我們倘要根據一種成果的預期來提倡一種運動，則最好能確定此種成果的可靠性；但這在多數情況中是辦不到的，因之我們祇要能證明這一運動可能獲得某種可珍貴的效果，而其他方法皆不及此運動之能收效，便可算提出積極理由。

現在我們即看看簡體字運動的消極與積極理由何在？是否能成立？

第一步，我們知道任何一種文字上的改革，必以大多數人之客觀需要爲根據；這種需要又有間接的與直接的兩種。直接的需要是多數人直接所感到的；間接的需要則指多數人對於文字本身的某種需要雖不一定直接感到，而卻感到另一種需要，而此種需要又須依文字之改革來解決的情形，例如中國人普遍學習英語，即算是因間接需要而生的改革，字體簡化則應屬直接需要。

現在我們提倡簡體字，如有消極理由，則必須能提出大眾需要簡體字，而且此一需要必須用這一運動所提出的方法來解決。

我不否認簡體字有某些便利處，容易學也容易記；在臺灣這箇受日本文化陶冶遠過於祖國文化的地方，本地人之對中文生疏自然也是事實；起碼他們一定有某一程度的需要。因此如果說現在提倡簡體字是因爲人們有此需要，這句話不算完全假。但現在有兩箇問題需要注意。第一是這種需要是否嚴重，第二是提倡簡體字的人們所想的選字由教育部公佈，大家一律遵用，且不惜重印所有書籍的辦法是否唯一

或最好的辦法。

關於第一點，我認爲這箇需要的嚴重性，至少目前並看不出來。學生寫歲作「才」，應算入別字一類，不能作爲嚴重需要的根據。而數年來因爲寫正體字而鬧出大亂子或者阻礙某一偉大計畫的事情，我還沒聽見過。若只是懸揣，不足爲據。而且現在並沒人嚴格地不准寫簡體字；昔日科場中看卷子的標準，現在並沒有任何人沿用，尤其無人能以強力如此主張。因此也不會發生嚴重問題。

所以我們倘使說，提倡簡體字有其客觀需要作根據，則自然不是完全騙人；但很難說明這箇需要的嚴重性。比較起來，能使我們注意到簡字問題的事實，還是小學生亂寫自由簡字的現象。但這似乎很可以用一種補充方法來解救，不見得可據之以來一次文字革命。

更重要的是提倡簡體字運動者所提出的辦法是否最好的問題（其不是唯一辦法，不必多說，人人可明白）。我始終認爲簡體字是文字演變的一種事態；而文字演變本應以大多數趨向爲主；而大多數趨向只要不加限制，則自然會表現出來。因此，簡體字儘可聽其自然發展；政府或教育部祇有把通行簡體字編在字典中正體字後面求其標準化（亦可說是承認標準化的事實）即可；某些有害的事如寫出其他正體字混同的簡體字政府教育當局也可以從這種補充性的工作中求以糾正。這樣，既不費事，且不違背「愈少管愈好」的民主精神，豈不即可解決問題。而我看不出我這箇辦法究竟有甚麼地方不如「官府頒行草書」法。

因此，我覺得就消極理由說，簡體字運動者既說不出嚴重的需要，又不能說明以他們的辦法最好。

其次，就積極的理由看，簡體字倘然不費成本地推行日廣，則我不否認可以節省一些時間，這種節省也可以算作正面效果，我們不妨

作此預期。

　　不過倘如一方面要費極大的事去重印所有的書，所花費時間金錢之多既可想見；而由政府頒行，不是慢慢地自然成長，則學生要多學一遍，教者要多教一遍，也不能不說是消耗。這些必要的消耗算在一起，與簡體字所得效果相較，所得幾何，我實在不敢斷言。當然，提倡簡體字的人們也許可以說，簡體字是萬世之利，而這些消耗只是開創時的成本，只費一次事，一勞永逸，不過這箇說法有兩處成問題。其一，我們現在是國力大衰的時候，不能幹先墊本以待日後賺錢的買賣；正如一箇無飯吃的窮人不能勸他做一宗墊本三年徐圖發財的生意一樣，因爲墊不起。其二，一勞永逸之說，對於文字改革問題恐怕不能用。今日在臺灣，羅家倫可以勸政府頒行上一千八百簡字而重印書籍，大教學生；日後回大陸，倘另來一張三李四搜集些材料，要改一回，誰又能拒決他呢？他所根據的理由，正和羅家倫的理由相同；文字語言無鐵則，羅氏簡字到那時可再退下來，則是一勞再勞，而不見永逸了。

　　總之，我認爲即使我們承認簡體字有其正面效果，我們的做法也必須選最少成本的一條路。讓簡體字自然發展，政府只負責作補充工作，通過補充工作來糾正某些不應當的簡字。這樣，簡體字既是慢慢成長起來的，便不會與正體字完全脫節，因之也無須重印舊籍。而自然演變下去，根本不能有永逸，也不必去一勞。我這種方法可收正面效果卻可避免消耗。何以一定要那樣選草書頒行呢？

　　我並不反對簡體字，但我覺得現在提倡簡體字運動的人們所提出的理由，無論在消極與積極方面都站不住。

　　第二是六書是否鐵則一問題。

　　我先已說過文字語言中無鐵則，其實這是人人具備的常識。六書

解釋中國字，並非完美。例如，某些假借字與原有的形聲構造便發生衝突。我童年時和一箇同學爭「綸巾」一詞中「綸」字的讀音，他按老師教的形聲字讀法來講，硬說和「倫」字同音；我則在家聽慣了「綸巾羽扇」一詞中「綸」讀爲「關」；於此爭持不下。我告訴他這裏的「綸」字不能照半邊讀，是另一字的假借；可是他問我憑甚麼斷定這是假借時，我就無詞以對了。因爲這裏的「綸」字在形體上毫無可以表示另一音的符號。所以如說按六書便可以見其形，讀其音，知其義，是並不太可靠的。不過這並不奇怪；一切文字規則都只能有相對功用。我們有文字便應有這種規則；有一規則可解釋大部份的文字，總比全無規則好。倘若我們嫌六書不夠，要把它修改得更完善一點，則是值得努力的。倘若只打算根本不要解釋文字的規則，則我期期以爲不可。有規則總可以講給初學者聽，增加學習的便利，無規則的簡字恐怕比有規則可解釋的正字更難學了。

附帶想起這次許多人又在爭古與今的問題。古代字體究竟比現在的字體繁還是簡，是一箇糊塗問題。凡圖繪意味較重的自然在箇別筆畫上顯得繁雜，但另一面凡標義的符號較明顯的在全字的構造上必然較複雜；而文字愈在早期圖繪意味愈重，這可作由繁而簡的論據；可是標義符號常是愈進步愈詳細，由無規則到有規則，又是由簡而繁了。今天討論簡字，並不是有人要提倡繁字，因此古今繁簡不必多爭。本來就不是能籠統說的事。

因此，我主張簡字儘管讓它自由發展；有規則可解釋的正體字體也不能廢除。而且假若簡字真真大盛，造成所謂文字革命，或者日久會形成另一文字規則，也未可知。六書到那時或許退居次要地位，這不要我們著急。

第三、我想談一箇附帶的問題。

這次簡體字論爭中，我們仍可看見國粹流與歸化流之爭。反對簡體字運動的人常常被人罵爲保守，這仍是五四淺薄風氣。另一面則也確有過分看重六書，使人有故做衛道之感。其實若是道，自然應衛，但應站在理上去衛，不必站在傳統方面去講。我反對破壞六書，因爲有規則比無規則好，這是一箇道理，不必牽涉中國不中國，五千年或三千年。

歸化派的人至今對中國文化毫無所知，而談問題時總愛以不肖之心度人，把異之者都看成保守頑固，也沒有就事論事的風度。這是很可歎惜的事。

司馬光昔日寄王安石書論新法之失，提出「侵官生事」等字眼來批評王安石。王在答司馬諫議書中盛氣陵人說「不爲侵官」，「不爲生事」。現在對羅家倫先生的批評也有這種味道。我覺得這樣責備強辯必無結果。是否「侵官」是權限問題，其中大有把戲可耍；是否「生事」則是利弊問題，若不從問題本身下手，則提倡者永遠在有利一假定下想，反對者則在有害一假定下想，當然生事不生事永鬧不明白了。因此，我覺得倘若我們對於簡體字問題還要繼續討論下去，則最好只從問題本身著手，審其得失，以定取捨，別再以說話的人爲對象。不就事論事，不談道理，專說別人居心不良或用意不善，是意識型態說的幼年模型化，馬列主義者仗此橫行天下，但我們今天要反共，卻萬萬不能學這一套。

至於我對簡體字的主張則可以數語盡之：

> 讓簡體字自然發展，政府只做補充工作，具體地說，只編注字典使通行字標準化，並淘汰不便利的簡字。

（見《民主潮》第四卷第四期·中華民國四十三年五月一日出版）

字體簡化勢在必行

張延康

當氫彈的試驗已經成功，證明牠的威力比廣島原子彈大二千倍的今天，而我們還在簡體字問題上展開咬文嚼字的大論戰，真令人欲哭無淚！當今之世，競爭太激烈，不求進步，無以生存於世界。因此，我衷心贊成和擁護貴刊對字體簡化的主張（見《自由中國》十卷八期，社論）。

為什麼反對簡體字？百思不得其解！主要的理由不外是為了保存中國傳統的文化。然而，保存中國傳統文化與簡體字有什麼相背的關係呢？用簡體字同樣能表達思想和情緒，便同樣可以闡揚中國文化。簡體字同樣是中國字。至於怕簡體字失去中國字的原形，那末我們恢復甲骨文好吧！恢復更早的結繩以記事辦法好吧！其實如果不是文字學專家，芸芸眾生誰去管它原形不原形呢？只是知道是個字，代表一定的意義，文字的責任已盡了。

中國字筆畫太多，既難記，又難寫。我們看小學一二年級六七歲的小學生，天天陷於正體字的地獄中──「鐵」、「釀」、「竈」、「體」、「蠶」──小小的心靈，真是受了莫大的摧殘。先生要教好多遍，學生要寫好多遍，才算認識了這個字，可是一轉眼又忘記了，因為的確太複雜太困難了。這是一位老師的經驗談。我每次在小學一二年級的教科書上看見那一大堆的方塊，不禁痛恨我們前一輩的人

物，和前代的教育當局，沒有把文字簡化，已經使我們這一輩人吃了大虧。現在的中年人老年人已經知道應用簡體字或草字，多少可以補救時間與精神的浪費，然而仍然不爲下一代著想，仍然強制兒童在那一大堆複雜的方塊字地獄中打滾，這是何等殘酷的事！請救救下一代吧！

再看一般大中學生，他們已經記得一些簡體字了，可是作文時，考試時，應寫那一種呢？用簡體，楷書的陰魂不散，時來糾纏：「不要用簡字，考不及格呀」，用楷書，筆畫太多，記不清楚，寫錯了反而不如用簡體。每到考試時總是提心弔膽，左右爲難。既然有了簡體字，何不讓其合法使用呢？

以上這些情形，自小學六歲起，到大學二十二歲止的就學階段，沒有一個青年不爲文字所苦惱，試問是否值得同情？是否是一個值得考慮的大問題？

我國學生費在學習文字上的時間，比西洋國家的學生，小學約多一年，中學大學約多半年，平均一個大學生要多一年半。日本的情形最初也是如此，以後逐漸簡化，廢除漢字，比中國學生所浪費的時間減少了一半，現在我們把小學教科書裏面的字，難易比較一下就知道了。試看「cat」與「貓」、「rat」與「鼠」、「pig」與「豬」、「cock」與「公雞」或「雄雞」、「cap」與「帽」或「帽子」，孰難孰易？再看日本字也比中國的簡單，按照次序寫來：「ネコ」、「ネズミ」、「ブタ」、「ニハトリ」、「ボウシ」，不過如此而已。固然日本除了假名以外，還要寫漢字，但日本從一千八百個漢字，已經減少到七百個，而這七百個字只許在十六畫以下，所以貓、鼠、雞等漢字當然廢掉了，至於ブタ（日本用「豚」字），和「帽」字則在十六畫以內，是否廢掉不得而知，但無論如何，日本比中國簡單的多了。再看德文：

kater，ratte，eber，huhn，kappe 仍然比中文的貓、鼠、豬、雞、帽
簡單。再看法文：chat，rat，porc，coq，toque 五字，比中文更簡單
了。筆畫少，就容易記，也容易寫。我看見他們的小學生，每天上課
三四小時，快樂活潑，老師教的，都能勝任愉快；而中國的小學生，
天天被這一大堆筆畫的方塊字糾纏得頭昏腦脹，愁眉苦臉，老師教
的，甚難全部領略或記得，有的家長竟不得不請家庭教師補習了。這
是中國教育的失敗，而失敗的原因一半歸因於文字太難。這種文字對
兒童的健康大有妨礙。中學生費於學習文字的時間太多，而大學生仍
然要學習文字，學習文字！文字是一種表達思想和感情的工具，本身
不是目的，把這些精力與時間轉移在專門知識的研究上，中國也許早
已走上科學發達、產業興隆、文化燦爛之境了。每一個讀到大學的國
民比西洋文明國家的人多浪費一年半的時間，真是何等駭人聽聞的
事！有十萬大學生便浪費十五萬年的時間，要我們這個民族和人家並
駕齊驅或迎頭趕上，不在文字上力求簡化，簡直就不可能了。為了要
維持中國文字的原形（事實上無原形可言），所付的代價未免太大了！

　　以上所舉的各國文字難易的比較，也許有人覺得我所選的盡是中
國的難字和外國的易字，相反的例子也有的。不錯，相反的例是有的，
不過為數極少。尤其是三四年級以前的小學課本，他們避免用長字極
容易達到目的，而我們則不容易達到目的。例如「遊戲」、「體操」
等，初進小學就應該知道的。可是我們無法避免。而且我所舉的還是
以外國單字和中國的單字比較，已經有難易之差。此外還有一些外國
單字，我們非用兩個字或三個字或四個字來表現不可，那就更加驚人
了。例如蘋果、鉛筆、蒼蠅、打火機、腳踏車、圖書館、公共汽車、
電氣冰箱等。他們寫一個或記一個單字所用的精力與時間，比我們要
記或寫那麼一大堆筆畫和單字，相去何止千里！也許有人要說，外國

的名詞有性的差別，而表現雄性和雌性往往是兩個字，可是中國文字要表示性別，同樣要加上另外一些字，如男、女、公、母、雄、雌、牡、牝。也相當麻煩，且使少年人不容易弄清楚。因爲他們的文字容易，像美國幼稚園的學生一進門就學寫字和認字，一到小學，一年級就練習作文，到小學畢業時，文句非常通順無文不能作，無言不能寫，無書不能讀了。美制的小學畢業等於中國初中二年級學生，而他們的成就竟如此可觀，並不是中國人愚蠢，而是中國字太難。我們的幼稚園不能多教兒童寫字或認字，至多是阿拉伯數字和極少數的二三畫的單字。幼稚園之所以不多教字也有道理，因爲教字須和句聯起來才有效用，可是教一個句必遇到很難的字。「一同來」還勉強可以，「來體操」就要命了。所以教了也不會記得。中國小學生到三年級才開始作文，所以和美國孩子比，就無怪瞠乎其後了。可見以上的統計是十分可靠的。

這樣比較以後，也許有人以爲「外國的什麼都好，月亮比中國的圓」，斥爲崇洋思想。全然不是，中國人當然愛中國文字。然而在生存競爭如此激烈的世界，已迫使我們不能不作比較，然後才知道我們求進步的速度如何，我們吸收知識的能力如何？現在發現文字的阻力太大，便不容易追及人家。無論自然科學，無論人文科學，我們很少有偉大的著作問世，擁有人口如此眾多的我國，從沒有獲得過諾貝爾獎金，其中原因雖有多端，而人生幾何，文字所浪費的時間太多了。而且我堅決相信，我們有能力改進和簡化中國文字，可以發揮和西洋文字同樣功效，只看我們是否認識其必要和是否有決心了！

我相信語言文字的產生是人類群居生活中自然生長的，是無數倉頡製造出來的，是大眾的產物，並無一定的規律可尋。爲什麼有這個字？爲什麼不應該有那個字？是不必要過問和追究的。許慎雖然作過

這種工作，整理既有的文字予以規律化，把文字分爲象形、指事、會意、形聲、轉注、假借六類，但是這種分類的界限並不精確。六書中除象形外，其餘都很難確定其範圍。有些字固易歸類，有些字則歸於那一類都無不可。即以象形而言，亦只有從原始的字形才能看出，中國文字自甲骨而篆而隸而楷，中間不知簡化改變了多少，比如篆書中的山字水字是象形的，可是正楷字的山水又象什麼呢？科學最注重的是「界限」，這種界限不清的分類，自不能目之爲絕對的文字規律。許慎《說文解字》的貢獻是對古字的認識、古文的解讀大有幫助，並不在他對中國文字所下的分類和規律。我們爲什麼要把六書抬出來以反對文字簡化呢？反對簡體字的人硬說六書是科學的，簡體字不科學，我們真不知道科學一詞究應作何解釋？我們的文字既然是我民族生活的產物，那末從文字上來研究我國文化的變遷誠然有其價值，但這是屬於專家的工作，不能把賣豆腐的、炸油條的，都拉來維持字體的原形，他們爲了多賣豆腐和油條以求生存，沒有那樣的閒情逸緻一筆不苟的記豆腐賬或油條賬。反對字體簡化的文字學家，我希望他們寫一部《新說文解字》，上承許慎的大著，下迄民國四十三年字體簡化爲止，把這近兩千年的文字變化整理一下，這是保存中國文字最好的途徑，請不要把這個大袍袱放在全體國民身上吧！

大家要認識一個擺在眼前的現實，就是當人們一旦發現一個簡字或草字，無不欣然接受。簡體字雖然不許在課堂上教，然而不脛而走，極爲普遍，這是證明簡體字是大眾的一致要求。凡是會寫字的人，誰能夠堅持一筆不苟的寫楷書？這也足以證明中國字筆畫太多太難，不得不另外找出路才出現了黑市字。我們要消滅黑市，納黑市於正軌，教育當局應該認識這種普遍的要求，順應潮流，決心予以簡化。幸而教育部已經成立簡體字研究委員會，希望他們從速發表其結果，通令

實行。不過研究而無結果，有結果而不實行，也是官廳的常習，懇切希望這回不再如此。這種工作，習慣上屬於教育部的職權，立法院不必過問。文字之爲物是不斷的生長與變遷的，恰似一江春水向東流，並無一定的「程序」可言，是一種經常的工作。簡體字研究委員會應該是經常的機關。因此，我希望教育部不必研究太久，因爲這種工作不會有完成的一天，有了一分成就，就實行一分，逐漸推進逐漸簡化，永不停止。最初制定一個統一的簡字表通令採用，然後再繼續搜集，繼續制定，一有結果再行公佈。以後即使每年公佈十個字八個字造福於國民大眾也是很大的。

聯合國憲章明白規定中文是世界公用的文字之一，這一點值得注意。我們把它簡化以後，不僅可以減少中國文化發展的阻力，使我們求知的速度增高，而且外國人易於學習和接受，自然就便於世界公用，中國文化的傳播也比較容易了。當代是爭取速度、爭取效率的時代，時間已不允許我們優哉遊哉寫二三十畫才完成一個字了。在這種意義上，我對於所有贊成簡字運動的發言人都表示無限的敬意。

（見《自由中國》第十卷第九期・中華民國四十三年五月一日出版）

關於我國文字之簡化與整理問題
——並剖析共匪文字改革運動之陰謀

厲鼎晟

　　這是一個很古老卻又很切近的問題，遠在六十年前便有人倡文字改良之說；最近我教育部亦有文字簡化之議。而共匪自竊據大陸後即公然提倡文字改革運動，主張廢除我國文字改用斯拉夫化拼音字，以遂其毀滅固有文化徹底出賣祖國之陰謀。因此在反共抗俄的文化戰鬥中，關於文字之簡化與整理，無疑是一個很重要的問題。爰就此作綜合性的探討，以供關心文化問題者參考。

一、歷史的演變和難題

　　我國現在通用的文字－－漢文，不但歷史悠久，且在世界文化上佔有崇高的地位。世界主要文字可分兩系：一個是埃及系，另一個就是漢系。埃及系有兩支：一是賽俾安支，梵文、緬甸、暹羅、爪哇、西藏等字母屬之；一是腓尼基支，拉丁、希臘、波斯、阿拉伯和俄羅斯等字母屬之。漢系則以我們現行的漢字為主流。古代有女真文和西夏文；近代日本、韓國和越南都曾使用過漢字，後來才仿照漢字創造方法製作各國自己的文字；除了越南已於一九一八年（亡國後卅四年）

廢棄漢字改造的「字喃」採用拉丁拼音化外，現在日本的「假名」字母和韓國的「諺文」字母，仍然是漢字影響下的產物。

追溯漢字的起源，當在四千六百年以前，說文所謂：「黃帝之史倉頡，見鳥獸蹄迒之蹟，知分理之可相別也，初造書契。」故後世傳說倉頡造字。但據章太炎先生說：「倉頡者，蓋始整齊劃一，下筆不容增損，由是率爾著形之符號，始爲約定成俗之文字。」是則倉頡所作的不過是整理工作而已，文字創始，應當上溯至新石器時代。

近世研治我國文字學者，一致公認漢字具有優良的歷史傳統，對於中華民族的凝成與團結，和中國文化的延續與發揚，都有不可磨滅的功績。惟對漢字之繁難則頗多詬病。本來我國文字造作的方法過於複雜，所謂六書：象形、指事、會意、形聲、轉注、假借，計有六種之多，前者是造字的基本方法，後兩者是用字的變化方法，在現在說來，都可認爲是造字的原則。文字隨著時間的進展，孳生蕃衍，不斷增加擴充，自然免不了龐雜繁複之弊，使後人有難於學習之苦。

歷史上簡化整理文字的次數很多，但除李斯簡化籀文爲小篆，並把文字數從六千個減至三千個外，其餘的大都是字形的演變，和聲義的追求，都不大注意減少字數的問題。漢許慎所撰說文解字，共收九千三百五十三字。清編康熙字典，計四萬七千零三十五字。中華大字典共有四萬八千字，字數更多。近人所編辭源、辭海，字數雖已大量減少，仍有一萬六千餘字。要學會這麼多的字既極困難且無必要，即令認識四千個字亦非易事，所以字數太多，漫無限制，是我國文字難學的原因之一。其次是我國文字是意符文字，不像聲符文字可以按照字母拼音，必須一個一個的死記，益增加了學習的困難。至於一字多義，一義多字和音讀的歧異，都是人所共知的難題。

故清末民初，改良漢字之說即已甚囂塵上，甚至有主張廢除漢

字，採用拼音化聲符文字者。現在注音符號，可以說是改良運動的結果。但並未能解決漢字難學的問題。故所謂文字改革運動的暗潮，仍潛生滋長。此一運動後來且爲匪共黨徒所竊用，轉化爲毀滅我國固有文化的武器。民國二十三年有所謂拉丁化的語文運動，就是共匪暗中策畫的陰謀。

二、所謂「拼音化」的由來

考漢字改良運動之起因，並非由於普及教育之要求，而係由於外來文化的影響，也可以認爲是向外來文化侵略的投降，特最初倡導拼音化以改良漢字者，並不自覺而已。

伴隨漢字改良說而產生的解決辦法不外兩途：一是廢除漢字改用拼音文字，一是採用注音方式並簡化漢字。前者演化爲共匪今日在大陸所提倡的漢字俄化運動。後者則不失爲保存我國文字並進而發揚光大的一條正路。

漢字拼音化的由來甚早，遠在明朝萬歷三十三年（一六〇五），意大利天主教傳教士利瑪竇即曾用羅馬字標注漢文，名曰「西字奇蹟」在北京出版；天啓六年（一六二六），法國天主教傳教士金尼閣據以修改補充，名曰《西儒耳目資》，在杭州出版。雖皆爲西人學習中文的注音辦法，也可以說是拼音字的濫觴。

雅片戰爭以後，基督教傳教士大批湧入我國，爲宣揚其教義，曾將聖經譯成羅馬字拼音的方言，自清道光二十七年（一八四七）至光緒十九年（一八九三）的四十七年，計譯成上海話、廈門話、福州話、南京話、客家話、甯波話、北京話、興化話、廣州話、蘇州話、台州話及溫州話的羅馬拼音字聖經共達十二種之多。同時因爲關稅郵政大

權已旁落西人之手，其時在公文上，報章上有關地名、人名均需音譯西文，故有多種譯法產生，最通行者爲威妥瑪式拼音法，迄今仍在沿用。由此可知，拼音字的肇始，雖可美其名爲中外文化交流，究其根源，實由於外來文化侵略之影響。

清光緒年間，國人盧戇章以至王照、勞乃宣等所擬製之拼音字，不下四十種之多，有的主張採用漢字偏旁或自創符號作爲拼音字母，有的主張直接採用羅馬字母。大部份都忽視改良的意義，而誤入根本廢棄漢字的歧途。同時也深刻反映出我國文字問題的嚴重性，究其癥結所在，則應歸咎於當時通用艱深的文法，並非漢字本身之過。

民國二年，製定注音字母，各家字學即不再流行。其後不久，國語羅馬字之說又起，遂形成漢字「革命」運動，蔡元培、錢玄同、趙元任諸先生均力贊其說。例如蔡氏曾於民國十二年在「漢字改革說」一文中稱：「一、爲什麼要廢除現行楷書另用拼音字？我的答案如下：甲、楷書沒有線索，要一個一個硬記，很不易學。乙、楷書下行的，讀書時很費目力，各行又是自右到左，寫時很不方便。丙、楷書的打字機很不易造，現在通行日本人所造的，字數還是不足，面積已經太大。若改用拼音字，這三種困難都沒有了。二、爲什麼不就用注音字母，定要改用拉丁字母？我的答案如下：甲、注音字母就是畫數最少的楷書，還是適於下行的，若改爲旁行，與楷書的旁行相似，不好看。乙、現今的文詞免不了引用或附注外國詞句，若用注音字母與西文相間，也不好看。丙、現今的學生，至少要學一種西文，若國文拼音的字母與西文相同，學西文就容易得多。」事實證明，上述答案並不足以構成必須廢棄漢字之理由，然而博學如蔡氏，當時竟信而不疑，此蓋所謂沒有民族文化做基礎的「科學」口號之流弊。民國十七年大學院公佈國語羅馬字爲國音字母第二式，以便一切注音之用，此一運動

才告結束。

三、共匪與「拉丁化運動」

民國廿三年，「左聯」份子在上海掀起「大眾語運動」，繼即推行「拉丁化運動」。所謂「拉丁化中國字」方案，原係匪黨吳玉章、林伯渠、蕭三、瞿秋白等在俄國爲旅俄華工所擬訂，早於民國十八年即已由瞿匪秋白撰就，上海「大眾語運動」發起後，便乘機搬出推行，足見它本是匪共既定的文化陰謀。

民國廿五年七月，毛匪澤東在延安答覆美國記者史諾的詢問時曾說：「我們相信拉丁化是消除文盲的一種好工具，中國方塊字太難學了，即令最好的基本字課或簡易教育法也不能使人民獲得真正有效用夠用的單字。不久之後，如果我們要創立一種新的社會文化使羣眾充分參與，我們相信，我們非完全廢除中國方塊字不可。」民國廿九年毛匪澤東在其〈新民主主義論〉中也曾說：「文字必須在一定條件下加以改革，語言必須接近民眾。」毛匪指的改革，就是廢除方塊字，改用拉丁化文字。計自民國廿三年八月至廿六年八月的三年中，各地由匪共策動組織的拉丁化團體（如新文字研究會等）約有七十多個。拉丁化新文字除所謂北方話拉丁化方案以外，各地還先後擬訂了十多種。計有——寧波話拉丁化草案（廿三年十一月），潮州話拉丁化方案（廿四年十一月），四川話拉丁化草案（廿五年一月），上海話拉丁化方案（廿五年二月），蘇州話拉丁化草案（廿五年三月），湖北話拉丁化草案（廿五年四月），廣西話拉丁化方案（廿五年四月），無錫話拉丁化方案（廿五年六月），廈門話拉丁化方案（廿五年七月），福州話拉丁化草案（廿五年　月），客家話拉丁化草案（廿五年八月），

廣州話拉丁化方案（廿五年十月），溫州話拉丁化方案（廿六年四月）。此一資料充分說明匪共文化陰謀之狠毒，覆被地區之廣闊。抗戰初期，所謂「拉丁化運動」仍在上海、漢口、廣州、香港、重慶等地暗中推行，直至抗戰末期政府下令禁止後，始銷聲匿跡。

四、共匪「文字改革」的陰謀

共匪自竊據大陸以後，即組織偽「中國文字改革協會」，以吳玉章、成仿吾、沈雁冰、胡喬木、胡愈之、林漢達、徐持立、陸志韋、郭沫若、馬敍倫、倪海曙、陳定民、陳鶴琴、范文瀾、張照、黎錦熙、葉聖陶、葉籟士、葉丁易、彭真、錢俊瑞、羅常培、蕭三、魏建功、聶真等爲常務理事，提倡「文字改革運動」。更於前（四十一）年二月成立偽「中國文字改革研究委員會」主持其事，目前仍在研究階段，尚未研定具體的「改革方案」。惟就近兩年來匪幫所發表有關「文字改革」的言論加以研判，亦可略見其梗概，茲扼要分述如次：

（一）確定拼音化的改革目標

共匪武斷地肯定：廢除漢字改用拼音化文字是中國社會和中國語言歷史發展過程中的「一個歷史的必然」。共匪認爲：第一、漢字已逐漸離開活的語言，成了幾千幾萬個不同形體的符號體系，成了難認，難寫，難用的一種文字，要把它學好管用，非花費三年五載的時間不可，所以不能適應「工農勞苦民眾」的需要。第二、漢字不僅不能精確地表示現代漢語（共匪認爲漢語詞彙已經多音節化），反而時常或爲累贅和障礙。因此必須把形意文字改變成只用二三十個字母就能把人人都會說的話拼寫出來的，六十小時之內就能學會應用的拼音

文字，才是最簡單合理，容易學習和使用的文字，才能解決迅速掃除文盲，和語文一致向前發展的要求。其實這種說法都錯誤的。在學理上，中國的語言詞彙仍然是單音節的，「基本上」並沒變化。以單音節的漢字來寫單音節的漢語是最適切不過的。共匪雖然硬說複合詞是多音節詞，可是據匪方「學者」們分析的結果，所有「詞兒」都是單音節的（陸志韋同形替代法）。再說要使用任何一種文字，均須費相當時間來學習。拼音文字並不就是最容易學會的文字，像英文、法文、俄文學起來何嘗沒有困難。可是漢字的學習，倒是相對的容易，試以共匪自己吹噓過的「速成識字法」為例，在三百小時的教學時間內，即可使一字不識的「工農文盲」學會兩千字以上（佔普通書判的常用字數百分之八十以上），能讀普通的文章，具有了閱讀的基礎能力，這已足證明漢字並不太難學習。可見共匪主張拼音化是別有作用，是為了達到廢棄中國文字進而滅絕中國固有文化的目的。

（二）採用「斯拉夫化」拼音文字

　　共匪一向主張實行「拉丁化文字」已如前述。但自宣佈一面倒的賣國政策後，現已改稱「拼音化文字」，其用意所在頗堪注意。共匪既重行考慮拼音化的形式問題，當然不會仍然採用推行有年的「拉丁化」字母，更不會採用自創民族形式的字母（如注音符號之類），它終將採用「斯拉夫化」的字母，實行俄化文字以遂其賣國的陰謀。因為斯大林就曾武斷地說過：「全世界都是要通過新民主主義走向社會主義而實現共產主義的，全人類的語文都是要通過統一的『民族語』走向合作的『區域語』而實現共同的『世界語』的。」（斯大林一九五〇年〈答阿・霍洛波夫書〉）那麼以蘇俄為首的「國際形式」的語文，無疑的將是斯拉夫化的語文，況且匪共認為俄羅斯字母又是「最

進步」的、「出現於文字技術發展的最後階段」的音素字母，「正像新愛國主義必須與國際主義相結合」一樣，附庸的「中國新文字」當然也必須與「蘇俄文字」相結合。既改用拼音文字了，自應直接採用「祖國蘇俄」的字母，不必再「走些不必要的彎路」。例如其「兄弟國家」的烏茲別克和外蒙古，第一次在一九三〇年前後廢除本民族的文字，採用拉丁化字母，第二次終於在一九四〇年又都被迫改用了斯拉夫化字母。所以說，共匪拼音化文字醞釀的結果，必然是採取「斯拉夫化字母」，改變成俄化文字。

（三）共匪文字改革中的問題

匪幫文字研究者對「改革」問題的意見並不一致，約可分為三派：即從前的「拉丁派」、「羅馬字派」和「國粹派」。前兩派同是主張拼音化的，原則上沒有什麼不同，已和共匪的意見趨於一致，惟有「國粹派」如張銳光仍然主張保存漢字，反對文字改革，可是共匪已輕輕加以「脫離羣眾」的罪名，恐怕不久就會遭受「清算鬥爭」的命運。但是共匪不能使佔人口百分之廿的知識份子都被說服，則所謂文字改革運動是無法開展的。

在理論上，共匪認定漢字祇是單純的「工具」，否認漢字祇能漸變不能突變的學說，又把複合詞誤認作多音節詞，以爲除了改變成拼音化文字就不能精確表現現代語言，完全抹煞中國文字一切的優點和功能。

目前共匪提倡學習俄文，重視語法教育，以及掃除文盲所用的「速成識字法」（主要是以注音字母幫助拼讀）等等都是直接爲了「文字改革」準備條件的。總之，共匪必欲徹底絕滅了中國固有文化而後已。

五、關於簡化與整理問題

　　據中央日報去年七月九日報導略稱：「教育部簡體字研究委員會，於日昨舉行會議，由主任委員程天放主持，分搜集、整理、公佈、推行四步驟進行，並請羅家倫等負責簡化部首工作，可能先自教科書及公文上作起。」又據該報九月十五日報導：羅家倫先生曾於十四日在中央紀念週上對文字簡化問題提出報告，認定中國文字必須保存，而欲保存中國文字，則必須使中國文字簡化，使廣大民眾易於學習，因為這是不可抵抗的生活要求和時代要求，應當把握機先，以期簡體字能標準化，使文字格外能夠適用，青年腦力能夠節省，文化和政令能夠傳達到大眾中去。

　　從上述報導看來，簡體字在教育部的領導下，即將普遍推行。可是各方面的反映殊不一致，有的贊成有的反對，甚至有人認為推行簡體字是「違反國策、違背反共抗俄的基本原則，萬不可行。」（見本市《中國文化》第五期）究竟孰是孰非，本文不擬遽下斷語。不過就我國文字長期發展後的情況來看，簡化整理確是保存中國文字的必要手段。因此，如何簡化整理才是問題的中心，而不單單是簡體字可行不可行的問題，假如簡體字能夠解決漢字本身的難題，當然應該推行，反之就沒有必要。解決漢字本身難題，是一個學術性的工作，需專家精密研究才能解決。而推行簡體字是一個實際上的問題，如果在學術上已經有了圓滿的答案，就不會再有爭論，推行是很容易的事，否則強迫推行，終將虎頭蛇尾，重蹈前人覆轍。

　　關於簡化漢字問題，早在前清末年，章太炎先生即已有寫減筆字寫草字的主張，民國八年，編著「辭海」的陸費逵氏也曾倡用俗體字，其後，研究簡體字的人很多，如錢玄同、胡懷琛、杜定友、劉復、徐

則敏等都有關於簡體字的著作行世。民國廿四年八月廿一日教育部曾公佈第一批簡體字表共三百廿四字，次日頒佈簡體字推行辦法九條，通令各省市教育廳局遵照，但是結果並未能推行。據說是經戴季陶先生反對而罷。

現在教育部「簡體字研究委員會」組織不久，就準備推行，似嫌過早。因為簡體字並不能包括簡化整理的全部，簡化整理的結果可能使字體更為簡鍊合理，但決不是「簡體字」三字就能概括這一偉大工作的涵義，無怪乎才提出來就有了反對的意見。

總括前人議論，漢字本身難於解決的問題，大概有下述數端：甲、數量太多。乙、意義含混。丙、音讀雜亂。丁、筆畫繁重。以致使人難認、難讀、難寫、難用。學習起來尤其困難，造成文盲眾多的後果。這主要原因是由於漢字在造作方法上，採取了多元原則（六書），經過長期孳生蕃衍所造成的現象。因此，必須用科學方法從漢字本身的組織結構方面，徹底研究整理，使漢字科學化定型化，自然就簡易好用了，單從筆畫上簡化的辦法是不夠的。

（見《建設》第二卷第十二期・中華民國四十三年五月六日出版）

語根與語詞

——文學孳乳寖多的方法

杜學知

　　人類口語的發生，大概不出「模聲」「感歎」「勞動的呼聲」三種範圍。不過，由這三種範圍來源的字，在全數語詞中，卻是少數：雖然如此，然因它常構成語言中的「語根」，所以仍不失為語言中的基本要素。例如漢語、梵語、希伯來語等語詞，多至數萬到數十萬，可以說都是由少數的語根中分化出來的。據語言學家繆勒氏（Max Muller）的研究，這種語根在梵語中有一千七百零六個，希伯來語中有五百個，漢語中有四百五十個（見林惠祥《文化人類學・原始語言文字篇》頁四四一）。所謂漢語的四百五十個語根，大概是根據許慎的《說文解字》五百四十個部首合併而成的，實際上漢語的語根沒有這麼多，至於確實的數目，還待研究。

　　語根在文字學上又稱「字母」，字母之說，始於宋人王觀國，在他的《學林新編》中曾說過：

> 盧者，字母也。加金則為鑪，加火則為爐，加瓦則為甒，加黑則為黸。凡省文者，省所加之偏旁，但用字母，則眾義該矣。亦如田者，字母也。或為畋獵之畋，或為佃田之佃，若用省文，惟以田字該之。佗皆類此。

字母便是最初的語根，假使像王氏的舉例，盧和田是字母，那麼，從盧孳入的鑪爐甋鹽等字，從田孳乳的畋佃等字，便都是由語根分化出來的語詞了。所以語根儘管是少數，然由於孳乳分化的結果，語詞可以增加到很大的數目。由此看來，語言的發展，應當是先創造了語根，然後再由語根展拓引申，分化成豐富的語詞，用以表達人類繁複的意象，於是語言便完成了。

　　歐洲的語言，都源於古雅利安語的語根，如ga意為去，構成英文的 going，ma 為量，構成英文的 measure，rag 成為 ruling 都是。拉卜克氏詳究各民族的「父」「母」兩個語詞，集成一張詳表，發現其語根多數是 pa 與 ma，如英文的 father，mather，馬來語的 bapa，ma，非洲 wadai 語 abba，omma，澳洲語的 marmook，barbook，漢語的父母，爸媽，都是如此。拉卜克氏斷定這兩個語根，是嬰孩最容易發的聲音，也便是一種自然的聲音，經約定俗成後，遂賦有了父母爸媽的意義（參考前揭書頁四四二）。

　　有人說，語根猶如木枝與石頭，同是最初的東西；由木枝與石頭可以發展為各種各樣的器物，同時由語根也可以構成無數複雜的語詞（參考前揭書頁四四一）。然由語根構成語詞的方法，在各種語言中的著重點雖有不同，然大致不出以下的幾種範圍。

　　（一）增加偏旁：凡由一個語根發展出來的語詞，在文字的形體上為要使它們有分別，漢語中則是在語根上附加一個偏旁，如上文所舉的例，盧為語根，因而由盧發展的語詞，有鑪爐甋鹽等，鑪字加了金旁，爐字加了火旁，甋字加了瓦旁，鹽字加了黑旁。田為語根，因而由田發展的語詞，有畋佃等，畋字加了攴旁，佃字加了人旁。像這些偏旁，不過表示「義類」，而實際的意義，還是從語根引申而出的。宋人看到了這一點，於是倡為「右文」的學說，在語言學和訓詁學上，

實是一大發現。據沈括《夢溪筆談》十四說：

> 王聖美治字學，演其義為右文。古之字書，皆從左文。凡字，
> 其類在左，其義在右，如木類，其左皆從木。所謂右文者，如
> 戔，小也：水之小者曰淺，金之小者曰錢，歹之小者曰殘，貝
> 之小者曰賤。如此之類，皆以戔為義也。

所謂「其類在左」，便是指偏旁表示的義類說，「其義在右」，便是
指字義所從出的語根說。所以一個語根，由於意義的引申，可以發展
成許多的語詞；而此許多的語詞，既由一義所引申，便都輾轉不離語
根之義。張世南《遊宦記聞》也說：

> 自說文以字畫為類，而玉篇從之。不知其右旁亦以類相從，如
> 戔為淺小之義，故水之可涉者為淺；疾而有所不足者為殘；貨
> 而不足貴重者為賤；木而輕薄者為棧。青為精明之義，故日之
> 無障蔽者為晴；水之無溷濁者為清；目之能明見者為睛；米之
> 去粗皮者為精。

近人梁啓超氏亦云：「凡形聲之字，不惟其形有義，即其聲亦有義。
質言之，則凡形聲字，什九皆兼會意也」他也舉戔字之例為說：

> 戔，小也，此以聲函義者也。絲縷之小者為綫，竹簡之小者為
> 箋，木簡之小者為牋，農器及貨幣之小者為錢，價值之小者為
> 賤，竹木散材之小者為棧（見《說文》），車之小者亦為棧（見
> 《周禮注》），鐘之小者亦為棧（見《爾雅·釋樂》），酒器
> 之小者為盞為琖為醆，水之小者為淺，水之所揚之細沫為濺，
> 小巧之言為諓（見《鹽鐵論》及《越語注》），物不堅密者為
> 俴（見《管子·參患篇》），小飲為餞，輕踏為踐，薄削為剗，
> 傷毀所餘之小部為殘。

右凡戔聲之字十有七，而皆含有小意。以前認此類從一語根發展之語

詞，稱作形聲字：凡形聲字，同衍一聲，和語詞由同一語根發展者相同。梁氏此說，在早龔自珍述段玉裁論說文「以聲爲義」條也說過：

> 從番聲者定是白義，從于聲者定是大義，從酉聲者定是臭義，
> 從力聲者定是文理之義，從禾聲者定是和義；全書八九十端，
> 此可以窺上古之語言，于禾部發其凡焉。

這些都相當於右文的說法，爲語言文字上孳乳浸多的一個關鍵。

（二）語根重疊：在漢語中有兩類：一是重疊之後，仍爲一個單字；一是單字重疊，造成一個疊字。關於第一類，如屮，艸木初生；二疊作艸，百卉也；三疊作芔，艸之總名也；四疊作茻，眾艸也。如隹，鳥之短尾總名也；二疊作雔，雙鳥也；三疊作雥，群鳥也。如木，冒也，冒地而生；二疊作林，平土有叢木曰林；三疊作森，木多皃。如人，天地之性，最貴者也；二疊作从，相聽也；三疊作众，眾立也。由此看來，凡是重疊的字，都由語根的重疊中表示多數的意思。他如二疊的玨，二玉相合也；爻，二爻也；皕，二百也；覞，竝視也；屾，二山也；㹜，兩犬相齧也；竝，併也；沝，二水也；䲆，二魚也；畕，比田也。三疊的品，眾庶也；磊，眾石也；驫，眾馬也；轟，群車聲也。這些都是但就語根的重疊，作爲多數意義的解釋。

關於第二類的「疊字」也很多，如《詩・芣苢》「采采芣苢」的采采，《毛傳》「非一辭也」；〈楚茨〉「子子孫孫」《爾雅・釋訓》：「引無極也」。這都明由單字的重疊，以見多而非一的意義，與第一類語根重疊之意相同。又在修飾的語詞中，凡用疊字，都有加甚原義的意思。如《詩・節南山》「瑣瑣姻婭」，《傳》「瑣瑣，小皃」。按《說文》「瑣，玉聲」。段注「謂玉之小聲也」。瑣既然有小義，重言瑣瑣，便有小甚的意思，《爾雅・釋訓》云：「瑣瑣，小也。」又〈常棣〉「鄂不韡韡」，《傳》「韡韡，光明也」。按《說文》「韡，

盛也」。皣有盛義，重言皣皣，遂引申爲光明的意思。又〈白駒〉：
「皎皎白駒」，《說文》云：「皎，月之白也。」重言皎皎，用來形
容白駒的白色，在意義上都是加重的說法。所以《文心雕龍・物色篇》
有云：「故灼灼狀桃花之鮮，依依盡楊柳之貌，杲杲爲日出之容，瀌
瀌擬雨雪之狀，喈喈逐黃鳥之聲，喓喓學草蟲之韻。」由此看來，一
字重言，有強調形容的功用。

　　外國語文中也有這樣的情形，例如馬來語 raja 是一個王，
raja-raja 則爲多數的王；orang 爲一個人，orang-orang 則爲眾人或
人民。希臘文中也常用此法構成不定格的過去動詞（參考前揭書四四
三頁）。

　　（三）語根複合：這和重疊的情形一樣，也有兩類：第一類複合
後仍爲一個單字的，如六書中的會意，據許氏的《說文解字》所說：
「會意者，比類合誼，以見指撝，武信是也。」意思還不大明白；到
宋趙宧光爲之解說：「會意者，事形不足，合文爲之，二合以至多合
也。」張位更說「會意者，合文以成其意也，如止戈爲武，力田爲男，
女帚爲婦，人言爲信，人爲爲僞，更於人爲使之意。」所謂合文，便
是複合兩個以上的文而成一字。文是語根，而由文複合的字便是語
詞，這類字也很多，除了以上所舉的以外，如雀，即小佳之意；集，
即佳止於木上之意；牢，即牛在屋下之意；不勝枚舉。

　　第二類是由單字複合，造成一個複合詞，複合詞有同義的，對待
的，形容的等類，也是由於語根意義的引申而發展的結果，所以在古
代多用單詞，後來便都變成複合詞了；實際上也是文言和白話的一個
最大區別。以前的學者，也都注意到了這點，如清人許篤仁〈轉注淺
說〉便曾說到複合詞的功用：

　　　免誤會：例如文句中用昏字，易認為昏昏、黃昏兩義，若用重

文或同義之文，則文之意義充足明顯，不僅免於爭執，而晦暗之病可除。

調音節：例如「郎有從東方來者，言民父子相食，丞相御史案事之吏匿不言耶？將東方來者加增之也？何以錯繆至是，欲知其實，方今年歲，未可預知也。」（前漢〈于定國傳〉）加增、錯繆、年歲，皆二文同義，所以重複用之者，調和文句之節奏，免急促耳。

便訓詁：例如《周易》一字，幾等於後世一句，《尚書》亦有類於《易》者：以近代語複文繁之眼光讀簡略之古文，自難免乎疑難，欲使近人領悟古文義，非增字入於古文不為功。增同義之文，可免增字解經之譏，因同義之文，對於原文之命意，不至於變更也。

許氏雖注意重文或同義之文，然對複合詞的形成，說得很明白。複合詞的種類很多，實不限於重文和同義之文二者。例如「人」一個語根，引申它的意義，有男人、女人、大人、小人、老人、親人、愛人、佣人、工人、農人、學人……以及人口、人文、人主、人民、人事、人和、人倫、人師、人格、人烟、人道、人欲、人種……像這麼多的不同語詞，賴不同的複合，使每個詞都有了分別，這也是中國語文的一箇特點。

在外國的語言中，也有這種情形，如印第安人中 Sacs 及 Foxes 族的話，kicus 是太陽，tepek 是夜間，合為 tepekkicus 則為「夜間的太陽」即「月」；又 conia 是銀，而 sa 是黃，合成 sacoina 意為「黃銀」即「金」，英文中這類複合的字尤其多（參考前揭書同頁）。

（四）聲調區別：漢字具有聲調上的分別，也分為兩類。如長言

短言之說，《春秋‧公羊傳》云：「伐者爲客，伐者爲主。」何休注云：「上伐者指伐人者，短言之；下伐者指被伐者，長言之。」這一個長言短言，自來訓詁家都不太說得明白，時人高名凱的解說比較近於真實，他說：

> 其實指被伐者的下「伐」並不是一字發音發得很長，乃是因為說話時的急促而把兩箇字促成一箇字的，結果比兩箇字的音長為短，而比一箇字的音長為長，故是長言之。這兩箇字其實就是「被伐」，所以有受動的意思。「被」，《廣韻》甫委切，上聲紙韻；「伐」，《廣韻》房越切，入聲月韻。「甫」「房」古代都是雙唇音，這兩字的聲母在古代是一樣的。因為是同一的聲母，所以疾言之就合併為一。……兩箇音綴，因為輔音相同，合併之後，就取了伐字的韻，所以和伐是一樣發音的；不過，因為腦筋中尚有其為兩音綴的印象，所以說起來比一箇伐字為長。然而這長言之伐，卻是「被伐」兩字疾言而成的結果。

這說法很有道理。

其次便是以語詞聲調不同，來分別語詞不同的意義，這起源也很早，在《顏氏家訓》中已有記載：

> 江南學士讀《左傳》。口相傳述，自為凡例，軍自敗曰敗，打破人軍曰敗（補敗反）。諸記傳未見補敗反，徐仙民讀《左傳》唯一處有此音，又不信自敗敗人之別，此為穿鑿耳。
>
> 夫物體自有精麤，精麤謂之好惡；人心有所去取，去取謂之好惡（上呼號反，下烏故反），此音見於葛洪徐邈，而河北學士讀《尚書》云：「好（呼號反）生惡（於谷反）殺。」是為一論物體，一就人情，殊不通矣。

這一種由聲調分別意義的辦法，雖然顏氏目為「穿鑿」「不通」，然

以事實上如此，也就千餘年來興之不替；到清朝錢大昕諸人還對此加以非難，不過，因爲這是語詞派生的一條路子，不是非難所能阻止的。清代張行孚在論六書假借時，也曾說到這一箇情形：

> 徐楚金之言曰：「假借則一字數用，如行（莖）行（杏）行（杭）行（沆）。」徐氏之意，蓋以行之本義爲步趨，惟「行不由徑」，「獨行睘睘」諸行字爲本義。行（莖）者，謂行讀如莖，乃借其意爲「作」，蓋人之作事常須步趨，故作事又謂之行事也。行（杏）者，謂行讀如杏，乃借其意爲事蹟，蓋人既作事必有事蹟，故事蹟又謂之品行也。行（杭）者，謂行讀如杭，乃借其意爲位置，蓋數人步趨，宜有位置，又謂之行列也。行（沆）者，謂行讀如沆，借其音爲伉健之伉，蓋伉與行同部，故《論語》謂子路「行行如也」。此徐氏謂借義與借音皆假借也。

張氏所說的假借，實在就是引申，「行」是一個語根，意義上引得多了，便用聲調分別，專其意義，那是很自然的事。漢字的聲調分四聲（有些方音尙不止此數），都由這一事實發展而來的。

外國像東南亞一帶，語音上也多如此，或者是受了漢語的影響。如暹羅語hà意爲尋訪，hā爲疾瘈，há爲美麗便是（參考前揭書四四二頁）。

（見《建設》第二卷第十二期・中華民國四十三年五月六日出版）

現時推行簡體字之我見

侯紹文

　　自報載羅家倫氏提倡簡體字以來，激起反對的軒然大波，尤其學術界的人士，更期期以爲不可。筆者不敏，試將不能以簡體字代替正楷字的理由，提出簡單的幾點，以就教於國人。

一、就中國文字本身方面說

　　中國文字其構造之由來，合乎六書之原則，什麼叫六書呢？據漢朝許慎《說文解字・序》說：「周禮八歲入小學，保氏教國子先以六書。一曰、指事，指事者，視而可視，察而見意，『上』『下』是也。二曰、象形，象形者，畫成其物，隨體詰詘，『日』『月』是也。三曰、形聲，形聲者，以事爲名，取譬相成，『江』『河』是也。四曰、會意，會意者，比類合誼，以見指撝，『武』『信』是也。五曰、轉注，轉注者，建類一首，同意相受，『考』『老』是也。六曰、假借，假借者，本無其字，依聲託事，『令』『長』是也。」中國字按此六書的原則，製造孳乳而繁衍，較之日本之平假名、片假名近於符號，與拉丁文之專賴拼音，實屬巧妙的多，是以有人謂中國文字是世界上最好的一種文字（如瑞典學者高本漢就有此評語）。按六書造出來的字，對於教育上的價值頗大，就是以如六書的原則用《說文解字》的

講法，教學生認字，不惟容易記憶，而且頗饒興趣。如教象形字「車」「鳥」兩字，言車之中間，即象形車輪，當初為橫書字，後為易寫，才把它豎起來。鳥字則很象一隻鳥的繪畫。教指事會意形聲等字時，亦予以逐字分別說明。假如教學生認字按此教法，比之教單純的符號字，實在富於興趣，而且記的也堅牢。倘如把六書破壞了，而專教單純如符號的簡體字，則必索然無味，不合興趣教育之原旨了。又中國文字的製造，是顧及三箇條件的，即「讀」、「解」、「寫」，讀就是讀音，解就是解意，寫就是筆畫。在文字的作用上講，讀、解兩項，似乎較寫的一項還要重要，所以有時為了讀與解，而可以把寫的筆畫增多或減少，但很少為了寫的便利，而把讀音與解意變更了的，筆畫寫多了，自然要費事，但有時為了讀音，就是易於讀出它的音來，也就是便於認識，而多的筆畫字，反較簡的筆畫字容易通行。例如「禮」「礼」兩字，禮從示，從豐，礼從示，從乙，示是神，禮是以豆盛酒，祭神用，此字讀如「理」，至乙則為甲乙之乙字，讀音如「以」。假如此字寫為禮，只要認識此禮，則凡帶豐之字，如澧，醴等字，均可讀出它們的音來。再就解釋上說：如「見」的意思是看，又解作目下。「景」解作風景，亦解作影子，為分別與講解起見，遂將見加一王字為「現」（即目下），把景字加彡為「影」作影子，這樣就容易講解了。今如專把寫的條件改簡單了，而不顧到讀、解兩箇條件，那等於一箇條件省了事，兩箇條件費了事，結果是愈簡愈繁，那不是簡化字體，而是繁化字體。此是簡體字不能提倡之理由之一。

二、就歷史上字體之變遷說

　　自古以來，字體的變遷上有兩種說法，一種是說上古的時候，造

字的人很多，如《世本・作篇》說：「沮誦，蒼頡作書。」沮誦與蒼
頡是兩箇人。又《法苑・珠林》說：「造書者三人，長曰梵，其書右
行。次曰佉廬，其書左行。少者倉頡，其書下行。」又《荀子・解蔽
篇》說：「好書者眾矣，而蒼頡獨傳者，壹也。」就此可以說，在上
古時候，造書的人，並非蒼頡一人，所造的字體，也就非一種。到了
周宣王時代，作了一番同文工作，把以前各家所作的字體，整理改革，
而一一歸之於太史籀的籀文，也叫大篆。大篆文字施行了將近六百
年，大家感覺太複雜、太難寫，於是秦始皇命李斯作小篆，簡少了大
篆的筆畫，等於又作了一番同文的工作。可是小篆的筆畫，仍嫌其繁，
下杜人程邈，又作了隸書，以資應用，確較小篆便當的多。隸書施行
三百年，到了東漢章帝時候，出了箇王次仲，又就隸書而作楷書，亦
名隸楷。楷書者，當時也叫八分，如王僧虔、唐玄度都說：「王次仲
作八分楷法。」按八分並非一種書體，今人顧實晉成公綏隸書體有論
「八分璽法」一節，「因八分之法，出自璽印，璽形正方，有四方四
隅，是爲八方；八方分布周密，爲八分書之特徵。」（見《中國文字
學》）從可知八分者即楷書，楷書者如璽印之四方四隅，爲一種正方
之字體，亦即由漢以後流傳近兩千年的普通漢字了。因王次仲的楷
書，字畫不多不少，恰到好處，又上承六書造字之原則，加之在此兩
千年中，輔之以行書（漢劉德昇造行書，即正書之小譌，務從簡易，
相間流行故名）草書（或謂起於秦，或謂起於漢，草者起草稿所用，
因名。漢元帝時，黃門令史游，作《急就章》，解散隸體，爲一種不
連貫之草書），應用起來，不感困難，是以兩千年來，楷書字體，從
未變更。又一種說法則云：古代造字者確屬不少，字體亦相當複雜；
但周宣王時並未用太史籀作過同文工作，那「太史籀書」四字，經王
國維考據說：「『籀』、『讀』二字，同音同義，又古者讀書皆史之

事，昔人作字書者，其首句蓋云『太史籀書，』以目下文，後人因取首句中二字以名其篇，『太史籀書』猶言太史讀書。漢人不審，乃以史籀爲著此書之人，其官爲太史，其生當宣王之世，不知『太史籀書』乃周世之成語，以首句名篇，又古書之通例也。史籀一書，殆秦人作之以教學童，倉頡既取史篇，文體亦當效之。」（見〈史籀篇疏證〉）羅振玉也說：「予意《史籀》十五篇，亦猶《倉頡》、《爰歷》、《凡將》、《急就》諸篇，取當時文字篇纂章句，以便誦習，實非書體之異名。」（見〈殷商貞卜文字考〉）籀文既非周時的統一文字，周宣王也未作過同文的工作，作同文工作者，自古只有秦朝，在《說文解字・自序》說：「……其後諸侯力政，不統於王，……分爲七國，田疇異畮，車涂異軌，律令異法，衣冠異制，言語異聲，文字異形，秦始皇帝初兼天下，丞相李斯乃奏同之，罷其不與秦文合者。斯作《倉頡篇》，中車府令趙高作《爰歷篇》，太史令胡母敬作《博學篇》，皆取史籀大篆，或頗省改，所謂小篆者也。」秦朝雖作了小篆，但當時仍保留各體字形，以爲書寫上不同的用項。李斯等三人所作的三篇，好似取籀文十五篇，省改整理，作爲教學童的一種官定課本。除此小篆一體外，尚有七種書體，是在社會流行著。在《說文解字・自序》說：「自爾秦書有八體，一曰、大篆，二曰、小篆，三曰、刻符，四曰、蟲書，五曰、摹印，六曰、署書，七曰、殳書，八曰、隸書。」其隸書一種，係程邈在雲湯獄中所創，爲便利官獄職務的一種書體，王次仲就藉了此隸體，而創造了楷書，楷書的楷，是法式模範的意思，如唐張懷瓘《書斷》說：「楷者，法也，式也，範也。」又名真書，也就是一種標準字。因秦朝作同文工作，而天下的標準字，獨創於東漢之世，大家有點不相信，於是有人就說王次仲這箇人是秦朝的，在張懷瓘的《書斷》中說：「八分者秦羽人上谷王次仲所作也。」又《書

苑》亦說：「李陽冰謂秦始皇時，上谷王次仲，製八分之書。」（八
分即楷書，前已引證。又有一說，謂以在秦書八體之後，故名八分。）
無論王次仲爲漢人，抑係秦人，惟楷書係屬秦漢以來由政府規定之一
種標準字，則差堪相信。秦漢既規定楷書爲標準字，年代一久，不見
得信守弗渝。可巧隋、唐以後，施行科舉制度，試卷重視楷法，如唐
之吏部試，試以「身、言、書、判」。其中之「書」，即考「楷法遒
美」。如後代考試，亦無不重楷書。清代之翰林，亦無不工楷書者。
因是楷書就成了天下書法的楷規，無形中變成了一種國字（如同語言
中之國語一樣的意思），無論東西南北之人，語言雖然不同，而此文
字是相同的，因文字相同，而中華民族才能永遠團結而構成世界上一
箇最偉大的民族。 國父常說，語言爲構成民族力量之一，但語言之
升華即爲文字，語言與文字最有關連，此統一全國的文字，也就無異
團結我中華民族的一箇膠著力了，今若把此楷書廢掉，而代以簡體
字，就等於破壞了我國兩千年的民族統一，那損失是無法彌補的。此
是不能提倡簡體字理由之二。

三、就地理環境上文字的分佈情形說

在中國境內，因地域遼闊，各地方言不同，在文字上亦間有簡字
別字之發現，如臺灣地方，對「歲」之一字，寫作「才」，我冀東一
帶，則簡作「岁」。「龍」之字，在臺灣地方寫成「竜」，我冀東一
帶寫成「尨」（實爲龐音）。廣州地方以「無」爲「冇」，有些地方
以無爲「无」。此外有把長字寫成「长」的，也有寫成「专」的。「國」
字寫成「囯」的，也有寫成「囸」的（共匪更把它寫成囗）。「漢」
字有的簡成「汗」，也有的簡成「汉」。「劉」字簡成「刘」，「關」

字簡成「関」，或是簡成「关」。「嘴」字簡成「觜」，或是簡成「咀」（實爲沮音），「竈」字簡成「皂」，或是簡成「灶」。甚而至於把「勿要」寫成「覅」寫成「甭」（讀ㄅㄥˊ），寫成「別」。把「圖書館」寫成「圕」。「什麼」寫成「啥」。他們這種簡法，真是各自爲政，無奇不有。再就別字說（就是俗說寫白字）：我們如檢出《字學舉隅》一書，那平時寫的別字真不算少，僅就己、已、巳與戌、戊、戊就分辨不清。尤其多把「陝西」寫成「陜西」。「完全」寫成「完全」。而且「改」與「攺」，「叚」與「段」，那都是兩箇字，我們好多人把它們寫的不能分。假如我們提倡簡體代正楷，爲迎合人民的心理，則究竟將何去何從，何擇何拒。幸而我們有一套統一的正楷書，如沒有的話，則你簡你的，他簡他的，你寫別字，他寫錯字，弄的彼此意思不相了解，還談什麼統一團結呢？所以此種寫別字寫簡字的人，有時不得已，只有聽其自然，絕不可加以提倡，如加以提倡，正是勵獎讀書不求甚解的人，與認字馬馬虎虎的人，也就如同獎勵人辦錯事一樣，那是太不合理的。再說中國正楷字，已有將近兩千年的歷史，按其分布的區域，如與我國接壤的地方，以及海外華僑，我們的與國，彼此間的公私文書，契約書籍，及相互字典，辭典的註釋，皆爲正楷漢字，一旦之間，我把漢字改革了，則不惟我們自己感覺不便，他們也是感覺不便，此就是羅家倫氏引用的，說蘇俄莫斯科東方學院反對共匪改用簡體字的道理，而羅氏硬解爲是蘇俄故意使共匪人民，多費時間，去寫那複雜的字，那解釋是錯誤的。我們在南京時代，因經濟部下設資源委員會，體制不合，名稱不安，想把資源委員會另改一名稱，據經濟部的主管人說：資源委員會這一名稱，已與國際發生契約上的關係（有時用該名義與他國訂約購物，或輸出），而且有的圖章印記或印製好的表冊，皆用此名。若要更換，其損失甚大，我們

因而未改。試想我過去與人家訂立的條約，皆用正楷漢字，今如改用簡體字，是不是與舊日條約也有影響呢？此次日本與我訂中日和約時，爲在條約裏，要用新制的簡體字，而特用飛機送來二十一字，這就是說：假如國內已實施簡體字，而條約上仍用正楷字，那條約是有問題的。此是簡體字不能提倡理由之三。

四、就文字的根本效用上說

一國文字的效用，應該有兩種，一種是政治作用，一種是普通人民表達意見代替語言的（如作文寫信之類）工具。說到政治作用，在國民教育上，以及傳播文化，溝通文化，和遺留文化等等，都是需要它。尤其它能統一民族的作用，更爲珍貴。因是一種文字，既已造成了國字，發生了政治上的效用，這就不可輕易的予以變動。至於第二種作用，那是原則要維持到底，應用時無妨利用技巧變變花樣，如普通我們寫信作文，而可寫寫行書，草書，尤其自己作筆記和日記，寫的那種行、草，更可憑自己的自由意志去寫，只要自己認識就可。至於機關裏的書寫較多，你可利用謄寫板打字機。最近在美國的林語堂，發明一套中文打字機，按中國字的偏旁部首仿照英文打字機製做的，打起來非常迅速。至於軍事上通消息，可改用電報，把漢字皆化作一種字碼就可。在法庭或議會作速記，更可把楷書化作符號，記起來更快。新聞出版事業，可利用鉛字與銅模，影印起來，也是非常迅速。再進一步，更可利用機械，如在美國有一種計算考試結果的電器記分機，在一小時內，可以計算好五百箇到八百箇短的答案，那以我們簡筆字比起來，真是瞠乎其後了！所以就效用上說：提到政治作用，那楷書是萬萬不能改；提到普通工具上，也無用其爲簡化了。此

是簡體字不能提倡理由之四。

五、就反攻大陸說

　　凡一種運動或是一種改革，當有其時間的背景，或是一種時代的要求，如中國的同文運動，是當秦始皇統一六國之後，又以朝廷整箇力量作後盾，方有一點成就。土耳其在一九二八年的改土國原有的阿拉伯字爲羅馬文字，那也是當凱末爾就任土國大總統之後，國勢全盛之時，又土國之阿拉伯字，實在繁難，不惟不能與西洋文化相接觸，且使本國的文盲無法劃除，外人對土文更難了解，故凱末爾毅然決然予以改革，那時間是合適的。如我中國今在臺灣，正在一面確保臺灣，一面準備反攻大陸，大家心情專在準備上去打算，視準備反攻以外的工作，都屬次要，或不必要；何況我們反攻須要宣傳工作，要作宣傳，文字亦屬有力的工具之一，此時此地，假如我們以簡字代楷書，認識此簡字者，僅爲臺灣八百萬軍民，在大陸上將有四億數千萬人民不認識，如我再用飛機到上海上空散傳單，那傳單將等於無用。又假如一旦登陸，我們是否要出佈告安民，是否要傳檄通電，是否要散傳單、貼標語，那文字如都用簡體字，大陸上老百姓都不認識，則我們反攻工作的成績，豈不大大的打了折扣。又共匪也曾施行過簡筆字運動，假如聞我也在推行簡體字，則共匪一定引爲藉口，說我們追隨他們，而以驕傲人民。在嚮往我之人民聞之，以爲我務其不急之務，影響反攻準備，或疑我爲忘卻反攻大陸，那他們一定是心灰而氣沮的，所以此時在臺灣推行簡體字，實爲違背時代，影響反攻大陸的舉措。此是不能提倡簡體字理由之五。

　　總之，推行簡體字運動，實屬落後思想，不急之務；且其價值殊

不足與統一國語運動、白話文運動相提並論。當民國八年五四運動之
時，即已有人提倡施行簡體字，到了民國二十四年，教育部亦公布了
三百二十箇簡體字，結果兩次運動均告失敗，從可偵知國人對此運動
的心理了。尤以此道，在中國過去謂之「小學」（現有人說它爲文字
學），現代我國家當此緊局面之下，是要以大學之道立國，即是「大
學之道，在明明德，在新民，在止於至善。」也就是大家所倡導的，
恢復民族精神，建立國民道德，以對付共匪在大陸那種毀滅倫常敗壞
固有道德之作風，將來再用科學之道以建設國家，此方爲當前之急
務。小學之道如簡體字者，此時此地，似乎沒有提倡的必要了！

（見《建設》第二卷第十二期‧中華民國四十三年五月六日出版）

中國文字簡化問題

袁　暌

　　中國文字簡化問題，不但在今日臺灣談論得激烈，在世界上任何角落凡有中國人的地方，都在討論研究。爲什麼世界上其他國家沒有文字問題，而中國會有文字問題呢？其原因在中國語言的特點以及文字組構的優點與缺點的兩極性。

　　中國語言是單音節，文字按著語言的特性而誕生，所以今日我們所能看見最古的字——甲骨文，就是一字一音。依形別義，字形繁多。

　　世界上任何文字都是從圖畫及象形字起源的。事無可象，象形之技窮，就用象形字爲基本材料，另外想方法來組合無可象形之字。羅馬字母亦是由象形古字輾轉的變化成一套音母。中國字呢，亦是從形到聲，《說文》九千三百五十三字，形聲字有七千六百九十七字。

　　所謂形聲字是一部份爲音標，一部份爲意標，對付中國語言單音基本性的特點，原是非常聰明的辦法。但可惜這些組構的成份，筆畫又多，又不規律，就拿意標來說吧。意標就是今日所謂部首。《說文》把牠歸納成五百四十部，《康熙字典》採用明朝梅膺祚所作的《字彙》減併成的二百十四部，應用至今。

　　至於音標，根據朱駿聲的《說文通訓定聲》的歸納，約有一千三百多字。假使我們拿部首以及音標當字母的話，我們便先要認識一千五百多箇字母才能識字，那是太笨的事了。而且中國字的排列配合沒

有一定。再加之古今音讀變遷，寫法訛省簡俗。原合邏輯的字，今日
已莫明其妙。

　　但是，雖然文字變成非常繁難龐雜，但是牠具有不可磨滅的優
點：（一）中國語言是單音節同音字多，中國字是一箇字一箇臉孔，
不使你發生字義不分明的苦惱。（二）形聲字雖則不規則，多少可猜
測一點。（三）因爲雖是形聲字，不是只靠音讀所以儘管各地方言不
同而寫出字來大家都懂。（四）正因字的面貌各別，所以書法可以千
變萬化，極致美妙，如楹聯匾額或筆珠墨寶，爲中國特有的高貴藝術
裝飾品，而且尤可寶貴的，是：中國字是我們祖先的創作，而不是抄
襲假借，是我們中國自己的民族文化的偉大遺產。

　　但中國文字史告訴我們，中國文字是不斷地被改革的。中國文字
所以能延長，就是因爲時時在進化，不進化的東西，必會被時代淘汰
或變質。當秦朝承戰國紛亂之後，中央集權的政體業已形成，加之大
興建築，人事日繁，秦始皇便先從統一文字與交通入手，故有「書同
文車同軌」的命令，關于統一文字的辦法，就是令李斯、趙高等很迅
速的把當時異形怪狀的龐雜文字整理簡化，統一寫法，製成一套小篆
字譜，頒布施行，並廢不與秦文相同的字。對于以後中國文化統一民
族團結有莫大的影響。

　　但那時又有新的事物出現，有了毛筆又有紙縑——我們知道用堅
硬的工具寫圓形的字容易，用柔軟的工具寫方形的字容易。我曾試以
毛筆寫英文信，就遠不如鋼筆容易，秦時小篆是用以刻金石刻竹簡
的，筆畫多是圓體，有了紙筆的工具就無須那樣費事，所以獄隸程邈，
他就把篆書一概改爲方體，而且大膽的全部簡化，太陽變成方的，月
亮變成長的，牛祇剩一只角，鳥長了四條腿。都是程邈搞出來的，站
在保存六書構字邏輯性來講，程邈是一箇罪人，但在簡化篆字的麻一

點來講，程邈的功勞不小（楷字與隸字距離極近，僅是筆姿之不同），我們今日所用的字，實在就是這位無名小卒用來管理獄事的俗字。

中國文字經過這兩次全部改革以後，以後受著科舉制度的影響，文字成爲致仕之寶器，雖然以二千年悠長之歷史的前進，但帝王面前文字不許變形的，但在民間感覺文字不便時就任意增改。故《說文》至《康熙字典》一千六百餘年間，由九千多字增至四萬多字，並非有新字新義，大部份都是簡俗僞訛。

文字的功用，在中國閉關自守的帝王科舉時代，僅是爲應試以致仕，不惜花上「十年寒窗」的工夫，咬文嚼字，下筆千言，就可以飛黃騰達富貴無窮，因此文字的功用僅爲少數人的政治和文藝欣賞的工具，而今日我們是民主國家，對內要普及教育文化，要增高人民生活水準，對外要與列強爭地位、爭生存、爭榮譽，科學日新月異應接不暇，文字成爲一切學問之鑰鍵。我們對文字花費的時間要求縮短，而我們對於文字效能的要求增高，當然中國古老文字就無力來擔負這種時代性的責任了。

試想：中國字是如何的難認、難寫、難記、難排字、難製輕便的打字機，如何的不合電訊、旗語、索引、及盲字字模，機器統計等實際應用。

那麼，中國文字這一切缺點，簡體字辦法是否能够予以解決呢？

關于簡筆字，我們細細研究，不外幾種方法構成：（一）以輪廓類似式代原字或代原字的一部份，如恋、奂、获、敌、团、区代戀、奐、獲、敵、團、區。（二）以一些筆畫少的字爲代複雜部份之萬應膏，如卜、川、又、ツ、云、乂、米、舌、儿、不、尔等符號就是萬應膏的作用。如罗（羅）茲（茲）仆（僕）外（娘）桥（橋）齐（齊）价（價）难（難）鸡（雞）劝（勸）对（對）畄（留）学（學）鉴（鑒）

扡（擅）动（動）会（會）尝（嘗）纲（網）匋（陶）赵（趙）断（斷）
齿（齒）乱（亂）辞（辭）党（黨）环（環）坏（壞）称（稱）珎（珍）
等例。（三）根本與原字無一似處音義亦無關係，如体（體）尽（盡）
灵（靈）仝（同）等字。（四）留字的一角或一小部份，如声、如悬、
如处、如办其例甚多。

　　不准人將字簡寫幾筆，雖帝王時代做不到，一定要把這樣簡字予
以合法化亦做不到，因爲簡筆字並不完善。正字雖則筆畫多幾筆，多
少對于音義有點指示，比如我們認識重字在讀字心理上就很容易認識
動字，認識衝字。我們認識了禮字、澧字，我們就很容易認識體字，
現在禮字變成礼，體字變成体，澧字又變不了，結果形聲字體系完全
破壞，使初學識字的人，更無從捉摸，當然認識了禮、體的人，如他
知道可以以礼代禮，以体代體，他必定亦願意省幾筆，簡筆字只是爲
寫字的人省事，對于認字人反不如認正字的容易。因爲正字有時不識
可以類推，或是認半邊，簡體字唯有死記。如果把草書行簡納入簡筆
字範疇，則檢字更加困難。部首看不出，筆劃數不清。則又何必多此
一舉呢？

　　我們要求解決文字問題，本可不管六書或說文的大道理，但六書
究竟是構字之法，以新法代替舊法則可，以無法代有法則不可，所以
我認爲簡筆字問題不妨研究，但決不是解決文字的大原則。

　　那麼中國文字上那裏去呢？就這樣地聽其自然龐雜蕪亂下去
嗎？還是應當有計畫的經過整理建設，使我們的文字真能達到簡便
化、統一化、時代化、機械化呢？

　　中國文字從甲骨文發展到今天，雖則她肩負今日之責任超出她的
能力，但她由過去演變到現在，一直都有充沛的生氣，她既能由古代
輾轉生存到現在，她就會由現在轉變適應于將來，我們承繼了祖先這

份偉大遺產，我們應當除莠鏟枯，培施新肥，幫助她適應時代，幫助她蓬勃生長，使成爲世界上最完美的文化園地。

那麼中國文字的前途到底是怎樣呢？我們到底要用什麼原則來改進呢？換言之，新的簡化文字須具備有什麼條件？

一、我們要的文字是要能完成中國文字進化史最後階段，就是說達到最完善的階段。（我認爲目前的簡體字大部份是漢字退化式，不是進化式。）

二、我們要「自鳴文字」。就是說從字的組構上，就可以知道她的讀法，甚至于她的字義。發展我們中國文字固有之優點，「讀而成音，察而知義」。

三、我們將來的文字要能延長我們固有文化的繼續性，發揚光大，而不可使我們燦爛悠永的文化中斷。（任何歐西式的字母強配在中國語文上，便必然地會使中國本位文化中斷。）

四、我們要新文字能配合時代一切機能，凡歐西文字能應用上的打字機、密電機、譯文機、統計機。我們將來的文字都能應用得上，以爭取速度與準確。

五、我們的新文字要簡潔而不簡陋（國字變口字，部字變阝字，斗字代鬪字，叶代葉字，似乎都屬于簡陋），周密而不繁瑣。而且要標準化、規律化、藝術化。

所謂集思廣益，衆擎易舉，所以我希望所有專家、學者、學生以及一般智識人羣，都來參加這個簡化文字的大運動，集中所有花于有關文字的腦力——據我所知道有的在埋頭研究打字機，有的埋頭研究索引，有的研究檢字法，有的研究如何加速推行基本教育——來共同尋求一套理想的方案。我們讀到迭次聯合國文教組討論到遠東基本教育議案內容，關于中國部份，大多是對付文字困難的治標辦法。我們

充分的相信，如能將文化工具問題解決了，一切問題都可迎刃而解。
因此我對簡化文字問題的結論和口號是：「中國文字問題要總解決！」

（見中華民國四十三年五月十一日新生報臺北版）

論思考與辯論之道

胡秋原

一、民主政治與思辯之道

在美國試驗氫彈之時，在關係世界和戰大局的越戰方殷日內瓦會議舉行之時，我們有文字簡化問題之論辯。一方面說，這近乎一種自我諷刺。另一方面說，這也是必然的，而且不無益處的。

「必然的」云者，這是一百多年來各種糾纏不清的問題之一。一百多年前我們與一箇全新的世界接觸。中國固有的文化智能，不够應付。從此中國之最根本問題，就是如何適應一箇全新的世界環境問題。世界新形勢對中國衝擊，中國人對此衝擊，努力保持自身之平衡。一百餘年來中國的一切現象，一切變法、革命、運動和思想，都是中國人對世界新形勢之衝擊所作的一種調整自身平衡之努力。我們對於這新局勢毫無經驗。我們在不斷「嘗試與錯誤」之中。在林則徐先生時代，他和他同時的人，有許多救國方案：例如，「禁止茶葉大黃出洋可制夷人死命」論，「洋人腿直，利於海戰不利於陸戰」論，「城牆上徧設馬桶，可以厭勝槍炮『妖術』」論。其後，有「以夷制夷，師夷長技以制夷」論，以及「船堅砲利」之努力。此後有變法、維新、立憲、革命之說，有「西學古微」，「中體西用」之說，也有師日師俄救國，打拳救國之說。及民國成立，有尊孔尚武救國之說，有復辟

帝制救國之說，有社會主義救國說，科學救國說，教育救國，實業救
國說，聯省自治救國說，有新文化運動和「德」「賽」救國說，有　孫
中山先生之「孫文學說」，「實業計畫」，國民黨改組和「三民主義」
演講。自是以來許多運動和口號，是我們這一代的人都耳聞目擊的，
無須細說。而俄帝中共的一套，又是我們身受其害的，更無須細說。
其間以至目前遠有人提倡的「讀經運動」，「簡體字運動」，也是多
年來救國方案中之一部分。凡此一切，雖有賢愚之別，合理與否之不
同，有的也常夾著箇人利害與偏愛（這是不可免的）；但一般而論，
都是中國與世界交涉後的產物。最初提倡者之動機，總是純良的。然
無可諱言，在百年的歷史中，我們有許多成就與進步；而不幸世變方
急，我們的總成績是失敗的。於是乎直至今日，我們還在嘗試與錯誤
的過程中。於是乎我們就常有許多不必要，不可免，而又無結果的問
題之爭論。只要一天我們不能使我們的國家在世界上站穩，一天不能
成功的應付世界問題，則像簡體字一類的運動及其辯論，總是要發
生，而甚至於要重複下去的。

　　所謂不無益處者：其一、就這問題本身而言，如因此次徹底討論
而使其得一解決，便省得將來再來討論這箇問題。其二、民主政治原
即基於「自由討論」的政治。所謂「簡字運動」辯論之發生，固然由
其後果可能不簡單，但究非徵兵、增稅、革命、變法、宣戰、媾和之
類，牽涉現實的重大利害者可比。因此，在討論中總較能平心靜氣。
假使能由此養成一種良好自由討論風氣，不是無益的。例如最近該運
動提倡者和教育當局已大大修正其主張，顯然是討論之益。再則，這
問題雖是一學術問題，畢竟中國人都讀過書、寫過字，人人都有一點
常識，他可以引起大家判斷的興趣。此外，目前這問題已正式成為教
育行政機關與立法機關間的問題。立法院曾邀請各方專家列席陳述意

見，此有一點類乎美國國會中之「作證」。（如果所邀的專家多不贊成簡體字，則自信對此問題有研究，而又贊成簡字運動者應該是可以自動要求列席說明的。）這方式亦有利于憲政之進步。所須注意者，是辯論必合乎辯論之規則與禮貌而已。我本是不重視此問題，亦不希望有此辯論的。但問題既已發生，即宜得一解決。我看俄帝共奸在日內瓦會議中斷不能得志。我們倘得偷得閒談簡字，亦無傷。

不待言，我對此問題不是「中立」的。我的意見簡言之：任何國家手寫字與印刷字不同；箇人不僅可寫「簡」字，且可寫草書；若干通行「簡」字（即俗體，如灶字），早已列於一般字典之中，也無問題；但要成百的乃至「分批的」大造其「簡」字，標準化之，代替正體，且由教育部頒行，則有百害而無一利；尤其是此時此地，斷不可行。但此文目的，不直接討論其是非，而是藉此談談思考與辯論的先決問題。真理本愈辯愈明。民主政治少不了辯論。但如果我們對於提出問題的想法，走入歧路，尤其是對於推理與辯論之方式，脫離常道，則所謂辯論，將如治絲益棼，而這對於民主政治，將間接發生很大害處。以我箇人之淺見，在此次辯論中，許多有名人物，許多老友，在思考與推理辯論方式上，表現若干毛病，而這些毛病，亦不自今日始。此文意在以此次眼前實例，指出思與辯——立論和辯論應該注意之事。如下可見，所言皆係常識。我決不以爲許多朋友並此而不知；不過，由於疏忽，由於熱心過度，又由於百年以來，我們在精神上早有點不正常的風氣，尤其是由於近三十年來，「宣傳」二字害得我們不淺；遂不予注意而已。如能由區區之意，使我們對同類尤其是其他更重大問題，注意於合理的思考與辯論之道，因而能够避免不必要的浪費，則此文也不算浪費了。

首先，我想提出一點一般的原則，這多係箇人管見，也許是可以

討論的。以下我要提出有關邏輯的若干問題，這主要是邏輯常識，應該是絕無問題的。

二、救國無捷徑

我親眼目擊三十餘年來中國之變局。其後我讀歷史聽前輩之言，看幾部《皇朝經世文編》之類，我了解百年來的國運與思想，並爲許多前輩熱忱感動。然今天我們依然不能不「逃難」。多年來我曾深思我們建國失敗最主要之故。我的結論是：我們將精力誤用與浪費了。這要一本書才說得清楚，此處我只簡單說一句話，此精力浪費之由來，主要在我們誤以爲有救國之捷徑。

一百年來中國問題有三：一是由中國本身發生的。此即是說，即使世界上沒有俄、日、英、美諸國，中國還有自己的問題。二是由世界問題而發生的。三是因中外交涉而發生的。三者之中，任何一方面問題都不簡單。政治問題決無萬應藥。自古迄今，決無一條鞭的救國方案。國家之興衰，非一二人之故，一二事之故，或一二年一二十年之故的。

但如上所述，百年來中國之根本問題都是通過世界問題而起的。在這情形下，要救國必先確定一箇基本目標。這目標有人叫做「自由平等」，有人叫做「獨立統一」，有人叫做「建立現代化國家」。這意思是都可通的。我箇人願意用一箇較笨重的說法，即「提高中國文化（政治、經濟、學術、生活），到現代國際水準」。

其次便是方法問題。我們可說，由過去歷史，並世經驗，立國建國，自有大道，亦即常道。此常道之要緊者，總不外內而保持國內之和平團結，外而保持國際之均勢安全，於是乎特別的培養人才，一般

的提高民德民智，首先在實業教育方面，其次在全體社會生活方面，鼓勵全體國民發揚其精力，向世界最高目標追求，決不浪費於無效無益之事。所謂民主，也無非是達此目標之一有效原則。建國是要全民努力，也要各種努力的。

不過我們不能百廢俱興。一國因其內外情勢，各有其輕重緩急。古人所謂「本末終始」，即是此意。西洋人重視一事之「要件」與「非要件」（essential and non-essential），美國人重視「優先」（priority），即是此意。

然天下無難事，也斷無易事。對於任何一個合理目的之任何一箇合理步驟，都不可缺乏周詳的研究，與堅實的工夫。

此外，任何箇別目標，例如發展實業，發達教育，強化國防，也是都有一定的常道，一定的先決條件，一定的程序步驟，一定的輕重緩急的。

所貴乎政治家者，即在能對一般及特殊問題，提出目標，嫻熟常道，判別重輕，並鼓舞國民，集中精力於當前切要之事的。

百年來我們受病最大之處，不僅在慢慢的才發現一箇較明確目標，尤在於在方法上每忽視建國常道，而常求救國捷徑、祕方，乃至於日忙於捨本逐末。其實國家和人一樣，健康不是一箇辦法可以達到目的的。除了日光、空氣之外，如早起、清潔、運動、營養、節制、休息、快樂等等，都是常道。不同體質和疾病，又有不同的辦法。不於此注意，或特別補其不足，只想吃一些人參、何首烏、維他命，乃至其他祕方，以延年益壽，總是不行的。

救國強身如此，求學亦然。求學有一定步驟，而無論如何，少不了苦功。從前亞理士多德對亞歷山大說，「幾何學中無御路」；又有一位名哲學家說，「我怕讀一本書的人」；又一西諺云，「一知半解

比無知更壞」。我們應該研究增進教學效能的方法，但切不可由草率開始。我有一位朋友，曾以自修，苦學英文，譯書甚多。他有一位闊親戚甚爲羨慕，買了一本「英文百日通」。二百日，三百日後，根本不通，來問那位朋友。那位朋友說，「你先翻破一本字典，再來同我說話。」這話也許過火，但對于以爲學問有速成法的人，是藥石之言。

在一切救國方案中，我最看不起之一，是主張改革中國語言文字救國說。過去中國周圍各民族皆用拼音文字，然此無礙中國盛時之強；到了近代，日本未因漢字而弱，安南未因廢止漢字實行拼音而強；而除中國外，全世界皆拼音文字之國，其強弱文野各有不同；都可證明，百年國運，無關文字。不僅此也，中國之所以爲中國，屢經變亂而不亡者，賴有此耳（我有一本中國歷史不久可以出版，說此理甚詳）。至於教育之發達，科學之進步，與中國文字之繁簡無關，只要想到梅縣之幾無文盲，日本人在近代技術方面之成就，即可了解。而以苟簡之道言學問，更是害死人的。我誠懇的希望有志之士，不要在這一方面去枉費自己和他人的精神。

三、概念明確與價值標準

人類解決困難，轉禍爲福，首先靠自由的理性，思考之能力。思考之單位是辭、名詞、概念。沒有概念混亂而可以作合理思考的。

其次，概念之中，有的牽涉價值觀念，大部分是不牽涉價值觀念的。價值觀念即傳統的「真」、「美」、「善」之標準。近代德國人、美國人增加「效能」。宗教家提出「神聖」。價值觀念是人類之所以爲人類者。價值觀念之顛倒，是一民族極危險現象（如以勢利爲是非）。但人類思考有涉及價值之「應然」思考，亦有不涉及價值之「實

然」思考。二者有密切關係，但不宜將他混同。

　　百年以來，首先由於我們對自己和世界問題缺乏經驗與了解而失敗，而慘敗，其次，在失敗慘敗後，失去心理的平衡。最初，失敗以後還要盲目自大。其後慘敗以後，失去自信，變爲自卑。此後不是病急亂投醫，即是希冀奇蹟，打聽祕方。精力濫用，氣盡力衰，我們便有點麻木，對一切名詞不求甚解了，對價值觀念也模糊了。於是乎只能有一點矜持之氣，或索性自暴自棄了。兩箇原因合起來，使我們習於以望文生義談學問，急功近利看問題，敷衍報銷辦事情。

　　在這種情況之下，討論問題常是很困難的。如說「自由」，便有人以爲是無法無天。如說「箇人主義」，便有人以爲是自私自利。如說「資本主義」，便有人以爲是貪污投機。於是乎也就有人拿各種招牌、頭銜、主義，以及什麼「時代」「前進」「使命」這些稻草人來嚇人。有概念之混亂，便有精神之敲詐。

　　此病洋人亦不能免，近來奧英二國講邏輯的開闢了一箇新的部門，澄清名詞之概念，叫做語義學（Semantics）。他們的話，也有穿鑿過甚的，而大部分也還是哲學上的。鑒於我國各種名詞多意義混亂，我希望大家對於每一名詞，至少能使其意義明確，才不致自誤誤人，而亦可確保自己免於精神敲詐之自由。

　　例如「保守」「進步」二詞，本無是非可言。法國人喜用急進（radical），英國人喜歡用保守（conservative）。直至今日，美國人對艾森豪政策，以「進步的保守主義」形容之。但在我國，在過去，似乎保守就對，而現在，又似乎急進就光榮。其實就政治而言，二者毋寧是相反相成的。這一點，　孫中山先生早已說過了。一國必有真正的保守派，才有真正的急進派；反之亦然。有許多外國人批評中國人保守。近來有許多人每提出主張，得不到附和，亦常歸咎於國人之

「因襲成性」。照我的研究，大謬不然。我常對朋友說，中國生活與
文化中有許多偉大高明的東西，但卻有三樣最不名譽的事，而太監、
鴉片尚不與焉（前者爲埃及、希臘、羅馬、波斯各國所皆有，後者則
由印度傳來）。一是小腳，二是醜詆（俄國西班牙亦有之），三是破
壞文物——自秦漢以來，我們做了多次「萬達主義」的事情。希臘羅
馬古蹟今日多有存者，而我國三國以前的東西，除了難於毀掉的銅
器，埋在地下的甲骨，長城、石闕、陵墓以外，地上之建築，只偶爾
發現一點殘磚斷瓦；保存到今日者，恐怕只有孔林與諸葛祠而已。我
訪問過主要各國的博物館與王宮。當我看到中國許多著名古物，例如
顧愷之的「女史箴」由大英博物館爲我們「保守」，西域文物敦煌古
卷由英法德等國爲我們「保守」。匈奴器物及西夏文書，由俄國人爲
我們「保守」的時候，我實在滿面羞慚，有時難於忍住流淚。銅器在
清宮中還存不少。但我沒有在中國任何一箇地方看見像凡爾賽宮尤其
是列寧格勒衡泌院那麼多的精美中國瓷器。過去我們「博古」之士，
有人盜賣古物。今日共產黨人更不要說。至於我們沒有能保守先人留
給我們的國土，尤其是無法形容的悲痛。我們還有何顏面說自己「保
守」！我們實在是二十世紀最大的破落戶與敗家子。我忍痛說這句
話，亦無非勉我昆弟「興家」「回頭」耳。須知不知保家，難望創業；
不能保守，也難於進步啊！到了近數十年，就我所親眼目擊的，只看
到隨風飄蕩，任意東西。只要廣告登得大，黃楚九也能顛倒眾生。中
國雖然老大，但老大之人，唯其老大，才是並非不能趕「時髦」的。
可惜時髦並不等於進步！

四、新與舊

我要繼續分析「新」「舊」二辭之意。不過我想先提另外一事。自西歐（英法）文化與東歐及亞洲接觸後，從德國起，在巴爾幹，在俄國，在土耳其，都先後發生兩種潮流；其一可稱西方派，其二可稱國粹派。平心而論，他們的這兩種派別，都有成就。在中國與日本，亦有近似值（如我國之「全盤西化」與「本位文化」），但較不分明。如果我國有真誠的、有氣力的西方派或國粹派，實皆爲國家之幸。不幸兩派皆未開花結實。於是乎「俄國派」的共黨才能成功。

我們既無有力的西方派或國粹派，乃以「新」「舊」之別代替之。我們祖先曾說，「人唯求舊，器非求舊，惟新」。此話不一定對，但可見我們先人原不拘於新舊的。新舊不是價值概念。但近代中國人則不然。較早一箇時期，也許以爲「凡舊皆好」。近五十年來，逐漸「凡新皆好」。然大家對于新舊語義，並無一明確概念。我想「舊」之一字至少可包括這些意思：一、本原的，有歷史的；如古國、老家、故鄉、老友。這是不可拋棄的。二、有經驗的；如老手、老將。這是應當尊敬的。三、陳腐的；這才是不好的。「新」，至少包含這些意思：一、最近出現的，得到的，或補充附加的；如新消息，新房子，新章程。二、幼稚、年青，然有前途的；如新生、新兵、新作家之類。這都不包含價值觀念。三、時髦，新奇；但這不一定真是新，例如現在許多小姐穿男人馬掛之類。四、新之可喜可貴者是指其發前人所未發的，創造性的，包含更高效能的。此即所謂 original, invented, creative, efficient，只有在這一點，新才有價值意義。美國是一喜新的國家，而他們最重視效率的價值。

但我們並不注重效率的價值。多年來所謂新舊，似乎漸指「洋」

「土」之別。例如，外國的舊東西，如希臘羅馬文學，到了中國也「新」。
而中國的舊東西，經過洋人之手也「新」。譬如玄奘的「西域記」，
是很少人看的舊書，洋人讀後，在樓蘭發現古城，不僅開一史學上之
新領域，且影響了本世紀初列強之中亞角逐。這樣一來，我們所謂「舊」
的，亦即所謂土貨，由於我們並不保守，品質日益惡化。所謂「新」
的，無非是借用外國的。但人類不能借債度日，於是所謂新的另一意
義即指倣造外國的。我們倣造的成績，可以「西式房屋」爲代表：那
便是偷工減料，冬冷夏熱，不僅無西洋人所謂 “basement”，而且上
面是常常可以打死人的地方！或者有人問我，爲什麼要舉房子爲例。
學過一點文化史或藝術史的人一定知道，一國一代之建築，是最足以
爲其心理、氣力，亦即文化精神之代表的。若然，大家想想，近數十
年來，我們除了若干惡俗的私人別墅外，有幾樣像樣的新式或舊式的
公共建築，即可明白我民族到了一箇怎樣一種破落戶心理狀態了。一
般公共建築的樣式，既非新式，亦非舊式：難以名之。謝謝最近簡體
字運動給我一箇啓發，那便可稱「簡式」。而近來簡體字之示範所給
我的印象，並非簡單化（simplification，《牛津字典》釋義以單一的、
不可再分析者爲簡），而實在是省筆、減體破體——“deformation”。
必須知道，簡單與省減，不是一回事。而此一運動倡導諸人一致咬定
「簡即是新」，這對於了解近代中國人精神狀態，是極富於啓發性的。
　　學術文化之事，乃不斷推陳出新的創造過程。嚴格而言，今日以
前，一切皆爲舊；而文化之功，實在「苟日新，日日新，又日新」，
亦即在前人創造之總成績外，有所增益。然必較以前有更高的真、美、
善、和效能，才有新之價值。重複古人之言，連舊都說不上。重複洋
人之言，也不足言新。如果只誇耀祖宗盛德，說幾句尊孔讀經門面語，
即以爲愛護國粹；自慚形穢，只求貌似洋人，即爲時代新潮；那我寧

願自居於新舊之外。凡屬文化，皆人類心血結晶。對於心血，我們應皆有尊敬之良心。如不能尊敬自己祖先之心血，你也不會真正知道外國學者的辛勞。反過來說，如對外國人優秀成就不能欣賞，你也不會了解中國文化之價值。在此意義上，一切新舊，只要有價值，我皆願以爲師友。

　　說也奇怪。一箇民族如在其活力興旺的時期，他一定一面向前創造，一面向後追原。漢唐之中國如此，文藝復興期之義大利如此，今日美國如此。今日美人一面目光遠矚全球，精進不懈；一面大談「文化遺產」。近數年間，一位歷史學家杜蘭著《世界史》數大卷（尙未成功），第一卷名《我們東洋的遺產》（Our Oriental Heritage）；不僅認美國爲希臘、羅馬、歐洲之繼承人，且認爲是埃及、猶太、波斯、印度、中國乃至日本之繼承人。此種以全球文化之爲我「註腳」之氣魄與抱負，是空談什麼新舊的人所能夢想的嗎？

　　反之，只有破落戶的民族，則一面空談一點歷史光榮自滿，一面對道聽塗說之新奇興奮。最可怕的，他們如貪夫死財、夸夫死權一樣，有時竟能爲名詞殉身。最明白的，莫如「左」「右」二詞在近代各衰落國家，特別是在東方所發生的自殺作用。左右二詞，不過起於法國議會中的席次，亦無是非之意。但在中國，自從有人喊出「革命的向左來」之後，便以爲左即是對的。在左右之爭中，支付了多少中國人的生命。

　　以上略有野馬之嫌。我的意思是希望我們同胞，尤其是青年，了解求學和救國之道，是要在自己國家的基礎上，完成由我們創造的新建築，能與並世各國比肩乃至等而上之。第一步是學習他人之長，第二步是駕馭他人之長，至此始能創造，始能超勝。但如不能了解自己，即能學得他人一技之長，是不會駕馭他人之長，亦即不會成爲中國新

文化之一有機部分的。切勿震於「進步」「保守」「左右」「新」「舊」之名。如以此爲王冠或斧鉞，那不是原始人的呪語觀念，就是中世教權時代宗派思想，或是近代全體主義國家之宣傳詞令。真、美、善、效能四者，才是值得我們重視的四大價值標準（如有信仰宗教朋友，也不妨加上「神聖」這標準）。此外所謂「時代的要求」，「大眾的要求」，權威的言論，名人的主張，倘無可靠的證據、充分的理由、確實的利益，是不足信的。這才是科學的態度。

最近在臺灣頗爲有名的《自由中國》雜誌，其言論十之七八，我能贊成。最近有一篇社論，指出有人說簡化字體是「毀壞傳統文化，危害國家命脈」，乃是「時代病之一種」，「給人帶大帽的時代病」云云；我亦能相當同情。傳統文化國家命脈，實不待簡體字運動來毀壞。但我也希望《自由中國》亦不可自帶「新」、「進步」、「時代要求」、「大眾要求」的高帽子。如果以爲「我，是進步的；反對我，就是保守的、落伍的。」那和前一種帶帽於他人，恐怕是同樣有時更爲危險的一種「時代病」。

我還讀到一篇文章，也談到「帽子」問題，其指摘立院提案措詞處，幾處很有力。但此文也自戴帽子。他說，文學可革命，文字爲什麼不可革命，革命就對。假如我們將革命概念弄清楚，我懷疑文字可以革命；而且，革命也不是不可以反對的。更不要說「革命帽子」了。

五、問題之相干不相干

概念與概念結合構成命題，命題與命題結合，形成推理與判斷。邏輯研究這一套的法式。我不以爲「邏輯是科學之科學」如許多學者所云。邏輯不一定保障我們求得真理，其大用處，在保障我們免於謬

誤——自誤、及為人所誤。

　　一切理論與主張，無論是「實然的」或「應然的」，都不外一連串的命題與判斷。在推理過程中，首須注意其內部邏輯的相干性或不相干性（relevancy and irrelevancy）。有幾位青年自稱「科學青年」，這是可喜的。他們說今天需要科學、需要原子彈、需要愛因斯坦，這是不錯的。但他們說「文字簡化關係國家前途，專讀古書的人，也許不知道世界科學進步情形」云。但科學、原子彈、愛因斯坦，與文字簡化有什麼相干呢？如果不能證明（一）科學與古書不相容；（二）原子製造與文字簡化有密切關係；（三）愛因斯坦從來是寫簡體字的；則對這些話之最客氣的批評，便是不邏輯。不邏輯的頭腦會產生科學嗎？我希望我們的科學青年留心一下邏輯；而我還願告訴他們，科學固然不是由古書來的，但歐美的科學青年恐怕沒有一箇不多少讀一點希臘羅馬之古書或古文的。否則，他們連若干學名術語，都不認識了。

六、理由、完整、分際

　　其次，凡一種判斷，必注意有充分理由；必注意內部邏輯完整——即不得自相矛盾；而在推論之際，必注意大小前題之全體與部分關係。這是傳統邏輯之主要法則。

　　除非「自明之理」，公認之理，經過證明之理，是不可用作推論根據的。上述「自由中國」社論說：「文字是表達思想情緒的工具。工具的本身，在不妨礙其功用的條件下，越簡單越好。……這番道理，再平常再簡單不過了」。但工具越簡單越好的道理，實不平常。這到底是需要證明的。如不能證明紡織工具、建築工具、交通工具、戰爭工具、以及印刷工具和語言文字，都是「越簡單越好」，則此言為欺

人之談。又「理由很淺顯」，「事實具在」云云，必有理由與事實，才不是空話。

　　在哲學上，亦多據無證明的前提立論者。佛學與黑格爾哲學理論都不是能證明的，其所以爲大哲學，因其內在邏輯完整一貫。近來教育部發給立法院的「簡體字運動」小冊子，說「進化由簡而繁，也可由繁而簡」，這已經是自相矛盾。而馬上又說，一切人，工具，自然現象，人類文字，都是趨於簡單的云。除了無證明之外，又加上一層自相矛盾。還有一篇文章說一切工具由簡而繁，唯文字則由繁而簡。如無證明，還是自相矛盾的。自相矛盾之理論，乃是自己宣告破產的理論。

　　說至此處，我要答覆毛子水君日前在本報上對我的質問。他說我既主張「聽其自然」，則我的小孩當然可以寫簡體字，但頑固教師加以矯正，又怎麼辦。毛君博通科學與文史之學。此大概是想用矛盾律陷我於「兩難之局」。我答覆：我所謂「聽其自然」，乃指政府對這問題應有態度而言。對學生寫錯字，讀錯字，加以矯正，是教師的責任。我只有感謝。而深於「養心」之功的毛君，竟稱此種盡責的教師爲「頑固」。是我十分驚奇的。

　　自相矛盾之例，還可見於前述《自由中國》社論。《自由中國》主張自由民主這是很好的。我想自由主義者至少有三箇原則：一、主張人道與理性，維護一般的基本人權；二、承認人民有批評及「合法反對」政府之自由；三、相信政府除國家內外安全外，以少管事爲佳，最低限度，不應干涉學術思想之事。但這社論力主「簡字製定應由教育部主辦，通令採用，不可遲疑」。在這一點，此社論忘記自己的立場。我想《自由中國》一定不贊成教育部下令讀經。但原則是要一般適用的。這社論又說立法院不必也不應過問。講民主的人，能說世界

上有行政機關應該過問的事而立法機關不可過問的嗎？假如立法院提出的不是「文字程序法」而是「簡字推行法」，此社論作者又於意云何呢？

此外我要談到推論時應注意的全體與部分問題。反對簡體運動的人有說簡體運動類似匪諜行為者，這有邏輯上的毛病。寫成三段式：

> 共黨實行簡體字，
>
> 某甲主張實行簡體字，
>
> 故某甲類似共黨。

但共黨之所以為共黨，不僅在實行簡字而已。實行簡字不過共黨行為之一部分。推論不可超出分際。所以，正當的說法應該是「某甲對於中國文字的主張，是與共黨類似的」。

七、辯論之風度

賽球有規則。在辯論過程中，應該注意辯論風度。這已有人提出。不過人畢竟是人。任何人思想完全脫離意氣，是不可能的。猶如打球從不被罰球，也很少的。唯其如此，時常提到風度，是好事。在英國國會中，議員之言稍欠雅馴者，即認為「非議會詞令」，即由主席和旁人提起「注意」。

在相互辯論中，「幽默」不禁，「冷嘲」「熱諷」宜慎，而謾罵不可。不過，這四者有時是程度問題。題外的「人身攻擊」是不好的。不過，人總是人。所以，這需要雙方及旁觀者提起注意，也要雙方都能避免刺激對方，而易於感染人身攻擊的人，不宜多暴露。然謾罵與人身攻擊到底不是決定勝負的，反而是不利的。要緊的事，是態度之誠懇。

　　但辯論風度並不只此。除此以外，以及爲了維持風度，以下各點都是十分重要的：

　　一、對於自己所主張的問題應有基本知識，不可說外行話，不可藐視自己不懂的學問。以今日世界學問日繁，尤當謹慎。例如，批評「說文」和六書是可以的，但應該先了解他。假如連「止戈爲武」都可講錯，即批評「說文」，何以服人之心呢？有一位「讀者投書」說：物質不滅定律可以完全推翻，六書又有什麼了不得？今日科學不過變「物質不滅論」爲「物能不滅論」，沒有完全推翻的。這種言論參加辯論，假如受到痛駁，那是自取其辱。又如「自由中國社論」說，「學生並不是每箇人都想鑽牛角尖做文字學專家。」這句話有兩箇大毛病：一是題外之言，不贊成簡字運動與人人做文字學專家不相干。二是藐視學問。文字學也是一門科學。在外國，在 Philogy（一般語文學）這項目之下，包括 Semantics（語文義學），Morphology（語文形學），Semasiology（語文變學），Glossography（語文族學）。尙各有細分。第一種語文義學中，包括 Aetiology(語文因學)，Lexicology（語文詞學）。形學包括 Phonetics（語文音學），Grammatics（語文法學）。變學包括 Etymology（語文源學），Glossology（語文類學）。其次是特殊語文學，比較語文學，即研究各國各族語文的。還有應用語文學，他所附屬的科學，最主要者有 Diction（用字學），Rhetoric（修辭學），Lexicography（字典學），Symbology（符號學），Palaeography（古文字學），Text（版本學），Bibliography（目錄學），Emendation（校勘學）等等不下十餘種。這比中國「小學」還細密得多。能說外國人都是「鑽牛角尖」嗎？這種話說多了，旁人要就以沉默表示輕蔑，要就憤慨。一憤慨，就難免「人身攻擊」了。

　　二、必須針對論點。打仗可以用疑兵、伏兵、迂迴、內應。辯論

無所用之。他只能靠自身理論之有證據和完整而成立；證明對方前提之不成立，證據之不合事實，論點之矛盾，及推論之錯誤而取勝。無理之批評可以不理。但如果一箇論證被人駁倒，必須提出新論證，不可佯爲不知，重覆原有命題。在這一次辯論中，就擁護簡字運動方面而論，只有葉青君之文是運用邏輯的，堪稱「訓練之師」。（但該文前面一部分及後半全部立論是完全不能成立的。本文不是直接討論此問題，故不及之。）

三、必有是非之心。無論全部或一部，在對方提出辯論以後，對方對的，應承認其對；自己錯的，應承認錯。例如「約定束成」，其事甚小，可能有三：（一）筆誤；（二）手民之誤；（三）記憶之誤。這種錯誤，人人會有的。而且這一錯也錯得甚有意思，說不定將來如「每況愈下」一樣，「約定束成」居然「約定俗成」的。承認三錯之一，決不礙事。如果不認錯，一定說毫無關係，此出之於對方之原諒則可，出之於自己之諱過則不可。如果認此爲「人身攻擊」，則還有什麼辯論可談呢？

四、不可曲解他人的論點。例如有人說：「你贊成教育部造字呢，立法院造字呢？」其實立法院的法案名爲「程序法案」。這是否決權，不是造字權。

五、不可利用政治力量或形勢（無論是官方的或群眾式的），爲辯論之後盾。

八、「運動」之方法

在民主時代，是需要有，而一定有各種人進行各種運動（campaign）的。誰也希望其運動成功。共產黨人稱其「運動」方法

爲「策略」，皆爲魔道之言。在民主國家，有人以「實用邏輯」講運動之道者。我只提出若干重要之點一談。

一、一切運動、政策：其方法，必須與目標相符，不可違反一般的道德原則。「不擇手段」是最壞的哲學。這是民主與獨裁之基本不同之一。

二、一種主張或方案總是意在解決問題的。必須研究：（一）此種方案能否達到目的。例如，有人看見兒童寫字，受了紅榜，說是「可憐」。但兒童寫錯字，不一定是因繁簡而來的。是否簡化文字以後，即可保證兒童不受紅榜？「己、巳、已」很簡單，何嘗一定就好寫？（二）一種方案似乎很好，但要注意有無更不好的副作用。還是讓兒童受幾紅榜要緊，還是將錯就錯，讓他與中國文化脫節，增加社會普徧混亂與麻煩要緊？（三）還要注意有無更好的其他途徑，以及更基本的工作，更重要的問題。例如今日改良教學方法和教科書的問題，課程更合理化的問題，編訂更好的字典問題，鼓勵教師更高的熱忱問題，是否更爲重要？（四）一種方案還要注意此時此地是否相宜。在必須團結一切中國人反共抗俄之時，在日語教育流行了五六十年，而國語教育推行不到十年之地，好不好以簡體字運動爲教育大計？

三、一切運動必期其有效。我們知道，國防外交財政治安之事，需要政府來做。但涉及學術文化之運動，未有政府推行而有良好效果者。白話文並無政令推行，自然成功。新生活運動比簡字運動重要何止百倍，而成效不如預期者，有人說恐怕當初沒有由民間自動推行，是一主要原因。這是一切有志之士應該注意的。於今簡字運動遇到立法院之「攔路虎」。運動者埋怨立法院不必過問，也不應過問。他們忽略，如果由私人提倡，我可說立法院正眼也不敢過問。但如果「由教育部主辦」，是自己走入立法院勢力範圍。中國憲法是明定行政院

對立法院負責的。所以，簡體運動的朋友們如果真正自信此運動是大眾要求，時代朝流，千萬勿經行政機關。如果堅持「由教育部主辦」，則我可說，反對簡體運動者不是別人，而是運動者自己。

　　以上所言，都是一點粗淺的邏輯常識。雖以簡體字運動為例，我的意思不止於此，我想是賢明讀者可以看出的。

（見中華民國四十三年五月十四日至十七日新生報臺北版「每日專欄」）

改進國字應從何處入手

明　明

　　教育部簡體字研究委員會，成立已一年餘，祇開了兩次會議。並未拿出具體辦法，祇因羅家倫先生發表了一篇個人意見，即遭少數人在那裏反對，還有人說，我們並非反對國字簡化，是反對羅氏的簡體字，似乎丟開事的本身，而涉及對人問題。我們現在願以客觀態度，來平心靜氣想一想，中國文字是不是比較歐西文字繁難？我們可不可以取我國文字所長，而舍其所短，來徹底整理一下？因爲我國文字，天天在那裏變動，有些簡字已爲一般人所通用，不過爲了還有正楷存在，並未加以承認，視同社會的私生子罷了。學校老師儘管自用簡單字，而對學生卷格上的簡字，則加紅槓扣分，真叫人莫明其妙。

　　有人講中小學老師不准用簡體字，不必拿他們做調查材料。我們祇要到大學裏調查平日學生作業卷本，簡體字有多少，即可知簡體字在應用上已到若何程度了。

　　反對簡體字的人，以爲中國六書是國字根源，誰也不能反對這個基本原則。作者幼時束髮讀書，老夫子即授以《說文》部首，聽他津津道來，頗有興趣。所以先天上一向也是擁護六書者，但是，後來與英文比較，中國人到七八十，爲查一字可以費若干時間，英文則無此現象。所以英文字典，在中國比《辭源》《辭海》還要切用。並非學英文反比學中文者多，因中國字典，檢字太不便耳。因此中國文盲之

多，與小學畢業後無法自修上進，皆文字繁難字典難用害之也。我們
終年操筆墨生涯，有了五六十年經驗，真認識的究有多少字？讀出的
字音，寫的字體，是不是有別字，誰也不敢自信。《說文解字》上，
到現在還查出不少筆畫不同的字，其實就是別字。不過中國人的道德
對於前人之錯，都加原諒。而以奇字或假借等說法爲之遮蓋。我們讀
到他們矛盾處，真是有點想不通，後人未嘗沒有據其經驗來正前人之
非，但屬極少數。注解者往往遠推旁證，一再引申，「亂」變爲「治」，
「既」爲「小食」，變成食盡。有的迂迴曲解以錯就錯，而不自知。
結果陷入解釋推背圖窠臼。甚至變爲道人詳神籤，江湖拆字體了。把
一國人民所賴以傳達思想，求知解惑，紀錄生活的工具，變成高等美
術玩賞品，這是中國文化不普及的病根。縱然他本質非常高深，而不
能普及即是落後。這是現在一般維護六書諸位學者，智者千慮，祇知
其一，未知其二者也。

　　我們認爲天下無不變的陳物，祇要變好起來，不要變壞下去。我
們要變古人的東西，先要深切認識古人事物長處與缺點，不窺全豹不
能亂下批評，妄自動手，所以我主張要整理國字，要從徹底研究六書
入手。

　　六書中的字，假借，引申，轉注得已回不到娘家。而且六書也者，
是歸納已造成文字方法，不是先規定六書而後來造文字。我們一定要
中國字個個可以望文生義，亦復不可能。因此我們對研究簡體字，要
先下兩種工夫，一是調查社會需要，承認其合理的簡字。二是翻閱六
書，發掘適於新的用途，儘量採用。我先就六書部首找出幾個切近的
例子。

　　象形字有已失作用者。「鬻粥」上面從米，下面從鍋釜，兩邊是
熱氣。楷書已變成粥，兩邊是兩隻弓，不能代熱氣。「豆」是盛肉的

器皿，象形，現在已用成豆類的總稱。我們看見豆字腦海中祇有想到
紅豆湯，或綠豆粥之豆，絕少人想到是由器皿中的豆假來的。

　　會意字已有失原意者。「牢」是牛房，現在除亡羊補牢的牢仍爲
牛羊房的原意外，大部已作牢獄之牢。牢獄拘的是罪人，我們看見牢
獄兩字，絕不會想到牢犯是牛犬。又「家」字從豕，是由豬圈借作人
家。並且爲國家之家，四海一家之家，現在家字用途更走時，什麼自
由之家，記者之家，還有板鴨之家，早已將宀下的豕字是隻豬忘了，
足戬說明會意字業已出軌。

　　形聲字亦有不可靠與浪費筆盡者，「哭」從獄省聲，「家」從豭
省聲，「市」從㞢省聲，已有人說不可靠。又如「嚴」「鹽」「續」
「鑾」「讎」「瓊」其中祇有吅、鹵、糸、金、言、玉、於字意有關。
其「厰」「監」「賣」「㲋」「雔」「𡔊」皆爲注音。而筆畫之多已
喧賓奪主，大可用較省的字去注它的音。

　　變形變得太利害者，「業」篆下從巾，楷變爲木。夙從丮夕。市
從㞢（省）八乀，黃從光田，段從耑殳，更根本不象。至于「騰」「膽」
「前」「俞」所有「月」，皆當作「舟」。「柳」「劉」從古酉，不
從卯。「赤」從大火不從土。「光」從火不從小。楷書早把六書原則
打破，如談大逆不道，可以說隸書是篆書的罪人。楷書更爲隸書的罪
人。然而一變而不返者，自然之勢，無法阻止耳。

　　轉注的微妙，轉注以「初」「哉」（才）「首」「基」「肇」（肁）
「組」「元」「胎」「俶」「落」「權輿」皆訓始爲最大陣容。其餘
兩字互爲轉注者太多了。如姦厶也，厶姦邪也，換一句話說，姦即私
也，私即姦也，究竟「姦厶」是何也？成了問題。又老考也，考老也，
究竟考老是何也？其實老是毛匕，著眼在衰老，考是長老，著眼在壽

考，應先分別解其異，然後再述其同。此轉注所以微妙也。朱注四書，「泄泄猶沓沓也，沓沓即泄泄之意」，傳爲笑話，亦言其微妙歟？

古人觀察欠周處，字書包羅萬象，以一人有限知識來解釋字的原尾，談何容易。前人囿於當時環境，後人應當加以原諒，但既發現可疑處，亦不應曲爲之解。六書解「竹」祇言多生草，象形。竹爲植物中主要一類。大者數丈，小者數寸，種類有數十，可單寫一部書，未必能盡其詳。其能以多生草數字了之？又蜾蠃是蜂類一種，捕螟蛉幼蟲作本身幼蟲食料，而古人誤爲負螟蛉爲子，傳爲美談，其實非也。又有中國詩句「春蠶到死絲方盡」句意太好。但春蠶絲盡成蛹，正是生，而非死。古人對生物觀察如此，不爲古人病，因爲他們獨到處，有非後人所及者。我們應闡揚其成果，而繼續校正其缺點，這才是後學的責任。

古人妙解有文質並茂者，有文過其實者，不可不辨。如「十」字解曰，數之具也，一爲東西，一爲南北，則四方中央備矣。恰到好處。「肅」從聿開（古淵），聿爲執事，解曰，執事者戰戰兢兢，如臨深淵，又古文肅下從心卪（節）注，聖達節，次守節，下失節。言簡意賅。「舌」所以言別味者也，說得對。下面又解從干口，說：言犯口而出，食犯口而入。犯了硬做對句的毛病。「知」從口矢，解云：「識敏，故出於口者疾如矢。」「齊」禾麥隨地之高下爲高下，似不齊而實齊。文章甚好。但造字者未必有此曲意。「亟」敏疾從二、人口、又（手）。乘天之時（上一橫），因地之利（下一橫），人在其間，口謀之，手執之，時不可失，疾也。解得天衣無縫。「襺」蠶衣也。注，衣者依也，蠶所以依曰蠶衣，蠶不自有其衣，而以其衣衣天下，此聖人之所取法也。頭巾氣十足。「艱」土難治也，籀文作囏，從喜，必有喜悅於心，而後不畏其艱。如若再轉一個意思，說：凡事艱難得

之，才值得喜悅。又有何不可？「龍」鱗蟲之長，能幽能明，能細能
巨，能短能長，春分登天，秋分潛淵。簡直是短篇韻文神話。茲將先
繁後簡的字就說文中擇出幾個例子如下：

 袖　從衣，「采」聲、穗之本字。與采意近，采是採木，「采」
　　　是採禾耳。今改爲由聲。

 容　從頁，本爲容貌之容。「容」義爲盛與頌別。六詩之一
　　　曰頌，音誦，歌頌天子盛德。頌本義廢。而假「容」爲
　　　頌貌之頌。

 無　從大、四十、林、亡。「亡」是意符，其餘「大卌林」
　　　爲繁蕪之「蕪」是聲。意與無適相反。後人寫無，往往
　　　將亡字遺去。有人遂謂多極即無。謬甚。

 栗　從三鹵，音ㄊㄧㄠ。在木上，象果實下垂，因三鹵中有
　　　一個是西字，故簡爲今之栗。

 雨　古字太笨，簡得合理。

 雷　古人造雷字，象雷在天上轟轉之形。以意爲之也。現改
　　　雷省了二十餘筆。

 震　籒文震二十八筆，今震十五筆。

 塞　塞爲隔，從寒，寒爲窒，填實之塞。古兩字有別，今簡
　　　化通用。

　　奉　丰又兩手捧之，中又加一手承之，豐聲，篆與楷相去太
　　　遠。

秦　從禾，秦地宜禾，從舂省，意爲舂日宜禾稼也。但舂篆
從𡴋屯日，此篆上部與奉相類，以楷書來識六書，真難。

戎　從戈從甲，原訓爲兵器，戈甲皆兵器，猶之兵原亦武器，
左傳：「不以玉帛，而以兵戎。」是玉帛爲和平，兵戎
爲戰爭之通稱矣。

保　采古孚字以爪伏子，鳥抱卵也。今作孵。保有孵養義。

其　虛字「其」是借箕代用。箕爲農具。

得　行有所得，從彳，导聲。「导」從見、寸，有所見寸度
取之也。得爲古文，导爲篆。觀此，可見人欲得一事物，
必目手腿並用方可得到。

集　三佳聚在一木上，是集之會意。但以一佳代之，人亦知
爲聚集，而不以爲孤鳥，字形已無重要性。

原　從三泉，簡爲原，已不象泉。後人加三點水，猶之然加
火爲燐燒之燃，不知然下四點就是火。

塵　三鹿同奔土塵飛起，是會意字。後人無須這樣繁重，從
鹿從土即可明白是塵土了。

畫、画　從聿畫界。我國重農故界從田，畫亦從田。画象形。
聿是筆。

香　從黍甘，簡爲禾甘。禾可包五穀，鄉居稻花開時，行於
阡陌間，香氣襲人欲醉。禾甘爲香，不僅省筆已也。

蛙　古蛙十九筆，今簡爲十一筆。

秋　秋字，意符是禾，示秋禾可收。其餘龜與火合爲一字，是秋字音符，現在去繁留簡。

和　龢本爲調和之龢，大概是樂器的調和。和爲以口相應之和。當讀上聲所謂一唱百和是也。故從口，今龢和通用，龢字漸廢。

智、知　古知智通用，知從矢、口，知識敏捷，出于口者疾如矢，于、亦口氣，白、鼻之另字，亦口中出氣之意。

花、華　象花之垂盛貌。于聲，艸頭加上去，是多餘的。筆畫太多改簡從艸，化聲。

農　從辰，早起即務田事才是農人，從囟取音。一說應作圖（窗）農人在農窗方明亮即起也。

迨　從隶、枲聲。隶及也，上爲又（手）下爲尾，從後尾以手及之也，簡爲迨，辵保存有前往追及之意。

法　從廌、去、水，廌爲觸惡人獸，去不善也，從水者法平如水也。簡爲法，已失原意。

仙　變得乾脆。原字登仙之意，道家登山成僊，可通。參閱遷注。

遷、迁　從舁，眾手共舉，故遷爲高升，囟聲，卩有節度也。

	強	強下加力，爲強迫之強，讀上聲，今彊弱與強迫不分，皆以強字代之。
	強	原爲弓之強者，引伸爲彊弱之彊。強本爲虫類，後被借爲彊，強行而彊廢。古詩：「挽弓當挽強，擒賊先擒王。」
	飲	從「今酉」聲，沒有意思，「欠」張口飲意。簡爲食旁，比較明顯。
	壹	是一種壺，借爲大寫之一。
	粥	從鬲，鼎釜屬中有米，兩旁熱氣。凡熟飪之屬多從此，今粥字沒有鍋，熱氣變成弓了。
	羹	上從羔，美也，鍋同熱氣都省了。
	烹	烹也，古烹，亨，享皆作亯。者聲，釜中有水，兩旁水沸成熱氣也。

　　古時事簡人閒，對於字的繁簡，本無大出入。至秦統一中國，人事日繁，中國字遂由古籀一變而爲小篆，再變而爲隸書，隸變得最利害，亦最便利，它是篆楷的分水嶺，爲當時士大夫所不足道。到了漢代，隸書已成爲勒石的美術品，於文字之改革，其功不在長城之下。《康熙字典》，離開六書固遠，與隸書亦出入甚多，但它的功勞是統一楷書的筆畫。今之學者，用的《康熙字典》的字，而高唱要以六書爲典範。時至今日，不要說文字要隨時改進，就是口語，三十年前的話，拿到現在說，已不甚應用。文字是代表口語的符號，因時代變遷而變遷，誰能阻止得了？

　　簡字運動，不但有易識便寫需要，並且對於排印及打字更有密切關係。中國字至少到六千餘，已無可再少，排字工人，須在一間大屋內奔走尋索；比之西文祇須方尺鑄字機，即可用打字的方法澆排成新鉛字的文稿，其難易豈可以道里計？四庫全書，爲中國文化寶庫，中國之大，祇有抄本四部，抗戰以前欲翻印，沒有觳用的不多見的字模，現在更談不到。古書中殿版線裝本，祇可藏之深山明堂，旅行携帶不便。鉛印六號字以下，雖新字已成墨團。至於中文打字機，應用携帶更爲不便。南京國民大會時，一美國記者，在會場利用打字機打稿，會未終了，稿已脫手，即攜出拍發。一中國記者對我說：「我們稿子尚在小冊中，回去作稿、譯電，等到電報到上海，美國的號外報紙，已在市民手中披閱。」

　　簡字運動，比較的仍是守舊。因爲他們仍是要保存原字形，不過在筆畫多的字中要減少些而已。還有一種更進一步主張者，他們以爲中國字的毛病根本在不能單獨造字母（現在部首多），且因中國字每字組合太綜錯不規則。他們主張中國字縱不能改爲由拼音字母組成；至少也要將現在部首簡化到可制單獨字母，而易於排列。數目不能超過一百，如能造成一百個左右單形字母，不論縱排或橫排，每字不得超過三個字母。如隨手用人、刀、寸、子、女、廿、宀、冖、彳、日、犬、木、禾、田、自、言、貝、糸、魚、身等以之爲單獨部首製成打字字母，則雙拼可成；行、討、信、付、射、守、則、猖、字、安、杲、林、杏、昌（日曰不分）、臬、孩、細（系糸不分）、村、李、好、季、利等。三拼可成謝、樹、獉、鮒、鯛、衡、鼻、莫、案等。如此推行，複雜者變簡省，不違背六書，不叫人難認，打字問題解決了，盲聾字母字解決了。

　　美國一個青年，中學將畢業，忽雙目失明，賴聽覺畢業，而入大學，未一年，耳又失聰，祇好輟學，但他的右手觸覺特別敏銳，在其手指掌上，排下字母地位，由助教將所有課程，用打字法按在他手中的字母地位傳達之。他再傳錄到自己的凸字書版上。他畢業時，文憑上多了幾個字是「成績優異」。這固然是他有天才，但是如英文不是二十六字母能在其手部排成拼音字的地位，他的特別觸覺亦無用武之地。我們中國到了大學須用萬字左右，手掌中安得有如許地位安排下去？縱在其混身排下，又有何人能隨手將一萬多字傳送給他，他又有何法轉錄下去？假如這位盲聾青年，生在中國，他只有抱殘守缺以終。這是鐵的事實，不是理論所能爭辯。我們覺到造字母新排列的這個理由，比簡體字還要充分得多。但是字的變形將要更利害，反對者必定更多了。

　　有人說此時此地，不應談到文字改革。公佈注音符號時，守舊先生，也說是離經叛道，到現在，一千餘萬的華僑，八百萬臺胞，均賴注音符號速成國語統一，而簡字需要，尤爲臺省普及教育所必需，正因此時此地，而有改進的急須。吾人不厭求詳，搜羅不可不廣，調查不可不實。要分工，要集中，虛中研究。這是眾人的事，不是羅先生一人的事。真理愈辯愈明，我們歡迎大家討論，但論學術，不是政黨論政見，第一須要保持學人風度。當掃除感情用事，以免增無謂紛爭。有一位小學校長對我說：「請救救小學生。」我將以此一語，轉向有教育後一代責任的諸公呼籲。

（見《憲政論壇》第七、八期合刊‧中華民國四十三年五月出版）

文字的依形見義與緣聲知義

杜學知

　　若說語言是意義的聲音符號，則文字便是意義的形相符號；文字既以形相表達意義，則形相與意義的關係，自然是很密切的。六書中有象形、象事、象意、象聲四者（從班固《漢書・藝文志》說），因而所有文字的意義，從形相的本身便可認知。

　　象形之說，如許氏《說文解字・敍》云：「象形者，畫成其物，隨體詰詘，日月是也。」衛恆亦云：「象形者，日月是也，日滿月虧，效其形也。」故象形係象物態之形。鄭知同《說文淺說》云：「象形字皆出於古聖人，爲文最樸，而用意極工；用筆特損，而狀物絕肖。」鄭氏但就小篆的字形說，已覺「畫竹即真是竹，畫蛇則頭目神情畢露。」若就甲骨鐘鼎文字看，則象形字更覺維妙維肖了。以故睹其形即可以知其義，自不煩言而解。我們只要打開許書一看，凡是說到「象形」的，都是直接就文字的形相，而說明文字的意義。

　　凡文字的意義與其形相相應者，叫作本義（另詳拙作〈文字的意義〉一文）。所以凡是本義，都可以拿它的形相爲訓釋。如許書中：「气，雲气也，象形。」「齒，口齗骨也，象口齒之形。」「卜，灼剝龜也，象炙龜之形；一曰象龜兆之從橫也。」「竹，多生艸也，象形；下垂者，菩箬也。」……若此之例，不勝縷舉，都

是就形相以明意義，而說明的意義也就是本義。

　　此外還有象事，許氏稱爲指事，云：「指事者，視而可識，察而見意，上下是也。」此說既不明晰，而舉例尤爲可議，於是引起後人的許多異說。如張有《復古編》云：「指事者，加物於象形之文，直著其事，指而可識者也，如本末叉叉之類。」此因「上下」二字而誤，可不具論。其立說最確者，爲孔廣居《論六書次第》及廖平《六書舊義》二書，孔氏云：「象事類於象形，今試以形與事校之，即如ナ又者，左右手也，形也；合左右手而爲廾爲臼，則事也。又如止者，足也，形也；反正其止而爲步爲夅，則事也。以類推之，采之爪在木上，馭之又在馬後，舂之舉杵臨臼上，暴之奉米出日中，莫非事也。事與形校，則事虛而形實；事與意校，則事實而意虛；故班氏次象事於形意之間也。」廖氏〈象事篇〉亦云：「象事與象形實同，特單象物者爲象形，兼有功用者爲象事。凡畫圖半爲象形，半爲象事：如畫山水草木，此象形而不關事者也；有人物則爲象事矣。如釣魚圖，魚與竿鈎爲象形，持以釣魚則爲象事；伏虎圖，人虎爲象形，以人伏虎則爲象事。單畫又ナ爲象形，有所執持則爲象事。此形事之分也。」二氏分象形與象事二者，最爲明白，可謂發千餘年來之蒙，而還象形與象事之真。蓋其別在「物」與「事」之不同，我們也常「物事」連言，物則有形可象，事則指一切的作爲說；作爲雖然以物爲憑借，但因其有動作，有始終，所以必須從動作的過程中，始能認識事的內容。廖氏謂：「大學云：『物有本末，事有終始。』物指形質，故言本末；事指功用，故言終始。有物必有事，故象形與象事並重。形與事之分，如物、知、意、心、身、家、國、天下者，形也；格、致、誠、正、修、齊、治、平者，事也。由物以至治平爲終始。知此，而事不與

形相混矣。」又云：「有此字即有此物，象形也；聞其字而即能動作，象事也。如折屮屮之類，聞之即可動作是也。」由此可明物與事之分：物是形質，事是功用；物是靜止的，事是動作的；物是名詞，事是動詞；物是空間的，事是時間的。然象形之字易明，而象事之字難曉，但如孔氏所舉：「舂之舉杵臨臼上」，便是象舂米之事；「暴之奉米出日中」，便是象曝米之事。此皆借物的形相以見事的動作過程，如廖氏所舉的釣魚圖，伏虎圖，以見象形與象事各有偏重者正同。所以象事亦係從形相的本身以見義的。

　　象意，許氏稱為會意，云：「會意者，比類合誼，以見指撝，武信是也。」宋張有云：「會意者，或合其體而兼乎其義，或反其文而取其意。擬之而後言，議之而後動者也，如休信明之類。」元戴侗云：「何謂會意？合文以見意：兩人為从，三人為众，兩火為炎，三火為焱是也。」張位云：「會意者，合文以成其意也：如止戈為武，力田為男，女帚為婦，人言為信，人為為偽，吏於人為使之類。」明趙宧光亦云：「會意者，事形不足，合文為之：二合以至多合也。」上列諸說，都主合文之義，即王筠說文釋例所云：「會者，合也。……不作會悟解也。」合文固多會意之字，如武信休明从众男等字皆是，然亦有非合文者；同時，合文之字，亦多象形象事之字，自不能一概而論。故廖平《六書舊義》有云：「象意皆虛字，此定說也。舊說不講意字，惟言會字，就許會意之名，猶可附會；若用班象意之名，則會字不可言矣。」意字之說，廖氏以為：「象意一類，一言以決之曰，皆虛字；無形可有，無事可作，無聲可託，乃為象意。如武信二字，無形無事無聲是也。必如此類，乃為象意。」又云：「舊說以形事為獨體，會意為合體，此誤也。不論合獨，但實物便為象形，如燕為虎苗之類；雖非獨體，仍

為象形。但是事便是象事，如爨畫棄葬春之類；雖非獨體，仍為象事。有此事物，獨體能象則獨體象之，不能則合體象之，非合象便不為形事也。而象意之字，亦多獨體造字，如笵金合土，取肖形模，豈拘獨合？此皆由誤解會意會字，穿鑿上字，不顧下字之過也。」此說最確。象形象事象意三者，其分別在形事意之不同，既不論成文與不成文，更不論獨體與合體，凡表物者象形，比表事者象事，表意者象意。意為存於吾人之觀念，由文字的本身以表出之，或單純，或複雜，皆屬象意。如廖氏所云：「意如題目，字如文筆，以字達意，故云象意。未造意字之先，以數字象一意，苦其繁冗，乃合數字造成一字，如信武，非有此字，必須數字乃能達其意。又爾疋『善事父母為孝』，孝字即會四字之意而成，其事頗與諡法相似。如勤學好問曰文，勤學好問一意而四字，……文以一字包之，此即造象意之法。」又云：「象意字以數字合成一字，如夫婦會合而生子，其子於父母之外自成形體，別具面目。如武字既不關戈義。又不可入止部；信字入人部既非，入言部亦不得。」由此可知象意字與象形象事之別。

象形象事象意三部之字，都可以由形相的本身以見義。象形字因象物形，睹其形即可以知其義，自然不用說了；象事字，如葉德輝《六書古微》所云：「六書中之象形字，直名曰象形可已；而有曰象某之形，曰象某某，曰象有某，其字皆有所指，所謂象事之稱，即本於此。」可見許書中，對象事字，也但就形相直說其義。而經籍傳注之中，如《春秋穀梁傳》的「人言為信」，《左傳》的「止戈為武」，「反正為乏」，「皿蟲為蠱」，還有《韓非子》的「自環者謂之厶，背厶者謂之公」。不但是因形以說義，而且都說為象意的字了。

除了上述的依形見義之字以外，另有緣聲求義之字。六書中有象聲一書，許氏稱爲形聲，云：「形聲者，以事爲名，取譬相成，江河是也。」饒炯《文字存真》爲之解釋云：「形聲者，聲從義出，形由聲定，……如江從工聲，謂江凡所過之地多石，水聲工工，故從工得名；河從可聲，謂河凡所過之地多沙，水聲可可，故從可得名是也。」

這正是象聲的說法，謂江河二字皆象水流聲而得名。許言形聲，謂形容之於聲也；《周禮注》言諧聲，則是諧和其聲而象之；皆與象聲二字之義不殊。惟後世言半形半聲，遂失其本旨。饒氏又云：「如玉爲石之美者，生質不同，鳴聲自異；作器固有大小厚薄，響亦懸殊。……故古聖造字，審其鳴有與令音近者，即從玉令聲而作玲；鳴有與倉音近者，即從玉倉聲而作瑲；鳴有與丁音近者，即從玉丁聲而作玎；鳴有與爭音近者，即從玉爭聲而作琤；鳴有與肖音近者，即從玉肖聲而作玽；鳴有與皇音近者，即從玉皇而作瑝。又如小兒之嗁，本於天籟元音，其聲亦無可狀。但審其有呱呱而呼，音與瓜近者，即從口瓜聲作呱，嗁有啾啾而呼，音與秋近者，即從口秋聲而作啾；嗁有喤喤而呼，音與皇近者，即從口皇聲而作喤。又如雞鵝鴨皆以鳴聲名，而從鳥從奚從我從甲爲聲以寄之，皆與方言字，先有一本字，後加偏旁，而遞相推嬗者不同。」而張行孚〈字音每象物聲〉一文，尤能證明象聲之理。其言云：「古人造字之始，既以字形象物之形，即以字音象物之聲；如牛字象牛之形，而牛字音即與牛鳴相似；羊字象羊之形，而羊字音即與羊鳴相似；豕字象豕之形，而豕字音即與豕鳴相似。木字象木之形，而木之音即與擊木相似；石字象石之形，而石字音即與擊石相似；竹字象竹之形，而竹字音即與擊竹相似；金字象金之形，而金

字音即與金聲相似。至於馬字犬字燕字，亦象形之字，而字音不甚
與物聲相似者，則字音展轉讀別耳。若夫形聲會意之字，雖字形不
象物形，而字音亦有象物之聲者：如雞字從隹奚聲，而雞字音則與
雞鳴相似；雝字從隹昔聲而雝字音則與雝鳴相似；雀字從小隹會
意，而雀字音則與雀鳴相似。其餘鶻鵃、秸鞠、鴰、鵝、鷖、鳩、
鵓鴿等字，大氏其字之音即象其鳴之聲。此等字音真天地之元音，
無論何時何地，皆一成不易。是故《管子》書五聲，必以牛羊雉豕
馬之聲況譬之。〈地員篇〉所云：凡聽宮，如牛鳴窌中；凡聽商，
如離群羊；凡聽角，如雉登木以鳴，音疾以清；凡聽徵，如負豬覺
而駭；凡聽羽，如鳴馬在野是也。誠以文字之音易變，而五物之聲
不移故也。」

　　如上所引，不但象聲字是取象物聲，而其他之字，也多由物聲
得來。因此，聞其聲便可以知其義。陳澧《說文聲表・自序》說得
好：「上古之世，未有文字，人之言語，以聲達意；聲者，肖乎意
而出者也。文字既作，意與聲皆附麗焉。象形指事會意之字，由意
而作者也；形聲之字，由聲而作者也。聲肖乎意，故形聲之字，其
意即在所諧之聲；數字同諧一聲，則數字同出一意；孳乳而生，至
再至三，而不離其宗焉。」錢塘〈與王無言論《說文》書〉，亦主
聲同義通，其言云：「夫文字惟宜以聲為主。聲同，則其性情旨
趣，殆無不同；若夫形，特加于其旁，以識其為某事某物而已，固
不當以之為主也。然僕豈好為異說哉？蓋亦嘗反諸制文之理矣；文
者所以飾聲也，聲者所以達意也；聲在文之先，意在聲之先；至制
為文，則聲具而意顯。以形加之為字，字百而意一也；意一則聲
一，聲不變者，以意之不可變也。此所謂文字之本音也。今試取說
文所載九十餘文，就其聲以考之，其意大抵可通，其不可遽通者，

反之而即得矣。」聲同則義通，故說文形聲之字，皆可通之於一
義，如高學瀛《說文解字略例》云：「六書之例，以聲載義者爲
多，故許書於同聲之字，皆得通訓以見義；如木部朸下云，木之理
也；阜部阞下云，地理也；水部泐下云，水石之理也：三字皆從力
聲得義也。人部侸下云，立也；臤部豎下云，豎立也；壴部尌下
云，立也。侸豎二字從豆聲得義，尌從壴，壴亦從豆得義也。竹部
篸下云，篸差也；木部槮下云，長木貌；詩曰，槮差荇菜。是二字
皆從參聲，故義亦通也。」又胡韞玉《六書淺說》云：「凡字之從
侖得聲者，皆有條理分析之義；凡字之從堯得聲者，皆有崇高長大
之義；凡字之從小得聲者，皆有微妙眇小之義；凡字之從音得聲
者，皆有深闇幽邃之義；凡字之從尤得聲者，皆有深沈陰鷙之義；
凡字之從齊得聲者，皆有平等整齊之義；凡字之從肅得聲者，皆有
斂肅蕭索之義；凡字之從包得聲者，皆有包括滿實之義；凡字之從
句得聲者，皆有屈曲句折之義。蓋後人用字尚義，古人用字尚聲；
惟其尚聲也，所以聲同義即同。」而龔自珍述段玉裁論《說文》以
聲爲義條亦云：「古者先有聲音而後有文字，是故九千字之中，從
某爲聲者，必同是某義。如從非聲者，定是赤義。從番聲者，定是
白義；從于聲者，定是大義；從酉聲者，定是臭義；從力聲者，定
是文理之義；從㹭聲者，定是和義。全書八九十端，此可以窺上古
之語言，于㹭部發其凡焉。」此證凡諧聲之字，義皆相通。即非諧
聲之字，其音近者，義亦相近。如張行孚《說文讀若例》自注云：
「按嗛，口有所銜也。物在口曰含，華在包曰　，舌在口曰㖺，玉
在尸中曰琀，勒在馬口中曰銜：五字形異而音義俱近。」廖登廷
《六書說》亦云：「古人解釋，多用同聲字，如乾，健也；坤，順
也之類。蓋同聲即同義，如哉、才、胎之訓始，彬、邠、班之訓

分，重、宏、降、同、雄、濃之皆有隆大意，蕭、小、渺、少之皆有蕭條意：一聞其聲即知其義，未有段其聲而無其義者；不然，古人豈有取一絕不相干之字，以相代者哉？」凡此皆是因聲以見義之說，義既寓於聲，所以訓詁學家都主張「以聲求義」的辦法。如王引之便云：「訓詁之旨，在乎聲音。字之音同聲近者，經傳往往假借。學者以聲求義，破以假借之字，而讀以本字，則渙然冰釋。如其假借之字，而強為之解，則結齟為病矣。」王先謙氏亦云：「文字之興，聲先而義後，學者緣聲求義，舉聲近之義以為釋，取其明白易通；仁者人也，誼者宜也，偏旁依聲以其訓；刑者侀也，侀者成也，展轉積聲以求通。」照兩家所說看來，不但由聲音而知意義，且可由聲音以通假借之字，故聲音之於訓詁，至為重要。

　　音與義既合，舉聲即可以得義，故漢人訓詁，往往但稱「讀若」。現在誤認讀若只是注音，不知注音之外，還多注義，即以《說文解字》一書文例，如洪頤煊《說文讀例》云：「說文讀例有三：瓊，讀若柔；珣，讀若宣；珛，讀若畜牧之畜；擣，讀若糗糧之糗者，釋其音也。喋，從口集聲，讀若集；襡，從衣蜀聲，讀若蜀；麳，讀若舂麥為麳之麳；敫，讀若敹三苗之敹；䤅，讀若江南謂酢母為䤅；扰，讀若告言不正扰者：訓其義也。雀，讀與爵同；昳，讀與跌同者：則通其字矣。」由此看來，讀若非單注音，因其注義，故亦為音訓之一法。近人葉德輝《說文讀若字考·序》云：「東漢以前，文字無直音，於是有讀若、讀如、讀為、讀曰、讀與某同、及當為之例。其傳於今者，許君《說文解字》，鄭君《三禮注》，《毛詩傳箋》，高誘《呂覽》《淮南》兩注，皆其最著可考者也。《說文》本字書，祇讀若、讀如、讀與某同。讀若讀如讀與某同者，比擬其音，或比擬其義，不改本字為他字；讀為讀曰者，

以同聲或形近之字改其本字；此解經之法與釋文字者迥然不同。故
《說文》不同此例。若當爲者，則直認其字爲有誤，而逕改之，以
爲當如此也。凡一字之音，以方言之變遷，而有疾徐高下輕重之
異，故高誘注《呂覽》《淮南》，乃有急察言之、長言之等例；劉
熙《釋名》，又以開口、合口、舌頭、舌腹等類，定音之異同。至
孫炎而有翻切，服虔、高貴鄉公而有直音；然音切生而聲與義離而
爲二，不如讀若得知文字聲音之原。」此說讀若擬音之外，或擬其
義，然擬義者多；故言讀爲讀曰者，以同聲或形近之字改其本字，
實際係解以同聲或形近之字。所謂聲近義通，漢人訓詁，多此類。
而劉熙《釋名》，釋事物的名稱，凡一千五百二事，皆用音訓；雖
然在訓釋上，有不免牽強附會的地方，但不失爲集音訓的大成。

（見《大陸雜誌》第八卷第十期‧中華民國四十三年五月三十一日
出版）

中國文字改進問題

鄧家彥

一、前 言

自從簡體字倡議以來，隨著就有許多專家發表讜論。有贊成的，有反對的，有相當贊成的，大概可總括爲這三派。家彥批覽日報及雜誌，對於這些議論頗感興趣，雖平日沒十分研究，可是一點小小的意見，如骨鯁在喉，不吐不快。遲至今日，仍不得不寫將出來，就正於關心這問題的高明。

贊成簡體字的人，大都以中國字筆畫太繁；書寫須時；認識費腦；這是他們所持的最重要的理由。反對簡體字的人所持的理由；以爲簡體字一來，加多一種文盲，欲益反損，不便孰甚。而且吾國固有舊籍須盡代以簡體字重新翻印，豈不麻煩？這兩派的理由都很明顯。更有一派的理由好像是：若不贊成，就怕被人譏毀他守舊，只得說改進是必要，但不可用政治力量來強制執行。這三派各有各的理由，不過都是隔靴搔癢，並非對症發藥，所以我要詳爲論列如下：

二、進化由繁而簡乎？

有人說「進化是由繁而簡」，以此曲解他主張簡體字是進化的。但是這個前題已經是大錯特錯。請看洪荒時代，人民穴居野處，茹毛飲血，那是何等簡單？後世易之以宮室烹飪，又是何等繁複？哥侖布發見新世界以前，是何等簡單？哥侖布發見以後，是何等繁複？瓦特發明蒸汽機關以前，是何等簡單？瓦特發明以後，是何等繁複？試一讀世界文明進化史，就明白進化之理是由簡而繁，斷未有由繁而簡者。惟有開倒車之共產黨，凡事主張退化至原始時代，那纔是由繁而簡的。即如中國的文字史，自庖犧氏之作八卦；神農氏之結繩爲治；沮誦倉頡之造書契；歷經各種階段，蓋皆由簡而繁。若謂由繁而簡是專指字之結構進化而言，斯亦有不盡然者。古代造字，不皆完全，多有彼此通用者。我隨便舉例說：如「惟」字，古多作「隹」，可謂簡矣。後加豎心作「惟」，是由八筆增至十一筆，不可謂不繁矣。又如主人之「主」字，古多作「、」僅一筆，可謂簡矣。後增四筆作「主」，不可謂不繁矣。又如「然」字，說文燒也。从火，肰聲，後人加火作「燃」，是由簡筆而繁之矣。又如「桼」字說文木汁可以鬃物。从木，象形。桼如水滴而下也。今字作「漆」，是亦由簡而繁矣。又如「啚」字，說文嗇也。从口，从亩，今字加阝作「鄙」。鄙行而啚廢，是取繁而棄簡矣。一簡一繁，孰進孰退，這是很難斷言的。

三、中國字與外國字比較

　　許多人說中國字繁難，無如外國文字簡易。我獨不謂然。我以為中國字之難不是其字之結構有許多筆畫。蓋由先天而言，是看學者稟賦之愚智。由後天而言，是看教者方法之優劣。使其人天生聰穎，則諷籀書九千字，亦優為之，古人過目成誦，遑論字之繁簡乎？若教者有方，也可以輔助學者聰明所不及。是不獨中國人習中國字為然，即外國人習中國字亦莫不然。前清海關稅務司英人赫德（Sir Hart）氏之子尚可做八股；而牛津大學教授英人 Giles 氏父子居然以漢學成名；這就無關中國文字本身之繁簡了。讓一步說，中國字固然有些是筆畫多，可是比較外國字用幾十個字母拼成一字者，例如英文 "honorificabilituinitatibus" 意即尊貴，或高貴，又如 "floccinaucinihilipilification" 意即卑劣之行動與習慣，前者二十七字母，後者二十九字母，其繁類似德文之複合字；則中文一個字的筆畫，尚不如此之繁。且英、法、德文動詞皆有變化——尤其是法、德文乃至冠詞形容詞亦有變化，學者於此，獨不嫌其繁難傷腦筋乎？學者花費時間以學習英、法、德文——甚至俄文，而毫無怨言，不特無怨言，且以為這些是現代語（modern languages）詡詡然隕肝塗腦以學之，何其於外文有宿緣，而於祖國文字寡緣耶？

　　嘗見有用注音字母注一「小」字者，「小」字僅三筆，而注音字母則數倍之，其筆畫孰繁孰簡，一望而知，然大家玩其所習，不以為病也。吾以為字體之簡者宜莫如日本之片假名，然日本激進之士欲廢漢字而盡用片假名，迄今未能成功。而況吾國固有文化，習之既久，豈能以一時感情衝動，挹彼注茲哉？

四、科學應用的字有若干？

吾學界有一最良好的現象，即大家滿口是：「科學！科學！」好像凡是求學的人除卻「科學」沒有他感覺興趣的學課，這是最值得欽佩的。前見中央日報有幾個讀者致編輯先生的一封信，自稱是學科學的人們，說這簡體字的必要，盛氣陵人的說了一篇。我不識那一些科學家，更不知他們學的是自然科學，抑是社會科學？假如是自然科學，我想問問：中國科學家獨出心裁所著的書有幾本？那幾本中國人自著的科學書，有若干應用的字是筆畫繁難的？我也曾略略見過科學書上各種公式方程式所用的字大概是羅馬字或是希臘拉丁等字，從來沒有中國的所謂古雅深奧的字擾雜其間，請各位科學家毋庸過慮！但是我可大膽的說一句：中國的文字都是根據科學來的！許慎《說文解字‧敘》云：「古者庖犧氏之王天下也，仰則觀象於天（Astronomy 天文學），俯則觀法於地（Physiography & Geography 地文學及地理學），視鳥獸之文（Qrnithology & Zoology 動物學）與地之宜（Agricultural Geology 植物學及土壤學），近取諸身（Ethics 生理學及倫理學），遠取諸物（Sociology 社會學）於是始作易八卦」。蓋八卦即中國文字之雛形也。且六書最合科學方法，實中國之國粹，外國文遠莫能及。若貪簡易，勉強採取破體字以迎合庸夫俗子之惰性，那便是導致文字退化，決非改進之道。

五、輿論與真理

輿論為民主國家所注重，這是不待說的。但代表輿論的是些什麼人，那些人的見解有沒有可採取的價值，這是不能不審慎的察驗

過然後再定是非去取。若僅憑學童鈔胥少數笨拙的人來判斷中國字有改革的必要，這就是誤己誤人，決不是真理。「周禮八歲入小學，保氏教國子先以六書」，由是觀之，古人何其聰明，今人何其笨拙耶？古人在小學可以學的字拿到現在的學校就無人願學，這不是文字本身的罪過，而是學者之愚，與教法之劣，如上所述。我們應該從立法委員及各教授各專家採納其寶貴的讜論，因為這些人們比較有研究。只要不為政治力量攪雜其間，我相信一定可以得到真理的。

六、結　論

　　今欲解決書寫困難的問題，則莫如規定照外國文字的辦法：「印刷用楷，書寫用草。」因為我們中國向來由下而上的書札、奏議，往往端莊恭楷，不許潦草，故運筆遲滯須時。外國用草書往還，故書法流利飛舞，可以節省時間。但彼輩書寫楷字更比我們書寫中文正楷為難。其楷書是用於工業，往往靠機械為之，形式也美麗可觀。而其草書用之於商業者，亦皆備有範本使從事練習，謂之Penmanship。可見外人於書法絕非棄置不講。現在我們只圖快了事，揮灑不惜鹵莽；結體不妨簡陋；真不值識者一笑。

　　世界進化，由簡而繁。古人制字，往往不適於今人之用。是宜增添新字，以補不足。如外國字書，每年新字有加，而舊字並不減少，其一例也。今若苦求其簡，縱搜集整理，仍嫌不夠。不如改善教法，使先識字，然後推行草書以節時間；博訪通人以廣字彙；庶幾這中字改進問題得以解決乎？

（見《建設》第三卷第一期·中華民國四十三年六月出版）

略論文字改革之道

杜學知

　　中國文字，在並世各種文字中，最富於特性。中華民族使用此種文字數千年，雖古今的語言有變，各地的方音不同，然賴有統一的文字，故能通貫數千年如一日，凝合數億人爲一體，其對於文化的發展，民族的團結，功效至偉。只此一端，即使認中國文字具有不可饒恕之缺點，亦足以將功抵罪，自有其與中華民族永存之價值。這是吾人討論文字改革之先，應當先具備的一箇基本觀念。

　　關於中國文字，一般人每認爲過於艱深，不合於時代的潮流，有違於文化的發展。姑不論爲此說者有無根據，然既謂中國文字艱深，亦必須從兩方面分別言之：一是學習上的難易，一是書寫上的難易。先就學習上的難易說，近年來因爲教育家多注意到這一問題，於是實驗研究，已經得到了可信的結論。最重要的發現，是周先庚所提到之中國文字「格式道」（Gestalt）的特性，他說：

> 中國文字，每字有每字的箇性。每字的結構組織，都像一箇小小的建築物，有平衡、有對稱、有和諧；字典字的辨識，因此就非常有標準，特別不容易模糊。比較西洋文字，每字是多箇大同小異的字母所組成，而又橫列成一平線，字典字間的箇性、完整性、或格式道，就少得多。（〈美人判斷漢字位置之分析〉，《測驗》二卷一期。）

因此，中國文字不怕筆畫繁多，筆畫繁多，適足以構成文字的格式道，易於被人注意。據額得曼和達基（Erdmann and Dodge）的實驗，曾有以下的說明：

（一）將字置於遠處，不能辨其組成的筆畫，也能認識。

（二）經過許多試驗，若將字置於一定的距離，使每種字畫，單獨的顯出，反不能認識。

（三）字的筆畫，如比較複雜，或在視覺上表示特殊的形式，則易於認識。

（四）筆畫不多不少的字，比筆畫最少的字易於認識；且認識筆畫最複雜的字，所費的時間，比認識筆畫最簡單的字，所費的時間爲少。

可見中國文字，除了筆畫多，易於認識以外；每箇字的圇圖形相（即完形），也是比較容易引起注意的。後來蔡樂生、周學章、劉廷芳諸氏，也都作過同樣的研究。蔡氏所得的結果，證明十二畫的字，比較三畫和六畫的字容易認識。周氏也得到相同的結論，認爲筆畫多的字（平均十二‧二畫），比筆畫少的字（平均七畫），容易認識，而且容易記憶。這一種「繁字易學」的情形，不外由於下列兩箇原因：

（一）複雜的東西，較易引起人的注意，學時注意力較大，所以印象也較深，將來重認時，也自較容易。

（二）複雜的東西，所包含的細目既然較簡易的東西爲多，學時在心理的方面「抓手」（Mental grasp）亦多，所以印象較深，將來重認時，也比較容易。

（以上所引，見姜建邦《識字心理》）

筆畫比較繁多的字，不但在字形方面容易認識，已如上述。就是在字音和字義方面，也比較容易學習，這是因爲中國文字形音義三者縮結

（bond）的關係。總之，但就文字的學習一方面而說，筆畫繁多，並不是壞處，反而因爲「格式道」和「抓手」，更增加了學習上的憑借，卻是出於一般常人意料之外的。

若就書寫的難易一方面說來，自然筆畫少的字，書寫起來比較快些。如西洋的拼音文學，千變萬化不過二三十箇字母，書寫方面，自是容易得多。至於中國文字，一字一箇形狀，少者數筆，多者數十筆，書寫上確實是比較吃力的。況且現在是科學的時代，動力的應用已進步到了原子能，人類社會也隨著以快速爲勝，那麼，在文字上的赴急應速，便覺外國文字的鋒利，中國文字的笨拙，於是感覺中國文字非改簡不可。沈有乾氏曾統計教育部前所公佈的三百二十四箇簡體字，平均每百字可省一百三十七筆；他如艾偉、蔡樂之、周學章、章榮等人研究的結果，也都具有同樣的情形。羅家倫氏也說到：「例如臺灣二字，照所謂規定的正體字寫是『臺灣』。……若是把臺作『台』，把灣作簡體的『湾』，則兩字共可減少二十三筆。現在臺灣小學生一百零七萬人，每人每天要寫『臺灣』二字一遍，則每天要多寫二千三百六十一萬筆。若是一位書記每天抄寫三千字，每字平均十筆，寫完這許多筆，則竟要費七百八十七天。」由此看來，文字的筆畫繁多，在書寫上，確實是費時而又費力的。

中國文字，就上述兩方面看，學習上的難易與書寫上的難易，恰恰是相反的。若只顧學習上的方便，則文字的筆畫，實不可再事改簡，以破壞了文字原有的「格式道」和「抓手」；若顧了書寫上的方便，則文字的筆畫又不能不改簡，以期省時省力。二者既不可得兼，究應如何爲好呢？我想這是指倡文字簡化的人首應決定去取的一箇問題。有的人認爲這一問題容易解決：因爲文字的學習工作，每人一生一次便足，至於文字的書寫工作，一生中時時刻刻都在從事；因此寧

可使學習上困難一點，不能不遷就書寫上的方便，而使文字趨於簡化。這是提倡簡體字的惟一理由。

　　從歷史上看，中國文字也確實日在簡化中。由殷墟的甲骨文字，發展到周代的鐘鼎大篆，結體繁密，字形茂美，可謂至於登峰造極。而秦時的小篆，比較起來，便是簡體字，所以許慎的《說文解字‧序》說：「斯作《倉頡篇》，中車府令趙高作《爰歷篇》，太史令胡毋敬作《博學篇》，皆取史籀大篆，或頗省改，所謂小篆者也。」小篆便是就大篆省改的結果。而隸書又是小篆的簡體字，許氏又云：「是時秦燒滅經書，滌除舊典，大發隸卒，興役戍，官獄職務繁，初有隸書，以趣約易。」衛恆《四體書勢》亦云：「秦既用篆，奏事繁多，篆字難成，即令隸人佐書，曰隸書，漢因行之。」故隸書又是從小篆約易的結果。隸書之後，再趨簡易，便是草書，庾肩吾《書品論》云：「草勢起於漢時，解散隸法，用以赴急；本因草創之義，故曰草書。」這自然說的是草隸，章草亦然；崔瑗草《書勢》云：「章草之法，蓋又簡略：應時諭恉，周旋齊迫；兼功並用，愛日省力。」此外正書本隸書之變，其簡化的跡象甚明。關於行書，張懷瓘《書斷》云：「行書者，劉德昇所作也，即正書之小譌，務從簡易，相間流行，故謂之行書。」由此看來，文字的演變，一步比一步趨於簡易。然在相承變化的時後，趨簡是有限度的，如果超出限度，人將不識，所以簡化的程度，以八分為最合宜，歷代因有「八分」的名稱。如康有為《廣藝舟雙楫》云：「秦篆變石鼓體而得其八分；西漢人變秦篆長體為扁體，亦得秦之八分；東漢又變西漢而增挑法，且極扁，又得西漢之八分；正書變東漢隸體而為方形圓筆，又得東漢之八分。」這幾句話，很能說明中國文字歷次簡化的情形，以八分為度，故簡化之後，仍不失原字構造的規律。雖然簡到現在的正書，再與周時的大篆相比，無論在

字形上，筆畫上，其相去甚遠，然而血脈是貫通的；精神是一致的，是故中國文字雖變而實未變，雖簡而仍不失原字之義。

　　時人慣常以正書的形體，來詆毀中國文字的不合六書，不合原來造字的規律。不知文字的演變，有繁簡之變，有用筆之變。如大篆變爲小篆，隸書變爲正書，雖由繁變簡，而用筆相同；至於小篆變爲隸書，繁簡之外，用筆亦異，有的篆文如此作，而隸體不能成形者，不得不稍改筆形以曲就之，像羅家倫氏所舉的魚鳥馬三字，下面的四點，自然不是什麼紅燒魚，燻鴿子，燒鴨子之類；而日月二字，也不是一般人說的方形的太陽，長方形的月亮。故雖字形稍有訛變，而精神實屬一貫，故稍具文字學常識的人，都能夠從正書以追溯原來造字的本意。

　　考文字的趨於簡化，實在從文字的使用起即已開始。因爲其動機由於人類好逸惡勞的天性，故在作字時，爲了赴急應速，便不免於省力討巧，遂成簡本。就字體說，大篆有大篆的簡體，小篆有小篆的簡體，推之於隸楷行草，莫不皆然。此外，每一時代有每一時代的簡體字，每一地方有每一地方的簡體字，每一人有每一人的簡體字；簡體字雖充斥於各時代，全民族，要想約定俗成，而成功一套大家承認的新體字，必須經過一箇長時間的孕育和發展；在孕育和發展中，隨時創造，隨時淘汰，而經約定俗成者，實在是少數中的少數。故知文字的創造，確是眾人的事業。而眾人對文字的簡化，經無情的淘汰，以至於約定俗成，其間所必須遵守的是文字原有的規律。因爲如此，文字雖變，而文字的特徵和優點始終保持，故能使中國文字，歷數千年而不廢，擔任了推動文化發展，維護民族團結的大任，在並世各國家中，不能不算是一大奇蹟。表現在歷史上事實，如從周代的《史籀篇》起，到秦朝李斯所作的《倉頡篇》，趙高所作的《爰歷篇》，胡毋敬

所作的《博學篇》，以及漢時司馬相如所作的《凡將篇》，史游所作
的《急就篇》，李長所作的《元尙篇》，揚雄所作的《訓纂篇》，班
固所作的《十三章》，賈魴所作的《滂喜篇》（亦稱《彥均篇》）。
段玉裁《說文解字注》云：「自倉頡至彥均，漢魏時，蓋皆以隷書書
之，或以小篆書之，皆閭里書師所教習，謂之史書。」這些既是學習
文字的課本，同時也便是爲維護文字規律，所示範之作字的標準。以
後這類的書更多，國家於科舉考試、書判章表所規定必用的標準字
體，便是維護文字規律的具體辦法。如唐代的《開元文字》，張參的
《五經文字》，唐玄度的《九經字樣》，顏玄孫的《干祿字書》，一
直到羅家倫氏所舉的《康熙字典》、《臨文便覽》之類，都是這些作
品的代表。此外，像漢末的熹平石經，魏正始石經，唐開成石經，孟
蜀廣政石經，北宋嘉祐石經，南宋紹興石經，清代更有乾隆石經。這
些對於校文正字，壽石垂遠，尤見國家維護文字的苦心。

　　所謂文字固有的規律，具體的說來，便是「六書」。雖然六書是
文字燦然大備後所歸納出來的條例，雖然六書是漢人始行強調的文字
規律；但同時從中國文字的特徵和優點說來，也許六書所示的文字之
規律尙不完備，然六書卻爲中國數千年來惟一說明文字的「字例之
條」。可是料想不到提倡簡體字的羅家倫氏，便首先認爲「六書不是
限制中國字的鐵律」，他引吳稚暉先生在《說文解字詁林・敘》的附
辨一文中所說的話，「六書之分類，決非造字之時即有之。造字之哲
人止由之而不知。至文字燦然大備，人類積漸亦有學術分類之理
智。……」我們同意這一說法，也相信造字的哲人，即令不知六書，
然亦必須「由之」始能創造出合乎規律的文字。現在羅氏創造簡體字，
是明知六書，而不欲「由之」，他的理由是：「我充分承認六書過去
的貢獻，可是我更相信孔子盡信書不如無書的遺教，因此我不願看見

六書之說，成爲神祕的符籙，爲改革中國文字的障礙。」這樣既認定六書爲改革中國文字的障礙，便是不承認中國文字固有的規律，如捨棄規律而臆造簡體字，自可無拘無束，任意爲之，當然不必獨讓古人專美於前了。

羅氏基於上述的認識，故他對於簡體字的制作，主張：「（甲）從最古的簡體字中選取；（乙）從漢魏以來碑帖名人墨蹟裏選取；（丙）從宋元以來木刻書中選取；（丁）從現在公文書常見的簡體字中選取；（戊）從軍中文書常見的簡體字裏選取；（己）從民間常用的簡體字裏選取。」這種多方面選取的辦法，如脫開中國文字固有的規律不管，所得到的，不過只是古今人在作字時，因爲好逸惡勞的天性，赴急應速的迫促，而隨手所成的一些簡筆符號；這些簡筆符號，既不合於文字的規律，則早在被淘汰之列，所以永不會約定俗成，爲大家所公認。如以此當改革後的新文字，因不合於中國文字的固有規律，則中國文字所具有的特徵和優點，將全被破壞；過去中國文字所擔任的歷史使命，亦將從此瓦解；其後，對文化的發展上，對民族的團結上，將有若何的影響，亦不難想像得到。是故文字之事，足以動搖國本，並不是故作的驚人之語。

中國文字，爲了書寫一事的方便，改簡未嘗不可，但必須遵從文字固有的規律，求其象形象事象意象聲之意不晦，引申孳乳轉注假借之意明顯，既不可使其門類淆亂，又不可使其系統不安，必如此，而中國文字特徵及優點，始得繼續保存。然茲事體大，既非一手一足之烈所能爲，亦非一朝一夕之時所能定。本來，中國文字的演變是自然的，待約定俗成之後，自可一新面目。現在感覺文字須要改革，不知文字自身實在積漸改革中；歷史上從未有以政令強制改革者，雖然〈秦始皇本紀〉曾云：「二十六年，書同文字。」許氏《說文解字·序》

亦云：「秦始皇帝初兼天下，丞相李斯乃奏同之，罷其不與秦文合者。」是秦始皇書同文字，係因七國文字異形，遂以秦國文字爲標準而統一之；然秦國文字，也不是由法令所制定，而是經秦國眾人約定俗成的結果。現在立法院所討論的「文字制定程序法」，揆其用意，並不是想自己制字考文，訂爲法律，公佈實行；誠恐行政機關，或以法令強制推行簡體字，故不得不先以程序法加以防範，用心良苦，未可厚非。同時，國家如破歷史之先例，欲以法令，推行新字，而新字關係每箇人的表情達意，發抒思想，立法院是民意機關，此等大事，似有經其最後同意之必要。而且，所謂由法令推行的「法定文字」，雖然剝奪了歷代行之已久的任使用者經約定俗成所作的取捨權，然能夠交由立法院作最後的通過，也未嘗不是間接反映民意之一法。

（見《建設》第三卷第一期・中華民國四十三年六月出版）

「文」「字」「名」「書」詮釋

楊南蕾

　　我們平常說話，習慣於含渾其辭，有時，事物稱謂，遞相嬗變，它的涵義，幾乎不再爲人所注意，這在日常生活裏，還無關重要，但在學術研究上，卻是不應忽略的。比方我們常說的「文字」，就是渾言「文」和「字」的涵義，至於比較不常說的「名」和「書」，懂得它涵義的，更是少了。

　　按許慎《說文解字·序》云：

> 倉頡之初作書，蓋依類象形，故謂之「文」，其後形聲相益，即謂之「字」，「字」者，言孳乳而增多也。

根據這定義，我們可以知道：所謂「文」和字，是就它的制作內容說的，凡獨體的象形指事一類叫「文」；合體的會意形聲一類叫「字」，這涵義本來很明瞭，不應有什麼疑問，但許氏在《說文解字》後序裏，卻又說：

> 此十四篇五百四十部，九千三百五十三文，……解說凡十三萬三千四百四十一字。

在這裏，把本文稱爲「文」，把解說稱爲「字」，便使許多人迷惑不解，甚至連學術大師顧亭林先生也曲解爲：

> 篆書謂之文，隸書謂之字。

　　其實，古人在文法修辭上，本有所謂「析言」和「渾言」的分別，

渾言則舉偏以賅全，析言則從全以明偏。許氏前序是「析言」，是精確的定義，後序是渾言，目的是避免修辭上的重複。

但「文」和「字」的稱謂，那一個在先呢？文字合稱，又始於何時呢？亭林先生日知錄有精詳解答：

> 《春秋》以上，言文不言字，如《左傳》：「于文，止戈為武」，「故文，反正為乏」，「于文，皿蟲為蠱」；及《論語》：「史闕文」；〈中庸〉：「書同文」之類，並不言字，以文為字，乃始於《史記》秦始皇瑯琊臺石刻曰：「同書文字。」字之名，自秦而立，自漢而顯歟。

綜合以上論述，我們可得第一項結論：

析言：文（獨體制作）≠字（合體制作）

渾言：文＝字＝文字

就時間言：文早於字

就範圍言：文小於字（編者按：原文「小」字，疑係「少」字）

「名」和「書」的稱謂，比較不常用，牠的涵義，通常是指「文」與「字」之和的兼稱，《儀禮・聘禮》：

> 百名以上書於策。

注云：

> 名書文也，今謂之字。

《周禮・外史》：

> 掌達書名於四方。

注云：

> 古曰名，今曰字。

《論語・子路》第十三：

> 子曰：「必也正名乎？」

鄭玄注云：

> 正名，謂書字也。古者曰名，今世曰字。

《儀禮‧聘禮》疏云：

> 名者，即今之文字也。

以上各種說解，都足以證明：「名」爲文和字之兼稱。但考名之本訓爲「自命」，《春秋‧命歷‧序》：

> 伏羲燧人始名物蟲鳥獸。

這是說伏羲燧人，始就物蟲鳥獸的聲音以制字，例銅的聲音象銅，蟬的鳴象蟬，鵲的鳴象鵲。銅、蟬、鵲等的爲「名」，都是自命。這樣引申出去，一切「文」「字」，就牠聲音說，都是所謂「名」。也可以說，凡是傳播於口耳之間的文字，都叫做「名」。不過，文字的傳播，不僅是聲音，還有牠的形體，於是又有「書」的稱謂，許慎《說文解字‧序》：

> 箸於竹帛，謂之「書」，書者，如也。

從古代教育制度看，保氏教六「書」，就是指箸于竹帛的六種文字，學童諷籀書，也是說諷誦箸于竹帛的史籀文字。我們知道：對於「文」「字」意義的辨識，不外兩種方法，或聽牠的聲音，或看牠的形體，雖然兩者在意義本身沒有廣狹的差別，但意義的表現卻有動靜的不同。

我們平常心目中所謂「文」「字」，是包括牠的形、音、義三方面。「書」和「名」，雖是「文」「字」的兼稱，但嚴格說起來，稱「名」時，便不具備形；稱「書」時，便不具備音。根據這理論，我們可以得第二項結論：

析言：〔名＝文＋字－形〕≠〔書＝文＋字－音〕

渾言：名＝書＝文＝字＝文字

就意義廣狹言：名＝書

就意義表現言：名（動態）≠書（靜態）

我們如從另一角度看，儘管說獨體爲文，合體爲字，這只是說在結構上有單複之別，事實，都一樣有聲音可傳播於口耳；有形體可著於竹帛。因此，「文」和「字」，又各都可以爲「名」爲「書」，這樣，我們可以得第三項結論：

析言：文＝書＋名　　　　字＝書＋名

渾言：文＝書（或名）　　　字＝書（或名）

最後，我們還得注意一點，是在文法修辭上的應用問題，有時，雖然涵義沒有錯，措辭卻不倫不類，例如籀文隸字，可以稱爲籀書隸書，卻不能稱爲籀名隸文，這是習慣使然，與學理的研究，不能混爲一談。

（見《建設》第三卷第一期・中民國四十三年六月出版）

懶惰才是妨礙中國科學化的最大原因

（民主評論社論）

關於簡體字的論戰，現在似乎快要收場。兩方主張的是非得失，這裏無意討論。我們所想指出的，主張簡體字的人，直接間接，總打出科學化的旗號作護符，認為不推行簡體字便妨礙了科學化。可是他們所提出的論證，十足證明他們對問題的本身，缺少起碼的思考能力；十足證明他們對於文化的重大問題，缺少真正的責任心；因而他們所叫囂的，只是他們懶惰成性的自然流露。這種懶惰成性，才真正妨礙了中國的科學化。以妨礙科學化的人偏偏要打科學化的招牌去唬嚇人，這便使中國科學化的前途更為遼遠。

　　一般的說，決定文字問題的應該有三重條件：第一是「別」。通過文字而能把各種現象很清楚的記錄出來，使其釐然有別而不相混淆。第二是「通」，通過文字而能把古往今來，東西南北，貫串起來，使其能互相通曉而不相阻隔。第三是「便」。文字本身是一種工具，任何工具性的東西，不管其構造如何精巧，但使用時總要求簡便。文字當然也不能例外。如何使這三種條件，能互相調劑，互相補足，而不致抓住這一點，妨礙其它兩點，這應該是討論此種問題時所必不可少的態度。通觀主張簡體字的先生們，說來說去，只是拿着不知從什麼地方來的「進化是由繁而簡」的一條定律來解決問題的一切，只看到「便」的條件，而抹煞「別」和「通」的條件，這真可謂只知其一，

不知其二。

平心而論，羅家倫氏關於簡體字的那篇長文章，雖錯誤百出，但他究竟搜集了不少材料，費了不少工夫；他只沒有學好胡適之氏的「綏」字的祕訣，不能責他是懶惰。但擁護羅家倫氏的一群，不僅沒有人能爲羅氏提出半點可作補充的論據，而且恰恰是中國社會上游手好閒之徒爲人家喪婚葬祭湊熱鬧的縮影。

有的人說，我以前不贊成簡體字，但現在贊成了。理由是因爲學校老師對學生寫簡體字打紅槓；還有自己的孩子拿着難寫的字來問自己。試問假使老師在常識問答上打紅槓，是不是要「簡化」常識。自己的孩子拿着難算的算術題來問是否要簡化算術。一般小學學生，怕認楷字，怕寫楷字的絕少；多數是怕算術。若僅用孩子畏難不畏難來作改進教學的標準，則取消算術，多數兒童一定會歡天喜地。用這種幼稚的直感來對這種重大問題作主張，而且這種人據說還是學者，除了說他是懶惰以外，還有什麼理由可作解釋。

更多數的說法是楷書的筆畫多，認和寫都費時間，耽擱青年學習科學的光陰，即是妨礙了科學化。事實上識字寫字的過程，在六年小學教育中大概完了，初中對此則只是補助的性質。但我國辦得好的小學，學生的程度並不比歐美差，越推上去，便越落後。可見識字認字並沒有妨礙學生的現代教育，而師資、教材、設備、社會風氣與政治條件，才是妨礙科學化的重大因素。再就同樣使用漢字的日本人來說，日本明治維新沒有人說應先簡化漢字才好學科學。日本簡化漢字，是在戰敗之後，而日本科學化的基礎，早奠定於三十年之前。站在日本的立場，它可以只用假名而不用漢字，因爲假名是它自己的，又較簡體漢字更爲簡單；日本的確有許多人是這樣的主張。但戰後日本雖然減少漢字，而譯著的科學書籍，凡是重要處所依然不能不用漢

字。為什麼？為了在「便」的條件之外，還有「別」的條件。我們的
科學不如日本，大家覺得還是楷書妨礙了我們呢？還是因為我們比日
本人懶惰呢？

況且大家所說的「科學化」，是指的思考訓練的邏輯化嗎？現在
邏輯演算用符號，楷書擋不住邏輯化的路。大家心目中的科學，指的
多是數字，自然科學。關於這些，學得好，學不好，主要是靠觀察、
實驗與演算。楷書決不會增加觀察、實驗與演算的困難；在觀察、實
驗與演算中所遇的困難，也決不是簡體字所能為役。並且越是自然科
學的部門，須用的漢字越少，假定有勇氣學科學，何至為了幾個楷書
便嚇得躊躇不前呢？今日初中和高中的英文課程，其耗費的時間，與
國文算術相等。假定不是繼續進大學深造，則完全是等於白費。為什
麼不學日本的辦法，儘量多翻譯各種程度的科學著作，使青年只靠本
國文字，即可打好科學的基礎；如非特別需要，即可不必多人留洋；
這對於推動科學化及對於國民精神與物力上的裨補，真不可以道里
計。拋著這一類的實際工作不做，不提倡，卻拿毫不相干的問題投虛
射影，嚷來嚷去；此無他，懶惰成性，總以為「懶主意」才是最好的
主意。

當某一箇人墮落的時候，當一箇團體墮落的時候，當一箇民族墮
落的時候，對於自己的弱點，總不肯從自己的根源上去找原因，總不
肯從自己的根源上挺身站起，而一定把原因投射到外面去，在外面找
一箇替死鬼來為自己負責。外面的問題不解決，便認為自己的問題也
不能解決。外面的問題，牽連不盡；於是自己的責任可以永無著落，
永不完成。中國之未能科學化，只是由於中國人的懶惰；尤其是由於
口裏說科學，實際不懂任何科學，卻繞著圈子以不相干的口號去擾亂
社會視聽的一般讀書人的懶惰。在這種因懶惰而向旁向外推卸責任的

心理狀態之下，假定簡體字推行了，還會推到整箇的漢字身上。漢字打倒了，還會推到中國人的語言身上。語言消滅了，還會推到中國人的血統身上，歸根究底，只有一句，中國人不能科學化。要中國人學科學化，只有把中國人變成非中國人。懶惰而又好爲名高的人，只有希望自己站在一切毀滅了的廢墟之上，可以一事不作，而能左顧右盼，在一無所有之中稱雄。科學！科學！只不過是藏在此種漆黑之心的深處，所幻出的假以毀滅一切的影子。我們願正告當代的青年！二十世紀的五十年代，任何科學，都有了相當的成就，都明了既成的途徑。只要有志氣去學那一門科學，便直接把自己的生命投進到那一門科學中去。科學的本身，便會給你以真實的解答。千萬不可隨著這一群懶惰者們說廢話，繞圈子。他們說的廢話，繞的圈子，已騙了他們自己的一代，再不讓他們來騙你們這一代。

（見《民主評論》第五卷第十一期・中華民國四十三年六月五日出版）

簡體字論戰諍言

周法高

　　目前簡體字問題的討論甚爲熱烈，其中以羅家倫、胡秋原兩位先生的文章較爲膾炙人口，本文只想從純學術觀點就兩位先生文中提出一兩點加以討論。

一

　　羅家倫先生在〈簡體字之提倡甚爲必要〉（載三月十七日至二十日臺灣各大報）一文中，提出了不少中國文字由繁而簡的例子，並且提出了「莫以筆少而不減」的口號。其實爲了節省精力，有時難免要少寫兩筆字，而趨向簡省之途。但是另外還有一個因素也是不可忽略的，就是文字的清晰性（此點胡文中已經論到，即所謂「避免混淆」）。此外還要受到一種拘束，就是傳統習慣約束（即羅文中所謂「約定俗成」）。不可先提出「簡易」一箇原則，而忽略其他因素。

　　羅先生說：「我主張一種以簡馭繁的簡筆方法，就是簡化字的部首和偏旁。」又說：「我對於這些符號的簡筆，還是一點不願意創造，祇是從古人的碑帖，法書，和古本善本書裏去挑選出來，所以說是筆筆都有根據。」似乎合乎科學的原則。我對此有兩點意見：第一，羅先生的偏旁簡化舉例，雖說是「筆筆都有根據」，實際上仍是「羅氏

簡體字」，而不是大眾化的簡體字。其中有好多字，大眾並不是那麼寫的，而是羅先生自造的。例如「鳥」字去掉了兩橫，結果弄成「非烏（鴉）非鳥（雀）」，而「烏鴉」「烏黑」都是常用的，豈不是更增加了文字的混淆嗎？第二，表中的行草成分太多，不合於楷書的習慣。例如「皿」「行」「角」「酉」「食」等，都是行草的筆法。現行的簡體字仍是楷書，不過不是真楷吧了。雖有採自行草的，但已經楷書化了，並要得到多數人的採用才行。如「盡」字作「尺」下加兩點，便是一例。羅先生雖說：「間或採用章草或行楷中的部首偏旁寫法，也仍能設法將其楷書化。字體雖分隔，但每字中最簡單中的弧形連筆不必過分避免，如楷書裏的乃字、及字、為字中，也何曾沒有一筆轉進到三箇方向的情形。」案字典中「及」字仍入四畫，「為」字似無弧形連筆，似不可據為典要。

　　本人認為流行的簡體字，是值得研究的，因為從研究學術的立場而言，凡是通行（或曾經通行）的文字，都有研究的價值。不過研究最好還是少要自己造字為妙，因為張三可以造出一套，李四也可以造出一套，張三的不見得就比李四的高明（文字的使用大都由於習慣，有時也的確無法評定高下）。假如一定要憑藉政治力量來推行某人的一套，似乎有失公平之道，而且也不一定行得通。如果根據流行的簡體字，大家就都有所依據了。此外還有一點也是不可不顧及的，就是現有的流行較久而廣的簡體字大陸上的同胞大致還可認識，如果要新造若干，就難免有所隔閡了。所以我簡人的意見是：在目前由學術機關來研究流行的簡體字，是無可厚非的，但是研究者最好少造字（簡人如有新見，不妨私人著書立說，例如于右任先生的標準草書，「國」字以「武」代「或」，並無人非議）。至於簡體字應否由政府頒布？是否應在使用上有所限制？那是一個政治問題，不在本文討論範圍之

內。

二

　　胡秋原先生在〈論政府不可頒行簡體字〉（載三月三十一日及四月一日臺灣新生報）一文中說：「在十九世紀，不少西洋語言文字學家認爲中國語言文字很『原始』；唯到二十世紀，全世界著名語文學者斷無一個妄人再持此見。反之，多數認爲中國語文是世界最進步的。」案語言和文字似乎不必混爲一談。的確在十九世紀，不少西洋語言學家認爲中國語言很原始。到了二十世紀初葉，一些語言學家認爲語言由複雜趨向簡單，由綜合趨向分析，是進步的趨勢；在印歐系語言中，以英語簡化得最厲害，但是還不如中國語的簡單，所以中國語是相當進步的語言。此派可以丹麥的名語言學家葉斯卜孫爲代表，他在語言進步論和語言學等書中曾討論過。高本漢在《中國語與中國文》《中國語言學研究》等書中，也曾說到。不過可得聲明一句，他們指的是中國語言，而不是中國語文，所以胡先生最好把「中國語文」改爲「中國語言」要妥當一些。胡先生又說：「記得他說『獨裁』就不知比Dictatorship好過多少。我很誠懇希望，凡對中國語言文字自慚形穢的人，看看這位舉世知名的真正比較語文學者對於中國語文的著作。」案胡先生所舉之例，我雖一時查不出高氏原書，可是就文義來看，也是指中國語言之巧妙；因爲「獨裁」二字無論用篆書，行草書，真楷，或用簡體字來寫，甚至於用拼音文字來寫，都是代表中國語中「獨」和「裁」兩個音節的，此例正可表示中國語言之富於分析性。又照現代語言學家的意見，要分別語言的優劣或高下不是一件容易的事，在語言學家眼中看來，愛斯基摩人的語言和英語是一樣的高明。

所以我認爲胡文中的「多數」仍以改作「有些學者」要妥當些。

在立法委員廖維藩先生等反對簡化文字的議案（原文載三月一日臺灣聯合報）中也引用了高本漢的學說，有云：「歐洲的各種語言有逐漸變爲中國語的傾向。」案此係根據《中國語與中國文》一書中張世祿先生的論文。無論如何變，歐洲的語言決不會「變爲」中國語的。照原文似應譯爲：「在這一方面，歐洲語是逐漸變得像中國語了。」所謂「像中國語」，是指廢除形式變化的各種語尾而言。此外，在提案中還引了幾段高本漢的話，但是都和簡體字無關。高氏是反對使用拼音文字來代替中國文字的，但對簡體字似乎沒有表示過什麼意見。高氏對眞楷的意見，現在根據《中國語與中國文》的譯本第八二頁移錄如下：「可以曉得西元後二千年間所用的楷書，對於文字原來的組織，並沒有給予我們以許多線索：一方面常把許多圖像摧毀了，以致失去原形，成爲不能認識；另一方面，尙有各種錯誤的解釋：楷書的作者，也許已經對小篆發生了曲解，而小篆的作者李斯，也許又對古代的字體發生了曲解。這樣，中國本地人或西洋人爲實用上起見，要學習中國文字，就不得不記憶一大批純粹習慣上的符號。有時，例如，『明』字，他的字源上的組織，經過了幾千年，還是很明顯的，結果可以補助我們的記憶，但是大部份都沒有這種效用，對於他們的形體，意義，和在某某種方言上的音讀，只得很機械的去強記熟讀。」

本文純粹從學術的立場對羅胡諸先生作善意的批評，尙希見諒！

（見《民主評論》第五卷第十一期·中華民國四十三年六月五日出版）

與程天放論「簡體字」書

黎立康

天放部長：

　　報載朱毛匪幫在大陸，擬廢止中國字，而代以二三千字的簡體字。臺灣在一二淺學之士的主張下，也準備推行簡體字，而廢除原有正字。這樣一來，漢字大約真的可毀滅，而中國文化也真的可以中斷了！胡適主辦的自由中國雙週刊，竟主張可以直接由教育部頒行，並指斥立法院無權過問。這還成什麼世界？

　　漢字需要整理，這是不錯的，但是，以目前臺灣的人力財力，卻不能負擔這重大責任，何必作民族罪人？教育部當前任務，應該是解決臺灣兒童青年的失學問題，提高他們的民族意識，提倡氣節，提高自尊心，在這時提倡簡體字，不過是偷工減料，自欺欺人的一種逃避責任的行為。鈞座何必以此自污。

　　就學術的觀點說：簡體字有如三角褲，不值得提倡，也不值得禁止，人民已用開了，就讓他們用好了。目前的所謂簡體字，是由草書行書來的，我們客屬人士叫做「省寫字」。意思是寫的時候可以省幾筆而已。正式文件，絕對不許省寫，就是因為正式文件如果用「省寫字」，必然發生糾紛，我們這一輩子已沒有老師教簡體字，但是已經人人會寫，何勞教育部提倡公佈？

　　民國二十八年春，因為中共的新華報提倡漢字拉丁化，我曾寫了

一篇〈論漢字拉丁化〉的文章,在重慶西南日報發表,如果他們看過我那篇文章,當不會再去臺灣提倡簡體字了!他們提倡的理由,沒有一件可以成為理由的,都是沒有根據的,武斷的。所謂減輕兒童負擔,不過是自己騙自己的謬說,人類一離母體,就開始學習,到了六七歲時候,最少也已經識得六七百字了。在兒童入學之前,他們雖沒有認識字形,但已經認識字音字義,入學之後,再認識字形,絕無所謂什麼重大負擔。在中學大學中,除了中文,還要學外國文,像英文,就有三十多萬字,難道也要因為減輕青年負擔而禁止嗎?何況中文筆畫多的字,大都是由幾箇單字合成,比較外國字更容易認,現在的問題是師資缺乏,所以弄至一代不如一代,並不是由於文字的難認。由我自己的經驗,我在入學前,已認識七八百字,我的祖父要我認字,是字形字音字義一齊學的,能寫能讀能解才算認識一箇字。因此入學後,一點困難都沒有,我只以七年的時間,讀完九年的小學課程(在民國前)。後來我在原鄉辦過一間成年婦女星期學校,只上了四十二天課,每箇學生認識六七百字,她們都能夠寫信記帳了。難或易,要拿出實驗的證據,數目字寫出來,不能憑一二箇所謂博士名流的主觀判斷的。……

如果羅家倫先生多走幾省縣地方,多接觸幾箇不同方言的人士,他當可以曉得他所知的太少了,他就可以不會不斷發表他的議論了!

目前的急務,特別是在臺灣,推行簡體字不如推廣國語運動,不要急其所緩,尤其不要各是其非,這是很危險的。有人以為在原子時代應該用簡體字,這與原子時代應該吃生豬肉一樣可笑。原子時代並不能作為推行簡體字的理由啊!專此敬請大安

黎立康拜啓　中華民國四十三年五月廿七日於曼谷

（見中華民國四十三年六月二十日香港《天文臺》）

簡體字不應提倡

——並向羅家倫先生進一言

江應龍

　　自從連續在報紙上看到羅家倫先生發表的關於簡體字的談話，尤其是看了〈簡體字之提倡甚爲必要〉一篇長文以後，筆者站在一箇語文教育工作者的立場，有很多話如骨鯁在喉，不吐不快，但是又感到自己學識過於譾陋，尤其是對於文字學方面，所以遲遲不敢動筆，好在學術界不乏真知灼見、維護正義的人士，一定不會忽視此一極其重要的問題的，果然大家對於此一問題，展開了熱烈的討論。我實在抑制不住自己一種興奮的心情，我覺得有許多話不說，實在「對不住自己的良心」。

　　要討論簡體字應不應該提倡，必須要首先確立一箇大前提，便是中國現行文字（正楷字）有缺點，而且有很多的缺點，所以非加以「改革」不可，而且非刻不容緩的加以「改革」不可，否則爲什麼要提倡簡體字？爲什麼別創簡體字以代替現行文字呢？

　　主張提倡簡體字的人，自然會強調中國現行文字有缺點，而且有很多缺點。他們所持的理由無非說中國現行文字太難，（數量多，構造繁）不科學，產生的結果是學習困難、文盲多、浪費時間多等，現在不妨將這幾種說法，一一加以分析：

甲　文字的本身方面

一、中國文字太難：

（一）「**數量多**」　《說文解字》收九千三百五十三字，《康熙字典》收四萬二千一百七十四字，《中華大字典》收四萬四千九百零八字，《中華大字典》出版的時間和現在的時間距離不遠，如果有新增加的字，數量也必不多，而且在這四萬多字中，通常被一般人用到的不過幾千字，民國九年陳某曾經把許多兒童讀物、新聞紙、雜誌、小學生課外讀物、新舊小說、《聖經》譯本等書裏面的字分析研究，得到語體文應用字彙四千二百六十一箇。有人把　國父的留聲演講、中國革命史略、諺語選、新生活及時報裏的字分析研究，得常用字四千字，佔普通讀物的百分之九九‧八。所以我們可以說只要你認識四千多字──中國文字的十分之一──便够用了。但是外國文字比中國文字數量少嗎？就拿英文來說，英文的總數量是三十幾萬字，通用的字，大概離兩萬字也差不了多少遠，中國字能算是數量多的嗎？

（二）「**構造繁**」　從表面上看起來，好像中國文字構造繁雜，不容易認，不容易寫，事實上只要認識少數的部首偏旁，便可融會貫通。趙友培君在《中國語文月刊》二卷五六兩期發表的〈拿着鑰匙開寶庫〉一文，便是我此一說法的最力的例證。而且我國文字形聲字佔全部百分之九十以上，此百分之九十以上的字，差不多都可以望字讀音，望字生義。如桐、銅、筒、峒、恫、胴、詞、侗、術、酮、鮦、洞，及陽、楊、揚、暘、殤、颺、瘍、碭、傷、觴、腸、場、湯（一與傷同音），以及煌、篁、隍、凰、徨、蝗、惶、遑、湟、喤、餭等都是好例子。只要認識那些基本的部首偏旁，不翻字典，便可以知道

他的音與義。全世界任何一國的文字，都沒有此一特點，不但它容易辨認，而且因為形態美，變化多，也不容易忘記。即使構造繁的說法可以成立，但構造繁卻與難學難寫是截然不同的兩回事。

二、中國字不科學：

（一）**就單字說**　六書別流，部首分類，中國文字是再科學沒有的，拿任何一國文字來和中國文字比較，沒有比它更科學的。稍有文字學常識的都會明瞭，無待辭費。

（二）**就文法說**　中國文法乾淨利落，遠沒有英文的麻煩，以前中國語文月刊對此有不少的研究，而且此點與簡體字直接關係較少，故不贅述。

乙　產生的結果方面

（一）**「學習果難」**　天下事沒有絕對的難易，這便是彭樂齋所說的「為之則難者亦易矣，不為則易者亦難矣！」何況根據上面所說，中國文字的本看並不難呢？如果要證明中國文字比外國文字難，除非將幾箇智商相等的兒童，分別處在條件完全相同的環境，用同樣科學的教材教法，讓他們學習各國語文，在花去同等的時間之後所得的成績，才能判定中國語文難易，我們做過這樣的工作嗎？認為中國語文繁難的，全憑一種直覺、假定，便定下了結論，安知這不是錯覺，不是一種錯誤的結論嗎？今天如果到任何一所學校問正在求學的學生，恐怕很少有人認為國文是最難的一科，至少學生們花在數學、英文上的時間，要比花在國文上面的時間多出幾倍以上。這一鐵的事實，差不多任何一箇學生，任何一箇正在執教的老師，都會承認的。

退一萬步說，即使中國文字較難，但因他有許多優點，我們也應該不怕任何困難予以克服，而不應該從偷工減料上著手，我們應該面對現實，而不應該逃避現實。我從來沒有聽說任何一國的國民討厭他列祖列宗心血締造的語文繁難而不願學習，而天天在那裏講改造、簡化的。自由中國近年來風起雲湧的推行的克難運動，卓著成績，何獨對於代表他民族生命文化精髓的本國語文，不願多費一點精力去學習？假如這種說法蔚爲風氣，大家都存著這種玩忽泄沓，現實膚淺的心理，我們的國家，我們的民族，還會有希望嗎？

（二）「文盲多」　我國文盲多，自然也無庸諱言，但主要是由於我國幅員廣、人口多，加以百年來始終在內憂外患天人災禍中苦掙苦扎，迄無寧日，因此形成了教育不普及的現象。學校的量與質都不够。學齡兒童，絕大多數無法入學，文盲那得不多？這與中國文字有什麼關係呢？近年政府遷臺，政治與民生較爲安定，土地甚小，交通發達，經濟繁榮，過去大陸的那許多困難減少了，學校較多，教育普及。但嚴格說來，質的方面還是不够的，最困難的還是本省是經過日本帝國統治過五十多年的，與祖國文字久已隔膜，現在大中學生，大部分都受過日據時代的教育的，對於本國語文，自然有些格格不入；年紀小一點的，又不免受家庭與社會的影響。教育是百年大計，語文教育尤其不能求速成，見急效，所以文盲多，決不能歸咎於我國文字本身。假如我們不從普及教育著手，不從發展教育的量，提高教育的質著手，即使簡化到每箇字都在十筆以下（像羅先生所說的），減少到只有兩三百字，文盲一樣還是文盲的。

（三）「浪費時間」　甚麼事才算是浪費的事？怎樣做才算不浪費時間？這也是很難說的。凡是一件事必須要做的不論花多少時間去做，都不算浪費時間。中外不少哲人、政治家，爲了達成某一理想，

終身以之，死而後已。那究竟算不算浪費時間呢？在人生中，有許多時間，是不能節省的。比如我箇人，對吃飯是沒有什麼興趣的，可是爲了活，我不得不浪費一些時間來吃飯。尤其是睡覺，浪費了每一箇人的整箇一生的時間，差不多一半。我嘗戲改蘇東坡的詩爲：「無事此睡覺，兩日如一日。若活八十歲，行年只四十。」假如我們每天二十四小時都能利用，豈不甚好？生活在這箇人事紛紜擾攘的時代，尤其是配得上稱做達官貴人的羅先生，每天不知道要浪費多少時間在其他方面，何獨對於學習非學不可的本國語文方面的時間的支出，如此其吝嗇？（把中國文字全部毀滅，節省的時間豈不更多？研究打字機，研究標準行草書，均是如何節省人力時間的最好方法，何必要提倡簡體字？）

　　根據上面的研究，中國文字並沒有某些人想像中的宣傳中的那麼不好，缺點多，想反的中國文字是全世界所有文字中比較優秀的，或者說是最優秀的。這些先生們的說法如果不能成立，自然不必要簡體字來代替現行文字，「簡體字之提倡，自然『無其』必要了」了。

　　我也無法說中國文字是絕對不能變化的，過去便曾有過不少次的變化。但是變並不是無止境無限制的，也不是沒有範圍漫無標準的，更不是憑少數人的特殊權力造成的。唐石經以後，中國文字差不多已成定型，很少變化；要變，也得有更好的辦法，有提倡出來大家都會折服的方案。而羅先生的說法，既多前後矛盾，又多似是而非（已有不少人指出，不多贅）。他一再的說：「六書不是限制中國文字的鐵律。」但既缺乏推翻六書的理由，又沒有創造一套七書八書出來。（閱報見有某先生，亦曾提出此一理由，與鄙見不謀而合，但筆者在二月二十一日上午在臺中講演簡體字問題時，即曾如此說法，絕非掠美。）那不過是治絲益棼，庸人自擾而已。

　　我們再看看人類文化的發展，究竟是從複雜到簡單，還是由簡單到複雜呢？無疑的，當然是由簡單到複雜的。文字是整箇人類文化的一環，當然也是簡單到複雜，而且與由簡單到複雜的人類生活絕對是成正比的。羅文對此雖有所論列，但都是強詞奪理，一看便知，就字數來說，我們可以看看下面的一張表：

朝　代	書　　　名	著　　　者	字　數
漢	說 文 解 字	許　　　慎	9,353
魏	聲　　韻	李　　　登	11,520
魏	廣　　雅	張　　　揖	18,150
梁	玉　　篇	顧　野　王	22,726
唐	唐　　韻	孫　　　愐	26,194
宋	類　　篇	王　洙、胡　宿等	31,913
明	字　　彙	梅　膺　祚	33,179
清	康 熙 字 典	張 玉 書 等	42,174
民　國	中 華 大 字 典	歐 陽 溥 存 等	44,908

　　從這張表中我們便可以知道字數是與時俱增的。豈獨中國是如此，聽說在美國，韋氏大字典每年重版，都有新字增加，這是很自然的。再就每簡單字的筆畫來說，差不多都是由簡單到複雜的（只有極少數目的是由複雜到簡單）。如口演化爲圓，巫演化爲眾，勹演化爲包，囟演化爲胞，艸演化爲草，慐演化爲憂，㤅演化爲愛，駢麗的麗演化爲儷，丄演化爲上，丅演化爲下，ナ演化爲左，又演化爲右，真是舉不勝舉。此外尚有某一箇字太簡單，而代表的意義有幾種，於是產生一

箇字分出的新字，較原字爲複雜，而原字仍然存在的。如暴—曝、辟—避、女—汝、知—智、孫—遜、齊—齋、縣—懸、莫—暮、馮—憑、見—現、梁—樑、卷—捲、采—採、尊—樽、藝—蓺、然—燃、鬥—鬭，還有形態全異的如亡—無、於—嗚、后—後等，實在也是俯拾即是。我從來沒有聽說那一國的文字，是愈用愈少，愈用愈簡單的。許多自作聰明，自詡前進的人往往罵人家保守，不進步，而自己卻偏偏開倒車，退步走，違反進化的自然原則。不知他將來何以自圓其說？

　　如果我們今天的兒童、青年，還有感覺到我們自己的文字難認難寫，錯誤百出，奇形怪狀的現象發生，便應該是我們的兒童、青年的上一代——我們這批人，近許多年來對於我們本國文化本國語文輕視的結果。尤其應該怪我們這些從事語文教學的老師們，沒有注意怎樣去編選適當的教材，不講求教法，抱殘守缺，不求進益，自卑身價，妄自菲薄，尤其對於語文教學方面的一種馬虎不認真的態度，學生寫英文，「a」決不能少彎一下寫成「o」，向上彎的「n」決不能寫成向下彎的「u」，可是我們自己的文字，多一豎少一畫似乎毫無關係。久而久之，也就司空見慣，習以爲常，於是見怪不怪，中國文字便面目全非，而它的本身便成了人家攻擊的目標。老實說，如果不從上面所說的這方面去著手，而只想怎樣去簡化文字，實在是隔靴搔癢，舍本逐末。

　　我也並不是說簡體字是絕對不能寫的；但千萬不能拿它來代替現行文字，更不能任意改鑄銅模，用之於印刷，更不必去提倡它。如果說爲了使它標準化，大可不必。我們相信簡體字是永遠無法標準化的。因爲既然我們需要的字是那麼多，減少筆畫，勢必拿我們現行文字的偏旁或筆畫少的字來代替筆畫繁的某一部分，一定不會够用，一定會把某樣東西，代替幾樣東西，如「鷄」旁的「又」代表「奚」，

「难」旁的「又」代表「茣」，那麼「难」字到底是難字還是雞字呢？
「汉」字是「漢」字還是「溪」字呢？「欢」字究竟是「歎」字還是
「歡」字呢？四月十二日新生報「學府風光」刊載一條消息：某校學
生把「憂」字簡寫成「尤」字。老師責備他，他說：在報紙上，羅家
倫先生的「簡體字之提倡甚為必要」一文中，不是曾舉例以「优」字
代「優」字，「扰」字代「擾」字嗎？這樣不是「憂」字可以簡寫成
「尤」字嗎？老師也為之搖頭不已，這是多麼嚴重的問題！如果不這
樣代替而多創造一些新花樣來代替，那豈不是又加繁了？我們與其去
重新認識新的繁字，為甚麼不保存舊的繁字呢（事實上並不太繁）？
而且我們可以斷定，新的繁字也好。新的簡字也好。是決不會比現行
文字高明多少的。民國二十四年教育部也頒布過簡體字的（如果一定
要用，照那張表去用好了，何必要研究提倡），為甚麼以後國民政府
又明令取消，是值得我們深思的。

　　今天大敵當前，國土未復，等待我們研究的迫切的問題太多了。
就拿教育來說，現在的教育制度沒有研究的必要了嗎？再拿語文教育
來說，沒有應興應革的事了嗎？教材教法，沒有討論的必要了嗎？為
甚麼我們偏要研究利少弊多（豈只是不急之務）的簡體字呢？我覺得
政府尤其是教育部應該拿出力量來，組織研究語文的學術團體，舉辦
研究語文的定期刊物。已有的不遺餘力的予以支持輔導，立刻聘請語
文專家，慎重編選教材，研究教法，擬定改良語文教育具體方案，切
實考核，嚴格執行，展開普識國字運動。這些工作所發生的救國福民
的效果，將超過於今天一部分要人所認為重要的工作千萬倍以上。為
甚麼我們放著這樣重要的工作不做，偏要對好高鶩遠的故眩新奇呢？

　　我不知道這些提倡簡體字的先生們，究竟動機何在？我也不想去
研究他。但過去的經驗告訴我們，我們三十七八年在大陸慘重失敗，

實以若干年來國人失去了民族信心，菲薄自己的文化爲其主要因素。所以近年我們在　總統的指示之下提倡民族精神教育，恢復國人尤其青年學子對於民族文化的信心。而偏偏有人要在此時此地提倡文字的簡化，無疑義的這些人對於本國文化，至少信心是不十分堅定的。此一主張如果形成一種運動，甚至以許多似是而非毫不合理的簡筆字來代替現行文字，一定弄得一團糟。若干年後，誰還能接受我們列祖列宗留下來的文化遺產？這不是毀滅我們幾千年的文化是甚麼？而且以後既然可以一簡，當然也可以再簡三簡；既然簡了，也未嘗不可以刪；既然簡了，又何嘗不可以變？將來勢必有更「前進」的人索性提倡拉丁化，羅馬字拼音，這又不是毀滅中國文化是甚麼？想像將來的後果可真令人不寒而慄！我雖然不敢說某先生便是「匪諜」，但他說倉頡無其人，六書不可靠，這與過去那些共匪所豢養的左傾學者紅色文人的論調何其如此的相類似？持同一態度（否定中國文化的價值，至少是對於中國文化的信心動搖），用同一方式（簡化文字），而說將來產生的效果與共匪所幹的完全相反，此種欺人之談，還有誰去相信他？

有許多人披著一層學者的外衣，而違反了董仲舒先生所說的「正其誼不謀其利，明其道不計其功」的治學態度，骨子裏一種權威感，領袖慾在作祟，標新立異，自我作古，惟恐語不驚人，做著無本起利買空賣空的暴發戶的美夢，而沒有著眼於國家民族的前途，這是多麼怕的一種想法？萬一簡體字提倡成功，萬一產生一種嚴重到亡國滅種的後果，羅家倫先生和少數主張推行簡體字的先生們，負得了這箇責任嗎？

我過去常說：全世界沒有任何一國的國民輕視他自己的文字文化，甚至仇視他自己的文字文化，像中國人這樣的。現在更知道這種

群眾心理社會風氣之造成，實與那些領導學術界有著舉足輕重的地位的大人先生們有其密切的關係。羅先生不要忘了把自己的聰明才智，用到最適當的地方去，不要嘩眾取寵圖一時之快才對。

目前還有一種亟須矯正的錯誤心理，便是談「變」談「改革」，翻新花樣的都是代表進步，反對他們的都是保守、頑固、落伍，而不問變得對不對，反對變的對不對。一部份人，尤其是羅先生往往拿五四時代的新文學運動作例子，說明他所領導的新的運動都是正確的。他最近發表的有關簡體字的兩篇文章，都曾談到五四運動，後一篇還另外與了吳稚暉先生主持的注音字母運動及教育部頒佈科學標準名詞的兩箇事例。也不問這幾件事與今天的「簡字」運動的問題的本質，有沒有不同？時空關係有沒有不同？在前一篇文章中，羅先生說某人寫一篇小說，比喻他們是「魔鬼」，羅先生本人認爲結果還是「魔鬼」勝利了（羅文大意如此）。一種洋洋得意之情，流露於字裏行間，好像說：你們不要反對，我將來還是要成功的，只有我才是先知先覺者。而且近幾年來羅先生總是喜歡把五四運動捧上天去，好像百分之百的了不起。不過我得提醒羅先生，五四運動究竟是功？是過？有多少功？多少過？每箇人心裏都有分寸，尤其是　總統近年對於五四運動，有最客觀，最正確，最精闢的評價，羅先生不妨仔細加以研讀。那些被人家罵爲魔鬼的究竟是不是魔鬼，還有待於蓋棺論定，此時未免言之過早。我還得請一般社會人士注意：談「變」談「改革」，並不一定都是對的。如果有人此時提倡一種新奇的言論，要把「三民主義」改成「四民主義」，或者「簡化」爲「二民主義」「一民主義」，我們便不問其是否正確，認爲新奇的都是前進的，都是合乎潮流的，而去加以盲從嗎？我們千萬不要被許多美麗的名詞，如「前進」「時代潮流」等眩惑了！前幾年在大陸，共匪就是用這許多名詞引誘了大

多數的社會人士，尤其是青年，而將頑固落伍保守等等名詞加在我們的頭上，結果鑄成了多大的錯誤？難道這箇慘痛的經驗，還不够我們警惕嗎？

　　我深深地感覺到我們今天的學術風氣，還太不够醇厚篤實，作學問的不肯抱持「知之爲知之，不知爲不知」的態度，而偏喜歡自作聰明，強不知以爲知，同時錯了不認錯，輸了不服輸。我還記得羅先生在《新人生觀》一書的〈運動家的風度〉那章中，要青年們有服輸的精神，同時贊許過美國威爾基競選總統失敗，卻於羅斯福當選後發給他第一箇賀電的「運動家風度」，可是羅先生自己卻做不到。當我看到報紙雜誌上許多詞嚴義正的文字發表之後，我想羅先生一定會根據他所指示青年們那一種光明磊落的襟懷，登一啓事，收回成命了事；那曉得羅先生卻固執（並非擇善）到底。羅先生在三月八日發表的那篇文章，題目叫做〈面對現實的簡體字問題〉。可是我說，羅先生分明是在「逃避」現實，因爲羅先生並沒有把人家對於他的辯駁與指摘，提出強有力的理由，一一加以答覆。我們想羅先生這種強詞奪理，不肯服輸的態度，是很使我們失望的。

　　最近幾年，常常聽到羅先生今天主張青年不應讀文言文，明天主張報紙不應登文言文。（可是羅先生卻十分矛盾的經常寫文言詩，在各報刊發表，但我並不是反對白話文的，我只反對只知道白話文而將文言文的價值一概抹殺的人，關於此一問題與讀經等問題過去曾在報刊上發表了一些淺見，容後當再論列。）今天主張不應該讀經，明天主張寫本國文字不必用毛筆。（但羅先生寫的毛筆字寫得並不壞，而且喜歡替人家寫。）科學民主喊厭了，（生活在二十世紀的人，沒有誰會去反對科學民主，但我總覺得像羅先生那樣的空喊科學民主，卻對於科學民主，並無若何實際的幫助。）又來一套簡體的花樣。實在

弄得我們眼花撩亂。羅先生一再爲廣大民眾、廣大青年呼籲，並且「大慈大悲」的喊出「可憐的孩子們」，我不敢說羅先生是在迎合一般人尤其一般青年的畏難苟安逃避現實的心理，博取他們的擁護，但我可以告訴羅先生的，一般青年除了他從未學過中國文字學，或者國文程度特別差的，對國文特別不感興趣的，我不知道他們是否擁護羅先生的意見外；大多數學過六書的，對中國文字學稍加涉獵的，對於羅先生的言論，卻很少有人不起反感的。筆者所接觸的各校教員，尤其國文教員很少對羅先生的意見表示贊同的。一箇人有甚麼比他的聲望與地位更值得寶貴的？又有那一箇人不珍視他自己的聲望與地位的？羅先生將他得來不易的聲望與地位自己來加糟蹋，這是多麼的值得惋惜的事？

　　「一言而興邦，一言而喪邦。」「一言以爲智，一言以爲不智」。禍福成敗，天堂地獄，只在我們的一轉念之間罷了！

　　　　中華民國四十三年四月十五日上午二時二五分寫成

（見《民主憲政》第六卷第十一期・中華民國四十三年六月二十五日出版）

文字的演進與「六書」

董同龢

　　就現時所知，粗枝大葉的說，世界上各式各樣的文字都不出三箇大的來源：古代埃及的文字，古代美索伯達米亞（Mesopotamia）的文字，還有我們中國的文字。古代埃及的文字，一般稱爲「埃及象形文字」；古代美索伯達米亞的文字，一般稱爲「楔形文字」。這都不很恰當，並且對我們以後的敘述將有所妨礙，所以都不能用。爲求簡便，我們在下面暫且省爲「埃及文」和「美索文」。至於我們中國的文字，有時也簡稱「漢字」。

　　現時所見的埃及文和美索文，最古的都出於西曆紀元前三五〇〇年左右。至於中國文字，就最可靠的材料說，以殷商時代的銅器銘文和龜甲刻辭爲最古，約以西曆紀元前一五〇〇年爲始。

　　提到中國文字，一向，大家都喜歡說：我們的文字來源很古，是「象形」的，和歐西各國的拼音文字不同。現在既然眼界寬了，知道了世界上竟有比我們早兩千年的文字，就應該追問：他們又是什麼樣兒的呢？雖然埃及文和美索文都已在一千多年甚或兩千年前失傳，可是經過近代歐西學者的研究，知道他們原來也是起於形與義的徵表，而且文字制作的方法也竟和我們大體相似。

　　研究早期埃及文和早期美索文的人，都把那兩種文字作如下的分類。

　　（一）物體的描繪。如附圖一第一、二兩行，第五、七、九、一一、一四～二〇號；附圖二第一二兩排。凡這一類的字他們都稱爲pictographs，如果拿我們的文字學術語來說，豈不就是「象形字」嗎？

　　（二）抽象意念的徵表，如附圖一第一二兩行，第一、二、三、四、六、八、一〇、一二、一三號；附圖二第三排。凡這種字，西方學者稱之爲ideographs。說他們相當於我們的「指事」和「會意」，總該沒有什麼錯誤吧？

　　（三）遇到一些不好畫出來，或者是根本沒有法子畫出來的意念，則在已有的字體中借用音同或音近的字體來兼代。這種辦法，豈不就是我們所謂「本無其字，依聲託事」的「叚借」嗎？凡是這樣用的字，因爲所取只是字音，西洋人就稱之爲 phonographs，phonograph 的應用，在埃及文與美索文都比我們中國文廣泛。

　　（四）爲免除因叚借而起的誤會，有時候，在 phonograph 的前面或是後面，又可以附加一箇相關的表形義的字，叫 determinative 或 classifier，使那箇字容易辨認。如此，就構成一些和我們的「形聲字」相同的複體字，叫 phonetic compounds；而所謂 determinative 或 Classifier 用我們的情形來比，也就等於「江」「河」等字的「水」旁了。所差的只是：偏旁的應用，在埃及文和美索文都不如我們多；並且他們似乎只在非用不可時才臨時出現，很少固定的和某箇叚借字配合，永遠代表某個語詞的情形。

　　根據以上所說，我們還可以進一步的問：加 deteiminative 於 phonograph 以確定字義的辦法，會不會就是我們的「轉注」呢？《說文解字・序》給「轉注」下的定義是：「建類一首，同意相受。」這八箇字，從許愼說出，絞盡了一千八百年間文字學家的腦汁，都還沒有一箇滿意的解說。所以我們決不能從這一方面得到解答。那

麼換箇方向來看：講「六書」的人既大都以爲「象形」「指事」「會意」「形聲」是文字之體，「轉注」與「叚借」則是文字之用；再根據上面的比較，已知 pictograph 相當於「象形」，ideograph 相當於「指事」與「會意」 phonetic compound 相當於「形聲」，音的借用相當於「叚借」；歸結得末尾，我們總可以用一箇新的說法來謂「轉注」了。然而這樣的空洞的推測究竟是危險的。近年來，雖則有一些研究中國文字的人，曾經有意或無意的這麼樣去解釋形聲字的形成，例如瑞典的漢學家高本漢氏（Bernhard Karlgren）說：

> 「口」與「扣」古同音，為區分方便，作動詞用就加了「手」作義符。（見所著《The Chinese Language》，p.12-13。）

唐蘭氏更普泛的說：

> 故區別文字，當有三部：象形，象意，形聲是也。其文字所用，亦有三術：一曰繪圖……二曰叚借……三曰轉注，象聲之所以蛻化為形聲者也。（見所著《古文字學導論》）

不過事實上，問題並不是那麼簡單的，姑且留待後面再說。目前我們只要認清楚：埃及文和美索文運用 determinative 的辦法，在我們制字程序中也應當有，至於是否等於「轉注」，倒是第二義。

現在，我們還可以參考一下「麼些象形文字」。「麼些」是居住雲南麗江一帶的一箇民族。他們有一種「象形文字」，據說是起於南宋時期，到現在有一千多年的歷史。董彥堂先生說：麼些文是獨立發展的，沒有受漢字的影響（見《大陸雜誌》五卷十期〈中國文字的起源〉）。李霖燦先生研究麼些文的結果，知道制字的程序是（見《大陸雜誌》八卷六期〈麼些文字的發生和演變〉一六三、一六五頁）：

（一）照木畫木，照石畫石，與圖畫文字或象形文字的意思相當。不過在這裏的「象形」應該是最廣義的，舉凡一切象形，指事，會意：

都應該包括在內。

（二）由形向音的演變。

（甲）借音字的最先使用。

（乙）形聲字的逐漸增多。

（丙）拼音字的最後出現（按：應該說作「表音字」）。

實例可以參看李氏的《麼些象形文字字典》（中央博物院出版），印刷困難，不俱引。

由以上所說，可知：所謂「六書」者，本來是文字產生初期「人同此心，心同此理」的造字程序，比中國文字早兩千年的埃及文和美索文是那麼形成的，比中國文字晚兩千年的麼些文也是那麼形成的。所以，實實在在的說：六書並不是我國專有的「國粹」。

上面說過：埃及文，美索文，以及麼些文的造字程序，是近代與現代的學者研究這幾種文字時歸納而得的結果。那麼「六書」在中國又是怎麼樣的呢？很久以來，中國人都相信「倉頡造字」；同時，許多人更以為「六書」就是「倉頡」規定的造字之法。然而時至今日，我們應該看得出：「倉頡造字」不過是先民的一種傳說；而把「六書」之名與中國文字之始混為一談，更是一種毫無根據的「以為」。

人類知識還不發達的時候，往往把生活上的一些大事歸之於天神或先聖的創造。於是：火的控制，始於「燧人」；房屋的居住，出之「有巢」；農作物的栽植，也是「神農氏」的教化。凡此種種，不一而足。至於文字，非但我國的古人是歸之於「倉頡」，古代埃及人和美索伯達美亞的人也是歸之神。最明顯的是：埃語稱文字為（mdw-ntr），意思便是 "speech of the Gods"。現在，我們有理由不相位「燧人氏鑽木取火」等傳說，也確有根據不相信「倉頡」或任何箇人造字。

　　中國古代的文字，照我們所能親見的說，銅器的銘刻和龜甲卜詞就不是完全從一箇系統出來的；又據書本上的記載，更有「篆」「籀」「蟲書」……的分別。這就是否定「倉頡造字」的第一項事實。中國文字如是倉頡或任何一箇人所造，而那箇人又是：「黃帝之史」一類的大人物，字體早就應該是定於一尊的了。同在甲骨文或同在金文之中，字體又還有不劃一的現象。並且，據專字的說明，某些不劃一的情形，正代表著時代的不同。附圖四是一些淺顯的例子。這是否定倉頡或任何箇人造字的又一項事實。如果在商周之前，中國文字早就造好了，那些寫法上的不同竟是從那裏來的呢？在商周之間，又怎麼還會變呢？

　　（《荀子‧解蔽篇》：「好書者眾矣，而倉頡獨傳者，一也。」是荀子已知文字不是「倉頡」一人發明的。）

　　拿各種文字的最早的形態和考古學家從遠古遺物或民族學家從文化較落後的民族所得的 Picture-writings 來作一番精密的比較，便可以看出：文字都是由繪畫演變而來的；演變的步驟也可以設想如下。

　　（一）最初用一整幅畫代表一件事，有些畫可以很複雜。

　　（二）圖畫漸漸的和語言發生關係，分用一箇箇單體的圖像代表
　　　　　語言中一箇箇的單位（語詞）。

　　（三）一箇箇的單體的圖像逐漸約定俗成的象徵化，筆畫標準
　　　　　化，成為真正的文字。

　　這種說法，雖然無法逐步找到證據，卻不失為最合理的推斷。文字演進中的各種現象，都能由他得到滿意的解釋，就足以支持他的可靠性。什麼人曾經看到「萬有引力呢？」然而物體的運行都可以由他得到解釋，於是我們都信服牛頓的學說。

　　中國文字雖不是倉頡所造，難道六書之旨也不可能發自倉頡或某

位古先聖賢嗎？我們據事實判斷，答案是：雖可能而實在未有。理由如下：

（一）今所謂「六書」，最早只見於東漢人的著述。可是「孔子刪詩書」，老早就有人在說了。「六書」的說法如果成立得比「孔子刪詩書」還早，豈有不見於較早的載籍的道理？

（二）六書的名目和次序，《漢書·藝文志》作：

象形　象事　象意　象聲　轉注　叚借

《說文解字·序》則作

指事　象形　形聲　會意　轉注　叚借

後來通行的又是

象形　指事　會意　形聲　轉注　叚借

（三）班許二氏述「六書」，都引述《周體》。考《周體·地官》：

保氏掌養國子，教之六藝……五曰六書

這裏的「六書」就是「象形，指事……」嗎？據近人張政烺氏的考訂，那完全是班許二氏的附會。《周禮》的「六書」原來是另一回事（《中央研究院歷史語言研究所集刊》第十四本）。

由此說來，在中國，「六書」也不過是東漢人研究古代文字時歸納而得的制字程序而已。正因文字是約定俗成的產生在遠古之先，而制字之常則是推測而得在千百載之後，於是雖是文字學大家，對於某某字究竟是「象形」或「指事」或「會意」……有時候也不免躊躇不能定了。

從文字演進的過程看，「六書」只是文字產生初期人類普徧應用的制字常則，而且那些常則也不過是最初造字的人們在下意識的用著，並沒有經過什麼大人物的制訂或提倡；所以，一到文字的應用漸漸的普徧，脫離原始的宗教上的或藝術上的用途，純粹發展成生活上

的一種實用的工具，爲了求便捷，同時也因爲書寫工具的進步，使便捷可以實現，人類又都自然的開始改變字體，逐漸不管造字的原意了。

最早的埃及文，現時通稱 hieroglyph，多見於皇宮或寺院的石刻或壁畫。從他的用途和得名的來由，我們簡直可以譯爲「天書」。我們的中小學教科書上所謂「埃及象形文字」實際上只是指這一種文字。「天書」既爲皇家或寺院所用，記述一些大事或神的事以垂永遠，就一定要寫得精緻，多費工夫並不要緊，所以最能象事物之形（看附圖二）。但是，如果文書的記載或日常生活方面的事也那樣子寫，就未免太費事了，而且在有些情況之下時間也一定不許可。同時，埃及人另外已經知道把字寫在一種叫 papyrus 的草做的紙上，寫起來可以方便多了。於是，天書之外，在僧侶之間，又有一種主要爲抄寫經典用的，筆畫比較簡化的字體出現。那就是所謂 hieratic writing，我們可以譯爲「僧侶文」。除此之外，紀元前七世紀至六世紀之間，民間又有一種更簡化的所謂 demotic writing 興起，而 demotic writing 的意思便是「俗字」。從「天書」到「僧侶文」，再到「俗字」，埃及人就差不多把他們的六書丟光了（看附圖三）。

古代美索伯達美亞的文字，我們一向是跟從西洋人，籠統的稱爲「楔形文字」（cuneiform writing）。那是不對的。早期的美索文是刻在石頭上或者劃在泥版上的，筆畫是線條式的，粗細大致很勻，一點兒不成楔形，所以也很像圖畫（看附圖一）。真正的楔形文字是古代美索伯達美亞人改變了書寫的方法以後才產生的。從某箇時期，他們發現：如果用一種寬頭的 stylus，在濕的泥版上，一下兒一下兒的去印上筆道兒，然後再晒乾或烘乾，實在比原先在石頭上刻字或在乾泥版上劃字方便多了。Stylus，印出來的筆道兒，一箇箇都是楔形的，所以印出來的字就成了楔形文字。楔形的筆道兒，一頭寬而一頭尖，

對於原始文字的短而直的筆畫，已經要有許多形狀上的變更。再如遇到原有的較長的直線或曲線，就只好一筆一筆的去接，而楔形筆道兒的方向又只有自左而右與自上而下兩種，接印起來，更不得不在許多地方破壞原始文字的組織。尤有進者：應用楔形文字的並不是自始至終只有一種人——較著名的，大家已經可以說 Sumerian，Babylonian，Assyrian 等。——他們把楔形文字學到手，各人又都有自己的一套簡化和劃一的工作。這樣，幾經演變，結果是：如果不去學上若干年，一步步的追尋來源，誰都不能說出楔形文字的「六書」。附圖一是楔形文字演變的最好的說明。

中國人雖然好古，早自紀元前三世紀（可能更早），「漢隸」通行，造字之旨也已經大大的遭受破壞了。所以，自來講「六書」，都只好依附「小篆」。小篆之外，也只有晚近發現而時代實在比小篆早的甲骨文和金文才有「六書」可言。我們來看：甲骨文乃是殷商時代帝王占卜的記錄，刻在龜甲或獸骨上的；金文乃是自殷商，歷兩周，經過春秋，以迄戰國之世，皇帝或諸侯的「寶器」上的「銘詞」。至於一向稱道的小篆，他的應用範圍究竟有多大，細想起來，真是一箇很大的問題；因爲除去《說文》的轉錄，我們只知道幾箇秦始皇封禪的紀念碑文是用小篆寫的。古書呢？據說：秦火以後，所有的書都是漢朝人用「今文」寫下來的，而所謂「今文」即是「漢隸」。又據記載：秦火劫餘的書簡，後來在漢代又有一些出現，那是用漢朝謂「古文」寫的。這種古文（除僞造的以外），大概就是六國的文字，類似小篆。然而我們要注意：在古代，誰才能有書？一部書能有幾箇抄本？把經典寫下來，在古代原也是一件很大的事。

秦朝的壽命極短，由李斯定小篆到秦亡漢興，前後不過十多年的工夫。然而一旦改朝換代，公私文書，已經盡是隸書的天下了！文字

的應用，約定俗成的力量非常之大，無論是誰，絕對不能憑藉一紙命令，在旦夕之間，就可以把舊的完全廢除，同時又可以使新的普徧的應起來。由這一點，我們就可以作兩項合理的推測：

（一）小篆始終沒有發展到普徧應用的地步。不然，他的消滅決不至於那麼快。

（二）漢以前，隸書應當已有相當長久的歷史了。如果不是這樣，他的興起也決不至於那麼快。劉邦是流氓，蕭何是皂隸，他們固然只知道隸書。可是，漢室政府卻不是沒有讀書人，而且劉邦蕭何也沒有制定法律來推行隸書。以隸書在漢初應用之廣，說他是和李斯差不多同時的程邈所創，似乎還嫌晚了一些。

根據隸書的筆道兒來推測，我們可以說：隸書的產生，是由於用筆作主要的書寫工具的緣故。用筆寫字，比起從前用刀刻字或者是用根棍兒蘸漆寫字，真是一項重大的進步了。筆的普徧的應用，對於中國文字的影響，比改變筆道兒更要緊的，是大大的加了書寫的速度。書寫速度既然增加，筆畫簡化和筆道兒逕直化的要求就越發加強，字體也就從此整箇的改觀。所以，漢隸的興起，真是中國文字演變史中的一箇大的轉捩點。再往後說，或許是因為紙的發明，書寫又得到更進一步的便利，於是漢隸又變作「今隸」，那也就是隋唐以來定於一尊的「正體字」或「楷書」。

前面已經說過：文字上的「六書」之說，是出於東漢諸儒的傳述。這大概是西漢末年或東漢初年的學者所歸納出來的早期文字創制的常則，而且也只是拿來談學問用的。他們或他們以後的人並沒有誰提倡寫字要依照「六書」。職是之故，從小篆廢止到今隸通行，中國文字都是在順應事實上的需要而演進。結果就是越變離「六書」越遠了。兩千多年以來，大家都把太陽畫成方的，鳥兒添成四隻腳，——這還

能不叫一班愛好「六書」的人疾首痛心麼！

　　早期的中國文字，在他的演進過程中，和埃及文或美索文比起來，大同之中究竟還有小異，那就是；叚借字的數量遠不如他們大，而形聲字則特別多。因爲如此，到後來，埃及文和美索文都走上完全表音的路，而中國文字則始終不能脫離「偏旁」的羈絆。「六書」的觀念容易在中國的心目中存在，大概就是這箇緣故。

　　形成上述歧異的原因，實事求是的說，應該是中國語的性質和埃及語或古代美索伯達米亞的各種語言都不同。在一方面；那些語言都有語法上的形式變化（inflectional 也好，agglutinating 也好），所有的語法成分根本無形可象，只能表音，叚借的要求，先天的就很強烈；反之，中國語是所謂孤立的（isolating），不用或極少用語法成分，叚借的要求自然就少。在另一方面，那些語言是多音節的，縱使大量的實行借音，可能產生的誤會也不至於很多；反之，中國語是單音節的，並且音節的組合都有嚴格規律，由叚借而生的誤會與不便可能很多，因此，就不得不多加偏旁以資辨別。

　　其實，就中國語文的特殊情形而論，我們似乎還不能把形聲字的形成完全歸之於叚借的節制。形聲字佔整箇文字的十分之八九，難道他們原來都只有聲符的部分（叚借字），因爲發生誤會，後來才另加偏旁的嗎？如果是，某箇時期的文書就應該連篇累牘都是叚借字，使人無從讀起了。不過，那恐怕是沒有發生過的事。現在換箇想法。如果我們說：古人要造一箇字代表「江」，當他（或他們）用一箇「水」之後已經無法表之於形義的時候，又借用與「江」音近的「工」字來表明他的聲音──那不也是順乎自然的事嗎？許氏《說文・序》云：「形聲者，以事爲名，取譬相成」，大概就這箇意思了。

　　又從叚借未必能完全同音來看：偏旁的添加，應當還有一種作

用，就是幫助指明某箇字體的確實的讀法。比如說：倘使我們只借「公」來代表某種與「公」音近的樹名，別人非但不能從字形上認出那箇詞，就是讀出「公」的音來，也還是無法聯想到「松」；現在加上一箇「木」旁，聯想到「松」已經容易得多，並且讀起音來，也就不會是「公」了。

以上的推測合乎事實與否，不是現時切要解答的問題。不過是由這箇問題的提出，我們可以看出來：由形義的徵表到純粹的音的代替，本來是文字演進的一般性的通則，可是在中國，因爲中國語具有「孤立」與「單音節」的特性，雖然絕大多數的字也已經發展到表音的階段，他們卻同時需用表形義的偏旁來幫忙；於是，中國文字就走上了一條獨特的路，一半表義，一半表音，每箇字體所代表的，便是語言中一整箇一整箇的單詞。西文有 "logograph" 那麼一箇字，他的意思是「表詞文字」。有人說，中國文字是徹頭徹尾的 logograph。

埃及文和美索文變作純粹的表音文字，經過約如下述。

（一）在高度叚借表音的情況下，起初自然免不了混亂。一方面是一箇字體可以代表好幾箇不完全同音的詞，另一方面則是好幾箇不同音的字體可以代表同一箇詞的音。同時，有的字體只代表一箇音節的音（如果原來代表的是單音節的），有的字體都代表好幾箇音節的音（如果原來代表的詞是複音節的）。

（二）代表複音的字體漸漸的由幾箇代表單音節的字體合起來代替。於是一箇字體都代表一箇音節。

（三）漸漸的，約定俗成的，固定的使用某一箇字體來代表某一種音，而不另外再用別的符號。

這樣演變的結果，就成爲所謂音節文字（syllabic writing）。無論什麼語言，無論他的語音如何複雜，音節的數目總是有限的。所以，

凡使用音節文字的，字體的總數，就現時所知，最多的是三百多箇。

　　遠古的音節文字，幾經傳播，分別到達印度人和希臘人的手中。再經過他們的改變，就分別形成印度系和希臘系的「拼音文字」（alphabetic writing）。拼音文字的一箇字體，我們叫作一箇「字母」，原則上只表一個音素（phoneme）。把世界上的各種語言分析到音素的地步，無論多到什麼程度，總數不會超過幾十箇。所以，大家都知道，只要二十多箇字母，歐西各國的文字就都可以寫盡了。

回過來看我們的「表詞文字」。「詞」的數目，在任何一種語言裡都是可以無窮盡的。所以，我們最早的字典，《說文》，便有九千多箇字體；到清代的《康熙字典》，已經加到四萬多了。有人說，繁雜的中國字還是可以利用偏旁來統馭的。不過，統馭之後，得到什麼樣的結果呢？《說文》凡五百四十部；《康熙字典》大加省併，也還有二百四十多。更要緊的則是：部首之外，另外一半的字體又怎麼辦呢？部首能給人的方便究竟又有多少呢？

　　（見《學術季刊》第二卷第四期‧中華民國四十三年六月三十一日出版）

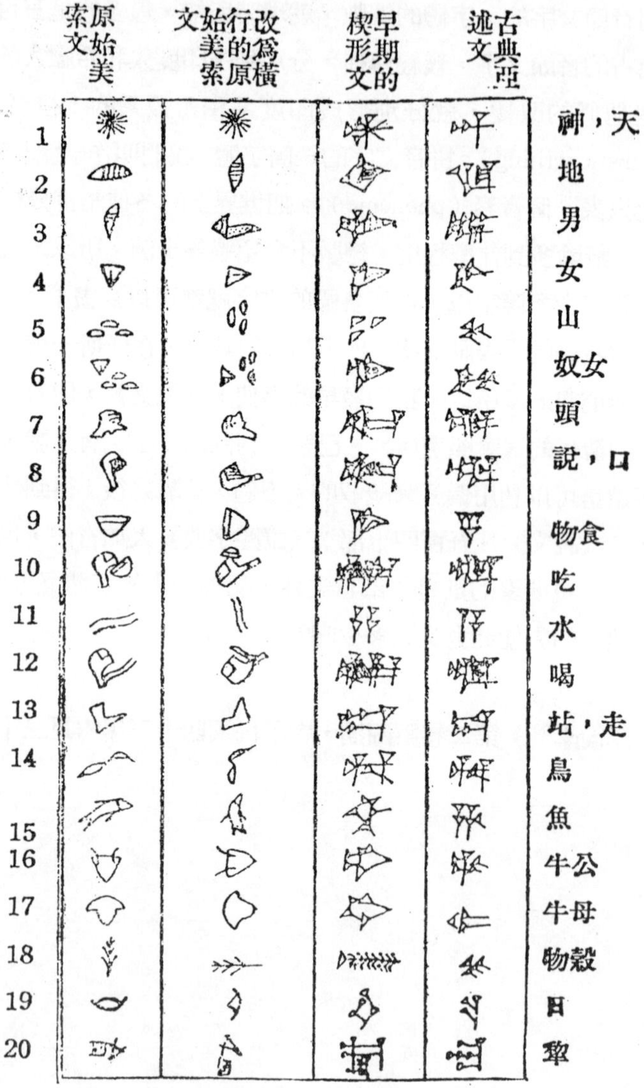

原始索美文	改為橫行的原始索美文	早期的楔形文	古典亞述文	
1				天，神
2				地
3				男
4				女
5				山
6				女奴
7				頭
8				說，口
9				食物
10				吃
11				水
12				喝
13				站，走
14				鳥
15				魚
16				公牛
17				母牛
18				穀物
19				日
20				犁

附圖一　索美文的演變
（採自 Diringer: The Alphabet, P. 46）

附圖二　埃及的「天書」

（採自 Diringer: The Alphabet, p. 61）

書 天　文侶僧　文俗通

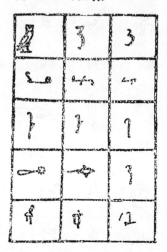

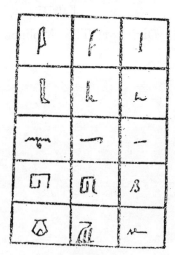

附圖三

埃及文及文字演變舉例

（同上書, p. 66）

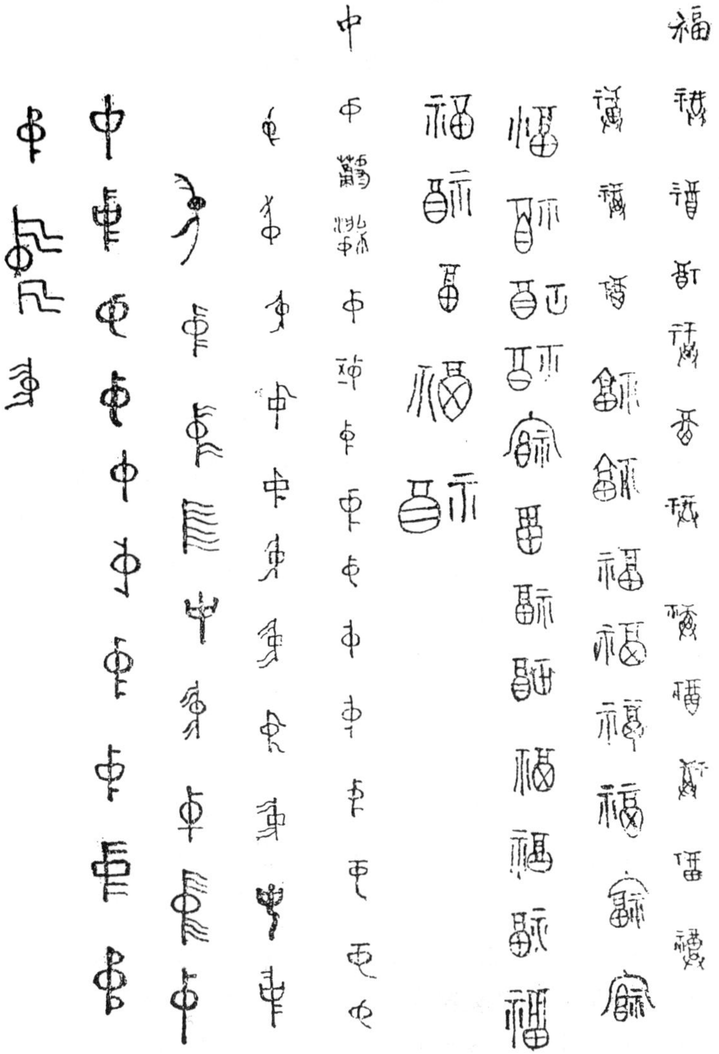

附圖四　甲骨文與金文形體不劃一的例
（錄自徐文鏡古籀彙編）

中國之語言與文字

胡秋原

一箇民族，至少一箇有獨立意志之民族，其標誌有三：一是血統，即體質的形態。二是語言文字。美國海爾（Hale）云：「人種不能以膚髮腦腔爲據，只能以言語爲據。」三、文化，即整箇精神物質創造之系統。而任何一民族之文化，其最基本之胚胎，又實爲語言文字。人類之血統，語文，文化，皆因交流而變化而豐富。各民族文化成就，其有價值者，無不是人類共有財產。然仍各有其面貌者，即各以其語言文字而爲「署名」，並各以其語言、文字、典籍爲出發點者也。試想如有一種魔法，忽然將一國人民之言語文字代以他種言語文字，一國民自仍能生存與思想，但亦將失其本來獨立箇性之存在。一人自能熟練他國之語言文字。但無論如何，最能熟練駕御者，終屬其母舌（mother tongue）。要之，一民族文化遺產與傳統，首先即其文字記錄；而一民族之文化創造，也還是要用他的文字來表現的。

其次，西諺云：「商業隨著國旗走。」我想補充一句，文化隨著語言文字走。一國文化領導權之標誌，即其語言文字之勢力範圍。昔日中國文化盛時，日本安南皆以「衣冠唐制度，禮樂漢官儀」自豪。漢文曾爲東亞之世界文。及十九世紀英文，爲勢力最大之語文。時至今日，美文隨著花旗而飄揚而擴大勢力於全球。這是朋友的文字，這是很好之事。可痛心者，我們語言文字勢力在縮小和破壞中，俄國人

正在用俄語俄文來征服我國。任何一箇中國之子孫，如不能立志使中國語言文字之光芒保持乃至擴大，則中國的命運，也就可想而知了。

　　有此概念，我將進而論中國語言文字在世界上的地位，歷史上作用。如大家所知，中國民族語文不只一箇系統。漢語漢文以外，還有滿蒙回藏等語文。但漢語漢文是國語國文，也是中國文化之原始基礎。以下所稱中國語文，除特別說明者外，指漢語漢文。這也是要首先聲明的。

一、論世界語言種類及中國語言特點

　　今日人類主要語言，一般分為四類。一是非洲、美洲土人所用複綜語（polysynthetic 或 incorporating language）。此幾於字、句不分，相同之意義在不同的句法中，有不同之詞，變化異常複雜。一般認為代表人類語言之較原始狀態。此外，歷史上文明民族之語言有三：即曲折語（inflexional l.），關節語（agglutinating l.）單節語（monosyllabic l.）。此分類是否確切，其關係如何，有極多之問題。但在目前，是公認之分類。此種分類，主要是著眼於語言文法（語法）之構造關係的。

　　先說古今有勢力之曲折語。此包括埃及語、巴比倫語（含、閃），及印度歐羅巴語（雅利安或雅弗）。古希臘拉丁語、梵語、今日俄語，尚保持此種語之本來形態。名詞、代名詞、形容詞，因格、性、數，發生語尾之曲折式變形。「桌子在此」，「木匠做桌子」，「桌子的腳」，桌子一字，形音不同。在各種前置詞後，如「在桌子之上」，「放在桌子抽斗中」，給「桌子以油漆」，「走向桌子」，「靠著桌子」──桌子之拼法，都要變化。此之謂格（case）。俄語有八格，

德語可說有六格，法語可說有四格。一切名詞代名詞都有單複數（甚至梵語希語有雙數）之變形，陰陽性之變形，山河大地，桌椅板凳，筆墨紙張，無不有陰陽中性之別，而代名詞尚有一二三人稱及格、性、數之變形。凡此，形容詞都要跟著變化。此外，動詞因主詞之數及人稱而變化，因時間（tense）、語態（voice）、語氣（mood）而變化。凡此一切變化，常在語尾中部。各位學英文也許感到文法複雜。但英語乃此類語言中最近乎我們的。如學其他歐洲文字，一開始就要講格的變化，那才麻煩。而英語之格，減少到一箇半（即主格及所有格之's，且多以 of 代之）。陰陽性減少到最低限度。唯代名詞之第三人稱保持其固有痕跡。語氣變化也漸趨不受重視。唯動詞時間語態變化大抵同於其他歐洲文字而已。

關節語以烏拉阿爾泰語為大宗，我國滿蒙、回胞之語，芬蘭、土耳其語屬之。此種語言其名詞代詞形容詞，格、性、數之變化與前同，動詞之變化亦相似且更複雜。蒙古文六格，動詞之主變化有二十四種，副變化尚不在內。其與曲折語不同者，即關節語不同前置詞而用後置詞；曲折語根不常獨立，因語尾而定其詞品；而關節語之語根與語尾可分解，語尾可聯用，且可以與其他詞相連。動詞常加上五六箇附加語，其繁複遠在印歐語之上。日本人有自稱為印歐語者。溫克（Winkler）認為是一種烏阿語，此是可信的。唯受漢語之洗鍊，大為簡化。日語在烏阿語中之地位，有如英語在印歐語族之地位。

單節語以漢藏語為大宗，苗語、泰語、緬甸語、猛語、吉蔑語、安南語、後印度語，皆屬之。這些語言之語根，頗有近似及關聯者。根據這一點以及考古學與歷史記載，在遠古時代，這一羣民族血緣相近，是不成問題的。但漢語在單節語中，有如英語在印歐語，日語在烏阿語中之形勢。漢語之特點有四。一、詞多趨於單音。許多學者認

爲漢語原非單音（如粵語中之葉、逸、石等仍略存二音之跡），而是近於單音的。但單音是標準形態。二、單音易生混淆，乃以四聲區別之。昔人以宮商稱平上去入。（四聲各有陰陽或上下，唯上聲無別，故鄭樵以爲有七音。據專門家說，仍得八聲，乃至九聲。）不過今日國語，入聲漸廢，平有陰陽。四聲乃一種音階（musical tone），即 do，re，mi，fa，so，la，si，do 是也。此初到我國時有譯爲「獨覽梅（去聲）花掃臘雪」者。從前有一皇帝問一位詩人何謂四聲。他說「天子聖哲」。若在今日，有人相問，各位答「獨覽梅（讀如媚）雪」可也。三、以單音連綴（couplets）製造新詞。有雙聲（「芬芳」），疊韵（「汪洋」），重義（「狼狽」），反義（「東西」），及最廣汎之複合（「師範」，「學院」，「演講」，「機關槍」）。一般而言，我們不慣三節以上發音，故「艾森豪威爾」終變成「艾森豪」。（「不可思議」，「民主政治」，「無脊椎動物」就中國語法而言，仍爲二詞之連結。惟成語多爲四字。）四、不用語尾變化，而以邏輯次序（logical order）表示格及詞品；並用副詞，虛字（前置詞，後置詞，連詞）以及助字（如方，已，曾，正在，當是時也，以後，然後，於是，同時；受，被，爲，所；假如，萬一，何，之，乎，也，者，矣，焉，哉，什麼，了，罷，哩，呢，嗎，麼……），表示時間，動態和語氣。如「我讀書」，各民族用詞次序不同，但因有語尾表格，故「我讀書」，「書讀我」，「讀我書」，「書我讀」，沒有關係。唯漢英二語只有一箇說法，即我→讀→書；而此實爲邏輯程序（我們還可以用「將」「把」二字變此字序，如「我將書讀畢」）。「簡單」可作名詞，亦可作形容詞乃至副詞。「演講」「運動」可作動詞，亦可作名詞。「好人」，「人好」，「學好」，「說得好」，好之詞品不同。「不得了」，「了不得」，「了得不」，意義不同。加一「之」和「的」，名詞變

爲所有格，名詞動詞變爲形容詞和分詞。性在必要時始以牝牡、雌雄、公母別之。數在必要時始以諸、等、輩、們足之。時間依照事件次序，加上副詞及副詞性語（adverbial phrase and clause）實足以充分表示之。總之，我們不用語尾變化，「文從字順」是我們全部文法的要領。

藏語及其他東南亞語雖有單節色彩，以二節爲多，且有三節者。而文法則皆較漢文複雜。如藏語有四聲似漢文；用後置詞，止詞在動詞前，似日文；有格、性、數之變化，有冠詞及關係代名詞，動詞有時間變化，似英文。

由此可見，世界四種語言中，可簡分爲二種，即複節語與單節語。在全世界語言中，漢文乃最特別者。此即單節，四聲，連綴，詞序。基本發音最簡單（約四百餘），而四聲複雜（約一千三百餘）。拉丁語英語不過有輕重音，而我們有四聲。單字常用者不過四千左右，而連綴可無限制。西洋文字亦有連綴乃至接頭語接尾語之類，但不記兩萬以上生字，是不能真正看書的。漢語之連綴與關節語類似，活用前置詞與曲折語相類（「苦中苦」，「人上人」），唯無須音形變化。而最重要者，以邏輯次序避免關節曲折之語尾變化和各種關係詞，在文法上最爲簡單。大家可以想想，「歐陽子方夜讀書」，「他是一個打腫臉充胖子的人」，在土耳其語英語乃至日語是一個如何說法。

三十年前世界無以簡爲進化者。照斯賓塞說，凡進化皆由不定形，無組識及同質，而趨於定形化組織化及異質化。換言之，複雜爲進化。所以中國語之單音及無語尾變化，過去是被認爲不進步的。無奈古法文古英文發音皆較今法文英文複雜（如法語 franc 今讀如方；而所謂牛津英語，對 sit 之t幾不讀出，what 之h亦不主張讀出）。若以文法繁簡論進步與否，則德語較英語進步，俄語較德語進步，印度語蒙古語較一切歐洲語進步，而愛斯基摩語應爲全球最進步之語言。

所以二十世紀柏格森變了一箇說法。他說進化標誌是「構造複雜而供用簡單」。此說如確，則漢語以一千餘聲而統以四百餘音，千變萬化而統以四千餘字，廢一切語變而理以字序，字形複雜，而文法簡單，是符合這條件的。

二、論中國文字特點乃適應中國語言，世界文字變化乃受書寫技術影響者

　　人類最重要最基本的發明是文字。有人說他是工具。如語言是工具，文字自亦可如此說。但語言文字不止是工具，他是工具之工具乃至人格之一部分。而文字之功，較語言更大。孔子之語言不可得而聞，而孔子之文，至今尚在。

　　過去西方講文字的人，持一種單線進化論，即文字由表意（如結繩）而表形，而表意，而表音（ memorial pictorial, ideographic, phonetic ）。但這些簡單觀念早已過去了。今日北美的紅人，同時用這四種方法。即在今日，我們依然使用表形「字」：如國旗，十字架，及交通符號。

　　但一切文字，確起源於繪文字。繪文字是一種綜合圖畫。此圖畫分化為符號，符號與符號相結之時，才是文字之始。符號能讀，能為語言標記，才是文字。此符號先是象形性的，後來是象徵性的，後來是約定俗成的（ conventional ）。

　　現在，我要進而說明五點。首先是世界文字的系統。最早發明文字者，是埃及人，巴比倫人，克列特人（即愛琴人），腓尼基人，和中國人。腓尼基人集前三種文字之大成，為今日世界各種文字之根據；唯中國文字，另成系統。

埃及是中國文以外一切文字之祖國。埃及人有三體之字。他們在公元前三千年前發明一種文字，稱爲聖書體。世稱象形文字（hieroglyphic style）。同時即有一種僧書體，是一種草書。僧書體後來整齊化，稱爲民書體。拿破倫征埃及時，發現公元前二世紀羅塞塔石，因有埃及文希臘文的對照，遂開始埃及文研究。石爲英人得去，但讀通埃及文的，是法國人。法國人由另外一塊石頭的對照，得到了埃及文的讀法。埃及文的符號，頗不一致；或代表一箇字母，或一箇音節，或一箇字。然對專有名詞，則用拼音之法。此法日益推廣，便成爲拼音系統。世以埃及象形字與中國象形字混爲一談，因斷言象形字之原始。其實埃及象形符號，即拼音字母。西方文字，一開始即是拼音的。僧書字在書字形體較簡略，但各與聖書體並用。埃及文字並非由繁進而爲簡的。

其次是巴比倫的楔形文字。公元前四千年蘇末人已有楔形文字。後由巴比倫人傳於赫梯人。經過各種變化，到波斯帝國時代，波斯人將他用之於銘文。因有希臘文對照，始得以通其讀法。他也是拼音的。唯波斯日常官方文書，則用腓尼基式的亞拉美字母。

還有愛琴海的克列特人有一種很複雜的圖案文字，同時有一種線體文字。這也是拼音的。

此三種文字最早關係如何，至今尚無定論。不過，後來他們是互有關係的。大約在中國少康中興的時候，閃族之希克索人（Hyksos）侵入埃及，將埃及文字的符號整齊化。同族之腓尼基人是商業天才，他們懂得楔形文線形文，再將希克索人的符號加以整理，傳給希臘人，成爲今日各國字母（alphabet）。腓尼基人稱公牛爲 AlePh，希臘人仍稱爲 Alpha。房屋稱 Bet，希臘人仍稱之爲 Beta。今日大家簡稱爲 ABC。

　　自此腓尼基人之發明，分爲三支發展。北面的一支，變爲亞拉美文，希伯來文，敍里亞文，阿拉伯文，回鶻突厥文，蒙古文，滿文與高加索文。南面的一支變爲印度文，西藏文，以及與阿拉伯文共同產生馬來文。另外一支，先經過希臘人改造。閃族喉齒之音特多，希臘人添上單獨的母音。閃族先多自右而左橫寫，希臘人先用左右雙行寫法，後全部由左橫行。後羅馬人將其整齊。如是，有俄、法、英、德之字母。世界語言，可分爲複節單節二系，而文字亦可分爲二系。由埃及蘇末至腓尼基爲一系，中國自成一系。

　　在埃及人有聖書字與僧書字時，巴比倫人有楔形字時，中國人自創其文字。世傳上古結繩而治。據韋續說，伏羲有龍書，少昊鳥書，神農穗書，黃帝雲書。《世本》記載，在黃帝以前有史皇作圖，伏羲畫卦。其後有沮誦、倉頡作書。倉頡有以爲古皇者（《春秋緯》：「倉羲農黃」），有以爲即史皇者（《淮南子》），而多以爲與沮誦同爲黃帝史官（《世本》，許慎）。黃帝的時代，在公元前二七〇〇年左右。所謂史皇、伏羲、倉頡等，與其看作一箇人，不如看作一箇氏族。此則諸說非不可通。荀子說「好書者衆矣，倉頡獨傳者，一也」，即指其整齊之功。文字不是一人發明的。

　　案中國文化，自古有東西二元，後有南北二元。我想西部史皇之圖是純象形的，東部伏羲之卦的符號，世人謂其近乎楔形，我想也可說有指事之意。八卦符號未用爲文字，但重卦之法，或有啓於會意。後大約史皇氏族之倉頡將這兩種系統應用，擴大了造字的方法。到黃帝時代，中國文字體裁之基礎確立了。由商代（公元前一七六六——一二二）甲骨文之進步及已有六書之法，則一千年之準備不爲多，因而倉頡時代文字漸定，是無可懷疑的。發明旁的東西的人還可訛傳，文字之發明，是比較可信的。腓尼基人造字之說，也只是希臘人之所

傳，近世歐人原不相信。但漸漸的也就無從懷疑了。

在腓尼基人完成字母的時候，正中國商周之際。而這時候中國一般文化因東西會合而燦然大備。中國文字體制亦底完成。而特別使文字有系統而豐富者，是形聲相益之法。

許慎云：「依類象形謂之文，形聲相益謂之字，著於竹帛謂之書。」鄭樵云：「獨體爲文，合體爲字。」據統計，《說文解字》所收字，計九三五三。獨體之象形三六四，指事一二五，共四八九。合體之字，會意一一六七，形聲七六九七。自此孳乳益多，形聲實佔十分之八九。獨體字可謂漢字之原根，《說文》五百四十部首多屬之。而形聲則孳乳之主法，謂中國文字之主要特點爲形聲，決非過言。至於轉注、假借，以我外行看法，主要是循聲音之轉借，合獨體之文，爲會意及形聲之字的方法。二者本身與字形關係少，而與歐文孳乳之法相似。王筠云，形聲、轉注、假借，皆聲也。我不贊成以目治耳治分中外文字。外國文字亦不是完全忽視形的要素的。不同者，只是形聲兩要素之成份而已。

第二、要提出中國文字特點之由來。即由上述，可知中外文字一開始即走上不同的道路。同時我要指出，中國文字特點，基於中國語言特點。我們祖先沒有走上字母之道路，決非因爲我們祖先之天生「愚蠢」或「落伍」，而實因中國語言之特性使然。單節語不宜於拼音，而只好保留一部分形的要素。以四百餘音而又無語尾變化之語言，拼音必意義混亂。也許今日中國人沒有洋人聰明。三四千年前之中國人，似乎不比埃及人、巴比倫人、腓尼基人特別愚蠢。中國文字之不能拼音猶如我們鼻子不能高。然文字是否拼音與鼻子是否高，與文化進步無關。中國人在各國之前發明紙張與印刷，即是證明。到七世紀八世紀，藏胞先有印度式文字，回鶻突厥同胞亦用敍全西式文字。亦

因藏語雖同源，究較漢語不同，土耳其語尤其另爲一系統。時日本人決心漢化，亦不能全用中國文字，乃以漢字偏旁拼音，其理亦同。然藏胞回胞以及日本人亦決非天生即比漢人「進步」，似乎也是不待說的。

第三、明白了這一點以後，我要指出文化，尤其是文字，不是專門革命的，而是循「因革損益」原理而變遷的。而因革損益之故，是因用途不同而分化，因書寫技術發展而變化，而最後，且因印刷術之發明而固定的。

不僅「簡體字運動」者，以爲中國字體是「由繁至簡」，即一般人也常有一種「古、籀、篆、隸、楷、行草」的單線進化觀存於心中。其實事實根本不是如此。

自來普通說法，以倉頡以後文字爲「古文」，至「史籀篇」大篆爲第一次之標準化，至李斯「倉頡篇」小篆，又再爲文字之統一。就《說文》所收三種文字看，籀文較古文爲繁複，多偏旁重疊。小篆則大體較大篆爲減省。

唐宋以來，古金石文出土者甚多。清末以來，又有甲骨文之出土。商周甲骨文金文亦通稱爲古文。商代金文多象形字，與甲骨文有相連之跡；甲骨文與周初金文，仍相連貫；但大體而言，不少載籀文爲簡者；而春秋戰國銘文卻又較繁，與籀文近似。甲骨文金石古文與《說文》所載之古、籀，有同有不同者。

於是關於古、籀，有各種說法。吳大澂以金石文爲周初之文，《說文》中之古、籀等，乃戰國時代各國之異文，非眞古文。

王國維先生以戰國時秦用籀文，六國用古文。前者爲西土文，後者爲東土文。

亦有謂文化進步，文字必趨於繁者。柳詒徵先生嘗持此論。我曾

在一次集會中聽到對甲骨金文極有研究之董作賓先生表示此意。

我對此本無研究，不敢作一結論。不過，我知道各國字體，常因銘刻與手寫二體不同，繁簡並用；猶吾人衣服之有禮服與常服然。所以我懷疑所謂籀文與古文，即銘刻體與手寫體；鼎銘體與書契體；篆體與書體。間嘗就《說文》所列古文籀文與甲骨金文比較，則古文近於甲骨文，而籀文近於金文。甲骨文與金文常一字數種寫法。籀文者，殆鼎銘體之標準化。而漢人古文一詞，泛指隸書以前一切文字；嚴格而言，應指孔子以來之書寫體，也可說是一種書寫體之標準化。我願在周初周末，東土西土之說以外，以外行暫時提出此一判斷；即商——周金文——籀文乃正式書體，甲骨文——古文是與平行的手寫書體。不過《說文》中之籀文古文形體，因多年傳寫不無失實，而我們現有資料並不平衡，遂滋誤會耳。金文籀文與甲骨古文二系統形體之差別，由於前者翻砂鑄於銅器之上，希望「永遠寶用」；後者用刀筆刻寫於甲骨竹木之上，求其便捷的。按筆字早見卜辭。不過最早之筆，大概是刀；後來用竹筆，如今日木匠墨斗之筆。自有竹筆，初用漆書；到我國有帛，則墨（墨斗式之墨）也一定有了。甲骨文是刀筆刻的，古文是竹筆寫的。石鼓文是秦刻石，為籀文系統。但因為是刻在石上的，已開小篆之先河。以後篆（小篆）與隸，隸與草，乃至於楷與行，亦皆因用途，工具而變，而又並行的。

秦有八體之書，及八體六技，即用途之不同。李斯等《倉頡篇》所定小篆是正式書體，這是參酌籀、古而定，並將各國不同寫法標準化。以後經過司馬相如《凡將篇》、揚雄《訓纂篇》等仿其體制續成。至許慎考於賈逵作《說文》而集大成。同時，小篆對以前篆體（鼎銘體）作了一個總結，而圓筆方形，則亦稍有隸之體勢。此與毛筆有關。筆不始於蒙恬。唯以兔毫羊毫為筆，始於蒙恬。有了靈活之毛筆，才

有秦刻石上方整勻稱之篆。

　　同時有隸書。程邈是與李斯共同定小篆的人，又傳爲隸書之創作者。然蔡邕謂「程邈刪古立隸文」，則隸不始於邈。而宋濂據《水經注》，謂始皇之前四百年已有隸體（見《漢隸字源》一序）。我想隸書乃竹筆所寫字體，亦即與古文同一手書系統的。隸非奴隸，乃指屬僚，故一稱「佐書」。西人譯爲 official script，甚是。自篆變隸，有頗失字之本形者。此由圓而方之故。秦之隸書（古隸）無點畫俯仰之態。此由尙用竹筆所寫之故。

　　中國字體變化雖多，唯篆隸之變，是古今一大決定性的變化。此漢人所論古文今文之別也。

　　至漢，隸大流行，但西漢金石刻，用之甚少，至東漢，許愼集古體之大成。其後賈魴作《滂喜篇》集今體大成。自此隸書始代小篆爲正式書體，同時隸體向兩方面發展：一作點畫俯仰之勢，如石門頌，曹全碑。一則益趨於方整，如蔡邕之石經。此皆用毛筆之故。

　　同時有草書。草書又名稿書（漢人有草稅，亦稱稿稅）。許愼說：「漢有草書。」趙壹、蔡邕謂起於秦時。而《史記·屈原傳》：「屬草稿未定」，其爲古文，抑後世草書不可知，要爲一種手稿體而非其時之篆體。此殆所謂「篆草」者。現在發現漢武帝時之漢簡已作草體，此殆所謂「散隸」或「隸草」者。至章帝時杜操（度）以此名家，即可謂章草。此亦毛筆發明，轉折甚便，而是時紙張已出，「文房四寶」漸齊備也（中國磨墨及硯，皆始於漢末）。其後崔瑗精之。至張芝變爲一筆草。但此爲書法而非字體（後王羲之、張旭、懷素變爲狂草）。東漢末，劉德昇爲行書之體，實繼散隸，介乎楷草之間者。

　　篆隸太過，行草不及，乃有楷書。世傳楷書起於王次仲之八分書。王次仲有以爲秦人者，有以爲章帝時人，亦有以爲靈帝時人者。八分

之解釋不一。而文姬以其父書石經爲八分，殆可信。無疑者，楷爲隸之自然演化。楷者，法也。魏晉至唐，隸楷之稱混用。其區別僅在波勢。（顧靄吉云：「隸與八分，有波勢與無波勢微異，非兩體也。」）楷書又名真書、正書，言其直正。自是以來，楷書獨盛者，一在其無過猶不及之病，二則紙已發明之故。紙不宜寫波勢之字。楷書在東漢之末已盛。文姬云，「真草唯命」者是也。而益趨平正，體制大定，則始於鍾繇。繇爲文姬及劉德昂之弟子。其後有南北二派，以王羲之及索靖爲大家。至唐宋有歐、褚、顏、柳、蘇、黃楷書成爲正式書體，復經唐石經爲之標準化，印刷術爲之定型化。故篆隸可稱印刷術以前之楷書，楷書即印刷術以後之鼎銘體。自有印刷體代古之鼎銘體，行書簡筆之類，乃爲伴行之手書體；直至今日。

由此可見一時代決不止一種字體，而常爲「銘刻」「手寫」二體之並行。籀古而後，先有篆隸之並行，後有隸草之並行，終於有楷行之並行。一人又何嘗只寫一體？王僧虔云：「鍾繇有三體，一曰銘石之書，二曰章程書，三曰行押書。」此殆隸，楷，行之別。

此亦可見「由繁趨簡」之說毫無根據。古簡於隸，草行均早於楷。從來是繁簡並行，亦即銘寫並行的。

而一體之中，有由繁趨簡者，如籀篆之變爲隸楷；此由工具之變化。亦有由簡趨繁者，此原因主要在於要求明確，避免混亂。而這是文字之根本要求。例於「莫」與「暮」「幕」，本爲一字。网字原爲象形，因可能混同，後來先在下面加「亡」象其聲，復在旁邊加「系」指其義，乃成今日之網字。刻意求繁未免有閑；專門求簡，是退步而非進步也。

還要知道，字是「不革命」的。數千年間，各國文字變化並不甚大，變也是慢慢變的。呂思勉先生云：「書體之變，積漸所致，鑒指

一人爲作者（如程邈立隸，王次仲作八分）皆非。」積漸云者，指大家的創作，大家的選擇，唯整齊之功，則賴學者專家。次則與一般書寫工具有密切關係。有了毛筆，漢隸章草楷行才有可能；有了鵝毛筆，西洋人草體才有可能。上下行左右行之習慣，亦皆適應同時的筆墨紙張，沒有什麼「進步」與否可說的。

特別要知道的，楷書起於紙張，定於印刷。唐宋以來，我們發明刻版和活字。自此以後，楷字成爲印刷字，沒有變動（爲了適應印刷，爲了醒目，日趨方正）。行書成爲通行手稿字。篆隸草書，成爲美術。自此以後，我們變更的可能性與必要性就不多了。由於文獻累積，不便更動；由於已有印刷，繁簡根本不是一箇大問題了。自古以來，用手寫體代銘刻體是沒有的，不可能的；印刷術以後，更是不可能與不必要的。

第四、我要說明，上述第三原理，不僅古今皆然，即拼音文字亦皆然。

我藏蒙回滿文字，無不有楷行二體。日本有平片假名。即五洲萬國皆然。我們知埃及有聖書，僧書，民書。聖書同於銘刻；僧書是寫在蘆葦「紙」（papyrus）上的宗教文書體，如「死人之書」；民書則爲日常文書之用。波斯楔形文用於銘刻，亞拉美文用於書寫。到了羅馬人，在帝國初期，有楷草二體，爲今日英文大小寫之起源。前者用於銘刻，後者寫於蘆葦「紙」羊皮「紙」（parchment）上。此外還有一種草書，則是用鐵針（style）寫於蠟板上的；此即西洋人「文體」一字之起源。羊皮紙（這是很貴的東西）起來以後，五世紀時，有愛爾蘭字體，十二世紀末有黑體文。同時，有相應之手寫字。此外，還有旋體，古體，教堂體，斜體，裝飾體等。這都是寫在羊皮「紙」上的。在中國用紙的時候，羅馬人還在蘆葦片上寫字，羊皮紙剛剛開始。

八世紀阿拉伯人由中國學得造紙的方法，十三世紀歐洲人才有紙，十五世紀才有印刷。自此英國人用羅馬字爲印刷體，德國人用黑體字爲印刷體，直至今日，未曾變化。而英德草書，大體都是由手書黑體字而來的。可見自腓尼基字母以後，西洋字母正楷體並無繁簡之變化。有之，只有整齊一點，花樣多一點。中外古今，是沒有以較簡草體代較繁楷體的。

　　自從印刷發明以後，更無所謂繁簡，只有印刷體手寫體了。此外，即是美術體，簽名體了。進化論者克羅德（Clodd）著《字母史》論英國字母云：

　　　　字母乃不知不覺變成的。達爾文術語「變化的遺傳」，可用於
　　　　世界文字之草木禽獸。待達到適應時期，例如字母到印刷發
　　　　明，即不再發展。人類工作止於一定的限度。用古希臘人哲人
　　　　的話：「聽其自然。」（The Story of the Alphabets）

他又說：「古英文字母與今日是不同的。他們將i 變爲i 與j，uv變爲w，p th yz 都是由北歐希臘借來的。」他指出英文字母不合理之處以後說：

　　　　k使c成為多餘，q與x無甚用處。實際上我們只須二十三箇字
　　　　母。我們的字母與拼音，並無規則，老是與我們讀音衝突，使
　　　　兒童與外國人困難。然印刷固定之後，這一套有用符號，乃鞏
　　　　固了一個基地，不致被語言中顯見語音變遷的過程所變動。

這不僅可以證明以上之所說，而也是說明，今日外國文字也不是完全是聽音即可寫字的。

　　原來天下事物固然都在變，但有的變得快，有的變得慢；有的變到一定程度即不再變；有的變是需要的，有的變是不需要的。字的音比字的形，變得更快更大。中國字因有形的要素，音的變化不過方言，

一旦交通發達，文化普及，即使其再統一。外國字先只有字的要素，所以方言終於變成國語。直到印刷術發明，在音之中保存了一部分形的因素，限制了音的分化之發展。假如歐洲印刷術提前發明四五百年，我相信歐洲國家將比今日少得多。而字之音形之變化，對於人類文化與幸福，不是必要的。若干美國人提倡英語簡化，即在不明此理。因此，也就很少人附和了。

　　第五、我要略爲談談中外文字的難易問題。當許多外國人看見中國語簡單而認爲「原始」的時候，他們又看見中國文字繁複而認爲「原始」了。反正中國人就不行！而我們「簡體字運動」的朋友們憑他們的直覺說，文字是工具，工具愈簡單愈進步。我說過文字不是單純工具。其次，即使是工具，一切工具也決斷乎不是趨於簡單的，各位想一想衣食住行和戰爭的工具即可明白。第三文字的形體並非愈來愈簡已經說過了。第四，現在我要說到文法是一天簡一天，文字的內容孳乳，則確是一天增加一天，一天繁一天的。一箇最明顯的事實，就是各國語彙無不增加。一箇二次大戰，就不知增加多少新字。我們的單字雖在縮減，詞彙是在在飛躍增加。怎麼可以說人類文字是求簡呢？英美人有基本英語的提倡。但另一方面，現在暢銷各國的 Readers Digest 幾乎每期都有「增加你的文字權力」（Increase Your Word Power）一欄，講究新字彙及其用法。這不是證明一般美國人還在不斷研究文字嗎？

　　「簡體字運動」者以繁簡判難易。並以外國文簡，故易；中國文繁，故難。我決不說中文不難。但世界上沒有一件真容易的事。有人說三百六十行中，近代中國做官是比較容易的。其實恐亦未必然。說到外國文，我想決不容易。數十年間我國學生對於外國文用力與成功之比例，我想是甚爲懸殊的。這一方面有學術不獨立的痛苦，一方面

也由於缺乏分工造就外國文人的計畫。此外也有教學方法問題。但其
不易，也可想而知。即此一外國人學彼外國文，又何嘗容易呢？肯南
大使到俄國，能與俄國人談話，便認爲是一件了不得的事，即可想而
知。即同一外國人學其本國文字，又何嘗容易呢？只要看各國讀本、
文法、修辭、作文、字典、辭書、以及正音，辨歧，改錯之書，汗牛
充棟，即可想而知。以爲外國人祇要認得二十六箇字母，即能識字，
即能讀書，是錯誤想法。我們固不能將中國一箇字的一筆一畫與外國
一箇字母的一筆一畫比，但也不可將外國一箇字母與中國一箇字母相
比。外國字還是將一箇一箇去識的。中外同樣，識字亦不是等於看書
寫作的。即令寫作，亦不是即通順的。英國人看倫敦「泰晤士報」已
是最高等英國人了。但看看（Kings English）一書，批評，「泰晤士
報」文章不通之例，即可知英文也太不容易了。然則中國人學中文，
比外國人學其本國文字如何呢？在沒有一箇可靠的比較與試驗之
前，我不能作一絕對肯定。而已有的實驗。證明識字難易，不在筆畫
繁簡。我能確切肯定的，是「簡體字運動」者說外國人因是拼音，所
以容易。那是毫無根據的。如上所述，中外語文實在互有繁簡。有中
繁於外者（筆畫，四聲，字綴）。有外繁於中者（生字，音綴，文法）。
說到讀書識字之難易，中國字一箇一箇筆畫困難。但互有關聯者多。
外國字幾十箇字母打轉。但字與字之間有關聯者少。於是我便又要說
到構造複雜，使用簡單的原理了。外國字如英文的構成，除了少數依
賴接頭語接尾語的變化外，其餘一部分由古雅利安日耳曼古英語及中
世英語承繼、變化、會意、轉注、假借而來，一部分實由外來語之借
用，變化，會意，轉注，假借而來（如 tea，brutal，compapy，theatre，
capital）。如講起「洋說文」（Etymology）來，本來語也好，外來語
也好，皆因音變而難於究詰。例如 company（公司）由拉丁文「共同」

「麵包」而來，尚有線索。bishop（主教）本爲希臘文 episcopos（看守人），則全然脫形。即以古英文而言，good 一字，原作 god；而 morning 一字，原作 morgen，實面目全非，與外國字無異。而 goodbye 實爲（God be with you）訛讀，普通英人固不知之。似此情形，結果大部分還是祇有死記之一法。十三卷《牛津大字典》六十萬字，《韋氏字典》總將近三十萬字，普通中英字典總在十六七萬字以上。這倒不如中國數千字還有六書之道，尤其是形聲之道可循，較有以簡御繁之道。字之連綴固有意義轉變者，但究比一不同之字，較有以簡御繁之道。

三、論中國語言文字對於中國亞洲歷史文化之作用

羅素曾說中國文化有三大特色：無宗教，無階級制度，有特殊之文字。我以爲中外文化之別，此三點可以盡之。

此三者是有關係的。我想中國歷史可分三時期：戰國以前，中國文化起源於本土。秦漢以後，中國歷史與亞洲史不可分。清代以來，中國歷史與世界史不可分。

自遠古以至春秋，人類文化除美洲外，有二大中心，一在西亞，一在東亞。自地中海以至伊朗，各種民族移動頻繁，此有互相競爭之利，有互相殺戮之害。中國在葱嶺黃海之間立國，保持一種「光榮孤立」。黃河長江流域，多爲單節語之民族（華戎氐羌蠻夷，即今日漢藏泰越之族）。他們方言不同。但等到華夏之族發明文字後，即有一個共同的精神交通工具。憑藉此一工具，易於和平團結。中國民族史原無民族征服。因此無階級之制，亦無宗教。因此，無英雄，無史詩時代。我們雖曾有炎黃蚩尤戰爭，但較之兩河流域，印度河流域以及

特洛亞之大戰，不可同日而語。此中外歷史出發時，絕對的不同。黃帝時代最大之發明爲車，衣裳，文字。軒轅氏是一用車部落，又「始制文字，乃服衣裳」。何謂華夏？用車，穿衣，有方塊字之民也。文字即華夏民族之標誌。這文字爲一切單節語之族所歡迎。反過來說，這文字自亦使單節語擴大和固定。同文即同種，中國文字是中國民族之水門汀，他代替了征服和殺伐。中國民族是以文字而團結起來的。中國人以倉頡爲第一大「聖」（倉聖），不是無故的。他做了任何英雄所做不到的「大征服」——征服人心。

其後以此文字記載的各種古典文獻，經過孔子而編訂下來，成爲中國民族的共同財產。自此中國語言文字始有所附麗。「子所雅言，詩書執禮。」這位大聖人不僅在精神教育了中國人，即在整齊中國語言文字之功，亦足繼倉聖。雅言（夏語）、文字、典籍，是中國民族與歷史之三合土。同時亦是一種磁力，一種精神的光，教充周圍民族。於是夷狄進爲諸夏。中國民族日益擴大。以後夏楚結合爲漢。中國之東西南北，凝結爲一整體，沒有中國文字——沒有倉聖宣聖，是不可能的。秦皇漢武充其量是中國文化之僕人；有時且爲惡僕。

此後中國歷史加入亞洲史之中，中亞的變化影響到中國。中國不復孤立了。中國民族疊經內憂外患。烏拉阿爾泰系的民族，如匈奴、鮮卑、突厥、遼、金、蒙古，不斷流入中國。然中國語言、文字、典籍之鼎，成爲歷史之安定力。以中國文字所支持的中國文化，終使漢胡一家。劉淵石勒苻堅都是通過中國文字，受了中國教育的。鮮卑語一度大行於華北。但他們沒有文字，終於歸化中國。於是乎開闢隋唐之大局面。其後藏回蒙滿諸族另有文字，而關係有的至今較爲不同；亦可見文字作用之重大了。元代是中國以及歐亞之大變局。當時波斯文，畏吾兒文，西藏文都在中國流行。向使沒有唐宋學者文豪的著作

並通過印刷而流行，沒有耶律楚材這一漢化的遼人之努力，中國歷史恐怕要大爲不同。然而中國文化終於勝利。中國文化勝利之武器非他，即是方塊字。以戰國以降中國歷代所遭變動之大，以及各地語言方言之紛歧，如非此一不受語言變化影響的文字，中國殆已如歐洲、中亞，分裂爲許多國家。也許能更有競爭，但必然更多殺伐。中國文字是一安定力，統一力，團結力，和平力。中國文字起了歐洲宗教的作用，但更人文，更超種族之界。

我們可說，在中國歷史上，文字鞏固了民族之統一，並使中國歷史爲世界歷史之最完整者。

對外而言，中國文字是中國文化之使者。西人常云：「拉丁文爲西方文化之車，人文進步之車。」中國文字在東方亦然。中國文化借中國文字之媒介，西到于闐波斯，南到越南，東到高麗和日本。漢代于闐之錢，一面作佉盧文，一面作「五銖」。唐代中國典籍，流傳中亞（如《易經》譯爲康居文）。波斯人李珣之詞，載《花間集》。亞拉伯人蒲壽庚壽宬兄弟仕於宋元之際，後者有《心泉學詩稿》。安南自古與中國關係密切，誦讀詩書，開科取士，幣制亦仿中國。朝鮮與中國關係尤早。漢代王景仕中國爲水利大家。唐代崔致遠在華數十年，回國後著《桂苑筆耕》，至今爲朝鮮古典。明代朝鮮人發明銅活字板，是文化史上一大事。而今日韓國國旗，還作八卦之形。日本的情形大家知道的一定更多。這實在是中國文化外傳最有成績的地方。中國語言傳到日本，有漢音、吳音、唐音。中國文字傳到日本，除借用外，復取偏旁爲二種假名。唐代袁晉卿以文字學家到日本爲「大學頭」（大學校長），晁衡（即仲麻呂）在唐與王維李白唱和。自是以來，中日文化幾爲一體。直到德川時代，日人猶多以漢文著作。六十年前，中日是沒有惡感可言的。凡此一切中國與亞洲諸國之友誼，首

先是一種文字因緣。如日本足利致明朝書中所云,「書籍銅錢,仰之上國久矣」。中國文字是亞洲一種教化的力量。

　　還有一事絕不可忘的,六朝以來,中國國民即有移殖海外的。而大盛在元明清三代,尤以閩粵同胞爲多。他們的語言,與中原大異。但無論他們到那裏,每一個人均有一根線與中國相通,而絕不要政府派總督,派兵船,設租界,他們永遠是中國最忠良的人民,這還不是中國文字維繫的力量嗎?

　　這一開創中國歷史,保持中國歷史,開化亞洲歷史,維繫全世界海內外國民團結的文字,乃是近來若干人最看不起,必去之而後快的文字!

　　而這不過是中國歷史第三期發生的一種反動。近百餘年中國加入世界歷史,我們有暫時的挫敗慘敗。這原因多得很,但無論如何,應歸咎不到文字。然而不然。

豈僅不應歸咎到中國文字呢?由於我們自己之不振作,在我們歷史之不幸時期,還能保持中國民族生命者,首先應感謝祖先之德澤,而此德澤之中,首先恐怕要算文字了。各位以爲我的話誇張嗎?想想下面的事情:

　　近百年間,中國的邊疆,首先受到分離的陰謀。蒙、藏、新疆,早即搖搖欲墜,而東北及東南沿海情況不同即向心力最大者,雖曰民族關係、文化關係,也是一文字關係。如果中國不是方塊字,恐怕首先脫離中國的,就是受到震動最大的東南沿海和東北了。

　　又近百年來,世界大變。凡我僑民,篳路藍縷之區,皆爲他國所有。然我僑胞之愛國,在任何人之先。在經濟上是外匯一大來源,在政治上,爲「革命之母」。他們憑什麼與祖國結不解之緣的呢?那首先不就是我們的聖人給我們的文字嗎?香港割讓,已百餘年,言語不

通。而香港人終爲中國人者，是誰之功歟？今日國逢大劫，我們來到臺灣，此處不在政府之下者，凡六十年，而言語不通。如非方塊字，我們到臺灣能否與臺胞一見如故乎？今日我們能根據臺灣以謀復國，不能忘記先民前人之力，尤其是鄭成功。然倘無方塊字，我們能想像我們的困難嗎？

　　總之，數百年來，我民族分散極廣，尤其是百年以來，我民族所受震撼極大。在此分散離亂之際，我祖先遺給我們的遺產已被我們蕩盡以後，猶有文字，他好像是旅行中的信號，好像大亂中父母給子女的一把鎖，一塊玉，作中國民族強有力的精神紐帶，歷劫不磨的信物，聲氣不渝的心印。使天南地北，猶爲一家人者，非此方塊字之效乎？向使數十年前，我們實行拉丁化，大眾語，或將字體破亂之，而無一共同之文字，則今日大陸，臺灣和海外的中國人，「團圓」的希望如何呢？一箇文字學者曾有兩句詩：「頡皇死已五千年，猶把光芒大千。」我們不肖，無以光先人之盛德，不自振奮，不自愧恥，竟欲將祖先遺於我們最後的一線生機斷絕；此非忍心而已，而是其愚不可及也。

　　我決不是說，專靠我們的文字，可以救國。但我確信我們的文字，今天是我們團結反共、團結抗俄的一個基本工具。各位將來如到外國，看見方塊字時心中發生一箇如何感動，便知道我們文字力量多麼偉大。就是這箇力量，我相信在大陸上，對於俄帝共奸是一強大抵抗力量。就是這一力量，我相信是我們與海外華僑通聲氣，對大陸同胞表情達意不可或少或缺的工具，也就是團結一切中國人從事復國建國的基本力量。

　　世界民族有無國家文字與歷史者。沒有國家不可怕，如猶太人仍可復國。沒有文字才可怕。滅人之國先滅其史，無文字自無歷史，不待人滅而自滅了。

　　世界國作家學者無有不自尊其本國語言文字者。各位學過西洋文學的人一定知道莎士比亞對於英文，哥德對於德文，佛羅貝爾對於法文，普希金對於俄文如何自豪。此不僅爲愛國心之人情，實由他們最能操縱的文字是他本國的文字。故此即自尊，自尊其文章之好。一個人到了對本國語言文字自慚形穢，其學可知矣。

　　爲了省事起見，我願引三個人的話，供諸位參考。

　　一是政治家孫中山先生說：

　　　今日人口四萬萬眾，其間雖不能盡讀盡書，而卒受中國文字直
　　接間接之陶冶。外至日本高麗安南交趾之族，亦皆號曰同文。
　　以文字實用久遠言，則遠勝於巴比倫、埃及、希臘、羅馬之死
　　語。以文字傳布流用言，則雖以今日流傳之英語，號稱流布最
　　廣，而用之者不過二萬萬人，曾未及用中國文字者之半也。蓋
　　一民族之進化至能有文字，良非易事。而其文字之勢力能旁及
　　其鄰圍，吸收而化之。所以五千年前不過黃河流域之小區，今
　　乃進展成世界無兩之鉅國。雖以積弱屢遭異族吞滅，而侵入之
　　族不特不能同化中華民族，反為中國所同化，則文字之功為偉
　　矣。雖今日新學之士，間有倡廢中國文字之議，而以作者觀之，
　　則不當廢也。

　　一個是史學家孟心史先生說：

　　　吾國文字為剛性，不若拼音字之為柔性；又為固定性，不若拼
　　音字之為流動性，此盡人所知也。三代以來，禹會諸侯，周初
　　尚有八百，至春秋標舉其大國為十二，戰國乃為七雄。要其弱
　　小獨立者固尚夥。其時典謨訓誥，初無異本。「書同文」之稱
　　盛，明揭於孔氏之遺文。周以後，惟篆變為隸，有一小小波折，
　　至煩漢儒說經，用今文寫定古文之本。自是以後，流轉甚微。

若其分裂，則三國之鼎峙，南北之中分，五胡十六國之雲擾，五代十六國之瓜剖豆分，較之羅馬失馭之禍，亦纍纍而有矣。文字之力終能控制列國，莫能橫軼。因文字之合一，而語言亦受拘束。所異者，不過雙聲疊韻之間，名詞同，句法同。燕人入粵，專心查其音紐，旬月之間，可以畢通。而吾國所謂種族之單純者，質言之，即此文字之單純耳。古稱蠻夷，如萊夷、淮夷，徐戎、驪戎、陸渾之戎，赤狄、白狄之類，皆在古帝都密邇之地，聖哲並起之鄉，吳楚則已為荒服，又何論蠶叢魚鳧之國，五谿六詔之蠻，東越甌越閩越南越之詭異。今試指閩越人，而告以汝非漢族，其人必大憤。此之謂民族之自決，此之謂外人不敢生心。新疆為蒙回各半之故地，光緒間設省開科，不數年而優秀之士，已受六書之支配。士首四民，民皆慕士而不欲自外，所謂五族共和，回之一族，乃強作蒙藏之陪客。滿則自行消滅，滿人略無復識滿文者。蒙滿之所以捍格，乃誤於清代之自私，欲留作豐鎬故家之禁臠。當時若乘科舉之熱，一舉而推行之，安見不與天山南北爭烈？古人之造成我偉大民族者，惟此不受語言轉移之文字。學之時稍難，而用則極大。今以識字人數之少，恨吾國文字之不出於拼音，其用心與外國人恨其語文之複雜，而欲創世界語以齊一之者，無乃相反？

第三是科學家秉志先生說：

中華民族屹立五千年，不同世界其他民之旋起旋滅者，蓋有其獨具之特長，所以其歷史能悠且久也。其特長維何：一曰富於創造能力。觀於古代文化之開始，實由先哲仰觀俯察而得。創造力之偉大，可想而知。二曰善於師人之長，觀於鄰邦文化之輸入，旋為吾所利用，即與吾所利用，即與吾所固有者無異。

富於吸收能力，亦極顯著。三曰能兼容並包。先哲『夷狄進於中國，則中國之』，及『四海之内皆兄弟也』之明訓，為國人所飫聞，故富於寬大精神，融和無數小民族，而成為一碩大蕃滋之民族。舉凡種族宗教之異同，非所介意，而成水乳相孚之象焉。四曰善於結合。吾國疆域廣大，人民眾多，近二千年來，屢經分裂而卒歸統一。今則此結合力愈臻強固，有顛撲不破之勢。尤不能不歸功於文字之統一，與夫先哲『視天下猶一家，中國猶一人』之教誨矣。中華民族具此特長，遂得永遠生存於大地之上而悠久無疆。凡我國人，對此種史實，可不珍之愛之乎！」（潘柳強《中國歷史韵篇·序》）

秉志先生在科學不發達的中國，總算一箇人才。今日有自稱「科學青年」者看不起中國文字，是可以自反自問一下的。

四、論十九至二十世紀西洋學者對中國文字之批評

我們且聽聽外國人之評論。但外國人意見，有今昔之不同。

語言文字之學，起於十八世紀末，盛於十九世紀。在十九世紀，中國語言文字，是受盡侮辱與誤解的。

語言學創始人之一的希勒格（Schlegel）分語言為無機的與有機的。以後大語言學家波普（Bopp, 1791-1867）以華語為無機語言，而印歐語為最高語言。輝特尼（Whitney 1827-1894）以語言由單節而關節而曲折，故中國語乃語言中之最低級者。不過大學者洪保特（Humoldt）對於這看法，曾表懷疑。然人云亦然，是沒有辦法的。

一九〇九年，前面提到的英人克勞德在其風行一時的《字母史》中對中國語文所說，可為十九世紀見解之代表。他說：「中國，是一

箇停止進化的地方，他的惰性給外國針刺而覺醒。」

他說：「中國語言不脫單音時期，沒有語尾表示數、格、時、式，一箇詞可用爲名詞動詞，句子的造成，只能依賴詞的位置。」

他說：「中國文字在原始階段上停止了約二千年，可供一箇古代進化過程的實例：即由結繩起，到形聲止。」

他恭維日本人。「日本爲東方人之先驅，選擇漢文中若干符號，組成他們的以呂波。」大家知道，日本人以阿伊宇江枌等字，而有アイウエオ。但他對於使用字母之韓文，卻不恭維。此勢利之見耳。

然時代在變化了。不久，舍斯（Sayce，1846-1933）始爲持平之論：「吾輩常謂詘詰語（即曲折語）優於關節語，關節語優於單節語。但所謂優劣者。從何而判，亦曰，若者善於表見思想，故優；若者不善表見思想，故劣而已。執此以論言語，比較乃失所據。思想苟可見，句中語調之關係，初於大體無關。吾儕考驗兩種言語之結構，每不免入以成見，謂我所習見者，必優於我所僅見者。讀希臘文、拉丁文，梵文名著，輒覺就表見思想之作用言之此必較善於彼。究之我所覺者，未必確也。英文文學未嘗遜於古文文學，英語表見思想之功用，亦何嘗不如梵語？然英語之詘語，遠不如三者之甚也。轉而問中國人，又必翹其國之經典以自豪，謂在西方文學之上，而其語言亦爲思想最善之媒介。蓋評語言文字之眼光與評美惡妍媸之眼光，皆不能盡人而同之，亦無一定之標準。黑人之謂美，非必白人之所謂美也。言語之優劣，若全以形格繁多爲依據，則複綜語當居上，若以簡潔直截爲高，則華語最良；若以明瞭透闢爲重，則英語及關節語又當仁不讓。且關節語分析句之各部，辨明文法上之關係，至爲細密，不可謂非優於詘詰語之處。倘言語而果有一定遞嬗之程序，詘詰語且應進而爲關節語，再進爲單節語。蓋以同一語系表示各種關係，或以若干語系表

示同一關係，在詘詰語中常見之，徒亂人意，非文明進步時所應有。且就名詞之性而言之，強非陰非陽爲陰爲陽，尤近於野蠻人之行徑也。」

我想插一句：即代名詞之分陰陽亦非必要。近人在古字書中找出她、牠、妳，並強定讀音，我看是用不著的。

「倘吾人執詘詰語之原理而細加以考察，將見其所依據之方法，不知關節語所依據之方法遠甚。詘詰語中語句關係，均以語系或內部主音之變更爲表見之資，字根則據其中堅，亦猶眾念之中，以最要者爲主，以次要者爲輔也。質言之，凡副佐之思想均宜以詘詰語之方法表示之。然此種原則，每不能通用。例如彼將愛曰『amabit』可也；曰彼必愛，則須假用單節原則，曰『Illi amandum eat』或『Necesse est ut amet』。且兩念相聯屬之處，非復詘詰之方法所能應付，而聯接字尙焉；此與華語又奚以異？歐洲現行文字，如英文如法文，皆於詘詰之中，兼採單節關節方法，亦以僅恃詘詰，必有圖窮見匕之時也。惟斯拉夫語，立陶宛語保存繁變之道；顧殊不足爲訓。」（沈步洲《言語學概論》引）

我再插一句：如「good-for-nothing」，「epoch-making」，「know-how」，都是漢語連綴方法。

到了最近，新文法學者耶斯拍生（Jesperson，1800-？）出，力持語言進步論。他論文法進步趨勢說：

> 綜合今語之優點：一、音形較短；二、形式較少；三、語詞之形式頗有恆則；四、構造之原則，固定而少變化；五、語詞脫離語系（指接尾語之類）獨立，便於意思之表現；六、文法形容詞與名詞性數相合之類，既笨拙，且爲贅疣，今多廢棄；七、字有一定之次序，言者之意了然。各種語言，皆依此向前進，

而遲速不等。以條頓語言，皆落於英語之後。……文法省簡為世界顯著之徵象，可以斷言。

耶氏本丹麥人，其著作出世後，英人多宗之，英文文法書一變（我國林語堂先生之文法書似即受其影響者）。首本此義以論中國語者，為胡以魯先生。他為章太炎先生弟子而通歐語，有《國語學草創》。他說：

語言之成，無過綜合分析兩端。以綜合成名者，希臘印度為最上；以分析成名者，惟中國為完備，西方英語亦近焉。故他國所具之性，涉於宗教迷妄者，中國皆能廓清無餘；其長一也。嬰兒之語，先動詞後名詞。蓋客體先現，而主體次之。有從此例以成排列者，其語言皆非進化者也。上世國語，亦有次第顛倒者，若云「室於怒，市於色，野於飲食」。漢魏以來，滌除殆盡；而他國皆不能比；其長二也。即音而存義者，地逾十度，時越十世，其意難知也。即形而存義者，雖地隔胡越，時異古今，其文可誦也。夫夏人之性，以保守名。然語言文字，賴此形象不易，得以通達，翻譯訓故均省焉。不齊而理，至繁而簡；其長三也。

十九二十世紀之際，德國孔好古（Conrady），格魯白（Crube），商克（Shank），法國馬伯樂（Maspero）均通中文，對中國文字意見逐漸大變。而集大成者，實為瑞典漢學高本漢（Bernhard Karlgren）。他精通漢文，並對中國十餘地之方言亦有調查，歐洲諸語言不待說，並精通亞洲語言，尤其藏文，日本文。其博大精深，實今日西洋漢學家之泰斗。尤其是古韵之學，章黃二先生後，舉世無匹。即國人現在尚亦無出其右者。其著作有關於《左傳》、《詩經》、《老子》文法與音韵之研究多種。最通俗的，是為牛津大學寫的一本《中國語與中

國文》（一九二三）。最爲紀念碑的，是《中國音韵學研究》，對中國中古音韵及今方言縱橫衍變，作了極系統研究，《漢日語分析字典》，對中國每一字的古音變遷，作了有系統的考證整理。今日全世界可說不讀高本漢，不能談中國語言文字。不獨英德法美諸國學者配服他，俄國人也祕密讀他的書。我於一九三四年在英國看過他一本書，而得讀其著作，是一九三五年旅行蘇俄時，那時我偶然遇到一俄國女語言學者，是他們科學院之一員，保有高氏著作多種。他聽說我是一中國人，前來討論，往還數日，盡借其所有高氏之書而讀之。但因我並不研究這問題，以後也不曾再看了。高氏是一眞正學者，無政治成見，因受中國文化文學，自名「高本漢」。而我國只有「毛本俄」之流，眞正令人難過。高氏之書有張世祿君等譯出數種。我且引他兩小段。，

> 用中國語人數，較任何語言爲多。大概說，在三四億之間。此外還有中國人之殖民區，如海峽殖民地，北美西部，通行中國語。還有日本、韓國、安南之文言，是依據漢文的。中國語在應用範圍上，超過英德法俄西班牙。由文化勢力看，亦可和他們比美，有同等地位。歐洲語言之爲文明工具僅數百年，而中國有四千年之文學。
>
> 以中國之大，而能如此結合，實由於過去中國文言及文字，爲一種書寫上世界語，作爲維繫之工具。中國有精巧之工具，與運用之有方，故中國歷代以來，能保存政治上之統一，亦不得不歸功於此種文學與文字之統一勢力。中國人如不願廢棄此種特別文字，決非笨拙頑固之保守。中國文字與中國語情形，非常適合。故中國文字爲中國必不可少者。如中國人必毀棄此種文字，此乃自願摧毀中國文化實在之基礎而降服於他人。

　　不幸我們不在此基礎上自求多方努力以提高中國文化水準，而要在文字上連根毀棄，投降於人者很多。如謂高本漢還有好古之癖，我手邊有一本一九四九年《科學之新研究》。這是一本相當有名的科學史著作，開始即講文字，認為是一切發明中最大的發明。談了中國文字後說：

> 在中國與日本，此一特殊文字存續數千年未變。不管他有甚多不利之處，卻有一大有利之點，此即與一切口頭語言獨立，而可為各地言語不通的中國人，日本人，同樣了解。雖然他們讀音不同，大家同樣能了解；三千年前的中國人和今日中國人一樣很容易的了解。（Sepherd，"A Now Survey of Science"）

　　今日我民族沒有轉運，我們語言文字確已轉運。我們今日一切不如人，但過去並非如此。我們過去也許有不如人的，但我們語言文字斷無不如人的地方；這是我確信不疑的。我們今日受病之處甚多，需要改進之處甚多，但這決不在語言文字方面；即令有若干應該改進之處，但決不是有何根本要不得地方，且亦決非當務之急；這也是我確信不疑的。我們的文字，已是聯合國五種文字之一。以全國的力量，支持其地位，正是我們的責任。

五、論中國語言文字改進應自字典文法始

　　但我決不以為中國語言文字，「世界第一」。一事是常常有利有弊的。我倒相信曼殊由編《漢英文學因緣》、《海潮音》的經驗：「文章構造，各自含英。」此即戲法人人會變，各有巧妙不同。而且我也不以為中國文字盡美盡善，一點也無須改進。不過應循其天性，以堅實的準備為起點，更高之效能為目標。而更重要的，不要忘記增進我

們語言文字的內容，以求復興或擴大我們文字之勢力。

　　百年以來，由於國勢日衰，改革之聲，是當然的。但不是一切改革都好。有建設性的，亦有破壞性的。不博學審問慎思明辨而高談改革，其不爲庸醫殺人者幾希。我們不自知奮發，卻埋怨祖宗給我們文字不好的人，就根本將問題弄錯。

　　改革文字語言之聲，起於戊戌之際的譚嗣同沈學來等。譚云：「盡改象形爲諧聲，則地球之學，可合而爲一。」其後王照、勞乃宣等提倡「簡字」，即拼音字。民國初年到十年左右，還有人提倡以世界語爲國語者。我曾花過工夫學世界語。然而今天世界語有誰用他呢？民國十一～二年起，「改革漢字廢止漢字」之聲甚高。錢玄同、黎錦熙先生最爲熱心。十四年先有「減省現行漢字筆畫案」，爲主張簡字之始。翌年，黎錦熙、錢玄同等有「國語羅馬字」的方案。我也學習過這方案。他們了解六書的重要，並對文字學頗有研究。他們了解中國語有單音、四聲、連綴的特點。他們曾用四聲符號，又曾盡可能將一字變二字。他們的確慎重將事，由字典入手，花了極大的功夫。然兩箇運動尚且都失敗了。這原因，決不在人性之保守，根本由於不明白語言文字都是自然發展的，不是可以一時人爲方法，削足適履，揠苗助長的。在各方面說，世界語是一合理的發明，終於不行者，其故即在於此。至於自譚嗣同到錢玄同諸人，由於不了解中國根本問題所在，復缺乏比較語言文字學知識，所以雖有熱心，不得其道，反流於好奇之癖。例如錢玄同一面以隸書寫他老師考證三體石經的文章，一面極力主張簡漢字，廢漢字。其中實有一種古怪心理。由此種古怪心理，通到旁門左道。

　　但中國自有明白的人。旁門左道終未成功，而建設性的成就，亦有值得表彰的。其一是語體文，其二是國音常用字彙之編定，及以注

音符號（在代替反切的範圍）統一讀音。此外，《中華新韵》，也多少是經過一番研究的。我們應走平實的，必要可行的建設性的道路。在我看，如果談到中國語言文字之改進，必須在充分顧及中國語文特質和傳統原則下，確定合理的目標。例如，淘汰陳腐的成分，整理容易混淆的地方，豐富語文內容，增強其表現力量，促進進步研究的便利，加強語文學效能；而在目前最須注意者，是如何改良索引檢查的方法，以及如何適用於機械化——打字、排字、和電信上的使用。這些問題是需要專家學者文學家及其他各種技術人才集體努力的。但一般而言，少不得幾樣深厚的準備工作和補助工作。這包括下列的事情：

第一、第一大事是要有一部包括形音義沿革衍變的大字典。一般言文字之學者，分字書、音韵、訓詁三目。此略與形音義相當。然三者實爲錯綜。先說形。這主要是《說文》之學。除許書大小徐傳（鉉鍇）段註爲基幹外，吳氏《古籀補》及續篇，丁氏《詁林》，有補充修正。歷代甲骨鐘鼎金石之學近代發現的甲骨之文，漢晉至唐代的簡冊手卷，加上歷代字書所收古今正俗之字，足以使我們對自金契之文以至現在通行的正俗之體，作最廣泛的蒐集和整理。現有董作賓先生專攻甲金之文。我聽說貴校高鴻縉先生正作此寶貴努力整理商周秦漢晉文字。國家和社會，是應該力贊其成的。這整理宜注意一時代銘刻與手寫二體，同時尤宜注意「文」與「字」。如陳山嵋云：「人之不識字也，病於不能分。」其次爲首。此爲音韵之學。關於字形之學，我們資料甚多，成績亦最多。最難而尙須研究者，實在音韵。此爲《廣韵》之學。古韵書多亡佚，賴此書獨全，以考推古今音變。聲音之變，自與民族之分化及民族之移動大有關係。要而言之，可分四大時期。即韵書以前之上古音（古音），韵書時代之中古音（亦稱今音），北音時代之近古音（元明清），以及目前之國音。魏晉以前古音之學，

有吳（才老）、楊（慎）、焦（竑）、陳（第）、顧（亭林）諸人開端；關於魏晉唐宋今音，有《經典釋文》、《唐韵》、《廣韵》、《集韵》、《禮部韵略》、《平水韵略》之書。現行國音，實承北音系統，有《韵會》、《中原音韵》、《洪武正韵》、《五方元音》、《音韵闡微》、《佩文詩韵》等書。至今有注音符號與《中華新韵》。清代以來，顧亭林、錢大昕、江永、孔廣森、王念孫、江有誥、夏炘、推闡古音；段氏〈音韵表〉、姚氏《說文聲系》、朱氏《說文通訓定聲》考《說文》之聲；至章太炎《文始》諸書之說理，黃侃之分部，汪榮寶之比較研究，進求古代音值之道大開。其次，除古今標準音變外，又必須研究方言。蓋如高本漢所云：「古今音變，散在方言之中。」而字義之變，亦常在方言之中。這是《爾雅》中〈釋言〉一系的學問。揚雄而後，杭世駿有《續方言》，章太炎有《新方言》之作。在這兩方面爲系統之整理，力求重建我國上古中古音值者，高本漢之《分析字典》、《音韵學研究》及〈方言表〉，實奠規模。現有曾運乾、李方桂、王力、董同龢諸先生繼之而起。不難踵事增華，益爲詳確。最後是義，亦即訓詁之學。一字音形之沿革轉變既明，即易知字義起緣流展之故。《爾雅》、《釋名》、《廣雅》而後，歷代經史注疏及字書之中有訓詁，而清代專書，有黃生之《字詁》，以及阮氏《經籍纂詁》，王氏《經傳釋詞》，劉氏《助字辨略》，俞氏《古今書疑義舉例》等。我想首先當探求一字之本始義。一字有如是之形，發如是之音，必有一原始之義。此歸到以上二端。其後有延長擴張，而此多係通過轉注假借的。二者爲造字之機，亦爲滋意之法。及交相爲用，變化益多。朱氏《通訓》，於此發明極多。據我所知，立法委員王廣慶先生畢生致力於此。我們當一面追溯一字本始義、引申義、假借義以及轉變義（有由義轉者，有因音轉者），尤其是累積義（如紙筆二字

沿用至今，其實古人之紙筆為帛紙竹筆，與今之紙筆大不相同）；一面按照標準著作之先後，見其使用之法。最後尚有連綴義；此即《辭源》、《辭海》的工作。兩書尚多待補正，是已有人在努力的。

　　將這三種沿革，綜合於一書之中，《康熙字典》已是一大嘗試。但不完全，且有錯誤。此書編於小學未明之日，這是不足怪的。浩瀚的《牛津大字典》除了形的方面以外，可說是有此一體裁，而他的方法精神，是我們應該取法的。

　　在編此一大字典之時，首先將遇到一大困難問題，即是索引或部首。從前歐陽修、王應麟於字書、音韵、訓詁之學外，還提出「偏旁之學」。但注意的人不多。《說文》部首五百四十，《玉篇》承之。唐張參約為百六十部；多本篆文，殊有理致。然因篆楷之變，明趙撝謙六書本義分為三百六十部。後梅膺祚《字彙》併為二百十四部，張自烈著《正字通》，本其體例而增益之，采擇甚廣。二書遂為《康熙字典》所本。其分部依楷書偏旁，有取形者，有取聲者，有取義者，然以形言，上下不一（如寶在宀部，而甯在用部），左右不一（叨入口部，初入刀部）。以聲言，酉入酉部，而琶入王部。以義言，問入口部，而辦入辛部。又了在亅部，巨在工部，極為勉強；比高別立，興學分離，皆難自圓其說。這都是應該合理化的，簡易化的。無論如何，一個新字典總要使檢字減少到最低限度。

　　然自篆變為隸楷，多破六書之原則。如使偏旁合理化，是否要改正楷書呢？若干字偏旁左右、上下之移動，素有此例，是可以的；極少數的字，一兩分的改變是可以的；太大太多的變動便麻煩了。

　　但偏旁的合理化，也是在這字典過程中和完成後才可以產生、確定的。以我的想法，經過一番大整理後，我們可以產生三種索引法：一是從形的，即偏旁之合理化。一是從音的，此可以注音符號，兼四

聲次序定之。這種字典已經有了。三是筆畫索引；亦頗有人采用。

　　這大字典還可以產生幾種小字典。一是常用字典。普通學生字典約萬字。國音常用字彙六七千字。國立編譯館定常用字四千二十四。確定以後，可傚節本袖珍本牛津字典之例編之。二是新韵譜，由上述從音索引合併即得。三是歧字字典。四是常用字之筆畫索引，如按其次序編號，總數不出四位數字，在電信上也許有些用處。我相信常用字典是一切機械化方面改進的基本。最後，有了大字典和辭典之後，我們還可以傚Roget字庫之類，按同義對義編爲詞庫；此對作文的人，亦有無量的功德。

　　其次、是文法的研究。我們過去只講助字。後來講虛字實字。雖有文從字順原理，但如何從順，無系統著作。《馬氏文通》和嚴氏《英文漢法》開始比較文法研究，但以文言爲主，且有附會拉丁文法，英文文法之嫌。以後雖多文法之書，及國語文法之書（如章士釗以至黎錦熙），多照英文文法，依樣葫蘆，實無益處，以我所知，首先注意到這一問題的是陳承澤先生《國文法草創》。王力先生之文法，注意到中國語言詞序之特點。但還在草創階段。此外，修辭，及文章法，實需大大努力。不過，文法範例，又是要由偉大的國語文學作品來的。正如不是詩韵產生詩，而是詩產生詩韵一樣。但是，二者也是互爲影響的。

　　第三、是文學史與標準文選工作。文學史之書，多不勝舉；似宜向更綜合更專門的方向前進，研究我國文學變遷原理和得失。好的文言文，語體文，散文詩歌之精選，分析，研究，其重要性無待多說。我們這麼多的國文教科書。但沒有一本書能「打倒」《古文觀止》，其故實可深思。即《三字經》、《千字文》又何可厚非？蓋編者皆大家，用過頭腦的。我實在不贊成目前國文教科書的炒雜碎的辦法。對

形式內容有「病」之作，尤宜慎重。我中學時代一位國文老師選文章，選流暢而體裁不同的文言，用倒敘文學史的方法，由晚清上溯先秦。另選有修養及有學術價值的白話文與古文作為補充讀物。我覺得這是很合理的。

第四、是若干重要古典之譯為標準語體。將六經諸子及重要史籍譯為語體，無疑將豐富我們語言財產。但此種翻譯，宜採太史公譯《尙書》辦法，不要像今日坊間那種譯《古文觀止》的白話。古詩的翻譯，應該注意到音樂，不好像今日國產片上那種歌詞。

第五、是若干重要作品之標準漢譯。佛經翻譯豐富了我們的文學。歐洲亞洲各國著作之漢譯，自有同樣功能。我們已有很多翻譯了。第一步是求有，第二部到底還是要求好的。

第六、各地方言文學民間文學的整理，收集，整理，研究和重寫，是一種開礦鍊金的工作。

第七、以上所說，就漢文而言。我們還不能忽視藏、回、蒙、滿、苗，乃至那些高山各族同胞的語言文字的研究，字典的編訂，文獻的、口頭的、古典的、民俗的、文學的收集、整理、互譯和研究。

第八、我們要注意演說、辯論、廣播、演戲。古希臘演說是好文章，英人亦言其國會演說，有益於英語。我們可以將外國好演說錄音觀摩，譯出研究。我們最必須去掉的，是阿諛與醜詆，蠢拙的客套，低級的笑話。

第九、我們要教育家、學者、作家編很好的教科書，改進語文教學，設計並試驗新的方法。例如國語統一籌備委員會，編譯館以及莊澤宣、陳鶴琴先生等研究常用字，陳公哲先生研究識字之法，卓定謀先生研究寫字之法，都是值得稱贊的。現在有人說小學課本一開始遊戲二字太難寫。我記得有一種「四言雜字」，一開始是「石斗升合分

寸丈尺」。這也許是買賣人比書呆子聰明的地方。語文學會語文雜誌交換經驗和意見，都是有益的。

第十、最後，除了需要國家和社會獎勵好作品，並有公正的批評，提高水準外，要緊的，必須我們能在學術上有世界性的成就，而國家和社會也能培養專門外國語的人才，將我們的聰明才智，送到世界的智育運動會中，與人家觀摩比賽，才能不斷提高和證實我們的成就。

這才是建設途徑和有效準備。或者有人說，這多麼笨，那有「簡體字」簡便？我說，世界無難事，亦無易事。學問中實無簡道。我們多做一點笨工夫，才能節省下一代的精力。

最後還有一箇問題，即如何使我們的文字適用於機械化。這是需要專家學者與排字工人，電信人員以及工程師共同努力的。以我有限的知識而論，這恐怕只能由常用字選定開始。打字機已初步成功，由此電動打字，似不困難。但我懷疑輕便打字機之可能性。我們未必能將漢字分成一百左右之文（輕便即不能太多的單位）。即令能夠，我們不僅有左右上下的結合，多數之字，且在三個字文以上，而合為一箇大方塊。即令我們不惜破壞方體，例如，將漢字寫為「廿氵口口木」，反而將成為世界上最笨的文字。美觀與否事小，文字之有機結構破壞了。我們的字有許多長處，自亦有短處。天下沒有十全之事。我們如受到某種限制，應別求出路。例如，我們的鼻子不能用夾鼻眼鏡。但用兩隻彎腳，也是一樣。以我之見，選定常用字後，除了輕便打字機外，其他機械化的方法，都不是不可能的。

開始我就說過，我不是反對「寫」簡體字，而是不可亦不必「印」簡體字。沒有一國印寫二體相同的。而且，我並不以為目前印制字一筆也減不得。老實說，有的可減，而有的也許還要加一點也未可知，所謂「或頗省改」者是。但這不是什麼為了節省時間，而是為了避混，

便查。但都得先作系統研究，循已有之例，自然之勢，至非萬不得已，總以保存原形十分之八左右爲宜。否則，那是亂來，不是改革。亂是不好的。無論增減，也總不能超過百字以上。多了，反而增加記憶之負擔了。

（見《民主評論》第五卷第十三期及第十四期·中華民國四十三年七月五日及七月二十日出版）

從中國語言文字說到民族文化

廖維藩

一、中國語文的演化和文字的統一

中國領域內，從古以來，就包含有許多部族，語言不一，風俗習慣不同。〈禹貢〉說：「五百里甸服，百里賦納總，二百里納銍，三百里納秸服，四百里粟，五百里米。五百里侯服，百里采，二百里男邦，三百里諸侯。五百里綏服，三百里揆文教，二百里奮武衛。五百里要服，三百里夷，二百里蔡。五百里荒服，三百里蠻，二百里流。東漸于海，西披于流沙，朔南暨，聲教訖于四海，禹錫玄圭，告厥成功。」這是大禹平水土後的五服制度，領域和聲教，業已訖於四海了。《周禮・職方氏》說：「乃辨九服之邦國，方千里之王畿，其外方五百里曰侯服，又其外方五百里曰甸服，又其外方五百里曰男服，又其外方五百里曰采服，又其外方五百里曰衛服，又其外方五百里曰蠻服，又其外方五百里曰夷服，又其外方五百里曰鎮服，又其外方五百里曰藩服。」這是周代的九服制度，其領域較夏禹時尤廣大。無論五服九服，都包括有蠻夷之國，一方表示中國柔遠人、懷諸侯的王道傳統，一方說明中國境內部族的眾多。史傳禹會諸侯於塗山，執玉帛者萬國，商代尚有三千餘國，周初有千八百國，其後諸侯相併，有千二

百國，春秋時僅百有七十國，戰國時只有七國，迄秦始皇滅六國，始
建立中央集權的統一國家。在此眾多部族併合統一的過程中，各種語
言的歧異，漸趨於接近同一。揚雄《方言》說：「黨、曉、哲，知也。
楚謂之黨，或曰曉，齊宋之間謂之哲。」「悽、憮、矜、悼、憐，哀
也。齊魯之間曰矜，陳楚之間曰悼，趙魏燕代之間曰悽，自楚之北郊
曰憮，秦晉之間或曰矜或曰悼。」「娥、嬴、好也。秦曰娥，宋魏之
間謂之嬴，秦晉之間凡好而輕者謂之娥，自關而東河濟之間謂之媌或
謂之姣，趙魏燕代之間曰姝或曰妦，自關而西秦晉之故都曰妍。好其
通語也。」所謂「黨」「曉」「哲」和「悽」「憮」「矜」「悼」「憐」
及「娥」「嬴」「媌」「姣」「姝」「妦」「妍」等，都是各地的方
言，也是依據方言所制的文字。所謂「知」「哀」「好」等則為同義
的通語，也是通轉統一的文字。中國的語文就由此分歧的過程，而漸
趨於統一。其統一的步驟，據漢劉歆與揚雄書語：「詔問三代周秦軒
車使者，遒人使者，以歲八月巡路，求代語僮謠歌戲……屬聞子雲，
獨采集先代絕言，異國殊語，以為十五卷，其所解略多矣，而不知其
目，非子雲澹雅之才，沉鬱之志，不能經年銳精，以成此書，良為勤
矣。」揚雄答書說：「常聞先代輶軒之使，奏籍之書，皆藏於周秦之
室，及其破也，遺棄無見之者，獨蜀人有嚴君平臨邛林閭翁孺者，深
好訓詁，猶見輶軒之使所奏言。」「成帝好之，遂得盡意，故天下上
計孝嚴及內郡衛卒會者，雄常把三寸弱翰，齎油素四尺，以問其異語，
歸即以鉛摘，次以於槧，二十七歲於今矣，而語言或交錯相反，方覆
論思，詳悉集之，燕其疑。」晉郭璞方言序說：「蓋聞方言之作，出
於輶軒之使，所以巡遊萬國，采覽異言，車軌之所交，人跡之所蹈，
靡不畢載，以為奏籍，周秦之季，其業墮廢，莫有存者，暨乎揚生……
考九服之逸言，標六代之絕語，類離詞之指韻，明乖途而同致，辨章

風謠而區分，曲通萬殊而不雜，真洽見之奇書，不刊之碩記也。」觀
此可知唐虞夏商周秦六代派遣輶軒使者，採集方言異語，以謀語言的
通轉訓釋，而求語文的統一。

中國古代，在王畿範圍內，亦即在黃河中上游一區，語言與文字
當然一致。至於唐虞三代，文化四播，侯甸荒要蠻夷等服所建置的國
家，受中國文字所感化，而各習以方言，於是言文始分；然卒因方言
的通轉訓釋，反而充實了文字統一的基礎。文字固然是語言的符號，
語言有變遷，當然迫使文字也要變遷，但中國歷代字學和訓詁音韻之
學，甚為發達，由周秦之《爾雅》、篆籀，漢之《訓纂》、《方言》、
《釋名》、《白虎通》、《說文解字》，以至魏之《廣雅》、《聲類》，
晉之《韻集》，梁之《玉篇》，隋之《切韻》，宋之《廣韻》、《集
韻》，元之《韻會》，明之《字彙》、《洪武正韻》，和清朝的《佩
文韻府》與《康熙字典》，以及漢唐的石經，皆所以正字體究字音明
字義，而尤以音讀之漸趨於標準化，由字形的統一，而達成音讀的統
一，字形字音的統一，反而使語言受其影響，而隨文字以變遷。可知
中國文字原為代表語言的符號，後來漸漸脫離語言的羈絆，而成為中
國大陸甚至東亞通用的文字了。中國人民中遠居各國的華僑，無不攜
語文以俱往，其文化生活仍與在大陸者無異。瑞典語文學家高本漢
（Bernhard Karlgren）氏認中國文言文字是一種書寫的世界語，無論
在空間上或時間上都有統一的作用。他說：「以舊氏文體，當作書寫
上的世界語，這種很精巧的交通工具，不但可以不顧方言上一切的分
歧，彼此仍能互相交接，……而且可以和古人親密地交接，這在西洋
人士是很難辦到的。現今英國人，在他們自己文書裏，很難讀到三四
百年以前的作品。至於最早時代的文書，他必須對於語言文辭上有特
別的研究之後，才能明瞭。」中國文字的可貴，於此可見。

　　自庖犧氏觀象於天，察法於地，始作八卦，已開我國文字創制的先聲。黃帝史官倉頡初造書契，是為我國文字的創始，依類象形，故謂之文，其後形聲相益，孳乳寖多，即謂之字，逐漸演化，遂完成指事、象形、形聲、會意、轉注、假借六書文字的體系，周禮八歲入小學，保氏教國子，先以六書。以後宣王太史籀作大篆，秦丞相李斯作《倉頡篇》，中車府令趙高作《爰歷篇》，太史令胡毋敬作《博學篇》，皆取史籀大篆，或頗省改，即所謂小篆，無論大篆小篆，其筆畫大都本於六書。洎漢揚雄作《訓纂篇》，許慎作《說文解字》，我國六書文字，遂成定體，永垂典範。漢熹平石經所刻的隸書，唐開成石經所刻的今隸（楷書），與古文篆籀相較，似有變化，然其筆法仍無有出於六書以外者。試考數字如下，以資比較：

古文	篆書	隸書	楷書
厥	厥	厥	厥
命	命	命	命
爾	爾	爾	爾
告	告	告	告
用	用	用	用
至	至	至	至
德	德	德	德
神	神	神	神

　　觀上各字，只是筆法的變幻，圓形趨於方體，曲線漸近直筆，凸凹的調平，傾斜的扶正，除極少數字外，惟求書寫的便利，似無結構上的大損益，外表雖有變化，製字原則仍屬一貫。我國文字演化到楷書，已完全成熟，不能再有所增損，正如人身進化到沒有尾巴，所有五官百骸，不能再有所損益，否則人不成人，字不成字。且自五代發明雕板印刷術以後，所用字體，大都承襲晉唐的真書楷書，沿用千餘年，從來沒有變更，也不能有所變更。否則所有印行的經史子集等典籍，後代國民都不能閱讀，也就是中國歷史文化，從此莫由承續了。所以楷書文字，實爲中國文字統一的基本，也是中國文化的中心，實有發揚光大的價值，自來日本朝鮮越南琉球號稱同文國家，亦以楷書漢字爲重心，爲謀亞洲各國文化的交流，尤有發揚楷書文字的必要。

二、中國文字的價值應予珍惜

　　世界文字，都是語言的符號，由語言產生文字，即以語音爲形成文字的根本，西方國家拼音系統的文字，就是這樣產生的，語音有變，文字即隨之而變。中國文字則不然，它的造字原理，不僅以語音爲限，語音屬主觀，不能適應客觀的事物，故於語音之外，再加以「形」「義」二義，而構成「形」「聲」「義」的造字原理，象事物之「形」，指事物之「義」都屬於客觀，不隨主觀語音之變而變，所以主客會合，能以永存，而形成中國文字的無上價值。許慎《說文解字‧序》說：「一曰指事，指事者，視而可識，察而見意，上下是也。二曰象形，象形者，畫成其物，隨體詰詘，日月是也。三曰形聲，形聲者，以事爲名，取譬相成，江河是也。四曰會意，會意者，比類合誼，以見指撝，武信是也。五曰轉注，轉注者，建類一首，同意相受，考老是也。

六曰假借，假借者，本無其字，依聲託事，令長是也。」這六書中，象形為象事物之「形」，指事會意為指事物之「義」，形聲轉注假借則皆屬於「聲」。轉注如洪龐弘穹訓為「大」，就是數字訓為一義，數聲轉成一聲。假借如令之本義為發號，長之本義為久遠，縣之令長，本無其字，而由發號久遠之義，引伸展轉而為之，就是依聲託事之例。形聲一項為六書中最有價值者，以偏旁部首擬其形，以左右上下內外相對部分定其音，本身兼具「形」與「聲」，即以顯其「義」，所以使人能望字讀音，望文生義，而便於學習記憶。茲為表如左，以資參證：

一、左形右聲　　江河之類

二、右形左聲　　鳩鴿之類

三、上形下聲　　草藻之類

四、下形上聲　　婆娑之類

五、外形內聲　　圜圍之類

六、內形外聲　　聞問之類

　　以「形」而論，只要極少數分類標準的象形字，就可據以造出無數形聲字。作者在立法院文字提案中說：「如一象形鳥字，就可據以造出鴛鴦鴻鵠鷗鴣鶴鷺等鳥類無數形聲字。如一象形犬字，就可據以造出狐狸猴猿狽狼獅猩等獸類無數形聲字。如一象形虫字，就可據以造出蜻蜓蝗螟蛾蛹蝴蝶昆蟲類等無數形聲字。如一象形魚字，就可據以造出鰱鯉鯽鮪鰻鮨鰰鮎魚類等水族無數形聲字。如一象形艸字或木字，就可據以造出藻菌蘭萱蒲葦葛葵或梅桂松柏梧桐楊槐等植物類無數形聲字。他如金石象形字，一樣可據以造出銅鐵鉛錫硫礬等礦物無數形聲字。今日化學上鉀鈉碘磷氫氧等九十餘種金屬非金屬元素的形

聲字，也僅是根據「金」「石」和「气」三個象形字與諧聲的關係而
造成的。所有由偏旁部首所產生的字，不僅可造成動植礦萬物的名物
字，就是與這些動植礦物發生連帶關係的事物之字，如騎馬苃草鑽礦
之類，一樣可以無限制地觸類旁通而造成的。」以「聲」而論，由一
字之音，可以造出許多同音同韻（變例有兼四聲或相近之韻）異形異
義的形聲字。中國語音為單音節，同音之言，意義不同，非有同音同
韻異形異義的形聲字，不能使語言文字貫通，也不能使語言文字免於
混淆，這是中國語文不能採用拼音字的基本原因。「同」字一音，可
據以造出桐、銅、筒、峒、恫、侗、衕、洞等許多形聲字。「皇」字
一音，可據以造出煌、篁、隍、凰、徨、蝗、惶、遑、湟等許多形聲
字。「同」字音桐東韻，所產生的字，也多為桐音東韻，惟侗字兼董
韻，洞字為送韻。「皇」字音黃陽韻，所產生的字，也多為黃音陽韻。
總之，形聲字的音讀，定音之字即為語根，除極少數變例外，語根相
同的字，大都音同韻同，字形字義則各異。所以中國文字，除耳治的
聲音外，還有目治的形義，聲音屬人的主觀，形義適應客觀的事物，
主觀與客觀會合，以立文字不變的基礎。文字出於語言，而不為語言
所限。文字讀音的統一，且以四聲音韻分目有條不紊，便於學習，反
使語言受其影響，隨之以變，這是形聲字與拼音系統文字不同的所
在。此類文字在中國文字中佔絕大多數，據分類統計，在《說文解字》
的五百四十部，九千三百五十三字中，形聲字有七千六百九十七，佔
總數百分之八十以上。鄭樵《六書略》二萬四千二百三十五字中，諧
聲字有二萬一千八百十字，幾佔總數百分之九十。可知形聲字或諧聲
字，實為我國文字主要成分，不僅具有易於辨認和記憶的優點，而且
具有科學上分科分類的價值。依於上所論述，可以信而有徵。至中國
文字在藝術上的價值，堪稱獨步，尤不待說。

　　六書是中國文字造字的原理，也是中國文字制作的規律，形聲義實爲中國文字的精隨，合主觀的聲與客觀事物的形義，而形成文字易於辨認學習和永恆存在的價值，考諸世界各國文字，無有出其右者。這種文字，自來在中國領域內甚至亞洲範圍內，足以促進各地人民生活或文化的接觸和交流，更足以促進各地人民精神上的團結，而加強政治上的統一。中國文字從來向六書形聲義法則發展，古今的文字縱有變化，但總可辨認。殷墟出土的卜辭，已在三千年以上，今人仍能閱讀。我們的文字，已無古今的限界，古人的思想和生活，我們都可瞭解承續，讀古人之書，考古代之史，與古人晤敍一堂，究利弊得失於字裏行間。在時間上，我國文字已收古今統一之效，以完成其時空統一的文化，而以正楷字爲其根本。這是人類生活史上一宗至可寶貴的事，也是一個民族進化史上一件至可慶幸之事。無如中國文化與西方文化接觸之後以及中國百餘年來對外戰爭的失敗和民族自信心的喪失，首則由西洋傳教士因中西語文系統的不同，和對中國文字運用上的困難，在明朝萬歷年間，即有意大利傳教士利瑪竇用羅馬字標注漢文，曾著《西字奇蹟》一書。天啓年間，法國傳教士金尼閣（Nicolas Trigault），據以修改補充，易名爲《西儒耳目資》，這是漢字羅馬字拼音的濫觴。自鴉片戰爭以後，海禁大開，傳教士接踵而至，他們爲傳教的方便，將聖經先後譯成羅馬字拼音的各地方言，如上海話、廈門話、福州話、南京話、客家話、寧波話、北京話、興化話、廣州話、蘇州話、台州話、及溫州話的羅馬字拼音《聖經》共十二種之多。中國少數知識分子，因久失民族自信心，竟有主張盡廢漢字，改用羅馬字拼音，現在投匪之黎錦熙氏，曾力主國語羅馬字，是其最著者，而主用音標文字的，其作用亦同。共匪欲犧牲國家獨立，臣服蘇俄帝國，奪取政權，奴役人民，倒行逆施，變本加厲，始則倡行所謂拉丁化運

動，欲以蟹行拼音的拉丁字或羅馬字，摧毀直行方塊的中國字，嗣以這種運動違背中國傳統，不易成功，乃改採簡體字運動，用自造和俗寫的簡體字，以代替正楷字，舉凡公文便條教科書和報紙刊物皆參用這類的字，以期逐漸代替正字，而達成滅亡中國文字的目地。近又有所謂「拼音化文字」，意即斯拉夫化拼音文字，亦在研究進行中。不料自由中國的臺灣，年來也發生簡體字運動，由羅家倫氏會商教育部部長程天放氏設立簡體字研究委員會，著手推行，徒然引起社會反對，無有成就。

拉丁化運動和國語羅馬字或拼音化文字，根本與中國語文鑿枘，系統不同，形體迥異，顯然只有失敗，不能成功，已無再加研討的價值。所謂簡體字運動，並不自今日始，遠在清光緒年間，北方有王照氏的官話合聲字母，南方有勞乃宣氏的簡字全譜，這是我國近世簡體字運動的嚆矢。民國十一年錢玄同在教育部國語統一籌備會上提出簡省現行漢字筆畫案，十六年陳光堯在上海發表發起簡字運動臨時宣言，並籌組中國文字改進學會，二十三年錢玄同復向教育部提出搜採固有而較適用的簡體字案，二十四年八月教育部公布第一批簡體字表三百二十四字，以至今年的羅家倫氏的簡體字運動，前後已達六十年，都沒有成功，其理由安在？請分言之：一、提倡簡體字，勢必背棄六書原理，集古今俗字別字錯字破字廢字死字的大成，劣貨陳肆，自遭棄捭。二、簡體字只求筆畫減少，不講作字規律，脈絡全無，條理混亂，門類不分，部屬不明，既沒有系統可尋，又不能觸類旁通，音義箇箇不同，字字必須強記，求簡而愈繁，求易而愈難。三、提倡簡體字，是掘語根之聲，使其無音可讀，如「團」字本是形聲字，從口專聲，學習此字，有軌可循，如簡化爲「团」字，則不能讀才聲，仍然要強記爲團字之音。又如「雞」字，也是形聲字，從佳奚聲，學

習此字，也是有軌可循，如簡化爲「鸡」，既不能讀鳥聲，又不能讀
又聲，仍然要強記爲雞字之音。這些變「專」爲「才」，變「奚」爲
「又」的簡化辦法，是掘其語根，而使無由讀音，要另讀無根之音，
則非死記不可，這是求簡易還是求繁難呢？四、「專」字變爲「才」
字，然則「傳」「轉」「搏」等字中的「專」字也變爲「才」嗎？「奚」
字變爲「又」字，然則「谿」「溪」等字中的「奚」字也變爲「又」
嗎？他如「種」字簡化爲「种」字，變重字爲「中」字，然則輕重的
「重」字和重複的「重」也變爲「中」嗎？不變，不是標準化簡體字；
變，則混亂不清，語文的原意都喪失了。五、簡體字難免類似雷同，
混淆不清，「戌」「戍」「戊」，「己」「已」「巳」的不易辨識寫
錯，就是最好的例證。六、在今日科學發達和人間事物日新月異之際，
人類所用的字，勢必日有增加，若只限於簡筆字，在數理上，筆畫勢
難無限地排列組合，而造出許多字，以資應用。七、印刷用楷，書寫
用草，這是各國文字的通例，我國千餘年來文字使用，就是如此。簡
畫字有由不會寫字的人所造的，也有由會寫的人及各職業各地方的人
們所造的，前者難認識或不能行使，後者或可適用於一業一地或便於
一般書寫，所有這些簡俗別錯字，大都違背六書原則，不合文字規律，
雖可任其書寫，尚不及行草的便利，若以之代替正字，用於印刷，以
毀壞傳統文化，宜乎其不能有所成就。

　　百餘年來，中國文字，頻遇災難，所謂羅馬字拼音，國語羅馬字，
拉丁化運動和簡體字運動等等，都是欲毀滅直行方塊的正楷字。他們
認爲中國文字讀音困難，筆畫太多，不易辨認學習書寫，除關於讀音
辨認學習各點已分論於上外，所謂筆畫太多，不易書寫，亦不盡然。
中國文字的筆畫，僅有點、橫、直、捺、撇、鉤等數種，其組成字的
筆畫，據辭源所收的字而言，最少爲一畫，最多爲二十九畫，常用之

字最多爲十餘畫，較之英德法俄各國文字有二三十字母所構成之字，而每一字母又非都只一筆，有二三筆者，其難易繁簡之辨，不言可知。學人於學習英德法俄等文字，毫無怨言，且以爲這些都是現代語，願竭力以爲之，何其於外國文字有宿緣，而於祖國文字獨寡緣乎？誠然中國文字數千年演化的結果，自有加以整理的必要，無論文字簡化或增製新字，都應遵照六書原則辦理，並應由國家學術機關重新編訂字書韻書，以爲全國人民學習標準，自不得由少數人破壞文字規律，毀棄制字傳統，任造符號以混亂文字，貽害文化。

三、中國文字與中國民族文化

文化是人羣生活的總體，舉凡人們心靈思想家庭社會國家一切生活形態以及倫理宗教藝術教育與政治經濟等體制，都可包括在文化範疇之內。民族文化是指一個民族所具有這些文化全體而言。人類文化以民族文化爲單位，集各單位文化，以形成全世界錯綜綜合的文化。惟人類有文化，其他生物沒有文化。人類有心靈思想，生物無心靈思想；人類有家庭社會國家組織，生物無家庭社會國家組織；人類有倫理宗教教育規範，生物無倫理宗教教育規範；人類有藝術，生物無藝術；人類有政治經濟等體制，生物無政治經濟等體制。人類與生物或禽獸根本不同之處，還是在「食」「色」兩事，人類食色有規範有體制，所以和平相處，而少爭奪奸殺之事。禽獸食色無規範無體制，乃多爭鬥淫亂之事。人類的進化，就是要逐漸減除禽獸的野性，增進人類的人性，仁禮義智，實爲人性的根本。今日人類文化，尚存有濃厚的野性，兩性的淫亂多變，物質的掠奪鬥爭，正使人生受其威脅，共匪的杯水主義和清算鬥爭就是這些威脅的典型。至於欲盡撤兩性的藩

離，在氣溫許可範圍內，競脫蔽體的衣裳，以刺激其性感，其影響或
不甚大，但亦不可視若無事。

今日世界之文化，約可分爲四類：一、個人主義文化，二、共產
主義文化，三、人倫主義文化，四、回教和佛教文化。個人主義文化
即西方自由主義文化，這種文化的範圍，本是基督教文化的範圍，但
因近代科學的論證與教義不大相同，遂致宗教的影響力日漸式微，而
以個人主義思想爲其文化的中心了。這種思想，在經濟方面的表現，
是自由競爭自由貿易的資本主義制度。在政治方面的表現，是近代政
黨政治的民主政治制度。在社會方面的表現，因這種思想缺乏意志的
自律，特別注重個人本位個人利益，而忽視人倫相對和愛關係，難免
不使各個人羣趨於自私自利之途，既乏父子兄弟天倫之樂，也少社會
同情互助之舉。但個人主義思想尊重基本人權，個人價值，自由意志，
自由人格，創造精神和民主精神，對於人類文化有很大貢獻，與中國
人本主義，民本主義和格物致知的傳統文化思想，正相符合。共產主
義文化，是今日蘇俄等極權國家的文化，這些國家的生活形態，其兇
暴野蠻的程度，實超過毒蛇猛獸而上之，只可謂之野化，不得謂之文
化，今名之爲文化者，因共產黨黨徒，雖已發展獸性，喪失人性，但
其形體還是圓顱方趾之屬，姑以文化名之，以便比較研究。這種所謂
文化，與個人主義文化實有霄壤之別，與他種文化尤不可相提並論。
作者在大陸雜誌第三卷第二期現代中國文化之認識與出路一文上論
共產主義文化與個人主義文化說：「唯物論共產主義根本上與個人主
義是相矛盾的，一主階級，一重個人，各趨極端，相爲鑿枘。個人主
義出於經驗主義哲學，重感覺重主觀和心理作用。唯物論共產主義則
唯『物』是視，而否認意識獨立作用，舉凡自由意志，自由人格，個
人價值，都在否定之列，簡直把人看作可造可毀的器物或工具，無怪

極權國家屠殺人民，奴役人民，視爲故常。個人主義承認宗教、道德、藝術的獨立作用，唯物論共產主義則只認經濟爲基層結構，所有宗教、道德、藝術都是上層建築物，隸屬於物質和經濟，而沒有獨立的作用。個人主義僅崇尙自由競爭，唯物論共產主義則厲行階級鬥爭，然此不過爲程度上輕重之分，與達爾文生存競爭之說，大致相符。個人主義主張民主自由，唯物論共產主義則厲行獨裁奴役。這兩種矛盾的思想和文化，在西方已由政治上的鬥爭而見諸戰爭的行動了，真是對世界文化和世界和平一個很大的威脅。」回教文化和佛教文化是亞洲方面各種文化中的兩種文化形態，回教文化指中東各回教國家和埃及的文化而言，它們的人民生活多以牧畜農業爲主，各國雖富有石油蘊藏，但多爲外人所開採。政治方面，有君主立憲國如伊朗阿富汗，有新建王國如沙特阿拉伯、伊拉克和外約但，有獨立酋長國如也門，有新建共和國如敘利亞和黎巴嫩。佛教創始於印度，盛行於中國、日本、錫蘭及東南亞各國，作者於現代中國文化之認識與出路一文亦曾論佛教說：「佛教哲學對人生所採取的消極態度和出世主義，與儒家哲學對人生所採取的積極態度和人倫主義，大相刺謬，所以宋明諸子大都出入釋典數十年，由援儒入佛、援佛入儒往返鑽研的方法，以闡釋孔子、孟子窮理盡性以至於命的宇宙哲學和人生哲學，而予佛家哲學以根本上的批判，人倫主義文化遂以復興，佛教僅留存寺院和宗教儀式，得與人倫文化配合，以爲中國人民生活方式之一面而已。」總之，宗教文化，偏在精神方面，這是各教一般的通性，佛教對人生雖抱消極態度，然於寺廟建築，佛像雕塑，以及釋典典藏之豐富與寫經之可寶貴，對於文化貢獻仍大。

人倫主義文化，是中國民族傳統的文化。孟子說：「使契爲司徒，教以人倫，父子有親，羣臣有義，夫婦有別，長幼有序，朋友有信。」

中庸說：「天下之達道五，所以行之三。曰君臣也，父子也，夫婦也，昆弟也，朋友之交也，五者天下之達道也。知仁勇三者，天下之達德也，所以行之者一也。」朱子注說：「達道者，天下古今所共由之路。……謂之達德者，天下古今所同得之理也。」觀此，可知「人倫」指君臣，父子、夫婦、昆弟、朋友五者而言。君臣爲國家元首與僚屬的相對關係，爲機關主管與屬員的相對關係，也是政府與人民或臣民的相對關係。父子爲父母與子女的相對關係，夫婦爲男女室家的相對關係，昆弟爲兄弟長幼的相對關係，朋友爲人羣中人與人的相對關係，也是團體與團體間的相對關係，國家與國家種族與種族間的相對關係。這些相對關係把人類組織中的相對組合，由古而今，由小而大，由國家以至天下，無不包括在內，這些關係都能友愛和合，實爲人生的最高理想。如何能友愛和合，則有賴人類發揮仁禮義智的理性作用。惟有發揮仁禮義智的理性作用，才能「父子有親，君臣有義，夫婦有別，長幼有序，朋友有信」。惟有父子有親，君臣有義，夫婦有別，長幼有序，朋友有信，才能達成修身齊家治國平天下的目的。所以五者爲天下的達道，知仁勇三者爲天下之達德。無論知仁勇或仁禮義智均以「仁」爲之宗，易文言說：「元者善之長也，亨者嘉之會也，利者義之和也，貞者事之幹也（朱注云…貞者……於人則爲智）。君子體仁足以長人，嘉會足以合禮，利物足以和義，貞固足以幹事。君子行此四德者，故曰乾元亨利貞。」蓋言仁即元，禮即亨，義即利，智即貞，而以仁爲之長。人倫仁愛的理想境界，實爲大同之治，禮運說：「大道之行也，天下爲公，選賢與能，講信修睦，故人不獨親其親，不獨子其子，使老有所終，壯有所用，幼有所長，矜寡孤獨廢疾者皆有所養，男有分，女有歸，貨惡其棄於地也，不必藏於己，力惡其不出於身也，不必爲己，是故謀閉而不興，盜竊亂賊而不作，故外戶而不閉，

是謂大同。」這種大同文化的理想，實爲人倫文化的最高指導方針，也是全人類所應蘄求的目標，雖然在中國歷史上沒有完全實現，然而歷代育幼養老，濟貧救災，勸農桑，興水利，省刑罰，薄賦斂，以及足食足民的施政，仍史不絕書。

中國民族文化——人倫文化——實包含各種學術思想，社會政治經濟教育各種體制，以及先民遺留事蹟和一切典章制度。這些民族文化遺產與傳統，我們所憑以知道的，惟有關於它們的文字記錄，自五代發明雕板印刷術以來，所印行的經史子集等典籍和近代出版的書籍，即此記錄的全部，所用字體，大都承襲晉唐的真書楷書，所以今日我們所用正楷字，實爲歷史文化之所寄，民族生命之所託，兩千年以來，使用此種文字，從未變更，雖古今語言有異，各地方言不同，然賴有統一文字，故能通貫數千年如一日，凝合億萬人爲一體，使我民族文化延緜不盡，人倫大同主義流傳不替，皆此文字之功，自應倍加珍惜，不容廢棄，今後如再有欲變更中國文字毀滅中國文字者，實爲民族文化罪人，應予膺懲。

（見中華民國四十三年菲律賓《新聞日報年刊》）

附　錄

——本篇附錄，係選錄報章雜誌上
讀者投書及雜著。

附　錄

一箇中等學校教員對簡體字要説的話

吳瓊珍

　　讀完羅家倫先生的〈簡體字提倡甚爲必要〉一文，興趣盎然。沉思一下，爲什麼我發生這樣濃厚的興趣？原來在這幾年中與中學生生活在一起，感到麻煩紊亂的簡體字問題。現有人來提倡，主張將簡體字作合理的整理：這是適應潮流，面對現實的一項大眾化的文化運動，在教育與文化工作上是一件大的改進工作。

　　羅先生的大作，將簡體字有關的各問題，論說詳盡正確，筆者不才，那還有什麼可說。不過我是大眾一份子，得說幾句自己在簡體字上感到的現實問題。

臺灣各校學生所寫的簡體字，種類繁多，花樣新奇，有時真不敢確實斷定是什麼字，以前我很少寫簡體字，但現在卻從學生處學了很多簡體字。因在教學上很方便，在黑板上書寫時快捷而簡明，於是我無形中使用不少簡體字；遇到繁複的字，雖在黑板上寫的是正體，但學生在筆記簿上寫的卻變成了簡體。若寫草書，他們多數不認識，寫簡體他們卻很熟習。還有在上課時，教師一面口講，一面在黑板上寫，學生既要聽，又要筆記；教師與學生爲了爭取時間和工作效率，都使用

了不少簡體字。

　　中學生所受的教育與知識，有承先啓後的作用，也是將來社會的基層幹部。今天他們在求知工具上，耗費許多時間和精力；正如羅先生所說的：「尤其是中小學生痛苦。」筆者還得補充一句：「中小學的教師更爲痛苦。」中小學教師在教學上使用文字，所感到的困擾，也如羅先生所說：「一方面對於繁複的字體在教學上感到應用不便，一面又沒有比較適當方便的字體教給他們，如何是好？」

　　廣大的民眾，需要生存，就不能不有一套最基本的知識與技能，在這生存競爭劇烈時代，對於求知最基本的工具——文字，決不能消耗太多時間去做學習功夫了！應時而生的是將使用的工具簡化起來，於是簡體字漸漸的便在民眾使用的文件書札上，社會通俗小說書刊上出現，我們毫不猶豫的承認，廣大民眾對於簡單文字的要求，是共見共知的事實，假如能舉辦一次民意測驗，簡體字是否適用與需要，其結果，一定有多數人贊成使用簡體字。到現在若政府還不著手整理、提倡、和推行簡體字，祇是放任，聽其自然演變。老百姓因生存競爭需要上，必然會漸漸的創造出不少簡體字，而且甚至有代用字的使用。筆者曾看到：廣西省有一鬱林縣，「鬱」字只有政府機關匾額上書寫，民間多以「玉」字代之，正體鬱字，一般民眾即使認識，能寫得來的就不多，即使寫得來，以「鬱」與「玉」筆畫多少之差，寫起來那一字方便而省時呢？所以曾有人建議不如將「鬱林縣」改爲「玉林縣」，倒來得方便而切合民眾使用。

　　在教育工作裏，文化演進途程中，和廣大民眾的要求上，我們贊成簡體字的提倡與推行，贊成以科學方法整理這套傳達思想，記載文化，行使政令，求知謀技的工具，期能適合於民族生存的條件，和時代進步的要求。臺灣的民眾，學校的青年、教師、機關公務員、軍中

戰士、文化工作者、教育家、科學家，都一致歡迎和贊成簡體字的使用，時勢所趨，簡體字的使用，一定會迅速的實現，簡體字運動也會很快的成功。

四三、三、卅，花蓮農校

（見中華民國四十三年四月五日中央日報）

廖維藩致聯合版編者

編者先生：

　　頃閱貴報第一版載稱，貴報對於簡體字贊成與否問題，舉辦讀者測驗。事關學術問題，立法院僅討論文字制定程序，未曾廣涉文字本身問題，新聞紙對學術問題舉辦測驗一舉，貴報自有決定權限，維藩不敢置喙。但測驗意見中，已引用維藩等在立法院的提案，似覺忽略重點，有失原意，用特申述於下，請予更正：

　　一、各地流行的俗體簡體字，民間自可自由使用，學生抄筆記，新聞記者寫新聞稿，也不能例外。但不可採以印刷教科書和書報之用，以代替正楷字。公文書中的上行文，因爲禮貌關係也不應採用。這些我們在程序法草案第七條中已明白說明了。

　　二、中國文字數千年演化的結果，實有加以整理的必要，這是有原則的有規律的整理工作，應簡的簡，應繁的繁，由國家學術研究機關研究辦理，其施行程序，也應有所規定，以昭鄭重。這些在提案中，亦已強調。

　　三、用政治力量推行沒有脈絡沒有條理而混亂不堪的「羅氏簡體字」，我們是始終反對的。

　　本函所陳意見，依出版法第十五條第一項及第三項的規定，請予更正。

廖維藩謹啓　四月十二日

（見中華民國四十三年四月十三日臺北聯合版）

胡秋原致中央日報編者

編者先生：

　　貴報與《新生報》一再同時刊載羅家倫君關於簡字的文章，還不知道有無其他報紙刊載。我想以一新聞界退伍者的資格詢問先生：世界各國報紙，除了對其國家元首或代表政府者之演說或論文以外，有無此種辦法？（編者按：本報收到羅先生文章時，並未知悉其是否同時送登他報。）

　　其次，羅君最近一文引《孟子》：「惡聲至，必反之。」姑無論批評是否「惡聲」，此句照我的解釋，應該是：「如有批評我的，我一定痛駁他。」這是北宮黝之勇，這了不得。但羅君的文章，對於別人的批評，並無針鋒相對之答覆，而只有一套空洞的遁詞，我不認為「反」。貴報一再以如許篇幅刊載羅君的文章，當然我有理由要求貴報刊出此一短信，使他知道，我們是真正歡迎他表現真正「必反之」的勇氣的；那便是針對論點的答覆，不是遁詞，此頌編安。

　　　　　　　　　　　　　　　　　　胡秋原上　四月十一日

（見中華民國四十三年四月十二日臺北中央日報）

羅家倫致中央日報編者

編者先生：

　　拜讀十二日貴報的讀者來書，敬述愚見如下：

　　（一）一文見數報，無論中外都是平常的事，讀者也曾隨時見到過。任何文稿取捨之權，都在編者，而不在投稿的人。

　　（二）本人在四月八日〈面對現實的簡體字問題〉文中，引《孟子》那句話的原文是：「祇因我文化修養很淺，深恐開罪，故引孟子裏『惡聲至，必反之』這句話爲戒律。」明明說是戒律，自然是不必反的意思。

　　我很尊重他人的言論自由；同時我要說話或不說話，也都是我的自由。敬頌
著祺！

　　　　　　　　　　　　　羅家倫敬啓　四十三年四月十二日

（見中華民國四十三年四月十三日臺北中央日報）

潘重規致中央日報編者

編者先生：

　　今天看到羅家倫先生答覆胡秋原先生的投書，我感到甚深的惶惑。因爲我亦曾經批評過羅先生的簡體字，似乎也侵犯了羅先生不說話的自由。不過，羅先生提出了推行簡體字的方案，造成了簡體字的運動；推行，運動，自然落到我民眾身上。等於醫生登了特效藥的廣告，便影響到病人身上。病人或病人家長對於特效藥的醫理和藥性，如果提出疑問，在醫德上說來，醫生似乎應該答覆，除非他把特效藥鎖在箱子裏，聲明不再作特效藥的宣傳！

　　其次，羅先生四月八日的文章，我又認爲許多地方不合理，說出來，又怕侵犯了羅先生說話的自由。我現在只想請問羅先生一聲；羅先生一再引用「約定束成」一語是出自何書？「束成」的意思作何解？我的「文化修養很淺」，我只知道《荀子‧正名篇》有「約定俗成」一句話。「俗成」是聽習俗自然形成，「束成」便須用官勢綑束成功。民眾中像我這樣懷疑的不止一箇，所以我請求

貴報惠予刊出此信，以便得到羅先生的指教！專頌

編安

　　　　　　　　　　　　　　　潘重規謹啓　　四月十三日

（見中華民國四十三年四月十四日臺北中央日報）

卓鳳鳴致中央日報編者

編者先生：

　　貴報四月十二日刊載胡秋原君投書，說到羅家倫先生簡體字文章之刊登問題。他以一箇新聞界退伍的資格，詢問：「世界各國報紙，除了對其國家元首或代表政府者之演說或論文以外，有無此種辦法？」（胡君信中原文）！這真是一箇令人不解的問話，因此，我今天以一箇大中華民國國民的資格詢問胡君：

　　（一）中國法律裏面，是不是有明文規定不准報紙刊載除國家元首，或政府代表之演說或論文以外的其他人的言論文章？請胡君明白列舉出來！

　　（二）請問胡君：一家以上的報紙，同時登載某一人的言論文章，也算是違反中華民國的憲法嗎？

　　（三）胡君的貴本家胡適之先生，每次發表的演說，幾乎在自由中國每家報紙都有登載，而且許多是同時登載的。胡適之先生既不是國家元首，也不是政府代表人物，胡君對於此種實例，又將如何自圓其說呢？

　　（四）觀胡君語意，似乎有阻止貴報及其他報紙，再登載羅家倫先生之文章的企圖。羅先生之簡體字文章既非有傷風化，也不違背法紀。那麼，胡君此種企圖，究竟是否合法合理呢？世界各國的國會議員，「有無此種辦法呢」？胡君在立法院所發表的高論，我們在各家報紙上，都同時拜讀到了，何以獨對羅先生的簡字文章就企圖阻止登

載呢？在民主時代的自由中國裏，是否願意有這種現象存在呢？

羅先生的簡字文章裏，僅僅是極平凡的一種文字改革運動而已。其實字體簡化運動，又何自羅先生始？不知幾多年來，已有許多人在推行著這個運動了。遠者大者固無論矣，而近者小者之如胡君的大名胡秋原的「秋」字，不已是簡化了的字體嗎？胡君對於自己的大名，必寫「秋原」，而不寫「龝原」，數十年如一日，才真正是字體簡化運動的熱心運動家！羅先生不過把若干十百年來，百千萬人所已推行的既成事實，摭拾整理，發而爲文罷了。我們對於擺在眼前的事實，抹煞不顧，而斤斤計較羅先生簡字文章的刊載問題，真是令人不解。

我以爲立法院對於這箇簡化字體問題，在未制立法案之前，最好進行一次普徧的民意測驗，就可以看出絕大多數的真正民意究竟是什麼了。敬請　貴報給予一席地，發表這封真正民意的信，不勝感荷。

此頌

編安

卓鳳鳴上　四月十二日晚

（見中華民國四十三年四月十五日臺北中央日報）

吳紹璲致中央日報編者

編者先生：

　　接連三天。都在貴報上讀到有關簡體字問題的讀者投書，我深佩貴報態度的公正，但更希望提出兩點鄭重的呼籲：

　　（一）我希望學者專家們多多研討簡體字問題，但是，更希望大家珍貴這幾年來逐漸建立的學術研究風氣。不要將對「事」的研究變成對「人」的攻擊。更不要用類似「登報警告」的方式。因為這一問題的關鍵，是在「簡體字應否提倡」？對人的攻擊，匪僅無補於問題的研究，而且徒失學人的風度，似非研討問題時應採的適當方式。

　　（二）無論簡體字應否提倡，簡體字的存在是一箇事實。這一事實的存在，證明社會上確有這種需要。所以，我覺得學者專家們與其各執一詞互相爭辯，毋如向青年、向學生、向教師、向作家、向廣大民眾多多探詢和調查，先了解社會上為什麼會有這種需要？再研究簡體字的存在是否合理，應否提倡？這樣，或許更有利於簡體字問題的解決，更容易得到公正合理的答案。也比「約定束成」「約以俗成」的討論更有利於社會國家。

　　以上兩點我相信很多人均有同感。我請求　貴報惠將此函刊佈。

敬頌

編安

　　　　　　　　　　　　　　　吳紹璲謹啓　四月十四日

（見中華民國四十三年四月十五日臺北中央日報）

潘重規致中央日報編者

編者先生：

　　拜讀　貴報吳紹璪先生投書，提到我請教羅家倫先生「約定束成」的話，不能不略陳事實真相。羅先生四月八日大文說：「何不製定標準，以『約定束成』的辦法，因勢利導？」又說：「所以要經教育機關公布（或公告），祇是希望收約定束成的效果。」可見羅先生推行簡字的辦法是以「約定束成」爲原則，這是羅先生學理的重要根據；所以我專誠請教，完全是「對事的研究」，不是「對人的攻擊」。承吳先生好意，謹以奉答，並再度懇請羅先生予以指教！

敬求

貴報惠將此函刊佈爲荷！專頌

編安

　　　　　　　　　　　　　潘重規敬啓　四月十五日

（見中華民國四十三年四月十六日臺北中央日報）

胡秋原致中央日報編者

編者先生：

　　一、貴報所載卓君之問，前面四條之由來，也許在他不明新聞界情形，凡辦報者，辦雜誌者，至少對於論文，是希望「獨家所有的」（Exclusive）；沒有一個報紙或雜誌，由衷願意刊登明知（或預期）他人已經或同時登載之文，除非驚天動地之大發明，而經事前同意者；或確表贊成，聲明轉載者；或者是報界大王，在同系新聞上以老板資格發言者；或者是有錢的人，自掏腰包當廣告刊登者。這與法律問題憲法問題相隔十萬八千里，這是業務問題。我相信他的親友中總不乏從事新聞事業的人，不妨一詢。如果有一箇人在新聞界有一年歷史以上者指摘我的話錯了，我願當眾認錯。我是很虛心的。

　　二、胡適之先生到臺，是「新聞」，他演講，當然大家登。這不是他所說之事可得而比附的。但也請他注意，是否各報所記相同。辦報的人是要競爭的。我還是請他多問問其他新聞界的人。

　　三、他謂我之投函「語意似乎有阻止貴報及其他報紙登載羅文企圖」，此是神經過敏，而對於報紙，亦不禮貌之言。我只是站在新聞界立場；詢問同業，此類一文幾登現象是否正常。其次，「企圖」也是有的：「企圖」之一，是希望任何之提倡與反提倡，如果竟欲以「學術」為名，不要造成一種「似乎」有官方支持的「印象」。「企圖」之二，希望「機會均等」。提倡者一文十登也可以，但必給反對者以同等待遇。「企圖」之三，希望：沈默，即規規矩矩的沈默；辯論，

即堂堂正正的辯論。

四、各報刊登立院發言，我想是刊登中央社之「新聞稿」的。不過各國篇幅較多的報紙（如英國泰晤士與曼徹斯特導報，美國時報與前鋒論壇），確也同時刊登國會發言（不是私人論文）。但我可聲明，我對我在立院發言，願放棄此種特種；而我作文二十餘年，因遵守文壇向例，是決不一文兩投的。

五、他說到我的名字問題。第一、他似乎未看拙文及我在立法院發言。我不反對簡體字，只反對以簡體代現在通行的印刷字體，尤其是以政令推行此「運動」。第二、「龝」是古籀文。而秋字正是標準楷書，說文作「烌」；這是我們離開大陸時一切字典書報上通行的正字，何嘗是什麼簡體？我並不擁護籀文，他連《說文》、《辭源》之類都不查，就來問我，豈不可怪？但我平日寫秋字，老實說，簡得只有一筆，幸而通過印刷，仍然是秋。假如我要將我的簡筆秋字，強人使用，「鑄爲銅模」，「頒布施行」，就是荒唐。同樣，如一定非寫龝字不可，鑄爲銅模，頒布施行，也是荒唐。我所反對的，就是這一點。我維護大家離開大陸時字典書報上通行的字體。在未回大陸以前，任何人想出新花樣要將教科書、書報，乃至四庫全書的字體改變－簡化也好，繁化也好－則此爲無事自擾之舉，一定大家反對。而我敢斷言一定失敗而且慘敗的。

六、他提到民意測驗，我要鄭重問他一句：在什麼地方？如在臺灣，我說不可以，此處光復，不到十年。如若回到大陸，我說絕對贊成。他必須知道：中國字是四萬萬人之事；這不是在一省舉行民意測驗所能代表的。如談「民意」，必明乎此。專頌
編安

胡秋原敬啓　四月十五日

（見中華民國四十三年四月十六日臺北中央日報）

王普錚等致中央日報編者

編輯先生：

　　自從羅家倫提倡文字簡化一文後，引起普徧熱烈的討論。其中誰是誰非，非常明白。只要稍有點頭腦的人，肯向前放寬眼界看一下，都知道文字簡化實爲必要，而且是不可避免的事實。我們是一羣學科學的青年，我們願意坦白的表示，寫出我們自己的意見，並且希望貴刊能代爲發表一下。

　　羅家倫先生對文字簡化的高見，及其針對時代和大眾的需要的遠大目光，我們萬分拜服。我們竭誠贊助，擁護。吳瓊珍先生的大作更是篇「冷暖親嘗」的具體切實報導。這是事實。我們應該面對現實，將中國文字來一箇合理的簡化。我們確信百分之九十以上的學生，中小學教職員、工人、農人、軍人、商販，更需要簡化的文字工具，來獲得他們或她們在這大時代所需的更繁難更廣泛的生活技能。只有那些專門以咬文嚼字，自命古雅的古老先生，才會懷著一種極不近人情的私見，爲了箇人的私古好雅，而不爲大眾著想。他們硬要說中國字雖繁複一點，亦不多花時間。如果我們用正確的計數方法來算四萬萬五千萬人對每篇文字或某些記錄，所可能多耗費的時間精力，則這箇數字將會如何的嚇倒人呢！

　　我們深深的覺得他們那些專門以讀背古書消遣的雅士們，對這些時間、精力，本不在乎，何必認真計較。他們悠遊在古書堆中，閒來讀上幾篇，當然是時間綽有餘裕，但是在我們這些學科學的人看來，

實在是一件重大的損失。真的，時間不是金錢所能買得到的。不但對學科學的人如此，即對廣大的羣眾又何嘗不是一樣呢！這個道理非常明顯，不用多費筆墨。

他們憑藉的唯一反對利器，是說提倡簡化文字的人與大陸匪幫隔海和唱，及所謂摧毀中國文化，或者乾脆就是說，在反共抗俄的時候，不應該談這些問題。難道反共抗俄就不應該顧及學術嗎？我們的最大目標是反共抗俄，但是單憑反共抗俄的軍事勝利，我們就能生存嗎？在這科學一日千里的今天，我們除了拼盡我們的一切來爭取反共抗俄的勝利外，我們還需有高度嶄新的科學技能，才能和人家爭一日之短長，才能有生存的希望。決不是談一點國粹文化，多背點老書，就能濟事的。

中國文字早經簡化了。只是其中尚有一部份繁複的字，還沒有簡化。那麼我們為什麼不繼續下去，將這些尚未簡化的字也簡化一下。這就摧毀了中國文化不成？

羅家倫先生說得好，從前人不一定比現在的人聰明。那麼從前人能做的事情，為什麼我們不能做？既能做為什麼不做？頑固考朽，這才害了中國呢！

文字簡化後顯然是有利無弊，而且關係整箇國家學術文化發展的前途。專讀古書的人也許還不知世界科學進步的真實情形。可是如果叫他們去看看科學書，他們才會知道人家科學是怎樣的進步！

要好古，要慕雅，儘管自己隨心所好好了。何必一定要人家跟著走呢？更何必一定要拿出立法的威嚴來妨害學術研究的自由呢？我們圖章上的字，不仍然一樣是古雅嗎？可是它仍然可以不受以前文字簡化的影響。

王普錚、王啓泰、陳東初、黃良瑞
蕭　池、鄒一萍、羅亦民、羅超羣
蔣光盡、郭尙秋、王民寧、劉劍霞
周光泰、唐　鵬、何招琚、張晉臣

等　同　上

（見中華民國四十三年四月十七日臺北中央日報）

李文齋致中央日報編者

編輯先生：

　　讀十七日　貴報〈學科學的青年〉王普錚、羅亦民、羅超羣、王民寧諸位先生的「讀者投書」，其中主張擁護羅氏簡體字，並認爲立法院「拿出立法的威嚴來妨害學術研究的自由」。特提出就教。

　　本人曾在數學、物理、化學、自然科學課本內混過十五年，依我淺薄的瞭解，科學內容有其必要的條件，如原則、定律、定理、公式等等，細查羅氏〈簡體字之提倡甚爲必要〉一文，不僅看不出上述科學的條件，而且錯誤百出，混亂無章，我想這也是一般人所公認的。

　　各位先生既是「學科學的青年」，請問「羅氏簡體字」合乎科學條件的有那幾點？希望詳爲答覆！如能提出確有根據的說明，本人首先擁護，否則，「羅氏簡體字」之危害中國文化與貽誤青年，仍屬不易之論。

　　關於花蓮農校教員吳瓊珍先生在　貴報所發表簡體字的主張，曾有很多人引用，我也提出一點疑問，吳先生提出廣西省鬱林縣改爲「玉林縣」，單就名稱本身的更改，關係較小，若祇爲音同，不問其義，一味求簡，「鬱」簡爲「玉」，如此類推，則「識」可簡爲「失」，於是「識大體」變爲「失大體」。難怪其教不通也。

　　立法院所提「文字制定程序法草案」，請各位注意，重點在「程序」二字，對中國文字主張有規律的整理，並無妨害學術研究自由的規定。學術研究原是自由的，文字在民間使用更是自由的，若用政治

力量，強爲推行簡體字，並於未經公布前即列入國校「作文練習簿第
三冊」，事關教育政策，立法院責無旁貸矣。

請於　貴報刊載爲荷！順頌

撰安

李文齋拜啓四月十七日

（見中華民國四十三年四月十八日臺北中央日報）

徐佛觀致中央日報編者

編輯先生：

　　貴報四月十七日出現了一批「學科學的人」，發表了對于簡體字的意見，這是非常難得的。但我忍不住要提出下列幾點疑問請教：

　　（一）他們說：「我們確信百分之九十以上的學生，中小學教職員，工人、農人、軍人……」我不知他們對于這種數目字的「確信」，是幾時調查統計的。若沒有經過調查統計，而便成立「確信」，不知是從那一路科學家傳來的科學方法？

　　（二）批評羅家倫氏「法定」簡體字的諸先生，只是從羅氏的論證，方法上討論，並沒有一個人提倡古文篆字之類，也沒有人根本反對簡體字。這和他們所指責的「好古」，「慕雅」，有什麼論理上的關連。要討論問題，應扣緊對方所提出的問題來討論。「打野」不是討論問題的科學方法。

　　（三）他們說反對簡體字的人，是怕「摧毀中國中文」，而認爲目前「決不是談一點國粹文化，就能濟事」。又說：「難道反共抗俄，就不應該顧及學術嗎？」考究幾萬年幾十萬年以前的人骨等的考古學，也在學術範圍之內，何以見得「國粹文化」，就不在「學術」範圍之內？至于簡體字是否「摧毀中國文化」，當然是另一問題。

　　（四）這批科學家的字裏行間，好像認爲一提到「古」就妨礙了他們的科學。愛因斯坦時時刻刻不忘記猶太教，不忘記其「先知」的偉大，但他並沒有受到「古」的妨礙，各位科學家假定覺得自己的科

學，超出愛因斯坦不太遠，則愛因斯坦的用心，你們也可以多想一下。

所以我建議：

（一）這批「學科學的人」，趕快多「讀科學」書，不要等羅氏簡體字推行之後再去讀。尤其是先學點科學的態度。

（二）對於潘重規諸氏所指出羅氏論證的錯誤，羅氏應有明白的答覆。自己錯了的，就乾脆承認自己錯了，此之謂科學態度。「羣眾運動」的討論方法，是不科學的，是違反五四精神的。

（三）大陸上也正討論簡化文字問題，其方法與態度，似乎比我們教育部所做的更認真一點（略見《民主評論》五卷八期）。假定我們真想回大陸去，我便贊成胡秋原氏的意見，對此暫聽其自然演變，緩作決定，以免回到大陸後，使老百姓感到有兩套簡體字的痛苦。

徐佛觀上於臺中市四月十九日

（見中華民國四十三年四月二十日臺北中央日報）

宋承書致中央日報編者

編者先生：

　　我是軍中的一箇文化工作者，以前有一段不少的時間綜辦過文書業務，在從軍以前，我讀的是中國文學系，對我國的文字學，略窺皮毛，更因爲簡寫過一箇「个」字，被老師扣過十分，故對簡體字毫無限制的提倡，嘗期期以爲不可。

　　到了軍中以後，便難免潛移默化，比方你當一箇參謀，當你接到公文後，第一箇映入眼簾的，便是「某辦」，這一箇「辦」字，在分公文的主管筆下，極少工工整整的寫箇正楷的「辦」字。而參謀們起稿，如果是轉呈的，起筆便寫「……據……報」等簡筆字，最後在擬稿人的下面寫上一箇簡筆的「擬」字。又據我所接觸不少的高中級主官中，他們所習用的「如擬」、「照辦」的「擬」與「辦」則什九都是簡寫的。

　　此外，官兵們對刊物投稿的稿件，只要能簡的字體，無不盡量的簡化，我們還怕印刷所檢字工人，把一些不够普通和他們自己發明的簡字排錯，但是，一經排字工人的手後──有的是十五、六歲的小孩──等到在印刷品上所看到的，還是完美的正楷字。

　　我們又常在文卷裏發現原稿的文字中，有很多的簡筆字，而文書員在寫向上級呈報的公文裏，依然是一筆不苟的正楷字，在下行和平行的公文裏，又有很多的簡筆字，這因爲他要爭取時效，而寫草字又是絕對禁止的緣故。

因此我常常在想：假使我們要退回二千二百年——李斯還沒有改寫小篆以前——的話，當軍情萬分緊急，或者排字房裏等待二千字左右的社論付印的時後，我們還在那裏繪畫式的書寫着古籀文字，該會使人多麼的著急和可笑。

但是，一任它無限制的流行，無限制的各自發明，和共匪式的以「口」當國字，以「卩」算節字等的毫無依據亂寫，也是不智之舉。從我上面的簡單報告裏，便可很容易的看出；我們的文字，是一箇時代一箇時代進步的。我們爲保存中國文字要有合理的改進。

但如你簡你的，我簡我的，他簡單他的，簡到頭來，彼此對於所簡，各不認識。這是萬萬要不得的。而這種簡法，也就是站在「提倡簡體字的人」和「反對提倡簡體字的人」應當一致起來反對的。我們爲了使我們優美的文化——文字是文化的工具——發揚光大，就應當把「胡亂寫出來⋯⋯，層出不窮，弄到五花八門⋯⋯漫無標準的簡體字」，以「約定俗成」的辦法，因勢利導，使它趨於簡化的標準化，使大家都能一看便識，一看便懂才對。

宋承書　四月九日

（見中華民國四十三年四月二十一日臺北中央日報）

高清言論羅家倫的長文章及
新聞界抵抗力薄弱（節錄）

　　前天晚上從朋友處借到一大卷最近臺灣報紙，漏夜翻閱，發現兩則「讀者投書」，深堪尋味。其一為胡秋原在四月十二日新生報發表的一封信。第一段原文如下：「編者先生，貴報與臺北各報一再同時刊羅家倫君關於簡字的文章。我想以一新聞界退伍者的資格詢問先生：世界各國報紙，除了對其國家元首，或代表政府者之演說或論文外，有無此種辦法？……」四月十三日新生報及中央日報同時登載另一讀者投書，下面署名羅家倫。茲再節錄其原文如下：「編者先生：拜讀昨日貴報讀者投書，敬述愚見如下：（一）一文見數報，無論中外，都是平常的事。讀者也曾隨時見到過。任何文稿取捨之權，都在編者，而不在投稿的人。……」看了這兩篇「投書」，使我們想起今天自由中國所謂簡體字的爭辯。更使我們聯想到半月前臺灣各報同時連篇登載羅家倫的長文，一共連登到四五天之久。臺灣報登載以後，接着許多銷行臺灣的港報，也照樣登載。羅家倫那篇大文，計字大概共達三萬字，照今天臺灣報紙的篇幅（一大張半），全體報紙要把同一篇文章同時連載達四五天之久。區區也曾久遊世界各國，久久留心各國報紙，這樣的登載辦法，恰是古今中外，空前的奇事。羅家倫君認為「無論中外，都是平常的事」。大概他自己所做的事，便是平常。別人所做，那就是非常。胡秋原君函中說：「除了對其國家元首或代表政府者之演說或論文外，有無此種辦法？」胡君真何見之不廣耶？

像羅先生今日在自由中國，身兼什麼常務監察人，主任委員，副院長，中央候補委員諸職。至少在羅先生箇人，一定認爲他的一言一動，當然代表政府而有餘。所以他的言論文章，臺北各報乃至海外各報，非爭先恐後，搶著登載不可。因爲今日的報紙，在反共抗俄時代，第一須配合國策。而自由中國思想重鎮如羅家倫氏，他就是國家，他的腦子也就是國策的淵泉。他在政府與黨，既佔有若彼重要的地位，而且他的老師胡適博士，還處處支持他這一運動，說與三十年前新文化運動後先媲美，所以誰敢說箇否字，這還了得！我們伏處海隅，向來對羅副院長是不匍匐膜拜，今天因爲讀了他公開投函，「任何文稿取捨之權，都在編者，而不在投稿的人」，實在被他一派官腔薰得腦門發脹。不能不哼著幾聲，羅家倫先生不是憑著他自己一點權勢，去壓迫今天的新聞界，非把他的長而且臭的文章連日登載，大顯聲勢，這是自由中國及海外共聞共知之事。據一位某報負責人說，登了他的文章不算，他見報上登了反對的文章，還不高興，另託人寫信去那位負責人，表示不滿。另據一位報紙負責人說：羅家倫拿了一篇稿子對他說，這是一篇重要有關國策的文章，讓你獨家登載。大概羅君在讀者投函所說「任何文稿取捨之權，都在編者」，就是這樣的內容！

羅家倫先生的簡體字不簡體字，原與本題無關。但是一篇長達二三萬字的文章，可以利用自己地位，脅迫各報紙，同時連續登載到四五天之久。這是中國新聞史上一件大事！我想中國新聞事業百年的歷史，對權勢如此屈伏！這在新聞界是空前的！一個有權勢的人，對新聞界如此濫用其權勢，這在中國新聞史上也是空前的！羅家倫先生利用了自己的權勢，還要在報紙上投書，說「任何文稿取捨之權操之編者」，既然欺世，還要盜名！如果他的權勢再爲增加，則中國的文化，真無噍類矣！中國新聞界今天真想負起時代使命。第一要獨立，其次

纔談得到爭自由。一個羅家倫，已足摧殘自由中國的言論自由與言論獨立而有餘。不是羅家倫的凶惡過人，而是新聞界的抵抗力太薄弱了！如果明天有一位趙家倫，其權勢或再超過羅家倫，動輒以十萬字大文威脅各報以同時登載，難道全體報紙也一致震於威勢而恪遵照辦嗎？

　　新政風的形成，政府與社會應該同時共同努力。新聞界有領導社會的責任。這幾年的情況，新聞界可以自己檢討的地方太多了！羅家倫文章一事，不過近年新聞界虛弱疲頓情狀之一例。新聞界應該對任何摧殘言論獨立與言論自由的惡勢力，作殊死鬥爭。站在一個新聞記者的崗位，羅家倫這次利用其權勢以壓迫新聞界的行為，正是每一箇民主自由新聞鬥士的對象。我們要站起來！要獨立與自由，就不能讓那一種惡勢力橫行！

（四三・四・十八・九龍）

（見中華民國四十三年四月二十四日香港《自由人》，原題為〈新政風與新聞界〉）

劉廣致新生報編者

編輯先生：

　　最近看到報章上關於簡體字的辯論，我很贊成胡秋原、潘重規等先生的說法，反對羅家倫先生的說法。因爲羅先生說改革往往是小市民，反對的是學者，我現在是小市民，也是中學生，我感謝我的國文老師不准我們用簡體字，才使我們能多認識一些字，不致於許多字只會簡體，正體都不會寫而鬧笑話，假如政府推行簡體字，我相信若干年後中國字就像日本字差不多了，這種毀滅文化的辦法怎能實行呢？難道羅先生希望文字革新到若干年後忘記了本來的面目嗎？這種辦法雖然不致於影響羅先生的聲譽，多少有點「大智若愚」了。現行的簡體字也聽其自然，何況又有些字是由簡到繁的呢？至於教育部設立推行簡體字的機構，也是不合理，難道程部長想印上一行「文云阝長呈天方」的名片嗎？羅先生說這是廣大羣眾青年的要求，我是青年，我首先反對，在學校裏作文想寫簡體字貪方便，出了校門就知苦了，希望羅先生不要爲我們打倒算盤，請若干立法委員們慎重其事吧！我的程度低，寫得不通請原諒。

讀者　劉　廣謹上

（見中華民國四十三年四月十六日新生報臺北版）

吳大炮陶夢瀟致新生報編者

編輯先生：

　　學術面前人人平等，是就是，非就非。學術上爭論的勝負不足影響箇人的名位。我們希望羅家倫先生勇敢承認自己的錯，不必用「自由」二字冀圖掩飾，況且羅先生身爲考試院副院長，德高望重，更當做我們青年屈服眞理的模範，方無負於青年之所望。

　　　　　　　　　　行政專修班學生　吳大炮、陶夢瀟　敬啓

（見中華民國四十三年四月十六日新生報臺北版）

龍韜致新生報編者

編者先生：

　　我箇人對於「文字」及其「應用」，「文學」，「文化」有一箇粗淺而原始的觀念。古人爲什麼發明「文字」，當然是因爲要用以表示人類言語意思的符號，然後集合而加以「應用」，乃可以傳情達意，進而彼此交換「文化」（包括人類一切的進步與發明）。但我國一般士大夫均以咬文嚼字爲能事，同時歷代之所謂巫醫百工之師爲社會所輕視，結果造成了今天科學落後的局面。際此原子時代，我以爲人類的文明全賴「文字」來傳播與發揚，人類越文明，「文字」越多，「文字」本身的結構越應沿革簡化。人家早已進步至打字機時代了，可是回看我們呢？還有人在書寫時研究筆、硯、墨的好壞，其浪費時間是否對文學或科學有莫大裨益？我國目前打字機是否攜帶方便？是否打比寫還快？的確均未達理想，那麼有人在替我們研究簡體字爲什麼不謝他還要批評他？因此若問要不要「簡」？我是贊成要「簡」的！

　　至於「如何簡化」及其實行技術問題，我非專家更無資格討論，我個人對簡體字贊成的理由爲：（一）容易學寫：中小學生及後代人容易學，外國人也容易學，文化容易傳播出國；因此我主張字可多，而筆畫則應減。（二）容易記憶：筆畫太多的字，一般人均易寫錯，還要給道學先生批評沒有學問，卻不知現代百業均是學問，非專門研究文學者或有文學嗜好者，祇需將文字寫得通順清楚就可以了。（三）刻印方便：現代的印刷刻字（指印刷用）對文化的傳播有莫大之功效，

筆畫減了，當然容易刻，也容易看與認，字易清晰。

　總之簡體字對發揚我國的文化，非但無阻礙而有莫大之裨益。

龍　韜謹上

（見中華民國四十三年四月十六日新生報臺北版）

路則平致新生報編者

編者先生：

　　最近發生的簡字和正字兩種相反的意見，雙方各有千秋，振振有詞，前者爲的求迅速，適應時代的需要；後者爲的求正確，維持文字的統一。好像，一方是新的發展，一方是舊的保守，所以議論紛紛，莫衷一是了。

　　要知現在是復國建國，千載一時，緊急關頭，應當求簡求速的地方很多，正不獨文字一項爲然。吾願袞袞諸公，對於國事，以及考試制度，學校課程，多多研討，裨益實際。對於簡字的問題，留待復國以後，從長計議，現在不要多費腦筋，未識以爲何如？況且在臺言臺，語言的不一致，亟待改進，其迫切需要，遠在簡字以上，爲什麼不多提方案，統一國語呢？未免輕重倒置！

　　說到正字運動，無異的，是簡字的反面，也正因爲簡字問題，連帶發生的，本人讀之，實有同情之感。中國幅員廣大，民族能以合一團結，厥爲文字統一之賜，多年來的統一文字，可以說是無上的國寶，字字金玉，一點一畫，不容少缺，減少一點一畫，就等於偷工減料，偷工減料的東西，還有好東西嗎？主張偷工減料的人，恐怕他的心理，也是不健全的。現在教養學生，應當使他們務本求實，不走小道，一本正經，確保文化的遺產，走上康莊大道，使之無從紛亂龐雜，永遠統一，這才是我們現代讀書文人的大責任。（下略）

　　寫到此處爲止，不再多說，一語歸宗，萬事沒有復國重要，請各

自站在崗位上，多做些切合實際的工作，少說廢話，免打筆墨官司。

讀者路則平　四月十一日

（見中華民國四十三年四月十七日新生報臺北版）

熊默濤致新生報編者

編者先生：

　　自從羅家倫先生提倡簡體字的大文刊佈後，社會輿論的反映有二：一是附和的；一是反對的。當然，我（也許軍中同志們很多是這樣），屬於後者的意見已有很多提出過，其中可以胡秋原先生爲代表，我不想重複別人的意見。

　　中國文字有中國文字的特質，中國文字每個都是完美的建築物，雖然有的整齊，有的斜傾，但都像一座小樓房，小亭榭，那樣悅目，雖然複雜，但它的原素——基本字形並不多，它全是些簡單的基本字形的拼合，中國人正直端莊嚴肅的精神，亦正從此表現，這就是近千年來很少變化的道理。

　　假如說羅家倫先生的傑作達成了，那我們這一輩子對于本國字全得重學，而部隊中政府花了幾年心血，使剛學會了識字且已能寫信了的戰士們，也得因羅家倫先生的傑作而抓傢伙了！
我希望羅家倫先生別因自己一時的興趣而誤人，須知實行簡體字後，是中國的文字的毀滅，而不是中國文字「改進」或發揚。

戰士　熊默濤上

（見中華民國四十三年四月十七日新生報臺北版）

耿挽中致新生報編者

編者先生：

　　我是一箇戰士，學識的培養，都是服役軍中十餘年來，長官教我們識字的成果，羅先生倡導「簡字運動」的文章，我很感覺興趣，所以每次必讀；胡先生批評羅氏的文章，我也是一字不漏的讀完。許多引經據典的大道理！我當然摸不到頭尾！可是，羅先生倡導的這箇運動，我假如有資格表決的話，我倒是願意投下神聖一票的，因為，這個運動對我們這些僅會寫一封普通信，學識尚感不夠的戰士，確實將會方便不少。

　　假如簡字運動是民族生活進步所需的，反對也沒有用；確有對民族文化不妥的地方，當然！我們可以不實行。白話文推行之始，不是一樣的遭人反對嗎，可是實行了，白話文對民族的貢獻，不是都擺在大家的面前嗎？但是對與不對，我必須將我認為「簡字必要」意見，有系統的報告給大家，我知道，我們現在的戰爭，維護民族文化而戰，是其中重要的一環。

　　在這國家民族極度危難的時候，我們都該腳踏實地的去幹！我們北方有句歇後語，「鐵嘴豆腐腳」能說不能行！在今天是最可怕的現象，傳統的也好，外國的也好，創造的也好，甚致是敵人的也好！只要對民族對國家，對反共抗俄，有益的任何事物！我們都必須維護，傚效、改革、推行。相反的危害國家民族的，我們都要革除、摒棄、反對。

戰士　耿挽中上

（見中華民國四十三年四月十七日新生報臺北版）

周賓致新生報編者

編輯先生：

　　讀羅家倫先生提倡簡字一文，稱爲符合　總統「新簡實速」中之簡速。公忠體國，殊堪仰佩。不過，我感覺　總統倡導「新簡實速」之原旨，爲求每件事必要「新」、要「簡」、要「實」、要「速」。這四因素齊備可收事效，少其一則不爲功。尤其要着重「實」一字。不馬馬虎虎，不偷工減料，要腳踏實地，要實實在在的，要講求實效。羅先生簡字，以言「簡」，表列者不過百字。以言「速」，其部首偏旁舉例，如「心」簡爲三點，所速有限，至於日用寫字，原有行草實較簡字速多。以言「新」，所謂「集古今俗字別字錯字破字廢字死字的大成」，所謂「與其提倡簡字，不如提倡章草」，足以概括其內容。以言「實」，不徒破壞文字，危害國脈，而簡風一唱，將使人心遇字競簡，視草率苟且，馬馬虎虎，美其名曰簡速，害「實」尤大。羅先生於　總統訓詞，斷章取字，以害義理，只顧「簡速」，不顧「新實」，猶之殺雞取蛋，斯可謂簡、可謂速，但於事果適得其反。日前潘重規先生請問「約定束成」一語的出處和意義，羅先生迄未作答，害得不少人紛紛推測，都說羅先生引用此語，不是寫別字，爲的是「簡速」，至其出處和意義猶在其次。因爲「俗」「束」二字，形音義雖異，但其韵腳同，而且束較俗少二筆畫，算爲「簡速」之例，宜在提倡和推行，將來翻印古籍，遇有「約定俗成」之句，一律簡爲「約定束成」，不知這一推測然否？

　　中央日報前刊載有教員吳瓊珍先生一文，謂遇學生寫簡字，教之不能，反從而習簡。語云種瓜得瓜，種豆得豆，我箇人不敢苟同他那種「教中學，學中教」的精神。在大陸時，我曾承乏一初中國文教職，對於學生作業，如每日大小楷，每周筆記作文，我均細心披閱，遇筆誤簡錯者，即批改於旁，又於課堂上當眾提出，從而說明之：某字從心，某字從言，某字木邊，某字草頭，初犯者改正之，重犯者責令重寫。日將月就，蔚然有學習風氣，字稍有疑問，即先研問斟酌，然後下筆，不再像先前那樣率爾操觚，筆誤錯簡者日少。但未見有因感字繁而難色。我這樣做，是基於我二點見解：第一學習國文的基本要求是識字。包括字之形音義，棄正體字不習而習簡習俗，猶捨本逐末。習別學科的，寫字或可簡，國文一科則斷乎不可。第二養成一種一筆不苟遇事慎重的習慣。嘗聞字體可窺人性，忠厚者字畫端正，輕浮者苟簡斜亂。現社會之有簡字存在，是一事實；但事實存在，不一定要提倡之，推行之。

讀者　周　賓謹上

（見中華民國四十三年四月十九日新生報臺北版）

蒙傳銘楊保志馬光宇李雲光
致新生報編者

編者先生：

　　我們反對羅家倫氏所提倡的簡體字。最重要的理由：我們要反攻大陸，首先要政治登陸；政治登陸，首先要文字登陸（例如最近空投宣傳品）。如果我們把國字簡化，而簡化又和共匪不同，那就失去文字登陸的作用。並且，我們要反攻復國，尤有賴於海外一千多萬僑胞的同情和支持，如果我們推行簡體字，那麼，表情達意的工具，由於字體繁簡的互異，僑胞對祖國，馬上發生隔閡，發生衝突，怎能使他們同情、支持，幫助我們復國建國呢？專此，

順候

撰安

　　　　　　蒙傳銘、楊保志、馬光宇、李雲光同上　四月十七日

（見中華民國四十三年四月十九日新生報臺北版）

王漢賓致新生報編者

編者先生：

　　看到貴刊載著有關「簡體字辯論」中，許多讀者投書，引起咱小兵一點感觸，同時提起筆來又覺得很慚愧。因爲別人有勇氣比咱先說了，我曾想到的意見，現在人家既然比咱先說了，當然咱就等於跟着別人腳印了，雖然這與小兵的好勝心不符，但因爲咱有點意見也只好讓咱向讀者道歉吧！

　　首先咱小兵說話太直性，不會拐彎抹角的，祇能直接了當的講出來，如有得罪讀者的地方，尚祈原諒！以咱小兵的眼光看，「咱的國家」的確有許多地方要革新，那就是凡是防碍國家進步的東西，我們都應該革新，當然該保守的可保守，不該保守的該立刻除掉，所以咱覺得羅先生所提倡的簡體字，是革新建樹性的，是屬國家進步方面的。現在我們處在一箇新興的過程時代，大家應該盡量供獻新的東西，祇要是不違背大體，我們該毫不顧及的建樹起來，必要時當然可普及施行。

基隆海軍戰士　王漢賓上

（見中華民國四十三年四月十九日新生報臺北版）

李之禧致新生報編者

編者先生：

　　近來自羅家倫先生主張簡體字提倡以後，引起各方人士大有見解，我願意站在科學的立場平心而論：

　　中國人向來是守舊守弊，不知更新，這種封建的頭腦至今仍然存在，我們知道文字是來表達我們的意思，用不著什麼象形，形聲……等這一類東西，我們用科學觀念來看就可以認識這一點，科學是進化是進步的，更用不著照古文上寫一筆我們就畫一筆，並且在　總統文告中「新、速、實、簡」上面也告訴我們要新、要簡、要速，也可以說文字也要新進化，要從簡化，要易寫，而達到新速實簡的地步。

　　　　　　　　　　　　　　　　　　　　　　　　李之禧啓

（見中華民國四十三年四月十九日新生報臺北版）

蕭炎鼎致新生報編者

編者先生：

　　中國原爲地大人眾，語言已很複雜，並曾數度淪亡爲異族，其所以能統一復興的，悉賴著道德及文化的維護，書籍文字就是文化的基礎，如《四書》、《五經》、《四庫全書》（《今日世界》第卅五期董作賓先生曾著文介紹）等古書，爲使中國民族文化綿延不滅之寶，這數萬卷古書內，裏面全爲正字，萬一將來以法定推行簡體字至長久年代以後，我敢預言這些古書即使不成廢物，其價值僅能算是古董了。

　　寫到這裏，記得從前一個故事，有位中國人去日本遊歷，偶在一個音樂會上，看見一種樂器的演奏，他對這樂器的音調極爲欣賞，但不知這樂器是何名稱，經詢演奏的日本人後，才知道這樂器原爲中國古樂的一種，但不知何時流入日本，中國自己倒失傳了。

　　奉勸提案以法令推行簡體字的先生們，不要盜竊民意，來毀滅中國文化。

讀者　蕭炎鼎上

（見中華民國四十三年四月二十二日新生報臺北版）

覃道弘致新生報編者

編者先生：

　　（上略）目前世界各國的文字難道它們都已經極理想了嗎？為什麼沒有聽到其他國家談到簡體字的問題？至於我國科學之所以不發達，這根本不是文字繁的罪過，我國文化優良，凡懂我歷史者，莫不承認。假使我國自有史迄今，不是戰亂相尋（因破壞時多，建設時少），不是少數人的「自私」（如拳法、醫理法的祕傳），我可斷言中國一定是世界上第一強國，所以我建議：「簡字」與否，不是大業，同時也非當務之急。只有「反攻復國」，才是大業，才是當務之急。

覃道弘上

（見中華民國四十三年四月二十二日新生報臺北版）

邱恕鑑致新生報編者

編者先生：

　　各報前數日連載羅家倫先生提倡簡體字，開口閉口都是說爲我們廣大民眾的需要，我是廣大民眾中的一箇，謹說出我們民眾之一的感想如下：

　　第一、爲保全我國文字，羅先生所主張的簡體字，並無提倡之必要。我們只應進一步將我國字體，整理得更爲合理，更是規律，若徒騖字體之簡，而並不合理，並無規律，那只會把我國字弄得雜亂無章，反而弄巧成拙。

　　第二、用了簡體字以後，所有的古書都不能讀了，這就是毀滅中國固有文化，何況，簡體字推行以後，不僅形成兩套字體，而且會分裂成千成萬套字體。

　　第三、羅先生所提倡和推行簡體字的方法與程序，我們廣大民眾也不敢苟同，我認爲這樣的大事，應該由我們中國國民選舉出來的立法委員來討論。

一市民　邱恕鑑上

（見中華民國四十三年四月二十二日新生報臺北版）

施岩章致新生報編者

編者先生：

　　我首先對「簡體字」運動，聲明我的立場，我不贊成但也不反對，不過我認爲下面四箇場合不能用簡體字：

　　（一）學校教育不能用簡體字：假如學校也用簡體字教育，那等於廢除正體字是一樣，因爲學生學的是簡體字，那對已往的正體字印的國家典籍、歷史、一切記載他們都認不得了。

　　（二）刊印文件不能用簡體字：因爲刊印的文字，他對國民負有教育的義務責任，報紙刊物，都應該用國家正楷的文字排印（廣告標題藝術不在論列之中）。

　　（三）公事行文及一切法令規章之頒佈不能用簡體字：因爲這些文字在國民生活上的法律責任，有時如用簡體字會使字義變化，使法令的本意發生曲折。

　　（四）要在法律上生效之文件不能用簡體字：這一條的意思與前面相同，不過前面指機關公文爲中心，本條指人民相互間的契約爲中心。

施岩章上

（見中華民國四十三年四月二十二日新生報臺北版）

黃品彰致新生報編者

編者先生：

　　（上略）文字不過是一種工具，吾人所著重者，在於使用文字的效用，而非文字的本身，所以使用簡體字，既能節省時間與人力，提高使用文字的效用，同時也不會減少文字的功用，則我們何必一味要反對簡體字的提倡呢？

讀者　黃品彰謹上

（見中華民國四十三年四月二十二日新生報臺北版）

陳司亞致新生報編者

編輯先生：

　　我是贊成簡體字的，茲將拙見略述於後：

　　科學不斷的進步，文字的進化也該是必然的事，而「進化」並非是「棄舊」，同時也不是任何人的獨出心裁，隨意給那裏抹去一點或一撇，而是絕大多數人民都能認識的、瞭解的和運用的。其實簡體字沒有羅先生這次具體的提倡，而運用簡體字的早已普及於廣大人羣之間了。既有用簡體字，

　　又有用正字，提倡畫一絕非盲從之舉，何況簡體字既省時又省力，既易寫又易識呢。（下略）

戰士　陳司亞上

（見中華民國四十三年四月二十二日新生報臺北版）

楊志希致《自由中國》雜誌編者

傲寰先生道鑒：

　　久疏修候，仰慕殊深。近悉在臺灣因字體簡化問題，引起激烈的爭辯。貴刊在第十卷八期的社論欄裏，發表了精闢的意見，對這件事表示贊同。有位朋友在舊金山出版的金山時報上，也發出同樣的呼聲。本人站在大眾的立場，認為中國字體的簡化，對于現代科學文化的傳播，有益無損，盼望教育文化當局，能將此事縝密籌畫，逐步實施。誰都知道，文字是傳遞知識和表達思想的工具，它本身不是目的。誠如貴刊所云，工具能够簡單化，而又無損其功用，總是好的。古代蒼頡造字，仰觀天文，俯察地理，始源于「象形」。自蒼頡以後，中國字體，已屢經演易，其間有大篆、小篆、漢隸以迄今日通用的楷書，足見字體並非一成不變，而且演變的趨勢，是由繁而簡。以今日流行的楷書，和古代的大篆小篆相較，已迥然不同。無怪故吳稚暉先生說，今日的字體，雖孔子在世，也不會認識。這是真話。在科舉時代，讀書人的工作，只是讀經習字，而現代的學生，除了國文一科外，尚須學習各種科學和外國語言，負擔已經够重。如能將字體予以盡量簡化，多少可以節省他們的精力和時間。

　　由于中國字體的構造複雜，對軍公文書的處理，圖書目錄等的編排，無形中增加許多困難，減低辦事效率。拉丁系的文字，由若干字母拼音而成，構造比較簡單，運用時不但可依字母順序排列，而且可用打字機代替繕寫。雖然也有華文打字機，究竟不够便利。我們縱不

能將中國文字拉丁化，至少亦應在可能範圍內，推行簡化字體，藉以促進軍公文書處理的效率，以及減少繕寫方面的複雜和困難。

　　說到這裏，本人連帶想到一箇問題，就是中國文字的排列，是由上而下由右而左的。這種排式，不但對于科學的闡述，感到非常不便，即使在一般敘事說理的文章中，遇到必須引述外國語文時，也嫌文字的排列不一致。因此，除了響應字體簡化以外，本人還有兩項建議：第一、將所有文字的排列，包括學校課本，軍公文書，表冊帳簿以及報章雜誌等，一律改用橫行式。事實上許多科學方面的著述和教科書如數學、物理、化學、生物學等，早已採用這種排式，不過沒有普徧推行到其他方面罷了。第二、遇到列舉數字時，一律採用阿拉伯字，即1，2，3，4等。這種數字，全球通用，和中國數字比較，不但閱讀便利；而且清晰醒目。以上兩點建議，在反對字體簡化的看來，更是荒唐至極，毀壞傳統文化了！未知先生以爲如何，尚乞賜教是幸。

專此　敬頌

撰安

　　　　　後學　楊志希上　　四十三年五月二日于美國洛山磯

（見《自由中國》第十卷第十期‧中華民國四十三年五月十六日出版）